第七届高等学校科学研究优秀成果奖一等奖

法学方法论

以民法适用为视角

（第二版）

王利明 著

中国人民大学出版社
· 北京 ·

第二版序言

我国《民法典》的颁布实现了几代民法学人的“法典梦”，中国民法学的发展也迎来了千载难逢的发展良机。“法无解释不得适用”，《民法典》颁布后，我国民法学研究也将从立法论时代迈向解释论时代，法学方法论研究的重要性将日益凸显，并成为民法学研究的重要课题。

“工欲善其事，必先利其器”，“授人以鱼，不如授人以渔”这些都阐释了方法的重要性。在古希腊语中，方法有“通向正确的道路”之意。法国哲学家笛卡儿曾言，“最有价值的知识是关于方法的知识”。方法是获取知识的重要手段。对于法学专业人士来说，其所面临的实际法律问题远多于课堂上所学的内容，需要寻找本不熟悉的法律条文，并通过科学的方法揭示出条文的意思。[①] 在现代法学理论中，法学方法逐渐从法学知识中分离出来，成为一门独立的关于方法的学问。法学方法论的宗旨是保障法官准确理解、适用法律，依法公正裁判案件。换言之，法官不仅应在成文法确定的范围内裁判，而且应在具有共识的特定的法学方法范围内准确适用成文法。

但是，所有法学方法的运用都要以一定的法律文本为载体而开展。法学方法虽然具有固定性，但法律文本的变化也将直接导致法学方法研究对象的变化，并

① ［日］星野英一：《民法的另一种学习方法》，冷罗生等译，法律出版社2008年版，第5页。

因此给法学方法提出新的问题与新的挑战。在《民法典》已经颁布生效的背景之下，如何妥当运用法学方法对《民法典》文本展开解释，是《民法典》适用过程中的首要任务。与此同时，《民法典》的出台也为法学方法提供了大量的全新素材，成为丰富法学方法的重要契机。我们要构建具有中国特色的民法学理论体系，形成对中国立法和司法实践有解释力的知识和话语体系，必须要以《民法典》为基础，全面展开对方法论的研究。

有鉴于此，在本书第一版的基础之上，笔者结合《民法典》以及近年来我国司法实践的发展经验，对本书作了必要的修改和完善，增加补充了《民法典》的条文，将其作为研讨法学方法论的素材，并结合相关案例对法学方法论的运用进行了说明。由于时间、能力有限，书中错误和不当之处在所难免，希望广大读者不吝指正。

王利明

2021 年 5 月

序　言

一、法学方法论在法学体系中的地位

法学究竟是什么？这看似是一个简单的话题，其实千百年来一直挑战着法律人的智慧。梅利曼认为，法学是根植于特定历史时期、特定地域的一种文化，反映了特定人群对法律的思考和需求。我国学者大多认为，法学是一门研究法现象发展规律的学问。这些观点都从不同的角度对法学做了描述，但由于认识角度和个人偏好的差异，对法学的定义及其分类还存在分歧。但大多数学者都有一个共识：法学是以寻求法律秩序为目标探寻法律发展规律的一门学问。① 一般来说，法学可以划分为几个层次：第一层次是以法律规范的形成、适用、效力等规律为研究对象的法学。这主要从法规范抽象的一般规则出发，探讨法律规范自身的科学性，其与经验科学相对立。具体表现为我国法理学、法哲学所讨论的法律概念、法律结构、法律功能和法律实现方式等内容。它主要研究法律规范本身具有的特性及其一般原理。第二层次是关于对法律规范理解的法学。这主要是以各部门法的内涵、体系、效力，及其具体适用为研究对象的法学，它着眼于对具体

① ［德］卡尔·拉伦茨：《法学方法论》，陈爱娥译，商务印书馆 2003 年版，第 19 页。

的、有效的法律规范的理解、适用的角度来考察。众所周知，法无解释不得适用。只有法律规范经过解释才能将法律规范文字中的真意落到实处。在我国，各个部门法学主要承担了对具体法律规范进行解释的重任。第三层次是蕴含价值导向的法学。这就是说，它要借助于对历史学、社会学、经济学等知识，研究法学在社会生活中的发展规律和价值内涵，为立法、司法提供价值判断标准。不论是法的适用还是法教义学本身，都包含了价值判断因素，法学和司法裁判本身都在处理各种涉及价值判断的问题。① 从价值判断的层面考察，关于法律本源性质的哲学思考也属于此类。古往今来的自然法学、社会连带法学、历史法学、功利主义法学、利益法学、社会法学、法律现实主义法学等各大学派都致力于对法律的哲学本质予以界定②。在这个层次上的法学，因为需要借助多个学科的知识才能够全面的理解和研究法现象，因此其在西方常常被称为“博学的学科（a learned discipline)”③。

法律的生命在于适用，无论法学怎么分类，其核心是法律在社会生活中的实践，因此非常注重法律的可操作性分析，强调法律的实际运用。上述三个层次的法学与法学方法论都有十分密切的关联。法学方法论作为研究法律规律、提供法律适用科学方法的一门科学，从具体理解法律规范而言，其似乎可以归类到第二个层次。但是，由于法学方法论吸取了以上三个层次法学类型中的核心部分，以具体的司法适用为基础，结合多个学科的知识，以实现在司法实践中的法律适用的最佳效果，因此难以将其归入到上述三个层次的哪一类。

法学工作者的任务事实上并不仅仅局限于构建法律的概念和体系，以及对概念体系进行理论描述，还应当在此基础上对法律这一社会调整工具的实际运用及其方法给予积极关注和深入思考，从而实现霍姆斯所说的将“纸面上的法”（law in book）转化为“现实中的法”（law in action)。法律的精髓在后者，而不是前

---

① ［德］卡尔·拉伦茨：《法学方法论》，陈爱娥译，商务印书馆2003年版，第77页以下。

② 王伯琦：《近代法律思潮与中国固有文化》，清华大学出版社2005年版，第121页以下。

③ 马汉宝：《法律思想与社会变迁》，清华大学出版社2008年版，第58页。

者。[1] 即便我们对于法律文本的价值做出了准确、科学地判断，但如果不能通过法律适用体现在具体的个案中，那还是一种象牙塔式的形而上研究。与之相类似，我们对于部门法中的每一个具体规范都有深入研究，但如果不能把握法律适用在实际操作中的一般方法、规律，我们仍然不能准确地、娴熟地将具体的法律条文运用到个案之中，并实现公正裁判。因而，法学方法论应当是法学体系中重要的组成部分，其宗旨和任务就是研究法律如何在现实社会加以适用，如何才能够得出妥当的适用结果。

应当看到，上述法学三个层次还没有解决法学方法论在法学体系中的归属问题。虽然我国很多学者认为，法学方法论属于法理学、法哲学的内容。也有学者认为，法学方法论仍然属于部门法学的范畴，法学方法论运用的直接目标是服务于部门法规范的实际应用。这些观点的确反映了法学方法论的部分特征，但并未揭示其本质。本书更倾向于将法学方法论看做是一个连接理论与实务的桥梁，与司法实践及具体部门法水乳交融。与第一层次和第三层次法学相比，法学方法论虽然要吸取第一、第三层次法学的营养，同时也要研究法律发展的一般规律，但法学方法论的主要目的在于研究法律的具体运用，这与法理学研究法律适用的一般、抽象规律不同。与部门法学相比，法学方法论虽然要以各类法律规范的理解和阐释为内容，但并非以一般学习、理解法律规范为目的，而是服务于司法裁判的实际需求。

法学方法论是法学体系的重要组成部分。它既具有理论法学的特色，部分内容可以归入到法理学和法哲学的范畴，也具有强烈的实践品格，因此也可以归入到应用法学的范畴。法学方法论虽然名称上表现为法学的方法，但其实是有关案件实际裁判的方法。我国在引入大陆法、德国法概念体系后，现在对于这一学科的名称、用语已经约定俗成了。故所谓的“法学方法论”不是有关法学研究的方法的学科，而是研究在司法裁判中如何准确、科学适用法律规范的学科。法学方法论的研究对象是法律适用过程，这就决定了其具有浓厚的实践理性色彩，是可

① Oliver Wendell Holmes，Jr.，“The Path of the Law”，10 *Harvard Law Review* 457（1897）.

以直接沟通法学研究和司法实践的学科。法学方法论的这一目的也决定了，法学方法论应当具有“从实践中来，到实践中去”的特点，它应当总结司法实践的经验，同时将其上升为理论体系，进而为法律适用提供理论指导。

二、法学方法论是总结裁判活动中法律适用规律的学问

法学方法论要为司法裁判者反映裁判活动中法律适用规律的方法。在古希腊语境下，方法有“通向正确的道路”之义①，其哲学意义在于，方法是人们为了达到某种目的而采取的手段。目的和手段是不可分割的，司法的目的是要实现法律的正义，而离开了方法，司法的目的就难以实现。在司法实践中，尽管大量裁判者并没有系统思考和掌握通向正义的方法，但不可否认的是，任何一个裁判者都会自觉或不自觉地运用方法。例如，宋鱼水法官所说的“辨法析理，胜败皆服”，其实就是一种裁判的方法。针对类似问题，不同的方法有可能通向截然相反的裁判结论，无法实现依法公正裁判的目的。法学方法论就是要在全面考察裁判实践经验的基础上，对法官已经采用的方法和可能采用的方法加以抽象总结和系统化，提炼出一套具有规律性且能为广大裁判者所掌握和运用的操作技艺，进而促进方法指引下裁判结论的可预期性，为实现司法正义提供保障。

法学方法论所称的法律适用具有限定性，这就是说，其主要聚焦在司法裁判过程中的法律适用，其目的在于保障法官依法公正裁判。法治意味着法律的普遍适用和至高无上，法律平等地约束社会一切成员的法治原则，但必须经由公正的司法活动来贯彻实施。公正的司法，不仅在于惩恶扬善，弘扬法治，同时也是对民众遵纪守法的法治观念的教化，是对经济活动当事人高效有序地从事合法交易的规制。德沃金教授有句名言：“法院是法律帝国的首都，法官是帝国的王侯”，这不仅是判例法传统严守的格言，其对成文法传统具有同样的启示意义。法学方法论正是以司法活动作为其研究对象，确切地说，是以个案中的法律适用为研究对象

① 吴元梁：《科学方法论基础》，中国社会科学出版社1984年版，第1页。

的。它研究法律在个案中的妥当适用问题，着重解决的是法律规范如何在个案中与具体案件相连接，以得出妥当的裁判结论的问题。由此看来，法学方法论最大的特点是从法律文本出发，依据一定法律价值判断，结合个案裁判经验，探寻如何准确地将法律规范运用到司法实践中。正是因为司法裁判中的法律适用对于整个法律适用具有标杆意义，且有规律可循，所以法学方法论的研究中心必须以司法裁判中的法律适用为对象。另一方面，法学方法论是以实践经验为基础的，但是，其以概念、制度等为基础，形成有机的整体，最终要形成完整的、合理的理论体系。

法学方法论要为法律人提供具有共识的方法及其运用规则。亚里士多德说过，法律，法律执业者处于法治的核心地带。没有这个群体对于法律的效忠，法治是很难运作的。[①] 法学方法论为法学研究者的讨论提供共同的平台。法律人在认识法律现象和运用法律规则过程中所采用的手段和行为方式，是一种以认识论为基础的可以反复为法律人所操作的技巧。“正是这种专门的知识体系和独特的思维方法，使得法律共同体成为一个自治的共同体，一个分享共同的知识、信念和意义的想象共同体。”[②] 作为法学的基础，法学方法是每一个法律人入门的必修功课，其熟练掌握有助于培养法律人共同的学术思维和话语，排除法律人间的对话和交流的障碍，避免出现自我封闭、各说各话的现象。[③] 从这个意义上说，法学方法论能够搭建起一个法律人的沟通和交流平台，能够避免法官偏听偏信和狭隘的经验主义可能导致的裁判不公。也正是因为法学方法论是职业法律人必须掌握的一门法学知识，因此，法学方法论在法学教育体系中也应当占有重要的位置，与其他法学门类共同构成法学教育内容的重要组成部分。

三、研究法学方法论具有重要的现实意义

法学方法论研究在我国当前法律适用实践中具有特殊的意义。经过改革开放

---

① Brian Z. Tamanaha，*On the rule of Law*，Cambridge University Press 2004，p. 59.

② 强世功：《法律共同体宣言》，载《中外法学》2001 年第 3 期。

③ 王轶：《民法原理与民法学方法》，法律出版社 2009 年版，第 5 页以下。

四十多年，我国已经完成了西方几百年的立法道路，初步形成了具有中国特色的社会主义法律体系。这一体系适应了我国社会基本经济制度和社会生活的需要，大体涵盖了社会政治生活、经济生活、文化生活、社会生活和人与自然的关系等各个领域。立法成就巨大，但法律适用任重道远。宣告法律体系形成的一个重要意义在于，明确今后我国法制建设的任务从注重“有法可依”转向“有法必依、执法必严、违法必究”。诚如有学者所言，从法学研究层面看，一个解释者的时代已经到来，从主要关注立法论转向关注解释论，从主要研究应然问题转向研究实然问题，从主要研究规范如何产生转向研究如何应用规范。由此可见，法学方法论在当下中国承担着真正实现我国法治的重任！

我国社会正处于一个由人治社会向法治社会的转型过程中，转型的成功与否很大程度上取决于司法是否具有独立、公正、权威的特质。“法施于人，虽小必慎。”公正是司法的目的和生命，虽然实现司法公正的原因是多方面的（例如体制、机制，以及法官队伍的职业素养等），然而，正确的案件裁判方法、法律思维等因素都在不同程度上影响着司法的公正。人们普遍将司法改革的重心置于司法体制的改革和法官道德品质的提升，这无疑是必要的。但如果仅仅将阻碍司法公正实现的因素局限于此，忽略法官裁判方法和思维在实现裁判公正上的重要性，则未免以偏概全。一个再好的司法体制和优秀的法官职业群体，如果没有正确的裁判方法的指导，同样难以保障司法裁判的公正性和可预期性。正如庞德所言，“法律是科学的，但适用中要尽量消除司法过程中的人为误差，排除贪污腐化，尽量减少法官无知和肤浅所产生危险的可能性。”[①] 庞德所说的“人为误差”就主要是因为方法的缺乏造成的。法学方法论的意义也就在于降低因为方法不准确出现裁判不公的概率。在我国当前司法实践中，迄今为止还没有形成一套科学的、能够被各方接受的裁判方法，这也是造成裁判不公现象的一个重要因素。例如，有的法官简单地以追求社会效果为目标，从维护本地经济发展出发，不考虑法律文本的含义以及公平正义的理念而作出明显偏袒本地企业的判决，在一审、

① R. Pound, *Justice According to Law*, Yale University Press, New Haven: London: Geoffrey Cumberlege, Oxford University Press. p. 91.

二审判决中对于法律解释、运用大相径庭的现象也时有发生。在法有规定和法无规定的情况下，究竟如何正确解释法律，如何填补法律漏洞往往因人而异，经常出现“公说公有理、婆说婆有理”的情况。有的法官在解释法律中死抠字眼，而有的法官则动辄以追求“社会效果”为由，而任意曲解既定规则的内涵，甚至完全置现有法律规定而不顾，严重损害了司法的可预期性和权威性。所以，法学方法论在一定程度上事关我国司法公正能否实现。

法学，归根结底，是一门科学制定法律并准确适用法律的学科。法学是一门科学，需要构建其自身的理论体系，但法学不是象牙之塔，不能仅仅满足于概念、体系的自我周延，更应当以解决实践中具体的法律问题为目标。法学方法论作为直接服务于法律适用的一门科学，集中地体现了法学学科的价值和真谛。随着我国法治进程的不断推进，法学方法论的意义和作用也将不断突显。

目　录

第一编　导　论

第二编　司法三段论

第三编　法律解释学

第四编　价值判断与利益衡量

第五编　法律论证

第一编

导论

离开方法的科学就不能称之为科学。

——Barreau[①]

授人以鱼，不如授人以渔。

——古语

工欲善其事，必先利其器。

——孔子[②]

① Hervé Barreau，L'épistémologie，Paris：Presses Universitaires de France，1990，p. 51.

② 《论语·魏灵公》。

第一章
法学方法论概述

第一节　法学方法论的概念和特征

一、法学方法论的概念

“法学方法论”（Methodenlehre der Rechtswissenschaft，legal methodology）概念来自德国[①]，并为大陆法系法学界所广泛采用。但事实上，作为一门认识和运用法律的工具，法学方法论在两大法系也有各自的发展源流和广泛的运用基础。英美法学者常常将方法论称为“法律推理”（legal reasoning）[②]，或“法律推理方法”（the methods of legal reasoning）、“法律论证方法”（the methods of legal argument）、“法学方法”（the method of jurisprudence）、“法律方法”（legal methods）、“法律解释方法”（the methods of legal interpretation）、“法律人的方

① ［德］罗伯特·阿列克西：《法律论证理论》，舒国滢译，中国法制出版社2002年版，第23页。

② Ian McLeod，*Legal Method* 7th ed.，Palgrave Macmillan 2009，p. 4.

法”（the method used by lawyers）等。这些概念的核心都是如何解释、运用判例法和成文法，通过特定技巧将法律规则与案件事实结合起来，并得出妥当的裁判结论的方法。[①] 这实际上和大陆法中的法学方法论有异曲同工之处。以法学方法论的研究重点之一法律解释为例，大陆法以成文法为解释基础，解释方法侧重于对法律文本的解释和法律漏洞的填补。同样，在英美法的法律推理（legal reasoning）中，也需要通过解释判例和成文法来裁判案件。在司法实务中，无论是判例法还是成文法，都要严格遵循一定的方法，因此都离不开法学方法论的指导。从这个意义上说，法学方法论是两大法系都致力于研究和高度重视的学问。

在我国，法学方法论概念也存在多种表述，如“法律方法”“法律解释”“裁判方法”“法律推理”“法律学方法”“法律论证方法”“法律解释学”等。法学方法论概念的不一致现象已经成为一种“术语学混乱”（terminological chaos）[②]，这在一定程度上也阻碍了法学方法论的发展。笔者认为，作为一门学科，其内容、外延可以有不同理解，但学科名称必须统一、特定。在相当长的时期内，法学方法论被看作是法理学的一个分支，是法理学研究的对象。但随着部门法的日益成熟与发展，尤其是部门法在实践运用中的迫切需要，法学方法论也吸引了越来越多的部门法学者，从而形成了刑法方法论、民法方法论、行政法方法论等一系列前沿法学方法论，并出现不少有代表性的著作。[③] 虽然有些研究的对象和材料有差异，但总体而言，法学方法论关注的都是法律适用过程中如何科学理解、适用法律规范的方法问题。这些研究都遵循大体一致的原理与技术性规则。例如，就法律解释而言，尽管民法和刑法在法律解释的对象上存在差异，且有一些解释的规则也不完全一致（例如民法注重类推，刑法则极少采用此种方法），但其基本规则、内在规律和研究路径等还是大致相同的。这些都决定了我们可以基

---

① Geoffrey Samuel, *The Foundation of Legal Reasoning*, Antwerp: Maklu. Uitgevers. 1994, p. 111.

② Bartosz Brozek, Jerzy Stelmach, *Methods of Legal Reasoning*, Springer 2006, p. 9.

③ 有代表性的著作，如梁慧星：《民法解释学》，中国政法大学出版社 2000 年版；陈金钊等：《法律解释学》，中国政法大学出版社 2006 年版；孔祥俊：《法律方法论》，人民法院出版社 2006 年版等。

于不同学科的研究成果，经过对法律适用方法规律的把握和经验总结，发展出具有中国特色的一般性的法学方法理论。笔者认为，总结我国现有研究成果，目前较为主流的观点还是以“法学方法论”为学科名称，以“案件裁判中法律理解、适用的一般规律”作为其研究对象。虽然法学方法论从文字表述看，似乎是关于法学的方法，或者是关于法学研究的方法，但自我国引入以拉伦茨为代表的德国法学方法论知识体系以来，已经对其概念、内容、外延等形成了广泛共识，可以说它已经成了一个约定俗成的概念。因此，本书也采纳了这一概念。虽然法律解释学是法学方法论中的一项重要内容，但正如我们在后文要指出的，法律解释学只是法学方法论的一个组成部分，故不宜以法律解释学代替法学方法论这一称谓。

什么是“法学方法论”？一般认为，法学方法论主要是研究法律解释、适用规律的学问，通过总结和归纳法律解释、价值判断、法律论证等法律运用中的一般规律，并在裁判活动中加以运用，从而保证法官依法作出公正裁判。“法律无解释不得适用”，法律解释是法律适用的前提，法律适用虽然是一个十分宽泛的概念，但其最典型地体现在司法裁判的法律适用中。从广义上讲，尽管法律适用的主体是多元的，包括行政机关的执法、仲裁机构的仲裁、社会公民的守法等，但法学方法论并不是一般地探讨法律适用的问题，而是聚焦在司法案件裁判过程中法官如何具体适用法律的过程。法学方法论以案件裁判中法官的裁判活动为视角，以法官对法律文本的解释为内容，以法官的思维方法为考察对象，以法官如何运用三段论过程而展开。总之，法学方法论是探讨有关法官在案件裁判中，如何运用三段论，准确解释法律、作出价值判断的方法。或者说，法学方法论是研究如何运用法律解释方法、价值补充和司法三段论等方式，来解释和运用法律、正确裁判案件的方法，它是对司法裁判过程中法律适用规律的系统总结。从这个意义上说，法学方法论主要是案件裁判的方法，因而，它与立法论是相区别的。

然而，从名称上简单地将法学方法论称为裁判的方法，也不完全妥当。法学方法论虽然以案件裁判为直接服务目标，但其知识内容、价值功效已经远远超出该范围。例如，有关法律解释的方法完全可以为立法学所运用，这些方法以及价值判断和论证方法等不仅可以为法律人所共享，也可以在仲裁等活动中被采用。正是从这个意义上，笔者认为，不宜以“裁判的方法”这一名称代替法学方法论。尤其应当看到，“裁判的方法”概念只突出了“方法”的概念，但没有强调“方法论”的含义，故这一用语没有体现出法学方法论的固有含义和目的。

法学方法论是对法官已经采用的方法和可能采用方法的抽象总结和系统化，是对方法及其运用规律进行归纳和总结的学问。这就是说，一方面，法学方法论要为法官正确适用法律提供一些可具操作性的方法。赫克（Heck）曾经指出：“在所有的改变中，方法的改变才是最大的进步。”① 法学方法是一系列关于法律运用和操作的技巧，对这些技巧的抽象和系统研究便构成了法学方法论。毛泽东同志曾经形象地概括了方法的重要性，他说，“不解决桥和船的问题，过河就是一句空话”。在这里，毛泽东同志主要强调了方法的重要性。俗话说，“磨刀不误砍柴工”；“工欲善其事，必先利其器”，都强调的是方法的重要性。另一方面，法学方法论意在总结、归纳法律适用方法的一般规律和原理。方法论不同于方法，它是把一个领域中各种分散的具体方法组织起来并给予理论上的说明。② 法国学者 Barreau 指出，“离开方法的科学就不能称之为科学”③。在此意义上，任何科学都应当遵循一定的方法。这些方法，有些是各学科知识所共通的，有些是每个学科所独有的。法学方法论尽管需要借助于一些共同的研究方法，如价值研究法、社会研究法，但由于其以探寻、归纳案件裁判适用过程中的法律具体适用为目的，因此也具有一些自身独有的研究方法。法学方法论通常包括一般性原则和各种具体的研究方法，旨在对各种法律解释、适用方法进行系统总结，从而形成自身的理论体系。方法可能是散乱的，而方法论必须是在一定的理论框架下形成的系统学科知识。方法论要以方法为其研究的基本内容，但是，仅仅将法学方法论等同于法学方法，也是不妥当的。方法和方法论仍然是联系密切但又相互区别的两个概念。方法是达到目的的途径和手段，“方法意指通往某一目标的路径。

① Philipp Heck，Interessenjurisprudenz und Gesetzestreue，DJZ 9（1905），S. 32.

② 张骐：《法学方法论及其在法治研究中的应用》载，《中国人民大学学报》2003 年第 3 期。

③ Hervé Barreau，L'épistémologie，Paris：Presses Universitaires de France，1990，p. 51.

在科学上，方法是指这样一种路径，它以理性的，因而也是可检验（nachvollziehbar）和可控制的方式导向某一理论上或实践上的认识，或导向对已有认识之界限的认识”[①]。而方法论则是对方法的形成、运用等规律的总结。正如在英语系统中“method”和“methodology”是两个不同的概念，前者指的是方法，后者指的“用以对方法、规则、假设进行分析的科学”[②]。正是从这个意义上，笔者认为，不能以方法的概念替代法学方法论的概念。

二、法学方法论的特征

法学方法论以法律解释、法律适用为对象，以服务司法案件裁判为目的，这决定了它具有一些自身所独有的特点。

（一）法学方法论是一门服务于法律适用的科学

法学方法论是法学的组成部分，但它和法理学等理论法学相比，并非对于法律本体论的研究，而侧重于法律的具体适用。法学方法论不同于部门法学的特点在于，它不仅仅是对文本进行解释，而更侧重于研究有关法律规范如何准确地运用到个案裁判过程中并得出妥当、公正的裁判结论问题。法学方法论要为司法裁判中适用法律提供可供操作的具体方法，这些方法主要包括：法律解释和漏洞填补的方法；法律推理方法，主要是借助三段论的方式进行法律推理；价值判断方法；法律论证的方法。法学方法论的目的不仅要提供理解和准确适用法律的方法，而且是对法律适用规律的系统总结，是对裁判活动中法律适用的共通规律的综合、整理和抽象。因此，法学方法论是一门关于总结、归纳案件裁判中法律适用方法的学问。我们说，法学方法论是一门服务于法律适用的科学，其原因在于：

第一，法学方法论符合科学的基本判断标准。根据美国学者 Root-Bernstein

① ［德］齐佩利乌斯：《法学方法论》，金振豹译，法律出版社 2009 年版，第 1 页。

② *Webster's New International Dictionary of the English Language*，Second Edition，Unabridged，W. A. Neilson，T. A. Knott，P. W. Carhart（eds.），G. & C. Merriam Company，Springfield，MA，1950.

的归纳，要判断一个理论是否科学，要符合逻辑的、经验的、社会学的和历史的四项标准，缺一不可。[①] 笔者认为，法学方法论符合这四个标准：其一，法学方法理论有自己独特的体系，并以逻辑严谨为其重要特征；其二，法学方法理论是对实践的总结，并可以通过实践加以运用与检验；其三，法学方法理论并非关于法学方法的简单堆砌，而是针对法学方法的系统研究，目的在于解决具体的社会问题，回应社会需求；其四，法学方法理论对经过长期演进形成的具体法学方法进行总结和提炼，能够用以解释既有法律适用问题，也能够为法官准确适用法律提供可供操作的技巧。显然，法学方法论是一门符合逻辑、符合经验和社会历史演进规律的社会科学，是一种人类通过理性认识事物、且能够为人们所反复使用的方法，即我们所称的一般意义上的科学。

第二，法学方法论已形成了独特的理论体系。在罗马法中，法学被称为真正的哲学（vera philosophia），或者说罗马人的民族哲学，因为其基础是罗马人在实际生活中长期积累的经验。正因如此，耶林认为，罗马法获得了科学性的实践基础，并真正发展为一门科学。[②] 而从自然法学到概念法学，再到利益法学、自由法学，都在很大程度上探寻了法学发展的规律。当前英美法学研究中的实证法学、法律经济分析等研究的目的亦是如此。这些学说的发展，为法学方法论的发展奠定了理论基础，并不断为其注入新的动力。此外，法学方法还建立在经济学、心理学和逻辑学等广泛的科学门类基础之上，从而形成了有别于其他学科的理论体系。有一种观点认为，法律科学（Science of Law）只不过是对法律文本语言的解释问题而已，法学的客体仅包括两部分：一是由具体法律规则构成的躯体；二是针对该躯体的解释性技术科学。[③] 但事实上，法学的客体所涵盖的范畴远不止于此，还包括对社会学、心理学、经济学、语言学、逻辑学和体系化理论

---

① 方舟子：《科学是什么》，http：//www.oursci.org/archive/ency/phil/011.htm，访问日期：2011年7月18日。

② ［德］耶林：《法学是一门科学吗?》，李君韬译，法律出版社2010年版，第56页。

③ Peter Goodrich，*Reading the Law，A Critical Introduction to Legal Method &. Techniques*，Oxford & New York，Basil Blackwell，1986.

的广泛运用。即便是针对法律文本语言的解释活动，也涉及各学科的综合运用。[①] 例如，法社会学、法经济学已经成为讨论法律问题时的重要知识储备。这些学科的运用进一步增强了法学方法的科学性基础。

第三，从法学方法论的历史源流来看，其本身就是建立在裁判者适用法律的经验和人们广泛的生活经验基础之上的。一方面，裁判者在适用法律的过程中，通过归纳和整理汗牛充栋的判例，不仅解决了争议，而且必然会形成如何理解和适用法律的方法，也为后世学者归纳其中的规律提供了极为丰富的实践素材。另一方面，法学方法论也是社会经验的总结。德沃金指出，法律是一门实践性的学科。法律的实践性明显地区别于宗教等纯粹精神思考的科学。正是因为法学方法在起源上的实践品性，使其能够被人们以经验和逻辑等方法加以认识、抽象和总结，并反过来可有效指导裁判活动。这就意味着，法学方法论本身作为一类法律现象具有实践基础。

第四，法学是形式技术方法与认识论的结合。有人认为，法律适用是一个简单的逻辑三段论推理的过程，是从大前提和小前提推出结论的一个简单过程而已。但事实上，此种三段论推理背后还隐藏着重要的认识论基础（epistemology），包含了诸种对法律现象和人们行为的品质评价。法学方法正是前述所涉形式技术方法与此种认识论的结合。[②]

（二）法学方法论是运用法律解释方法、价值判断和司法三段论方式解决法律适用中具体问题的学科

法学方法论作为研究法律适用规律的一门科学，解决法律适用中的具体问题。对法学方法论的概念，一直存在着广义和狭义的理解。广义上理解，方法论是研究各种法律现象中的共同规律的学问，其内容包括了立法、司法、行政执法、法律监督等方法，尤其是包括了法学研究过程中的各种研究的方法如历史研

① Geoffrey Samuel, *The Foundation of Legal Reasoning*, Antwerp: Maklu. Uitgevers. 1994, pp. 112 - 113.

② Geoffrey Samuel, *The Foundation of Legal Reasoning*, Antwerp: Maklu. Uitgevers. 1994, p. 135.

究方法、经济分析方法、社会学方法等。基于这一概念，法律解释学包含在法学方法论之中。但从法学方法论作为独立学科的地位看，应当将其进行适当的限定，将法学方法论的研究对象集中在法律的适用过程上，即法律在实践中的适用规律。只有这样，法学方法论才不至于“包罗万象”，失去其规律的共通性以及学科的独立性。从这个意义上，有必要将诸如立法方法、法律研究方法等排除。当然，狭义的法学方法论并非与立法学、法理学没有关系，事实上，法学方法虽聚焦在法律适用上，但它对立法学也有指导、参考意义。通过法学方法论所总结的法律适用规律，也可以在立法里面大量采用，从而完善立法技术、提高立法质量。

法学方法论的首要任务是为寻找法律并为解释法律提供正确的方法。法学方法论不同于法律解释学。就法律解释学和法学方法论之间的关系而言，学理上存有不同的看法：一是同一说。这种观点认为，法律解释学和法学方法论是同一事物的不同表达。例如，有学者研究德国民法解释学时曾得出这样的结论：“德国学者将法解释学归结为一种方法论，认为法学方法论是对法律解释、适用的方法论，与法解释学为同义语。”① 二是区别说。这种观点认为，法律解释学和法学方法论虽然有一定联系，但还是两个不同的概念。法学方法论主要侧重于法律的具体适用，比如司法三段论需要解决如何科学地将法律规范（大前提）运用到案件事实（小前提）中去，而法律解释学主要侧重于如何正确地阐释法律规范（大前提）的含义。笔者认为，法学方法论是运用法律解释方法、价值补充和司法三段论方式解决法律适用中具体问题的学科。应当承认，法律解释学是法学方法论重要的组成部分，因为后者所研究的法律适用的前提就是正确地解释法律，但是，法律解释学并不能替代法学方法论。一方面，法律解释学的重点是探求如何解释法律和填补法律漏洞，主要是在寻找大前提的过程中，确定与客观事实联系最密切的法律规则，解释待适用的法律规则。但有关小前提的确定以及如何寻找妥当的裁判规范，并不是法律解释学需要完成的任务。另一方面，法律解释虽然

① 梁慧星：《民法解释学》，中国政法大学出版社 1995 年版，第 199 页。

也要在解释过程中运用一定的价值判断方法（例如，注重裁判的个别正义，本身就是一种价值判断方法），但并不将其作为一个独立环节而专门加以研究。因为事实的判断，尤其是大前提和小前提的连接，并不是法律解释本身能够解决的。而法学方法不仅在解释中运用价值判断，而且还研究价值判断本身、如何将价值判断与三段论推理、法律解释相结合等问题。因此，法律解释学只是法学方法论的组成部分。

法学方法论的第二项任务就是要为大前提如何与小前提相连接提供一套正确的方法。一般认为，法律适用的过程包括三个阶段：一是法律的发现（Rechtsfindung）；二是法律的解释（Rechtsauslegung）；三是法律的应用（Rechtsanwendung）。[①] 在司法裁判中适用法律，无论是民事案件还是刑事案件，都要经过这三个阶段。法律的适用过程，就是根据一般性的法律规范（大前提）与事实认定（小前提），按照符合演绎的方式将判决从一般性的法律规范之中演绎出来。适用法律的难点在于大前提和小前提的连接，而适用法律的艺术也表现于此。因而伽达默尔指出："如果有人认为法律在某个具体案件上的运用只是把个别置于一般之中的逻辑归属过程，那显然是一种外行的看法。"[②] 事实上，三段论是一个动态的连接过程，在这一过程中，需要依循一定的方式方法，使大前提和小前提准确连接，这可以说是方法论的主要任务。哈特认为："每当我们把特定的具体情况涵摄于抽象的规则时，总是会同时出现具确定性的核心以及值得怀疑的边缘。"[③] 古希腊哲学家曾提出著名的"秃子悖论"，即如果有 x 根头发的人被称为秃子，那么有 x+1 根头发的人也是秃子，因而有多少根头发才是秃子，本身是模糊的。在裁判活动中也经常遇到此类模糊性问题。因此在连接过程中，需要广泛运用法律解释的方法和规则，正确解释法律的同时，也要按照三段论固有的逻辑推理方式，寻找与案件事实有密切联系的法律规则，从而得出最妥当的裁判结论。

---

① 杨日然：《法理学论文集》，月旦出版公司 1997 年版，第 517 页。

② ［德］伽达默尔：《真理与方法》（下卷），洪汉鼎译，上海译文出版社 1999 年版，第 685 页。

③ ［英］H. L. A. 哈特：《法律的概念》，法律出版社 2006 年版，第 117 页。

法学方法论的第三项任务就是如何正确地进行价值判断、得出妥当的结论。“在逻辑的背后总是隐藏着人们对价值和相互冲突的立法理由的判断。”① 在一个价值多元的社会中，法官如何通过一种正确的价值取向来作出裁判，这也是法学方法论所应当具有的功能。完全按照逻辑推理裁判，可能会过于僵硬而脱离具体案情，导致机械执法，不能实现法律应有的效果，同时也可能难以体现个案中的公平正义。因此，需要法官依据公平正义等价值理念来弥补三段论的不足。

法学方法论是运用法律解释方法、价值补充和司法三段论方式解决法律适用中具体问题的学科，三段论主要是一个逻辑过程，其自身并不包含价值判断因素，故需要价值补充方法的辅佐。而将三者协调配合地加以研究，既可以让不同的制度各司其职、让适用者可以脉络清晰地把握和应用，又可以使三者相互补充，形成符合价值要求和社会需求同时又反映法律本意的裁判。在法学方法论中，法律解释方法、价值补充和司法三段论这三者也形成了统一的整体，具有内在的密切联系性。一方面，无论是法律解释还是价值判断，都要在既定的三段论过程中才能得以运用。另一方面，每一种方法，都有其自身的功能和特点，三者相互配合、相互补充。因此，在理解法学方法论时，既要分别研究法律解释方法、价值判断和司法三段论的各自作用，又要根据这三个方面相互联系、共同配合的特点，将其作为一个整体加以把握。

（三）法学方法论的目的在于保障法官依法作出公正裁判

方法论本身只是手段和方式，其最终目的是保证法官依法作出公正裁判。法官，顾名思义就是司法之官，其在法治社会中的使命和职责就是，通过公正裁判使法律得以准确适用。要使书本上的法律成为行动中的法律，很大程度上需要借助于法官的裁判活动。在一般情况下，“依法”通常是指依循制定法。为了保障法官公正作出裁判，就必然要求法官有法必依、依法裁判，法官不仅需要在成文法确定的范围内裁判，而且需要在特定的法学方法的范围内适用成文法。只有在特殊情形，因为法律的滞后性，甚至出现法律漏洞等原因，才需要法官通过填补

① Oliver Wendell Holmes, Jr., “The Path of the Law”, 10 *Harvard Law Review* 457 (1897).

漏洞的方式，依据法律的原则和精神，秉持公平正义的理念来进行裁判。在此情况下，“依法”是广义上的，其包括要依循法律的原则和精神等进行裁判。司法公正可以分为实体的公正和程序的公正。就实体的公正而言，是指裁判者应准确认定事实和正确适用法律，对诉讼当事人的合法权益提供了充分保障，并对违法犯罪者给予应有的惩罚和制裁。所谓程序的公正，是指司法程序必须符合公正、公开、民主，对当事人的诉讼权利的基本保护、切实保障法官的独立公正，以及充分体现效率的原则。依法和公正是同一问题的两个方面，只有依法才能保障公正，反过来说，判断是否公正在很大程度上就要确定其是否具备合法性。

法学方法论正是实现法官依法公正裁判的手段，或者说是达到这一目的的路径。就司法三段论而言，其直接的目的就是要保障依法裁判的问题。而这种依法不仅仅是援引抽象的原则的法律规定，而是针对特定案件的事实、依据与案件最密切联系的法律规则作出裁判。在方法论中，法律解释正是要使法律的含义通过解释清晰化、明确化，能够探明立法的意旨，使立法的意旨能够得到准确的运用。但是，在整个裁判活动中，法律赋予了法官自由裁量的权力，为了保证法官在自由裁量权范围内准确适用法律、依法公正裁判，需要通过对价值判断进行规范，适当限制法官的利益衡量。可见，方法论本质上是服务于法官依法公正裁判的方式。

（四）法学方法论主要是研究裁判方法的科学

法学方法论是对法律适用中的规律的系统总结，虽然在名称上冠以“法学”二字，但法学方法论并不提供学术的研究方法。其原因在于：其一，从法学的发展来看，长期以来，法律解释学、注释法学、法教义学是法学研究的主要对象，因此，此处的“法学”，更多具有“法律解释学”的意义。其二，随着法学研究的发展，在现代法学研究中，越来越多的适用解释学以外的研究方法，在很大程度上促使法学方法逐渐从法学知识中分离出来，成为一门独立学科。从源流上看，我国学者所使用的法学方法论的概念，仍然是借鉴了德国学者的用法。例如，德国学者拉伦茨关于法学方法论的著作，直译就是“法律科学的方法学”

(Methodenlehre der Rechtswissenschaft)①，中文则采用了“法学方法论”的译法。但鉴于“法律科学”（Rechtswissenschaft）仍主要指传统的法教义学，所以，在内容上，法学方法论仍是关于法律适用的学问，而不是关于法学研究的学问。其三，在很大程度上，经过长期使用，“法学方法论”已经是一个约定俗成的概念，获得了广泛的共识。由于法学方法论将为法律人提供具有广泛公示性的方法和思维方式，法律人具有相同的理念，接受相同的训练，掌握相同的技巧，才能护佑法治之舟的平稳航行②，既然“法学方法论”这一概念，以及其总结出来的规律，已被法律人所普遍认可，故而也没有必要使用其他的术语，否则将更难获得共识。

如前所述，法学方法是研究法律适用中规律的方法，而法律适用本身是有规律可循的。在这个意义上，法学方法论也是对法官具有普遍共识、较为成熟的、具有可操作性的司法实践经验的归纳。在我国，法学方法论的主要任务就是要从中国的审判实践经验出发，适当借鉴国外经验，将这些方法进行总结、提炼和归纳，形成体系化的规则，为法官解释法律提供帮助，尤其是要逐步形成一套为法律人所共同认可的方法和规则。故而，法学方法论的研究重点包括有关法律解释、法律推理、法律论证以及法律事实的发现等适用层面上的问题。

但是，仅仅把法学方法论看作是法律适用的方法，仍然过于抽象。事实上，法律适用本身是一个非常宽泛的概念。法律适用，是将抽象的一般规则运用于具体的社会生活之中的过程，包括司法、仲裁、行政执法等，也包括公民对法律的自觉遵守。而在所有的适用过程中，因适用主体、遵循的规则和方法存在重大差异，无法简单概括出统一的抽象原理。所以，法学方法论进一步将研究的焦点集中在法官的裁判活动上，主要是对裁判活动中适用法律的经验作出系统的总结。作出这样一种限制的主要原因是：

第一，司法裁判在法律适用活动中具有典型性。把握具有普遍的代表性和典

① Karl Larenz，Methodenlehre der Rechtswissenschaft，4. Aufl.，Springer-Verlag Berlin and Heidelberg GmbH & Co. K；2007.

② 肖扬：《薪火相传寄未来》，载《法制》2008 年第 2 期（卷首语）。

范意义的以司法裁判为中心的法律解释，能够在法律解释的研究中起到纲举目张的作用。法官是解释的主体，因为法官是直接面对个案的法律人。一方面，立法机关和行政机关虽然也会遇到法律解释的问题，进行法律解释活动，但其职能主要是法的创制和执行。而司法过程是将纸面上的法律变成生活中的法律的过程，法律本身的规则内容固然为民众所关心，但是其在实践中得到准确适用才真正能够对社会产生规范效果，民众就会相信在以后遇到同样类型的案件时，其最终的结果和先前的判决也会具有类似性。另一方面，仲裁、调解等活动虽然也必须运用法律解释，但是现代法治国家是以司法为纠纷的最终解决手段，司法是社会正义的最终守护者，虽然 ADR（多元化纠纷解决机制）是一种趋势，但诉讼外的纠纷解决方式并不能完全取代诉讼，而只能起到补充作用。此外，仲裁、调解等程序虽然有灵活性的特点，但其基本结构仍然是以司法程序为模板设计的。因此，法律解释和适用所遇到的问题主要发生在司法裁判过程中，其解决也具有典型意义，能够为其他的法律适用提供模板，有助于形成法律规则的共识，减少法律适用的成本。

第二，司法裁判在法律适用活动中具有终局性。就法律适用来说，应当以裁判为中心。我妻荣教授认为："法律，特别是私法，在最广泛的意义上以裁判为其中心。"① 耶林在《罗马法的精神》一书中指出："法是为实现自我而存在的。法的实现就是法的生命，才是真实的，不，法的实现就是法的自身。如果法不能实现，只是单单存在于法规中，存在于纸上，那就只是虚幻的法，是空洞的语言。相反，如果法是实现了的东西，即使在法规中不存在，即使人民和法理学都没有意识到它，它也是法。"② 可见，司法是法的实现的核心环节。应该看到，我国处于社会矛盾高发期，诉讼呈现爆炸的趋势，大量的诉讼案件涌入法院，而法院的人力物力均极为有限，以极其有限的司法资源应对迅猛增长的诉讼案件，导致司法机关应接不暇，案多人少的矛盾十分突出，从而影响了案件的审判质量

①② ［日］我妻荣：《债权在近代法中的优越地位》，王书江等译，中国大百科全书出版社 1999 年版，第 354 页。

和审判效率，出现不少案件久拖不决的现象，在此情况下确实需要采用多元化的纠纷解决机制。但无论诉讼外的纠纷解决机制发挥多大的作用，司法作为其最终解决机制的地位不受影响。正是因为这一原因，司法也被称为维护社会正义的最后一道防线，因而，司法裁判在方法论上具有典型意义。

第三，司法裁判活动具有规律可循。方法是人类认识世界和改造世界的思路、途径、方式和程序。法学方法论作为一门科学，通过对裁判者适用法律的经验、方法、规律的归纳总结，为法律人适用法律提供系统化和理论化的指引。在司法裁判活动中，法官行使裁判权的行为应当遵循司法规律，而不是盲目的、随意的。从司法活动本身来看，其也是有规律可循的，通过对司法经验中法官共通性的智识的整理，上升为系统的理论，可以形成对此种规律的理论化梳理。我国长期的司法实践也为总结司法裁判中的规律提供了丰富的素材。此外，还应当看到，法官本身是法律人共同体的组成部分，总结司法裁判活动的规律，在方法论的意义上予以把握，这对于法律人共同体的形成也是十分重要的。“正是这种专门的知识体系和独特的思维方法，使得法律共同体成为一个自治的共同体，一个分享共同的知识、信念和意义的想象共同体。”[①] 所以，法学方法论以法律人尤其是法官的裁判行为作为研究对象。

第四，从方法论自身的发展来看，其也是围绕着裁判活动而展开的。司法三段论是逻辑三段论的推理中发展出来的理论，但是，其核心是解决如何在裁判过程中进行严谨的推理，从而得出妥当的结论。而法律解释和适用的主体主要就是司法裁判者，法律解释和适用所遇到的问题主要发生在司法裁判过程中，其解决也具有典型意义，因此，研究以司法裁判为中心的法律解释和适用方法，对于仲裁、调解具有重要的参照作用。司法过程中的法律解释方法能够为其他的法律适用提供模板，其他法律解释和适用者都能按照法官所遵循的解释规则应用法律，有助于形成法律规则的共识，减少法律适用的成本。司法裁判的程序最为完整和严密，对法官的裁判的说理性要求最高，这是法律解释学发展的重要土壤。以司

---

① 强世功：《法律共同体宣言》，载《中外法学》2001 年第 3 期。

法裁判者为中心，可以有效地回答法律解释应由谁来解释、解释什么、为什么解释、怎样解释、如何适用等一系列问题，为法学方法论提供了一套基本理论框架。自 19 世纪以来，传统的法律解释学始终将解释的主体限于法官，其原因也在于此。法律论证虽然为所有法律人提供了说服的工具，但是，其更重要的功能是服务于司法裁判中的说理。因为在司法裁判中，为了使判决具有公平性，也为了使当事人和社会公众接受判决，必须强化裁判的说理。

正是因为法学方法论主要是研究裁判方法的科学，所以，法学方法实际上是裁判方法。勒内·达维指出："所有的法学家都清楚，不论是在大陆法系还是在普通法系国家，法院所作的判决在整个法律发展过程中一直是起着重要作用的。法律究竟是怎样的，最终要由法官们作出决定。"① 应该说，法学方法的研究对象更为宽泛，其主要以司法裁判活动中如何适用法律为研究对象，在一定程度上也考察各个法学思想流派指导下的法律适用方法等，而裁判方法只是法学方法的一部分内容。当然，应当看到，在很大程度上，法学方法的很多规律性认识都是从裁判中产生，并且是服务于司法裁判的。裁判的方法，就是要总结法官日常裁判案件的工作过程，从理论上加以概括，寻找其规律性，并用于指导裁判活动。②

三、法学方法论的功能

法学方法论的功能，概括来说，就是在裁判过程中如何指引法官正确寻找并解释法律，从而正确适用法律，作出公正的裁判。如前所述，法学方法论作为在遵守一定的前提下的裁判技术和适用法律的技术，其目的是直接服务于法官依法公正裁判的。"无论在普通法系还是大陆法系，法官都在寻求获得法律的唯一判决的艺术，作为寻求法律判决唯一的方法，该种行为没有被称为科学而是被认为

① ［法］勒内·达维：《英国法与法国法》，舒扬、刘晓星译，西南政法学院法制史教研室印，第 50 页。
② 梁慧星：《裁判的方法》，法律出版社 2003 年版，第 2 页。

一种艺术。"[①] 在穆勒看来，法学方法论的工作重点在于消除法律规范与裁判规范之间的隔阂，也就是体现为规范的具体化过程。[②] 从这个意义上所讲的法学方法论，它具有以下几个特点。

（一）工具价值

法律的最高价值就是公平正义，司法的终极目标也是追求公平正义。而法学方法论作为法学方法的系统归纳和总结，其实质上就为保障法律的正确适用、实现公平正义提供了工具。方法论的工具价值首先体现在保障法律的准确适用，其是法官准确适用法律的工具。这种价值主要体现在：第一，作为一种适用法律的工具，方法论系统总结和归纳了司法三段论、价值判断以及法律解释学的各种方法，为法官具体理解、解释适用法律提供了一种系统、准确地理解和适用法律的方法，有助于法官作出正确的有说服力和法律效力的裁判。第二，作为法律适用的工具，方法论梳理了司法三段论、价值判断和法律解释的方法，使法官在方法的认知上形成一种共识，在类似的案件中采用具有共识性的方式来寻找法律，并获得妥当的裁判结果，从而保证了法律适用的稳定性和可预期性。第三，方法论总结了法学方法适用的一般规律，透过这些规律，法官能够寻求法律适用的最佳社会效果和法律效果。所谓方法，就是在给定的条件下，为获得某种东西或者达到某种目的而采取的手段和行为方式。[③] 学术界常有一种应该"重道轻术"还是"重术轻道"的争论。实际上，"道"与"术"是相辅相成、相互关联、同等重要的。方法论既要提供"术"，又要阐明"道"。方法论不以一般实用方法为对象，方法论所探讨的是科学方法，更确切地说，是以获得科学认识为目的的方法。[④] 而方法论就是关于方法的一整套的系统理论，其本身是以方法为研究对象的一门学问。方法论以方法为实践基础，但其本身又超越了方法本身，是通过理论抽象而获得的方法的知识体系和规则。[⑤]

---

① Geoffrey Samuel, *Epistemology and Method in Law*, Dartmouth Pub Co, 2003, p. 115.

② Friedrich Müller, Juristische Methodik, Berlin, Duncker und Humblot GmbH, 1989, S. 21-22

③ 梁慧星：《民法解释学》，中国政法大学出版社 1995 年版，第 80 页。

④ 梁慧星：《民法解释学》，中国政法大学出版社 1995 年版，第 81 页。

⑤ 侯学勇：《我国法律方法论研究内容的变迁》，载《浙江社会科学》2010 年第 12 期。

法学方法论的工具价值还表现在，通过裁判活动充分实现法律的公平正义价值。一方面，方法论可以克服法官因为经验、偏见，甚至司法腐败等原因造成的偏差，它可以提供发现和纠正此种偏差的方法。实践证明，人类的认知是有局限的，难免经常会具有片面、臆断、固执、狭隘等特点。在司法实践中，有的法官受经验主义、实用主义的影响，轻视方法论的运用，使得判决出现了各种偏差，导致判决结果有失公正，这可能不是法官主观故意所致，而主要是源于方法适用上的无意识的偏差。方法论研究的目的，就是要总结法官解释、运用法律中的规律，并将其予以提升，形成科学的理论体系。例如，在解释过程中，法官没有按照形成共识的方法来解释法律，就可能得出不公正的裁判结论。另一方面，司法正义要求类似案件类似处理，以保障法律的可预期性。方法论本身作为司法规律的总结，它为法律人的交流和形成共识搭建了平台。它不仅可以使不同审级的法院之间形成裁判活动方法的共识，而且可以为法律人乃至法律人与社会公众之间达成共识提供基础，这也为实现司法正义提供了保障。各种方法不是探究法律发展的一般规律，而是要探求是否在裁判中准确适用法律的规律，我们强调方法论的工具价值，不仅要强调其实践特征，而且要强调方法论直接服务于法律在个案中的具体适用，并公正地解决个案纠纷。

（二）控权价值

法学方法论不仅为法官提供了一种可供操作的裁判方法，也为控制法官的自由裁量活动、保障法官准确适用法律、依法公正裁判提供了一定的规范基础。美国学者德沃金曾提出了“面包圈”理论，即自由裁量只在面包圈内的空心区域发挥作用。该区域应受到法律规范（面包圈）的限制，任何裁量都要受到规范的约束。根据法律原则作出的解释才是最佳的解释，并符合“完整性法律”的概念。[①] 法学方法论的核心是限制司法权，故而具有控制裁量价值，其背后是一种司法权控制的理念。法学方法论的核心功能是引导与限制法官自由裁量，以及形成正确的价值判断和思维模式，从而保障法官能够对同一案件寻找相同或相似的

① Ronald Dworkin, *Law's Empire*, Belknap Press of Harvard University Press, 1986, p. 152.

法律依据与处理方法，以实现法的安定性。从这一意义上讲，与其说法学方法论为法官提供了便利，不如说其对法官的裁量形成了规范或规制，这主要表现在：

第一，司法三段论为法官准确适用法律提供了可供操作的框架。这就是说，法官不仅应该严格按照逻辑推理的方式得出裁判结论，而且其必须从现有法律体系中寻找可供适用的裁判依据，并从特定的法律事实出发确定与案件最密切联系的规则，最终将案件事实与特定的法律相连接，以得出妥当的裁判结论。

第二，在找法的过程中，作为裁判依据的法律规则必须是明确、清晰的。为此，法官必须通过寻找存在共识的解释方法和规则来解释现有的法律。在解释过程中，法官必须要从文义出发，忠实立法原意和立法意旨。只有在存在法律漏洞的情况下，法官才能进行漏洞填补。法谚云："法律无法官的解释和运用等同于一纸空文。"但解释必须遵循具有共识的规则和方法。整个法律解释的规则不仅是说理论证的方法，而且是保证法官正确解释和适用法律的方法。

第三，在适用三段论的过程中，法官都必须通过价值判断，使其作出的裁判结论符合公平正义等价值要求。但正是因为价值判断本身具有主观性，所以，方法论就有必要确立价值判断的规则，以保障法官准确地进行价值判断、依法进行裁量。例如，裁判结论不能是直接根据法律背后的价值判断标准和案件得出的，而应当是在法律规范框架下得出的。①

第四，整个司法三段论的运用和法律解释的过程，都应伴随着说理论证。而说理论证正是保障裁判正当性和说服力的重要途径。如果法官不阐明事实是如何认定的、法律是如何寻找的、结论是如何得出的，就可能导致法官武断司法。司法的公正正是通过说理论证得以外在化，并能够为当事人及社会公众实际地感知。

法学分析方法体现了法律的形式正义，使得司法成为一个技术性的过程，裁判的技术化、公开化使得对裁判活动的监督成为可能。司法作为适用法律的一门艺术，很大程度上体现在如何保持能动和克制的平衡和协调上。法官在审判活动

---

① Aleksander Peczenik，*The basis of legal justification*，Lund，Sweden，1983，p. 54.

中，绝对不是像“自动售货机”一样，一旦输入案件事实便自动生成裁判结果。法官必须基于案情能动地运用法律分析、推理、论证并在此基础上作出裁判，其中，法官的能动性对于审理的过程和裁判的结果具有非同寻常的意义。[①] 方法论通过对法官价值判断、自由裁量等作出一定的限制，通过对寻找法律和解释法律活动的规范，从而保障案件裁判充分体现社会正义。

（三）指引价值

指引价值，是指方法论可以指导法官遵循正确的程序和方法进行裁判，从而依法作出公正的裁判结论。方法论的指引价值可以从两个方面理解。一方面，法学方法论可以指引法官正确地依据个案的事实，寻找与事实最密切的法律规则，得出妥当的裁判结论，从而实现法律适用的精细化、准确化、统一化。“具体的事实及其涵摄问题的存在使得一条法律规范的含义空间只能通过与这一事实相结合才能被评价和精确化。”[②] 迄今为止，回顾人类社会的司法裁判史，在法学推理方法方面，还没有找到更好的可以替代三段论的方法。实践中，一些判决之所以存在说理不足、裁判不当的问题，其重要原因就是在叙述事实后，直接依据原则判案，忽视大前提的直接相关性，省略大前提和小前提间的连接过程。另一方面，法学方法论有助于引导法官依据正确的思维方式、寻找法律的路径、解释法律的步骤和方法、确定事实要件的基本步骤、作出价值判断所要遵循的必要规则、论证的基本程序和方法等，从而为法官提供一系列法律适用的方式方法。例如，关于体系思考的方法，拉伦茨认为，对法规范而言，“以体系的形式将之表现出来，乃是法学最重要的任务之一”[③]。法律本身是完整的、严谨的制度体系，不从体系出发，是无法寻找到妥当的裁判依据，准确适用法律的。所以，在裁判活动中，正确适用法律，就要进行体系的观察、体系的探究、体系的解释。还要看到，方法论提供了法官裁判案件的程序和方法，这种程序首先保证了法官能够准确地寻找可供适用的裁判依据、准确地把握事实要件、从规范要件和事实要件

---

① 蔡彦敏：《对“以事实为根据、以法律为准绳”原则的重新释读》，载《中国法学》2001年第2期。

② ［德］齐佩利乌斯：《法学方法论》，金振豹译，法律出版社2009年版，第37页。

③ ［德］卡尔·拉伦茨：《法学方法论》，陈爱娥译，商务印书馆2003年版，第316页。

的最密切联系性方面把握裁判结论，进而保证案件裁判的可验证性和可预期性。正如有学者所指出的，仅仅付诸个人的“法感”断案，不能带来可靠的公正，法官只有采取循序渐进的方式，才更可能达到以普遍或平等原则为基础的公正。[①]程序决定了法律适用活动的每一个方面和环节，法律也正是通过经过一套程序化的步骤才发挥法律效果的。[②] 正如罗森贝克所言，“通向法庭裁判正义的道路是由多种正当的程序所铺就的（The road to court-made justice is paved with good procedures)”[③]。虽然法律人通常在诉讼法、证据法和行政法领域使用程序一词，但这些语境下的程序都是法定的程序。而方法论所说的程序，并不是具有法定拘束力的程序和步骤，它是指导法官准确适用法律的规律。由于指导法律适用活动的方法论本质上也是一门关于“程序”（procedure）的学问，从这个意义上说，它也可以包含在罗森贝克所说的正当程序之中。正是在这个意义上，我们说法学方法论是对法官裁量的一种规范和限制。

方法论本身是一种法律思维方式。正确运用法学方法论，能够培养运用者科学的法律思维方式，从而在运用法律时，能够得出正确的结论，实现法律的公平和正义，这也可以体现出方法论的指引价值。例如，在处理无权处分案件时，法官不能仅仅根据《民法典》合同编来思考，还应当考虑物权编上的善意取得制度，总则编中的代理制度，合同编中的不当得利制度、违约制度和侵权责任编中的侵权制度等，进行全方位思考。而此种体系化思考的方法，因为《民法典》的颁布，体系化的形成而得以实现，因为如果法律是支离破碎、不成体系的，就很难要求法官进行此种体系化的思维。

（四）说服价值

说服价值，是指通过自觉运用法学方法论，使整个裁判过程的正当性得以充分展示，从而使双方当事人和社会公众都能够接受并信服裁判结论的合理性及正

① 龙卫球：《评价法学的现代轨迹——评拉伦茨〈法学方法论〉》，载《法律资讯》2008 年第 10 期。

② Jane C. Ginsburg, *Legal Methods: Cases and Materials*, 3rd ed., Foundation Press 2008, pp. 20-21.

③ Maurice Rosenberg, “Devising Procedures that are Civil to Promote Justice that is Civilized”, 69 *Mich. L. Rev.* 797 (1971).

当性，借此实现司法的正义并维护司法的权威。司法裁判应当是一个说理的过程，而判决书应当是一份针对裁判结论进行说理论证的文书。法律论证直接将法官得出裁判结论的理由更充分、更完整地予以展示。Singer 曾经提出，在分析一则案例时，法官首先需要将自己置于原告的角度，观察原告方有何种论证理由；同时也需要从被告的角度观察其可能提出的论证理由。此外，还需要从两个角度观察反对相对人论证理由的理由。① 在论证过程中，法官不仅应通过逻辑方法的运用来保证裁判的逻辑一贯性，而且要借助社会学、经济学、情理等法外因素来增强判决的说服力。整个法学方法论最终都要以说理论证为归依，以保证法律的稳定性和可预期性，尤其是法官在裁判案件时应当通过说理论证，才能使案件裁判具有正当性。② 说理的对象不仅有诉讼当事人，还包括社会公众，说理本身必须经过法律界人士与社会公众的评判与监督。可以说，法学方法论自始至终都贯穿了说理的价值。

方法论提供了一套能够使裁判具有充足的说理性和正当性的方式，这尤其表现在裁判中适用法律的说理方面。如前所述，在司法实践中，大多数民事判决书对事实的说理较为全面详尽，但在事实说理之后如何适用法律、作出判决，则往往一笔带过、语焉不详，如“依据某某法律第几条，作出判决如下”。而一个公正的判决，不仅需要准确认定事实，而且需要强化对法律适用的说理。这就需要通过运用方法论来强化判决中适用法律的说理，具体表现在：第一，要运用司法三段论的技术寻找与案件事实具有最密切联系的法律规则。同时，司法三段论给人们展示了整个裁判结论所依据的法律规则的准确性、从事实到法律乃至于裁判结论的逻辑一致性。司法三段论是分析框架，这一分析框架本身就表明，法官的推理是以事实为基础、以法律为准绳进行的合乎逻辑的推理。第二，要运用法律解释技术详细、准确地阐释所援引的法律规则的含义，探究立法目的和立法意

---

① Joseph Singer, *How to Brief a Case and Prepare for Class*, *Property Law: Rules, Policies, and Practices*, 4th ed., Aspen Publishers 2006.

② Eveline T. Feteris, *Fundamentals of Legal Argumentation: A survey of theories on the justification of judicial decisions*, Kluwer Academic Publishers 1999, p. 2.

旨，从而准确地适用法律，实现立法者的意图。法律解释方法本身就展示了法官对法律的法律推理的内在过程。在确定大前提的过程中，要综合运用各种法律解释方法，无论是法律解释方法的选择本身，还是法律解释方法运用中的论证，都充分体现了司法中的说理。第三，要运用价值判断的方法使裁判的结果充分体现公平正义，符合立法的价值目标。第四，要运用法律论证方法对整个法律适用过程进行充分说理论证。法律论证方法就是关于裁判说理的基本技巧。总之，如果我们充分运用方法论的技术，就能够强化判决说理、保障司法公正的实现。

美国学者庞德指出，司法是一门艺术，作为司法过程中的核心环节和步骤，方法论无疑是帮助裁判者寻找大前提的一门艺术，也可以说就是找法的技艺。萨维尼指出："解释是一种技艺，此种技艺的养成通过我们所掌握的古代和现代的大量优秀典范而被促成。"[①] 方法论作为一种技术，其目的就是服务于法官依法公正裁判。

四、法学方法与法律方法

法学方法与法律方法关系一直存在争议。按照郑永流教授的考察，"法律科学方法论"（Methodenlehre der Rechtswissenschaft）和"法学方法学"（juristische Methodenlehre）或"法学方法"（juristische Methodik）是这门学科的两种德文表述。在当今德国学界，"法律科学"（Rechtswissenschaft）一般包括法哲学、法律理论、法史学、法社会学、比较法学和法教义学。他认为，法学的方法是研究和制定法律的方法，实际上就是立法论的方法，而有关法律的方法，才是应用法律的方法。后者的重点，不仅在于正确地实现法律，还在于正确地发现法律。当然，有时候，二者也是通用的，拉伦茨在《法学方法论》中开篇就指明，他所讲的法学是"狭义的法学"（Rechtswissenschaft im engeren Sinne），也就是"法律学"（Jurisprudenz），在第二章中用"法律学方法论"（Methodenlehre

① Friedrich Karl von Savigny，System des heutigen römischen Rechts Volume I，Nabu Press，2010，S. 211.

der Jurisprudenz）来表达其法学方法论。[1] 从我国台湾地区学者所使用的概念来看，大多采纳"法学方法"一词，法学方法通常指的是有关指导法律适用活动的各种方法，从广义上理解法律解释，包括法律解释、价值补充、漏洞填补等方法，而这与法学研究的方法是相区别的。[2]

笔者认为，有关"法学方法"和"法律方法"的争论实际上仅仅是一种概念之争、名词之争，尤其是因为拉伦茨的《法学方法论》一书由德语向汉语转换过程中引发的争论。因此，认为此种争论"实际上是一场关系到捍卫司法领域法律自足性的争论"的主张[3]，便未免言过其实。事实上，无论是法律制定的方法、法律适用的方法还是法学研究的方法，它们之间既有独立性也有重合性，各个类别又可以按照不同的标准予以再分类，各个类别中的具体方法不会因为其名称的改变而发生实质性的变化。本书之所以采用法学方法而不是法律方法的概念，一方面是因为这一概念已经约定俗成，不必放弃已有共识的概念。另一方面，法学方法更能表明，其具有开放性、包容性的特征，可以吸纳法社会学、法经济学等学科的方法和成果。此外，法学方法不仅适用于裁判活动，也可以为立法、行政执法、仲裁等活动提供指导和参考。

从现有研究来看，既然许多学者从事的"法学方法论"研究都是以法律适用展开的，这说明研究者对"法学方法"的概念已经有了一个相对比较一致的理解。在此背景下，也可以对"法学方法"作狭义和广义两种理解。广义上的法学方法包括研究、分析、制定和适用法律等方法。因为这些方法都是围绕法律展开的，这些方法又可以统称为法律方法。法律方法是一切法律人用以认识和研究法律现象的方法，涉及法律人从事的一切理性思维活动。从这个意义上理解的法学方法，也可以称为法律方法。根据不同的标准，可以将广义的法学方法再作不同的分类。首先，因法律工作阶段的不同，广义的法学方法可以分为立法方法、司

① 郑永流：《法学方法抑或法律方法?》，载戚渊等：《法律论证与法学方法》，山东人民出版社 2005 年版，第 36 页。

② 杨仁寿：《法学方法论》，三民书局 1995 年版，第 119 页。

③ 姜福东：《为什么不是"法学方法"》，载《浙江社会科学》2008 年第 4 期。

法方法、法学研究方法和学习法律的方法等类别。其次，以法学方法是否为形式性的，可以将法学方法分为形式推理方法和价值判断方法。形式推理方法包括语言学方法、逻辑的方法、系统的方法等诸多方法。而在价值判断方法中，根据价值判断标准的差异，可以将法学方法区分为功利主义分析方法（包括法律经济分析方法）、法律社会学分析方法、历史分析方法、实证分析方法等不同的方法。

狭义上的法学方法仅指法律适用的方法，本书所要探讨的方法是从狭义上理解的，从这个意义上所理解的法学方法和法律方法的区别是比较明显的。如果将法律方法作为广义上的法学方法对待，则法律方法是上位的概念，狭义上的法学方法是下位概念。也就是说，在各种法律方法中，包括了法学方法。当然，法律方法和法学方法仍然是有联系的。例如，无论是立法者制定法律的方法，还是司法中适用法律的方法，都需要在特定环节中采用价值判断的方法，都可能运用经济、道德伦理、社会效果、实证经验等标准来对冲突利益进行取舍。立法者的价值判断直接通过法律条文得以表现，法律适用者的价值判断活动不仅表现在狭义的法律解释中，而且主要表现为在填补法律漏洞的过程中，对立法者未能作出的价值判断或者不合时宜的价值判断予以补充。

第二节　法学方法论的研究对象

一、法学方法论的研究对象概述

每一门学科都具有自身独特的研究方法和对象，法学方法论也不例外。“对象决定方法。”[①] 法学方法论以研究法律解释活动的一般规律、方法以及其运用为对象。德国法哲学家德来尔（Ralf Dreier）说：“法学的用语在德文的语言使用上，虽有争议，但是通常是赋予广义的，广义的法学不仅涵盖了法律科学，

① ［德］齐佩利乌斯：《法学方法论》，金振豹译，法律出版社2009年版，第1页。

还包括法官的，以及法律咨询的法律实务。”[①] 法学的任何学科都有其特定的研究对象，并且根据该特定的研究对象来建立其学科体系，法学方法论也不例外。

方法论研究的对象主要是裁判活动中法律的适用问题。它所要解决的主要问题是，怎样在法律适用中准确地理解法律的内涵、立法目的、精神，从而在裁判活动中准确地适用法律。有学者认为，所谓法学方法论，“是指对法律研究方法的研究，法律研究包括法学理论的研究和法律操作的研究，而后者又包括：法律解释、法律推理、法律思维方法。”[②] 有学者认为，法学的研究方法包括三个层次：第一层次是价值判断。在这一层面，法学是关于公正和善良的艺术，而不能成为科学，因为科学有定式，但艺术无定法。存在定法的是工艺，不是艺术。第二层次是逻辑和语义分析，具有一定的科学属性。在这一层面，主要研究的是法条的语言、体系与逻辑关联。第三层次是法律社会学，这是科学的研究领域。[③] 也有学者认为，“所谓的‘方法论’（Methodenlehre），主要包括两个部分：一是‘有关法律方法的理论’，二是‘对法律方法的外向哲学探究所形成的理论’两个部分”[④]。这些观点不无道理。

法学方法论所涉范围十分广泛，可以说，所有与法律适用活动有关的问题都属于其研究对象。但是，围绕着裁判活动中法律适用问题，法学方法论要研究如下几个方面的内容。

第一，找寻法律的方法。特定的法律事实究竟应当适用哪个法律规范，或者哪些法律规范。如果在现行法没有规定的情况下，或者说存在法律漏洞的情况下，还要探索法律补充的方法。法学方法论在程序意义上表述为“通过规范具体化”（Normkonkretisierung）、“获取法律”（Rechtsgewinn），狭义上称为“法律

① 周永坤：《法学的学科定位与法学方法》，载《法学论坛》2003年第1期。

② 郑成良：《法学方法论》，载王亚新主编：《法学进阶之路》，中国人民大学出版社2008年版，第161页。

③ 郑成良：《法学方法论》，载王亚新主编：《法学进阶之路》，中国人民大学出版社2008年版，第161页以下。

④ 林来梵、郑磊：《法律学方法论辩说》，载《法学》2004年第2期。

适用”，广义上称为“法律发现”（Rechtsfindung）[①]。因此，从上述意义出发，法学是一门“实践科学”。法学方法论作为研究法律的基本理论，其核心就是研究法律的适用，换言之，就是通过寻找法律适用的规律，确立法律适用的技巧和方法，保障抽象的规范和具体的事实能够结合起来，从而实现裁判公正和司法的正义。而法律适用的前提，就是有可资适用的法律，如何寻找法律的过程，自然是方法论的首要内容。

第二，解释法律的方法。法律解释（英文为 statutory interpretation，德文为 Gesetzesauslegung），是指针对成文法所作的解释，是解释主体对法律文本进行理解和说明的活动。法律解释方法，是指法律解释的思路、方式和程序。它明确了按照什么样的方式理解和阐释法律，并填补法律漏洞。简言之，法律解释方法，就是准确阐释法律和完善法律的具体方法或者路径。广义上的法律解释方法包括：狭义的法律解释方法、价值补充、法律漏洞填补方法。而狭义的法律解释方法又可以分为：文义解释、论理解释（包括历史解释、体系解释、目的解释等）和社会学解释。价值补充是指对一般条款和不确定概念的类型化等。从狭义上理解，法律解释方法就是指以现行法为基础而进行的解释，不包括漏洞填补的方法。不同法律解释方法各具特点，各有其适用对象和适用条件。每一种法律解释方法既可以独立存在，也可以和其他解释方法配合使用，共同发挥作用。当然，法律解释方法并不是一个封闭的系统，而是一个不断发展的体系。德国法律解释学的开创者和奠基人萨维尼曾将法律解释方法分为四种，即文义解释、体系解释、目的解释、历史解释等[②]，这些方法实际是当时法律解释活动及其规律的总结。但随着法律适用活动的日益复杂和法律解释技术的日益发展，解释法律的方法也日益多样化。

法律解释的方法本身就是论证的方法，因为，这些方法也是能够为人们的理

① Franz Bydlinski，Juristische Methodenlehre und Rechtsbegriff，Wien/New York，Springer-Verlag，1982，S. 11.

② ［德］萨维尼：《萨维尼法学方法论讲义与格林笔记》，杨代雄译，胡晓静校，法律出版社 2008 年版，第 7 页。

性所认识和检验的。正是基于一套具有共识性的法律解释方法，法律人方能在法律解释结论这个大前提上达成一致意见，从而最终有利于三段论逻辑推理的展开和妥当裁判结论的得出。法律解释方法的正确选择是保障法官准确理解法律含义，作出公正、合理案件裁判的基础。法律只有通过解释方法来发现、补充和修正，才会获得运用自如、融通无碍的弹性。[①]

第三，事实判断的方法。法学方法论要实现法律与事实的结合，它所进行的三段论推理必须以小前提为出发点。不过，怎么发现案件的客观真实，这实际上是一个证据学需要解决的问题，而不是法学方法论所要解决的问题。法学方法论要研究的是与法律规范要件相一致的事实构成或者说是事实要件，最终为事实与法律的连接提供基础。

第四，确定事实与法律的最密切连接的方法。法律方法的核心是规范和事实如何有效连接。如何运用法律方法，克服事实与规范之间的矛盾与紧张，从而把事实与规范有机地连接在一起，这可以说构成法学方法论的基本理论问题。[②] 当然，在法学方法论之中，也研究如何认定事实，如何发现规范，但是，最核心的问题还是要实现事实和规范的有效连接。正因为法学方法论要考虑个案的妥当性与法的安定性之间的协调，所以，事实和规范之间如何连接显得十分重要。Samuel 指出，“法院判决的主要功能在于将特定事实情况与既定的法律概念连接起来，离开法院的判决，我们无法决定特定事实情况是否属于特定法律概念的调整范围内。而法院判决本身的不确定性正是研究方法的重要性之所在”[③]。法学方法论研究的重心是事实和法律两者之间如何结合的问题。但是，因为它是要研究事实与法律的结合，所以不可避免地涉及事实的发现和法律的解释问题。这就是法学方法论不同于单纯的证据学、法律解释学、立法学、部门法学的特点。

第五，说理论证方法。在说理论证中，法官要进行价值判断和说理论证。只

---

① 季卫东：《法律解释的真谛——探索实用法学的第三道路》，载《中外法学》1998 年第 5 期。

② 焦宝乾：《法律论证：思维与方法》，北京大学出版社 2010 年版，第 47 页。

③ Geoffrey Samuel，*The Foundation of Legal Reasoning*，Antwerp：Maklu. Uitgevers，1994，p. 111.

有在进行充分说理、论证的基础上，才能实现法律适用的理性化，也才能使当事人乃至全社会接受法律适用的结果。如何实现法律推理的可验证性（Nachprüfbarkeit）和可理解性（Nachvollziehbarkeit）？就可验证性而言，我们可以借助法律推理的程序，从而提高其可验证性。这较之于法官单纯基于个人的生活经验和价值立场而进行的判断，显然更具有合理性。[①] 就可理解性而言，说理论证应当遵循通常的语言表达规则，准确使用法律概念，恰当援引法律规范，能够为其他法律专业人士乃至社会一般公众所接受。

法律的适用并非一个“自动售货”的过程。法律条文都是抽象的、一般的，不是针对特定的案件预先准备的，立法者也不可能预想到每个案件的特殊情况。如何将法律的规定运用到特定的、具体的个案之中，需要准确地解释法律并适用法律。在法律没有规定的时候，还应当通过法律补充的方法，创造性地适用法律，发现可供适用的大前提。总之，方法论最终是要保障法官准确地适用法律，公正作出裁判。方法论的终极目的是服务于司法公正的实现。

二、法学方法论中所研究的方法的特点

法学方法论中所研究的这些方法有其特殊性，具体体现在如下几个方面。

第一，以法律适用为中心。法学方法论并不同于一般的法学研究方法。后者是探求学者研究法学的方法，而方法论探求的是法官适用法律的方法。法学研究方法，在本质上是各种学术研究路径的归纳与综合，其功能在于引导研究者探求学术真理、发现学术规律、解决学术难题、解释学术奥秘。而法学方法论所研究的对象是法律适用的路径，其目的是为裁判者提供指引，实现立法者所追求的公平正义。方法论既要总结法官适用法律的规律，也要引导法官正确适用法律。此外，它也对法官适用法律的过程和方法进行适当的控制，并将该过程予以公开化（如三段论推理），从而实现对法官适用法律的监督和批判。还要看到，学术研究

---

① Franz Bydlinski，Juristische Methodenlehre und Rechtsbegriff，Wien/New York，Springer-Verlag，1982，S. 58.

的方法是多元的，不同的学者运用何种方法进行研究，取决于其个人偏好。例如，有学者喜欢案例分析，有学者喜欢知识考古，有学者喜欢比较法，有的学者喜欢结合其他社会科学的方法研究法学。研究者可以从其自身的特点出发，选择自己的研究方法。法学研究要尊重学术自由，因此，学术研究方法不应当成为限制学者研究的方法，而只是辅助学者更好地探求真理的方法。而法学方法论中的法律适用方法，则应当对法官具有一定的约束力，应当是法律人共同掌握的技巧。在具体的运用过程中，法官应当掌握大致相同的方法论，尤其是三段论的方法，它应当是最基本的要求，也是所有法官必须采取的推理形式，不能因人而异，各取所需。只有实现了法律适用方法的统一，才能保证类似案件类似处理、最大限度地实现法的稳定性。

第二，具有广泛的适用性。法学方法论的适用范围不限于某一特定的部门法，而可以普遍地适用于法律的各个部门。有一些方法还可以适用于法律之外的其他社会科学，广泛用于文本的分析过程。产生这一现象的原因在于，法学方法中大量借鉴了解释学、语义学的技巧和理论（例如哲学诠释学的知识），而解释学、语义学等学科的应用范围可以及于整个人文社会科学。法学作为社会科学和规范科学，的确很难像自然科学那样具有严格的可验证性，因为法学的认识客体可能会受到认识主体的影响。[①] 但是，法学方法作为实践中运用的技巧和具有可操作性的方式，能够为法律实务提供最佳的模式，主要是因为其提供了分析的工具，并使得该分析过程具有可批判性。而可批判性的确立，正是法学走向科学的重要途径。

第三，具有规律性（regularity）。法学方法是对实践经验和学理的长期总结，是系统化和体系化的方法，而并非毫无联系的零散方法的堆砌。法学方法之所以能反复使用，是因为其反映了人类认识事物的规律，是对人类运用理性解决问题的各种方式的总结，其科学性和合理性经过了实践的反复验证，反映了多数人在实践中反复运用的方式方法。

---

① ［德］卡尔·拉伦茨：《法学方法论》，陈爱娥译，商务印书馆2003年版，第78页。

第四，具有共识性。从广义上讲，任何实现特定结果的程序都是一种方法。但是，即便广义上的方法，也是一种特定的规范活动，是一种可以在类似情形下重复运用的方法。[①] 法学方法论的重要目的就是要形成对方法及其运用的共识，此种共识对于保障依法公正裁判具有重要意义。美国学者费希（S. Fish）指出："虽然法律的规则、标准和话语没有最终的客观性、规范性和确定性，但这并不表明律师和法官可以随心所欲，不受制约。对于他们的专业实践的制约，来自这种实践本身及其传统，尤其是来自所有参与这种实践的人所构成的共同体——'解释共同体'。在这个共同体内部，存在一些公认的、约定俗成的标准，它们告诉共同体的成员，哪种法律论据是有说服力的、哪种论据处理方式是可接受的、哪种思维方式能够在同行中引起共鸣。"[②] 正是因为方法具有广泛的反复实践基础，反映了多数人的思维习惯和模式，所以，人们也通常会相信，他人运用同样的方法就特定问题推出的结论与自己运用该方法推出的结论是相似的，可以预期通过特定方法产生的结论。

第五，主体的特定性。法学方法作为一门实践科学，主要是通过对实践中反复从事法律活动的人的操作技艺的总结，而在此基础上进一步深化的方法论知识通常由职业的法律人反复使用。法学方法是指法律人将现行有效的法律规范适用于个案纠纷，获得一个正当法律决定的过程中所使用或遵循的方法。[③] 亚里士多德曾经指出，法律职业者处于法治的核心地带，没有这个群体对法律的效忠，法治是很难运作的。[④] 这就需要以裁判者适用法律的活动为对象确定一定的方法。当然，正如 Urbina 所指出的，在法律人的范围内，方法论也具有普遍的适用性，不因适用主体的差异而有所不同："到底由什么样的人来运用这些方法已经不再重要，因为，这些方法本身具有规律性和可预期性，具有自我实现的特征。通常来说，方法的结果不会因为使用人的改变而改变。"[⑤]

---

① Sebastián Urbina, *Legal Method and the Rule of Law*, Kluwer Law International, 2002, p. 1.

② 陈弘毅：《当代西方法律解释学初探》，载《中国法学》1997 年第 3 期。

③ 王夏昊：《法学方法论的概念及其地位》，载《清华法学》2008 年第 1 期。

④ Brian Z. Tamanaha, *On the rule of Law*, Cambridge University Press 2004, p. 59.

⑤ Sebastián Urbina, *Legal Method and the Rule of Law*, Kluwer Law International, 2002, p. 1.

在过去的几百年里，科学给人类生活带来的变化，超过了人类历史几千年的自然演化。而法学作为一门学科，其在法治社会中具有不可估量的作用。而法学方法论通过总结几百年来法律适用过程中的规律，为法官准确适用法律、公正裁判案件提供了极大的方便，其在法治建设中所发挥的巨大作用也将日益凸显。

第三节　法学方法论与法学的关系

一、法学方法论是法学体系的重要组成部分

法学方法论是一门法学学科，是法律科学的重要组成部分。在罗马法中，法学就是关于神事和人事（notitia）等方面的知识，是研究正当与不正当的科学（scientia）。“法学”一词最早可追溯到拉丁语“juris prudentia”[①]。这个词是由两个词即 juris 和 prudentia 合成的，前者的意思是法、权利、正义，后者的意思是实践智慧或智慧，合起来的意思是法的实践智慧或法的智慧，或者追寻法的智慧、对法的深入理解或有智慧的理解。在欧洲其他民族的语言中都有与此相对应的词，如英语中的 Jurisprudence，葡萄牙语中的 Jurisprudencia，法语中的 La jurisprudence 等。值得注意的是，到了现代，juris prudentia 一词因使用环境的不同，发生了意义转化，例如，在现代英语中，Jurisprudence 主要指探求法的一般原理的法理学，现代法语中的 Jurisprudence 则指判例和法解释，而德语中的 Jurisprudenz 则主要是指法的解释及运用的方法，即狭义的“法学”。

在通常的观念中，“法学”也是一个词义宽泛的术语，包括了所有以法律为研究客体的学科，如法社会学、法史学、比较法学、法哲学等，此为广义的“法

---

① 值得注意的是，德文中的“Jurisprudenz”与英文中的“jurisprudence”（法理学）含义恰好相反。“在我们的法律文化中，‘Jurisprudenz’是和法哲学、法社会学、比较法学、法律史、法学一般法律理论相对的概念，而后者在英国被称作是‘jurisprudence’。”Josef Esser，AcP 172（1972），97（97）.［日］松尾弘：《民法的体系》（第四版），庆应义塾大学出版社 2005 年版，第 2 页。

学”概念。[①] 广义的“法学”就是研究法律现象的“科学”，法学即是“法律科学”之简称。[②] 法学是以“法秩序为基础及界限，借以探求法律问题之答案的学问”[③]。作为人文社会科学的一种，法学是最古老的人文社会科学，又是最直接接触世俗事务的人文社会科学。法学知识是直接作用于人们的行为进而作用于社会，通过规范来建立社会的规则秩序。[④] 但是，法学方法论之中所说的法学仅指应用法学，是研究法律现象和法律问题的一门学问，在我国，法学与政治学、社会学等其他学科一样，是一门独立的社会科学。

从构造上看，法学学科包含了理论法学、法律史学、部门法学、比较法学等次级学科，它们又分设不同的下级学科，如部门法学中包括宪法学、民法学、刑法学等。[⑤] 这样的层级划分立足于学科对象的差别和“术业有专攻”的社会分工规律。作为法学的内容，它至少包括两个方面：一是法学者、法官等法律人用以论证法的规定的正当性的推理方法；二是作为伦理学和法哲学的一部分，以探求正义为目的。例如，亚里士多德的伦理学、托马斯·阿奎那的神学大全，受自然法学的影响逐渐形成正义论的体系。[⑥] 法学方法不仅是纯粹的法学领域的问题，还包括哲学、社会学等领域的知识。17 世纪到 18 世纪的道德哲学也解释了法的价值判断的基础，并促进了法学的发展。[⑦] 可见，法学和方法论是无法分割的两个范畴。由于对（尤其是法官）法律适用活动中的方法的归纳和总结，本身就是法律科学所关注的一种重要法律现象，从这个意义上说，法学方法论当属法学的一个重要门类。

魏德士认为：“科学就是追求认知进步的理性与方法的努力。如果将这个科学概念应用于法律规范的制定和适用上，那么，法学就是一种发现现行法的科

---

① 王夏昊：《法学方法论的概念及其地位》，载《清华法学》2008 年第 1 期。
② 胡旭晟：《法学：理想与批判》，湖南人民出版社 1999 年版，第 12 页。
③ ［德］卡尔·拉伦茨：《法学方法论》，陈爱娥译，商务印书馆 2003 年版，第 19 页。
④ 孙笑侠：《法学的本相》，载《中外法学》2008 年第 3 期。
⑤ 王夏昊：《法学方法论的概念及其地位》，载《清华法学》2008 年第 1 期。
⑥ ［日］松尾弘：《民法的体系》（第四版），庆应义塾大学出版社 2005 年版，第 2 页。
⑦ ［日］松尾弘：《民法的体系》（第四版），庆应义塾大学出版社 2005 年版，第 4 页。

学。”① 法学是人类认识和运用一切法律现象活动的集合体，不仅包括对法律的形式性描述，而且包括对法律性质的哲学思辨，还包括对法律操作技艺的抽象和总结。法学方法论主要是对法律适用过程中的客观规律的总结。例如，我国近年来关于法律解释学的研究，虽然在各种法律解释方法的内涵和具体操作程序上还处于讨论中，但关于文义解释、历史解释、目的解释等基本解释方法，是受到广泛认可的，这本身就说明了法律解释方法的科学性。法学方法论就是探寻法律适用理性与规律的科学，其本质上是辅助司法活动的，具有实践理性的特点。法学方法论本身具有工具性，是司法活动中的技巧和方法。从今后的发展趋势来看，作为法学的重要组成部分，随着社会的发展，在研究法律自身的体系、结构之外，法律的适用作为一种社会现象，其重要性日益增强，具有旺盛的生命力。

德沃金指出，“法律是一种不断完善的实践”②。富勒认为，法律制度是一项“实践的艺术”，“人们很容易了解，法律应明确地以一般规则加以表达，是以后生效的，应向公民公布。但是要了解这些事情如何，在什么情况以及在什么样的平衡下来实现，其任务就不亚于充当立法者”③。法学是一门博大精深的科学。法律之学是一门研究以“法律”这样一类社会规范为对象的学科。作为一类社会规范，法律必然以人与人在社会实践交往和生活中的社会关系为关切要点，法学正是围绕法律这一类社会规范的属性、来源、功能、应用和效果等多个维度的研究展开的。法学作为实践性的知识，不是纯粹理性的、形而上的知识，法学所思考的是应当如何治国理政、解决国家和社会治理中的现实问题。法学要研究的是法律作为行为规范如何有效地调整人们行为，需要检验其是否产生实效，应当与人们的社会实践经验联系在一起。法学作为实践之学，必须要借助于法学方法论，因为法学方法论在法学体系中的重要特点在于，它实现了法理学与应用法学的衔接。“不伴随探究实现应有理想的法律学是盲目的，不伴随实际探究法律中

① ［德］魏德士：《法理学》，吴越等译，法律出版社 2005 年版，第 129－130 页。

② Ronald Dworkin，*Law's Emipire*，Harvard University Press 1986，p. 44.

③ ［美］富勒：《法律的道德性》，纽黑文出版社 1967 年版，第 94 页。

心的法律学是空虚的，不伴随法律构成的法律学是无力的。”[①] 可以说，法律适用是沟通现行法秩序与具体社会生活的桥梁，而法学方法论兼具理论和实践品格，是实现理论法学与应用法学衔接的重要途径。

二、法学方法论与法理学的关系

由于法学方法论与法理学具有密切联系，许多学者将法学方法论视为法理学的分支[②]，或者认为方法论是法理学的主要内容。[③] 这种看法不无道理。一方面，从研究对象而言，法学方法论以裁判活动中法律适用的一般规律为研究对象，由于法理学是研究法的一般理论的科学，必然要涉及法律适用活动，因此方法论中有关法律适用的问题（如法律渊源、法律体系、法律解释等）也是法理学研究对象中不可或缺的，所以法学方法论中的部分研究内容也包括在法理学之中。另一方面，从研究方法来说，法理学的多种研究方法可以大量应用于法学方法论之中。法理学中的许多基本原理可以广泛运用于法律解释活动，并有可能与法律解释学相结合，成为法学方法论的内容。例如，法理学对法的基本概念的阐释，对法学方法论的对象进行了清楚的界定；法理学对法律渊源的界定，为法律适用者正确地找法提供了基础；法理学关于法的“确定性”等法律性质等问题的探讨，为法律适用的目标和结论提出了标准；法理学关于立法、司法体制的阐释，有利于明晰法律适用的功能；法理学涉及关于法律体系的一般理论问题有利于体系解释的展开。[④] 而按照拉伦茨的看法，方法论的研究最终要倒向法哲学。[⑤] 因此，

---

① 段匡：《日本的民法解释学》，载梁慧星主编：《民商法论丛》，第6卷，法律出版社1997年版，第354-356页。

② 在相当长时间里，在美国和英国，对法理学的主要态度仍是所谓的职业态度，包括分析法学的解释、分析与认定事实的技术和设计法规与法律制度的技术等。当下美国法理学的主流追随了法律现实主义的召唤，避免了原来教科书的教条，更多强调使事实条理化与为社会变革设计方案的技术。[美] 德沃金：《认真对待权利》，信春鹰等译，上海三联书店，第14-29页。

③ 胡玉鸿：《关于法学方法论的几个基本问题》，载《华东政法学院学报》2000年第5期。

④ [英] 劳埃德：《法理学》，法律出版社2007年版，第4页。

⑤ [德] 卡尔·拉伦茨：《法学方法论》，陈爱娥译，五南图书出版公司1996年版，第133页。

法学方法论不可能离开法理学而单独存在。此外，从适用范围来看，法理学和法学方法论的相关原理、规则都可以普遍适用于各类部门法，都具有普遍性、概括性的特点。从这个意义上来说，将法学方法论视为法理学的分支，也不无道理。

但是，应当看到，法学方法论本身是一个独立的学科，其也具有应用法学的特点，虽然与法理学有所交叉，但也可以构成一个独立的知识体系。主要理由在于：

第一，学科的交叉性。法学方法论以准确理解和适用法律为目的，不仅包括了大量的法学一般原理，而且包含其他学科的知识。例如，司法三段论脱离了逻辑学便一无是处；法学方法论包含了解释学和语义学的大量规则；价值判断则更是法学与社会学、经济学、历史学、伦理学等的综合运用。因此，法学方法论横跨了法学和其他多个学科，属于法学和其他学科的交叉学科，其研究对象虽是各类法律规范，但并非以一般学习、理解法律规范为目的，而是服务于司法裁判的实际需求，和法理学之间具有明显的差异。同时，法律解释学虽然应用了大量的解释学原理和规则，但其目的和通常的解释学目标又有相当的差距。法学方法论是沟通理论和实务的一门学问，是架于理论法学和应用法学之间的桥梁。这种交叉学科的特点决定了法学方法论需要大量地从其他学科中汲取经验和养分，它不仅具有技术性，而且具有深厚的哲学基础。法学方法论以解释学为理论基础支撑，然而每一次哲学思潮的出现，都会给解释学带来深远的影响，反过来影响到法学方法论。例如，语言哲学的发展就对法学方法论提供了新的启示。同时，法学理论的新发展，以及新的法学思潮的出现也都会在一定程度上丰富和发展法学方法论的内容。法学方法论通过抽象出各法学学科解释法律的一般规律，促进法学各学科之间学术的交流和沟通。

第二，体系的独特性。首先，这是由其特定的研究对象决定的。法学方法论选取司法裁判活动为模型来展开研究，而司法裁判活动本身就是一种特殊的法律活动，具有自身独特的规律，这些知识经过总结，可以形成一个独立的知识体系。其次，司法三段论在裁判过程中的运用、价值补充、利益衡量和法律论证经过多年的运用和积累，已经形成了一个独特体系。自近代以来，经过概念法学、自由法运动的发展，尤其是萨维尼等人的卓越贡献，目前法学方法论已经形成了包含自己独特的概念、规则的理论体系。再次，法学方法论的各方面内容也具有内在的逻辑。正是由于有这种严谨的逻辑的支撑，使法学方法论形成了由各个理论组成的、相互联系的有机整体。

第三，内容的应用性。如前述，法学方法论是一门应用法学（praktische Rechtswissenschaft），其实践性的特点十分突出。法理学探讨法的概念、本质、功能等法的一般性问题，具有很强的思辨特征，由于其并不直接指导法官在实务中对于个案的裁判，所以它的可操作性并不强。而法学方法论与此不同，它具有突出的实用性和技术性的特点。法学方法论的目的在于解决案件裁判中如何选取、理解法律，并不完全关注抽象的原理，而应着眼于具体的法律实施和案件裁判，从具体的案件中寻找法律适用的一般规律。方法论的探讨是法学研究的重要使命，它真正使法学从书斋之中转向书斋之外，不仅关注纸面上的法，而且关注行动中的法。法学方法论是以法律解释的实践为基础发展起来的，它虽然也存在理论思辨的成分，但更多地具有经验（empirical）的色彩，主要目的就是指导并规范法官如何从事具体的法律理解以及案件裁判。

第四，适用范围的特定性。法理学以研究法的一般规律为特点，所以，法理学为所有研习法律的人提供了共同的知识，从这个意义上说，它的适用范围是十分宽泛的。法学方法论的适用范围是特定的，其主要是为案件裁判者裁判具体个案服务的。司法裁判活动通常是逻辑三段论的运用活动，而法律适用作为确定大前提的活动，是裁判活动的重要环节和有机组成部分。当然，学者也可以对法律进行解释，但大多数仅仅是为裁判者提供参考。如果说法理学是所有研习法律的人的共通知识，那么，法学方法论就是从事案件裁判的法律人的共通知识，是裁判者理解和运用法律的工具。

三、法学方法论与部门法学之间的关系

法学方法论不仅是法理学关注的问题，而且与部门法学的联系十分密切。部

门法学是指以社会上某类特定性质的法律关系作为调整对象的法律规范的总和。法学方法论与部门法学的关系非常紧密。从性质上看，法学方法论与部门法学都旨在通过解释法律而准确地应用法律，因而它们都属于应用法学的范畴。法学方法论与部门法学都要以特定的法律文本为解释对象，且都要以正确解释法条和准确适用法律为目的。从这个意义上说，法学方法论与部门法学有着不可分割的天然联系。

部门法学是法学方法论形成和发展的土壤，每个部门法都为法学方法论提供了解释的素材和对象，部门法学的发展必然会极大地丰富法学方法论的内容。例如，物权制度本身是民法的分支，它可以成为法学方法论解释的对象。反之，法学方法论的发展也会为部门法学的研究提供可行的方法，丰富和发展部门法学。任何一门学科的理论性、科学性程度，都与其所运用的方法的成熟程度有密切关系。由于法学方法论为部门法学提供了解释法律的方法，因而，研习法学方法论必然会促进部门法学的发展和完善。在实践中，许多部门法学规范的产生正是最初由裁判者在个案裁判中通过法律解释的方法加以阐释、明确，而后方才提炼上升为明确的法律条文的。就民法学而言，法学方法论所提供的方法，不仅是法官适用法律的方法，而且已经成为民法学研究的重要方法。民法学的重要任务就是以民法为研究对象，以解释论的探讨为其重要内容。如果缺乏一套科学的方法，民法学的解释论研究就可能步入缺乏方法论指导的境地。

不过说到底，法学方法论与部门法学是不同的学科，它们之间存有明显的差别。有学者认为，两者是从抽象和具体不同层面的视角出发，对于法条适用的研究，可以说是“道”与“术”的关系。① 此种观点有一定的道理。如果我们从法学方法论所提供的方法的角度来看，其属于“术”；而法学方法论同时是普遍适用于法律适用活动的知识，或者视之为一种正确的思维方法，那么，法学方法论所提供的这些知识也可以看作是一种“道”。具体来说，法学方法论与部门法学具有如下区别。

---

① 孔祥俊：《法律方法论》（第一卷），人民法院出版社 2006 年版，第 9 页。

第一，从研究对象来看，部门法学的研究不仅限于解释论的研究，而且要包括立法论研究。从我国法治发展实践来看，部门法学在今后很长一段时间的任务之一就是立法论的研究，研究“应然”状态，以期制定最优的规则，完善民商事法律制度。而法学方法论不考虑立法方面的问题，而是立足于解释论，主要对既有的规则进行正确解释以期予以准确适用。换言之，部门法学不仅仅解决法律适用的问题，还需要考虑立法等更广泛的方面，而法学方法论更多地侧重于法律规范在个案中的裁判适用，解决法律规范适用中的“实然”问题。

第二，从适用范围来看，部门法学是以相应的部门法为中心的学科，各个部门法因其研究对象的不同而存在重大区别。然而，法学方法论是以解释方法为中心的学科，两者之间具有指导与被指导的关系。法学方法论的核心原理是各部门法所通用的，是适用于各部门法学的方法论，其为部门法学中解释法律现象提供了一种方法或思维。这套方法对于民法、刑法各个领域的司法实践都有指导意义，从而在部门法的实践中形成了民法解释学、刑法解释学、宪法解释学等。由于各个部门法学要运用法学方法论的一般原理，从这个意义上说，部门法中的解释学都是法学方法论在具体的法律部门中的应用和延伸。

法学方法论是对各个部门法所适用方法的系统归纳，它普遍运用于一切部门法的研究和适用活动。实际上，在部门法的研究中，学者们也在自觉或不自觉地运用各种解释方法去阐明自己的解释结论，而这些解释、论证的路径也可能被法官在司法实践中所学习和采用。法学方法论并非是为了解释具体法律部门的法律条文，也不是各种法律解释方法的简单列举，而是从中总结出法律解释和适用的规律，从而形成系统理论。法学方法论并非研究具体法律条文的解释，而是研究所有法律条文解释中的共同方法和规则。而部门法只是针对特定调整对象展开的，其解释的文本通常也限于该部门法之内。法学方法论是提供给法律人以研究工具、方法、技术等知识的学科，其目的并非要去阐释每一个法律，阐明每一个具体条文的确切含义。

第三，从学科特点来说，部门法学具有较强的本土性、国别性，同一部门法在不同的国家可能有较大的差异，因此，各国部门法学所解释的对象和结论存在较大差异，但是，世界范围内，对成文法的解释方法具有很大程度的相似性。这主要是因为法律规范和文本受各国的政治经济、文化传统的影响较大，而解释方法作为一种发现和阐释法律的工具，在一定程度上具有工具的中立性，这就决定了文义解释、体系解释等解释方法，在不同的国家往往都是解释者所共同采用的方法。不论解释者持有何种观点，或者具有何种学说背景，或者站在何种立场，都要依照法学方法论所提供的系统方法解释法律。

第四，从功能来看，部门法学以全面调整各类法律关系的设立、变更、消灭为其目的，而法学方法论是针对某个具体案件就某个法律关系在某阶段的特定法律适用所进行的研究，其并不研究具体的法律关系。法学方法是一种逻辑思维的展开，它是法律所具有的一种共同的规范理论，所以，法学方法不可能仅仅存在于民法、刑法、比较法、法的历史等各学科的特定方法之中，它不能牺牲这些学科方法的特殊性来迎合方法的共通性。但是，因为法学方法又是各个部门法学所要准确解释和适用法律的共同的方法，这也就意味着法学方法对这些学科都具有一定的指导意义，正是从这个意义上有人认为，法学方法学科在法学学科中具有类似于宪法的地位。①

法学方法论不仅有助于法律人理解具体法条的含义，而且有助于提高自觉运用正确方法解释法律的能力。对整个部门法的理解，常常可以借助于各部门法学来完成对现行法的解释。但是，对于所有法律理解中的规律的探询，则不是部门法学所能完成的任务。另外，法学方法论不仅注重于法律的适用，同时也在法律适用中弥补法条的漏洞，在一定程度上有助于推动法律的创新和发展。所以，萨维尼指出：法律解释等于法律重建（Rekonstruktion），解释者应当站在立法者的立场上，模拟后者再次形成法律思想。②

第五，法学方法论具有典型的方法论学科的特点，具有为具体部门法提供思

① Friedricb Müller, Discours de la méthode juridique, Traduit de l'Allemand par Olivier Jouanjan, PUF, 1996, p. 36.

② ［德］萨维尼：《萨维尼法学方法论讲义与格林笔记》，杨代雄译，胡晓静校，法律出版社 2008 年版，第 7 页。

考分析方法的功效。法学方法论是一种一般意义上的方法论，而不局限于特定的部门法。法学方法论的重点在于，根据诉争的案件事实，对相关法律进行剪裁，得出与案件事实密切关联的法律文本的意思。因此，日本法学家碧海纯一认为，法学方法论大体上相等于实用法学。① 而部门法学主要以法律条款为研究对象，围绕着对法律条文的注解展开，其重点在于阐释各部门法中法律文本的含义及其理由。因此，法学方法论的研究并不能脱离部门法，如果脱离部门法，抽象地讨论方法论的问题，将使方法论失去其本来的意义，也使有关的分析和讨论成为无本之木。尤其应当看到，法学方法论对于具体部门法提供思考分析的方法，因而对于部门法的研究具有重要的借鉴意义。

第六，从研究对象与研究方法上看，法学方法论与部门法具有不同的特点。就研究对象而言，法学方法论要考察法律适用的过程，其关注的重点是获取如何得到妥当的法律适用结论，这是一个动态的过程；而部门法学对于法律适用的过程并不关心，其考察的对象主要局限于法律文本的内容，重点在于得出妥当的法律解释结论。由于法学方法论主要是研究法律适用活动，而部门法学主要是从部门法出发，研究部门法律规范。所以，与此相应，法学方法论和部门法的研究方法也存在区别，例如，前者注重法律解释的方法，后者注重法律解释的结论。

第四节　法学方法论与其他相关概念的关系

一、法学方法论与立法学

立法学，是以立法现象、立法规律以及同立法相关的诸多事物为研究对象的法学学科。② 立法学是以立法过程为研究对象的，探求立法过程中的技术、技巧等。立法学和法学方法论一样，都要关注价值判断问题，而立法本身就是价值判

① ［日］川岛武宜：《现代化与法》，王志安等译，中国政法大学出版社 1994 年版，第 303 页。
② 周旺生：《立法学》，法律出版社 2009 年版，第 1 页。

断的结果，要考虑各种利益的平衡。在多元社会中，必须充分考虑各种利益的冲突，形成妥当的平衡才能制定出良法、善法。但是，立法学和法学方法论还是存在重大区别，主要表现在：

第一，立法学关注法律的制定，而法学方法论是以成文法律为基础，探讨如何具体适用法律。方法论不是探讨如何建构法律体系和制定法律，而是在既存的法律体系下来探讨其适用和补充。当然，二者的方法也有共通之处，如比较法、类型化方法、体系的方法等。了解立法的方法，也有利于对法律进行解释。因此立法的方法和法律适用的方法是不可截然分离的。但是，两者属于不同的学科，立法学并不以法律秩序的存在为前提，而是要探索构建法律的方法。而方法论的研究，必须以法律秩序的存在为前提，且以认可既有法律秩序为前提。

第二，立法学要研究立法体制、立法程序等问题，涉及立法的原则、指导思想、国家的体制等问题。但是，法学方法论原则上不涉及这些问题，其更多地具有工具性的特点。立法考量的是规则设计的合理性，要在规则设定过程中进行利益衡量，寻找出最佳的利益平衡点，确定科学合理的规则。但是，立法之时不一定考虑规则如何操作、适用，而且通常也没有考虑到规则如何与个案结合。而法学方法就是要考虑具体的法律规范如何运用于个案，在具体案件之中实现个案的正义。另外，由于立法的时间限制、知识限制等原因，导致立法者并不能完全完成法的安定性和妥当性目标，它有时不得不将这一目标交给司法者和学者来共同完成。

第三，从技巧上讲，立法学要研究立法技术，即在法的创制活动中所应体现和遵循的有关法的创制知识、经验、规则、方法和操作技巧的总称。[①] 立法者需要考虑"人类社会的性质，社会科学所需要运用的技术"[②]。法学方法论是以法律适用中的规律性为其研究对象，其研究的对象是法律适用技术，诸如如何准确解释法律、适用法律、填补漏洞等等。

---

① 张文显主编：《法理学》，法律出版社1997年版，第350页。

② Geoffrey Samuel, *Epistemology and Method in Law-Applied Legal Philosophy*, Dartmouth Pub Co, 2003, p. 115.

二、法学方法论与证据法学

法学方法论关注事实的发现和判断，因为法学方法论的重要内容就是逻辑三段论的展开，在这一过程中，小前提即事实要件的认定就自然纳入法学方法论的视野，而事实要件的判断要与证据学发生联系。正确认定事实是三段论推理得出正确结论的前提。但是，法学方法论本身又不同于证据法学。一方面，证据法学属于程序法的问题，虽然在实体法上也会规定证据的规则，但是，其在总体上属于程序法的问题，例如，举证、质证、审查判断证据等，是典型的程序问题。法学方法论并不关注这些程序问题。另一方面，证据法学中发现事实的主体，不仅包括法官，还包括当事人。甚至在民事诉讼中，主要依靠当事人的举证来发现事实。而法学方法论主要是为法官提供操作的技巧。所以，法学方法论中原则上不将事实发现作为其研究对象，而将其留给证据法学去研究。

三、法学方法论与法教义学

法教义学（Rechtsdogmatik）是德国法上的独特概念，在立法和司法两方面均有所体现，虽然关于法教义学的概念和内涵在德国仍然存在争议[①]，“法教义学”应当被理解为狭义的法学。但一般认为，其是指运用法律自身的原理，按照逻辑的要求，以原则、规则、概念等基本要素制定、编纂与发展法律以及通过适当的解释规则运用和阐释法律的做法。其核心在于强调权威的法律规范和学理上的主流观点。[②] 其至少包括三方面内容：（1）对现行有效法律的描述；（2）对这种法律之概念—体系的研究；（3）提出解决疑难的法律案件的建议。[③] 法教义学

---

① 白斌：《论法教义学：源流、特征及其功能》，载《环球法律评论》2010年第3期。

② 许德风：《论法教义学与价值判断》，载《中外法学》2008年第2期。

③ ［德］罗伯特·阿列克西：《法律论证理论》，舒国滢译，中国法制出版社2002年版，第310－311页。

和法学方法论的联系在于：首先，二者都是以尊重现行法为前提，对现行法进行理解。两者的共同之处还在于，都是以尊重现有的法秩序为前提，以现行法为基础进行的理论研究，都类似于我们常说的法解释论。其次，二者都涉及对现行法的解释，法教义学是要通过对现行法的解释来确定其含义，并形成理论体系。而法学方法论要研究进行现行法解释的方法。再次，法教义学也要研究实践中疑难案例的解决，这也类似于法学方法论以将法律适用于案件为目的。法学方法论和法教义学都要关注逻辑的推理、论证以及对法律概念的解释，关注价值判断，而且，都要运用一定的方法解决法律的适用问题。由于两者之间具有密切的联系，所以，拉伦茨等人认为，法学方法论中的法学，就是法教义学[①]，这样，法学方法论就是法教义学，其本质上是法教义学的一部分。

笔者认为，法学方法论不同于法教义学，它们仍然存在如下明显的区别。

第一，法教义学研究的内容是以现行法为基础构建法学理论体系，或者更确切地说，它是以现行法秩序为基础，通过解释形成理论体系为内容。而法学方法论是以法律适用的方法为研究对象，它关注法律规范如何准确适用以及裁判结论的可控制性问题。[②]

第二，法教义学是以尊重现有的法秩序为基础，通过各种方法的运用，探求法律规则的含义。法教义学的目的是以现行法为起点，形成特定法律领域中制度、理论的体系，主要任务在于“通过特别的法律（学）方法”探求此种行为标准的“规范意义”[③]。法教义学关注的重心仍然在规范本身，而法学方法论关注的重心不是规范本身，而是规范运用的方法。法学方法论中的法律解释，重在对法律解释方法的探究，而方法论的目的是探求法律适用的程序和方法，以尽可能实现裁判的可预期性。

第三，法教义学关注体系的构建，通过“体系内”的微调来适应社会环境的

---

① ［德］卡尔·拉伦茨：《法学方法论》，陈爱娥译，商务印书馆2003年版，第19页。

② Friedrich Müller，Juristische Methodik，Berlin，Duncker und Humblot GmbH，1989，S. 20.

③ Gustav Radbruch，Rechtsphilosophie，6. Auflage，Stuttgart：K. F. Koehler Verlag，1963，S. 209；

变迁，而非彻底地打碎或根除旧体系。这一点极大地维护了法秩序的安定性，保证了法的可预见性。[①] 但是，法学方法论的重心并不是法律体系的构建，它是以既有的法律规则的运用为内容的。此外，法教义学还需要研究具体的法律问题，解答具体法律问题。而法学方法论更多的是作为工具使用的，具有抽象性和普遍适用的特点。[②]

四、法学方法论与民法方法论

法学方法论是法律适用的技巧或技术，它是法律适用的科学。方法论绝不是解决如何立法的问题，而是解决如何司法的问题，故以法律基本完备为前提。法学方法论涉及的范围很宽泛，包括对刑法、民法、行政法等不同法律部门在适用中的规律，从这个意义上说，方法论跨越了各个部门法学，是各个部门法在适用中的基本规律和经验的总结，基于这一原因，方法论也可以以不同的法律的具体适用为对象而区分为民法方法论、刑法方法论等。当然，这并不是说，方法论没有超越于一般部门法的原理，而只是说，以不同法律部门的法律适用为研究视角，更有利于发现法学方法论的规律。

本书之所以以民法的适用为视角，主要原因在于，民法方法论最集中体现了法学方法论的特点，其主要表现为：

第一，从法学方法论的起源来看，其最早可以追溯到罗马法时代。早期罗马法虽然是诸法合体、民刑不分，但其主体部分在民法领域。而古罗马五大法学家的著述，对法律解释方法的研究可以说主要是以民法为对象展开的，近代的萨维尼等学者更是在研究罗马法文献的基础上，重新构建了近代民法体系，同时也在解释的方法论上留下了宝贵的遗产。这些大师的著作中，实际上已经涉及法学方法论中的重要内容，即民法解释学，因此，从历史的发展来看，法学方法论主要是以民法文本为主要解释对象的。

---

①② 白斌：《论法教义学：源流、特征及其功能》，载《环球法律评论》2010 年第 3 期。

近代以来的法典化运动以来，民法典在大陆法系国家成为基础性法律，大陆法系之所以称为民法法系很大程度上就是以民法典为标志，而法国等国家历来实行的是法典中心主义，即以民法典作为解决民事争议的基本规则，因而，方法论常常围绕民法而展开。特别是由于民法是社会生活的百科全书，面对复杂的社会生活，法律的生命力必然要通过民法解释学显现。这也使得法学方法论的理论基本上从民法解释学中脱胎而来。因此，我们说民法解释学最充分地体现了法学方法论的方法和思想，也可以说，法学方法论是从民法解释学中诞生的。从大陆法系的法学发展历史来看，民法学一直是法学思想的发源地。民法学作为法学思想发源地的特殊地位决定了民法解释学的理论广泛地被其他法律部门的学者所吸收和借鉴。

第二，民法既是行为法，又是裁判法。它在司法实践中，作为裁判功能作用重大。而且，从我国司法实践来看，法院受理的案件百分之八十都是民事案件。与此相适应，民法中所包含的成文的法律规则也是数量最多的。民法中包含了很多基础性的概念，这些概念的解释也是其他法律部门的规则解释的前提。例如，“占有”“财物”等概念，其含义的界定也是刑法解释的基础。此外，民法协调的利益关系类型也是最丰富的，总体上讲，它既协调平等主体之间的利益关系，也协调平等民事主体利益与公共利益之间的关系，从其协调的利益关系类型的丰富性来看，是任何其他部门法都无法比拟的。

第三，法学方法论在民法中运用得最为充分和全面。就法律解释学而言，各种法律解释方法在民法中运用得最为全面和充分。例如，就漏洞填补来说，民法中没有类似于“罪刑法定原则”的规定，因此，有可能认可法律漏洞，并进行漏洞填补。而在其他法律部门中，有可能受制于法律原则，不可能全面运用各种法律解释方法。民法的内容丰富，因此，其解释需要适用很多解释方法。例如，社会学方法、比较法方法等，即使在其他法律部门适用有限，也可以在民法中获得广泛适用的空间。另外，民法的私法性质决定了，法官对其进行解释时，拥有更大的解释权限。在私法领域，贯彻“法无明文禁止即为允许”的规则，这就使得法官在解释民法时应当尽可能地保障民事主体的自由。这也意味着，民法以保障权利为目的，在法条运用上弹性较大，在一定程度上容许法官自由裁量，因此运用法学方法的空间较大。可以说，民法学是培育和孵化法学方法论的最佳土壤。

第四，民法法典化也要求方法论在其适用中得到充分的体现。大陆法系也称为民法法系，民法典是大陆法系的重要标志。因为民法典往往成为法律解释的重要对象，同时，其在适用中的规律也成为方法论的主要素材。另外，民法法典化也意味着，要通过各种解释方法来对其进行补充和完善，从而满足不断发展的社会需要。民法的调整对象是市民社会的一般生活关系，社会生活处于不断变动之中，而作为成文法代表的民法典又要保持相对稳定性，因此，需要通过法律解释的方法促使民法典不断与时俱进，适应社会生活的需要。在民法典实施以后，我们应从过去注重立法论转向解释论研究，一个解释民法典的时代已经到来。在民法典时代更需要法学方法论的方法对民法予以补充和创新，民法体系才能与时俱进。

第五节　法学方法论的历史发展

迄今为止，西方的法学方法论已有两千年的悠久历史。有学者认为，法学方法论起源于古希腊哲学，因为在古希腊时期，“从智者和苏格拉底、一直到柏拉图和亚里士多德，以及整个斯多亚学派，法律思考都居于中心地位”①。当然，在当时，法学方法论并没有成为独立的学科。尽管关于古希腊法学家如何解释法律的文献很少，但古希腊哲学家所常用的演绎法，无疑是法律解释学的重要方法。亚里士多德曾创设了三段论式的演绎法，提供了法典和圣经的解释方法。②

从其原本意义上说，法学是“古罗马人所创立的一门独立的科学或实践智慧”，“相对于原本法学来说，现在所谓的其他法学学科如法社会学、法经济学、法史学、甚至法哲学，都是一种交叉或边缘学科。在这种意义下，在汉语中还是

---

① ［挪］希尔贝克、伊耶：《西方哲学史》，童世骏等译，上海译文出版社 2004 年版，第 123 页。

② ［英］罗素：《西方哲学史》（上卷），何兆武、李约瑟译，商务印书馆 1963 年版，第 257 页。

使用‘法学方法’一词较为合理”①。关于法学方法的系统讨论，可追溯至罗马法。最初，罗马法时代的法学家讨论的问题是“是否存在一种‘法学方法’（Legal Method）”，而不是“存在什么样的法学方法”。在第一个问题得到肯定回答之后，法学家们才开始讨论法学方法的特征及其应用。② 在罗马法上，虽然法学家采用决疑术（Legal Casuistry），以具体法律问题为其讨论重点，但并没有发展出一般的法哲学。后世学者认为，罗马法学者最初在《法律问答》《国法大全》等著述中涉及了关于法律本体论（Ontology）、价值论（Axiology）和方法论（Methodology）的一些基本问题。③ 作为罗马法学家针对具体问题实践活动的副产品，方法论和法律解释理论中的一些基本概念得以界定。④ 例如，逻辑论证（Dialectic）是被古罗马法律职业者广泛运用的一种分析方法。⑤ 就法律解释而言，在古罗马法时期，五大法学家的解释曾被认为是重要的法律渊源。一些基本的解释规则也得以发展⑥，到共和时期，罗马大法官已经开始采用论理解释方法，甚至根据“公平、正义”等原则修改滞后的法律。⑦ 尤其是罗马法采用了类推解释的方法，在帝政时期，由于文字解释逐步倾向于论理解释，凡是法律没有规定的，常常采用类推解释的方式来解释法律。⑧ 罗马法后期，罗马法学家曾运用典型的辩证解释法来解释法律⑨，例如，分析解释法（discernment）、分类解释法（classification）和词源解释法（etymological）。⑩ 罗马法学家关于文义解

---

① 王夏昊：《缘何不是法律方法——原本法学的探源》，载《政法论坛》2007 年第 2 期。

② Bartosz Brozek，Jerzy Stelmach，*Methods of Legal Reasoning*，Springer 2006，p. 1.

③ Bartosz Brozek，Jerzy Stelmach，*Methods of Legal Reasoning*，Springer 2006，p. 7.

④ W. Litewski，Podstawowe wartosci prawa rzymskergo，Krakow 2001，pp. 22，51，52.

⑤ 参见［澳］帕瑞克·帕金森：《澳大利亚法律的传统与发展》，陈玮等译，中国政法大学出版社 2011 年版，第 36 页。

⑥ 陈朝璧：《罗马法原理》，法律出版社 2006 年版，第 24 页以下。

⑦ 周枏：《罗马法原论》，商务印书馆 2002 年版，第 104 页。

⑧ 陈朝璧：《罗马法原理》，法律出版社 2006 年版，第 26 页。

⑨ “Regsmetodologie'n terreinverkenning in historiese perpektief” 1987 TSAR 140.

⑩ Eakellaway，*Principle of Legal Interpretation of Statutes*，*Contracts and Wills*，Butterworths，1995.

释、类推解释等方法的论述，直到今天仍然是法律解释学方法的重要内容。[①] 但他们的研究主要集中于一些具体问题的探讨，方法论本身并没有引起高度的重视。

15 世纪，英国著名法哲学家托马斯·利特尔顿（Thomas Littleton）就曾提出，不能像鹦鹉学舌一样简单地学习法律，而应当注重法律背后的推理和论证，因为，“推理和论证能够让一个人快速地了解法律的真谛”[②]。中世纪法学家极为重视对法律文献的注释，也注重从案例中推理归纳出准则。[③] 但中世纪的法学研究主要采取的是经院式的注释，着重于对具体问题的逻辑分析，欠缺体系化的思考和研究，因而对法学方法贡献极少。从近代到现代，法学方法论发展的背景是社会结构的剧变和相应的法学思潮的转型。在 19 世纪和 20 世纪，围绕“法学到底有没有一套独立于自然科学的方法论”这一问题，法学家先后提出了两种不同的方法观：一是“方法自足论”；二是“方法非自足论”[④]。

（一）“方法自足论”——近代历史法学和概念法学的兴起

自然法学是在反对封建专制和皇权思想过程中产生的，它认为真正的正义并不在于实在法，而是宇宙和自然本身所蕴含的一种和谐秩序。在关于法律本质的问题上，自然法学强调从实定法之外客观存在的价值目标出发，以人性、理性、正义、自由、平等和秩序等作为法学方法的重要支撑理念。“根据自然法的特定学说，自然法并不是由人类意志行为所创造的；它并不是人为的、任意的产物。它能够并且必须通过精神作用从自然中引申出来。”[⑤] 因此，其论证法律结论的主要依据在于抽象的存在于自然的公平、正义观念。但自然法提出了法的价值体系理论，且对 19 世纪的法典化运动产生了重大的影响。例如，《法国民法典》中

---

① Bartosz Brozek，Jerzy Stelmach，*Methods of Legal Reasoning*，Springer 2006，p. 7.

② Littleton's Tenures in English，London 1556，cited form Jane C. Ginsburg，*Legal Methods*：*Cases and Materials*，3rd ed.，Foundation Press 2008，Preface.

③ ［澳］帕瑞克·帕金森：《澳大利亚法律的传统与发展》，陈玮等译，中国政法大学出版社 2011 年版，第 37 页。

④ See Bartosz Brozek，Jerzy Stelmach，*Methods of Legal Reasoning*，Springer 2006，pp. 1－9.

⑤ ［奥］凯尔森：《法与国家的一般理论》，沈宗灵译，中国大百科全书出版社 1996 年版，第 9 页。

的很多规则都是自然法规则的转化（自然法的一个规则：任何人不得伤害他人，便转化成为《法国民法典》第1382条）。自然法的价值体系对方法论的价值判断理论仍然有重要的借鉴意义，但由于自然法撇开了对实定法的遵循，从这个意义上可以说是“方法非自足论”的代表。

自然法学片面地放弃实定法所带来的先天不足受到了后世学者的批评。在自然法学之后，19世纪的德国历史法学派和实证主义法学派是方法自足论的代表。“方法自足论”认为，法学作为一门独立的社会科学，其自身享有一套独立自足的方法论。该方法论既区别于逻辑学、数学和自然科学，也不同于其他社会科学和人类学。当然，方法自足论并不等于“方法孤立论”，并不是说法学方法排除一切其他学科的技艺，而是说法律活动所运用的各种方法构成一个自足的系统。萨维尼的《法学方法论》（juristische Methodenlehre）开启了关于法学方法论自足性的热烈讨论。萨维尼既不同意自然法学提出的“先验的演绎方法论”（a priori deductive methodology），也不赞成“形式化的法教义学方法”（formal dogmatic methods）。相反，他主张将法律作为一种历史性社会事实加以经验研究，认为法律是内在的民族精神的反映，而不是立法者意志的简单表达。“法律随人民的成长而成长，随其力量的增强而增强，最后随其失去民族性而消亡。”[①] 法律一旦由民族历史中发现以后，法官即可以用逻辑的方法加以运用，而法官的职责乃在于努力发现民族的法律，并适用法律，而不得以自己的智慧去创造法律。萨维尼最早提出了法律解释的四种方法，即文义解释、逻辑解释、体系解释和历史解释。[②] 萨维尼认为，法律解释使得“法律中内涵的思想的再现（Rekonstruktion des dem Gesetze innewohnenden Gedankens）”[③] 成为可能。相应的，萨维尼认为，法学方法也与法律一样，是一套独立自足的系统，国家历史和民族精神应当作为法律解释的重要考量因素。

---

① 张乃根：《西方法哲学史纲》，中国政法大学出版社1993年版，第208页。

② Anne Roethel，Normkonkretisierung im Privatrecht，Mohr Siebeck Gmbh & Co. K，2004，S. 132.

③ Friedrich Karl von Savigny，Otto Ludwig Heuser，System des heutigen römischen Rechts Volume I，Nabu Press，2010. S. 213.

受萨维尼历史法学的影响而形成的概念法学派也推崇方法的自足性。伴随着成文法法典化的趋势，孕育产生了概念法学（Begriffsjurisprudenz）。[①] 该学说认为，法律本身自成一套完整的逻辑体系，任何法律结论都可以根据法律自身的概念和体系推演出来。法律的推理和论证只需要参考法律体系即可，而无须考虑体系之外的社会、经济和道德因素。概念主义法理学也即机械主义法理学对大陆法系的推理与论证理论产生了巨大的影响。普赫塔也深受萨维尼关于体现民族精神的法律必须依赖法律所构建、必须通过法律人之手加以系统化的观点的影响，提出法律要由法律人构建，由法律人所构建的法律要呈现出一个"概念的金字塔"[②]，这就是说，法律本身是一个封闭的逻辑体系，应当以一种概念金字塔的方式来思考法律现象，金字塔的底端是调整各种具体法律关系的规范，从底层依次向上不断抽象和概括，进而形成一个逻辑和抽象的体系。[③] 普赫塔认为法律人要在研究罗马法的基础上，塑造一个内在无矛盾的、自我满足的法律概念学说，并符合法律政策的计划及社会经济的需要。这个概念系统可以为法官的裁判提供足够的依据，法官只需要在概念中寻求依据，便可解决争议。一切法律结论都可以根据既定的规范，通过逻辑工具推演出来。法官的作用只是机械性地适用法律，能对立法者所制定的法律作三段论式的逻辑操作，如果遇到法律不明确时，法官的职责是努力发现并探求立法者的真意及法律规则的内涵，而绝不可创造法律。[④]

从方法论的角度来看，概念法学所运用的法律解释方法其实在种类上十分有限。其主要表现为文义解释和体系解释，并不包括论理解释、漏洞填补、利益衡量和价值判断等方法。但是概念法学对方法论的发展仍然发挥了重要的作用。概

---

① 按照学者 Werner Krawietz 的观察，公元 161 年罗马大法学家盖尤斯（Gaius）所整理的《法学阶梯》，为了描述该法律素材而整理的体系，就已经可以视为是现代概念法学的前身了。参见吴从周：《从概念法学到利益法学》，台湾大学法律学所 2003 年博士学位论文，第 18 页。

② ［德］阿图尔·考夫曼等主编：《当代法哲学和法律理论导论》，郑永流译，法律出版社 2002 年版，第 162 页。

③ 杨仁寿：《法学方法论》，中国政法大学出版社 1999 年版；吴从周：《民事法学与法学方法》（第一册），一品文化出版社 2007 年自版，第 3－4 页。

④ 参见梁慧星：《20 世纪民法学思潮回顾》，载《中国社会科学院研究生学报》1995 年第 1 期。

念法学强调概念的逻辑性、体系性和科学性，注重严格依法裁判，限制法官的自由裁量，这就在一定程度上也推进了方法论的发展。而注重法的安全性和稳定性也恰好符合19世纪自由资本主义时期的经济的需要，因为自由竞争和自由贸易都需要成文法提供完备的规则，使市场的参加者可以预见自己行为的法律后果，并规范自身行为，而法官享有过多的自由裁量权可能会损害此种预期。同时，自由竞争客观上要求排除国家的干预，而法官的自由裁量权越大，则以司法形式出现的国家干预便会介入当事人之间的关系①，正是由于这一原因，概念法学对维护自由资本主义时期法的安全性和稳定性起到了重要作用。不过在德国，一段时期由于深受概念法学的影响，所以法官的职责是严格按逻辑三段论法进行操作，法官不过是机械地适用法律的“工匠”，而由于法律概念已形成一个逻辑严密的体系，法官在适用法律时只需从“概念的金字塔”中寻求概念，而无须在法条上另外寻求规则。在适用法律的过程中，“法官的形象就是立法者所设计和建造的机器的操作者，法官本身的作用也与机器无异”②。因此也导致了利益法学等学说的产生。

（二）“方法非自足论”——利益法学与自由法学

在概念法学主张方法自足论之后，也有学者极力否定法律本身以及所谓的法学方法存在的意义，此即“方法非自足论”。此种观点认为，法学方法并非完全独立，不能简单地从实证法和概念出发，还应当注重法律的目的和利益等因素，其必须和社会学、历史学等其他社会科学的方法相结合，来对法律进行观察和研究。从这个意义上说，法学方法并非自我封闭体系，而是属于广义上社会科学研究方法的一部分。早在1847年，德国法学家基尔希曼（Julius Hermann von Kirchmann，1802—1884）在柏林法学会上作了一次题为《论作为科学的法学的无价值性》演讲，其中对萨维尼和普赫塔创立的历史法学派进行了猛烈的抨击。他指出：“法律人被实在法变成了蠕虫，他们避开健康的木头，而以腐烂的木头

① 徐国栋：《民法基本原则解释》，中国政法大学出版社1992年版，第155页。

② ［美］约翰·亨利·梅利曼：《大陆法系》（第二版），顾培东、禄正平译，法律出版社2004年版，第39页。

为生，在其中做窝、繁衍。按照这样的方式，法学将本属偶然性的规则作为自己研究的对象，使法学本身变成了'偶然性的事物'——立法者改正法律规则的三个词，就能使整个图书馆变成废纸。"[①] 他认为，法律是由人制定的，人类理性的有限性，决定了法律体系不可能完全符合逻辑或者数理原理，一个封闭的逻辑法律体系在事实上也是无法实现的。他还认为，任何制定法，哪怕起草论证一千年，也无法逃脱漏洞、矛盾、晦涩和一词多义的命运，他因此怀疑法学方法论本身的价值，认为法学方法论本身是没有意义的。[②]

在概念法学之后，以耶林为代表的利益法学对纯粹的实证法逻辑分析予以了批判，强调实然法（Sein）和应然法（Sollen）的区分。[③] 与此相应，法学方法不仅是拘泥于对实定法的概念和逻辑的形式性探讨，而且需要通过考虑法律关系所涉及的社会、经济和道德等多重因素，强调法律认识和推理中的价值判断因素和意义。在他们看来，法学方法不仅是逻辑和形式的，而且包括论理性价值判断。耶林对概念法学提出了尖锐的批判，认为其在做抽象的概念游戏，而忽视了法律在现实生活中的目的和任务。1877 年，耶林在其名著《法的目的》中提出："目的是整个法的创造者。"他认为，法律是人类意志的产物，是社会的产物，基于特定人群的目的而产生。因此，法律的解释必须先了解法律的目的。[④] 任何法律无不具有共同的，即所谓实际的意图（practical motive），法律既具有历史的渊源关系，但法绝大部分都是国家意欲达到某种目的而制定出来的。由于目的是相对的，因此法律必须根据时代的需要和文明化的程度而调整其规则。[⑤] 耶林强调为了满足新的变化需要，法律技术要富有弹性。同时他认为："法律的标准并不是绝对的真实，而是相对的目的。这样它应该遵循法律的内容不仅仅是可以，

---

① Julius H. von Kirchmann, Die Wertlosigkeit der Jurisprudenz als Wissenschaft, Manutius, 1., Aufl. 2000. S. 24 f.

② Julius H. von Kirchmann, Die Wertlosigkeit der Jurisprudenz als Wissenschaft, Manutius, 1., Aufl. 2000. S. 1 ff.

③ See Bartosz Brozek, Jerzy Stelmach, *Methods of Legal Reasoning*, Springer 2006, pp. 9.

④ 参见夏贞鹏：《概念法学 VS 自由法学的法解释学命题考察——写在"民法典"之前》，载陈金钊、谢晖主编：《法律方法》（第 2 卷），山东人民出版社 2003 年版，第 444 页。

⑤ ［德］魏德士：《法理学》，吴越等译，法律出版社 2005 年版，第 233－234 页。

也表现出多种内容。正如医生不能对所有的病人开出同一种药方，而只能根据病人各自不同的病情开出不同的处方，因此法律不能对案件提供相同的规则，其也该适合不同情况的人们，不同民众的需要以及不同时代的人的需要。”① 耶林对概念法学的挑战及目的法学的提出，极大地推动了自由法学的发展。他倡导的目的法学在法律解释学的最大贡献在于，法律解释不能拘泥于概念体系，而应当从目的出发来解释法律，并使法律尽可能适应社会发展的需要。所以，它将法律解释从概念法学中解放了出来，避免了解释的僵化。尽管耶林并没有明确提出法官造法的理论，但其目的法学为法官的自由裁量权的行使提供了一定的理论依据。尽管耶林并没有明确提出法官造法的理论，但其“目的概念法”为法官的自由裁量权的行使提供了一定的理论依据。

《德国民法典》问世后不久，产生了以学者赫克（Philipp Heck 1858—1943）为代表的利益法学派。他认为，法律的本质是利益冲突的产物。每一条法律规则都是以特定的利益为基础的，“从历史的观点来看，法律是利益的产物。这今天仍为大家所赞同”②。立法者的目的在于协调这些利益。只有客观认识和衡量这些利益后，才能正确地认识法律规范。③ 就法律解释而言，赫克强调应当采用历史的解释方法，法官应受到制定法的拘束，但他认为，法官不是盲目的服从，而要作出对立法者的利益衡量，进行利益探究的工作。“法官是一种‘思考的服从’，不是要求单纯逻辑地适用概念，而是要求一种考量到利益评价……一种考虑到‘法律之精神与意义’的判决。当然，这样的判决是以一种正确的法律解释为前提的。”④ 所以，赫克的利益法学为法官解释中的能动性提供了理论依据，尤其是其主张法官可以在解释中填补漏洞，这也是对法律解释学的重大发展。

---

① Rudolf von Jhering，Der Zweck im Recht. 2 Bde. Leipzig，Breitkopf und Härtel，1877，p. 52.

② Philipp Heck，The Jurisprudence of Interests，in The Jurisprudence of Interests. Selected writings of Max Rümelin，Philipp Heck，Paul Oertmann，Heinrich Stoll，Julius Binder，Hermann Isay，translated and edited by M. Magdalena Schoch，with an introduction by Lon L. Fuller，*Twentieth-Century Legal Philosophy Series*：Vol. II，Harvard University，1948，p. 34.

③ ［德］卡尔·拉伦茨：《德国民法通论》（上册），谢怀栻等译，法律出版社 2002 年版，第 97 页。

④ 吴从周：《民事法学与法学方法》（第二册），一品文化出版社 2007 年版，第 11 页。

他认为，由于立法者的观察能力有限，不可能预见到将来的一切问题，同时由于立法者的表现手段有限，即使预见到将来的一切问题，也不可能在立法上完全表现出来，因此法律漏洞是必然存在的，甚至法律漏洞可能从立法颁行时就存在。法官的任务就是要协助立法者填补法律的漏洞。法官在填补漏洞的过程中必须受立法者各种意图的拘束①，同时，对漏洞填补的基本原则也就是利益平衡。② 赫克反对概念法学的僵化性，但并不反对法律的概念体系，或反对法官受现行法的拘束，更不是反对科学性的概念形成。没有概念不可能思考。法学当然也要形成概念。③ 这些观点对法学方法论尤其是法律解释学产生了重大影响。

19世纪末期，以奥地利学者埃尔利希（Eugen Ehrlich，1862—1922）为代表的自由法学应运而生，埃尔利希在1913年撰写了《法律社会与之奠基》一书，系统地阐述了其社会法学的主张。在其著述中，他充分肯定了萨维尼关于法应当体现民族精神的主张，同时也批判萨维尼并未澄清习惯法的概念，认为法律发展的重心不在于立法、法学或审判，而在于社会本身。法律主要不是国家制定的具有一定拘束力的法规，而是从社会中自然产生的行为规范，这即是埃尔利希的所说的“活的法律”④。法律是社会发展过程中的决定因素以及社会因素的发展产物。⑤ 由法律人制定出来的法律只是对法律的争执作判决的法律，只是社会中存在的诸法律之一，而法律应该是多元的，法学家的任务便在于探求生活中的法。埃尔利希并不重视制定法，他认为立法者因疏忽而未预见或因情势变更等原因使

---

① Philipp Heck，The Jurisprudence of Interests，in The Jurisprudence of Interests. Selected writings of Max Rümelin，Philipp Heck，Paul Oertmann，Heinrich Stoll，Julius Binder，Hermann Isay，translated and edited by M. Magdalena Schoch，with an introduction by Lon L. Fuller，*Twentieth-Century Legal Philosophy Series*：Vol. II，Harvard University，1948，p. 34.

② 吴从周：《民事法学与法学方法》（第二册），一品文化出版社2007年版，第12页。

③ Heck，Begriffsjurisprudenz，S. 41f. 转引自吴从周：《民事法学与法学方法》（第二册），一品文化出版社2007年版，第60页。

④ 梁慧星：《20世纪民法学思潮回顾》，载《中国社会科学院研究生学报》1995年第1期。

⑤ P. Wahlgren，*Automation of Legal Reasoning*，Kluwer Law and Taxation Publishers，1992，pp. 56－57.

法律发生各种漏洞，此时法官享有自由裁量权，可以自主主观地发现法。[1] 埃尔利希强调生活中的法及法官可以自主地发现法的观点，尽管为法官造法提供了理论依据，但也极容易否定制定法的权威和造成司法专横现象。对埃尔利希的主张，另一位自由法学的代表人物福克斯（Ernst Fuchs 1859—1929）虽基本赞同，但福克斯却认为法律漏洞不可由法官自主地发现，而应由法官根据社会学研究获得的、社会实际存在的“交易习惯”和善良风俗而加以填补，从而对法官造法权力的行使设定了限制。这些观点其实都强调法学方法应当结合利益、目的等其他社会科学研究方法，才能够正确地观察和分析法律现象，准确地把握立法目的并正确适用法律。

总之，在大陆法系国家，由于概念法学过度地强调法律的安全性价值及价值在适用法律中的机械性作用，所以受到以后各学派的批评，这些学派都强调因法律漏洞的存在而表明成文法存在固有的缺陷，法官为实现立法者的意旨和社会的实际需要，应当摆脱逻辑的机械规则的束缚，法官在填补法律漏洞方面应发挥其能动性。总体上说，大陆法系学说的发展正呈现出一种积极鼓励法官发挥其在填补法律漏洞方面的造法功能、发现社会生活中的活的法律的趋向，此种学术的发展状况已对大陆法的发展产生了十分重要的影响。在英美法中，法学非自足论也有广泛的影响。例如，法社会学家的代表罗斯科·庞德（Roscoe Pound，1870—1964）就对法律在社会中的功能进行了分析，他认为法律是社会制度，包含功能、社会目的及法律制度。[2] 庞德认为，虽然法学可以成为一门真正的科学，且有一套指导法学实践活动的方法，但是，该方法绝对不是自足的，而是在综合借鉴数学、逻辑学、物理学、生物学、语言学、社会学和经济学基础之上形成的。从这个意义上讲，法学方法论是一个开放的体系，是一个不断容纳其他学科方法和知识的系统。[3]

---

① 梁慧星：《20世纪民法学思潮回顾》，载《中国社会科学院研究生学报》1995年第1期。

② P. Wahlgren，*Automation of Legal Reasoning*，Kluwer Law and Taxation Publishers，1992，p. 58.

③ See Bartosz Brozek，Jerzy Stelmach，*Methods of Legal Reasoning*，Springer 2006，p. 2.

第六节 法学方法论的体系

一、法学方法论的体系构建

任何学科都要有其体系，体系是学科的生命，科学的衡量标准之一就是体系化。方法论科学知识体系包括三个相对独立的部分：哲学方法论、学科间的方法论和具体学科方法论。法学方法论作为具体学科的方法论，也应当有其体系。然而，法学方法论自身是否有其体系，理论上也存在不同的看法。一是法学方法论体系否定说。此种观点认为，法学方法论本身与其说是学科体系，不如说是一个工作、职业的指引和引导。[①] 二是法学方法论体系肯定说。此种观点认为，法学方法论也是科学的体系，是制度和理论形成的有机整体。法学方法论的“哲学先设性”、“存在衍化性”、“科学技术性”及“实践功能性”四个属性，构成了一个较为完整的法学方法论架构。[②] 也有学者认为，法学方法论的内容体系由四个部分组成，即法学方法论的意蕴、法学方法论的具体内容、法律解释方法、法学方法论与部门法研究。[③] 笔者认为，法学方法论之所以能够成为一门学科，就是因为其具有体系性。法学方法论具有体系性的原因主要在于如下几点。

第一，从法学方法论的研究目的来看，其应当具有体系性。法学方法论研究的终极目的是要保障法官依法公正裁判。贝蒂（Betti）认为，所谓的法律适用，是一种就既定法律规范所为之适当行动、选择与执行，在具体的案件中给与适当的法律分析以确保法律的正确适用，而解释便是此种法律适用的基础。[④] 在各种

① 葛洪义：《法律方法讲义》，中国人民大学出版社 2009 年版，导言。

② 杨奕华：《法学方法论研究范畴之商榷》，载杨建华教授七秩诞辰祝寿论文集编辑委员会编辑：《法制现代化之回顾与前瞻》，月旦出版股份有限公司 1997 年版，第 144 页以下。

③ 胡玉鸿：《关于法学方法论的几个基本问题》，载《华东政法学院学报》2000 年第 5 期。

④ Emilio Betti，“On a General Theory of Interpretation”，*The American Journal of Jurisprudence*，Vol. 32，p. 266.

纠纷解决机制中，司法裁判更应当强调其受法律的拘束性。或者说，与其他纠纷解决方式相比，司法裁判更强调“依法裁判”，即“以法律为准绳”。在其他纠纷解决方式之中，虽然也强调依法进行，但是，其可以对法律规定进行适当的变通。例如，在调解的过程中，调解机构虽然要依法确定当事人的权利义务，但并非完全依据法律来得出结论，而可以根据当事人的意思变通法律的规定。而在司法裁判之中，裁判者必须服从于法律，严格依据法律来确定当事人的权利、义务和责任。而法律解释学的目的正是通过对解释活动的规范，来实现司法裁判者的“依法裁判”。反过来说，法律解释学就是要实现对司法权行使的规范和限制。同时，司法作为维护社会正义的最后一道防线，也更应当强调实现和维护社会正义。

正是因为法学方法论的目的是依法公正裁判，所以，在方法论中应当围绕这一目的具体展开。这具体表现在：一是司法三段论是保障法律准确适用的基本工具或基本框架。正是因为有三段论，在法律适用中才出现了法律解释问题、连接问题等。二是法律解释是为了寻找妥当的大前提。“法无解释不得适用。”再完善的法律也只有通过裁判者的准确解释和运用方能贯彻落实立法者的意图，实现保障社会公平正义，维护社会和谐有序的目标。即使法律出现滞后于社会的情况，如果法律适用者能够准确理解法律含义，科学地采用法律解释方法，对于现行法律规范实施有效解释，也完全能够达到弥补制定法不足的效果。三是价值判断是要确保法律适用结论的妥当性和可接受性，从而维护司法的公正。司法三段论仅仅考虑到形式逻辑的推理，它建立在大前提和小前提的真实性、客观性的基础上。但是，简单地运用逻辑，并不能揭示所有法律现象的运动规律。司法过程作为法律规则的适用过程，是一个充满了司法者的价值判断的过程。正如霍姆斯所指出的，“在逻辑形式之后是对于各种不同立法理由彼此之间相关价值与重要性的判断”①。通过准确的价值判断，可以保障法律的准确适用，因为适用法律过程乃是一个价值判断的过程，司法者需要对特定的事实是否可与某种规则相联

① Oliver Wendell Holmes, Jr.,“The Path of the Law”, 10 *Harvard Law Review* 457 (1897).

系，以及法律规则的内涵、特定的适用对象、该规则在适用中的价值等问题作出判断，价值判断不仅可以帮助法官寻找妥当的裁判结论，也有助于验证裁判结论的妥当性。四是法律论证是实现裁判说理性的需要。正是通过充分的法律论证，才使正义在裁判中得到充分的体现，并且是以看得见的方式得以体现。

第二，从法学方法论的研究对象来看，其也应当具有体系性。法学方法论的研究对象是司法裁判，通过探索司法裁判中的规律来形成理论体系。司法裁判活动自身包含了司法三段论、法律解释、价值判断、法律论证，对四者的研究构成了对司法裁判活动的整体研究，进而为法学方法论的体系形成奠定了基础。在法学方法论中，要研究司法裁判的方法，提供司法中的“术”，但是，其并不仅仅以此为满足，还要探讨“道”的内容，如法学方法论的历史变迁、理论基础等。“术”与“道”的结合共同构成了法学方法论，这也决定了法学方法论并非简单的方法的指引，而是有机的理论体系。尤其应当看到，法学方法论所形成的理论体系，也为具体方法的研究奠定了理论基础。

第三，从法学方法论的功能角度来看，方法论是从“理解”（understand）和“解释”（explain）裁判活动中准确理解法律、适用法律、追求最佳法律效果的学问。如果作为一种知识的法学方法论不具有体系性，就谈不上科学性。方法论也是保障裁判本身精确性、可预期性的途径，最终目的是要实现司法公正。如果法学方法论本身没有体系性，就不能运用整体的思维来验证结论，也不能从体系的观念和方法来理解各种法律适用方法，从而确保裁判的公正性。在裁判活动中，为什么人们会出现“一叶障目”的现象，不能全面地把握事实和整体性地理解法律，就是因为缺乏体系化的方法的指导。因此，法学方法论只有体系化，才能真正指导司法裁判活动，避免不必要的失误。

法学方法论的重要任务就是要平衡法的安定性和妥当性之间的关系，或者说，是要在法的安定性与法的妥当性之间实现兼顾。法的安定性是法治的基本要求，所谓法的安定性，也称为法的可预期性，是指法律规则应当有助于形成稳定的社会秩序，从而使法律主体能够形成稳定的预期。法的妥当性，是指法律必须妥当规范社会生活，实现正义的目标。妥当性（Rationalität，reasonablity）“就是解释的结论必须满足法律确定性的要求，同时又是合情合理的。法律的妥当性是法律的目的所在，也是法律、法治的德性要求”[①]。法学方法论的体系性对于实现法的安定性和妥当性之间的平衡具有重要意义。体系化的法学方法论，有助于从理论上兼顾法的安定性和妥当性，如果方法论是单纯的方法的集合，就难以实现这一任务。

第四，从法学方法论的历史发展来看，其也具有体系性。法学方法论可以追溯到古罗马时代，当时的著名法学家都已经涉及法律解释方法。自近代以来，法学方法论得到不断的发展。萨维尼教授在其《当代罗马法体系》一书中已经对各种法律解释方法进行研究，并初步形成了法律解释学的理论体系。后来，德国兴起了自由法运动，目的法学、利益法学等逐渐产生，在这一过程中，概念法学被否定，法律适用中的价值判断不断得到重视。最近几十年，法律论证理论得到发展，尤其是以阿列克西为代表的学者，对其进行理论上的总结，将其上升为独立的理论。从法学方法论自身的历史来看，其中的四大组成部分（即司法三段论、法律解释、价值判断、法律论证）逐渐产生和完善，逐渐形成了目前的法学方法论的理论体系。也应当看到，法学方法论的理论体系并非是终结性的，随着社会的发展和法学理论的创新，其理论体系也会不断发展完善。

二、法学方法论的体系构成

社会生活不断变迁，法学方法本身也在发展，因此，法学方法论的体系本身也应当是动态的、发展的体系。法学方法论主要由如下几个方面的内容所构成。

（一）司法三段论

司法三段论是法学方法论的精髓。司法三段论是法学方法论的核心，它是逻辑三段论在司法活动中的运用。在三段论中，大前提是法律的规定，小前提就是事实，但严格地说，并非所有的案件事实都可能与大前提的规范要件发生联系。

① 张志铭：《法律解释原理（下）》，载《国家检察官学院学报》2008 年第 2 期。

而真正需要确定的是事实要件。法官如何从纷繁复杂的生活事实中归纳整理出与案件事实相联系的法律事实要件，是方法论所需要探讨的重心问题。在三段论中，需要寻找与案件的事实联系最密切的法律规范，并通过解释确立规范要件。这实际上就是要解决司法“三段论”里面的大前提问题。在法律体系中如何寻找到准确适用于大前提的裁判规范需要运用找法的技术，但是找法的技术不仅仅是简单地寻找条文，而是要通过案件的事实去寻找与事实要件最密切联系的规范要件。在这一过程中，不仅需要从事实出发，而且要运用法律解释的技术进行准确的、妥当的解释，因而在整个三段论中，法律解释又是能够使大前提和小前提发生联系的关键环节。在三段论中，需要对事实要件和规范要件的连接并对这种连接进行逻辑的推理、论证。连接是作出妥当裁判结论的前提和基础。当事实要件和规范要件发生密切联系之后，自然就可以推导出裁判结论。有效的连接是裁判艺术的体现，也是方法论的中心内容。但是仅仅通过逻辑的推理还不能完全保障裁判结论的正确性，在许多情况下，通过逻辑推演出来的结论，并不一定都是正确可靠的。为了保障裁判的妥当性和可验证性，法官有必要通过价值判断的方法，进一步验证裁判结论的合理性，并通过说理论证来解释和阐释裁判结论的正当性。因此，司法三段论并不仅仅是一个逻辑推演过程，还需要与价值判断、利益衡量和法律论证密切联系在一起。

（二）法律解释学

法学方法是一系列关于法律运用和操作的技巧，为了准确适用法律，就必须要对法律进行解释。法律之所以需要解释，主要原因在于：一方面，成文法自身的概括性和抽象性决定了，法律只有在解释之后，才能得以具体适用。法谚有云：“法律非经解释不得适用”，“抽象的条文并不能对具体案件进行裁判”[①]，其必须要经过解释，才能与具体的案件相互联结，完成法律对事实的适用。[②] 另一方面，可以运用到一个案件具体事实当中的法律规范可能是很多的，但是它必须由法律人把最密切相关的法律规范寻找出来，然后对它进行准确的法律解释。任

① O. W. Holmes，*The Common Law*（1881）. p. 5.

② ［日］星野英一：《民法的另一种学习方法》，冷罗生等译，法律出版社 2008 年版，第 75 页。

何一个文义上的概念、条文都需要理解、认识，这个理解过程其实也是一个解释过程。此外，法律的发展和完善也必须借助于法律解释活动。可以说，法律的不完善性、滞后性是永远伴随着成文法的特征，这就要求借助解释，使法律不断完善。

法律解释学是法学方法论的重要组成部分。虽然近几十年来，法律解释学得到长足的发展，不少学者认为其属于独立的学科，但笔者认为，法律解释学仍然是法学方法论的组成部分。顾名思义，法学方法是应用于研究法律适用过程中的各种方法的总称，其内容虽然在于解释法律，但侧重点更在于寻找法律。它不仅要结合事实来研究法律规范，还要研究某些法律事实和法律关系，如请求权基础认定，请求权与找法过程等，整个法律的适用过程都始终伴随着解释，所以法律解释学必须包括在法学方法论之中。法律解释学作为一种方法论的意义主要在于：

第一，法律解释学准确归纳、总结甚至创造了法律解释活动所采纳的各种解释方法。尽管法律解释学吸纳了解释学、逻辑学等诸多学科的营养成分，但其在根本上还是对众多司法审判实践经验的总结和提炼。一方面，法律解释本身是法律适用过程中的一个环节，必须以法律适用为目标，审判实务中所积累的广泛的法律解释的经验是归纳、提炼法律解释方法的源泉。另一方面，法律解释学是法律操作实务经验的规律性总结。法律解释学使得法律适用者更加自觉地运用这些方法来处理案件，为法官准确理解法律、妥当适用法律提供了方法上的指导。法律解释学通过总结法律解释中的规律和方法，将其上升到理论的层次，从而使得解释者可以经过短期的学习和培训，掌握法律解释的方法。

第二，法律解释学要确定各种正确的法律解释方法，引导法官正确地适用法律。法律解释学的主要任务是从中国的审判实践经验出发，适当借鉴国外经验，将这些方法进行总结、提炼和归纳，形成体系化的规则，为法官解释法律提供帮助，尤其是要逐步形成一套具有共识的方法和规则。有了共同的法律解释方法，也就有了共同的思维模式，从而保障法官对同一案件能够寻找相同或相似的法律依据，尤其是对待适用的法律规则形成共同的理解和阐释，以保证类似案件类似处理，从而实现法的安定性，同时还可以防止法官恣意裁判，“法律适用者应当通过解释来纠正或者消除立法者的编撰疏忽和评价矛盾”①。

第三，法律解释学不仅确定正确的方法，而且要提供正确运用这些方法的规则。即使形成了具有共识性的方法，也不意味着这些方法可以为法官所任意选取和运用。例如，在通过体系解释可以直接阐释文本含义的情况下，就没必要运用社会效果考量的方法来阐释文本的含义。如果通过文本能够直接阐释立法者的目的，也没必要通过历史资料的考察来阐释法律文本的含义。在具体运用中，每一种方法都具有自身所特有的目的和程序，不能偏离其自身的目的和运用程序，为此，需要法律解释学确定一系列选择适用法律解释方法的规则。

第四，法律解释学为法官提供了一种科学的思维模式。法律解释方法，是指运用何种规则和技术来理解和阐释法律。法律解释学也可称为“法律解释方法论”，它摆脱了各种具体解释技术的束缚，进入了思维领域。例如，对法官法律解释思维习惯的总结，对法律解释方法的类型化分析，对各法律解释方法之间逻辑关系的构建，对各法律解释方法运用规则的讨论等。法律解释的方法本身就是法律解释学旨在研究法律解释的规则，从而形成法律人对法律解释规则的共识。

（三）价值判断

价值判断，是指在司法裁判活动中，根据一定的价值取向判断争议所涉及的法律利益，以实现法律所追求的公平正义，它是对价值选择的合理性进行说明的过程。价值判断是法律适用中的重要问题，任何法官在裁判案件的过程中，不仅要发现立法者的价值判断，而且其自身也应当有独立的价值判断。法学方法论之所以要包括价值判断，一方面是因为任何裁判活动都不能够离开价值判断，司法的终极目标是实现公平正义，最终必须通过体现公平正义等价值来验证裁判结论的公正性。另一方面，因为法律本身可能出现的模糊性和不确定性，尤其是因为现代社会的急速发展，法律可能落后于社会的进步，只有秉

① ［德］魏德士：《法理学》，吴越等译，法律出版社2005年版，第316页。

持公平正义等价值解释法律，寻求与事实最密切联系的规则，才能得出最妥当的裁判结论。此外，法学本身就是一门关于公平正义的学问，法学方法论也不例外，其最终以实现公平正义为目标。或者说，法学方法论正是为了帮助法官作出符合公平正义观念的裁判。在价值判断的过程中，法官应当在法律所认可的价值体制内进行判断，同时也要遵循一定的价值位阶。但是任何价值判断，都只能在三段论的框架内进行，这也决定了价值判断和三段论具有密切的、不可分割的联系。

（四）法律论证

所谓法律论证（juristische Argumentation，legal argument），是指通过提出理由（前提），以证明特定法律决定（即裁判结论）的正当性和妥当性的活动。在20世纪70年代之前，法律论证学通常被置于法理学（legal theory or jurisprudence）和法律哲学（legal philosophy）领域研究。法律论证学被认为是法律解释学或者司法裁判学中的一个问题，或者被认为是一个单纯的逻辑学问题，少有学者对该课题进行独立研究。但自20世纪70年代以后，法律论证学吸引了大量学者的注意，进行广泛的专门研究。不过，学理上关于法律论证理论的研究并没有呈现出统一的主题和模式。[①] 在司法三段论框架下进行的法学方法论研究，需要对三段论中大前提、小前提的确定，大前提和小前提的连接，三段论中的价值判断等问题展开论证，所有这些过程都始终伴伴随着法律论证，也即法律论证在法学方法论中的重要位置在于，它将司法三段论和价值判断结合在一起。论证的对象，既包括逻辑推理的过程，又包括价值判断的选择。法律论证实际上就是要证明裁判结论的妥当性，保障法官依法作出公正的裁判。一般来说，凡是经过了周密严谨论证后的结论，都可以说是妥当的。同时，论证越充分，裁判也就可以越公开、透明，就越能获得当事人以及社会公众的认可。有学者认为，法学方法

① Eveline T. Feteris，*Fundamentals of Legal Argumentation：A Survey of Theories on the Justification of Judicial Decisions*，Kluwer Academic Publishers 1999，pp. 13－25.

不仅包括“发现法律的理论”，也包括“法律的论证理论”①。论证是保障司法公信力的重要方式。由于法律论证必须要在三段论的框架内进行，以证成裁判结论，因而它也是方法论研究的对象。

总之，法学方法论主要是由司法三段论、法律解释学、价值判断、法律论证所组成的整体。它以司法裁判活动为研究的中心，以寻求妥当的裁判结论，保障司法裁判活动的精确性、统一性、可预期性为直接目的。

① Friedrich Müller, Discours de la méthode juridique, Traduit de l'Allemand par Olivier Jouanjan, PUF, 1996, p. 14.

第二编

司法三段论

第二章
司法三段论的一般原理

如果缺少了演绎推理，法律就行将死亡。——Samuel[①]

经典的三段论推理模式在今天仍然占据主导地位。——［德］汉斯·普维庭[②]

三段论演绎逻辑是正当化的程序，也是法律实证过程的验证。[③]

案例：

1. “提供发票案”：原告张某是一个进城打工的农民工，擅长房屋粉刷，某日，其与被告某汽车维修公司签订修缮房屋的合同，帮助被告做油漆和粉刷墙面的工作。在工作一个月后，房屋修缮完成，原告要求被告支付报酬。但是，被告提出，原告必须提供发票，否则无法入账。因为原告无法提供发票，所以，被告拒绝给付报酬。双方为此发生争议，并诉至法院。

---

① Geoffrey Samuel, *Epistemology and Method in Law-Applied Legal Philosophy*, Dartmouth Pub Co, 2003, p. 107.

② ［德］汉斯·普维庭：《现代证明责任问题》，吴越译，法律出版社 2000 年版，第 71 页。

③ 段匡：《利益衡量论的生成与展开》，载王文杰主编：《法学方法论》，清华大学出版社 2004 年版，第 53 页。

2.“无权处分钢琴案”：王某出国前，将自家的钢琴委托给邻居李某保管，并告之他于两年后回国。但两年后，王某并未按时回来，李某借钢琴占用空间过多，正好某音乐学院的学生丁某愿意出一定价格购买该钢琴，与王某联系未果，李某便私自出售了该钢琴。半年后王某回国，发现钢琴已被丁某占有，便向李某索讨钢琴，李某将卖得价款返还给王某，王某认为卖价过低，要求李某另外赔偿5万元，并向丁某主张返还钢琴。双方为此发生争议。

3.“拍得瑕疵名画案”：某古董收藏公司董事长刘某素爱收藏名画。某日他在外地出差时，上网得知有一副齐白石的名画《虾》将于4月1日在其公司所在城市的盛典拍卖行拍卖，随即给其公司鉴定部经理肖某发去短信：“请帮我于4月1日到盛典拍卖行代为竞拍齐白石的名画《虾》”，并以个人名义支付了保证金。肖某根据短信以1 000万元价格拍得该画。刘某返回公司后，发现该画右侧底部已有毁损。对此瑕疵，虽然拍卖公司在拍卖当天曾经做过公开说明，但肖某在拍卖行介绍瑕疵情况时并未到场，事后也没有详细了解该情况。在肖某将该画买来后，刘某认为该画不值1 000万元，并提出这是公司购买行为，而非其个人购买行为，并从公司账户支付了该笔购买款。但公司董事会认为，公司并未授权肖某竞买，因此，应属于刘某的个人购买行为。为此，收藏公司在法院起诉拍卖公司，要求宣告该合同无效，并请求刘某归还从本公司账户支付的1 000万元价款。法院未支持原告的请求。

4.“侵占违章建筑案”：某市居民张某居住在某小区的一楼，他没有经过有关部门的许可在其房屋旁边私自建造了一个15平方米的房间。2021年1月，他将该房间出租给外地来该市做生意的李某，每月租金2 000元。李某租用该房两个月后，未支付租金。后来，李某得知，政府要处罚该违章建筑行为，并将在3个月后全部拆除该建筑物。在张某向李某追讨租金的过程中，两人发生争执。李某不仅拒绝支付租金，而且也拒绝搬出。于是，张某起诉到法院，要求李某搬出该房屋。一审法院认为，依据《民法典》第1165条第1款，李某的行为已经构成侵权，应当立即搬出，停止侵权。

第一节　司法三段论概述

法学方法论作为保障法官依法公正裁判的工具，必然以司法三段论为基础而展开，因为司法活动主要围绕裁判活动展开，而裁判活动必然要以法律和事实两项要素为基础，这两项要素是通过三段论发生联系和互动的。法律人正是利用三段论这个基本的推理工具来确定法律和事实的。从这个意义上讲，法学方法论也应当以司法三段论作为讨论的起点。

一、司法三段论的概念和特征

在司法裁判过程中，法官将抽象的法律条文适用于具体的案件事实，并作出裁判，这是一个从抽象到具体的逻辑过程。亚里士多德最早提出三段论理论，之后三段论理论被运用于司法过程适中，被称为“司法三段论法”（juristische Syllogismus），并成为裁判者应当依循的基本法律思维方法。司法三段论是法学方法论的核心问题。

三段论是从两个前提推得一个结论的演绎论证。在形式逻辑上，三段论的推论形式为：大前提是 T，小前提是 S，如果 T 有法律效果 R，则当 S 与 T 相对应时，也能够产生 R 的效果。

$T \rightarrow R$（如果具备 T 的要件，则适用 R 的法律效果）

$S=T$（特定的案件事实符合 T 的要件）

$S \rightarrow R$（得出结论，即适用 R 的法律效果）

在司法三段论中，大前提是指能够引起法律效果的法律规范。从逻辑学上看，大前提包括大项和中项。在司法三段论中，大项对应法律效果，中项对应法律规范的构成要件。小前提包括中项和小项，小项即事实要件。三段论推理需要通过中项的媒介作用，推导出大项与小项之间因连接所产生的结论，只要大小前提是真实的，结论也必然是真实的。如果采用典型的逻辑三段论推理，需要将前提中的各个部分用标准的逻辑语言加以代替，如采用 T、S、R 等不同的字母予以替代。在前述公式中，T 是中项，R 是大项，S 是小项。不过，从司法三段论来看，一般与事实要件相对应的是规范要件，只有在规范要件与事实要件相对应时，才能自然引申出一定的法律效果。在某些情况下，当事人主张某种法律效果，但当事人所主张的事实应当满足一定的规范要件。只有在满足了该构成要件之后，才能够产生一定的法律效果。当具体裁判案件的事实与这些预先设定的构成要件相吻合时，就会产生相应的法律效果。在司法三段论中，小前提是指特定案件的事实，它是实际发生的、已经引起争议的客观事实。但是，整个案件的事实可能是纷繁复杂的，是一连串的故事。但并非所有故事情节都是三段论中小前提的要件，只有那些与大前提相对应的才构成小前提。因此，必须对特定的案件事实进行整理、归纳，从而判断其是否符合法律所预先规定的事实前提，能否确定为合格的小前提。如果两者吻合，就将产生一定的法律效果，即裁判结论。以《民法典》第 1165 条第 1 款为例，司法三段论可以通过如下公式予以概括。

大前提：因过错致他人损害应当承担侵权责任

小前提：某人因为自己的过错造成了他人的损害

结论：某人应当承担侵权责任

在“提供发票案”中，原告要求被告支付报酬。但是，被告提出，原告必须提供发票，否则无法入账。但因为原告无法提供发票，所以被告拒绝给付报酬。双方为此发生争议。本案涉及《民法典》第 525 条关于同时履行抗辩规定的适用。依据该规定，“当事人互负债务，没有先后履行顺序的，应当同时履行。一方在对方履行之前有权拒绝其履行要求。一方在对方履行债务不符合约定时，有权拒绝其相应的履行要求”。按照司法三段论，本案所涉及的大前提是 T：当事人互负债务，没有先后履行顺序的，应当同时履行。在本案中，原告要求被告支付报酬与被告要求原告提供发票之间是否必须同时履行？小前提是 S：一方履行债务不符合约定。在本案中，原告提出支付报酬的请求后没有提供相应的发票，因此没有完全履行，如果小前提与大前提相符，那么，将得出裁判结论 R：另一方有权拒绝相应的履行要求。在本案中，如果两者相吻合，被告就可以拒绝原告的请求。后文我们将讨论到，从价值判断的角度考虑，本案中的小前提是不成立的，因此不能得出相应的裁判结论。

司法三段论的主要特点在于：

（一）司法三段论是以形式逻辑为基础来解决司法裁判问题

司法三段论，是指将形式逻辑的三段论推理运用到司法裁判之中所形成的方式。形式逻辑有广义和狭义之分，从狭义上说，形式逻辑专指演绎推理（deduction）；而广义的形式逻辑还包括归纳推理（induction）等。[①] 一般认为，在法律推理中，主要采用归纳推理（inductive reasoning）与演绎推理（deductive reasoning）。归纳推理是对一些个别事物或现象，通过归纳的方法，得出该类事物或现象的普遍性命题。而演绎推理则是从抽象的命题演绎出具体的现象。[②] 归纳法由培根在 16 世纪提出，他认为，科学的方法就是对感觉进行加工和分析，对重复的材料进行归纳，发现一般的概念和原则。一般来说，归纳法的基础是经验主义，因为它要从一系列具体事实中概括出一般原理。而演绎法与此不同，其采纳的是从一般到个别的方法，演绎推理的哲学基础是理性主义。在大陆法国家，司法三段论实际上是演绎法的具体展开。在英美法国家，在寻找大前提的过程中，常常采用归纳法，但在寻找到了大前提之后，则一般也要采用演绎推理的方法。[③]

司法三段论是逻辑三段论在法学领域中的具体运用。一方面，司法三段论要遵循逻辑三段论的基本范式和推理方法，在形式逻辑中，三段论的特点在于，无论其题材是什么，它都要求大小前提是真实的[④]，同样，运用到司法实践中，三

---

① 参见张钰光：《法律解释“客观性”之论证》，辅仁大学法律学研究所 1996 年硕士学位论文，第 7 页。

② James A. Holland & Julian S. Webb, *Learning Legal Rules*, Oxford: Oxford University Press, 2006, pp. 218－219.

③ John H. Farrar, Anthony M. Dudgale, *Introduction to Legal Method*, London, Sweet & Maxwell, 1990, p. 79.

④ ［美］柯匹、科恩：《逻辑学导论》（第 11 版），张建军等译，中国人民大学出版社 2007 年版，第 257 页。

段论要求以确定大小前提为其重要任务。另一方面，司法三段论必须遵循逻辑三段论的基本规则。在逻辑学上，三段论是由两个含有一个共同项的性质判断作前提得出一个新的性质判断为结论的演绎推理。司法三段论也要遵循逻辑推理的一些基本规则，如果违反了逻辑推理的三段论，则其结论也是不具有可靠性的。但是，司法三段论并不是对逻辑三段论的简单复制，较之于后者，司法三段论更为复杂、内容更为丰富。一般而言，逻辑三段论只能判断命题的真伪，并不涉及命题本身如何确定。逻辑三段论所考察的仅仅是大中小项之间是否对应，以及结论是否恰当的思维过程，但是对于如何确定大中小各项的具体内容，其并不作为考察的重点。司法三段论与此不同，其作为逻辑三段论在法学领域中的运用，必然会具有法学本身的特点，以区别于抽象的逻辑三段论本身。在司法三段论中，其包含了大前提的确定以及小前提的整理过程；尤其是司法三段论并非三个独立的过程，无论是大前提的确定、小前提的整理，还是大小前提之间的对应并进而得到最终的结论，都是一个动态的过程，这三者之间相互影响。这些显然都是逻辑三段论所不具有的。司法三段论既是一种操作方式，更是一种法官的思维方式。司法三段论的思维方式能够确保法官对于案件的审理符合逻辑思维的规律性、科学性，其所具有的功能也是逻辑三段论所不具有的。

（二）司法三段论以确定大小前提的连接、寻求妥当裁判结论为目的

如同一个科学的生产线能够保证产生合格的产品一样，司法三段论作为一种科学的裁判流程，可以确保经此流程推演出来的案件裁判结果的公正性。司法三段论运用的基本目的在于实现大小前提的最佳连接。所谓依法公正裁判，说到底，就是将抽象的法律规则准确运用到具体个案之中进行裁判，并得出公正的裁判结论。司法三段论就是通过找到大前提和小前提的最佳连接来得出裁判结论。一方面，司法三段论要求从具体的案情出发，确定事实的真实性，一旦有证据证明案件事实的真实性，就为连接、适用大前提奠定了基础。同时，它要求分析有关事实所涉及的法律关系，寻找与案件事实具有最密切联系的法律规则，并确定可能具有规范意义的事实要件。这一步骤的本质，是在既定的事实构成上，从法律关系出发，建立事实与大前提之间的连接。另一方面，根据具体的案件事实寻

找最密切联系的法律规则，通过一定的事实抽象出一定的法律关系，判断出可供适用的相应的法律规范，并通过对法律规范的解释以及对其构成要件的确定，寻找出与案件事实最密切联系的法律规范。这一过程可以说是通过三段论的逻辑推理将抽象的法律规范运用到具体的案件事实中的过程。从实践来看，可供适用的大前提常常可能有多个，而作为小前提的案件事实也可能与大前提并不完全一致，如何选择最妥当的大前提，并实现涵摄的过程，即为司法三段论所要解决的问题，也是能否实现最佳法律规范效果的关键。因为抽象的概念无法运用于具体案件之中，无法实现与案件事实的有效连接。在这一过程中，法官首先要明确大前提（即找法），然后，确定小前提（确定可涵摄的法律事实），最后，得出妥当的裁判结论。应当看到，涵摄中要体现司法三段论的思维方式，但其本身并不是司法三段论。涵摄更强调的是案件事实与大前提中构成要件的连接，其并非司法三段论的全部。在司法三段论中，还包括大前提的确定和解释、结论的得出等内容。

从表面上看，司法三段论在法律上似乎由大前提的确定、小前提的确定以及大前提对小前提的涵摄三个步骤组成，就逻辑的推论而言，这三个步骤是分阶段进行的。在司法裁判中，虽然也可以分为三个阶段，但与逻辑三段论不同，司法三段论的展开是一个动态整体构成，这三个环节之间并不是孤立与分割的。首先，大前提和小前提连接的过程是一个动态过程，从小前提确定开始，就已经进入了一个连接的过程。在法学方法论上，一方面，小前提的确定并不是一个单纯的事实认定问题，而是一个根据相关法律规范确定事实要件的问题。而大前提的确定不是简单地找法，而是根据相应的事实确定相应的法律规范，找法的过程是遵循最密切联系原则，依据事实寻找法律规范的过程。因而，大前提的确定也是一个连接的环节。另一方面，大小前提的连接不是一次能够完成的，需要反复检验才能完成最佳的连接。因此，除了一些极为简单的案件之外，对三段论的适用并不是一个自然的判断，而需要目光在案件事实（小前提）与法律规范（大前提）之间来回流转。其次，连接过程是一个整体作业，也就是说，在小前提与大前提的确定过程中，它们是一个有机整体，不能完全进行分割。法官在确定小前提中，也涉及寻找能够与小前提相连接的大前提，从而得出妥当的裁判结论。而对大前提的确定，也需要对小前提的案件事实进行分析，判断其是否符合法律规范的性质。

（三）司法三段论确立了裁判形成的程序

在两大法系，司法三段论都是基本的适用法律的方法，因为从“法律准绳”和“事实”到具体结论的过程就是一个逻辑形式推理的过程，这就是普遍适用的三段论推理过程。正如有学者认为，“如果缺少了演绎推理，法律就行将死亡”[①]。“形式逻辑是作为平等、公正执法的重要工具而起作用的。”[②] 从这个意义上说，司法三段论是三段论形式逻辑在司法实践中运用的成果。长期以来，只有按照司法三段论的模式操作，才能够保证公正的裁判结果的产生。这是因为司法三段论提供了裁判形成的基本的操作程序，但它与诉讼程序不同，并非法律规定的程序，而是法官在形成裁判的过程中所要遵循的基本操作规则。

之所以说司法三段论是一个操作规程，是因为：一方面，司法三段论就是要求法官秉持“以事实为依据，以法律为准绳”的原则，从大小前提的确定着手。在裁判过程中，法官不能避开一定的事实而盲目地寻找法律，也不能简单地以价值判断代替法律规范，直接地根据一定的事实进行价值判断而作出裁判。例如，在前述“提供发票案”中，从人文关怀理念出发，需要对作为弱势群体的农民工给予特别保护，但不能简单地仅仅依据这一理念即予以裁判，而必须根据这一理念寻找到与事实具有最密切联系的法律规则，从而实现这一价值判断目标；否则，就背离了依法裁判的宗旨。另一方面，司法三段论是一个基本的司法操作程序，而法律解释、法律论证、法律思维、价值判断等都必须在这样一个框架内运作。任何解释都是对大前提的解释，任何论证都是对司法三段论运作中的论证，任何判断都是在司法三段论运作中的判断。所以，离开了司法三段论就不

① Geoffrey Samuel, *Epistemology and Method in Law-Applied Legal Philosophy*, Dartmouth Pub Co, 2003, p.107.

② ［美］E. 博登海默：《法理学——法哲学及其方法》，邓正来、姬敬武译，华夏出版社 1987 年版，第 496 页。

可能有公正的司法程序，也很可能得不出公正的司法裁判结果。司法三段论是一种找法、用法技巧，也是一种依法裁判的程序。只有依循三段论的推理过程，才能将法官思维的过程予以公开化，并使得他人能够了解这一过程，确保裁判的公正。

司法三段论也是法官应当具备的一种思维模式。它是一种逻辑思维方式，依据此种逻辑推理就能得出妥当的裁判结论。① 这就是说，在整个裁判过程中，法官在任何时候都应当思考三个环节，即大前提、小前提以及二者之间的连接。无论其有怎样的价值判断，都应与这三个环节相结合，在这三个环节所构建的框架中展开解释、说理和论证。三段论的展开实际上也是一个逻辑的运用过程。我们以“拍得瑕疵名画案”为例，在该案中，某古董收藏公司董事长刘某委托公司鉴定部经理肖某购得一副齐白石的名画《虾》，事后发现画有瑕疵，便以其为公司董事长、有权代表公司行为为名，以公司名义支付了该笔价款。现公司主张刘某不是以法定代表人的身份购买该画，且没有经过公司授权。但拍卖行认为，刘某是公司的法定代表人，且该笔款项是以公司名义支付。《民法典》第 504 条规定，“法人的法定代表人或者非法人组织的负责人超越权限订立的合同，除相对人知道或者应当知道其超越权限外，该代表行为有效，订立的合同对法人或者非法人组织发生效力”。法院支持了拍卖行的主张，认为刘某是公司的法定代表人，因此其所签订的合同对公司具有拘束力。但法院此项推理的问题是，即便刘某具有法定代表人的身份，但在参与拍卖的交易时，可能并未以该身份出现，从三段论的角度看，该案在事实确定上存在问题：首先，刘某购画的身份并未被明确认定。在该案中，刘某给其公司鉴定部经理肖某发去短信：“请帮我于 4 月 1 日到盛典拍卖行代为竞拍齐白石的名画《虾》。”后刘某又以个人名义支付了保证金，因此，刘某显然是以个人名义购买该画，而没有以公司法定代表人的身份购买。其次，如果刘某不是以公司法定代表人的身份购画，无论其获得授权与否，都不能援引《民法典》第 504 条的规定。最后，从连接上讲，既然不能适用《民法

① Geoffrey Samuel，*Epistemology and Method in Law-Applied Legal Philosophy*，Dartmouth Pub Co，2003，p. 105.

典》第 504 条的规定，那么就不能依据《民法典》第 504 条的规定进行裁判并支持拍卖行的请求。

二、司法三段论与逻辑推理

司法三段论主要是逻辑推理，逻辑推理是法律思维的基本方法。司法三段论要遵循逻辑推理的基本范式、规则、程序，由于在司法三段论中广泛运用了逻辑推理，所以，一些学者往往将司法三段论等同于逻辑推理。笔者认为，虽然两者之间存在相同之处，但两者之间还是存在区别：第一，适用范围不同。逻辑推理作为逻辑学的基本内容，是一种思维方式，为很多学科所使用。司法三段论主要是逻辑推理在法律适用过程中的运用。逻辑推理只考虑逻辑推演的周延性，而司法三段论在运作过程中还要考虑概念的妥当性、事实的确定性、规范与事实的密切联系等一系列因素。第二，逻辑推理是抽象的，它是运用高度抽象得出来的公式进行的推理，此种推理使一切事件都被简化为某个符号，因此具有高度抽象性。而司法三段论是在具体案件中的推理，其无法回避具体案件所体现出来的客观情况，而这些情况又都是具体的、各不相同的。司法三段论必须与具体个案相结合。而逻辑推理是运用固有的、成熟的公式来进行推理，其淡化了所推理事件的个性化色彩，因此具有非个人化的特点。在法律解释过程中，逻辑推理也有一定的适用余地，如反对解释、体系解释等。但是，在对法律规范进行具体适用时，仍然必须和具体的案件事实相结合，这体现了司法三段论和社会事实之间的密切联系。第三，逻辑推理是严密的、机械的，而司法三段论虽然要遵循逻辑的严密性，但其也需要在一定程度上与价值判断相结合，从而体现出一定的司法能动性。第四，逻辑推理具有必然性。逻辑推理是根据既有的逻辑推理规则而进行推理，其结论的得出是一种必然结果。无论是否赞同该种结果，推理者都不得不接受这一结果，因此逻辑推理的结果具有一定程度的必然性。而司法三段论始终要伴随着一定的法律论证，因此更具有说理性。第五，逻辑推理具有形式性的特点，其注重的是形式逻辑推理过程的周延性与完备性。而司法三段论注重的是案件结论的妥当性，追求的是最密切联系的大小前提的连接，而不仅仅注重形式逻辑的周延和完美，因而具有实质性特点。

正是因为司法三段论是逻辑推理的运用，但又不等同于逻辑推理，所以，司法三段论思维不仅包括逻辑思维，还包括概念思维、类型化思维、体系化思维等。在司法活动中，不能仅采用逻辑推理，还必须运用法律推理的方式。尽管如此，逻辑在法律推理中仍然发挥着较为重要的作用。在司法实践中，法官运用逻辑推理，有助于将法官完全个人化的推理限制为符合逻辑的推理，这样可以确保裁判的确定性和可检验性，也能够限制人类在进行决定时的随意和武断。① 但逻辑推理不等于法律推理，两者具有一定的区别。法律推理是开放的，而逻辑推理具有一整套自身的体系、用语、符号和公式，其推理具有系统内部的循环性和封闭性。

三、司法三段论与法律推理

法律推理（Legal Reasoning）是指运用逻辑三段论等方法，发现大前提、验证大前提和小前提的连接关系。在英美法中，法律推理是指法官和律师通过一定的方法，解释法律和人们行为之间的联系，进而预知和解决社会中大量纠纷的过程。② 此种方式在英美法中得到广泛采用。在大陆法系，所谓法律推理，是指运用逻辑的、语义的、论理的以及其他方式进行的推理。法律推理包括了司法三段论逻辑推理、经验推理和价值判断推理等多种模式。从发生的场合来看，法律推理又可以分为立法中的法律推理、司法裁判中的法律推理、法学研究中的推理。就本书所关注的方法论而言，法律推理是一个范围十分宽泛的概念，涉及司法三段论形式推理、法律解释中的价值判断推理等诸多领域。此外，司法裁判中的法律推理还包括证据法所确立的经验推理，尤其是要根据一定事实推定相关事实的

① Giovanni Sartor, *Legal Reasoning: A Cognitive Approach to the Law*, Springer, 2005, p. 389.

② ［美］史蒂文·J. 伯顿：《法律和法律推理导论》，张志铭、解兴权译，中国政法大学出版社 2000 年版，第 2-3 页。

存在。例如，民法中对于当事人过错的推定就是适例。法律推理和司法三段论有着非常密切的关系，司法三段论是法律推理的基本模式，而且，在司法三段论的运用过程中，充分运用了各种法律推理的方法。但是，法律推理首先是逻辑推理，而逻辑推理中最主要是三段论的推理，其他的推理运用较少。所以，推理常常表现为三段论推理。按照我国学者一般的看法，法律推理是指以法律和事实两个已知的判断为前提，运用科学的方法和规则为法律适用结论提供正当理由的一种逻辑思维活动。① 正是因为法律推理本身不是独立于司法三段论的过程，且经常采用三段论推理，所以，在讨论方法论时，一般极少将法律推理作为独特的方法来研究。

但严格地说，法律推理和司法三段论在概念上还是有区别的，法律推理是一个内涵和外延更为宽泛的概念，其中包括了三段论推理。逻辑三段论是司法三段论的基础和抽象，法律推理包含了逻辑推理，而且法律推理在运用中也是符合逻辑的，但法律推理可以根据具体的情况，选择可以适用的法律原则和规则，具有开放性。② 法律推理除了逻辑推理之外，还涉及法律的价值判断与分析的过程。它既是形式逻辑的运用，但又不仅仅是形式逻辑的运用，其中还涉及价值判断。裁判者不仅应当具有自然理性，而且应当具有法律技术的理性，依据理性作出妥当的价值判断。法官要考量事实构成的每一个环节，尤其要对事实是否符合法律规范进行判断，所以，它不是单纯地将事实纳入法律规范之中，而是要涉及法律价值判断，而司法三段论是形式逻辑在法律适用中的体现，不包括价值判断。

就司法三段论之外的法律推理而言，其是与三段论推理存在重大区别。两者的区别主要表现在：

第一，司法三段论推理是一种演绎式逻辑推理，而其他法律推理不完全是演绎式逻辑推理，甚至不是逻辑推理。例如，价值判断推理所依据的主要是推理者所秉承的价值取向，而不是形式逻辑。从广义上讲，法律推理是演绎推理、归纳推理、辩证推理的结合。但是，司法三段论主要采取的是演绎推理的方法，其极

---

① 张文显主编：《法理学》，法律出版社 1997 年版，第 382 页。

② Giovanni Sartor，*Legal Reasoning：A Cognitive Approach to the Law*，Springer，2005，p. 390.

少适用归纳推理。法学方法中的推理主要体现在司法三段论之中。作为一种思维方式，其强调了法官如何按照逻辑的方式进行思维，从而得出裁判结论。此外，司法三段论推理都是法官在具体的案件中进行的推理，其不能脱离具体的案件情况，而实践中的案件各不相同，因此，司法三段论法律推理具有个性化的特点，其进行推理的过程根据不同的案件而各不相同。①

第二，司法三段论推理必须以现行法为推理起点与推理基础。司法三段论推理是“依法裁判”的具体体现，它要求依据现行法律进行，即便在法律缺乏时也需要围绕法律所确立的一般原则构造法律。但在司法三段论之外的法律推理中，可以借助生活经验、个人主观价值判断等多种标准进行分析。因为此种法律推理首先是作为一种理念存在于人们的思想中，是一种认识社会规律的方式方法，指导裁判等社会活动②，所以法律推理不必局限于现行法律。而司法三段论是司法活动的基本框架，其必须满足“依法裁判”的要求，应当依据现行法律（包括其所确立的一般原则），不能以其他依据（如社会经验）为基础进行推理。

第三，从目的性上来说，司法三段论推理以得出针对个案的司法裁判结论为目的，因此推理始终要围绕具体案件事实和法律规范来展开。但司法三段论之外的其他法律推理的目的并不一定是要解决具体个案。司法三段论推理决定了此种推理理论关注的内容的差异。例如，“法律形式主义”认为，法官仅仅依据一定的客观事实、明确的规则和逻辑去判定某具体行为时，就能作出同样的裁判；而“法律怀疑主义”则认为，司法审判实践表明，法官的个性、政治因素或者各种偏见往往导致不同的裁判结果。③ 法律推理要展示法官在裁判活动中的思维过程、推理路径，从而实现对法官的自由裁量进行限制，而司法三段论的目标主要是提供一种裁判的方法，保证特定的法律规则与特定案件事实得到有效连接，从而得出妥当的裁判结论。

---

① Giovanni Sartor, *Legal Reasoning: A Cognitive Approach to the Law*, Springer, 2005, p. 391.

② 张骐：《法学方法论及其在法治研究中的应用》，载《中国人民大学学报》2003年第3期

③ 史蒂文·J. 伯顿：《法律和法律推理导论》，张志铭、解兴权译，中国政法大学出版社2000年版，第3-4页。

第二节　司法三段论的适用范围与功能

一、司法三段论的适用范围

司法三段论应普遍适用于所有的案件。无论是在简单案件还是在疑难案件中，都有适用司法三段论的必要。需要指出的是，简单案件和疑难案件的区分是相对的。哈特最早区分了简单案件和疑难案件，并认为这种区分对法律解释具有一定的影响。[①] 按照德沃金的看法，疑难案件主要是指在法律规则中，没有清晰的法规加以准确规定的案件。它是指人们在对某一问题的答案是否正确存在分歧，但这并不意味着存在同样正确的几种答案。[②] 就其实质而言，是指存在法律漏洞。[③] “在疑难案件（hard case）中，相关的具体规则并没有对之进行规定，法律的这些内容所能达致的结果需要进行评价和解释。”[④] 一般认为，简易案件通常是指案件事实较为清晰、法律关系和法律适用较为简单的案件，反之则为疑难案件。笔者认为，将疑难案件仅仅认定为存在法律漏洞的情形过于狭窄，它应当是指存在数个可能的裁判结论，或者存在数个可供适用的法律规范或特定的可供适用的法律规范有多种解释的可能。有人认为，在简单案件中，法官可以仅仅凭借经验得出结论。简单案件主要是指案件事实较为简单，其可供适用的法律规则单一、明确。事实上，在简单的案件中，三段论的适用仍然是必要的。其主要原因在于：第一，即使是简单案件，也存在法律适用的依据。而法律依据的寻找是否准确也需要法官判断。我们通常说“以法律为准绳”，这也就是说，简单的案

---

① See H. L. A. Hart, “Positivism and the Separation of Law and Morals”, *Harvard Law Review*, Vol. 71, No. 4 (Feb., 1958), pp. 593 - 629.

② R. Dworkin, *Taking Rights Seriously*, Duckworth & Co., 1996, pp. 81 - 130.

③ 林立：《法学方法论与德沃金》，中国政法大学出版社 2002 年版，第 12 页。

④ Edward H. Levi, *An Introduction to Legal Reasoning*, University Of Chicago Press; Revised edition, 1962, p. 342.

件同样需要依据法律。第二，简单案件可能看起来简单，但是，其涉及的法律问题却较为复杂。在实践中，“杀人偿命、欠债还钱”是一种先验的伦理，在将其作为法律规则的大前提运用时，因该大前提本身是抽象的，所以需要根据个案作进一步的三段论推理，然后才能对其予以具体运用，否则就容易出现“过失致人死亡者需要偿命”、“正当防卫致人死亡者需要偿命”等不合理的结论。就欠债还钱而言，确实是简单的道理。但是即便在欠债的情形，债务人也可能具有一些抗辩事由，如已经超过诉讼时效、已经抵销等等。法官必须要查找这些依据，才能明确债务人是否需要履行债务。第三，在简单案件中，会涉及多重的法律关系，而法律关系本身也可能比较复杂。例如，甲未经乙的同意，将乙的手表卖掉。这看来似乎比较简单，但是，法官应当查明，甲究竟是以自己的名义出售，还是以乙的名义出售。这就分别涉及无权代理和无权处分的适用，而适用不同的规则在法律效果上并不相同。

在疑难案件中，无论是事实认定还是大前提的寻找，以及大小前提的连接，较之于简易案件更为复杂。在实践中，有的法官习惯援引抽象的法律原则作为大前提，并以此直接得出裁判结论，这一做法显然是不妥当的。即便是简易案件，法官也不能脱离法律规定，而以实现公平、社会效果等价值为由作出裁判，否则就很难说是真正的依法裁判。例如，双方当事人因互易而发生纠纷，这种以物易物的纠纷看似是简易案件，大量的交易是即时结清的，而不需要订立书面合同文本，但实际上，就法律适用问题，当事人也容易发生争议。例如，《民法典》第647条规定：“当事人约定易货交易，转移标的物的所有权的，参照适用买卖合同的有关规定。”依据该条规定，互易合同准用买卖合同的有关规定，但买卖合同的哪些规则可以准用于互易合同，则需要法官根据具体的案件事实作出判断，并在裁判文书中进行说理。再如，在某些案件中，当事人就程序问题发生争议，如管辖权、查封、扣押等问题，此时，也不能以这些案件为简易案件为由，直接得出裁判结论，而仍然应当严格按照司法三段论的要求作出裁判。换言之，无论对于简易案件还是疑难案件而言，司法三段论都是法官裁判的必经过程。

二、司法三段论的功能

司法三段论的功能是指司法三段论在裁判过程中所发挥的作用。概括地说，司法三段论的功能是服务于依法公正裁判。但就三段论而言，其直接目标是保障法官根据特定事实寻找到最准确的法律依据。一般而言，若裁判者秉持公平正义的理念、良知和社会经验，或许能够妥当地解决大多数问题，但其常常无法做到法律适用的精细化、统一化和准确化，也难以快捷、有效地应对大规模的诉讼纠纷。而三段论的运用，其目的就在于实现法律适用的精细化、统一化和准确化。所谓精细化，就是指在准确地把握法律概念、文义、体系的基础上，遵循一定的规则，精确地适用法律。所谓统一化，就是保证类似问题类似解决，实现裁判的可预期性。所谓准确化，就是遵循一定的分析框架，实现裁判规则的准确运用，避免发生法律适用的错误。因为“具体的事实及其涵摄问题的存在使得一条法律规范的含义空间只能通过与这一事实相结合才能被评价和精确化”①。而因为三段论成为法律适用的基本模式，其就可以使法律适用更有效率。

具体来说，司法三段论主要具有如下几个功能。

（一）分析框架功能

司法三段论确定了司法裁判过程的基本框架。这就是说，裁判活动应当围绕事实和法律展开，不能脱离其中任何一个方面去寻求结论。司法三段论中的大前提和小前提就是法律和事实问题，而所谓的连接就是要寻找两者之间最佳连接点得出妥当的裁判结论。简单地说，司法三段论提供的基本模式是：根据事实，依法裁判。我们强调三段论的框架功能，其实就意味着：一方面，整个裁判过程都应当围绕三段论而展开。裁判者的说理、论证都必须基于事实和法律而展开，如果在裁判中大量地罗列事实，而没有援引法律依据，这实际上就背离了三段论。另一方面，按照三段论的要求，在作为小前提的事实确定之后，应当寻找正确的

① ［德］齐佩利乌斯：《法学方法论》，金振豹译，法律出版社 2009 年版，第 37 页。

法律规则，并对其进行妥当解释。还要看到，按照三段论的要求，大小前提必须要形成有效的连接。而这一连接的过程就是裁判结论的准确作出过程。无论是大前提还是小前提，都要保持对应性，不能从事任何缺乏裁判依据、直奔结果而不问过程的裁判。以“侵占违章建筑案”为例，在该案中，法院只是简单地援引《民法典》第1165条第1款进行裁判。应当说，该条可以成为请求权的依据。但这样的分析过于粗线条，远未达到精细化、准确化的程度。从找法的角度看，本案既涉及侵权请求权，又涉及物权请求权，可以适用的法律包括《民法典》第1165条第1款、《民法典》物权编关于占有的保护规则等。在寻找最密切联系的规则时，《民法典》第1165条第1款规定的是侵害他人的“民事权益”，这里的“民事权益”是非常宽泛的概念。若通过“民事权益”进行连接，则过于宽泛。鉴于此，首先必须要确认这是一个财产权的侵害问题。在此基础上，应进一步确定是否属于侵权责任编所列举的财产权利。本案中，因为涉及违章建筑，所以无法承认其财产权的属性。在这一背景下，还应考虑占有的侵害问题。由于本案发生了占有返还请求权和侵权请求权的竞合，因此，应将《民法典》第1165条第1款结合物权编保护占有的规定，以形成最密切联系的规则。若当事人仅请求占有的保护，则应援引《民法典》第460条的规定，适用占有物返还请求权。

司法三段论不仅确定了分析框架，而且确立了司法中的思维方式。在整个裁判活动中，法官应当始终围绕着三段论的运用而进行裁判。不论是事实的认定，法律依据的寻找，还是价值判断、法律论证，都应当在三段论的框架中进行，不能脱离三段论。可以说，司法三段论思维是法律思维的重要体现。

（二）程序控制功能

所谓程序控制功能，是指司法三段论提供了一个可供操作的适用法律、裁判案件的程序。这里所说的程序是指在进行裁判时，要遵循一定的阶段与过程，最终得出结论。日本学者平井宜雄认为，三段论演绎是正当化的程序，也是法律实证过程的验证。[①] 其与框架功能的区别在于：框架功能强调应当在事实与法律的

① 段匡：《利益衡量论的生存与展开》，载王文杰主编：《法学方法论》，清华大学出版社2004年版，第53页。

框架内进行裁判活动，而程序功能则更进一步，强调依循一定的阶段、步骤和流程得出结论。司法实践中大量出现的问题是，法官在将认定的事实陈述之后，直接根据某某法律某某条作出判决。这其中存在的问题是：一是没有分析待决案件适用特定法律规范的理由；二是没有分析法条本身的含义如何，其具有何种规范构成；三是对法律规范是否可以运用到特定的案件，与特定的法律事实是否连接没有论证。这些问题存在的根源就在于缺乏对程序的尊重以及对程序方法的主动总结。

司法三段论具有程序控制功能，具体体现在以下几个方面：第一，必须从特定事实要件寻找法律规则。法官不能简单地根据一个复杂的案件事实寻找某一个规则，而只能从具体的事实要件寻找与之相适应的法律规则。第二，必须依据法律关系的性质、要素等寻求与事实最密切联系的裁判规则。第三，在寻求最密切联系的裁判过程中，必须对相应的法律规则进行解释，以保障大前提的真实性。第四，必须将特定事实和法律规则的构成要件相连接，在此基础上形成妥当的裁判结论。第五，在整个过程中必须进行说理论证。在案件裁判中，司法三段论的这样一个基本程序是不可缺少的，其也是保证公正裁判的基础。当然，我们在这里所说的“程序”不是诉讼法上的案件审理的程序，而是对法律适用过程中法官有关适用法律、裁判案件的思维方式的一般规律的总结。

强调方法论的程序功能，一方面，有利于防止法官的恣意裁判。法官不能完全以自己的价值判断来代替客观的找法过程。程序本身就像一个提供合格产品的流水线一样，可以保证法官遵循正确的思路，从而作出公正的裁判。从法律的一般规定到裁判结论的得出，这并非简单的逻辑推理过程，而应是一个充分说理的过程。另一方面，就是要保障连接的过程是自然的结论，也是逻辑推理的展开过程。在司法活动中，法官应将大小前提的准确认定作为其裁判的首要步骤。“法官”，顾名思义就是司法裁判官。法官的基本义务就是要严格执法、依法裁判。而司法三段论的首要任务就是要求法官寻找妥当的大前提，并且通过将大前提和小前提连接，得出妥当的裁判结论。所谓依法裁判，就是要将法律最恰当地运用于具体案件的问题。法律规则与案件事实的连接越恰当、越准确，就越能够使法律产生应有的效果。法官通过寻找适用于特定案件的法律，来进行裁判，这并非可有可无的过程，而是其基本义务。而寻找法律本身也是一门科学和艺术。社会生活是纷繁复杂的，立法者不可能预见到所有的问题，对于许多案件来说，立法者并不能提供现成的答案，或者虽然作出了规范但是该规范必须经过解释才能适用。在找法的过程中，即使存在法律漏洞，法官也应当通过漏洞填补的方法进行法律补充，从而明确可以适用的大前提。例如，在“拍得瑕疵名画案”中，导致裁判失当的根源，首先在于小前提认定上的错误，即没有实现案件事实的准确认定。三段论中的事实虽然都是在证据认定的基础上形成的，但是，其又并非简单的证据规则的运用。它要求将生活事实上升为法律事实，还要求通过分析、归纳等过程，并考虑事实与规范的关系，最终认定案件事实。从这个意义上说，只有运用三段论，才能查清事实，并形成与规范的有效连接。

司法三段论本身是一种法律适用的技术，但是，其又是法律适用的必经程序。三段论推理是法官在适用法律过程中的基本技术，主要是因为“三段论”是逻辑推理的一项公理。在大前提和小前提准确的情况下，通过“三段论”得出的结论也一定是可靠的。因此，要求法官运用三段论推理作为得出裁判结论的基本方法，就是为了提高裁判结论的准确性、说服力和可预期性。尽管三段论方法并不十分复杂，但是这种方法保障了推理的逻辑性与有效性。

（三）思维方法功能

司法三段论为法官提供了确定案件事实、寻找法律规范的思考方法。三段论是法律人开展法律推理的基本形式。法律人需要证明，特定个案必须归入一个一般规则之中。在这一过程中，三段论表现出一种桥梁功能，使一般规则和具体案例之间的裂缝得以缝合。在法律推理文献中，三段论也通常被称为法律三段论（legal syllogism）。[①] 它是一种基本的逻辑思维方式。如果缺乏逻辑思维，将会导致既有的路径选择错误。诚如张岱年先生所说：“由于重视整体思维，因而缺乏

① Eveline T. Feteris, *Fundamentals of Legal Argumentation: A Survey of Theories on the Justification of Judicial Decisions*, Kluwer Academic Publishers 1999, p. 29.

对事物的分析研究。由于推崇直觉，因而特别忽视缜密论证的重要。中国传统之中没有创造出欧几里德几何学那样的完整体系，也没有创造出亚里士多德的形式逻辑的严密体系……应该承认，这是中国传统思维方法的重大缺陷。”[①] 在具体案件中，案件事实纷繁复杂，有些对于确定案件性质有作用，有些对于确定案件性质并无影响，如何确定哪些案件事实对于裁判案件具有决定意义，在实践中是一个困难的事情。司法三段论为法官固定案件事实、确定法律适用的小前提提供了一套完整、科学的依据。

司法三段论包括的思维方法是广泛的，不仅包括逻辑思维，而且包括概念思维、规范思维等。这些思维方式的养成，为法官进行缜密论证提供了有效的工具。在裁判活动中，法官应将三段论作为其基本的思维模式和裁判程序。司法三段论是一种演绎推理方式，保障了法官裁判推理的科学性。这样的思维模式，也是法官所必须具有的素质，只有具备了这种素质，才能确保裁判的可预期性。例如，在前述“提供发票案”中，法官将“保护弱者”的精神本身作为大前提，并作为裁判的依据，属于大前提确认的错误。在“拍得瑕疵名画案”中，法官错误地认定了刘某在竞买时使用了公司法定代表人的身份，属于小前提确认上的错误。由此也说明了，司法三段论思维是一个重要的思维方法，是法律人应当具备的基本法律素养。

（四）说理论证功能

司法三段论的说理论证功能，主要表现在对于大小前提的确定以及两者的连接，进行充分的论证，最终得出有说服力的裁判结论。通过确定大小前提以及确定最佳连接点，司法三段论有助于裁判者形成一个完整的逻辑链条，为裁判提供充分的信服力、说服力，增强各方对案件裁判公正性的信赖。从形式逻辑来看，之所以说三段论推理是最好的形式逻辑推理方法，是因为：三段论本身是“传递性”基本数学原理（basic mathematical principle of transitivity）的直接运用。其可以具体表示为：如果 $A=B$，并且 $B=C$，那么 $A=C$，即如果两个事物都与第

① 张岱年：《文化与哲学》，教育科学出版社1988年版，第208页。

三个事物相等，则它们自己也相等。传递性原理是我们都相信，但又无法轻易证明的定理。相应的，三段论也就成为我们论证的最好办法。[①]如果裁判者在裁判过程中能够把大小前提的确定等都给予清楚的阐述，并根据三段论推导出最终的裁判结论，则该结论就能获得高度的真实性（truth）。“三段论是一种论证，其中只要确定某些论证，某些异于它们的事物便可以必然地从确定的论断中推出。所谓‘如此确定的论断’，我的意思是指结论通过它们而得到的东西，就是说，不需要其他任何词项就可以得出必然的结论。”[②]

三段论的说理过程包括三方面内容：首先是说服裁判者自己。案件裁判结果必须要有正当理由的支撑，如果缺少司法三段论逻辑推演的支持，法官就无法确信自己裁判结果的公正性、合理性。如果司法三段论推演结果支持了自己的判断，法官就会坚持、采纳这样的判断；反之，如果推演的结果和最初的判断存在偏差，则将促使法官进一步思考案件的认定，反复检测，直至使自己的主观判断和逻辑推演结果相吻合。其次，对于当事人来说，双方都要努力说服裁判者接受其关于事实与法律规则的解释。同时，当事人也更期待裁判者能够运用司法三段论原理，作出公正的裁判，并提出令人信服的说理论证。再次，对于社会来说，通过三段论的说理，可以了解法官案件裁判的公正性，同时也有利于社会对于法官的监督。三段论促使法官准确地运用审判推理，把法律判决中所依靠的理由充分地列出来，自然有助于审判公开和透明，同时也可以促使法官尽量使其判决合理化。[③] 裁判的技术化、形式化，使得判决书的公开和监督成为可能。为了消除法官的恣意裁判，同时亦为了法律推理具有科学客观性之品格，法官在判案时应排除个人情感与意志因素，通过一种不具个人色彩的、必然的推理方式来达到唯一正确的判决。形式逻辑三段论亦满足了这一要求。[④]

总之，“以事实为根据、以法律为准绳”的原则强调的就是如何根据“法律”

① James A. Gardner, *Legal Argument: the Structure and Language of Effective Advocacy*, 2nd ed., LexisNexis Group 2007, p. 5.

② 苗力田：《亚里士多德全集》（第一卷），中国人民大学出版社 1990 年版，第 84 - 85 页。

③ 韩登池：《司法三段论——形式理性与价值理性的统一》，载《法学评论》2010 年第 3 期。

④ 朱庆育：《意思表示解释理论》，中国政法大学出版社 2004 年版，第 22 页。

这个既定的大前提和确定的“事实”小前提，最终实现法律对社会关系的调整。因此，司法三段论仍然是司法的基本工具。

第三节　司法三段论的发展

司法三段论最初起源于亚里士多德的三段论学说，尽管有学者考证，在古代社会，三段论的逻辑思维形式早已存在，但是，从现有的文献考证来看，当时并没有广泛应用司法三段论。[①] 尽管三段论式的演绎法曾经对法典和圣经的解释提供了一定的方法[②]，但在很长时间内，并没有成为司法裁判中的基本方法。在罗马法中，采取决疑术（casuistic）的方式，即针对具体问题设置具体的解决方式，而并不考虑诸多个体之间的联系。“法律的几何学内涵于法律中，只是罗马法学家并没有意识到这种存在。”[③] 但在罗马法时期，已经出现了成文法至上的观念。法官要尽可能寻找大前提来裁判案件，不过，这种做法也不是真正采用司法三段论的表现。

司法三段论历经古罗马的决疑术、中世纪的注释法学和近代的概念法学，在近代法治的理念基础上最终成型。[④] 司法三段论也可以理解为是近代资产阶级革命以来政治分权理论的产物。它要求法官必须忠实地执行立法者所制定的法律。因此，形式逻辑的司法三段论成为欧洲法官寻求正当裁判的经典推理工具。[⑤] 司法三段论的广泛采用，也与近代的法典化运动密不可分。在法典化时代的早期，法典的制定目的之一，就是尽可能避免学者对法律进行解释。18 世纪末出现的

---

① 有学者认为，黑尔蒙曾经指出，三段论的逻辑思维形式早在古埃及和美索不达米亚的司法判决中就已经有所运用了，在古巴比伦的《汉谟拉比法典》中也是运用逻辑的对立命题与省略三段论的方式来宣示法律规则的。参见王洪：《司法判决与法律推理》，时事出版社 2002 年版，第 80 页。

② ［英］罗素：《西方哲学史》（上卷），何兆武、李约瑟译，商务印书馆 1963 年版，第 257 页。

③ Geoffrey Samuel，*Epistemology and Method in Law-Applied Legal Philosophy*，Dartmouth Pub Co，2003，p. 105.

④ 冯文生：《推理与诠释：民事司法技术范式研究》，法律出版社 2005 年版，第 181 页。

⑤ 朱庆育：《意思表示解释理论》，中国政法大学出版社 2004 年版，第 21 页。

法典化运动在相当程度上是对旧制度下法官的司法专横的制约，其目的在于制约法官的神秘司法职权和任意司法。恰如梅利曼所指出的，“对法官执政的忧虑，笼罩着法国革命后的改革，并成为整个法典化进程中的一大特征”[①]。以至于到了19世纪，不少法学家仍认为，不能在解释中丝毫地偏离文本。例如，法国著名学者Demolombe提出：“我的座右铭、我的信义职业就是：文本是最主要的。”Laurent也指出：“遵守法律，即使恶法亦然。”[②] 在法典化时期，最初人们设想，法典是唯一的法律渊源，法典之外没有法律。而法官的任务就是忠实地适用法典，其具体方法就是司法三段论。因为“法典如同一张网，立法者在其中包括了从平常的小事到永恒的运动的一切”[③]。这样不仅实现了“类似案件的类似处理”，而且使当事人可以预见法院的判决结果。大陆法上法典化的结果就形成了成文法至上的理念，要求法官严格执行通过成文法表现出来的立法者意志。其潜在的推论是，任何社会事实都存在与其相对应的具体法律规范。法官的任务就是将具体的法律规范适用到个案之中。而三段论推理是实现这一任务的最有效的途径。[④] 这就客观上必然要求适用三段论的推理模式。所以，韦伯认为理性化的形式一直是西方大陆的特点。[⑤]

法典化的发展，促进了法律体系的完善，也为概念法学的勃兴提供了基础，从而使三段论的发展达到了顶峰。概念法学首先强调概念的体系性及其适用。其代表人物普赫塔（Puchta）更是深化了这种体系化的方法，甚至建立了“概念金字塔”，并在此基础上发展了“形式概念法学”（fomalen Begriffsjurisprudenz）[⑥]。从这一理论产生的过程来看，德国法学界长期以来注重法律的逻辑性，法律话语

---

① John Henry Merryman & Rogelio Perez-Perdomo, *The Civil Law Tradition: An Introduction to the Legal Systems of Western Europe and Latin America*, 3nd ed., Stanford University Press, 2007, pp. 29 - 30.

② ［葡］孟狄士：《法律研究概述》，黄显辉译，澳门大学法学院1998年版，第147页。

③ François Terré, Conférence de Montréal, octobre 1981, Codification et Langage. Cité par Alain VIANDIER, Recherche de légistique comparée, Springer Verlag, 1988, p. 43.

④ Geoffrey Samuel, *The Foundation of Legal Reasoning*, Antwerp: Maklu. Uitgevers. 1994, pp. 137 - 138.

⑤ ［德］韦伯：《经济与社会》（下册），林荣远译，商务印书馆1997年版，第212页。

⑥ 吴从周：《民事法学与法学方法》（第一册），一品文化出版社2007年自版，第3-4页。

由学者主导，立法十分注重法律概念的逻辑周延性，因此，法律用语十分晦涩难懂，这使得法律适用过程中的法律解释成为一个必需的过程。而由于概念本身的逻辑周延性，所以，在概念法学看来，一切解决问题的答案都被认为可以从概念之中推导出来，无须另作他求。① 其对司法造法持批判态度，否认法律漏洞的存在。② 此外，概念法学强调法律体系的逻辑自足性。在概念法学看来，法律秩序是“完整”的概念体系，或者说是演绎或者分析的体系，从基本概念可以推导出特别概念，在概念的推演中，通过逻辑的演绎，将法律规则适用于事实。③ 按照概念法学的看法，其逻辑是“由上而下”的推理形式，即将上位的作为抽象的一般原则的法规适用于具体的事实而导出结论的演绎的逻辑。④ 概念法学特别强调司法三段论的作用，以此限制法官在司法过程中的能动性，法官的法律适用活动被视为一种机械的活动，在概念法学看来，只要按照三段论进行推理，就可以得出妥当的裁判结论。极端的概念法学甚至认为，法律适用的过程就如同从自动售货机中购物，输入法条和事实，就自然输出判决结果。但是，由于概念法学过度强调司法三段论的作用，排斥了法官自由裁量，导致司法陷入僵硬和僵化，也由此导致了 19 世纪末期自由法运动的兴起，该学说开始强化法官在确定大前提中的自由度，自由法运动的最大成就就是突破了概念法学的思维模式。就司法三段论的运用而言，自由法运动的贡献在于引入了价值判断。这就是说，法律的适用并非单纯的逻辑过程，而是包含了价值判断的过程。正是因为加入了价值判断，才充分发挥了法官的主观能动性，实现了的法的安定性和妥当性的统一。正是受这一思潮的影响，司法三段论的运用中才导入了社会效果、公平正义、利益衡量等因素。

---

① 杨仁寿：《法学方法论》，三民书局 1986 年版；［美］约翰·亨利·梅利曼：《大陆法系》（第二版），顾培东、禄正平译，法律出版社 2004 年版。

② 参见［日］碧海纯一：《法哲学概论》，昭和 56 年（1981 年）全订第一版，第 204 页以下。

③ Philipp Heck，“The Formation of Concepts and the Jurisprudence of Interests”，in The Jurisprudence of Interests，Selected writings of Max Rümelin，Philipp Heck，Paul Oertmann，Heinrich Stoll，Julius Binder，Hermann Isay，translated and edited by M. Magdalena Schoch，with an introduction by Lon L. Fuller，*Twentieth-Century Legal Philosophy Series*：Vol. II，Harvard University，1948，p. 106.

④ 张钰光：《法律解释“客观性”之论证》，辅仁大学法律学研究所 1996 年硕士学位论文，第 137 页。

英美法的方法论，经历了一个独特的发展过程。13世纪，英国法主要采取令状制度，原告必须根据国王的令状提起诉讼，只有那些获得了令状的人才有机会参与诉讼，并通过诉讼保护自己的权利和利益。自此之后，按照萨尔曼德的看法，"在五百年中，令状决定权利"①。此种方式类似于罗马法的决疑式方式，但并不是三段论的方式。这同时也意味着，令状数量的有限性决定了，一些权益受侵害的人无法通过司法裁判获得救济和保护。令状本身只是提供诉因，但往往具体性有余而抽象性不足，难以提供充分的大前提。中世纪后期，产生了自然法学，其主张法律是与自然世界成为一体的存在，其存在不因令状的有无而受影响。法官可以在令状之外自由发现本来就已经存在的自然法令，使那些令状制度下无法起诉的人获得司法救济。从方法论的角度看，这在很大程度上扩大了大前提的数量与范围。不过，随着自然法学的发展，法官的自由裁量权也呈现扩张趋势，这也导致了基于限制法官自由裁量权的实证法学的产生。实证法学并不认为法律是天然存在的，而主张法律就是由立法者所制定的规则组成的。该学说强调法律本身的价值，强调"法律应予遵守"这一要求本身对于法律的重要意义，假定法律体系作为一个整体是逻辑自足的。该学说认为，有拘束力法律的来源仅限于实证法，而不包括实证法之外的自然伦理、社会和经济因素的考量②，这就为司法三段论在英美法的运用提供了充分的理论基础。③ 然而，由于英国法重视经验主义，而欠缺对形式逻辑的关注，韦伯曾认为，英国法既没有在法律推理过程中严格遵守三段论式的演绎推理，也没有能够实现"将所有可以设想到的事实情境都在逻辑上纳入无缺陷的规则系统中"的系统化目标，因此，英国法并没有实现"逻辑升华"意义上的理性化，它不过是一种决疑术，不可能实现法律的理

---

① Andre Tunc, *International Encyclopedia of Comparative Law, Torts, Introduction*, J. C. B. Mohr (Paul Siebeck) Tübingen, 1974, p. 38.

② Harold J. Berman and Samir N. Saliba, *The Nature and Functions of Law*, 7th ed., Foundation Press 2009, p. 387.

③ 有学者指出，虽然我们可以将法律中的逻辑推理追溯到古希腊时期，但是，法律逻辑的真正普遍运用和繁荣，还是属于人们开始探索机械地进行司法裁判的过程。See James Holland, p. 348.

性化。[①] 这种观点用来解释中世纪以前的英国法是准确的，但是，自近代以来，随着制定法的大量增加，英美法也日益注重采用三段论，只不过，其大前提主要不是成文法，而是大量的判例法。[②] 正如有学者所指出的："在19世纪法律的形式化时代，需要明确的是，法官的功能并不在于造法而在于体系化的思考。因为判例法的增长，法律的不确定性增强这些需要寻求一种可预见性的方法。法官的主要任务就是对体系进行分类整理以及对其中的内容进行逻辑安排。"[③]

总的来说，在现代社会，作为近代形式主义法治发展的产物，司法三段论已经成为两大法系法官普遍采用的逻辑工具。[④] 虽然各国的法律体系有所差异，法律推理在具体步骤、模式上也有所不同，但为实现各国社会经济的巨大进步与法律稳定性、可预期性之间的平衡。在当代，各国司法三段论的适用都存在如下发展趋势。

第一，司法三段论在两大法系获得普遍的认可和采用。传统上英美法采用的思维模式被形象概括为"图片式"思维模式（Thinking in pictures），具有"点到点"的特征[⑤]，且主要采纳的是归纳法，法官只有在找到与待决案例相似的先例案件事实之后，才能开始抽象具有拘束力的一般裁判规则。但是，在现代，英美法官也重视从案例中抽象出一般的法律规则，并将其运用于系争案件。且因为成文法日益增多，从而也扩张了三段论的适用范围。[⑥] 在英美法传统上，法官在裁判时，要归纳既有判例中所确立的规则，从而进行适用，这仍属于归纳推理的范畴。而在列举性规定被适用时，法官也要从已有的列举中归纳出案件的共同特

① 李猛：《除魔的世界与禁欲者的守护神：韦伯社会理论中的"英国法"问题》，http：//www.worldphilosophy.cn/html/xuerenzhuanlan/200912/01-682.html? 1309138803，访问日期：2010年6月27日。

② Ian McLeod，*Legal Method* 7th ed.，Palgrave Macmillan 2009，p. 9.

③ E. Allan Farnsworth，*United States Contract Law* 31（Juris Publishing 1999）.

④ 王彬：《论司法三段论的结构形式与逻辑前提》，载《山东警察学院学报》2009年第1期。

⑤ K. Zweigert H. Kotz，*Introduction to Comparative Law*，trans. T. Weir，Oxford University Press，2nd. rev. ed，1992，p. 70.

⑥ Jane C. Ginsburg，*Legal Methods*：*Cases and Materials*，3rd ed.，Foundation Press 2008，p. 76.

点，从而适用于没有明确列举的其他类型。所以，有学者总结，今天的英美法法官不像过去那样单纯地比照案例，而更注重援引权威的规则，这已经与以三段论推理作为其基本法学方法的大陆法非常接近。而大陆法国家法官在裁判活动中历来重视三段论，成文法的特点也要求法官采用三段论进行演绎推理。[①]

第二，法官在法律解释中的能动性得到确认。自 20 世纪以来，受目的法学、利益法学等法学流派的影响，法官在法律解释中能动性逐渐加强。一方面，强调法官在解释法律中不应仅拘泥于文义，也不应仅受所谓"立法者真意"的制约，而要从变动的社会需要出发发现法律的含义，使法律尽可能与社会需求相吻合。另一方面，"法典不可能没有缝隙"[②]。无论在成文法国家，还是在判例法国家，对法律存在漏洞，已经形成普遍的共识。因而允许法官进行必要的漏洞填补。当然，在承认法官能动性的同时，各国也强调对法官自由裁量权的有效约束。

第三，在裁判活动中越来越强调价值判断。正如霍姆斯所言："在逻辑的背后总是隐藏着人们对价值和相互冲突的立法理由的判断。"[③] 这对法学方法论也产生了重大影响。自 20 世纪中叶以来，蓬勃兴起的"价值法学"开始倡导注重价值导向的思考。[④] 特别是以罗尔斯、德沃金等美国学者为代表，针对法治背后的平等、正义、权利等价值因素展开深入探究和思考，对法律解释学具有重要的指导意义。近几十年来，法律解释中的价值判断日益重要。例如，二战以后，许多日本学者认为，裁判的正当性并不在于拘泥于逻辑三段论，而应当采用价值判断现行论，只有在法官准确地运用了利益衡量和价值判断，才能使裁判正当化。英国学者也将法律适用过程描述为一种创造性的过程（a creative process）。[⑤] 总之，他们都是从不同的侧面，强调价值判断在法学方法论体系中的重要性，反映

① Farra John H. Farrar, Anthony M. Dudgale, *Introduction to Legal Method*, London, Sweet & Maxwell, 1990, p. 79.

② Hans Hattenhauer, Einführung, in Allgemeines Landrecht für die Preußischen Staaten von 1794, at 1, 21.

③ Oliver Wendell Holmes, Jr., "The Path of the Law", 10 *Harvard Law Review* 457 (1897).

④ 黄建辉：《法律阐释论》，新学林出版股份有限公司 2000 年版，第 14 页。

⑤ Ian McLeod, *Legal Method* 7th ed., Palgrave Macmillan 2009, p. 4.

了价值判断对理解和适用法律规则的重要意义。

第四，三段论中的大前提的表现形式与寻找方法均发生了一系列的变化。一方面，在英美法中，经历了单纯注重判例到判例与成文法并重的发展趋势。传统上遵循先例（stare decisis）曾被认为是适用法律的基本原则，成文法则被认为是判例法的补充。此种现象已经发生了重大变化，虽然判例仍然是裁判的主要法律渊源，但是，当今美国法上成文法的数量不仅众多，而且其重要性甚至超过了判例法，也正逐步成为美国法律体系的中心。① 有鉴于此，有美国法学家主张将成文法解释作为美国法学教科书的核心内容之一。② 另一方面，在大陆法国家，虽然判例作为大前提的重要性日益增加，但是，由于其并没有遵循先例的传统，所以法官寻找大前提首先是针对成文法。而且在判决中，法官需要对所寻找的大前提和成文法做详细的解释。③ 不过，当代大陆法国家也日益开始注重判例的作用。例如，在德国，宪法法院的判决具有法律拘束力，并可以成为裁判的依据。另外，在大陆法国家，上级法院，尤其是最高法院的裁决，都可以对下级法院的裁判产生一定的、事实上的拘束力。

第五，法律解释学的内容不断丰富和发展。近几十年来，在方法论领域中的重要进展，是法律解释学的发展。其适用范围逐步扩大，由私法领域渗透到公法乃至整个法律体系。在美国，历来重视宪法解释学。在欧洲，法律解释学传统上在私法领域相当发达，但是，近几十年来，法律解释也广泛应用于公法领域。例如，二战后基于纳粹主义践踏基本人权的惨痛经验，各国开始扩展宪法的人权保护功能，因此宪法解释学日益受到重视，并成为法律解释学的重要内容。在德国，被联邦宪法法院所实践的宪法解释学，已经成为宪法适用的重要工具。④ 宪

① John F. Manning Matthew C. Stephenson，*Legislation and Regulation*，*Preface*，Foundation Press，2010.

② Joseph William Singer，*Property Law*：*Rules*，*Policies*，*and Practices*，Preface to 5th Edition，Wolters Kluwer，2010.

③ Jane C. Ginsburg，*Legal Methods*：*Cases and Materials*，3rd ed.，Foundation Press 2008，p. 69.

④ See Donald. P. Kommers，*The Constitutional Jurisprudence of the Federal Republic of Germany*，1997，p. 42.

法法院的设立，使得宪法的解释成为法律解释的重要内容。与此同时，法律解释的各种方法也不断丰富和多样化。例如，自 20 世纪以来，法律的解释方法又得到进一步发展。随着法社会学的发展，社会学解释方法开始形成；随着比较法的发展，比较法的方法也受到关注。尤其是随着宪法实施制度的发展，宪法解释日益重要，它也对私法产生了影响，合宪性解释在私法的法律解释中的地位不断增强。正是因为法律解释方法的多样性，并在实际运用中逐步获得了共识，所以，法律解释学才得以真正形成一门学问。

第六，法律论证方法也逐渐系统化、理论化。自 20 世纪 70 年代以来，有关法律的论证理论得到迅速发展。语言学、解释学、逻辑学、社会学等学科的发展，尤其是在美国兴起的法律经济分析方法丰富了法律论证的方法。而法理学、法哲学等学科也将法律论证作为其重要的论题加以讨论。例如，有关的国际法哲学和社会哲学协会已经组织了多次以法律论证为议题的会议。与此同时，以阿列克西为代表的学者从论证原则中形成了一套法律论证理论。[①] 说理论证成为法官负有的一项义务，甚至被不少国家在法律中明确规定。[②] 与此同时，法律论证已经成为方法论的组成部分，并自成体系。

汉斯·普维庭指出："经典的三段论推理模式在今天仍然占据主导地位。"[③] 无论是以成文法作为裁判的依据，还是以判例法中的先例作为裁判的依据，都以三段论作为基本的裁判方法。[④] 但是，司法三段论的运用也随着其在现代社会的进步而有新的发展，绝非单纯运用逻辑推理，机械得出结论。它也要辅之以价值判断、利益衡量等方法。尤其随着法律解释学的发展，为三段论推理中大前提的寻找及其内容的准确界定提供了有效的工具。

---

① ［荷］伊芙琳·T. 菲特丽丝：《法律论证原理》，商务印书馆 2005 年版，第 10 页。

② See Eveline T. Feteris, *Fundamentals of Legal Argumentation: A Survey of Theories on the Justification of Judicial Decisions*, Kluwer Academic Publishers 1999, pp. 5 - 6.

③ ［德］汉斯·普维庭：《现代证明责任问题》，吴越译，法律出版社 2000 年版，第 71 页。

④ Geoffrey Samuel, *The Foundation of Legal Reasoning*, Antwerp: Maklu. Uitgevers. 1994, p. 143.

第四节　司法三段论运用的基本要求

一、三段论运用的基本要求

（一）大前提的准确性

大前提的准确性，是指作为裁判依据的大前提应当是与特定的案件的事实具有密切联系的裁判规则。从逻辑的三段论来看，逻辑推理的前提是大小前提和结论之间具有形式关系的真实性，而大小前提的真实性和可接受性（acceptability）是逻辑推理的必然要求。[①] 但是，在司法三段论的运用过程中，首先要求法官从法律体系中寻找与案件事实有最密切联系的裁判规则。在这一过程中，法官需要从案件的事实要件的准确判断出发，寻找可供适用的准确的裁判规则。在简单案件中，一个有经验的法官，可能通过“直觉”（intuition）或者经验寻找到可供适用的裁判规则。但是，仅仅凭经验，并不能够确保裁判的统一性和可预期性。因为，许多案件常常牵涉复杂的利益考量，即便是简单的法律关系，也可能涉及多种法律规则的适用，更何况在大量的疑难案件中，仅凭经验是不可能找到适当的规则的。

具体来说，为了保障大前提寻找的准确性，对裁判者的要求应该包括如下几个方面。

第一，必须针对特定的案件事实寻找最密切的法律规范，不能用抽象的法律原则代替法律规范，从而向一般条款逃逸。在实践中，向一般条款逃逸的现象比较严重。有的法官在裁判时并不注重寻找具体的可适用的规则的查找，而去寻找抽象的一般条款，甚至直接引用法律的基本原则。有的法官甚至认为，只要有法律规定，就属于依法裁判。裁判中适用的法律依据越抽象越好，越具体越容易出

---

① Eveline T. Feteris, *Fundamentals of Legal Argumentation*: *A survey of theories on the justification of judicial decisions*, Kluwer Academic Publishers 1999, p. 27.

现差错。因此，司法实践中出现了“戴大帽”的现象，即运用空洞的条文作为裁判的依据。例如，有的法官经常援引公平原则、诚信原则、合法权利受法律保护原则，直接据此作出裁判。从表面上看，这种裁判似乎也是依法裁判，但实际上，在法有明确规定的情况下直接适用一般条款，就是随意规避了法律规定，以法官的意志代替了法律规定。因为在法律有规定的情况下，依据抽象的一般条款来判决，将使得法律的具体规定形同虚设。向一般条款逃逸，是违反立法者的意图的，因为立法者既然针对具体的法律关系作出了规定，就意味着，其希望法官适用具体的法律规定，而不是抽象的一般条款。在我国司法实践中，大量的案件之所以出现同法不同解、同案不同判的现象，很大程度上也与此种现象有关。例如，在某个因违反诚信原则而导致合同不能订立的案件中，有的法官简单地以“诚实信用”作为依据判决被告赔偿原告请求的全部损失，而有的法官援引《民法典》合同编关于缔约过失的相关规定判决被告赔偿信赖利益损失，显然，后一种裁判更为合理。

第二，需要通过解释将大前提的含义加以明确，精确地阐释其准确的内涵，验证并确定其是否可适用于特定的案件。即使大前提的选择已经确定，但是，如何进行解释也有可能存在争议。通过解释，确立与小前提相对应的规范要件。在确定与小前提相对应的规范要件时，法律解释具有十分重要的意义。因为法律解释可以确定法律规范的含义，从而明确其与小前提是否可以对应。一般来说，在法有规定的情况下，主要应针对现行法的规定进行解释。例如，某小区的特定区域规划为空地，主要用作业主休闲的场所。后来，开发商未经业主同意，将该空地改造成车位，并对外销售。有业主对此提出异议，认为开发商与买受人之间的买卖合同无效。一审法院认为，开发商的行为侵害了业主的共有权。对该案要进行事实的分类，首先需要通过法律关系的识别等方法，确定该块空地是否属于开发商个人所有还是业主共有，依据《民法典》第 275 条规定第 2 款，“占用业主共有的道路或者其他场地用于停放汽车的车位，属于业主共有”，如果是没有为任何个人所有的其他场地，应为业主共有。在本案中，如果开发商没有证据证明该块空地属于其所有，则该块空地就属于《民法典》第 275 条规定的“其他场地”，属于业主共有。

在大前提的确定与寻找过程中，法律解释是中心环节，具有沟通要件事实与规范要件的桥梁作用。但是，法律解释的运用是一个很复杂的过程，要运用各种法律解释方法，遵循法律解释的规则，以得出妥当的解释结论。例如，某市游乐园的“太空迷航”娱乐项目设备突发故障，导致多人伤亡。法官面对该事实首先需要考虑的可能是“太空迷航”娱乐项目设备在性质上如何，是高空作业、高速轨道运输工具还是高度危险作业。法官可能因为该事实引发对多个可能适用法律条文的思考。例如，《民法典》第 1240 条关于“从事高空、高压、地下挖掘活动或者使用高速轨道运输工具造成他人损害的，经营者应当承担侵权责任；但是，能够证明损害是因受害人故意或者不可抗力造成的，不承担责任。被侵权人对损害的发生有重大过失的，可以减轻经营者的责任”的规定、第 1236 条关于“从事高度危险作业造成他人损害的，应当承担侵权责任”的规定。根据这些条文，法官应思考的问题是，第 1240 条规定的高空作业、高速轨道运输工具和第 1236 条规定的高度危险作业到底包括哪些外延？由于“太空迷航”设施并无轨道，故不属于高速轨道运输工具，同时由于其是娱乐活动，而非生产活动，也不宜纳入高空作业的范畴。那么，其是否属于“高度危险作业”呢？由于第 1236 条强调的“高度危险作业”的立法目的在于规范那些异常危险的活动，凡是一切切实具有高度危险性的活动，只要没有受到某项具体法律规范的调整，就应当被解释为第 1236 条规定的“高度危险作业”。而“太空迷航”娱乐项目设备具有区别于一般危险活动的异常危险，符合第 1236 条规定的“高度危险作业”。因此，“太空迷航”娱乐项目设备属于一项“高度危险作业”，且该小前提属于大前提（第 1236 条）中规定的“高度危险作业”。也就是说，小前提属于大前提中预设的事实类型。[①] 但需要注意的是，并非所有造成他人损害的事实类型都能够找到与其相匹配的大前提，因为，行为人可能无须对该损害承担责任。在法无规定的情形下，尤其是存在法律漏洞时，法官常面临着无直接可供参考的法律规则而又不能

① 关于《侵权责任法》第 69 条（即《民法典》第 1236 条）高度危险责任条款的具体适用，可参见王利明：《论高度危险责任一般条款的适用》，载《中国法学》2010 年第 6 期。

拒绝裁判的情况。在这种情况下，如何确定适当的大前提，便构成对法官的“考验”。需要指出的是，法律解释本身并不属于逻辑的范畴，其功能在于确保三段论推理中“大前提”的真实性。当然，法律解释活动对三段论推理的功能仍然至关重要，法律解释结论是否具有真实性和可接受性，将直接决定三段论形式推理最终结论的真实性。如果法律解释结论是荒谬的，则依据三段论推理的结论也就难称妥当。

第三，法官不能随意援引法律，缺乏必要论证。裁判过程应当是一个充分说理的过程。在实践中，缺乏寻法过程的表现是多方面的，最主要的在于，对双方当事人的请求理由、抗辩理由等缺乏具体的分析、检索和验证。甚至有的判决根本没有考虑当事人提出的理由，就随意地援引法条，作出了裁判结论。诚然，许多判决结论也可能是妥当的，但因缺乏全面的说理与找法过程，没有回应当事人双方的主张，使整个推理过程苍白无力，无法令当事人满意。说理论证都应围绕法律适用而展开，其根本目的就是解决法律适用问题，必须针对事实和法律进行，必须在司法三段论的框架内完成。在一些裁判中，法官在描述事实后，往往只是简单地列举一个或数个条款，便作出裁判，而未阐述为何选择这些条款，忽略了必要的论证过程。例如，在“侵占违章建筑案”中，一审法院简单地援引《民法典》第 1165 条第 1 款，但是没有阐明被告侵害的对象是什么，是否构成对权利的侵害，是何种权利。如果对违章建筑不能取得物权，那么，当事人是否可以获得占有的保护？而该占有的利益是否属于《民法典》第 1165 条第 1 款中所说的“民事权益”的范畴，这些问题都需要法官给予必要的说理论证。

第四，法官不能随意曲解法律，无视文本的文义和意旨。在法律适用中，必须尽可能探寻文本的真实含义，在裁判者没有充分、正当理由的情况下，不能随意以自己的理解来代替立法者的立法意图。在有的法官那里，三段论变成了一个“自下而上”的错综复杂的工程：首先确定判决结果，然后在法律条文和案情证据的丛林中殚精竭虑地寻找论证的路径，这就是学者所谓的“被倒置的法律推理”。在这个过程中，判决结果不是法律推理的产物，而是法律推理的指南。[①] 此种方式在表面上虽然有“推理”的过程，但鉴于其具有预先确定结果的特征，就可能使法官以自己的意愿随意曲解法律，导致裁判结果的不公正。

（二）作为小前提的要件事实的对应性

一般来说，只要小前提有证据支持，其就是真实的。但是，在司法三段论中，简单地说，凡是有证据支持的事实就是真实的，可能过于武断。因为法律规范并非与整个案件事实发生连接，而是和案件中的具体要件事实连接。因为案件涉及多个法律规范，法官必须找到与法律规范对应的要件事实。所以，在司法三段论中，法官的任务不是将整个案件事实笼统地与某个规范相连接，而是从案件事实中抽象出要件事实，并确定其与大前提的规范要件的对应性。在立法过程中，为了实现法的规范性，立法者将各种事实加以简化，实现对其的“过滤”。而在司法的过程中，法官必须面对各种纷繁复杂的案件事实。通常来说，一个成文法条文所要调整的是一个事实类型，包括了一组具体情形，各个具体情形之间具有实质相似性，应当同等对待。在制定成文法过程中，立法者将各具体情形中的那些非实质性因素予以过滤，并通过各具体情形的实质相似性，将其归入一个事实类型之中。这是一个从具体到一般化的过程。但法律适用过程则是一个与立法过程相反的过程，是一个从一般化到具体的过程，是一个将一般化的规则还原到具体情形的过程。法官需要说明曾经被一般化的事实类型到底包括哪些情形，尤其是是否包括诉争案件事实。正是从这个意义上说，在方法论中，对事实的判断，主要就是确定要件事实与规范要件的对应性。换言之，如何通过法律关系的判断、事实的整理等过程，最终寻找到要件事实，从而与大前提连接。例如，在“无权处分钢琴案”中对法律关系的定性即涉及这个问题。本案在定性方面涉及如下几个问题：一是本案涉及侵权关系，即李某未经王某同意，将王某的钢琴转让给他人，构成对其钢琴的所有权的侵害。二是本案涉及违约关系。因为李某和王某存在保管合同关系，而李某违反该合同，擅自将该钢琴出售给他人，构成违约。三是本案涉及不当得利。李某擅自出售王某的钢琴，获得了利益，并造成王

① 王涌：《被倒置的和被省略的法律推理》，载《法制日报》2000年2月27日。

某的损失，从而形成不当得利。四是本案涉及物权返还请求权。因为王某向丁某主张返还钢琴，这就是原物返还请求权的行使。但是，原告针对被告李某请求损害赔偿，这里涉及两种法律关系；至于原告王某向丁某主张钢琴的返还，则涉及第四种关系。

（三）连接的有效性

连接的有效性就是指，找到与案件事实联系最为密切的法律规范，并适用于具体案件。这个找法和解释的过程本身并不是三段论形式逻辑的范畴，但是其仍然是在三段论的框架中进行的。规范和事实之间的联系越密切，连接就愈发有效。将各种形式逻辑归入三段论之后，似乎法官可以简单地根据所确定的大前提、小前提推导出裁判结论。准确找寻大小前提的过程是一个复杂的过程，需要经过一个科学的连接活动来实现。也只有通过有效的连接活动，才能确保大前提和小前提之间的准确对应性。否则，即便两个前提本身是真实准确的，但如果两个前提之间并不存在准确的连接关系，即小前提并不是大前提所要直接调整的案件事实，则三段论推理结论将面临无效的风险。

三段论推理的核心是要建立一个有效的连接。大前提和小前提的确定是完成三段论推理的前提。在一个理想的状态中，小前提事实应当准确地表现为大前提中所预设的事实类型，这也是通过三段论推理对两个前提进行准确连接的先决条件。而确保小前提与大前提中预设的事实类型相符合本身就是一个连接过程。成文法本身是一种命题性知识，但在命题性知识与针对某一案件事实的裁判结论之间，还存在一个中间地带（Interspace）。那么，填补该中间地带空白的方法就是逻辑三段论的运用。如果我们把中间地带这个连接看成一个整体的话，那么，其不仅包含了三段论的形式逻辑，还包括了确定两个前提的论证过程。[①] 对此，后文将予以详细探讨。例如，在“无权处分钢琴案”中，依据《民法典》第186条的规定，“因当事人一方的违约行为，损害对方人身权益、财产权益的，受损害方有权选择请求其承担违约责任或者侵权责任”，原告王某应当自行选择请求权

① Geoffrey Samuel, *The Foundation of Legal Reasoning*, Antwerp: Maklu. Uitgevers. 1994, p. 142.

基础。如果原告没有选择，该案中，由于王某向李某索讨钢琴，李某表示愿将卖得价款返还给王某，王某认为卖价过低，要求李某另外赔偿5万元，并向丁某主张返还钢琴。这实际上表明，其事后追认了李某的行为，使得李某的无权处分行为转化为有效行为。因此，依据《民法典》第577条关于违约责任的一般规定，以李某违反保管合同为由追究其违约责任是合理的。

在连接过程中，法官不能在法外随意作出价值判断和利益衡量，不能以自己的价值判断和利益衡量来代替法律规范的适用。任何价值判断只能内化于对大小前提的认定之中，法官不能抛开事实依据任凭主观的价值判断直接作出裁判。在有法可依的情形下，确实存在着个别法官根本不援引裁判依据而直接得出裁判结论的现象。尤其是存在着法官过度重视价值判断，而轻视司法三段论的运用的倾向。这就产生了脱离三段论的分析框架的现象。实践中，曾有人提倡司法能动，注重司法的社会效果，但缺乏对这些价值判断的约束和规范，也缺乏对司法能动的界限的界定。以至于在裁判中，有人认为，司法的裁判主要是由法官根据社会效果的考量作出裁判，可以不考虑法律的适用，以及法律规则如何与案件事实相结合的问题。例如，债务人资不抵债，数人要求强制执行，此时，应当将有限的财产清偿哪一个债权人的债权？有的法官直接从社会效果考量，得出多种结论。有的认为，应当先给属于国企的债权人，因为有利于保护国有资产。有的认为，应当先支付给个人，因为有利于保护弱者。有的认为，应当先支付给经营有困难的债权人，因为有利于帮助企业发展。有的认为，应当先支付给本地企业，因为有利于本地经济的发展。事实上，法律对此已经作出了明确规定，但是，如果法官不考虑法律中的价值判断，而自行作出价值判断，其结果将会导致裁判的任意性。还有一种情形是，法官不以法律规范为依据，而独立地进行价值判断。这就可能导致法官实际上不是“依法裁判”，而是以不构成法源的政策、道德、习俗等作为裁判的依据。例如，在“侵占违章建筑案”中，有人认为，该案可以直接援引有关政策处理，因为原告张某违反规定建造了违章建筑，只要依据一定的程序认定为违章建筑，应当予以处罚，所以其出租行为不应当受到保护。这种看法实际上就是在法律之外进行价值判断。这里应当区分行政法律关系和民事法律关系，虽然张某的行为应当受到行政处罚，但是，其对房屋享有的权益也应当受到法律保护。因此，采用司法三段论，可以防止发生法官不援引法律规则、随意断案的现象。

在确定用于三段论推理的大前提和小前提过程中，需要法官“目光往返”于事实和法律之间。对小前提的准确认识有助于法官对大前提的选择，而对大前提的选择，也可能反过来影响对小前提性质的判断。事实上，在很多情况下，法官很难瞬间对两个前提作出准确认定，而需要在反复斟酌两个前提的过程中相互促进对前提的准确认识和选择。

连接的无效常常包括两个方面的问题：一是没有找到准确的法律规范，出现张冠李戴的情况，例如，在一般民事活动中，已满足商事留置权的要件，但是没有满足一般留置权的要件，则无法实现有效的连接；二是在准确找到法律规范之后，没有能够对法律规范作出准确的解释，此时虽然可能形成连接，但是在法律效果上可能出现问题。在这两种情况下，虽然能够满足形式逻辑的要求，但是结论的真实性、妥当性仍不确定。[①] 例如，在损害已经终了的情况下，判决加害人停止侵害；或者虽然构成侵权但是不符合精神损害赔偿的要件，仍然支持赔偿精神损害的请求，显然不妥。

（四）结论的可验证性

结论的可验证性，是指法官的推理过程和裁判结论可以为社会一般人所理解，并且可以验证其裁判结论的正确与否。三段论推理以推论者的行为理性为前提，这就意味着，该推理本身是理性行为的结果，是能够被其他理性人所认知的。[②] 因此，在同样的法律和事实背景下，其他理性人也能够在三段论的推理框架下推导出相同的法律结论。相反，如果该结论无法由其他理性人根据形式逻辑等方法推导出来，则结论的真实性有待进一步检验。

---

① Eveline T. Feteris，*Fundamentals of Legal Argumentation*：*A survey of Theories on the Justification of Judicial Decisions*，Kluwer Academic Publishers 1999，p. 36.

② Eveline T. Feteris，*Fundamentals of Legal Argumentation*：*A survey of theories on the justification of judicial decisions*，Kluwer Academic Publishers 1999，p. 6.

首先，可验证性要求法官的裁判是以三段论为分析框架，围绕事实和法律，在事实和法律互动的基础上形成最终的结论。案件的事实可能是复杂的故事，但是，法官总是从中抽取有法律意义的事实，而不是简单地看成是生活素材的堆积。法官总是在事实中寻找相应的法律依据，而法律依据的援引都有事实的支撑。当裁判作出之后，法律人和社会公众都可以运用相同的三段论推理，来验证其结论。

其次，可验证性要求通过连接所获得的裁判结论具有正当性。从逻辑上来说，虽然用于三段论推理的大小前提是真实的，但这并不一定保证三段论推理结论的真实性。[①] 在某些情形下，大前提解释本身是妥当的，但由于该大前提已经完全脱离社会现实，不适于调整当前的社会关系，因此不能以此作为裁判依据。以投机倒把罪为例，它是计划经济时代的产物，其本意是防止行为人扰乱计划经济秩序，禁止倒买倒卖、谋取差价。而在改革开放以后，我国已经开始从计划经济转向市场经济，鼓励人们从事各种合法的交易活动，实现社会资源的优化配置。但在 1997 年以前[②]，投机倒把罪仍然适用，虽然法官对该规范的解释是真实的，但法律规范本身的滞后性也就决定了三段论推理结论的无效性。再如，即便推论者对法律大前提作了真实的解释，但由于所解释的法律规范之下还有更为具体的下位法律规则，而该规则才是调整相应案件事实的具体规范，因此，即便对上位法的解释是真实的，法律推理结论仍然可能是不妥当的。

最后，裁判结论应当建立在充分的说理论证的基础之上。在整个三段论的运用过程中，都必须要展开充分的说理论证。论证是保障结论合理性、正当性的基础。论证发挥着验证裁判结论妥当性的功能，只有论证理由越充足，裁判结论才越妥当。法谚云，“法官是说话的法律”，但是，法官在适用法律时，并不应简单地重复法律条文，其应当经过充分的说理论证，将“纸面上的法”转化为“生活

---

① Eveline T. Feteris, *Fundamentals of Legal Argumentation: A survey of theories on the justification of judicial decisions*, Kluwer Academic Publishers 1999, p. 27.

② 1997 年经修订后重新颁布的《刑法》取消了投机倒把罪。2008 年 1 月，《投机倒把行政处罚暂行条例》也宣告失效。

中的法”。一般来说，凡是说理论证充分的，其可验证性更强；而说理单薄的，社会公众也难以对结论进行验证。

此外，结论的可验证性还表现在不违背基本生活经验。如果按照三段论推理得出的裁判结论违背一般人根据普遍生活经验得出的结论，则结论的真实性也值得怀疑。对于此种违背生活常理的荒谬结论，论者需要尽到更为充分的论证义务。

二、三段论推理的反复运用

在特定的案件中运用司法三段论，是否可以一次完成，从而得出最终的裁判结论？对此存在不同的观点：一是“一次适用说”。此种观点认为，就特定的案件而言，三段论的推理应当仅适用一次。例如，甲因其过失而致乙健康权损害。此时，通过三段论的推理就得出结论，甲应当对乙作出赔偿。问题是，甲赔偿的具体数额、过失相抵、损益相抵、违约金数额的确定等，这些还不甚明确，但法官不必再运用三段论的方法，而应由法官直接确定其结果。二是“多次适用说”。此种观点认为，就特定案件而言，三段论推理必须反复适用，才能得出具体案件中的判决结果。仍以前述甲侵害乙健康权为例，法官必须通过多次适用三段论，从而最终明确，甲要通过何种方式来赔偿乙的损失、赔偿的数额是多少等。笔者认为，三段论推理采用何种形式，取决于案件的具体情形及法官的经验、习惯等其他因素。一个有经验的法官，可以在一次运用三段论推理后即可得出裁判结论，而没有经验的法官，可能要经历多次适用才能得出最终的结论。然而，在某些案件，特别是疑难案件中，即使是有经验的法官，也可能要多次适用三段论才能得出最终的、妥当的裁判结论。因为司法三段论既然作为司法裁判的重要方法，其应当贯穿于司法的全过程，以实现司法三段论的功能。但是，案情的复杂性尤其是适用法律中法律规则的多重选择性及结论的非唯一性，都决定了需要法官在事实与法律之间“往返穿梭”“反复流盼”，必须通过反复适用司法三段论才能获得妥当的裁判结论。在实践中，由于认识能力的有限性和认识习惯的差异性，有的法官很可能在对两个前提作出准确认定之前就已经从事了初步的三段论推理。但这并不是说，法官在任何案件中就可以一次三段论推理作为得出裁判结论的终局性推理。相反，其通常要对推理的过程和结论进行反复检验，以确定其中的准确性和有效性。如果发现大小前提连接的无效性，或者推理结论具有不公正性，则其需要重新确定大小前提之间连接的有效性，并反复从事三段论形式推理程序，以实现三段论推理的最终准确性。

第五节 三段论与其他方法的综合运用

一、司法三段论的局限性

一般来说，三段论需要对以下三个问题进行解决：一是需要对证据进行充分的获取；二是抽象出案件事实的法律的特征；三是需要对法律规则中已经涵盖相关构成要件进行阐明。只有在这种情况下，法律的适用才能够充分证成。[①] 但是，在具体的裁判过程中，大前提和小前提并非都是当然确定的，即便是解决了两者的确定问题，但如何实现连接，也并非如同"自动售货机"一样简单。所以，试图通过司法三段论自然得出结论，也可能会是一种不切实际的幻想。

司法推理三段论在简单案件中是能够直接适用的，其中的过程无须复杂的价值判断。但是，荷兰法学家 Hage 则认为即使在某些简单案件上，运用三段论模式也无法直接获得判决结果。[②] 在一些疑难案件中，特别是在大前提和小前提都难以确定的情况下，不能简单地以三段论得出结论，可见，三段论是存在其固有缺陷的，其局限性主要表现在如下方面。

第一，单纯通过逻辑的推理不能够自动确定大前提。由于人类的理性具有有

① Bernard S. Jackson, *Law, Fact and Narrative Coherence*, Deborah Charles Publications, 1988, p. 37.

② Hage, *Reasoning with Rule*, Kluwer Academic Publishers, 1997, p. 2.

限性，从而决定了立法难免存在缺陷，如模糊性、滞后性等。在法律适用过程中，法官经常会面对法律语言的模糊性以及不确定性，单纯通过逻辑是无法解决该问题的。哈特指出，“逻辑本身并不对条文规定解释”[①]。立法者通过特定的价值判断标准和程序，对社会生活中可能出现的价值冲突予以预测，并作出选择。如何选择妥当的大前提，这是形式逻辑无法解决的问题。因为即使法有规定，抽象的法条如何与具体的案件结合，还需要进行价值考量，以实现法的妥当性。例如，《民法典》第1180条规定：“因同一侵权行为造成多人死亡的，可以以相同数额确定死亡赔偿金。”但是该条并没有明确在何种情形“可以以相同数额确定死亡赔偿金”。因此，法官应当考虑诸多因素以确定该条的适用范围。尤其在存在法律漏洞的情况下，由于法律对案件事实并没有作出明文规定，所以无法单纯依靠逻辑推导来填补这些漏洞。而在采用目的性扩张和目的性限缩的法律解释技术时，单纯依靠逻辑，则很可能会产生不甚妥当的结论。

第二，单纯通过逻辑的推理不能自动确定小前提。大小前提的真实性都是逻辑三段论有效运用的基础，只要大小前提均为真，那么经过推理程序的结论也必定为真。[②] 运用有效的推定过程，如果基础事实为真，那么得出的结论也必然是真。但是小前提的真实性，首先，需要借助于证据规则等予以认定，这涉及司法三段论与证据规则之间的配合。其次，即便通过证据规则等的适用已经确定了案件事实，在法律适用中也存在着“目光往返于规范与事实之间”的规则，裁判者要考虑法律规范与案件事实之间的相互影响，从而确定案件事实。从这一点来说，司法三段论本身并不能解决案件事实认定的问题。

第三，单纯通过逻辑的推理不能实现大小前提之间的有效连接。连接并不是一个简单的自然推理过程，必须以一定的价值判断和选择为依据，对大小前提因连接而得出的结论要通过价值判断进行验证，确定该结论都具有妥当性和公正性，以追求社会效果和法律效果的最优结合，并最终能够实现社会福利的最大化

---

① ［英］H. L. A. 哈特：《实证主义和法律与道德的分离》，翟小波译，强世功校，载《环球法律评论》2001年第2期。

② Ian McLeod，*Legal Method* 7th ed.，Palgrave Macmillan 2009，p. 10.

和公平正义。大千世界，万事万物纷繁复杂，案件本身也是千奇百怪，社会现象并不是通过逻辑来解释的，司法过程也不是完全的逻辑推演过程。魏德士曾经认为，司法三段论本身不能提供区分“正义”（可适用）和“非正义”（不可适用）的标准。这就是说，它本身欠缺对价值判断的考虑。他认为，即使最完美的法律方法论，也是价值中立的。因此，它是将法律规范转化为社会和政治现实的有效工具。所以，它有利于转化任何立法中现有的价值判断。① 司法三段论具有价值的中立性，这是其作为一种技术的固有的优点，但是，这也是其缺点所在。哈特指出：“‘过分使用逻辑’这种措辞是不适当的，因为当社会价值及其他区别在解释法律规则和将具体情况归类的过程中被忽视时，判决与其说是逻辑的，不如说正是适当认可了这些因素。换言之，逻辑并未决定词义解释和归类范围，因为解释和归类已预先承认了社会价值及其区别。”② 例如，在著名的彭宇案③中，一审法院判决书称“彭宇自认其是第一个下车的人，从常理分析，他与老太太相撞的可能性比较大。如果不是彭宇撞的老太太，他完全不用送她去医院”④。在这里法官也运用了三段论的逻辑推理方法，其大前提是：通常人们在没有撞人时是不会去救人的。不论三段论本身逻辑过程正确与否，法官在选择这一论断作为大前提时，就没有对其进行充分的价值分析，没有考虑到这一大前提否定了助人为乐这种道德行为，因此，以其为三段论的大前提进行推理的最终结果也必然与社会主流价值观不符，会导致对社会风气产生负面影响。

正是因为单纯以逻辑推理为中心的三段论存在上述缺陷，司法三段论必须要与价值判断、利益衡量、说理论证相结合，才能构成完整的方法论体系。法律的形式逻辑并不排斥价值考量，否则又会回归到 19 世纪概念法学的机械法律观。⑤

---

① ［德］魏德士：《法理学》，丁小春、吴越译，法律出版社 2003 年版，第 422 页。

② ［英］H. L. A. 哈特：《法律推理问题》，刘星译，载《法学译丛》1991 年第 5 期，第 19－20 页。

③ 2006 年 11 月 20 日上午，65 岁的徐寿兰老太太赶乘公交车时，突然跌倒在地。行人彭宇将老太太从地上扶起又送往医院。后经鉴定，徐老太太伤势严重，构成八级伤残，仅医药费就花去了 4 万余元。后来徐老太太以彭宇将其撞倒致伤为由，诉至法院，要求彭宇赔偿医药费、护理费、伤残赔偿金等。法院认为彭宇应当承担赔偿责任，并判决彭宇补偿原告 40％的损失。

④ 《南京“彭宇撞人案”事件追踪》，载《东方今报》2007 年 9 月 14 日。

⑤ 杨仁寿：《法学方法论》，三民书局 1986 年版，第 44 页。

有人误以为，只要运用作为演绎推理形式的三段论，就可以解决所有的问题，这显然是不正确的。在现代社会，法学方法发展的重要趋势就是，司法三段论已经不再单纯以形式逻辑的推理作为其基本方法，而是结合了其他方法综合运用的结果。也就是说，三段论是以逻辑的方法进行法律适用的，它具有固有的缺陷，只有与其他方法综合运用，才能弥补其缺陷。

二、司法三段论与法律解释的综合运用

传统的法律解释理论深受形式逻辑的影响，因而在法律解释中，也大量地运用形式逻辑方法。例如，萨维尼就极其推崇类推的方式，认为它是符合逻辑的。至于其他解释方法，如反面解释、当然解释，都是逻辑方法的自然展开。相反，受价值判断影响较多的解释方法（如社会学解释）在萨维尼那里并没有获得一席之地。笔者认为，司法三段论与法律解释是相互联系的。一方面，法律解释只能在三段论的框架内进行，更确切地说是在大前提的确定过程中发挥作用，但是逻辑三段论的任务就是在既有的两个前提下进行推理，其采用的是一种从一般到特殊的论证方法。[①] 法律效果正是这样一种自然推理的结果。另一方面，在找法过程中，在出现法无明文规定的情况下，法官就需要根据一定的规则进行漏洞填补，而漏洞填补仍属于法律适用的范畴，受司法三段论支配。

但是，两者之间也存在区别，主要表现在：一方面，法律解释以法律文本作为研究对象，而司法三段论并不局限于法律文本，而是以法律适用的全过程作为研究对象，除了法律文本之外，还涉及事实的确定、事实与法律的连接、推理与论证等方面。另一方面，法律解释并不过多地考虑形式逻辑，而是按照解释的一般规则确定法律文本的含义，无法直接获得法律适用的结论。而司法三段论属于形式逻辑中的三段论在司法中的运用，因此，其以逻辑性作为重点。此外，法律解释主要考虑法律规范即大前提，而不完全考虑大前提与小前提的连接。而司法

---

① Ian McLeod，*Legal Method* 7th ed.，Palgrave Macmillan 2009，p. 8.

三段论考虑的重要内容是大小前提的连接。正是在这个意义上，笔者认为，可以将法律解释和司法三段论适当区分开来，将法律解释作为法学方法论中的独立组成部分。事实上，近几十年来，法律解释学已经与司法三段论相分离，而形成了自身的规则、方法、体系，成为相对独立的学科。

法律解释学与司法三段论的有机结合，才能真正解决找法的问题，尤其是确定与小前提最相匹配的大前提的问题。法律推论的过程就是从大前提、小前提通过演绎推理导出结果的三段论过程。只要前提为真，则结论也为真。“如果某结论显得无法接受，错误不在于逻辑，而在于作为前提的判断。如果结论不可接受，则必须改变某一前提。”① 但事实上，在三段论的推理过程中，法官所寻找的大前提，即法律规范究竟应当如何理解，其法律意旨如何、立法目的何在、其背后秉持的价值为何，这是三段论本身所无法解决的问题，而只能通过法律解释完成。例如，某画家与某模特订立了劳务合同，模特愿为画家创作作品作人体模特，在画作完成后，画家以其对该作品享有著作权为由，在没有征得模特同意的情形下，将该画作对外进行展览，而模特认为该画作是其裸体肖像，在未经其同意的情况下展出，侵害了其隐私。《民法典》第 1019 条第 2 款规定：“未经肖像权人同意，肖像作品权利人不得以发表、复制、发行、出租、展览等方式使用或者公开肖像权人的肖像。”据此，在本案中，画家虽然享有著作权，但是因为作品涉及他人的肖像权与隐私权，因此其要进行展出必须取得模特的同意。该条所确立的是人格权优先于知识产权的规则，其背后彰显的是，优先维护人格尊严的价值理念。只有通过法律解释才能完成发现此种价值理念的任务。尤其应当看到，虽然在现代社会法律对生活的规范是比较严密的，但不可否认的是，仍然存在大量的法律漏洞。在法律存在漏洞的情况下，如何寻找大前提成为一个问题。此外，立法者基于各种考虑，也可能故意对特定的问题不予回答，从而形成了裁判中的无法可依现象。在此情况下，如何寻找大前提，也是三段论自身无法解决的。所以，施瓦布认为，有人将三段论推理看成一个简单的“涵摄”过程，此种

① ［荷］伊芙琳·T. 菲特丽丝：《法律论证原理》，商务印书馆 2005 年版，第 34 页。

看法是明显不妥的。因为适用法律不仅仅是将事实要件归摄到法律要件之中，法律概念和法律要件本身的不清晰、不确定概念和一般条款的出现、法律漏洞的存在等，都决定了法官在适用法律过程中要积极构建法律规范。施瓦布所称的“积极构建活动”不再是一个单纯的逻辑推理问题，而是一个包含价值判断的法律思维活动。[①] 也就是说，法律适用在认定特定事实的法律属性时，也渗入了价值判断因素。正因法学方法的运用需要考虑价值判断问题，需要法官广泛运用自由裁量，所以，有学者才将法律方法描述为一种创造性的过程（a creative process）。[②] 由此可见，司法三段论必须结合法律解释的技术和规则才能得到有效的运作。法律解释学对司法三段论的作用主要表现为如下方面。

第一，法律解释学通过确定各种正确的法律解释方法，引导法官依循正确的方法寻找法律。法律解释学提供具有共识的法律解释方法，以帮助法官准确寻找法律。在司法三段论的运用过程中，首先需要从小前提出发来确定大前提。在找法的过程中，法官不能陷入法律的迷宫之中，他要运用法律解释学中的找法技术来寻找法律。试举“汽车自燃案”为例，原告从某市汽车销售服务有限公司处购买飓风 2010 款 1.6L 自动挡豪华轿车，价款 30 万元，用后不到一年，因线路故障，导致汽车自燃，不仅造成原告脸部受伤，且造成车上财物受损。后原告向法院提起诉讼要求赔偿。在该案中，适用民法典侵权责任编或合同编会导致不同的法律后果。从法律解释学角度，应区分本案属于侵权案件还是合同案件，从而寻找不同的法律规范。如果原告以侵权或违约提起诉讼，表明原告已经在责任竞合的情况下选择了请求权，应当根据原告选择确定大前提，但在许多情况下，原告并没有作出选择，这就需要法官选择适用的法律。

第二，法律解释学准确地归纳、总结甚至创造了法律解释活动所使用的各种解释方法。它使法官在运用三段论的过程中，可以寻找到妥当的大前提，并阐述其具体含义。法律解释学也使法律适用者更加自觉地运用这些方法来处理案件，为法官准确理解法律、妥当适用法律提供了方法上的指导。仍以上述“汽车自燃

---

① ［德］迪特尔·施瓦布：《民法导论》，郑冲译，法律出版社 2006 年版，第 13 页。

② Ian McLeod, *Legal Method* 7th ed., Palgrave Macmillan 2009, p. 4.

案"为例，如果当事人以侵权为由提起诉讼，就应当适用《民法典》第1203条，该条规定："因产品存在缺陷造成他人损害的，被侵权人可以向产品的生产者请求赔偿，也可以向产品的销售者请求赔偿。产品缺陷由生产者造成的，销售者赔偿后，有权向生产者追偿。因销售者的过错使产品存在缺陷的，生产者赔偿后，有权向销售者追偿。"但是，在适用该条时，需要对相关概念进行解释，例如，何为"产品存在缺陷"、何为"损害"等，这就需要通过文义解释、体系解释、目的解释等法律解释的规则来阐释法律的规定。

第三，法律解释学不仅旨在确定正确的方法，而且提供如何正确运用这些方法的规则，这就为司法三段论确定规范要件提供了基础，也解决了逻辑三段论中大前提的正确性问题。"法律解释学并不只是从形式上对法规作简单的解释，而是创造出对具体事件妥当的法为目的的技术。"① 再以上述"汽车自燃案"为例，按照法律解释的规则，首先需对"销售者的过错"进行文义解释，在文义解释不能得出唯一的结论时，才需要运用体系解释、目的解释等方法。

第四，法律解释学提供了一套填补漏洞的基本规则、方法，以及这些方法运用的顺序等。它不仅规范了填补漏洞的活动，而且限制了法官的自由裁量权。因为在填补漏洞时，法官运用各种方法，可以寻找到可供适用的大前提。这就解决了三段论中无法可依的难题。

法官在寻找大前提并进行阐释的过程中，都要运用科学的方法，尤其是尽可能充分地运用各种法律解释方法。所以，司法三段论必须和法律解释学结合起来，法官才能有效地进行司法裁判，得出妥当的结论。

三、司法三段论与价值判断的综合运用

在传统上，作为法学方法论重要组成部分的司法三段论，较为忽视与价值判断的结合，在概念法学和实证主义盛行的19世纪尤其如此。司法三段论被看作

① 陈金钊：《再论法律解释学》，载《法学论坛》2004年第2期。

是形式逻辑的具体应用，其本身是价值中立的。而在现代，法学方法论中引进了法律的价值判断。例如，在英美法中，法官在裁判中经常借助“正义”“公平”等概念来进行法律适用。[①] 在大陆法中，法律适用的基本方法是在形式上贯彻立法的规定，而在实质上作符合法律内蕴的价值判断，并通过这一方法来实现立法者所追求的目的。这就使形式上的法律适用方法可以适用于价值基础截然不同的诸多法律秩序。[②]

司法三段论与价值判断的关系表现在，两者都是法学方法论的重要组成部分，而且在适用中相辅相成。过多地注重三段论，而不考虑价值判断，就可能导致法官机械司法；而过多地注重价值考量，而不严格遵循三段论，则可能会导致法官恣意裁量。例如，在司法实践中，法官为了片面追求社会效果，而不注重大前提和小前提的连接，这就在一定程度上造成了司法的任意性。所以，如何正确协调和处理两者的关系，是依法公正裁判的客观要求，也是法学方法论的重要任务。

但是，应当看到，两者之间也存在明显的区别，具体表现在：一方面，司法三段论具有价值的中立性，具有工具性特点，可以用来实现各种不同的价值。而价值判断体现了立法者和司法者对事物的不同判断，表明了其对行为方式等的赞成和反对。另一方面，司法三段论是演绎推理过程的体现。在英美法中，在寻找大前提的过程中常常运用归纳推理的方式。但是，大前提确定之后的法律适用，也属于演绎推理。而价值判断不涉及演绎推理的问题。此外，司法三段论推理的正确与否，可以从逻辑学的角度进行证明。而价值判断本身是否正确的问题，一般不能用事实主张（经验性的描述的语句）来证明。[③] 所以，在方法论的运用中，应当将这两者区别开来。

在司法三段论的运用过程中，必须将其与价值判断结合起来，才能得出最妥

---

① John H. Farrar, Anthony M. Dudgale, *Introduction to Legal Method*, London, Sweet & Maxwell, 1990, p. 82.

② ［德］魏德士：《法理学》，丁小春、吴越译，法律出版社2003年版，第419页。

③ ［德］魏德士：《法理学》，丁小春、吴越译，法律出版社2003年版，第60页。

当的裁判结论。否则，法官必然会陷入机械司法、简单推理的困境之中，不可能实现最佳的法律效果。其原因在于：

第一，司法三段论主要运用逻辑推理来展开，但是，单纯的逻辑推理不能完全实现法律的价值。所以，法官在裁判任何的个案时，一定要有逻辑的观念，但同时也要进行妥当的价值判断。三段论的缺陷就在于，其提供了逻辑的方法，而没有提供价值判断的规则。因此必须采用规范的司法三段论技术措施，运用价值判断来弥补三段论的不足。[①] 如果仅仅陷入三段论之中，就不能全面了解司法过程的特点。因此，笔者认为，法学方法论应当是司法三段论和价值判断的有效结合。

第二，在找法的过程中，规范要件和事实要件可能不能完全对应，或者事实要件与多个条款形成对应。在此情况下，简单通过逻辑三段论无法得出妥当的裁判结论。事实上在责任竞合的情况下，其可能适用民法典侵权责任编，也可能适用合同编。如果当事人没有选择，法官就要考虑如何为受害人提供最有效的保护。例如，受害人遭受了精神损害，是否需要根据侵权责任编来对损害加以救济，这就是价值判断的问题。在作出价值判断的过程中，司法者要考虑法律中已经确定下来的价值判断，因为如果不了解立法者在法律之中所确定下来的价值判断，其就无法真正明了立法的目的和宗旨，就会偏离立法的目标和方向。所以，司法者在运用法律规范时，其首要任务就是要探求在法律中已经确定下来的价值判断。在裁判过程中，司法者不仅要认识到法律之中的价值，而且要认识到立法者所采取的价值取向。例如，在善意取得制度中，就涉及静的安全和动的安全的冲突，但是，立法者采取了侧重于保护动的安全的价值取向。因此，在法律适用中，应当体现并实现此种价值取向。例如，在不动产善意取得中，登记错误是否应当适用善意取得制度，这就涉及价值取向的问题。如果了解到立法者倾向于维护动的安全的价值取向，就应当将登记错误纳入其适用范围。

第三，在法律没有规定或者存在法律漏洞的情况下，裁判者要选择法律外的

---

① 王国龙：《论司法三段论中的逻辑与价值判断》，载《宁夏社会科学》2008 年第 5 期。

规则来填补法律漏洞，此时，也存在价值考量问题。在此情况下，一方面，要将立法者的价值取向贯彻其中，避免出现价值取向的冲突，尤其是与上位法存在价值取向的冲突（如宪法上的价值）。另一方面，裁判者所采取的价值取向，应当以体系化思维为前提，而不能出现体系上的冲突和矛盾。

司法三段论在适用中应当与价值判断有机结合。司法三段论作为一种逻辑的推理，它能够确保裁判按照逻辑思维进行，保证以真实的大前提和小前提为基础得出的结论也是真实的。司法三段论的优势在于注重逻辑的严密性，其缺陷则在于单纯注重形式逻辑，而忽略了价值判断。正因如此，佩雷尔曼将三段论的法律推理讥为“机械法理学”[①]。以前述“提供发票案”为例，就可能涉及如何理解《民法典》第525条中“一方在对方履行之前有权拒绝其履行请求”这一规定。在某一案件中，法官最终认定，被告是一个农民工，是一个弱者，并以不得无故拖欠农民工工资为理由，判决被告履行付款义务。从结果上看，此项判决并无不妥。但其推理方式存在重大问题。假如原告在身份上不是农民工，而是具有城市居民身份的个体油漆工，按照裁判的逻辑，似乎就不应获得相应付款。由此看来，此种推理方式显然不妥。按照司法三段论的分析方式，一方面应确定小前提，即这是一个具有承揽属性的合同关系，双方的争议属合同争议；另一方面，应确定大前提，即开具发票是否属于原告的合同义务以及被告是否可据此主张同时履行抗辩权。笔者认为，首先，承揽合同并未将开具发票规定为承揽人的主要义务，其次，从合同的内容上看，双方也并未约定承揽人开具发票的义务，虽然承揽人也负有进行必要合作的义务，但由于双方对待给付义务的相应性的欠缺，违反该义务并不能导致对方拒绝支付报酬的抗辩。对于农民工应予充分保护的这一价值判断，法官可以在寻找大前提时加以考虑，但不应将“保护弱者”的精神本身作为大前提，并作为裁判的依据，否则就违反了司法三段论的原理。从本案来看，原告确实没有提供发票，而被告无法入账，因此，被告似乎有权拒绝支付报酬。若采用形式逻辑的推理，也可能得出被告有权行使同时履行抗辩权的结

① Chaim. Perelman, *Justice, Law, and Argument*, D. Reidel Publishing Company, 1980, p. 126.

论。但实际上，从价值判断层面考虑，这一结论就可能未必妥当，因为它没有考虑到同时履行抗辩权的设立目的，也没有考虑到当事人之间的利益平衡。即便从同时履行抗辩权的适用要件而言，也要求“牵连性”，而牵连性的判断需要进行价值判断。要求无法提供发票的原告来提供发票，这本身也不符合牵连性的要求。

再以“公司职员李某借用汽车伤人案”为例。公司经理要李某到邮局寄送急件。李某见到正在公司办事的王某，借用了王某的桑塔纳汽车。在行驶过程变道时，李某驾驶的车撞向一辆正在高速行驶的卡车。李某急转方向，但由于方向盘失灵，致使一行人丁某受伤，汽车毁损严重，李某也遭受重伤。认定本案是因借用而发生的机动车事故责任，应当依据《民法典》第1209条由机动车借用人即李某承担赔偿责任。此处主要探讨出借人王某是否应当对交通事故负责的问题，这就涉及《民法典》第1209条所规定的“机动车所有人、管理人对损害的发生有过错的，承担相应的赔偿责任”的理解问题，而对“过错”本身的判断，主要是一个价值判断，涉及对人们行为标准的要求，这一点是无法简单通过三段论推理实现的。在本案中，关于出借人王某是否有过错，存在两种截然不同的观点：一种观点认为，王某出于朋友感情将机动车出借给李某，且其对方向盘故障不了解，考虑到无偿借用人注意义务较低，因而不构成过错。另一种观点认为，由于机动车具有危险性，任何出借人在交付机动车时都应当确保机动车的安全性能。王某未能确保机动车的安全性能，与交通事故的发生具有因果关系，因而具有过错。笔者认为，按照一个合理的谨慎的人注意义务的标准来判断，出借人没有尽到该义务，因为出借人是机动车的长期保有者，在维护机动车安全性能方面处于最佳的地位，其出借时应当确保机动车的性能安全，未尽到这种合理注意义务，则表明他是具有过错的。上述分析表明，各种判断过程都不是简单的逻辑推理，而是一个从论者价值观出发的一种价值判断。在本案中，如果机动车所有人也需要承担法律责任，涉及机动车使用人与机动车所有人之间责任如何分配的问题，《民法典》第1209条本身并没有对此作出回答。从该案中可以看出，法官从事的不仅仅是三段论形式推理，在此过程中还需要进行价值判断。

四、司法三段论与法律论证的综合运用

法律论证是通过提出理由（前提），以证明裁判结论的正当性和妥当性的活动。本书所说的法律论证是在司法三段论框架下，法官说明裁判结论正当性的活动。司法三段论推理总是会伴随法律论证，考夫曼将这一思维方式概括为“推论”模式。英国著名学者 MacCormick 教授也指出，在司法三段论的运用中，都要伴随说理论证。在此过程中法官要解决两个问题：一是裁判结论的妥当性问题，其与既存的法律原则和权威之间具有一致性，非连接性越大，结论的可靠性就越小。二是裁判结论对于社会一般公众的影响，以及法律制度和法律在生活中的引导性。这两个问题分别涉及司法三段论和法律论证的关系。① 这就说明，司法三段论与法律论证之间存在密切联系。三段论的运用要具有合理性，就应当伴随说理论证，并通过论证来验证三段论的推理是否妥当。凡是说理透彻、全面、充分的，其推理的结论往往就是妥当的。所以，德国学者 Neumann 指出，逻辑和论证往往交织在一起，“逻辑是否提供了有拘束力的论证范式？而论证是否可还原为逻辑，或者反过来说，逻辑是否可还原为论证？”这两者常常是难以分开的。② 而英国学者 Toulmin 则认为，论证的基本方式就是采用形式逻辑的三段论。③

在一个理想的状态下，如果法官能够轻易地对大前提和小前提作出明确的认定，那么，正如有的学者所认为的那样，司法三段论推理只不过是一个简单的形式推理过程而已，是一个通过运用那些以几何学或者算数学中的公理模型为基础

---

① John H. Farrar, Anthony M. Dudgale, *Introduction to Legal Method*, London, Sweet & Maxwell, 1990, p. 81.

② Ulfrid Neumann, Juristische Argumentationslehre, Darmstadt, Wissenschaftliche Buchgesellschaft, 1986, S. 16.

③ See Toulmin, *The Uses of Argument*, Cambridge University Press, 1958.

的演绎方法的简单运用而已。[①] 但从三段论的实际操作来看，其要远比想象的复杂。一旦大前提或者小前提中的任何一方呈现出不确定性，三段论推理就立即从形式逻辑和法教义学转向一个更为复杂的过程。且该过程是完成三段论推理必须事先实现的过程。[②] 该过程的核心不再是逻辑，而是论理。[③] 例如，《民法典》第1198条第1款规定："宾馆、商场、银行、车站、机场、体育场馆、娱乐场所等经营场所、公共场所的经营者、管理者或者群众性活动的组织者，未尽到安全保障义务，造成他人损害的，应当承担侵权责任。"如果一个过路者到超市避雨，而没有任何购买商品的意思，其在商场大厅因为光滑地面穿非防滑鞋的原因摔倒。那么，这是否属于该条所称的受到损害的"他人"呢？这就需要进行论证。对"他人"含义的回答，不仅涉及对大前提的论理过程，也涉及对小前提的一种论理性解释，而不再是一个单纯的形式问题。所以，司法三段论必须与法律论证结合起来，才能使三段论的运用具有合理性，并且使裁判结论具有可接受性。正如德国联邦宪法法院在一份判决中所指出的："法官必须防止恣意专断；其判决必须以理性论证为依据。必须能够让人们注意到，成文法律并不都能够实现其公正地解决法律难题这一职能的。在这种情况下，法官判决就根据实践理性的标准和'社会共同体的普遍接受的正义观念'来弥补其漏洞。"[④]

但是，司法三段论与法律论证仍然是存在区别的，主要表现为：第一，司法三段论是法学方法论的核心内容，也是法律适用中最基本的方法。而法律论证本身在法学方法论中主要是辅助司法三段论发挥作用的。第二，司法三段论主要是形式逻辑方法的具体运用，而法律论证中的方法不仅限于逻辑方法，还包括其他方法，如历史的方法、比较的方法等。甚至法律解释的各种方法也是论证的方

① Timsit，G（1986），Thèmes et systemes de droit，Presses Universitaires de France，1986，pp. 106－107.

② 类似分析，参见 Geoffrey Samuel，*The Foundation of Legal Reasoning*，Antwerp：aklu. Uitgevers. 1994，pp. 138－139。

③ Van de Kerchove，M& Ost，F（1992），Le droit ou les paradoxes du jeu，Presses Universitares de France，1992，pp. 50－70.

④ BverfG 34，269.

法。显然，这些方法不属于形式逻辑的范畴。第三，司法三段论的适用范围限于司法领域，是以作出司法裁判为目的的操作。而从广义上说，法律论证不仅适用于司法领域，而且适用于立法领域。[①] 在立法的过程中，立法者也要对其制定的法律规则的合理性进行论证。在不少国家，其在法律颁布的同时，也公布立法理由，这可以看作是立法活动中法律论证义务的体现。

正是因为在三段论推理的过程中，始终伴随着论证，因而从这个意义上说，三段论推理是一个形式逻辑判断和实质判断（价值判断）综合运用的过程。三段论绝不是简单的逻辑推理，也不是几何数学知识的简单运用，而是在判断两个前提的过程中包含了大量价值判断。如果将三段论推理仅仅界定为一种逻辑推理则未免过于狭隘[②]，因为每一次前提的确定都蕴含着一个与相对观点秉持者的辩论。[③]

① 葛洪义：《试论法律论证的概念、意义与方法》，载《浙江社会科学》2004年第2期。

② A. G. Guest (ed.), *Oxford Essays in Jurisprudence*, Oxford University Press, 1961, p. 181.

③ J-L Bergel, Théorie générale du droit, Paris: Dalloz, 2nd edn, 1989, p. 272.

第三章
大前提——法律规范

在司法三段论中，作为大前提的是经过法律解释而确定的、精确化的法律规范。——Bydlinski[①]

法的获得属于方法问题。——［德］伯恩·魏德士[②]

从前提中得出结论是一个必然的，自发的过程。然而困难在于发现前提，在这里逻辑是不起作用的。——［德］齐佩利乌斯[③]

案例：

1. “美容失败案”：受害人甲到乙美容院做美容手术，在手术前，乙向甲承诺该手术会达到一定的美容效果，并许诺该美容手术没有任何风险，成功率100%。乙在其散发的宣传单上明确承诺，“美容手术确保顾客满意”“手术不成功包赔损失”。据此，甲同意乙为其做美容手术。美容院便外请一名专家从事手术，结果该手术失败，导致甲面部受损，甲因此承受了极大的精神和肉体痛苦。

---

① Franz Bydlinski，Juristische Methodenlehre und Rechtsbegriff，Wien/New York，Springer-Verlag，1982，S. 396.

② ［德］伯恩·魏德士：《法理学》，法律出版社2003年版，第289页。

③ ［德］齐佩利乌斯：《法学方法论》，金振豹译，法律出版社2009年版，第125页。

后甲在法院提起侵权诉讼要求乙赔偿医疗费、住院费、误工费、精神损失费等。但一审法院认为，本案应是合同纠纷，而非侵权纠纷。

2.“汽水瓶爆炸伤人案”：张女士开设一个小卖部，并与一家饮料公司订立了购买100箱汽水的合同。某天，她在汽水货架上挑选汽水时，手中的玻璃瓶汽水突然发生爆炸，致使其脸部受伤。张女士不仅因此住院2个月，花费医疗费用3万元，还因此误工不能开店长达一年之久。出院后，张女士因为面部留下的伤疤而长期处于心理抑郁状态，造成其严重精神伤害。后张女士诉至人民法院请求被告赔偿其治疗费用3万元，因为误工所造成的经济损失10万元，以及精神损害10万元。在审理过程中，法院就该案应当适用《消费者权益保护法》还是《民法典》侵权责任编产生了争议。

3.“热气球坠落伤人案”：在某公司的开业庆典活动中，庆典现场有一个热气球空中表演设备，热气球下方悬挂有一个可供表演的平台。李某在参加庆典时因为好奇心，趁专业管理人员上厕所之机，自己解开了拴住热气球的绳索，启动了该设备。在升空20米后，其因操作不慎，气浪泄漏，致使该热气球坠落在地，李某摔成重伤。后李某要求庆典公司和气球制造商承担连带赔偿责任。两个被告认为，李某的损害完全是因为原告自己的不当行为造成。

4.“醉酒冻伤案”：2010年8月，甲乙二人是大学同学，很长时间没有见面。甲到外地出差遇见乙，两人相约晚上一起喝酒叙旧。二人在一酒店从晚上七点一直喝到凌晨十二点。乙已经醉倒在地。甲因酒量大，神志仍清醒。乙要求甲将其送回家，甲当即让酒店叫来出租车，并将乙送至其家门口。乙清醒以后，对甲说，“已到家了，请回吧”。甲将乙扶在门口，然后，乘坐出租车返回酒店。次日，甲得知，乙在家门口醉卧不起，被发现时已经冻成重伤。后乙的家属起诉甲，要求其承担损害赔偿责任。

第一节 司法三段论中的大前提

一、作为裁判依据的大前提

我们已经在前文中讨论了司法三段论的一般原理。而在司法三段论的运用中，大前提的寻找，是非常重要的环节。实际上，所谓“以法律为依据”，就是要寻找恰当的大前提。魏德士指出，“法的获得属于方法问题”①。也就是说，欲找到恰当的大前提，必须借助法学方法论的技术。其理由是：一方面，在法律体系已经形成的情况下，面对林林总总、多层次的法律规范，若无一定法学方法的辅助，裁判者常会面临找法的困惑，甚至可能陷入法律迷宫中，无从取舍。另一方面，法律作为社会规范的归纳与抽象，广泛使用具有独特性的高度抽象与技术化的语言，若无系统的方法保障，常常会产生理解上的困难与分歧。此外，法律的一般性和非人格性的特征决定了只有将其与具体案件事实相联系，才产生最佳的调整效果。而法律与具体案件事实的连接，是产生这一调整效果的必经途径。但这一过程是一个技术性很强的适用过程，需要遵循特定的规律、依循一定的方法。

在复杂的法律体系中寻找大前提，对法律的初学者来说是非常困难的，因为对于他们来说，法律只是很多相互无关的法律条文的累积，在个案中需要从数量惊人的条文里寻找应适用的规则，自然是一件非常困难的事情。在审判实践中，有人认为寻找大前提的工作，并非一项科学，完全可以单纯凭感觉或经验进行，甚至彻底放弃大前提的寻找工作，直接援用基本原则断案，如直接援引诚实信用原则、公平原则判案，虽然裁判结果确实是“有法可依”，但是，极度抽象的法律原则，常常既没有构成要件也没有法律效果，为法官提供了极大的自由裁量空

① ［德］伯恩·魏德士：《法理学》，法律出版社2003年版，第289页。

间，必然出现向一般条款逃逸的现象，导致案件缺乏完全且必要的推理与说理过程，缺乏裁判结论的说服力和一致性。为保障司法的统一性和可预测性，应保持“类似案件，类似处理”，但如果不强调大前提的准确性，形成如何正确找法的共识，最终仍难免陷入“向一般条款逃逸”的结局。所以，找法本质上是一个发现法律的过程，是兼具艺术性与技术性特征的工作。

大前提就是指裁判依据，裁判依据通常是能够作为裁判规则、对裁判活动能够产生直接拘束力的依据。裁判说理的依据可以从广义和狭义上理解，广义上的裁判说理依据是指能够支撑裁判说理的依据，而狭义上的裁判说理依据主要是指作为裁判说理大前提的依据，其主要限于法律规范，有学者将其称为裁判规则，它“对于个案纠纷的解释具有直接的、实际的效力，因而是判决的根据。与此同时，裁判规则又具有一般化的特征，因而具有对此后判决的可参照性”①。例如，《宪法》的规定并不能直接作为裁判依据，但其可以作为广义上的裁判说理依据。再如，法理、情理等，不能直接用于裁判，但可以用于裁判说理，也应当属于广义的裁判说理依据。裁判结论必须依法作出，但说理依据除了法律规定之外，还应当包括习惯、规约、章程等。依据最高人民法院《关于裁判文书引用法律、法规等规范性文件的规定》（以下简称《引用法律规定》）第6条的规定，“对于本规定第三条、第四条、第五条规定之外的规范性文件，根据审理案件的需要，经审查认定为合法有效的，可以作为裁判说理的依据”。该条所规定的“裁判说理的依据”应当是从狭义上理解的，即裁判依据。本章所讨论的裁判说理的依据主要采纳的是狭义上裁判说理依据的概念。

裁判依据应当具有合法性，裁判说理的依据应当是能够得出裁判结论的依据，但不是所有的法律规则都能作为裁判依据，法律对作为裁判依据的法律规则设置了一定的限制条件，强调裁判说理应当具有合法性，“对法律裁决的支持，首先要依靠论及法律渊源的前提”②。说理依据的资料首先是法条，法条是说理

---

① 陈兴良：《案例指导制度的法理考察》，载《法制与社会发展》2012年第3期。

② ［荷］伊芙琳·T. 菲特丽丝：《法律论证原理》，张其山等译，商务印书馆2005年版，第72-73页。

最充足的依据。[①] 一个优秀的法官在裁判说理的过程中，就是要充分依据和展示法条，其能够依法条确定当事人的主张是否有根据，当事人的举证是否合法。为了保障说理依据的合法性，一是引用的法律规则应当准确、有效、适当，而最关键的是确保所引规范性法律文件的有效性和可适用性。二是在对法律规则进行援引时，原则上应当依据不同规范的不同效力位阶进行援引。总体上讲，法律规范的效力位阶最高，然后是行政法规，行政法规的效力又高于地方性法规。因此，在需要引用多个规范性文件时，法律具有优先适用性，其次是行政法规，接着是地方性法规、自治条例和单行条例，最后是司法解释。[②] 三是如果法官要填补法律漏洞，其也应当充分地说理，论证漏洞填补是整个法秩序的要求。当然，这并不是说，裁判说理依据只限于法律，否则就过于狭窄。法官作出裁判必须严格依据法律展开，这是“依法裁判”的必然要求，确保裁判公正的要求，也是法治的基本要求。法院的裁判文书必须有正当的裁判依据，才能保证裁判结果的正当性和权威性，但如何引用作为裁判依据的规范性法律文件，一直欠缺全面、明确的详细规定。[③]

如前所述，大陆法具有成文法传统，其主要依据成文法规则进行裁判，更侧重于对具体法律规则的解释适用，虽然在解释适用法律规则的过程中也会考虑相关的社会影响和社会效果，不能广泛地引用各种论证依据来进行充分说理。[④] 而英美法在论理依据上十分广泛，它包括了经济的、法律的、历史的、文化的、社会的、心理的等各个方面的知识，来加强其说理论证的理由，而且裁判结论的得出十分注重其社会效果和社会影响，尤其是对社会发展、经济发展等方面的影响，广泛涉及道德准则、社会政策目标、事实材料与经验知识等范畴，并深入考

---

① 艾文、林平：《知识产权的裁判说理——访北京知识产权法院副院长宋鱼水法官》，载《人民法治》2015 年第 10 期。

② 吴兆祥：《〈关于裁判文书引用法律、法规等规范性法律文件的规定〉的理解与适用》，载《人民司法（应用）》2009 年第 23 期。

③ 吴兆祥：《〈关于裁判文书引用法律、法规等规范性法律文件的规定〉的理解与适用》，载《人民司法（应用）》2009 年第 23 期。

④ 蔡杰、程捷：《封闭与开放：裁判文书论理风格之类型化检讨》，载《法学论坛》2006 年第 2 期。

虑各种裁判选项所可能的后果。[①] 比较而言，英美法国家的法官裁判说理更注重充分性，因而，在裁判说理的依据方面，不应当仅限于法律等裁判依据，凡是能够提高裁判说理水平的因素，都有可能成为裁判说理的依据。例如，裁判者可以通过对学术研究成果的吸收，保持司法的先进性，并增强论证的力度，甚至弥补成文法的不足。[②] 但毕竟裁判说理不同于法学理论研究，也不能将所有的社会因素都纳入裁判依据的范畴。所谓法官负有依“法”裁判的义务，此处的“法”应当具有严格的限制，不是所有的法律规则都能成为法官裁判的依据。

从两大法系的比较来看，大陆法系遵循法官知法的原则[③]，也就是说，法律上推定每个法官都是懂法、知法的，甚至都是法学专家，因此，即便当事人的法律选择是错误的，法官也应当适用正确的法律裁判。而英美法系的审判模式则与此不同，其采取典型的当事人主义，对法律的选择完全由当事人提出主张，如果当事人所选择的法律不同，则其可能需要承担相应的不利后果。法院则可以因“不知道”相关法律的存在而按自己选择的先例进行判决，而当事人则不能认为法官没有选择适用更加合适的先例而主张判决不公。[④] 例如，一方当事人所选择的先例不当，被法官驳回，法官明知道应该根据哪个先例作出裁判，也不会主动选择适用该判例，而会作出对当事人不利的判决，如果法官主动选择了该先例，则可能会被认为是不当干预了当事人的辩论权。我国仍然属于大陆法系，也遵循法官知法的原则，法官有义务选择适用相关的法律，而且即便当事人选择的法律规则不妥当，法官也可以更改相关的规则，除非在特殊情形下，法律明确规定了由当事人选择适用何种法律规则（如在违约责任和侵权责任竞合的情形下，依据《民法典》第 186 条的规定，由当事人自由选择依据何种请求权提出请求），法官既不得干预当事人的选择，也不得随意更改当事人所选择的法律依据。但是，通常情况下，法官在选择裁判依据时，并无太大的自由裁量权，其应当从案件事实

① 蔡杰、程捷：《封闭与开放：裁判文书论理风格之类型化检讨》，载《法学论坛》2006 年第 2 期。

② 孔祥俊：《法律方法论》（第三卷），人民法院出版社 2006 年版，第 1338－1339 页。

③ Terence Ingman，*The English Legal Process* 223 (12th ed.，Oxford 2008)，p. 246.

④ 叶榅平：《遵循先例原则与英国法官的审判思维和方法》，载《比较法研究》2015 年第 1 期。

出发，选择与案件事实关联最为密切的法律规则，如果存在多个法律规则，法官还需要遵循相关的法律适用规范，并从中选择最为合适的裁判依据。这就意味着，在我国，法官不仅是知法懂法的，而且在裁判过程中有义务准确地寻找法律，有义务阐释法律规则的含义，所以，裁判的说理首先是围绕对裁判依据的说理展开。

需要强调的是，大前提的寻找，并不是一个机械、僵化的过程。准确理解和适用法律，并不是要采取一种“死记硬背”“一一对应”“对号入座”的模式来消极应对社会经济现实的多样性，而是要建立在方法的科学性的基础上，按照体系化的要求，依循正确的路径，为具体的个案寻找到最妥当的裁判规则。在法有规定的情况下，方法论的任务，是确定恰当找法的步骤与规范。Bydlinski 指出，在司法三段论中，作为大前提的是经过法律解释而确定的、精确化的法律规范①，因此，在法学方法论之中讨论大前提，实际上就是要探讨寻找大前提的方法和技巧。为此，我们首先需要明确的是，在法有规定的情况下，什么是具体案件的裁判所需要的大前提。简单地讲，大前提必须是与个案有最密切联系的具体裁判规则。

二、大前提的具体特征

具体来说，法官要寻找的大前提应当具有如下特征。

（一）必须是具有可适用性的裁判规则

“民法属于行为规范，对于此种规定如不遵守，而个人相互之间惹起纷争时，就得向法院诉请裁判，此时法院应以民法为其裁判之准绳。”② 此处所说的“裁判准绳”，即民法中的裁判规范。具体而言，在民法体系中寻找裁判性规范，须遵循以下几项要求。

---

① Franz Bydlinski，Juristische Methodenlehre und Rechtsbegriff，Wien/New York，Springer-Verlag，1982，S. 396.

② 郑玉波：《民法总论》，三民书局 1979 年版，第 15 页。

按照三段论的要求，首先应当准确认定案件事实，并从中提炼要件事实，形成小前提。但是在事实认定之后，法官的任务就是准确地寻找大前提。所谓的大前提就是与要件事实具有密切联系的法律规则。大前提的寻找绝不是简单地援引一个或数个法律原则，而是需要寻找到与要件事实具有准确联系的法律规则，从而才能准确裁判。在现行法律纷繁复杂的局面下，法官如何才能寻找到适用于要件事实的大前提？也就是说，面对纷繁复杂的法律条款，我们如何找法？笔者认为，找法应当遵循如下基本规则。

1. 从民事法律规范中寻找裁判依据。裁判民事案件首先应当从民事法律规范中寻找裁判依据。由于宪法不能成为裁判规范，因而应当将宪法排除在民法渊源之外。[①] 2009 年最高人民法院发布的《引用法律规定》第 4 条规定："民事裁判文书应当引用法律、法律解释或者司法解释。对于应当适用的行政法规、地方性法规或者自治条例和单行条例，可以直接引用。"从该条规定来看，并没有将宪法列入民事裁判文书可以引用的范围之列。因此，依据该规定，法官在裁判民事案件中，不得直接援引宪法裁判案件。但这并不意味着，裁判文书不能援引宪法，进行说理论证。一方面，宪法可以成为裁判中说理论证的重要依据。也就是说，宪法虽然不能直接作为民事裁判依据，但其仍然是法院在司法裁判中的参考性依据。另一方面，法官在裁判过程中，如果因适用法律出现复数解释，在此情况下就应当以宪法的原则、价值和规则为依据，确定文本的含义，得出与宪法相一致的法律解释结论。

2. 从基本民事法律中寻找裁判规范。在《民法典》出台以前，法官时常遇到找法的困难。例如，网购的产品有瑕疵，消费者不管是向厂家还是商家提起诉讼，在诉至法院后，究竟应当适用什么法？在裁判中极不统一。有的法官从《消费者权益保护法》里面找依据，有的法官是从《产品质量法》里找依据，有的是从国务院的有关产品责任的行政法规的规定中找依据，法律适用难以统一。这也导致许多案件同案不同判，同判不同解。而在《民法典》颁布之后，由于《民法

① 梁慧星：《民法总论》，法律出版社 2007 年版，第 26 页以下；龙卫球：《民法总论》，中国法制出版社 2001 年版，第 38 页以下；马俊驹、余延满：《民法原论》，法律出版社 2007 年版，第 29 页。

典》是最基本的民事裁判规则，所以法官首先就应该从民法典里寻找裁判依据。我国颁布民法典，就是确立其作为在私法领域中基础性法律的地位。因为在调整范围上，民法典调整基础的人身关系和财产关系，民商事单行法的调整对象都是从基础民事法律关系中派生出来的。民法典在民商法体系中具有基础性地位，故能形象地讲，民法典和民商事单行法之间的关系，就像树根、主干与枝叶之间的关系，民法典是树根和主干，民商事单行法是枝叶，它们必须以民法典为基础和根据。如果把整个民商事法律看成一座大厦，也可以形象地说，民法典和民商事单行法之间的关系是地基与地面建筑的关系，民法典是大厦的基石和地基，单行法的地面建筑要依靠地基的支撑作用。地基的好坏决定了地面建筑的质量。[①] 因此，民法典直接影响民事法律体系，民商事单行法不能脱离民法典而独立运行。这种基础性地位主要表现在如下几个方面：一是适用上的基础地位。这就是说，在发生民事纠纷后，执法者或者法官在适用法律解决民事纠纷时，首先应当从民法典中寻找裁判依据，可以说民法典的颁布解决了长期以来困扰法官如何找法以及适用法律的困难。二是价值上的基础地位。这就是说，民法的基本价值是通过民法典所确立的基本原则、基本规则体现出来的，如平等、自愿、诚实守信、善良风俗、维护人格尊严等，这些价值不仅是民法典的基本原则和规则，也是所有民事单行法应当遵循的，民事单行法在制定、解释过程中，都应当以这些基本价值为依循。民法典确立的自由、平等、公平、正义等价值，体现了民法的基本精神，是民法典现代性和科学性的保障，是实现民法典立法目的的保障。所以，依据民法典的基本价值来制定单行法，才能保证民事单行法的现代性和科学性。三是规则制定的指导性作用。民法典对于单行法的制定具有指导性作用，两者之间不能产生不协调、矛盾和冲突的现象。如果没有民法典，各单行立法之间就无法形成完整的体系，法律规范之间重复甚至冲突的现象难免存在，从而影响民事立法的有效实施。四是法律解释时的基础性地位。法无解释不得适用，民事法律都需要解释，但在解释时，要以民法典的规范和价值为依据，法律解释的结论不得

---

① Olivier Morteau & Agustfn Parise，“Recodification in Louisiana and Latin America”，83 *Tulane Law Review* 1103 (2009).

与民法典的规范相冲突，法律解释也不得违反民法典的基本价值。民法典总则编所确立的基本规则、制度等，如民事主体、法律行为、代理、时效、民事责任等，对单行法的解释与适用等，也具有重要作用。

如果涉及合同的纠纷，就要从《民法典》的合同编里面去找裁判依据；如果涉及侵权，就应该从民法典的侵权责任编中寻找裁判依据。如此一来，就会极大地解决法官找法困难的问题。同时，法官只要有了一部法典在手，他只要把这部民法典真正地弄懂弄通，就会极大地提升审判能力和适用法律的能力。此外，民法典也能够有效促进同案同判。前面已经提到，因为法官适用法律不同，同样一个案件一审、二审有时候判决不同，甚至不同地区法院判决不同，出现这一现象的原因就在于单行立法所带来的裁判依据上的分歧。而如果有了一部民法典，我们说就会极大地解决法官在适用法律方面的不统一、不一致的问题，真正能够保证同案同判、公正司法。

3. 作为大前提的规则必须是裁判规范。成文法纷繁复杂，成千上万，并非所有的法律条文都能够在具体的案件中得到适用。作为司法三段论中大前提的应当是裁判规范。对此，需明确的是，民法中的规范并非都是裁判规范，还包括倡导性规范、宣示性规范等，而后者是无法加以援引并用来进行裁判的。民法中的裁判规范为司法裁判提供了一套基本的体系、框架、规范和术语，为司法过程提供了一套明确、完整的规范，力求通过法律的制定使整个司法过程处于法律的严格控制之下，民法规则也对法官行使自由裁量权作出了必要的限制。作为裁判规范，大前提具有明确权利义务的功能。如果其仅仅是一个倡导性和宣示性规范，并不涉及人们的具体权利义务关系，则不能将其直接作为裁判的大前提。例如，《民法典》第 1228 条规定："医疗机构及其医务人员的合法权益受法律保护。干扰医疗秩序，妨碍医务人员工作、生活，侵害医务人员合法权益的，应当依法承担法律责任。"该条主要是宣示性规范，目的在于宣示医疗机构和医务人员的合法权益也应当受到保护。

（二）必须是包括了构成要件和法律效果的完全法条

所谓完全法条，是指兼备构成要件与法律效果两个要素的法律条文。作为大前提的法律规范，一般应包括构成要件和法律效果两个部分。法谚云："你给我事实，我给你法律"，这也是大陆法系国家法官常用的说法。这就意味着，在案件事实确定以后，法官支持当事人的诉讼请求或者否定当事人的诉讼请求，必须以一定的法律规范为依据，而法律规范的适用必须满足一定的前提条件，即具备一定的法律要件。[①] 此构成要件，是"法律构成要件"的简称，它是一定法律效果发生的前提条件。所谓法律效果，是指满足一定的事实要件以后，所应当产生的法律后果。法律规范只有包括了构成要件和法律效果，才具有完整性。

我们之所以认为大前提必须是包括了构成要件和法律效果的完全法条，一方面，是因为依照法律的规定，特定的法律效果必须要满足一定的法律构成要件才能够实现，同一法律事实常常能够满足多个法律规范的要求。在适用的时候，如果想要完全否定某个法律规范的适用，必须全面地考察法律事实，是否有导致该法律规范适用的构成要件不能够满足的因素。另一方面，这是从三段论本身的性质出发所作的要求。司法三段论强调，如果满足某个法律构成要件，便可推论出某个特定的法律效果，因此，大前提中必须同时包含构成要件与法律效果这两个要素。

（三）必须具有具体针对性

具体针对性，是指规范本身应该能够具体地适用到特定的案件之中。法律规范是一般性的规则，其表达通常都是较为抽象的，其所指代的事实往往也是类型化的事实而非具体的事实。所以常常需要借助法律解释，将具体法律规范的适用范围、适用对象、立法目的、构成要件、法律后果等内容具体化。德国学者Fikentscher也指出，对于法律规范，即"大前提"，应为了涵摄的需要，"结合具体事实以特定的方式加以处理"；规范需要"依据事实因素尽可能予以具体化"。"需要对涵摄的大前提加以具体化……直到涵摄可以进行"[②]。在找法的过程中，这种具体化程度越高，规范与具体案件的对应性也就越高。例如，甲欠乙10万元一直未清偿，而丙向甲借款10万元且1年后到期。甲向乙明确提出将要

① 傅郁林：《建立判例制度的两个基础性问题》，载《华东政法大学学报》2009年第1期。

② 黄茂荣：《法学方法与现代民法》（第五版），法律出版社2007年版，第143页。

免除丙的债务。乙到法院提起诉讼，要求撤销甲对丙的免除行为。依据《民法典》第538条："债务人以放弃其债权、放弃债权担保、无偿转让财产等方式无偿处分财产权益，或者恶意延长其到期债权的履行期限，影响债权人的债权实现的，债权人可以请求人民法院撤销债务人的行为。"在本案中，要依据该条规定确定乙是否享有撤销权，仅仅根据该法条确定撤销权的几个要件还是不够的，还需要进一步地解释"放弃其债权"以及"影响债权人的债权实现"的含义。一方面，"放弃其债权"是否包括放弃未到期的债权？在本案中，甲提出，其放弃的是尚未到期的债权，因此乙无权主张撤销权。应当认为，即使放弃未到期债权也可以撤销，因为"放弃其债权"可以包括放弃未到期债权的情形。另一方面，"影响债权人的债权实现"是否必须包括造成撤销权人的实际损害。在本案中，甲提出由于债权尚未到期，所以并没有造成对乙的实际损害，这就需要考察具体的立法目的，从而确定"影响债权实现"是指债务人在实施处分财产行为后，已不具有足够的资产清偿对债权人的债务。据此，甲的行为已经造成对乙的损害，乙可以行使撤销权。所以，规范要件越具体，在适用于具体个案时就越具有针对性。

（四）必须具有关联性

所谓关联性，是指大前提中的构成要件与案件事实之间具有对应性。大前提具有相关性才能够作为裁判案件的依据，关联性越高，其可靠性也越高。必须说明的是，在确定大前提时，与案件事实有关联的法条可能有很多，即存在多个与案件事实有关的大前提。确定大前提的过程，就是要将这些与案件有关联的法条都毫无遗漏地检索出来。在此之后，通过连接，尤其是通过案件事实与法律规范之间的"往返对照"，再确定具有最密切联系的规则。以前述"汽水瓶爆炸伤人案"为例，对于这个案件，有的法官认为应当适用《消费者权益保护法》，因为张女士是作为汽水的消费者而受到了伤害；也有的法官认为应当适用《民法典》侵权责任编，因为张女士的损害是由于汽水瓶的缺陷所造成的，属于产品责任的范畴。也就是说，对于该案，《消费者权益保护法》与《民法典》侵权责任编上的相应规范都具有适用的可能，确定大前提阶段的任务，就是将这些规范检索出来。至于哪项规范符合最密切联系的规则，则须在连接阶段加以确认。笔者认为，鉴于原告主张损害赔偿，《消费者权益保护法》中并不具有直接对应损害赔偿的条款，因此很难说《消费者权益保护法》对于本案具有密切关联性。

我们说，在法有规定的情况下，作为找法结果的大前提应当具有上述特征。在大前提的确定过程中，之所以不能够简单地将抽象的法律原则作为找法的结果，就是因为此种抽象的法律原则常常缺乏相关性。我们说大前提应当具有具体针对性，从另一个含义上讲，就是要具有相关性。但是在法无规定的情况下，大前提的寻找是法的续造或漏洞填补的过程，这与法有规定情形的寻找大前提是有本质差异的。虽然在法律规定仍然不完善的情况下，也能够通过漏洞填补的方法寻找出可供适用的大前提①，但是，法律规范的查找首先应当从既有的法律规范中查找。只有在既有的法律规范中没有可适用的规范时，才应当进行漏洞填补。由于法律本身就是一个抽象的逻辑体系，某一具体个案可能涉及不同层级的法律规范的适用。例如，在征收的案件中，被征收人就依据《宪法》享有公民的财产权，同时依据《民法典》享有所有权等民事权利，依据《国有土地上房屋征收与补偿条例》等法规享有依法要求补偿的权利，等等。一般来说，法律规则越具体，其与案件事实的联系紧密性越高，以其作为大前提的准确性就越高。

第二节　大前提与法律渊源

一、法律渊源的概念

要妥当寻找大前提，首先需要明确，法官可以从哪些法律渊源中寻找大前提，这是找法的基本前提。法律渊源是法律规范借以表现的形式，它主要表现在各国家机关根据其权限范围所制定的各种规范性文件之中。从民法的角度来看，

① 邹碧华：《要件审判九步法》，法律出版社 2010 年版，第 11 页。

在我国能够作为法律渊源的规范包括：法律、行政法规、地方性法规、行政规章、国际条约、习惯。关于法律渊源的内涵可以从几个方面来理解：一是从立法意义上理解，即法律规范产生的原因。凡是能够成为法律规范或者能够成为法律规范产生的根据的，都可以成为法律的渊源。二是从司法上来看，凡是成为裁判依据的规则，不论其是否为法律规范，只要能够作为法官判案的依据都应当成为民法的渊源。三是从行为规则来看，不仅能够作为裁判规则而且能够成为行为规范的规则才能成为民法的渊源。此处所探讨的法律渊源是可以作为裁判依据的法律渊源。当然，与裁判依据相比，法律渊源的范围十分广泛，而裁判依据是受限制的，不是所有的法源都能作为裁判依据。法律渊源的类型较多，从裁判依据角度来看，主要是法律、司法解释与习惯三种形式的法律渊源。

（一）法律

裁判说理的主要依据是法律。在我国，由于宪法不具有可司法性，因此，在解决民事纠纷时，法官主要援引民事法律解决纠纷，民事法律是由全国人民代表大会及其常委会制定和颁布的民事立法文件，是我国民法的主要表现形式。民事法律主要由两部分组成。

第一，民法典。《民法典》由总则编、物权编、合同编、人格权编、婚姻家庭编、继承编以及侵权责任编构成。应当看到，民法典颁布以后，对于民法典施行以前发生的、尚未审结的民事法律纠纷案件，《民法典》是否应当产生溯及既往的效力，是一个存在争议的话题。按照法不溯及既往的原则，原则上法律不应当具有溯及力，只有在例外情形下，才能溯及既往。但是，依据《立法法》第93条的规定："法律、行政法规、地方性法规、自治条例和单行条例、规章不溯及既往，但为了更好地保护公民、法人和其他组织的权利和利益而作的特别规定除外。"因此，在特殊情形下，为了更好保护民事主体的合法权益，确有必要使法律溯及既往。例如，在民法典实施前成立的合同，如果适用当时的法律规定应当被确认无效的，按照民法典的规定则属于有效的，那么此类案件从鼓励交易、保护当事人合法权益的角度出发，应当确认其有效。再如，为了保护业主的合法权益，过去的法律法规没有规定的而民法典有新的规定的，并且更有利于保护业主的，则应当适用民法典的规定。一般而言，主要涉及民法典出现了一些新增加的、和以往规定不一致的，才需要溯及既往。如果民法典和以往的规定没有本质冲突，或者虽然表述不一致，但是没有实际冲突的，则不应当考虑这一问题。因此，应当以不溯及既往为原则，以溯及既往为例外。这些例外情形主要是从有利于保护公民、法人和其他组织的权益而作出考虑。尤其需要指出的是，溯及既往必须是尚未终审的案件，如果已经终审、产生既判力的案件，即便是当事人已经提起了再审，亦应当按照既判力优于溯及力的原则，不能溯及既往。这是因为已经审结的案件，就产生了既判力，如果因为民法典的新规定就要重新再审理，则势必在一定程度上动摇法的安定性和生效裁判的权威性、公信力。如果认为，民法典所具有的溯及力优于既判力，则可能导致依据当时的民事法律作出的大量的裁决都会被推翻，这就不利于维护司法的权威性和法律的稳定性。

第二，民事单行法。就民事单行法而言，我国已制定了公司法、保险法、海商法、票据法、证券法、著作权法、专利法以及商标法等法律。上述法律都是民事法律的重要组成部分，也是裁判中应当依循的基本规则，法官可以直接援引这些法律裁判案件。在各项民事法律中，《民法典》是基础性法律，是私法的基本法，民法典和民事单行法之间的关系，就像树根、主干与枝叶之间的关系，民法典是树根和主干，而民事单行法是枝叶，其必须以民法典为基础和根据。正是在《民法典》的统帅下，各项民事法律构成了一个完整的整体。《民法典》为民事单行法的制定提供了民事基本法的依据，并且为民事单行法的解释、适用提供了价值基础和规范依据。

《民法典》第 11 条规定："其他法律对民事关系有特别规定的，依照其规定"。该条规定是民法典对其与单行法之间关系的直接表达，必须准确理解。从字面上看，完全能把《民法典》第 11 条理解为，只要其他法律与民法典规定不一致，就要适用其他法律的规定。但这种理解不足采信，因为民商事单行法的数目众多，其规范条文汇总起来，远远超过了民法典，若采用前述理解，民法典将完全被单行法架空，形同虚设。事实上，《民法典》第 11 条在性质上属于引致性规范，它在承认民商事单行法效力的基础上，把民法典与单行法有机联系起来，构成共同调整民事关系的法律整体。事实也的确如此，民法典的许多制度、规则都与单行法构成完整的整体。例如，民法典的营利法人制度与公司法、民法典的非法人组织制度与独资企业法等、民法典的合伙合同制度与合伙企业法，等等，都是如此。而且，民法典的编纂本身就是要统一规则，消除不同法律规则之间的不协调、矛盾和冲突的现象，以达成民商事法律的体系化。由此可知，《民法典》第 11 条是沟通民法典与单行法的桥梁，其功能在于促成它们相互间的和谐，而不是用其中一个替换或架空另外一个。

不可否认的是，民法典中的一些规则确实和单行法的规定不一致，在这种情形下，不应径直适用《民法典》第 11 条，而应根据具体情况加以甄别处理：一方面，民法典编纂的重要任务之一，就是修改单行法中的不合理规则，故而，民法典在编纂中对单行法的规定予以修改完善的，实质上是废止了单行法规定的法律效力，按照新法优于旧法的原则，应当适用民法典的规定。例如，产品质量问题的诉讼时效没有特别之处，民法典的诉讼时效规则实质上修改了产品质量法的诉讼时效规则，面对产品质量问题引发的诉讼时效，应适用民法典的规则。另一方面，民法典在编纂中未修改单行法的规定，而是予以保留，这就意味着单行法的这些规定是特别法，应优先适用。比如，《海商法》第 260 条规定，有关海上拖航合同的请求权，时效期间为 1 年，自知道或者应当知道权利被侵害之日起计算，这不同于民法典规定的 3 年的普遍诉讼时效期间。但是，民法典在编纂中已经考虑到海商法调整事项的特殊性，故民法典的诉讼时效制度并未替代海商法中的诉讼时效规范，对于海上拖航合同纠纷中的诉讼时效问题，应适用海商法的规定。

综上所述，在理解《民法典》第 11 条时，应根据具体案情和具体规定进行具体分析，不能一概而论，既不能一律适用单行法的特别规定，也不能一律适用民法典的规则，而应着眼于民商事法律的体系化，着眼于民法典在该体系中的基础性地位，合理配置民法典和单行法特别规定的适用关系。这实际也再次表明，在面对纠纷寻找法律依据时，首先应从民法典入手，如果民法典已有规定，就应当适用该规定；只有民法典没有明确规定，才能从单行法中寻找法律依据。这种理解把民法典作为法律适用的基本依据，正体现了民法典的基础性地位。对于民法典与单行法之间的关系不能简单地适用特别法优先于一般法的规则，该规则的含义是指在单行法的规定确实属于民法典的特别规定，且该规定与民法典不冲突时，应优先适用该特别规定。如果不顾前述的各种限制条件，径直适用该法律适用规则，单行法都可以代替民法典，民法典的基础地位就不复存在。而且，从我国实际情况来看，只有从民法典出发来寻找法律依据，才能节省执法和司法成本，因为我国现在已有279部法律，这些单行法的规定数目众多，准确适用起来并非易事，只有从民法典入手寻找法律依据，才能起到纲举目张的效果，才能提高执法和司法效率，促成法律适用的统一。

（二）司法解释

司法解释是司法机关针对具体法律适用中遇到的疑难问题所作出的解释。从内容上看，司法解释包括两大部分：一是最高人民法院对审判工作中具体应用法律问题的解释，二是最高人民检察院对检察工作中具体应用法律问题的解释。在民事裁判中，主要引用的是最高人民法院所作出的司法解释。与法律适用中的法律解释不同的是，司法解释的主体仅限于最高人民法院。① 最高人民法院是我国的最高审判机关，有权指导地方各级人民法院和各个专门人民法院的审判工作，我国《宪法》没有授予最高人民法院立法权，但是全国人民代表大会常务委员会《关于加强法律解释工作的决议》第2条规定："凡属于法院审判工作中具体应用法律、法令的问题，由最高人民法院进行解释。"《人民法院组织法》第33条也规定了这种解释权。从法理的角度来看，司法解释并不属于法律体系的组成部分，但司法解释已经成为我国各级审判机关在处理案件中的裁判规则，并被当事人直接援引，甚至法院的裁判都直接援引司法解释。所以，司法解释事实上已经成为法律渊源。

在我国，司法解释具有双重属性，它既具有准立法的性质，也具有法律解释的属性。就其准立法性而言，它与法律解释不同，其特点具体表现在：一方面，

---

① 孔祥俊：《法律解释方法与判解研究》，人民法院出版社2004年版，第177页。

司法解释具有普遍的拘束力，它不是针对个案，而是针对具有普遍性的特定问题而进行规定的。从司法实践来看，司法解释本身也可以像法律一样被法官在判决之中作为法律渊源加以援引。因此，在我国，司法解释并不是学理意义上的法律解释，而是能够对法官产生直接拘束力的解释。另一方面，司法解释确定的都是一种抽象性的规则，在形式上是以法律文本形式存在的。绝大多数司法解释“属于不针对具体个案的抽象解释，各种名称大致有‘意见’、‘解释’、‘解答’、‘规定’、‘决定’、‘办法’、‘批复’、‘答复’、‘通知’、‘复函’、‘函’、‘纪要’等”①。从实质层面来看，许多司法解释属于造法性的活动，其主要不是针对个案中应当适用的规范的解释适用的过程，而大多是创制新的规范的过程。因此，从这个意义上说，它与传统的法律解释的含义有所不同。也正是基于这个原因，本书将不专门讨论司法解释的问题。

司法解释的功能具有多样化的特点，其重要的功能是要统一法律适用，防止法官因各种原因进行各取所需的理解，从而对各级人民法院的审判工作起到指导作用。尤其需要指出的是，当前，司法解释在填补法律漏洞中也发挥着重要作用。在我国，通过法官的个别活动来填补法律漏洞，尤其是通过填补漏洞确定某个规则，对于法官来说，还是一件难以胜任的事情。然而，通过司法解释来填补漏洞具有较高的权威性和可行性。因此，它是一种具有造法性质的活动。一旦法律规则与实际需要发生脱节，立法不可能及时修改，则需要灵活的司法解释弥补法律的缺陷。正如一些学者所指出的，“正是有了最高人民法院的各种司法解释，才使得各级人民法院依法审判成为可能”②。从实践来看，司法解释已实际发挥了填补法律漏洞的重要作用，这一点是一般的法律解释活动仍然难以承担的。

法官在援引上位法之后，在对其含义进行解释时，也可以援引司法解释进行论证。司法解释主要是针对法律具体适用的需要而进行的解释，其目的在于统一裁判规则，填补法律漏洞，确立裁判依据，而不能代替法律。从这个意义上说，司法解释的目的也是帮助法官在裁判过程中寻找大前提，与法律解释具有类似

---

① 张志铭：《中国的法律解释体制》，载《中国社会科学》1997 年第 2 期。

② 王玧：《我国司法解释发展之回顾》，载《人民司法》1998 年第 3 期。

性。司法解释和法律解释一样，都需要透过诉讼活动了解法律完善的需要，从而对此作出应对。在司法裁判中，依据《引用法律规定》第 4 条的规定，司法解释可以直接用于案件裁判，可以作为裁判说理的依据。当然，法官如果在裁判文书中同时援引了司法解释、法律、行政法律、地方性法规、自治条例和单行条例，则应当将司法解释置于法律、行政法律、地方性法规、自治条例和单行条例之后。①

（三）习惯

民事习惯是指在某区域范围内，基于长期的生产生活实践而为社会公众所知悉并普遍遵守的生活和交易习惯。习惯是人们长期生活经验的总结，它既是人与人正常交往关系的规范，也是生产生活实践中的一种惯行。此种惯行得到了人们的普遍遵守，尤其是对一些习惯而言，其效力在长期的历史发展过程中已经得到了社会公众的认可，长期约束人们的行为，因此也被称为“活的法”。《民法典》第 10 条规定：“处理民事纠纷，应当依照法律；法律没有规定的，可以适用习惯，但是不得违背公序良俗。”这实际上也确立了习惯的民法渊源地位。在我国司法实践中，也应当高度重视习俗在裁判说理中的作用。“入国而问俗”，“入乡随俗”已内敛于心，外化于行。了解民俗习惯，尊重民俗习惯，运用民俗习惯，这是法官进行裁判说理时应当考虑的因素。②

裁判说理中要运用习惯，主要包括三方面的内容。

一是在法律有明确规定的情况下，直接依据习惯裁判案件。如前所述，我国不少法律法规规定在某些情况下可以直接依据习惯裁判。例如，最高人民法院《关于适用〈中华人民共和国民法典〉婚姻家庭编的解释（一）》第 5 条规定：“当事人请求返还按照习俗给付的彩礼的，如果查明属于以下情形，人民法院应当予以支持……”此处所称“当事人请求返还按照习俗给付的彩礼的”，表明必须“按照习俗”来决定婚前给付的礼物哪些属于彩礼，应当返还多少，以及如何

① 吴兆祥：《〈关于裁判文书引用法律、法规等规范性法律文件的规定〉的理解与适用》，载《人民司法（应用）》2009 年第 23 期。

② 赵旭东：《习俗、权威与纠纷解决的场域——河北一村落的法律人类学考察》，载《社会学研究》2001 年第 2 期，第 78 页。

返还等问题，这实际上就是授权法院可以直接依据当地的“习俗”作为裁判相关彩礼返还案件的依据。《民法典》合同编的许多规则都规定了当事人另有约定或者有交易习惯的除外，实际上是认可了其具有优先于法律的任意性规则的效力，这就有利于补充成文法在调整私人关系方面的不足，从而实现立法的简约。

二是在法无规定的情况下，通过习惯弥补法律的不足。法律的发展史已经证明，立法者企图通过一部法典而预见一切情况、解决一切问题的愿望是难以实现的。正如拉伦茨（Karl Larenz）所指出的：“没有一种体系可以演绎式地支配全部问题；体系必须维持其开放性。它只是暂时概括总结。”① 社会生活纷繁复杂，一部法典不可能解决未来社会的全部问题，“我们需要从固有的法律传统中引出滋润了五千年中国的源头活水，需要科学地总结和吸收有价值的因素”②。在法无规定的情形，法官不能拒绝裁判，在此情形下，就必须要借助于习惯填补法律漏洞。例如，在“曾意龙与江西金马拍卖有限公司、中国银行股份有限公司上饶市分行、徐声炬拍卖纠纷案”中，最高人民法院认为，“三声报价法”是拍卖行业的惯例，“在本案涉及的拍卖活动一开始就采取此种报价方法，并为包括曾意龙在内的全体竞买人所接受。虽然法律、拍卖规则对此种报价方式没有规定，但行业惯例在具体的民事活动中被各方当事人所认同，即具有法律上的约束力，本案拍卖活动的当事人必须遵守”③。

三是利用习惯解释法律规则、论证裁判结论的合理性。习惯通常是指特定群体在特定时期所普遍遵守、约定俗成的习俗。由于有些习惯已经内化为人们的行为准则④，将此类习惯的内容部分上升为法律规则，符合群体的法感情，有利于人们自觉遵守法律规则，提高民众对法律规则的认同感，也有利于保障法律规则的有效实施。在相关的法律规则涉及习惯时，借助习惯可以准确解释法律规则，同时，习惯也可以作为法官说理论证的依据，这有利于保障裁判结论符合人们的

---

① ［德］卡尔·拉伦茨：《法学方法论》，陈爱娥译，商务印书馆2003年版，第49页。

② 张晋藩：《中国法律的传统与近代转型》，法律出版社1997年版。转引自卓泽渊：《中国现代法治的反思》，载《政法论坛》2007年第3期，第121页。

③ 《最高人民法院公报》2006年卷，法律出版社2007年版，第176页。

④ 高其才：《作为当代中国正式法律渊源的习惯法》，载《华东政法大学学报》2013年第2期。

观念。从我国司法实践来看，有的法官在裁判说理时就援引了习惯。例如，在“范某某与李某某离婚纠纷案”中，关于当事人给付彩礼的数额问题，法院认为，“范某某称为2万元，按照当地订婚给付彩礼的风俗习惯，一般由男方通过一方抑或双方较为熟悉的人给付女方彩礼。一审中李某某申请证人党某涛和张某娇出庭作证，该两证人在给付彩礼时的现场，且均称李某某的母亲将4万元彩礼交给范某某的父亲，原判据此认定彩礼数额为4万元并无不当”①。

习惯要真正上升为习惯法，应符合公序良俗，而且不得违反法律的强制性规定。虽然习惯可以作为法律渊源，但并不意味着所有的习惯都可以直接作为法律规则来填补漏洞。能够作为习惯法来填补漏洞的习惯，都是符合法律规定和公序良俗的习惯。② 对于那些符合公序良俗原则、和国家整个法制精神相统一的习惯，可以被承认为习惯法；反之，那些违背公序良俗，与一国整体法制精神相违背的习惯，则无法被承认为习惯法。除法律有特别规定外，地方性或职业性的习惯也不能发生法的效力。③ 因此，习惯要转化为习惯法，并成为民法的渊源，其必须经过“合法性”判断，即不得违反法律的强制性规定和公序良俗。

需要指出的是，法官在援引习惯裁判时，应当遵循相应的适用顺序。

第一，有法律依法律，无法律依习惯。关于习惯法与法律规则的适用关系，有的国家和地区立法对此作出了规定。例如，我国台湾地区“民法”第1条规定：“民事活动，法律有规定的，依照法律；法律没有规定的，依照习惯；没有习惯的，依照法理。”从该条规定来看，习惯法的适用顺序在具体法律规则之后，但在法理之前。我国现行立法没有对习惯法与具体法律规则的适用关系作出具体规定，但《民法典》第10条借鉴比较法的经验，采纳“有法律依法律，无法律依习惯”的规则，也就是说，在存在具体法律规则时，应当优先适用该具体的法律规则，而不能直接适用习惯法；此处所说的“法律”是指具体的法律规则，而不包括法律的基本原则。只有在不存在具体的法律规则时，法官才考虑适用习惯

① 河南省焦作市中级人民法院（2015）焦民二终字第00159号民事判决书。

② 郑玉波：《法谚（一）》，法律出版社2007年版，第44页。

③ 王伯琦：《近代法律思潮与中国固有文化》，清华大学出版社2005年版，第311页。

法。之所以采纳这一规则，主要原因在于：

首先，法律的地位优于习惯法。虽然在历史法学派看来，法律和习惯法都是民族精神和人民意志的体现，二者在这方面并不存在本质区别，但法律是立法机关通过法定程序制定出来的，而且其具有普遍适用性；而习惯法虽然可能是世代相传所形成的行为规则，但其并没有经过法定程序予以确定，而且其具有区域性、行业性等特点。正如有学者所指出的："在视礼与法各为最高标准之前提下，二者同时并行，或将互相矛盾，难定一尊。然非谓崇法律即不必有习惯。与法律互相矛盾的习惯之存在，固足以阻碍法律之推行；法律之彻底浸透民众意识，成为普遍的社会行动规范，亦须以与法律互相适应的习惯为先锋。"[①] 在司法裁判中，法律规则的适用顺序应当优先于习惯法，即在法律就某事项设置具体规则的情形下，除非立法者允许通过习惯法来变通该规则的适用，否则，法官应当严格依据法律规则裁判，而不能忽视该具体规则、直接依据习惯法裁判。这不仅是合法性原则的要求，也是分权原则的具体体现，即在存在具体法律规则的情形下，法院应当受该具体法律规则约束，而不能以适用习惯法为由变相规避制定法规则的适用，否则将构成对立法者权限的侵夺。

其次，现代法律体系中，习惯法并非主要的法律渊源，而只是补充性的法律渊源，其发挥的是补充成文法的作用，而非替代成文法规则。因此，在法律已经就某事项作出规定时，即便存在某种习惯法，也应当优先适用该具体的法律规则。只有在法律没有作出规定的情况下，习惯法才能起到补充作用。虽然习惯法也包含一定的行为规则，而且与法律原则相比，其相对具体，但无论如何，其效力显然低于具体的法律规则，确认法律规则效力优先，有利于维护法律的权威和秩序，这也是建设法治社会的基础。优先适用法律规则也有利于对法官的自由裁量权进行必要的限制，以维护法律秩序的稳定。在法律已经就某事项作出规定的情形下，法官不应当直接援引习惯裁判，而且即便相关的法律规则属于任意性规范，其适用也应当优先于习惯。

---

① 蔡枢衡：《人治、礼治与法治》，载《中国法理自觉的发展》，清华大学出版社 2005 年版，第 148 页。

最后，习惯不得与法律规则相抵触，明确具体法律规则优先于习惯适用，也为法官通过法律规则对习惯进行审核提供了依据。

因此，法官在适用习惯时，首先应当穷尽具体的法律规则，即便是任意性规范，其原则上也应当优先于习惯法而适用。当然，如果法律明确规定应当依据习惯裁判，或法律明确规定在适用时应当考虑习惯[①]，则该习惯法已经成为具体法律规则的组成部分，不再是纯粹的习惯法了。此时，法官可以直接援引该习惯法作出裁判。需要指出的是，虽然习惯法的适用顺序在法律规则之后，但习惯法可以作为解释法律规则的依据。例如，一些交易习惯已经成为惯例，成为商事法的重要内容，这对于解释商事规则具有重要意义，如在拍卖行业中，“三声报价法”是其行业惯例，也是交易习惯，可以直接用于解释拍卖法的规则。也就是说，习惯可以成为法官解释适用法律规则的重要依据。

第二，当事人的特别约定和商事交易习惯应当优先于法律的任意性规定。有法律依法律，无法律依习惯，在法律内部，民法规则又可进一步区分为强行性规则和任意性规则，对任意性规则而言，从尊重当事人私法自治的角度出发，如果当事人的约定不同于该任意性规则，则应当优先适用当事人的约定。就习惯法的适用而言，如果当事人约定按照某种习惯法确定权利义务关系，基于私法自治原则，应当肯定当事人约定的效力，则该习惯法可以成为确定当事人权利义务的依据。因此，如果当事人约定依据某种习惯法确定其权利义务关系，则应当尊重当事人的约定。

二、大前提与法律渊源的比较

寻找大前提并非简单地寻找法律渊源。法律渊源是法律规范的表现形式，从立法意义上理解，凡是能够成为法律规范或者能够成为法律规范产生的根据的，都可以成为法律的渊源。拉伦茨指出，“渊源”是指法律的产生原因，是立法的行为；习惯法的“渊源”是体现在习惯法中的共同法律信念。[②] 一般来说，法律

---

① 《奥地利普通民法典》第10条。

② ［德］卡尔·拉伦茨：《德国民法通论》（上册），谢怀栻等译，法律出版社2002年版，第7页。

渊源是大前提的组成部分，也就是说，法律渊源有可能成为大前提。但是这并不意味着，法官所寻找的大前提就是法律渊源。毕竟法律渊源是十分宽泛的概念，不仅效力层次较低的规范性法律文件是法律渊源，而且习惯在一定条件下也可以成为法律渊源。在有些国家，判例、学说都可以成为法律渊源。我国虽然不承认所有类型的法律渊源，但是，毕竟法律渊源的外延非常宽泛。因此，不能将寻找大前提看作是寻找法律渊源。

从方法论的角度来看，区别法律渊源和大前提对于正确适用法律是非常重要的。鉴于二者都指向一定的规范，具有密切的联系，故而学理上也存在一种倾向，即将法律渊源等同于大前提，如《瑞士民法典》第 1 条第 2 款和第 3 款规定："如本法没有可以适用的规定，法官应依据习惯法裁判，无习惯法时，应依据其作为立法者所提出的规则裁判；在前款之情形，法官应遵循公认的学理和惯例。"这一规定赋予了法官在没有法律和习惯可供适用的情况下，可以依据学理和惯例创制审判规则的先例，习惯可成为法律渊源，我国《民法典》第 10 条、我国台湾地区的"民法"也有类似规定。这使得很多学者认为，习惯、学理等也可以作为大前提。笔者认为，这一看法尽管不无道理，但是，其混淆了法律渊源与大前提的区别，该区别主要表现在：

第一，两者属于不同的范畴。法律渊源主要描述的是法律存在的形式，而大前提则用于描述可应用于具体案件进行裁判的具体规则。法律渊源是从法律的表现形式的角度提出来的，而大前提是从司法三段论的角度提出来的。只有查找了法律渊源才能确定哪些规范可以作为裁判依据。

第二，并不是所有的法律渊源都可以作为大前提。法律渊源的类型很多，但是，并不是所有的法律渊源都符合大前提的认定标准。大前提原则上限于裁判规则，而法律渊源不是从裁判规则的角度考虑，而是从法律体系的角度考虑的。所以，凡是法律体系组成部分的规范都可以成为法律渊源。在大陆法系国家，制定法、习惯法和（在一定条件下的）条约，往往被认为是法律的主要渊源。一方面，在我国，由于宪法不具有可司法性，虽是所有立法的指导，但其不能直接作为裁判依据。另一方面，在法律渊源中，存在大量的行为规范、倡导性规范、任意性规范等，这些规范都不宜作为大前提。尤其是大前提原则上是以基本的民事法律规则作为裁判依据，而层次较低的规范性法律文件不能作为裁判依据。例如，我国司法实践一直认为，政府规章和地方性法规不能作为判断合同效力的依据。因此，在判断合同效力方面，这些规章和地方性法规就不能当然作为裁判依据。在方法论上，一般来说，基本法律有规定时，就应该以基本法律作为裁判的依据，而不宜以非基本法律作为裁判依据。但是，就法律渊源来说，其不考虑规范性法律文件的层次性，只要是法律体系的组成部分，都应当作为法律渊源来对待。

第三，是否限于制定法不同。大前提原则上限于制定法的内容，而对于习惯等制定法外的内容，尽管在有的国家可以作为大前提，但在我国，原则上仅在填补漏洞时，习惯才具有意义。且习惯一般只有在上升为习惯法且限于填补漏洞的过程中才具有可适用性。例如，关于集体经济组织成员资格的认定，就属于法律漏洞。在实践中，经常出现“外嫁女”“入赘男”是否能够作为集体经济组织成员分得宅基地、承包地的问题，这些都涉及如何认定集体经济组织成员资格的问题。一般来说，应当以户籍为准，但同时要考虑习惯等因素。例如，当地对于外嫁女存在随夫家的习惯，应当作为认定的依据。但是从法律渊源的层面来看，习惯也可以成为法律渊源。

当然，也要看到，法律渊源本身也具有体系化的特点，这也为体系化思考奠定了基础。因此，法律渊源的确定对于法官查找法律规范具有重要意义。

第三节 找法的基本路径

一、两大法系方法论的比较

（一）两大法系裁判说理的差异

司法三段论是两大法系共同采用的司法推理框架，但两大法系关于大前提的确定和寻找思路并不完全相同。在判例法国家，因为判例是法律的主要渊源，所以英美法主要以判例作为大前提的来源，虽然随着英美法国家大量颁布制定法，其也开始重视从成文法中寻找大前提，但成文法仍然只是其中的一个组成部分，甚至常常只是判例的概括以及对判例的补充。而在大陆法国家，基于成文法的制度背景，在民事诉讼中，先例原则上不具有拘束力。[①] 由于法官不能创制有拘束力的先例，因而其判决通常仅局限于可适用的法律条款的分析，而不必像英美法国家的法官在判决中运用各种方法展开全面说理。在大陆法国家，强调判决书的说理十分重要。大陆法系国家主要是从成文法中寻找大前提，如果法律没有具体规定，法官也要从法律原则中解释具体的规则，甚至在有些国家也认可先例可以作为裁判的依据。在英美法国家，由于不存在法典，故其不可能从法典中寻找裁判依据。但在大陆法国家，在判决中以法典作为裁判的规范来源，必要时以判例加以辅助解释，但该解释仍然是以法典作为解释依据的。[②] 法官以法典作为基本的裁判规则，法典被认为是一个无所不包（all-encompassing）的规范来源。法典具有体系化和资讯集中的功能，法官在找法的过程中，首先应当从法典出发，尽可能从法典中寻找规则。例如，《瑞士民法典》第1条明确规定："（1）凡依本法文字或释义有相应规定的任何法律问题，一律适用本法；（2）无法从文本得出相应规定时，法官应依据习惯法裁判；如无习惯法时，依据自己如作为立法者应提出的规则裁判。"这就说明，凡是能够通过民法典来解决民事争议，法官就应当从民法典之中寻找规则进行裁判。尤其是在现代社会，司法的功能和作用日益扩大，司法的能动性也越来越强，法官不仅可以解释法律并且在解释过程中填补法律的漏洞，而且司法在制衡行政权方面发挥出重要作用，这就更需要在判决中详细阐述理由，以表明裁判的公正性和合理性，并限制法官的自由裁量。还应当看到，法典本身也可能具有一定的滞后性，成文法的演绎推论的方法决定了法官的判决及当事人的请求无法通过法律规范而只能借由具体的判决中的理由来阐

---

① ［德］哥特瓦尔德：《德国司法判决书中的说理：实践与学说》，曹志勋译，载《苏州大学学报（法学版）》2015年第4期。

② Jane C. Ginsburg, *Legal Methods: Cases and Materials*, 3rd ed., Foundation Press 2008, p. 70.

述。法官的职责就是解释法典，实现法典调控整个私法关系的目标。在法典具有滞后性的情况下，如何将法典的具体规定适用于个案，必须由法官创造性地解释法律和填补漏洞。正如迪德（Dewey）所指出的：“法院不只是做判决而已，他们还必须解释其判决，解释的目的是在说明判决的正确理由如何……以证明它不是武断的看法，能使当事人心服口服于法官的权威或威信，因为法官的判决是一个合理的陈述，它有充分的理由，而且显示出判决理由的相关的或逻辑的结构。”① 法律的解释活动以实现法律的根本目标为归宿。② 在大陆法系，由于成文法产生的历史悠久，理论基础深厚，法律规范体系编排严谨，这就更需要借助法官的判决尤其是判决书中的判案理由来达致活的、变动不居的社会生活与死的、刻板固定的法条之间的沟通。③

具体而言，两大法系在裁判说理方面的区别主要表现在：

第一，裁判说理的法律依据不同。大陆法系是成文法，裁判说理主要应当依据成文法的规定进行。在大陆法系，其法源的形式主要是制定法。与此种法源形式相适应，在大陆法系国家，对于司法活动的讨论，很多是关于如何解释法律规则，以及法律规则是否只具有唯一清晰的含义，还是具有一些可能的解释。④ 在制定法国家，裁判说理主要是在三段论模式下，支撑法官的裁判理由。裁判理由是根据法律解释和涵摄的传统规则阐述的。⑤ 它不是也没有必要援引先例来作出裁决。而普通法主要表现为判例法，判例法采取遵循先例原则，遵循先例已经成为各级法院所恪守的首要行为准则和政治惯例。⑥ 所以，其裁判说理更多地关注先例判决中具有约束力的判决理由。判决理由必须要清楚地表明，法官在处理案件中对于实质性法律问题所提出的裁判意见。这就决定了：一方面，法官在裁判

① Dewey，*Logical Method* and Lawn Hall ed，*Reading in Jurisprudence*，p. 350.

② Joseph Raz，*The Authority of Law*，Clarendon Press，Oxford，1979，p. 17.

③ ［美］埃尔曼：《比较法律文化》，三联书店 1990 年版，第 230 页。

④ French，Robert，“Judicial Activists-Mythical Monsters”，*Southern Cross University Law Review*，Vol. 12，2008，pp. 59－74.

⑤ ［德］哥特瓦尔德：《德国司法判决书中的说理：实践与学说》，曹志勋译，载《苏州大学学报（法学版）》2015 年第 4 期。

⑥ 林彦：《美国法院如何遵循先例》，载《中外法学》2009 年第 6 期。

中应当高度重视裁判的说理，否则，其判决就不太可能被作为先例被援引。另一方面，援引先例本身应当被作为说理的过程，法官应当在援引之时，论证待决案件与先例案件在事实上的类似性，论证先例中的哪些判决理由具有约束性效力等。

第二，采取司法三段论的方式不同。在大陆法系国家中，裁判依据是成文法，因此，在裁判中，法官必然应当按照三段论的框架展开说理，在这一过程中，尤其注重将抽象法条与具体案件事实连接的说理论证的充分性。三段论的过程是演绎推理的过程。在大陆法国家，司法三段论实际上是演绎法的具体展开。马克斯·韦伯指出，大陆法系制定法所具有的理性是超越个案的，由法律规范与法律原则组成的法律系统具有极强的逻辑性。所以，在大陆法系中，裁判者只能以抽象的规范为起点，通过三段论的手段得出案件的裁判结果。而英美法则是以判例所形成的规则作为判决的基础，在方法上采用的是从个案到个案的推理方式。这一过程实际上就是由预设规范得出裁判结论的演绎推理过程。[①] 英美法的法官在法律推理中，主要采用归纳推理（inductive reasoning）与演绎推理（deductive reasoning）并行的推理方式。也就是说，法官需要将先前的判例进行归纳，从中抽象出一般的法律规则，进而再通过演绎的推理方法，将抽象出的一般规则适用于新的案件事实之中，得出裁判的结论。其中的归纳推理是对一些关于个别事物或现象，通过归纳的方法，得出该类事物或现象的普遍性命题。而演绎推理则是从抽象的命题演绎出具体的现象。[②] 归纳法由培根在16世纪提出，他认为，科学的方法就是对感觉进行加工和分析，对重复的材料进行归纳，发现一般的概念和原则。一般来说，归纳法的基础是经验主义，因为它要从一系列具体事实中概括出一般原理。而演绎法与此不同，其采纳的是从一般到个别的方法，其哲学基础是理性主义。但在英美法国家，在寻找大前提的过程中，法官常常采用

---

① ［美］艾伦·沃森：《民法法系的演变及其形成》，李静冰译，中国政法大学出版社1992年版，第30页。

② James A. Holland & Julian S. Webb, *Learning Legal Rules*, Oxford: Oxford University Press, 2006, pp. 218 - 219.

归纳法，在寻找到了大前提之后，则一般也要采用演绎推理的方法。[①]

第三，裁判说理的论证对象也是不同的。在英美法上，存在遵循先例（stare decisis）原则，所谓先例就是对于后续裁判具有规范意义的先前类似案件的裁判结果。[②] 由于先例对于裁判具有约束效力，因此法官在裁判中需要重点说明查找先例的过程、先例的可适用性、究竟适用的是先例中的判决理由还是附带意见等。而在大陆法中，法官的裁判说理并非针对先例展开，而主要是就法律规范进行涵摄的过程，以及对法律适用的理由予以确定。虽然在一些大陆法系国家，有的宪法法院的裁判也会产生类似于判例的作用。例如，在德国，宪法法院的裁判即具有较大的影响，宪法法院的裁判会体现一定的政策考虑的因素，其所作出的司法裁判也具有法律拘束力，能够产生类似于英美法中判例的作用。但是，成文法仍然是大陆法系国家裁判的主要说理依据。

第四，裁判说理依据的开放性程度不同。大陆法是成文法，其主要依据成文法规则进行裁判，其更侧重于对具体法律规则的解释适用，虽然在解释适用法律规则的过程中也会考虑相关的社会影响和社会效果，但在大陆法系国家，法律规则之间的逻辑推演色彩较为浓厚。大陆法系国家的法官十分讲究裁判文书格式化，忽视了论理方法的多样性，往往是直接叙述案件事实，再引用法律条文，并最终得出结论，不能广泛地引用各种论证依据来进行充分说理。[③] 而英美法国家的法院在论理依据上十分广泛，它包括了经济的、法律的、历史的、文化的、社会的、心理的等各个方面的知识，来加强其说理论证的理由，而且裁判结论的得出十分注重其社会效果和社会影响，尤其是对社会发展、经济发展等方面的影响，广泛涉及道德准则、社会政策目标、事实材料与经验知识等范畴，并深入考虑各种裁判选项所可能的后果。[④] 美国联邦最高法院肯尼迪大法官在著名的承认同性婚姻的判决中引用孔子在《礼记·昏义》中所说，“古之为政，爱人为大”，

---

① John H. Farrar, Anthony M. Dudgale, *Introduction to Legal Method*, London, Sweet & Maxwell, 1990, p.79.

② 何家弘主编：《外国司法判例制度》，中国法制出版社2014年版，第70页。

③④ 蔡杰、程捷：《封闭与开放：裁判文书论理风格之类型化检讨》，载《法学论坛》2006年第2期。

用以论证婚姻制度的重要性。在该判决书中，除了引用孔子名言，还有西塞罗、托克维尔等人的言论，以论证婚姻对于社会和秩序的重要性，以此说明美国支持同性婚姻合法也是深思熟虑的结果。

（二）两大法系裁判说理的共同点

尽管在形式上存在上述差异，但若仔细比较，可以发现，在寻找大前提方面，两大法系仍然存在很多共同点，表现在：

第一，努力寻找具体的规则而不是抽象的原则。在大陆法国家，原则上，法官必须要遵循避免向一般条款逃逸的原则，如果有具体的规则，就不应当适用抽象的原则。在例外情况下，法官也可以援引抽象的法律原则，并从法律原则中阐释出具体规则。这一点在英美法上有所不同。因为，英美法采遵循先例（stare decisis）原则，其基本思维逻辑是从个案到个案，而不是从抽象原则到具体事实。[①] 法官在裁判过程中需要寻找先例，并将该先例中确定的规则运用到个案之中。法官的工作是具体地（in concreto）解释先例和比较两个案例的相似度。[②] 但由于其严格强调先例与待决案例的相似性，一般规则仍然是以先例为根本前提的，主要用以说明特定先例在创设规则上的效力，而不是通过先例辅证一般规则的正当性。在大陆法国家，法官的主要功能是直接地解释法典，而不是具体解释先例。[③] 当然，在某些情况下，法官也可能要援引法律原则。由于大量法典条款采用了原则性和抽象的表述，所以法官在个案中即使要援引法律原则，其也必须对该原则的内涵以及从原则中确立的具体规则进行解释。[④]

第二，尽可能寻找具有具体针对性的裁判规则。就同一案件来说，可供适用的具体法律规则可能有数个，法官的任务就是要寻找最妥当的裁判规则，其妥当

---

①②③ Jane C. Ginsburg, *Legal Methods: Cases and Materials*, 3rd ed., Foundation Press 2008, p. 70.

④ 在英国的一个案件中，法官描述了归纳推理和演绎推理在普通法实务中的适用过程。首先致力于确定某类行为的共同特征以及涉案当事人之间的关系，以及法院在先前判决中所确定的注意义务。要确定现在案件中行为的特征与当事人之间的关系与先前案件中行为与类型的关系的共同性。这一步骤是一种分析和归纳的过程，在大前提确定之后，将大前提与具体案件结合起来，最后形成裁判结论。Home Office v Dorset Yacht Co Ltd [1970] UKHL 2.

性的表现之一就是具有具体针对性。法官对特定法条的解释并不只是针对个案，而是努力将其解释成调整某类型案件的规范，保证其对大量具体案件的包容性。因此，大陆法系成文法解释活动注重对法律本身体系性和协调性的维护。[①] 从这个意义上讲，无论是大陆法系的成文法典的解释，还是英美法系的先例解释，解释活动都强调拟适用规则来源的统一性和稳定性，维护法律规范的可预期性。

此外，在普通法国家，在寻找大前提的过程中，主要以法官为中心展开，裁判中注重遵循法官解释的经验。但在大陆法国家，法官解释法律时比较注重学者的理论阐释。因为大陆法国家注重对法典的解释，而法典依赖于学理等多个层面阐释。梅利曼教授在比较两大法系的基础上指出，大陆法系成文法的解释工作主要通过法学教授的法律评注和教科书编撰工作来完成的，法学家的著述也就成为法官在理解和适用法律中的重要参考资料。判例法国家则与此相反，法学教授撰写的教科书以法官在历史中作出的判决和论理作为基本素材，教科书主要是对著名判例的引证和说明。相形之下，法学教授在大陆法系法律职业体系中的声誉和地位比普通法更高。[②]

第三，在寻求大前提时，两大法系都注重对大前提的解释。寻找大前提并不意味着就可以当然从中得出结论，大前提的内涵必须清晰明确。所以，在方法论中，法律解释起到至关重要的作用。通过对法律的解释，使裁判者得以正确地适用法律，使人们得以明确法律的具体含义，对未来的生活享有稳定的预期。[③] 虽然两大法系在解释的方法和规则上不完全一致，但是，法官都在采取共识性的解释规则，这已经成为一种趋势。

尽管两大法系在司法三段论操作中的差异性仍然是存在的，但在全球化时代，两大法系的此种差异在不断缩小，有学者甚至认为呈现出了一种相互融合的趋势[④]，就寻找大前提的方法而言，实际上并无本质差异。

---

① Jane C. Ginsburg，*Legal Methods*：*Cases and Materials*，3rd ed.，Foundation Press 2008，p. 70.

② John Henry Merryman & Rogelio Perez-Perdomo，*The Civil Law Tradition*：*An Introduction to the Legal Systems of Western Europe and Latin America*，3rd ed.，Stanford University Press，2007. p. 20.

③ 孟强：《物权法：从纸面到实践》，载《光明日报》2008 年 7 月 15 日。

④ Jane C. Ginsburg，*Legal Methods*：*Cases and Materials*，3rd ed.，Foundation Press 2008，p. 72.

二、找法的基本路径

在内容极为复杂的法律体系中寻找大前提，必须首先确立找法的基本路径。但找法的过程是以小前提即案件的事实确定为基础的。大前提的确定本身需要通过法律解释和补充，将其解释为完全的法律规定，并进而确定出规定中所需要的构成要件。按照黄茂荣教授的看法，“大前提之寻找及其内容与意义之确定系法律规定之萃取（Rechtsgewinnung），这属于法律解释与法律补充的活动”[①]。笔者以为，解释法律的确是寻找大前提中非常重要的步骤，但是不能因此在这两者之间画上等号。在大前提的寻找间，除了法律解释外，我们还需要在新法与旧法间，在上位法和下位法之间作出选择和判断，以确定所选择的法条是否具有法律的效力。在法律体系中寻找大前提包含四个重要的环节，我们可以将其称为“找法的四步法”。

（一）根据法律关系的性质来选择法律规范的适用

法律哲学认识论认为，法律规范只有在具体语境中才能获得意义，纯粹抽象的讨论法律规范的内涵是徒劳的。任何法律规范的解释，都必须置于特定的语境中。语境既可能是某一个具体的案例、案件事实，也可能是某一个案件或者案例类型。[②] 正确的法律思维并不是从散乱的生活出发，而是将事实抽象上升为法律关系，再通过界定法律关系的性质，寻找恰当的找法途径。“法书万卷，法典千条，头绪纷繁，莫可究诘，然一言以蔽之，其所研究和所规定者，不外法律关系而已。”[③] 从方法论上看，民事法律关系是指导理论研究人员与司法实务工作者解决实践问题的基本思维模式与思考方法。司法审判人员在处理民事纠纷时，都需要将当事人置放在具体的民事法律关系中，分析该具体法律关系的主体、客体

① 黄茂荣：《法学方法与现代民法》（第五版），法律出版社 2007 年版，第 222 页。

② Manning，John F.，“What Divides Textualists from Purposivists?”，70 *Columbia Law Review* 106 (2006).

③ 郑玉波：《民法总论》，三民书局 1979 年版，第 63 页。

以及当事人的权利义务关系，把握权利的产生、变更、消灭，这样才能依法公正裁判，正确地解决各种民事纠纷。例如，在解决某个纠纷时，首先需要判断案情所涉及的是侵权法律关系还是违约法律关系，如果是合同关系，那么究竟是构成一个合同关系还是两个合同关系，该合同关系的内容、性质究竟为何，这就是正确审理民事案件所应当遵循的基本思路。

根据法律关系的性质来选择法律规范的适用，首先需要对法律关系的性质进行准确的界定，例如，究竟是合同关系还是物权关系，界定得越清晰越具体，就越有利于找到准确对应的大前提；如果是合同纠纷，究竟是有名合同还是无名合同，有名合同中，究竟是买卖合同还是委托合同；如果是侵权纠纷，究竟是过错责任，还是过错推定责任，或者是危险责任等，需要在法律上厘清。其次，要对特定案件中的法律关系进行分类。在方法论上，虽然常常将这种分类方式归入事实类型化，并认为这是一种事实的分类，但实际上这种分类是和大前提不可分割的。“法官在适用法律之前，必须对事实进行分类，但在对事实进行分类之前，又必须对法律进行分类。”[①] 这就是说，在某些情况下对事实类型化时，要与大前提结合起来理解。如果大前提要求进行某种分类，那么，就应当相应地进行某种事实的分类。例如，就无权处分而言，凡是非法处分他人的财产，以及没有处分权的，都可以归入无权处分的范畴。但是，法律对此又作出不同的分类，例如，无权处分业主共有财产和无权处分一般的共有财产是作为不同的法律事实来对待的。在这种分类中，并不是以具体的构成要件为基础，而是以特定构成要件所包含的类型为基础进行的分类。

试以“空地改成车位案”为例，在该案中，某小区的特定区域规划为空地，主要用作业主休闲的场所。开发商未经业主同意，将该空地改造成车位，并对外销售。有业主对此提出异议，认为开发商与买受人之间的买卖合同无效。一审法院认为，开发商的行为侵害了业主的共有权。

再以“共有人无权处分房屋案”为例，在该案中，甲乙丙三人共有一套房

---

① Geoffrey Samuel，*The Foundation of Legal Reasoning*，Antwerp：Maklu. Uitgevers. 1994，p. 210.

屋，甲未经乙丙二人的同意，将该房屋出售给第三人（丁）。在这两个案例中，都构成了无权处分，但是，它们之间是有差别的，应当归入不同的事实类型之中。因为侵害一般的共有，与侵害业主的共有是有区别的。原因在于，建筑物区分所有中的共有部分是不能与专有部分分离而转让的，否则，就与建筑物区分所有的性质相悖。在上述两个案例中，都可以认为其涉及无权处分关系，因为在第一个案件中，开发商未经业主同意，将该空地改造成车位，并对外销售，这实际上是一种无权处分业主财产的行为。在第二个案件中，甲未经乙丙二人的同意，将共有房屋出售给丁。这实际上也是一种无权处分共有财产的行为。一旦我们能够将其界定为无权处分行为，就能够将其与无权代理、无权代表行为相区分。但仅仅将其划入无权处分行为还是不够的，因为：第一，在这两个案件中无权处分的对象并不相同，一个是建筑物区分所有中业主的共有财产，一个是一般共有财产。这种对象的不同，决定了其要适用完全不同的法律规则。从找法的途径来说，我们需要基于处分对象的不同，在建筑物区分所有制度和一般共有制度中去分别找法。不能够将这两者相互混淆，否则无法得到恰当的适用结果。这就需要我们从侵害对象着手，对“无权处分”进行再分类，以确定系争案件是否属于该法律规范的适用范围。第二，无权处分关系所产生的法律效力是多重的，其既可能产生效力待定的合同关系，也可能形成无效合同关系，而在受让人为善意的情况下还可能构成善意取得。这就需要我们针对无权处分，从效果上进一步结合案件的事实，将其进一步地进行分类，通过在客观事实中抽象出的法律关系，选取合适恰当的法律规范加以适用。

（二）通过体系思考选择法律规范

法典化就是体系化。《民法典》颁布后，必须要采取体系化的思维方式，全方位地检索《民法典》的相关规则，来解决具体的个案。应当看到，《民法典》的颁布为法官找法提供了极大的便利。具体而言：首先，《民法典》集中提供了裁判依据。《民法典》具有完备性，这就意味着将民事法律最基本的规则进行集中规定，形成规则基本齐备的找法、用法的平台，为执法者和司法者找法、用法提供了便利。其次，《民法典》提供了导航功能。《民法典》作为基础性的法律，也是处理民事案件的基本裁判规则，因此，在没有充分和正当理由的情形下，裁判者首先应当针对民事案件，依据其不同的法律关系性质，分别从《民法典》各编中找法。这就是说，法典化产生了其基础性的功能，当事人找法时，首先寻找的入门路径就是《民法典》。诚如苏永钦教授所说，单行法如同一颗颗行星，《民法典》像一颗恒星，行星围绕恒星运转，这就形成了所谓的“卫星规则”[①]。因此，找法的基本思路是从《民法典》中寻找裁判依据，《民法典》所具有的导航功能还表现在，借助于《民法典》的引致条款，可以寻找相应的特别法。再次，《民法典》提供了规则的参照功能。《民法典》中用了很多参照性法条，这实际上有助于指引可得适用的规则。《民法典》中规定的“参照”条款共有37处，通过这种参照的技术，避免了立法的冗余，也为法官提供了大量《民法典》虽然没有直接规定，但可以通过参照进行适用的规则。还有一些参照适用的情形，在《民法典》中并未明确规定，但是依据《民法典》相关规范的性质以及参照与被参照法律关系的相似性，也可以依具体情况进行参照适用。例如，《民法典》在保证合同中规定了有关保证人的追偿权、抗辩权以及债权转让和债务承担对保证责任的影响等规则，也可以适用于物上担保的情形，从而在物上担保中适用保证合同的相关规则。最后，《民法典》有利于法条之间相互组合，为当事人提供完整的请求权基础，也为法官裁判案件提供了完整的裁判依据。法官所需要的裁判依据，应当是完全法条，即兼顾法律要件与法律效果的规则。此类完全法条不一定完全被规范于某一条甚至是某一节、某一章、某一编之中，其可能分散在各编之中。这就需要法官以体系化的思考方式，将这些散见于各编的不完全法条相互结合形成完全法条。例如，在侵害人格权案件中，如果受害人主张精神损害赔偿，有关精神损害赔偿的规则组合成一个完整的法条就需要将《民法典》第995条关于侵害人格权的民事责任，与《民法典》中第1193条关于精神损害赔偿的规定组合起来，从而构成完全法条，成为法官确定精神损害赔偿的裁判依据。

体系思考的方式在民法中最典型地表现为请求权体系的思考。例如，甲未经

① 苏永钦：《现代民法典的体系定位与建构规则——为中国大陆的民法典工程进一言》，载《交大法学》2010年第1卷。

乙的同意，将乙的房屋出售给第三人丙，该案就涉及如下请求权：一是物权请求权，即甲未经乙的同意，将乙的房屋出售给第三人丙。此时，依据《民法典》第235条，乙既可以针对甲，也可以针对丙提出返还原物。二是侵权请求权，即甲未经乙的同意，将乙的房屋出售给第三人丙。在此情况下，乙可以依据《民法典》第1179条请求甲赔偿损失。三是违约请求权，即甲未经乙的同意，将乙的房屋出售给第三人丙，如果甲和乙之间存在合同关系（如借用合同、租赁合同、保管合同），乙可以请求甲承担违约责任。四是不当得利请求权，即甲未经乙的同意，将乙的房屋出售给第三人丙，其所获得的利益也构成不当得利，乙可以依据《民法典》第122条以及合同编中准合同的规定提出请求丙返还其所获得的不当得利。这可能是生活中会遇到的案例。在日常生活中，人们会认为，这是如何返还房屋或赔偿的问题，而不会考虑到法律会设计如此复杂的规定。但是，立法者必然要追求体系性，因此，耶林在“法学是一门科学吗?”的演讲中反复强调，法学就是要对实际运用的需要而发展出来的经验与事实作出科学表达，法律人应当将对法律的全部理解和认知整合起来，这个过程就是体系化的思考过程。① 可见，在上述例子中，法官如果仅仅囿于某一个请求权来判断，其得出的结论未必是最妥当的。例如，法官如果仅仅将其设定在违约的请求权上，就只能使受害人请求损害赔偿，但是，受害人可能希望返还房屋。法官确定违约的请求权就无法支持受害人的主张。只有通过体系的方式，才有助于确定司法三段论中的大前提。

体系思考应当遵循如下规则。

1. 把握法律的总分结构。民法是按照“总—分”结构建立起来的制度体系。所谓总分结构（lex generalis/lex specialis），就是指按照提取公因式的方法（vor die Klammer ziehen）区分部门法中的共通性规则与特殊规则，它是将其中的共通性规则集中起来形成总则或一般规定，将特殊规则集中起来作为分则或作为特别规则加以规定所形成的结构。② 在一般情况下，找法的过程应当先从分则中

① Rudolf von Jhering，Ist die Jurisprudenz eine Wissenschaft?，Wallstein（2009），S. 91.

② ［日］松尾弘：《民法的体系》，庆应义塾大学出版社2005年版，第13页。

找，如果分则中没有相关规定，才应当适用总则的规定。以前述“无权处分钢琴案”为例，本案涉及当事人违反保管合同，保管人处分了寄托人的财产，应当承担责任。但是，保管人处分寄托人财产的情形，保管合同制度本身没有规定，此时就应当援引民法典合同编通则部分的规定作为裁判依据。

2. 把握法律条款先后适用的顺序。一般来说，如果一个法律条文被区分为不同条款，其常常先设定一般规定，再规定特殊情况。例如，《民法典》第1195条第2款规定了通知规则，第3款规定了知道规则，知道规则实际上是通知规则的例外。从法律适用的角度来说，特殊规定应当优先适用，所以，如果可以适用知道规则，就不应再适用通知规则。按照特别法优先于一般法的规则，应当优先适用特别规定。

3. 考察积极要件和消极要件。在找法的过程中，规范包括了积极要件和消极要件，例如，《民法典》第568条规定的“当事人互负债务，该债务的标的物种类、品质相同的”，这些都属于积极要件；该条规定的“依照法律规定或者按照合同性质不得抵销”则属于消极要件。只有在积极要件被充分满足，而消极要件没有被满足的情况下，法条才能被援引。这就必然要求在援引该法条时，不能仅仅考虑积极要件，还要考虑消极要件。再如，《民法典》535条第1款规定：“因债务人怠于行使其债权或者与该债权有关的从权利，影响债权人的到期债权实现的，债权人可以向人民法院请求以自己的名义代位行使债务人对相对人的权利，但该权利专属于债务人自身的除外。”此处所说的“但该债权专属于债务人自身的除外”就属于除外要件的规定，是一种消极要件。消极要件常常表现为特别规范，要优先于一般规则适用。

积极要件和消极要件实际上包含了请求规则和抗辩规则、责任承担规则与责任减轻或免除规则。民事纠纷的处理，最终涉及的是责任承担问题，在具体案件中，正确地确定责任，必须依完整的责任规则加以考虑，缺少任何一个方面，都可能导致片面化，不能正确确定责任。法律规则与生活经验的差异在于，在生活中，“欠债还钱，天经地义”的说法是基本的社会道德规范，但在具体案件中，原告主张“欠债还钱”时，法官所应考量的，并不仅仅是债权债务关系本身，还包括诸如是否存在时效、同时履行以及债务是否应当受到保护等抗辩。又如，相邻两户中，一家的大树被大风吹倒，倒在邻家的土地上，树木的主人要求返还树木，按照一般的“拾金不昧”的道德观念，邻家应当返还树木，但是，作为一个思考缜密的裁判者，其还要考虑树木是否造成邻人的财物毁损、是否需要支付返还树木的费用、是否可行使留置权等，这就不能按照一般的简单道德观念加以处理。再以前述“美容失败案”为例，将该案作为合同案件处理和作为侵权案件处理，抗辩事由有重大差别，如果将其作为合同案件处理，其抗辩事由是简单的，只有不可抗力和约定的免责事由，而如果作为侵权案件处理，则抗辩事由更为广泛，不仅包括《民法典》侵权责任编第一章所包含的抗辩事由，还包括《民法典》侵权责任编在医疗责任中所规定的抗辩事由。法官必须要确定这些抗辩事由是否存在后，才能最终确定行为人是否应当承担责任。

4. 把握条款之间的结合。一是法官需要查找的裁判规范，可能不是一个规范，而可能是多个规范的结合才能形成一个完全法条。也就是说，不完全法条与其他法条结合起来，才能作为裁判规则适用。例如，双方存在医疗纠纷，患者发现医疗机构有篡改病历的情况。依据《民法典》第 1222 条可以推定医疗机构存在过错。但是，仅适用该条规定还不足以认定责任，还必须适用《民法典》第 1218 条的规定。援引第 1222 条只是解决了过错要件。若需最终确定责任，还必须援引第 1218 条的规定。再如，当事人双方就土地承包经营合同发生了争议，一方要求另一方承担违约责任。法官应当援引《农村土地承包法》的相关规定，确定相关合同的内容，以确定一方是否违反了合同。但是，违约责任的承担仍然要援引《民法典》合同编的相关规定。所以，在有些案件中，法官认为援引了《农村土地承包法》就不必援引《民法典》合同编[①]，这显然是不妥当的。二是构成要件和法律效果规定的结合运用。例如，原告基于被告构成侵权的事实，请求承担精神损害赔偿责任。法官依据《民法典》第 1165 条第 1 款的规定，要求承担责任。但是，也应当再考虑该法第 1183 条关于精神损害赔偿的规定。三是

① “王志会与北京市通州区宋庄镇富豪村村民委员会等农业承包合同纠纷上诉案”，北京市第二中级人民法院（2009）二中民终字第 06969 号民事判决书。

不完全法条的结合运用。它是指在一个法条中没有包含构成要件和法律后果两部分的法条。从法律适用来看，完全法条可以直接作为裁判依据，而不完全法条必须与其他条文结合才能适用。然而，应当注意的是，法律规范的要件（Tatbestand=T），通常由多数的要件特征（tatbestandmarkmale=M）组成。不完全法条的结合运用，必须符合所有的要件特征，才能发生该法律规范所定的法律效果，以公式表示如下。

$$T=M^1+M^2+M^3 \rightarrow R$$

$$S=M^1+M^2+M^3$$

$$S \rightarrow R$$

不完全法条的结合运用，并与事实要件相吻合，得出裁判结论。此种模式也是三段论推论中的一种类型。[①] 例如，《民法典》第 1226 条规定了医疗机构及其医务人员侵害患者隐私权的责任，但是该条并没有明确其归责原则。因此，该条应当结合《民法典》第 1165 条第 1 款来适用，即明确其归责原则是过错责任原则。

5. 排除与案件的事实要件缺乏对应性的规范。体系思考不仅是思考可供适用的规则，还要在体系思考中，不断排除不应当适用的规则，这就要以与案件的事实要件具有对应性为标准。凡是具有对应性的，就应当考虑作为可适用的裁判规则，否则，就应当予以排除。

6. 注重引致条款的运用。民法典中存在大量的引致条款，如前述，引致规范具有导航功能，可以引导法官准确寻找应适用的法律。特别是在侵权损害赔偿请求权与绝对权请求权如物权请求权、人格权请求权相分离之后，就需要针对受害人的请求，适用引致条款分别适用民法典各分编的规则。例如，在侵害物权的情形下，如果受害人既请求返还原物，又请求赔偿损失，则法官在确定裁判依据时，不仅应当依据《民法典》第 235 条关于物权返还请求权的规定，还要援引《民法典》第 238 条关于“权利人可以依法请求损害赔偿”的规定（该规定作为

① 王泽鉴：《民法思维》，北京大学出版社 2009 年版，第 158 页。

引致条款指向的是侵权责任编），从而援引侵权责任编的相关规定，确定行为人应当承担的侵权责任。

体系思考也是保证法律适用的统一性和一致性的基础。德国学者 Sohm 指出："在法律素材中我们希望找到一个统一的思想；所以我们在法律规范中希望找到能够统辖所有规范的理念。满足人类追究统一的精神需求是法学的理想的任务。因此，从法学的理想的本能中产生了体系的追求，即法律体系作为单个概念、即法的概念的自由展开，呈现在人们的面前。"① 体系思考有助于克服单纯追求某一个领域的规范而造成与其他规范的冲突，它可以使各个规范之间相互协调、衔接。尤其是在《民法典》中，存有大量相互援引适用的规则，例如，《民法典》物权编中没有规定第三人提供物上担保的情形，其对债权人享有哪些抗辩，以及在承担担保责任后是否可以向债务人追偿等问题。从表面上看，这似乎构成了法律漏洞，但事实上依据《民法典》第 388 条第 1 款，担保合同包括抵押合同、质押合同和其他具有担保功能的合同。因此，依据该规定，保证合同也属于其他具有担保功能的合同。基于该规定，就可以将合同编中关于保证人的抗辩权和追偿权等规定，适用于物上担保中的担保人的权利。需要指出的是，法律体系分为内在体系和外在体系②，而体系思考主要是基于外在体系的思考。体系思考与法律体系之间的关系，主要体现于法律的外在体系方面，因为体系思考就是要体系化地考虑所有法律规范，从而确定可供适用的大前提。法律的内在体系只能运用于价值判断之中。

（三）通过规范检索确定相关大前提

规范检索实际上是对可供适用的法律规则进行验证。但是，我们所说的规范检索和德国法上的请求权基础检索存在区别。一方面，规范检索并不限于请求权

① Helmut Coing，Zur Geschichte des Privatrechtssystems，Klostermann，Vittorio；Auflage：1 (1962)，S. 25.

② 民法典的内在体系是指各单个法律制度之间的基本价值内在联系，它是需要立法者在立法时时常牢记的基本价值理念和原则，也是民法典颁布实施之后，在适用和解释时必须遵守的准则。民法典的外在体系是指民法的制度和规则体系，具体是指法典的篇章节、基本制度的安排等。详见王利明：《民法典体系研究》，中国人民大学出版社 2009 年版。

规范基础的检索，还包括抗辩权、形成权等规范的检索。另一方面，规范检索并不是对所有的请求权类型进行检索，而主要是针对原告的请求和被告的反请求进行检索。正是通过规范检索，可以将纷繁复杂的大前提集中到原被告请求和抗辩的依据上，并进而确定可供适用的大前提。相对于请求权检索，规范检索是更为集中的检索方式。

第一，从原告的诉讼请求入手。原告在提出请求时，都是有相应的依据来支持的，正是考虑到这些依据，原告才提出请求。在一般情形，很少存在毫无依据的请求。但是这些依据是否成立，是否可以在法律上获得支持，这是法官需要考虑的问题。从原告的诉讼请求着手，使法官可以直接进入当事人争议的焦点，并且能够回答是支持还是驳回原告的请求。例如，甲在乙的房屋边上修建地窖，挖掘一个深坑，影响了乙的房屋安全。但在该地窖被修建完成 3 年后，乙要求排除妨碍、恢复原状。从体系思考的角度来看，该案可能涉及物权请求权，也涉及侵权请求权。法官应当检索两个方面的法律规范，以确定原告的诉讼请求是否应当被支持。但是，从规范检索的角度，只需要考虑原告在提出请求时，其请求的依据是什么。如果原告乙要求排除妨碍、恢复原状的依据是侵权，就有可能已经超过了诉讼时效；而如果原告主张物权请求权，就不涉及诉讼时效的问题。

第二，从被告的反请求考虑。反请求不同于抗辩，反请求不仅是防御，而且提出了一个新的请求。在此，要区别抗辩与反请求、本诉与反诉的界限。所谓反请求是指被告依法向原告提出的独立的请求，原告提出的诉讼成为本诉，被告提出的反请求成为反诉。由于反诉与本诉基于同一个法律关系而发生或者以同一事实为根据，且反诉的请求具有对抗性，这就使反诉与抗辩常常发生混淆。笔者认为，两者区分的根本标准在于：如果仅仅是否认对方的请求，只是证明对方的请求存在或者不存在，则属于抗辩而不属于反请求。反请求和反诉中提出了独立的请求，而不仅仅是否认对方的请求。例如，甲诉乙拖欠工程款，如果乙只是提出甲因交付房屋迟延已构成根本违约，乙有权拒绝支付工程款，则乙只是提出了抗辩而不是提出了反请求。但如果乙提出，因甲迟延交付房屋致使其遭受损害，并要求甲赔偿损失，则乙并不是仅提出抗辩，而是提出了反请求。法官通过确定反请求，并对其法律依据进行检索，可以明确是否要支持被告提出的反请求。

第三，从被告的抗辩理由着手。“在司法三段论中，法官不仅要考察可以支持原告请求权的规范，而且要考察足以否定原告请求权的规范。”① 抗辩是否认对方请求的主张，在提出抗辩的情况下，抗辩是否成立，主要考虑其是否有法律上的依据。在日常生活中，我们常常以经验和伦理等得出结论，如“欠债还钱”。但是，从法律人的角度来看，其思维要更为复杂，例如，法官需要考虑被告欠债不还的原因是什么，是否存在法律认可的抗辩事由，如是否超过了诉讼时效、是否有同时履行抗辩权、是否可以抵销等。只有查明了所有可能的抗辩，才能确定是否要“欠债还钱”。这通常需要确定，抗辩的法律依据是否存在，并且是否可以适用于特定的案件之中。例如，在前例中，甲在乙的房屋边上修建地窖，挖掘一个深坑，影响了乙的房屋安全。被告如果提出抗辩，认为原告的权利主张已经超过了诉讼时效，不能再主张该权利，那么针对被告的抗辩，法官就应当考虑该案是否适用诉讼时效规则。再如，被告以不可抗力要求免责，就要确定特定案件中的情形是否属于不可抗力，以及不可抗力免责规则是否可以适用于具体的案件。

在规范检索的过程中，要对规范的可适用性进行判断。所谓规范可适用性的判断，是指法律规范能否作为大前提来适用。在进行规范可适用性的判断时，应当注意如下几点。

(1) 必须是实体性规范。在实践中，个别法院在对案件实体内容作出裁判时，仅仅援引程序法的相关规定，而没有援引相关的民事实体法律作为大前提，这显然是不妥当的。在判决中，除非当事人是针对诉讼程序是否合法发生纠纷，否则，最终作出裁判的依据只能是实体性规范，而不应当是程序性规范。

(2) 必须是裁判规范。法律规范可以区分为裁判规范和单纯的行为规范。从司法的角度来看，大前提应当是裁判规范，不能是单纯的行为规范。

(3) 在没有合同约定或约定不明时，才能适用任意性规范。根据私法自治原

---

① Franz Bydlinski，Juristische Methodenlehre und Rechtsbegriff，Wien/New York，Springer-Verlag，1982，S. 401.

则，如果当事人已经有约定，则不能适用任意性规范，而应当适用合同。只有在没有合同约定的情形下，才能援引民法典合同编的任意性规定。

（4）必须是完全法条。大前提通常都应当是完全法条，只有寻找了完全法条，才能作为司法三段论中的大前提，并能够与小前提连接。所谓完全法条，是指已经兼备构成要件与法律效力两个要素，并将该法律效力连接于该构成要件的单一法条。① 之所以要求具有可适用性的规范应当是完全法条，这是因为从立法者的意图来说，在设定法条时，其就考虑到，哪些法条应当适用于具体案件，哪些法条必须与其他法条结合才能适用于具体案件。通常只有按照完全法条得出的法律效果，才是立法者所要达到的效果。而在适用不完全法条时，因为其可能不具备法律效果，难以指明立法者希望的效果，需要由法官自行确定法律效果，这就给予了法官过大的权力。因此，一般来说，如果一个法条已经是一个完全法条，法官可以直接援引其作为裁判依据。

完全法条在性质上是兼具假设（构成要件）和法律效果的法条，所谓兼备构成要件和法律效力，是指该法条明确了其适用的要件，并明确了相应的法律后果。例如，《民法典》第1165条第1款规定："行为人因过错侵害他人民事权益造成损害的，应当承担侵权责任。"尽管该条非常简略，但是，其确立了过错侵权的一般构成要件和法律后果，所以，属于完全法条。不完全法条是不完全具备构成要件和法律后果的法条。不完全法条只是为了说明、限制或引用另一法条，如果不与其他法条结合，通常不会发挥规范效果。② 在完全法条中，要有构成要件，这些构成要件组合在一起，就可以产生某种法律效果。这就是所谓"$M1+M2+M3\cdots\cdots=R$"公式的体现。在不完全法条中，存在着一些隐含性要件，需要通过法律解释加以明确。③ 正是因为完全法条包含构成要件和法律后果，所以，法官可以直接援引其作为裁判依据。从这个意义上说，完全法条属于裁判规范，而不是单纯的行为规范。

---

① 黄茂荣：《法学方法与现代民法》（第五版），法律出版社2007年版，第159页。

② 黄茂荣：《法学方法与现代民法》（第五版），法律出版社2007年版，第162页。

③ 邹碧华：《要件审判九步法》，法律出版社2010年版，第103页。

完全法条是可以独立作为请求权基础的法条。因为完全法条包含了构成要件和法律后果，所以，其可以独立成为请求权基础。而不完全法条必须与其他法条结合，才能成为请求权基础。例如，《民法典》第1165条第1款规定："行为人因过错侵害他人民事权益造成损害的，应当承担侵权责任。"该条是我国过错责任的一般条款，其包括了一般过错责任的构成要件，如过错、侵权行为、因果关系等，而且，包含了相应的法律后果，即承担侵权责任。所以，该条本身就可以作为请求权基础。

所谓不完全法条，就是指不完全具备构成要件或者法律效力规定的法条。[①]完全法条是相对于不完全法条而言的，它是指在同一法条中包含了构成要件和法律效力（或称法律后果）的规范。在法律上，从立法技术考虑，立法者不可能将所有法条规定为完全法条，从立法的简洁性考虑，有必要规定不完全法条。不完全法条的存在是立法技术的要求。而数个不完全法条相互组合也可以形成完全法条。[②]如果某一个法条必须与其他法条组合在一起形成完全法条，在此情况下，有必要将这些法条结合起来，共同作为裁判的大前提。例如，在因为不可抗力造成飞机失事的情况下，民用航空器的经营者是否应当承担损害赔偿责任？《民法典》第180条规定："因不可抗力不能履行民事义务的，不承担民事责任。法律另有规定的，依照其规定。"该法第1238条规定："民用航空器造成他人损害的，民用航空器的经营者应当承担侵权责任；但是，能够证明损害是因受害人故意造成的，不承担责任。"这两个条款结合在一起表明，即使不可抗力也不能免除民用航空器致害责任，因此，两个法条结合共同构成了完全法条。在寻找到不完全法条时，应当通过法律解释和补充，将其解释为完全的法律规定。

（四）通过规范解释确定可适用的规范及其要件

在大前提和小前提连接的过程中，解释起着至关重要的作用。因为一方面，在找法过程中，需要通过理解和解释来寻找相关的可供适用的法律规范。另一方面，在大前提确定的过程中，一旦找到相应的规范，也必须对规范进行解释。尤

① 黄茂荣：《法学方法与现代民法》（第五版），法律出版社2007年版，第159页。
② 黄茂荣：《法学方法与现代民法》（第五版），法律出版社2007年版，第162页。

其应当看到，在寻找到相关规则之后，还必须对规范要件进行界定，将其与案件事实相对比，这一过程就是涵摄的过程。德沃金认为，法律就是一个阐释性的规则。由此可见，法律解释对于法律适用的决定性作用。法律解释是文字的法律向行动中的法律转化的媒介。法律作为一种普遍性规范，具有非人格化特点。马克思指出："法律是肯定的、明确的、普遍的规范，在这些规范中自由的存在具有普遍的、理论的、不取决于个别人的任性的性质。法典就是人民自由的圣经。"①因此，需要借助于解释使规范具体化。从狭义而言，法律的解释仅指"找法"的过程，主要是指发现和确定法条的含义，以适用于案件。法律解释的结果就是确定三段论中的大前提，即可供适用的法律规范。可以说，法律解释的结论是裁判者在"找法"过程中具有权威性的意见。法律解释结论是生效裁判的依据，它本身要构成裁判的组成部分。所以，裁判一旦作出，这一解释结果就会对当事人产生拘束力。法律解释结论是单一的，在法律解释之初，制定法的解释可能有数个解释可能，但是，在解释结果得出之时，就只能是单一的解释结论。

如前所述，在寻找到相关规则之后，还必须通过解释对规范要件进行界定，从而形成与事实要件的连接。我们说寻找与案件之间具有具体针对性的裁判规则，仅仅到此为止还是不够的。实际上，在此基础上，法官应当再寻找与案件事实有密切关联性的规范要件。大前提的寻找过程并不是简单的法条的寻找，而需要依据特定的案件事实确定与该事实最密切联系的规则，在这个过程中，需要通过解释确定出相关规则的规范要件。具体来说，对规范要件可以从两个方面理解。

1. 规范

所谓规范就是指调整社会关系的规则。其目的在于规范社会生活的行为，而不在于描述社会事实。② 法律条文和法律规范具有密切的联系。很多学者，常常将二者等同起来。应当看到，法律规范要通过法律条文表现出来，法律上并不存在离开了法律条文的法律规范，也不存在不属于法律规范的法律条文。但是，法

① 《马克思恩格斯全集》第1卷，人民出版社1956年版，第71页。

② 黄茂荣：《法学方法与现代民法》（第五版），法律出版社2007年版，第67页。

律规范和法律条文之间也存在区别。从内容和形式的角度考察，法律条文是法律规范的表现形式，一个法律条文并不都是一个法律规范。法律规范包括了法律规则和法律原则。前者往往是由不同的要素组成的。法律规则的这些要素往往是由不同的法律条文来表现的，甚至是由不同规范性法律文件的不同法律条文来表现的。① 规范不同于单纯的条文：一方面，一个条文可能不能形成一个完整的规范，它只是表达了规范的某个内容；另一方面，规范一般都是指裁判规范，而不是单纯的行为规范。

民法规范可以作出如下分类。

（1）完全法条与不完全法条

所谓完全法条，是指已经兼备构成要件与法律效力两个要素，并将该法律效力连接于该构成要件的单一法条。② 例如，《民法典》第 1165 条第 1 款规定：“行为人因过错侵害他人民事权益造成损害的，应当承担侵权责任。”尽管该条非常简略，但是，其确立了过错侵权的一般构成要件和法律后果，所以，属于完全法条。由于完全法条完整包含了构成要件和法律效力，因此，其可以直接作为裁判依据。所谓不完全法条，是指不完全具备构成要件或者法律效力规定的法条。③ 不完全法条包括引致条款、说明性条款、限制性条款等。从立法技术层面看，立法者不可能将所有法条规定为完全法条，从立法的简洁性考虑，有必要规定不完全法条。例如，法律上有偿合同的类型很多，不可能针对每一种有偿合同的成立、效力都加以规定，因此，《民法典》第 646 条规定：“法律对其他有偿合同有规定的，依照其规定；没有规定的，参照适用买卖合同的有关规定。”这就极大地节省了立法成本，避免不必要的重复。因为“准用”等条文的存在，就产生了不完全法条。虽然不完全规范不能独立提供请求权基础，却能与其他规范结合来提供请求权基础。这些不完全规范或说明、或限制、或引致、或解释、或推定，功能不一而足，但都能相互结合形成完全法条。

---

①　王夏昊：《法学方法论的概念及其地位》，载《清华法学》2008 年第 1 期。

②③　黄茂荣：《法学方法与现代民法》（第五版），法律出版社 2007 年版，第 159 页。

由于《民法典》大量规定的是裁判规范，所以，从立法者的意图来说，其在规定具体的法律规则时，就已经考虑到哪些法条应当适用于具体案件，哪些法条必须与其他法条结合才能适用于具体案件。一般来说，如果一个法条已经是一个完全法条，法官可以直接援引其作为裁判依据。如果某一个法条必须与其他法条组合在一起形成完全法条，在此情况下，有必要将两个法条结合起来，共同作为裁判的大前提。不完全法条的结合运用，必须符合构成要件和法律效果的要求，才能发生该法律规范所定的法律效果，例如，在因为不可抗力造成飞机失事的情况下，民用航空器的经营者是否应当承担损害赔偿责任？依据《民法典》第180条规定："因不可抗力不能履行民事义务的，不承担民事责任。法律另有规定的，依照其规定。"该法第1238条规定："民用航空器造成他人损害的，民用航空器的经营者应当承担侵权责任；但是，能够证明损害是因受害人故意造成的，不承担责任。"这两个条款结合在一起表明，即使不可抗力也不能免除民用航空器致害责任，因此，两个法条结合共同构成了完全法条。

（2）参照适用与被参照适用条款

参照适用实际上就是"准用"（entsprechende Anwendung）这一立法技术，准用是指法律明确规定特定法律规定可以参照适用于其他的情形。准用"乃为法律简洁，避免复杂的规定，以明文使类推适用关于类似事项之规定"①。"准用"不同于"直接适用"，它是在不违背被准用事物性质时的适用。所以，准用要考虑被准用的事物的特点，只有那些不与被准用事物的特点相违背的法条才可以适用。所谓被参照适用条款，就是指参照适用条款所指向的基础条款。例如，《民法典》第467条第1款规定："本法或者其他法律没有明文规定的合同，适用本编通则的规定，并可以参照适用本编或者其他法律最相类似合同的规定。"此处所说的"最相类似"的规定，是指从合同的性质来看，待决案件中的合同与合同编中规定的某典型合同具有最相类似的特点。所以，在有关非典型合同的争议中，法官如果要参照适用《民法典》合同编典型合同的相关规定，就需要论证所

---

① 史尚宽：《民法总论》，中国政法大学出版社2000年版，第51页。

争议的合同案件与参照适用的规则具有“最相类似”的特征。《民法典》第 467 条第 1 款的规定在性质上属于参照适用条款，依据该条规定，“最相类似”的规范则属于被参照适用条款。

《民法典》规定了很多参照适用法条，这实际上有助于指引可得适用的规则。通过这种参照的技术，避免了立法的冗余，也为法官提供了大量《民法典》虽然没有直接规定，但可以通过参照进行适用的大量规则。还有一些参照适用的情形，在《民法典》中并未明确规定，但是依据《民法典》相关规范的性质以及参照与被参照法律关系的相似性，也可以依具体情况进行参照适用。例如，民法典在保证合同中规定了有关保证人的追偿权、抗辩权以及债权转让和债务承担对保证责任的影响等规则，其也可以适用于物上担保的情形，从而在物上担保中适用保证合同的相关规则。

（3）真正义务条款和不真正义务条款

真正义务条款就是指在违反该义务后将导致法律责任产生的条款，通常的义务条款均属于真正义务条款。所谓不真正义务条款，是指义务人违反该义务并不一定产生法律责任，而仅使其负担遭受权利的减损或一定限制的条款。其典型是合同中的减损义务，例如，《民法典》第 591 条第 1 款规定：“当事人一方违约后，对方应当采取适当措施防止损失的扩大；没有采取适当措施致使损失扩大的，不得就扩大的损失请求赔偿。”违反该义务与一般义务的违反不同，只是导致非违约方可以主张的损害受到减损和限制。不真正义务也不仅仅适用于合同领域，其实在民法的其他领域中也存在。例如，《民法典》第 1010 条第 2 款规定：“机关、企业、学校等单位应当采取合理的预防、受理投诉、调查处置等措施，防止和制止利用职权、从属关系等实施性骚扰。”该条实际上也确立了不真正义务，在发生了性骚扰行为之后，不能仅仅因为机关、企业、学校等单位没有采取合理的预防、受理投诉、调查处置等措施，而要求机关、企业、学校等直接承担性骚扰的侵权责任，仍然应当由行为人为自己的行为负责，除非是因为这些单位对于性骚扰的发生具有过错，否则不应当由这些单位承担责任。

在寻求法律规范的过程中，也可能不仅要寻找出特定的法律条款，而且需要将该条款中的构成要件和法律后果加以确定。这一过程就需要借助法律解释来完成，只有在构成要件与法律后果都确定以后，才能形成法律适用中的大前提。因此，法律规定所包含的构成要件和法律后果，也需要运用法律解释的方法加以阐释。

2. 要件

所谓要件，是指产生规范所设定的法律后果应当具备的条件。此处所说的要件，应当是与作为小前提的事实有密切联系性的规范要件。从性质上讲，要件就是法律假定的一种情形，也可以说法律假设的案情。当这些情形满足之后，才能产生法律所规定的相应后果。例如，在当事人之间发生了关于抵销的争议以后，就应当援引《民法典》合同编的相关规定。《民法典》第568条第1款规定："当事人互负债务，该债务的标的物种类、品质相同的，任何一方可以将自己的债务与对方的到期债务抵销；但是，根据债务性质、按照当事人约定或者依照法律规定不得抵销的除外。"依据该条规定，债的抵销必须满足三个要件：一是互负到期债务；二是债务的标的物种类、品质相同；三是并非依照法律规定或者按照债务性质或当事人约定不得抵销的债。可见，要产生特定的法律后果，必须满足规范中设定的要件，而且通常都有数项要件。很多法律条款都设定了法律适用的前提，这些前提也应当理解为"要件"。上述债的抵销的三个要件就是我们所说的规范要件。

法律规范构成要件包括了积极要件和消极要件，例如，在抵销中，"当事人互负到期债务，该债务的标的物种类、品质相同的"，这些都属于积极要件；而"依照法律规定或者按照合同性质不得抵销"则属于消极要件。只有在积极要件被充分满足，而消极要件没有被满足的情况下，法条才能被援引。这就必然要求在援引法条时，不能仅仅考虑积极要件，还要考虑消极要件。① 有关消极要件，主要从如下几个方面查找：第一，法律的例外规定。法律常常采用如此表述，如"法律另有规定的除外"，这就属于消极要件。第二，对相反要件的规定。例如，《民法典》第531条第1款规定："债权人可以拒绝债务人部分履行债务，但是部

① 黄茂荣：《法学方法与现代民法》（第五版），法律出版社2007年版，第162页。

分履行不损害债权人利益的除外。”第三，对除外要件的规定。例如，《民法典》第535条第1款规定：“因债务人怠于行使其债权或者与该债权相关的从权利，影响债权人的到期债权实现的，债权人可以向人民法院请求以自己的名义代位行使债务人对相对人的权利，但是该权利专属于债务人自身的除外。”此处所说的“但该权利专属于债务人自身的除外”就属于除外要件的规定。消极要件常常表现为特别规范，要优先于一般规则适用。

作为规范要件的法律规定，通常是采用明确的正面规定的形式，但也可能采取拟制、准用等形式。例如，《民法典》第638条规定：“试用买卖的买受人在试用期内可以购买标的物，也可以拒绝购买。试用期限届满，买受人对是否购买标的物未作表示的，视为购买。试用买卖的买受人在试用期内已经支付部分价款或者对标的物实施出卖、出租、设立担保物权等行为的，视为同意购买。”该条属于拟制性规定，它是要使不同的构成要件产生同样的法律后果。法律作出拟制性规定时，并不允许当事人通过反证来排除其适用。再如，《民法典》第311条第3款规定：“当事人善意取得其他物权的，参照适用前两款规定。”该条属于准用性规定，准用不同于直接适用，而是要考虑具体法律关系的性质而决定如何准用。对规范要件的确定，并非简单地从法律条文本身的字面含义出发，还应当考虑立法者的真意，或者法律的规范意旨，这需要法官进入法律解释领域进行解释。另外，大前提的确定和法律解释是不可分割的，甚至可以说，法律解释是大前提确定的组成部分。

三、找法的具体方法

（一）从法律规定之中寻找完全法条并确定规范要件

如前述，在寻找大前提的过程中，首先要寻求具有构成要件和法律效果的完全法条。当然，在有些情况下，单一的法条可能并非完全法条，其必须与其他法条相结合从而形成完全法条。在找法过程中，法官要寻找的并不是简单的法条，而需要进一步确定规范要件，在寻找到相关法条之后，法官的工作并没有结束，还需要进一步确定规范要件。德国学者认为，规范的适用是一个规范具体化的过程，由于规范具有抽象性的特征，而事实又非常复杂，因此，必须通过具体化的方法连接抽象的规范和具体的事实。[①] 法官不能简单地停留在法条之上，因为法条本身不能自动适用于案件事实，它必须具体化为规范要件，才可能实现与案件事实的连接。在成文法法系中，规范的适用应当体现为“依法裁判”，法官首先必须在成文法的框架内寻找正确的规范基础。由于规范具有不确定性和模糊性，所以需要通过解释等方法确定其内涵和外延，在此之后，通过严格的法律论证规则，将抽象的规范运用到事实中。所以，规范的适用就包括了规范的寻找、规范的解释、适用的论证。[②]

（二）必须根据规范要件，寻找最妥当的裁判结论

规范要件必须与事实要件结合，形成有效的连接，以得出妥当的裁判结论。大前提的引用并非越多越好。在实践中，有些法官认为，援引法条越多，似乎就越有说服力。其实，大前提的引用关键不在于多少，而在于其与特定案件事实之间是否具有密切联系性。这就要求依据规范要件，寻找妥当的裁判结论。以“热气球坠落伤人案”为例，该案可能涉及《民法典》第 1165 条第 1 款，依据该规则，如果庆典公司存在过错，则其应当承担过错责任。但是，受害人难以证明，庆典公司在气球的设置等方面存在过错，所以不能适用该条规定。本案也可能涉及《民法典》第 1202 条的产品责任，但是，因为受害人不能证明产品存在缺陷，而事故发生是因受害人操作不慎、气浪泄漏所造成的，所以他无法要求生产者承担产品责任。本案还可能涉及《民法典》第 1240 条的规定，但是该条要求必须是从事高空作业等高度危险活动造成他人损害；而且，受害人没有故意和重大过失。在这一案件中，其他要件都可以满足，但是欠缺高空作业的要件，因此，必须通过扩张解释高空作业的概念，使其涵盖本案中热气球升空的情形。从本案来看，基于法律解释技术，可以将热气球的升空解释为高空作业，从而使之适用《民法典》第 1240 条的规定。但是，因为受害人自己“操作不慎”导致损害，可

① Anne Roethel，Normkonkretisierung im Privatrecht，Mohr Siebeck，2004. S. 129.

② Anne Roethel，Normkonkretisierung im Privatrecht，Mohr Siebeck，2004. S. 125.

以减轻庆典公司的责任，所以，如果受害人的过错在要件事实中完全排除了责任，就不应当再考虑适用《民法典》第1240条，而如果受害人过错仅仅导致责任的减轻，则仍应当适用该条规定。

（三）不能“向一般条款逃逸”

要求法官寻找具体的法律规则，就是要防止法官裁判“向一般条款逃逸”。因为法律的具体规则设定了具体的构成要件和法律效果。一旦具体规则的规范要件与事实构成相结合，就能产生特定的法律效果。但法律原则通常没有设定具体的构成要件和法律效果，因而在大前提与小前提连接的过程中，往往由法官通过价值判断而作出连接。而且规则常常具有具体的针对性，是针对个案类型而设定的。就规则而言，其适用范围是受到严格限制的，在实际适用中其处于要么适用、要么不适用的地位。但是原则具有较高的宽泛性，适用范围较广，且其适用并非“全有或全无”，可以全部适用，也可以一部分适用[①]，可以和其他原则结合起来共同适用，也可以和具体规则结合起来共同适用。因此，规则对法官进行价值判断具有严格的限制，其自由裁量的空间较为有限。只有援引具体的法律规范，并强调确定其规范要件，才能有效地防止法官笼统地援引原则、出现向一般条款逃逸的现象。在实践中，许多法官常常喜欢援引抽象的法律原则来判案，虽然看似是依法裁判，但在存在法律具体规定的情况下，援引抽象的原则，而避开了找法和解释法律的困难，并使其享有过大的自由裁量的权力。所以，法官的此种裁判并不能说是真正的依法裁判。

（四）注重考察规范中的积极构成要件和消极构成要件

规范要件的寻找不仅要确定满足该规范适用的积极构成要件，还要满足消极的构成要件，包括免责和抗辩事由。有关消极构成要件，主要从如下几个方面查找：第一，法律的例外规定。法律常常采用如此表述，如“法律另有规定的除外”。这就属于消极要件。第二，对相反要件的规定。例如，《民法典》第531条第1款规定：“债权人可以拒绝债务人部分履行债务，但是部分履行不损害债权

① 陈林林：《基于法律原则的裁判：展开及限度》，载《法学研究》2006年第3期。

人利益的除外。”第三，对除外要件的规定。法律常常采用“但在下列情况下除外”之类的表述。例如，《民法典》第576条规定：“债权和债务同归于一人的，债权债务终止，但是损害第三人利益的除外。”涉及第三人利益的情况就是除外规定。以前述“美容失败案”和类似的案件为例，有的法官常常直接援引“公平原则”进行判决，要求医院赔偿受害人的损失。而并未将其裁判建立在合同或侵权等具体的法律规则基础上。实际上，在该案中，如果认为当事人间已形成了医疗合同关系，医方已经明示担保达到某种效果，则意味着当事人已经自愿承担相应的后果。即使因意想不到的非不可抗力的风险而导致手术失败，医方也不应被免责。而在侵权法中，法律常常规定了较多的免责事由，包括一般的免责事由和特殊的免责事由。在我国《民法典》中，除了侵权责任编一般规定中所规定的免责事由外，还包括侵权责任编针对各种特殊侵权所规定的免责事由。例如，《民法典》第1224条就规定了医疗事故中的特殊免责事由。在前述“美容失败案”中，如果适用合同责任，美容院乙的法定免责事由就非常少，其只能通过证明不可抗力的存在而得以免责；但如果适用侵权责任，就可以适用《民法典》侵权责任编一般规定一章中所规定的免责事由和该法第1224条规定的免责事由。这些免责事由就是我们所说的消极要件。而消极要件在合同责任和侵权责任中是存在差异的。

（五）准确运用参照适用规则

《民法典》的多个条款规定了参照适用规则，例如，《民法典》第1001条规定：“对自然人因婚姻家庭关系等产生的身份权利的保护，适用本法第一编、第五编和其他法律的相关规定；没有规定的，可以根据其性质参照适用本编人格权保护的有关规定。”依据本条规定，人格权编的规则可以参照适用于身份权。参照适用实际上就是“准用”（entsprechende Anwendung）这一立法技术，准用是指法律明确规定特定法律规定可以参照适用于其他的情形。准用“乃为法律简洁，避免复杂的规定，以明文使类推适用关于类似事项之规定”[①]。参照适用人

① 史尚宽：《民法总论》，中国政法大学出版社2000年版，第51页。

身权的意义在于，弥补身份权立法规定的不足。简化法律规定以避免重复。应当看到，“准用”不同于“直接适用”，它是在不违背被准用事物性质时的适用。所以，准用要考虑被准用的事物的特点，只有那些不与被准用事物的特点相违背的法条才可以适用。通常在直接适用的情形下，法官不需要就直接适用的理由作出过多的说理，但是在参照适用的情况下，则需要就某一条款能否适用到待决案件事实进行说理。例如，《民法典》第467条第1款规定：“本法或者其他法律没有明文规定的合同，适用本编通则的规定，并可以参照适用本编或者其他法律最相类似合同的规定。”该规定确立了如下规则：第一，合同编通则的规定直接适用于典型合同与非典型合同。因为合同编通则是适用于所有典型合同与非典型合同的规则。第二，对于合同编关于典型合同的规定以及其他法律关于典型合同的规则，非典型合同只能参照适用。毕竟非典型合同并非典型合同，不能直接适用典型合同的规则，但对于与非典型合同非常类似的合同规则可以准用。第三，必须是针对与法律关于典型合同规定的最相类似的合同规定，才能参照适用。此处所说的“最相类似”的规定，是指从合同的性质来看，待决案件中的合同与合同编中规定的某典型合同具有最相类似的特点。所以在有关非典型合同的争议中，法官如果要参照适用《民法典》合同编典型合同的相关规定，就需要论证所争议的合同案件与参照适用的规则具有“最相类似”的特征。

（六）准确运用引致规范

民法典的重要目的就是要形成完善的体系架构，为法官处理民事案件提供完备的规范体系。这就决定了在民法典各编中会出现大量的引致条款，这些条款在最大程度上保证了立法的简洁，避免重复，也可引导法官正确找法。如果《民法典》中不设置引致规范，可能导致大量规范重复现象。据粗略统计，民法典中至少有49个引致条文。例如，在物权编中，第238条就规定：“侵害物权，造成权利人损害的，权利人可以依法请求损害赔偿，也可以依法请求承担其他民事责任。”此处的“依法请求损害赔偿”主要就是指向侵权责任编的适用。在侵害物权的情形下，权利人主张赔偿损失，就不仅需要援引物权编也要援引侵权责任编的规则。引致条款的出现就意味着法官不能只援引一个条款，而需要根据法律适用的需要，综合运用多个关联法条。还要看到，法典化的另一优势在于为法官裁判提供具有体系性的规范，任何一个民事案件的裁判，主要应当从作为基础性法律的民法典规范中寻求裁判依据，进行体系化的思考，这种引导作用，也正是法典化的优势。因此，法官在裁判过程中，如果涉及引致规范的适用时，在客观上也需要法官援用多个条款裁判。

第四节　法无规定时的找法方法

一、在法无规定情况下的找法与漏洞填补

在法无规定、无法可司的情形下，对于法官的裁判提出了更高的要求。应当看到，随着我国《民法典》的颁布，基本的民事法律规则已经齐备，对特定法律关系出现法律调整的真空和空白现象已经大大减少。在民事领域，法官不得以“法律规则不健全”为由而恣意裁量，作出不公正的裁判。也不能以法律缺乏直接针对性，而认为“无法可依”，把法律有所规范的事项都当做自由裁量的范围。事实上，我们说的法无规定，主要是指法律没有具体的规定，并非找不到任何规定。所以，在法无规定时，也并非完全依赖于法官的自由裁量。即使法律没有具体规定，也存在基本原则和精神，法官的法律适用仍然是受到拘束的，例如，要受法律基本原则的拘束。即使是在法无规定的情况下，法官也并非要脱离“依法裁判”的约束，其仍然要依法裁判，只不过，所依据的“法”不是具体的法律规定。

填补法律漏洞，是否属于寻找大前提的作业？笔者认为，其仍然属于寻找大前提的阶段。一方面，虽然法律漏洞表明法律没有规定，但是，其目的仍在于确定司法三段论中的大前提，否则，三段论推理无法顺利进行。漏洞填补就是寻找大前提的过程，因为在漏洞填补时，法官要通过习惯法、类推适用等方法，明确案件中应当适用的构成要件和法律后果。虽然我们将法律漏洞填补纳入法律解释的范畴，但严格地讲，其本身就是寻找大前提的作业。尤其是因为此种活动给了

法官很大的选择空间，所以，它也可以看作是寻找大前提的组成部分。另一方面，填补漏洞的各种方法，也仍然属于寻找大前提，只不过，它不是由立法者确定的大前提，而是由法官确定的大前提。关键的问题在于，法官是否有权进行法的续造，以及如何进行续造？笔者认为，法官享有法律续造的权力，因为漏洞填补过程也是一个法律发展的过程。正是通过漏洞填补的过程，不仅仅填补现有法律的漏洞，而且发展了新的制度，完善了现有法律。①

应当看到，在填补漏洞的情况下，确实给予了法官很大的自由裁量权。"任何法律秩序都有漏洞。"② 在我国，民事立法中也不可避免地存在法律漏洞，此时，法官享有的自由裁量权应当受到严格的限制。具体来说：第一，法官的自由裁量应当充分考虑相关当事人的利益。法官的自由裁量应当是利益衡量的结果，其应当妥当处理相关当事人的利益冲突，实现最佳的利益衡平。第二，法官的自由裁量应当以充分的论证为基础。法官在进行自由裁量时，应当进行比较充分的论证。与法有规定的情形相比，法官在进行漏洞填补时负有更重的论证义务，因为缺少法律的拘束，法官的自由裁量难免会流于恣意。第三，通过司法解释、指导性案例来限制法官的自由裁量权。长期以来，我国司法解释一直发挥了填补漏洞的作用。而指导性案例的推行，也具有限制法官自由裁量权、保障同案同判的作用，因为在案件事实具有类似性时，法官应当参照指导性案例。

应当看到，在存在法律漏洞的情况下，确实出现了无法可依的现象，但此处所说的无法可依，只是缺乏具体的法律规定，而并非完全找不到法律依据。事实上，即便存在法律的漏洞，也可能通过类推适用、目的性扩张甚至通过解释法律原则等方式，找到法律适用的依据。这就意味着，即便是漏洞填补，也不能完全撇开法律的规定，由法官随意作出裁量。尤其是在无法找到具有直接联系的法律时，法官也要努力找到与其最接近的具体规则，通过解释使之适用于具体的个案。从这个意义上说，法官不能放弃其他找法与法律解释的手段，直接进入漏洞填补的阶段。在实

① Anne Roethel，Normkonkretisierung im Privatrecht，Mohr Siebeck，2004. S. 126

② ［德］魏德士：《法理学》，吴越等译，法律出版社 2005 年版，第 348 页。

践中经常遇到的问题是，法官在没有穷尽法律规定的情况下，就放弃找法，而转而进行漏洞填补。只有在无法找到具体规则，确定已构成法律漏洞时，才能转而适用漏洞填补的方法。当然，在填补漏洞的情况下，不能简单地采用法有明确规定情形下的法律解释方法，也就是说，不能简单适用狭义的法律解释方法。

二、在法无规定情况下的找法的步骤

在法无规定的情况下，较之于法有规定的情形，找法相对更为困难，法官必须从案件的事实出发，运用各种法律解释方法，作出创造性的解释。笔者认为，可以将在法无规定情况下找法的步骤确定为“五步法”。

（一）确定是否属于法无规定

我们所说的法无规定，是指无法寻找可供适用的具体的裁判依据。它包括如下情况：第一，对于具体的裁判规则，现行法律、法规和司法解释没有规定。如前所述，能够作为裁判依据的只是法律、法规和司法解释的规定。规章和其他等级更低的规范性法律文件，可以作为裁判的参考，但不宜直接作为裁判的依据。至于指导性案例，也并非裁判依据，只是法官进行漏洞填补的参考。第二，它并非立法者有意沉默。在法无规定的情况下，有时是立法者有意沉默。这实际上就是立法者有意回避特定的社会问题，不愿意认可相关规则的情形。在我国现行法律规定中，我国立法针对小产权房的保护、野生动物致人损害的责任、婚约等，在立法时就采用了回避的态度，此类情况属于立法者的有意沉默，并不是法律漏洞。因此针对相关的纠纷，一旦出现了法无规定的情况，法官首先要考虑这究竟是立法者有意沉默还是法律漏洞。例如，关于赃物能否善意取得的问题，我国《民法典》并没作出规定，但这并不是说我国《民法典》承认了赃物的善意取得制度，也不能说立法完全否认了赃物的善意取得制度。[①]《民法典》这一做法是对原《物权法》的承继。通过查阅历史资料，我们可以发现，立法时是由于争议

① 熊丙万：《论赃物善意取得制度的实践需求——以追赃实践面临的困惑为视角》，载《延安大学学报》2009年第2期。

过大，有意留给司法实践去解决。[①] 一般来说，立法者的有意沉默都表明法律对特定事项不予认可，故该事项不属于法律漏洞，通常也不需要用漏洞填补的方法来填补。因为在立法者对某种规则持否定态度的情况下，解释者不能违背立法者的意愿而自行寻找所谓的规则来填补法律漏洞。“如果法院认为，这些地方存在漏洞并对其进行补充，那么，就违反了法律。”[②] 例如，《民法典》物权编中的取得时效，立法者对此没有规定，而按照历史解释、体系解释和目的解释，可以得知立法者实际上对此制度采否定的态度，所以，法官不能直接援引国外法律中关于取得时效的规定作出判决。但是，在有些情形下，也可以进行漏洞填补。例如，在被吊销营业执照后，企业是否还需要清偿债权债务？立法虽然没有规定，但是也并非持反对态度，因而应当允许法官在裁判案件时进行漏洞填补。例如，在“重庆台华房地产开发有限公司与重庆晨光实业发展（集团）有限责任公司、重庆晨光百货有限责任公司、重庆晨光大酒店有限责任公司房屋搬迁纠纷案”[③]中，最高人民法院认为，企业法人被吊销营业执照至其被注销登记前，该企业法人仍应视为存续，可以自己的名义进行诉讼活动。第三，现行法律虽然有规定，但是，各项规定之间存在矛盾，就会导致其效力的相互冲突。在理论上，此类情况被称为“冲突性法律漏洞”。此类情况也可以作为法律漏洞的情形对待。此时，法官也要进行漏洞填补，以确定司法三段论中的大前提。

在前述“醉酒冻伤案”中，依据《民法典》第 1198 条的规定：我国法上的违反安全保障义务的责任主体仅限于经营场所、公共场所的经营者、管理者或者群众性活动的组织者，本案中的同饮人并不属于本条规定的责任主体范围。所以本案不符合该条适用的要件，应当寻找其他法律依据以确定责任。从本案的情形来看，应当适用过错责任的一般条款，属于典型的不作为侵权。对此，《民法典》第 1165 条规定：“行为人因过错侵害他人民事权益造成损害的，应当承担侵权责

---

① 全国人民代表大会常务委员会法制工作委员会民法室：《物权法立法争点》，北京大学出版社 2007 年版，第 195 页。

② ［德］魏德士：《法理学》，吴越等译，法律出版社 2005 年版，第 354 页。

③ 最高人民法院（2005）民一终字第 57 号民事裁定书。

任。”也就是说，在本案中，法官可据此认定被告需承担的赔偿责任。所以，本案虽然没有明确法律规定，但因为可以适用过错责任的一般原则，因此，本案不属于法无规定的情况。

（二）确定是否存在法律漏洞

所谓法律漏洞（Gap in law，Gesetzeslücke），是由于立法者未能充分预见待调整社会关系，或者未能有效协调与现有法律之间的关系，或者由于社会关系的发展变化超越了立法者立法时的预见范围等原因导致的立法缺陷。这种缺陷表现为：调整特定社会关系的具体法律规范的缺失，或者既有法律规范之间存在矛盾，或者既有法律规则的适用明显违背了法律对公平正义的基本要求。[①] 在法无规定的情况下，应当区分法律漏洞和立法者有意沉默。如果确定是立法者有意沉默，则要进一步探究立法者的意图，是否允许法官援引相关的规定来处理此类案件。例如，如果因擅自转让集体土地，并在该土地上建造“小产权房”，由此发生的争议，从立法者秉持的保护耕地和生态环境的本意来看，其并非要保护此种转让行为。所以，涉及小产权房转让的争议，不宜一概认定其有效，否则就有可能鼓励小产权房的转让，而这与立法者的初衷是相悖的。在某些情形下，如果无法发现立法者的意图，则应当兼顾各种利益，协调利益之间的冲突。例如，某野生动物保护区饲养的野象和猩猩，将附近某村庄的庄稼地践踏损坏。后来，当地农民多次主张，该野生动物保护区的管理人应当承担责任。但我国《民法典》第1245条将其适用范围限于“饲养动物”，而不包括野生动物。在此情况下，法官就要进行利益的衡量，既要兼顾农民的利益，又要考虑野生动物的保护属于公共利益。

再以前述“醉酒冻伤案”为例，考究立法者的意图，其并非立法漏洞，而只是立法者有意沉默。因为立法者认为，对于违反安全保障义务的责任，应当采取限制性的态度。立法者认为：“合理确定安全保障义务人的范围，既要以人为本，对社会生活中可能发生危险的场所或者活动，要求行为人履行必要的防范损害发

---

① 在学理上，法律漏洞也通常被界定为“违反立法计划的不圆满状态”，参见黄茂荣：《法学方法与现代民法》（第五版），法律出版社2007年版，第377页。

生的义务，充分保护广大人民群众的人身和财产安全；又要考虑我国国情，从促进社会和谐稳定的目的出发，不能盲目地扩大安全保障义务人的范围。”① 《民法典》继续采纳了原《侵权责任法》第 37 条的规定，可见，立法者有意排除了除两种安全保障义务之外的其他主体的安全保障义务。但是，从立法者的意图来看，其并非禁止法官援引相关规定处理此类案件。笔者认为，依据《民法典》第 1165 条的规定，本条可以适用于此类案件。

（三）遵循漏洞填补的规则

法律漏洞填补作为法律续造的一种方法，既可以认为属于广义的法律解释，也可以是独立的方法。从广义上理解的法律解释，包括漏洞填补；而若从狭义上理解，漏洞填补则是独立于法律解释的一种方法。填补漏洞本身，有自身特有的一套程序与规则。在法律解释上，漏洞填补应当遵循相关先后顺序，即大体上按照类推、目的性限缩、目的性扩张、习惯法填补、比较法填补、依法律原则填补漏洞的顺序来考虑。该思路的基本依据是，在填补漏洞的过程中，也要尽可能地采用与法律的具体规则最相接近的方式来填补漏洞。凡是与具体规则越接近的漏洞填补方法，越要优先适用。通常，类推的方式直接类比适用法律的具体规则，因此最符合立法者的意图。而法律原则最为抽象和概括，因此应置于漏洞填补方法的最后环节来考虑。例如，《民法典》第 702 条规定：“债务人对债权人享有抵销权或者撤销权的，保证人可以在相应范围内拒绝承担保证责任。”该条确认保证人所享有的抗辩权可以扩张至“债务人对债权人享有抵销权或者撤销权”的情形，事实上是采纳了广义上的抗辩权概念。但是，在物上担保的情形下，担保人是否享有此种权利，法律并没有作出规定。笔者认为，可以通过目的性扩张的方式，将本条适用于物上担保的情形之中。

在司法实践中，法官援引相关法律规定填补漏洞，但是，其常常没有指出所运用的方法，以及为何可以据此作出裁判。例如，在“韩红诉北京市昌平区兴寿

① 全国人民代表大会常务委员会法制工作委员会民法室：《中华人民共和国侵权责任法解读》，中国法制出版社 2010 年版，第 191 页。

镇西营村民委员会等侵犯集体经济组织成员权益纠纷案”中①，涉及对原告（外嫁女）成员权资格的认定问题，现行法对此并没有作出规定。法院依照原《物权法》第59条的规定②，判决原告韩红享有北京市昌平区兴寿镇西营村土地承包经营权的确权确利权益。这实际上是采用了填补漏洞的方法，但是，法官并没有明确其为何可以依照原《物权法》第59条的规定作出判决。笔者认为，本案实际上是采用了目的性扩张的漏洞填补方法对原《物权法》第59条进行解释，使之得以运用于成员权的确认和保护，但法官应对此进行说理论证。

（四）遵循指导性案例

指导性案例的重要意义之一就是，规范法官填补漏洞的行为。指导性案例也可能是法官妥当运用漏洞填补方法作出裁判的典型案件。在这些案件中，法官已经充分考量了案件中相关当事人的利益，妥当运用了各种漏洞填补方法，作出了裁判。因此，如果待决案件与指导性案例中的事实具有类似性，就应当参照指导性案例，不必再次重复进行漏洞填补。参照指导性案例，既方便了法官裁判案件，也拘束了法官的自由裁量权，对于裁判的客观性和确定性具有重要意义。例如，在“李宵诉天津市国土资源和房屋管理局房屋登记一案”，最高人民法院认为：不动产盗赃物（无权处分人通过诈骗获得登记所有权）不能类推适用原《物权法》第107条关于“遗失物”的特别善意取得规则。③ 再如，在“84消毒液”知名商品特有名称案中，最高人民法院认为，商品名称已成为该商品的通用名称，不能享有独占使用权。④ 这些案例都是填补法律漏洞的指导性案例，法官在判案时应当作为参考。

---

① 北京市昌平区人民法院（2011）昌民初字第2884号民事判决书。本案的简单案情是：原告韩红原为西营村村民，户口于2003年8月18日因婚迁到良善庄村，现为该村村民。因良善庄村于1999年12月31日完成土地确权，韩红未赶上该村确权土地政策。收益分配办法制定后，西营村村委会以韩红户口于2003年8月18日因婚从西营村迁出，2004年7月31日确权时，韩红户口已迁走为由，拒绝给予韩红土地确权确利收益款，为此双方产生争议。

② 《物权法》第59条规定：“农民集体所有的不动产和动产，属于本集体成员集体所有。”

③ 最高人民法院（2008）行他字第15号《关于审理房屋登记行政案件中发现涉嫌刑事犯罪问题应如何处理的答复》，本案涉及的是假冒他人名义骗取善意第三人和不动产登记机关的信任，将原所有人房屋出售给第三人并办理了变更登记。一组以该案例为基础的笔谈，参见王利明、杨立新、刘保玉、梅夏英、熊丙万等文章，载《判解研究》2009年第2辑。

④ 最高人民法院（2002）民三终字第1号民事判决书。

（五）法律原则的具体化解释

在缺乏具体的裁判规则时，法律原则也可以作为填补漏洞的依据。但在依据一定的原则填补法律漏洞时，也不能简单地通过适用抽象的原则进行裁判，如此将会造成“向一般条款逃逸”的效果，也否定了说理和论证的过程，甚至导致整个方法论都失去其意义。所以，原则必须要在填补漏洞过程中转化为具体的规则，并且按照逻辑三段论的推论，与小前提发生最密切的联系。例如，在汽车通过无人看管的铁路道口时，司机应当如何行事，霍姆斯和卡多佐都认为，在此情况下，应当确立具体的规则。但霍姆斯认为，在这种情况下，无论是否可能有火车通过，汽车司机都必须先停下来，然后进行张望，再判断是否可以通行。因此，在汽车通过无人看管的铁路道口时，明确的规则就是必须先停车。而卡多佐则认为，在汽车通过无人看管的铁路道口时，并不一定必须要立即停车，司机只需要尽到了合理的注意义务并谨慎驾驶，至于如何判断司机尽到了注意义务，则必须考虑一系列事实因素，诸如当时的车速、能见度、路况，并结合评价进行判断。① 这个例子说明，在填补漏洞的过程中，法官必须努力寻找可供案件裁判的具体规则，而不能简单地直接用法律原则来填补漏洞。所寻求的法律规则应当具有可直接适用性，尤其是能够直接与待决案件的事实发生联系。当然，即便是法律上没有具体的规则，将法律原则运用于待决案件之前，也应当将原则具体化。

第五节 大前提的规范效力等级

一、规范效力等级的概念及其在方法论上的意义

所谓规范效力等级，是指在一国法的体系中因制定的国家机关地位、制定时间先后、法律规范的效力范围不同而形成的法在效力上的等级差别。② 在法学理

① 陈林林：《基于法律原则的裁判：展开及限度》，载《法学研究》2006 年第 3 期。

② 马克思主义理论研究和建设工程重点教材：《法理学》，人民出版社、高等教育出版社 2010 年版，第 107 页。

论中，法的效力层次有时也被称为法的效力等级或法的效力位阶。[①] 按照汉斯-凯尔森的理论，法律规范本身也是形成等级的，规范等级构建了法律秩序。[②] 在司法裁判过程中，法官在寻找可供适用的法律规范时，其往往要依据规范效力等级来确定。在方法论上，规范效力等级的确定具有重要意义。

第一，寻找妥当裁判依据。在我国法律体系建立以后，基本的法律制度和框架都已经构建起来。但由此也带来另一个问题，即法官在审理案件的过程中，常常遇到多个法律规范都可能适用，应如何选择可适用的规范？笔者认为，可通过确定规范效力等级，为法官找法提供正确的路径。例如，“汽水瓶爆炸伤人案”是一个因产品缺陷致人损害的案件。但许多法官在审理此类案件时，经常遇到找法的困惑，即究竟应当适用《产品质量法》、《消费者权益保护法》，还是《民法典》侵权责任编抑或合同编？各个法院的判决所援引的法条也很不一致。但如果依循基本法律优先适用的规则，则首先应当考虑适用《民法典》侵权责任编或合同编。在当事人没有选择具体法律适用规则时，法官有权在这两者中选择最有利于保护当事人的规范。

第二，确定妥当的大前提。在我国，从立法体制上来说，主要有三个层次的立法，即全国人大制定的法律、国务院的行政法规和地方立法。从法律渊源上说，还存在大量的司法解释和部门规章。这些法律法规以及司法解释是否都可以作为裁判的依据，这是法官在方法论上经常遇到的难题。按照上位法优先于下位法的原则，法官应当优先适用上位法的规范，以其作为裁判依据。例如，在“李建青、宋宝宁诉青海湟川中学人身损害赔偿纠纷案”中[③]，二审法院认为，根据教育部制定的《学生伤害事故处理办法》第 9 条的规定，因学校教师或者其他工

① 姚建宗：《法律效力论纲》，载《法商研究》1996 年第 4 期。

② ［奥］凯尔森：《法与国家的一般理论》，沈宗灵译，中国大百科全书出版社 1996 年版，第 165-168 页。

③ 本案的案情是：原告李某某、宋某某之子李某系被告某某中学高二（6）班学生。2005 年 11 月 8 日下午，李某在参加某某中学组织的政治课考试中，因夹带纸条被监考老师以作弊处理，随后监考老师将纸条交校政教处。次日上午，某某中学校政教处依照《某某中学关于考试纪律的规定》给予李某记过处分，并张榜公布。同日下午，李某未到校参加考试，并于当晚七时许在家中自缢身亡。参见《最高人民法院公报》2009 年第 4 期。

作人员体罚或者变相体罚学生，或者在履行职责过程中违反工作要求、操作规程、职业道德或者其他有关规定，造成学生伤害事故的，学校应当依法承担相应的责任。根据《中小学德育工作规程》第27条的规定，中小学校应当严肃校纪，对严重违犯学校纪律的学生应当根据其所犯错误的程度给予批评教育或者纪律处分，并将处分情况通知学生家长。据此，法院认为，学校在处理学生考试舞弊过程中，存在一定的操作失当现象，应当对学生的死亡承担一定的责任。笔者认为，在该案中，法院以教育部制定的《学生伤害事故处理办法》和《中小学德育工作规程》作为判断学校是否存在过错的依据是合理的，因为教育机构的注意义务可以参照相关法律、法规、部门规章等的规定，但是，以这些规范性文件作为三段论中的大前提，即作为裁判依据，则是值得商榷的。在《侵权责任法》颁行之前，有关侵权责任的裁判依据只能是《民法通则》中的相关规定。当然，在《民法典》颁布之后，应当援引《民法典》的规定。

第三，寻找最密切联系的规则。在方法论上，大前提的确定中非常重要的一步就是要寻找最密切联系的规则。如果可能适用于案件的法律规范有数个，法官就必须确定哪一个规范是具有最密切联系的规则。如果规范之间存在效力等级，法官就可以借助于规范效力等级的确定，选择可供适用的法律规范。

二、确立大前提的规范效力等级应遵循的原则

由于民法法源的多元化，民法的适用应当遵循一定的原则，以便准确适用法律。具体说来，民法的适用应当遵循以下基本原则。

（一）上位法优先于下位法原则

所谓上位法优先于下位法原则，是指在效力较高的规范性法律文件与效力较低的规范性法律文件相冲突的情况下，应当适用效力较高的规范性法律文件。法谚有云："上位法优于下位法（Lex superior derogate legi inferiori）。"该原则主要适用于位阶具有高低之分的规范。上位法和下位法的界定，主要是从三个方面来确定的：第一，从法源或法律的位阶而言，如果一个较低的规范来源于一个较

高的规范，或者一个较低的规范是根据一个较高的规范而制定的，则前者可称为下位法，后者可称为上位法。第二，从制定机关来看，如果将数个法律、法规和规范性文件相比较，某个规范性文件的制定机关的地位高于另一个规范性文件的制定机关，那么处于高位阶的机关制定的规范性文件在效力上称为上位法，反之则称为下位法。第三，从立法等级效力来看，某一个位阶高的法律的效力优于位阶低的法律的效力，则前者被称为上位法，后者被称为下位法。

上位法优先于下位法原则在我国的具体表现形式是：第一，宪法具有最高的效力。我国《立法法》第 87 条规定："宪法具有最高的法律效力，一切法律、行政法规、地方性法规、自治条例和单行条例、规章都不得同宪法相抵触。"第二，法律的效力低于宪法但高于其他任何法规和规范性文件。《立法法》第 88 条规定："法律的效力高于行政法规、地方性法规、规章。"第三，行政法规的效力高于地方性法规、规章。国务院制定的行政法规的效力高于各个部委和地方政府制定的规章，以及地方人民代表大会制定的地方性法规。第四，地方性法规的效力高于地方政府制定的规章。《立法法》第 89 条规定："地方性法规的效力高于本级和下级地方政府规章。省、自治区的人民政府制定的规章的效力高于本行政区域内的设区的市、自治州的人民政府制定的规章。"这实际上明确了各种法律规则之间的效力等级关系，也是准确适用法律规则的基本前提。

就民法法律规则的具体适用关系而言，法官首先应当努力寻找上位法，如果上位法与下位法之间有冲突，那么应当优先适用上位法。但是，如果上位法规定的原则较为抽象，下位法的规定对上位法作了补充和细化，两者之间又不发生冲突和矛盾，则可以同时适用上位法和下位法。

（二）新法优先于旧法原则

法谚有云："后法优于前法（Lex posterior derogate priori）。"这就是新法优先于旧法的原则，即同一事项已有新法公布施行时，旧法当然废止。[①] 我国《立法法》第 92 条也规定："同一机关制定的法律、行政法规、地方性法规、自治条

① 郑玉波：《法谚（一）》，三民书局 1984 年版，第 8 页。

例和单行条例、规章……新的规定与旧的规定不一致的，适用新的规定。”该原则主要适用于同一位阶的规范之间，也就是说是针对两个具有同等级别的法律时所适用的规则。[①] 当然，如果在新普通法中明文规定修改或废止特别法，则新普通法优于特别法。[②] 新法优先于旧法原则适用于两种情况：一是如果新法颁布后，旧法已经被废止，则自然应当适用新法；二是新法颁布以后，旧法没有被废止，则旧法继续有效，但如果两部法律所涉及的内容相同或相似，则应当适用新法。

就民法典与单行法之间的关系而言，如果民法典的规则修改了单行法的规则，则按照新法优于旧法的规则，应当适用民法典的规则。例如，民法典新增了侵害知识产权的惩罚性赔偿规则，一定程度上修改了知识产权法的规则。再如，民法典侵权责任编关于环境污染和生态破坏责任的规则也修改了《环境保护法》的相关规则，按照新法优先于旧法的规则，应当优先适用民法典的规则。关于各个民事单行法之间的关系，可能涉及新法与旧法之间的关系问题，因为新颁布的法律可能修改旧的法律，虽然它们属于同一效力位阶，但新颁布的法律可能会修改原来旧有的法律，按照新法优于旧法的原则，应当适用新法的规则。

（三）特别法优先于普通法原则

在法理上，根据法律的适用范围有无限制，法律可以分为普通法和特别法。民事普通法是指适用于全国领域、规定一般事项，并且无适用的时间限制的民事法律。民事特别法是指适用于特定区域、规定特定的事项，或在适用时间上有限制的民事法律。在具有相同等级效力的法律之间，特别法应当优先于普通法而适用。这也就是法谚所说的“特别法优于普通法（Lex specialis derogate legi generali)”。对此，我国《立法法》第 92 条规定：“同一机关制定的法律、行政法规、地方性法规、自治条例和单行条例、规章，特别规定与一般规定不一致的，适用特别规定……”特别法优于普通法（或称一般法）的规则实际上就是要求从具体到抽象、从特殊到一般来考虑法律适用问题。因为在同一效力等级的法律规

---

① 郑玉波：《民法总论》中国政法大学出版社 2003 年版，第 27 页。

② 史尚宽：《民法总论》中国政法大学出版社 2000 年版，第 16 页。

则中，法律规则越具体、越特殊，则表明其与案件的联系性就更密切，其对案件的针对性就更强。按照梅迪库斯的观点，特别法优于一般法的规则实际上就是在一个法律里面，比如在采用总分模式民法典的国家中，裁判者要适用法律，首先应当在法典分则中寻找合适的规范，如果分则中没有相关内容，才能到总则中去寻找。[①] 在民事法律规范适用中，这一原则具体体现在如下几个方面。

1. 在不同的法律之间，民事特别法优先于民事普通法而适用。例如，有关公司法人的取得条件问题，应当先适用《公司法》的规定，在《公司法》没有规定时才适用《民法典》关于法人制度的规定。《民法典》第 11 条规定："其他法律对民事关系有特别规定的，依照其规定。"这就明确确认了特别法优先于普通法的原则。现代社会生活纷繁芜杂，《民法典》虽然在民事立法中具有基础性地位，但一部《民法典》不可能调整所有的民事关系，即便是民法典生效之后，其也不能成为调整民事法律关系的唯一法律渊源，而仍然需要单行法予以配套和补充。在法律适用方面，《民法典》与民事单行法是普通法与特别法之间的关系，按照特别法优先于普通法的规则，此处所说的"其他法律"，不是指《民法典》总则编以外的各分编，而是指《民法典》之外的各个单行法律，其他法律对民事关系有特别规定，具体来说包括如下情况：第一，民事特别法优先于《民法典》。《民法典》是民事领域的基本法，当然要统辖各个单行民事法律，但是在法律适用上，民事特别法的规定属于特别规定，应当优先适用。例如，知识产权的相关问题首先应当适用《著作权法》《专利法》《商标法》等法律的规定，在上述法律没有就某事项作出规定时，才适用《民法典》的规定。第二，商事特别法应当优先于《民法典》。我国已经颁布了《公司法》《票据法》《证券法》等一系列商事特别法，与《民法典》相比，其规定也属于特别规定，应当优先适用。

需要指出的是，由于《民法典》是基础性法律，因此，如果单行法和《民法典》之间存在明显的冲突，此种冲突既包括规则内容方面的冲突，也包括价值发生冲突，此时，应当援引《民法典》，而不能援引单行法的规定。另外，单行法

① ［德］迪特尔·梅迪库斯：《德国民法总论》，邵建东译，法律出版社 2000 年版，第 514 - 516、527 页。

虽然有规定，但该规定不清晰，则仍然应当适用《民法典》的规定。

2. 在民法典内部，关于总则和分则之间的关系，如果两者规定的是同一事项，原则上分则的规定应当优先于总则的规定进行适用。例如，有关买卖合同中的违约责任的确定，应当优先适用分则中关于买卖合同违约责任的规定，然后才能适用《民法典》合同编通则关于违约责任的规定。

3. 如果同一个条款中包含了一般规则和特别规则时，特别规则要优先于一般规则适用。另外，例外规定优先于原则规定适用，就是指对于特定事项，如果有例外规定，就应当适用例外规定，而排除原则规定的适用。

（四）遵循强行法优于任意法的原则

法律规范大体可分为任意法规范和强行法规范两种。所谓任意性规范，是指当事人可以通过约定排除其适用的规范，也就是说，任意性规范赋予了当事人一定的意思自治，允许当事人在法律规定的范围内自由作出约定，对任意性规范由当事人通过约定加以排除是合法的。任意性规范允许当事人依据法律授予的支配自己权利的自由而实现自主调整，允许当事人在法律的限度内为一定的意思表示，产生相应的法律后果。① 当事人之间的意思表示可以具有优先于任意性规范而适用的效力，例如，合同法中的规范大多是任意性的。所谓强行法规范是指当事人不能通过其约定加以改变的规范。按照拉伦茨的看法，强制性规范包括：一是规定私法自治以及私法自治行使的要件的规范，例如行为能力、意思表示生效的要件以及合法的行为类型（限于对行为类型有强制规定的情况）；二是保障交易稳定、保护第三人之信赖的规范；三是为避免产生严重的不公平后果或为满足社会要求而对私法自治予以限制的规范。② 我们所说的强行法优于任意法，主要是指对某一事项，强行法已经作出规定的，法官可以直接援引强行法的规定对案件作出裁判，而不必再援引任意性规范。但如果强行法、任意法分别规定了不同的事项，则不存在两种规范冲突的问题，也自然不存在何者优先的问题。

作为私法规范，民法规范大量地表现为任意性规范。但是，随着国家对私法

---

① 张文显：《法理学》，法律出版社 1997 年版，第 367 页。

② ［德］卡尔·拉伦茨：《德国民法通论》（上册），谢怀栻等译，法律出版社 2002 年版，第 31 页。

自治干预的强化，强行性规范也不断地增加。在民法中，强行性规范通常以“应当”“必须”等术语来表现；而任意性规范常常以“可以”或“当事人另有约定的除外”等表现。但在特殊情况下，法律规定“应当”的，也未必是强行性规范；而法律规定“可以”的，也未必是任意性规范。强行性规范和任意性规范的区分，也应当通过探究立法目的、考察比较法等方式加以明确。

（五）遵循法律文本优先于法律解释规则

法律文本是法律的书面条文的表现形式，而法律解释是对法律条文的含义所作的解释，这种解释包括立法解释与司法解释。一般来说，法律解释与法律文本的含义是不冲突的，因为法律文本只有通过解释才能得以适用。但是在特殊情况下，如果法律解释与法律文本的含义完全不符，或者数个解释机关的解释彼此之间相互冲突，此时仍然应当以法律文本为准。[①]

司法解释是我国法上的一个特定概念，它是指由最高人民法院和最高人民检察院基于法律的授权，就各级司法机关在司法实践中如何具体应用法律问题而作出的解释，或者说是指司法机关在具体适用法律过程中对法律规范的内容和含义所作的解答和说明[②]，它属于有权解释的一种。[③] 在我国，有权解释可以区分为立法解释和司法解释。[④] 虽然我国《立法法》对立法解释作出了规定，但立法机关特别授权最高人民法院和最高人民检察院可以就具体应用法律作出解释，此种解释就是司法解释。在我国，司法解释并不等同于法官造法，它只是由最高人民法院和最高人民检察院依据法律授权进行的具有普遍拘束力的解释法律的活动。2007 年，最高人民法院制定了《关于司法解释工作的规定》，其第 5 条规定：“最高人民法院发布的司法解释，具有法律效力。”虽然对此处所说的“法律效力”具有不同的理解，但是毫无疑问，在审判工作中，法官除了依据法律之外，还应当遵循司法解释。在审判实践中，各级法院都可以援引司法解释裁判案件。

① 张文显：《法理学》，法律出版社 1997 年版，第 89 页。

② 《中国大百科全书——法学卷》，中国大百科全书出版社 1986 年版，第 81 页。

③ 王琬：《中国司法解释发展之回顾》，载《人民司法》1988 年第 3 期。

④ 全国人大常委会法制工作委员会副主任张春生关于《中华人民共和国立法法（草案）》的说明。

与法官在个案中的法律解释不同，司法解释可以针对具体个案，也可以不针对具体个案；它可以是在案件发生以后，针对地方法院的请示来作出的解释，也可以前瞻性地针对法律应用作出解释。严格地说，司法解释也是法律解释的一种，除了填补法律漏洞的情形之外，司法解释不应当与法律文本存在冲突。如果两者发生冲突，应当以法律文本为准，司法解释无僭越立法权进行实际立法的权力。

第四章
小前提——法律事实

对作为小前提的案件事实的价值判断构成了司法三段论中价值判断的核心内容。——［德］卡尔·恩吉施[①]

法律争议仅仅产生于特定的事实之中。——Holland [②]

确定小前提——换言之，发现事实经常很困难，发现事实并不是一个逻辑过程。——［美］波斯纳[③]

案例：

1. “租房纠纷案”：甲租赁乙的房屋1年，约定甲于2008年12月底前搬出，但在合同终止前双方因为言语不和多次发生争吵，在甲搬出前两天，双方发生口角，承租人甲将房门用脚踹坏，乙要求甲修复，甲拒绝修复。两天后，甲未按期退房，且将房门锁上出差到外地。乙便请搬家公司将房门打开并将甲的东西搬到了门外。甲回来后，以财物丢失为由要求乙赔偿。乙反诉甲损害房门且未按期退

① ［德］卡尔·恩吉施：《法律思维导论》，郑永流译，法律出版社2004年版，第51-61页。

② James A. Holland & Julian S. Webb, *Learning Legal Rules*, Oxford: Oxford University Press, 2006, p. 103.

③ ［美］波斯纳：《法理学问题》，苏力译，中国政法大学出版社2002年版，第56页。

房构成违约，要求甲承担违约责任。

2. “餐馆服务员伤人案”：某餐馆服务员张某，因为在给顾客上菜的过程中不及时，遭顾客李某训斥。张某不服，两人发生争执，李某出言不逊，张某大怒，将手中的菜碟砸向李某，李某躲避，菜碟飞向正在餐厅用餐的陈某并致其受伤。张某仍然不甘罢休，当李某仓皇跑出餐厅时，张某扔出一菜碟，砸中了餐厅外路过的行人丁某，致使其受伤。后丁某、陈某向法院提起诉讼，要求餐厅服务员张某和顾客李某以及餐厅赔偿他们受到的损害。另外，在该餐厅中，顾客王某一家正在办婚宴，但因为餐厅中发生的打斗事件，导致其婚宴不能够顺利进行，王某向法院提起诉讼要求赔偿损失。

3. “讨要工钱案”：原告是一个进城务工的农民，其在某建筑工地做工一年，在年终时因未拿到工钱而向被告（包工头）讨要工钱，被告拒绝支付，原告便跑到被告办公的楼房的房顶上，向周围的人大声喊叫，“如果不给工钱，我要跳楼”。被告听到喊声后出来，不但没有立即制止原告的行为，反而说，“你跳吧，反正我没有工钱给”。后来，原告从楼上跳下摔成重伤，共花去医疗费 30 余万元。原告在法院起诉，不仅要求被告支付工钱，而且要求其赔偿因跳楼摔伤造成的损害。该案在讨论中，大多数人认为，《民法典》第 1198 条仅仅适用于公共场所管理人和群众性活动的组织者违反安全保障义务的情形，而此案并非属于第 1198 条规定的情形，因而，不能适用《民法典》第 1198 条的规定，而只能适用该法第 1165 条第 1 款确定责任。

第一节 概 述

一、小前提的概念和特征

在讨论了大前提之后，我们将按照三段论的基本逻辑，继续关注小前提的确定。司法三段论中的小前提就是指用于三段论推理的法律事实。我国法律所确认的"以事实为根据、以法律为准绳"的法律适用基本原则，其中的"以事实为根据"就是要求法律适用活动首先确定"事实"这一三段论推理的"小前提"。从实践来看，与大前提的确定性相比较，在三段论法律推理过程中，"最困难的是构建小前提"①，其原因在于：一方面，在诉讼过程中，双方当事人基于自身利益的需要等原因，对案件事实的看法、角度等存在较大差异，因此，争议的焦点往往是案件事实，对此可能双方各执一词。另一方面，确定小前提的基础是确定案件事实，但是，并非所有的案件事实都可以作为小前提。确定小前提不仅要通过证据规则确定事实的法律真实性，而且还要确定与大前提相符合的事实构成要件。② 案件事实本身是非常繁杂的，即便是在一个简易案件中，其案件事实中也夹杂了许多的生活事实，而小前提所包含的内容是由大前提所包含的构成要件所决定的。就案件事实本身来说，其中有大量的内容在法律上并没有意义，不能够成为司法三段论中的小前提。法官确定与大前提相联系的事实需要运用一定的方法和技巧。而法学方法论正是需要讨论在具体的司法实践中，我们如何从案件事实中整理出裁判案件所需要的小前提的方法。

方法论中的小前提具有如下特点。

1. 方法论中的小前提是依据证明规则确定的事实

作为小前提的法律事实是一种依据证明规则确定的事实。只有遵循证据规则固定的事实，或者说经过了举证、质证等过程的事实，才是法律上认可的事实，并能够作为裁判的依据。证据法和法学方法论中的事实有一个共同的特点，就是"针对过去性"，也就是说，要尽量地还原过去的事实。同时，方法论上的事实也要建立在证据法的事实的基础上，且它们都不应当是模棱两可、真伪不明的，而必须建立在证据固定的基础上，否则，无法作为小前提使用。法官应当追求客观事实，但不能因为难以还原事实而拒绝作出司法裁判，此时，法律真实也是法官应当追求的目标。

证据证明的事实是依据证明材料所确定的事实，其目的在于还原案件的事

①② ［德］迪特尔·施瓦布：《民法导论》，郑冲译，法律出版社 2006 年版，第 12 页。

实，发现案件的真实。在这一环节必须完成两项工作：一是通过证据规则证明案件的事实，包括当事人的举证和法官的查证。二是如果通过证据证明的事实仍然无法固定的，要通过司法技术来确定案件事实。这个事实是小前提形成的基础，如果事实不确定，就无法进入小前提的判断过程之中。所以，已经发现的事实真相是裁判的小前提的基础。对于这一事实，裁判者应当给予明确的认定，否则就无法确定小前提，更不可能进行连接。[①] 小前提所说的法律事实与依据证据规则证明的事实具有非常密切的联系。具体表现在：首先，小前提中的法律事实已经经过了证据规则的证明，确认了其真实性。也就是说，小前提的事实认定必须经过证据证明这个环节，这个环节是不可省略的。法官不可以在未经证据规则证明的情况下，就将一方当事人主张的事实作为法律适用中的小前提。其次，小前提所说的法律事实与依据证据规则证明的事实，都是以客观事实为基础的一种法律上的事实，是证据证明的事实，是一种法律上的事实，是在诉讼过程中，通过当事人举证并经法官认定的事实，事后即使证明它与客观的事实不完全符合，只要整个举证、质证、认定过程是符合法定程序的，我们就不能事后因其与客观事实不符而简单地认为依据此种事实所作出的裁判就是错案。在此意义上我们可以说，程序正义乃实体正义之母。再次，依据证据规则所确定的法律事实，是方法论中确定法律事实的基础。一般来说，证据证明的事实越接近于客观真实，越有利于小前提的认定。证据证明得越充分的事实，将使得小前提建立在更为扎实的基础上。反过来说，若借助于证据规则仍然不能确定案件事实时，必将给小前提的认定带来困难。例如，争议的工程质量是否存在缺陷，施工单位是否构成违约，是否需要承担违约责任，必须经过有关工程质量检验部门的鉴定来最终确定。但是，在当事人双方没有共同指定同一个鉴定机构的情况下，由法院指定的不同的鉴定机构进行鉴定，就可能发生事实认定的争议。如果法院确定的不同的鉴定机构得出的结论是一致的，则法律适用的小前提可以确定；反之，如果法院

① 证据规则和司法三段论中的价值判断，参见何海波：《举证责任分配：一个价值衡量的方法》，载《北大法律评论》第6卷第2辑，北京大学出版社2005年版。

确定的鉴定机构得出的结论是不一致的，则法律适用的小前提将无法确定。

2. 方法论中的小前提是具有法律意义的案件事实

依据证据证明的事实并非都能够成为小前提中的事实。正如我们在后文所讨论的，证据证明的事实和小前提仍然是存在区别的。以“租房纠纷案”为例，在该案中，“甲和乙在合同终止前双方因为言语不和多次发生争吵”是导致本案纠纷发生的一个前提，如果没有双方之间的不信任和矛盾，后面的纠纷很可能不会发生，这一事实在证据法规则中是有意义的，在庭审过程中，法官必须通过证据规则确定相关事实，以查明案件的来龙去脉，但是，这一事实从方法论角度看，则显然没有意义。因为甲和乙争吵的事实并不能一定引起后续的甲踹门、乙擅自搬出甲的财物等情况。甲损害乙的房门，乙损害甲的财产都是因为其各自的侵害行为造成的，和甲乙之间的争吵没有直接的法律上的联系。因此，甲乙之间的争吵就甲对乙或乙对甲的损害赔偿法律关系而言，是一个没有法律意义的案件事实，所以其不能作为甲对乙赔偿或乙对甲赔偿法律适用中的小前提。作为司法三段论小前提的法律事实，并不是一般的生活事实，它是能够产生一定法律效果的法律事实。某一事实究竟产生何种法律效果，这是方法论所要考察的重心。因为它适用于不同的大前提，就产生不同的效果。

3. 方法论中的小前提是依据方法论规则所确定的要件事实

虽然依据证据规则来认定事实是证据法学的问题，但是，如何实现事实与法律的连接，如何根据事实得出结论，这是法学方法论应当解决的问题。为了实现这一目的，法官并非以整个案件事实与大前提相连接，而是将要件事实与大前提相连接。客观事实只有与实体法规范中所设定的要件事实相符合，才能产生一定的法律效果，并能够在裁判中得到认可。[①] 尽管方法论中的事实必须经过一定的证据规则加以证明，但是，其和证据法上的证据规则所证明的事实存在一定的差异，两者并不是同一个问题。

以“租房纠纷案”为例，方法论中的小前提和依据证据规则所确定的事实存在

① 葛洪义主编：《法律方法与法律思维》（第一辑），中国政法大学出版社 2002 年版，第 194 页。

区别：一方面，从证据规则来看，承租人甲是否将房门用脚踹坏以及造成多少损失，承租人甲是否在规定的期限内未按期搬出，其未搬出是否有正当理由。出租人乙是否将甲的东西擅自搬到了门外，以及造成多少损失都需要通过证据加以实际证明，这些事实是证据法上的事实。另一方面，承租人甲将房门用脚踹坏的行为，甲无正当理由未按期搬出的行为，乙将甲的东西擅自搬到了门外的行为等究竟属于何种性质的法律关系，是同一个法律关系，或是不同的法律关系等，这些都属于方法论中所要确定的小前提中的事实。尤其是当确定了其属于何种法律关系之后，还要确定相应的责任构成要件是否具备，这就是小前提确定中的问题。由此可见，方法论中认定小前提所观察的视角并不完全着眼于案件的客观真实，而是着眼于如何连接大前提，从而得出妥当的法律结论。换言之，是为了寻找、满足适用法律大前提所需要的要件事实。

4. 方法论中小前提的确定旨在寻找与大前提的连接

方法论中小前提的确定目的是寻找与大前提的连接。按照三段论的规则，只有在小前提能够被大前提所涵盖时，才能产生一定的法律效果。作为小前提的事实是纷繁复杂的，但是，其最终应当是能够为大前提所涵盖的事实。在不同的案件中，事实可能会有一定的变化。但无论出现了何种变化，只要其符合大前提中的构成要件，都可以得出同样的结论。方法论中之所以要确定小前提，是为了不断寻找最密切联系的裁判规则，最终通过大前提和小前提的连接而得出裁判结果。在“租房纠纷案”中，承租人甲将房门用脚踹坏的行为，甲无正当理由未按期搬出的行为，乙将甲的东西擅自搬到了门外的行为等究竟属于何种性质的法律关系，是同一个法律关系，还是不同的法律关系等。法律上作出这种判断不是为了单纯发现案件的真实，而是为了借助于法律关系这一媒介而使之与法律大前提发生联系。在确定小前提的过程中，其并非与大前提的确定相互独立，而是相互联系、相互影响的两个步骤。正如有学者所言，法官的目光要往返流转于事实和规范之间。在确定小前提的过程中，也要不断考虑大前提的确定，从而不断补充、查证新的事实。

二、作为小前提的法律事实与依据证据规则证明的事实的区别

证据证明的事实是为小前提提供基础的。在具体的司法实践中，法官通常会根据当事人提出的陈述和诉讼请求，初步选择大前提，依据这个大前提判断在具体个案中哪些事实是具有法律意义的，并且要求双方当事人依据证据规则，证明这些事实的真实性。用公式表示则是：

$T \rightarrow R$（如果具备 T 的要件，则适用 R 的法律效果）

$S=T$（特定的案件事实 S 符合 T 的要件）

$D1$、$D2$、$D3$……$=S1$、$S2$、$S3$（证据证明的事实构成特定的案件事实要件）

$S1$、$S2$、$S3$……$=T1$、$T2$、$T3$（特定的案件事实要件符合 T 的规范要件）

$S \rightarrow R$（得出结论即适用 R 的法律效果）

证据证明的事实（$D1$、$D2$、$D3$……）构成特定的案件事实要件，这一步骤需要由生活事实上升为规范事实，并且要通过证据来作为中介，使案件事实得到证明，对这一步骤在法学方法的论述中很难作出统一的表述。当然，这一过程也并非决定性的、一次性的。在具体诉讼过程中，在当事人就其提出的请求作出有关证明之后，法官可能会改变开始选择的大前提，提出新的待证事实，或者认为还有其他事实与大前提有关，需要当事人补充证明，这时当事人就又要依靠证据规则，证明相关事实，以满足司法三段论中对小前提的要求。

在前述“租房纠纷案”中，我们已经探讨了这两种事实的联系和区别，这两种事实所指向的对象也许是唯一的、共同的，但方法、视角却不同。作为一个法律人，仅仅掌握证据规则，也许可以准确地认定案件事实，但未必能够充分发现适用法律大前提所需的案件事实。如果我们不能掌握通过方法论的方法认定事实，也许可以相对准确地还原案件本来面貌，但却无法准确地适用实体法，得出公正的裁判结果。为此，我们需要在法律上区分小前提的法律事实与依据证据规

则证明的事实。笔者认为，两者之间存在如下区别。

第一，关于真实性判断的效果不同。运用证据规则证明事实，其主要目的在于发现真相、还原真实。当我们在适用法学方法论获得法律适用结果的时候，我们首先要假定作为适用基础的小前提的真实性。证据规则确定的是当事人的请求和抗辩是否存在客观事实依据，客观事实依据是通过证据来证明的。只要确定了事实的真实性，就完成了证据法上的证明过程。但是，这种事实究竟能够产生什么样的法律效果，是否导致责任的发生或不发生，这是证据规则所不可能解决的问题。在司法三段论中，即便事实是真实的，如果其不能与某个特定的法律规则相连接，也不能产生相应的法律后果。在诉讼中，即便假定原告主张的事实是真实的，也可能无法满足原告的诉讼请求，因为这些事实是否能够与法律相联系，并产生相应的法律后果，还需要进一步探讨。

第二，关于是否需要对事实进行整理的区别。证据规则本身并不考虑事实是否可以成为小前提。证据法所要解决的问题是，争讼的客观事实是否存在。至于该事实将引发何种法律后果，该法律事实将进行何种推理论证，以及从该事实中是否应当认定当事人承担某种责任，这些都不是证据法所要解决的问题，而是方法论所涉及的内容。例如，乙给甲留一个便条，上书“今领到人民币壹万元”。甲据此认为乙欠其一万元，同时甲也证明双方具有借款的相关事实，但乙提出抗辩，称双方之间并非借款关系，而是委托代理关系，其从甲处领到的一万元是代理报酬和费用，并且也提出了一些事实。双方围绕其主张和抗辩提出的事实，在证据法中都应当经过举证、认证和质证的程序才能够加以认定。但是经过这些证据程序所确定的事实，仍然不能够直接认定为是小前提，需要与某个大前提相连接。但方法论上探讨的事实是要件事实，它不是要简单地寻找和发现客观真实，而要依据实体法规则进行事实的判断、确定。在前例中，法官需要判断“今领到人民币壹万元”的便条究竟是符合借款关系的构成要件还是委托代理关系的构成要件。在这个过程中，实际上要对事实进行仔细的甄别，并通过借款合同和委托合同成立的要件、效力进行判断。这个过程就是方法论意义上的事实整理过程。所以，拉伦茨教授指出，在方法论上，“在无限多姿多彩，始终变动不居的事实之流中，为了形成作为陈述的案件事实，总是要先作选择，选择之时，判断者已经考量到个别事实在法律上的重要性”[①]。法官的任务主要是确定与最终裁判有关的所有案件事实，换言之，是程序法上认为有意义的所有案件事实。所有经由证据规则认定的案件事实转为要件事实，是一个去芜存菁的过程。而经过小前提判断而认定的事实，则是已经完成精装修的房屋。通过方法论认定的事实，可能会舍弃一些事实，也可能会更加凸显一些事实；有些本来是不相关的事实，可能因此而发生结合关系。本来依照社会观念可能会具有结合关系的事实，也可能在小前提中被分别开来，个别考察其意义。

第三，两者依据的规则不同。证据规则所依据的规则是程序法上和证据法上所确定的规则，而方法论上的规则主要是依据实体法，通过大前提和小前提的结合得到正确的法律适用结论。在证据法上，考察的主要是符合程序法的规则，而方法论上确定小前提的规则主要是如何和大前提相联系。所以，证据法上认定的案件事实，严格来讲是小前提的前提，在运用证据规则认定案件事实的过程中，可能还不需要充分考虑大前提的影响，与大前提并不发生直接的联系。这是因为当事人举证和法官查证的事实并非都可以作为小前提使用，作为小前提的事实必须是与大前提相符合的。在法律上，事实的判断是对历史事实的再现，透过错综复杂的事实关系，来辨明法律上的权利义务关系。所以，将法律上的事实与大前提相连接，实际上就是一种“价值关联”的事实。[②] 例如，鱼塘的水受到污染，原告主张，是因被告的污水所致，鱼儿究竟死亡了多少，由谁来负举证责任等这是证据法的问题；但是污染与鱼儿死亡之间是否具有因果联系、是否符合责任的构成要件、是否属于事实构成，这些都是方法论要解决的问题。在证据法上，事实的认定要考虑证据的判断等问题。而在方法论上，事实的认定要遵循“目光流转于法律与事实之间”，考虑事实与法律的相互影响。

第四，关于是否需要适用价值判断的区别。通常来说，证据规则基本上不会涉及价值判断的问题；但是在方法论的适用中，无论是对事实的整理、大前提的

---

① 参见［德］卡尔·拉伦茨：《法学方法论》，陈爱娥译，商务印书馆2003年版，第160页。

② 参见［德］卡尔·恩吉斯：《法律思维导论》，郑永流译，法律出版社2004年版，第51－61页。

选择、小前提的确定、大小前提之间的连接，以及最终结论的确定，都可能含有价值判断的内容。依据证据规则确定案件事实是为了还原案件的本来面目，这其中以追求案件的客观真实性为目标，一般不存在法官的价值判断问题。而在小前提的确定过程中，为了兼顾案件裁判的妥当性、维护社会公平正义，法官对于据以作为适用法律小前提的案件事实往往会进行一定的取舍，其中包含有一定的主观价值判断。依据方法论，在事实的判断中，法官的价值取向都要发挥一定的作用。例如，关于精神损害的判断，法官要考虑的不仅是受害人是否遭受了痛苦，而且要考虑这种痛苦是否达到严重性的程度，在法律上是否具有可补救性。在社会生活中，各种纠纷都使当事人产生一定的烦恼和痛苦，大量的痛苦是无法弥补的，而只有在侵害人格权之后，其精神痛苦才能得到补救。在判断事实的过程中，法官也要进行价值的判断。

第五，是否可以依据实体法上的规则来辅助事实的认定。在依据证据规则所确定的案件事实仍不能完全满足适用法律大前提所需要的小前提案件事实时，法学方法论往往会采取一些技术手段来补充、完善法律事实以便使之符合法律大前提，从而使法官作出相应的裁判。这常常表现为法律上所采用的推定、拟制等技术方法。例如，《民法典》第1231条规定："两个以上侵权人污染环境、破坏生态的，承担责任的大小，根据污染物的种类、浓度、排放量，破坏生态的方式、范围、程度，以及行为对损害后果所起的作用等因素确定。"在无法通过证据证明两个以上的污染者各自的污染情况时，就应当根据相关规定来处理，如推定为相等。又如，甲乙两个公司都向河流排放了污染物，但是，无法证明各自的排放量。因为法律规定的小前提需要确定两个公司各自的排放量，在无法确定时，就可能需要借助证据法来认定。正是在这个意义上，无法将两种事实截然分开。

第六，两者在主体上存在区别。举证责任通常是由当事人承担的，但是确定小前提是由法官来进行的。在证据法上，事实的证明是通过当事人和法官的共同参与来完成的。而且，在当事人主义的诉讼模式之下，原则上由诉讼当事人承担举证责任，法官只在例外情况下才依职权进行调查。而法学方法论是围绕法官如何适用法律而展开，其主要指导法官如何确定大前提、如何进行事实的整理以及如何连接大前提和小前提等。通常来说，对于待证事实的选择，是以实体法和案件的具体情况为依据的，但是在这一过程中可能还有价值判断的内容，甚至对于证据能够证明什么，法官也存在自由裁量的余地。

综上所述，证据法学和方法论作为不同的学科，其研究对象是不同的，不能将二者混淆。而且，两者的研究目的是不同的，方法论研究的目的在于保障法官依法作出公正的裁判，而证据学研究的目的在于客观、准确地认定事实。从今后的发展趋势来看，法官如何从证据法的角度来认定事实，又如何从方法论上确定小前提，并依法作出公正的裁判，这是法官需要掌握的一门司法艺术。

三、确定小前提的双重目的

确定小前提在方法论上具有双重目的：一是事实认定的功能。在司法三段论推理方法中，法律事实这一小前提是法律适用的起点。任何司法三段论推理的启动和结论的得出，都是以事实的确定为基础的。甚至有学者认为，法学方法论的核心问题就是事实问题，需要从实践出发，满足实践需要，从科学地处理问题到能够富有理性地讨论问题。① 这就决定了认定小前提担负着认定案件事实的功能，是从生活事实向法律事实的过渡。一方面，所要确定的事实是三段论中的小前提。按照逻辑的三段论，法律规范是大前提，而法律事实是小前提。确切地说，法律事实是小前提的内容。如果没有法律事实，就无法按照三段论推理的要求，进行演绎推理。另一方面，事实的确定是找法的前提。只有确定事实才可能确定将要适用的法律规范。在成文法体系中，特定的法律规范本身具有抽象性，通常适用于某一类事实。只有适用具体的案件事实，才能使得该抽象的法律规范在具体个案中实现裁判的结果。所以，探寻案件事实的过程即形式推理的过程非常重要。② 只有保障事实的真实，才能保证结论的妥当。裁决的质量依赖于探寻

① Friedrich Müller, Juristische Methodik, Berlin, Duncker und Humblot GmbH, 1989, S. 21－22.

② James A. Holland & Julian S. Webb, *Learning Legal Rules*, Oxford: Oxford University Press, 2006, pp. 230－231.

案件事实的过程。

二是找法的功能。这就是说，在事实认定中，要不断建立案件事实和法律适用之间的连接点。在适用方法论的过程中，除了找法之外，重要的就是具体确定法律事实的法律属性，归纳争点。确定了具体的法律关系和当事人争议的焦点之后，也为当事人找法提供了明确的前提。从事实中提炼出来的法律关系越准确，则找到相应法律规范的难度越小。因为在具体个案中，法律事实或许具有相同之处，但根据以事实为根据、以法律为准绳的原则，首先要确定作为裁判案件的事实，而且要将该种事实确定为法律事实，从而才能依据该事实寻找裁判依据。当事人提出的事实如何被确定为法律事实，尤其是如何被确定为要件事实，则需要经过方法论上的识别、归类、整理等过程，通过这些操作，最终使生活事实被确定为规范事实，并与大前提相连接。

上述两种功能是密切结合在一起的。方法论上的事实认定不仅在于还原案件的事实，而且在于为将来案件的裁判确定事实依据。在大多数案件中，其难度表现在事实的认定方面，尤其是对许多的民事纠纷来说，在事实已经初步确定之后，可能不需要复杂的法律适用，凭借简单的三段论推理就可以得出结论。例如，在欠债还钱的案件中，只要认定了欠债的事实，就可以认定当事人的权利义务。真正的疑难案件在现实中比较少见，而只有在疑难案件中，才会涉及复杂的法律解释问题，由此也决定了，在小前提的确定过程中，必须形成事实要件和规范要件的互动关系。

第二节 确定小前提的步骤

与大前提确定过程不同，作为小前提的法律事实的确定必须在具体个案中采取不同的方法。确定小前提的过程，往往不是演绎的逻辑推导，而要进行科学观察与分析。[①] 我们可以将这一过程大致作以下简要划分：一是运用证据规则，根

① 朱庆育：《意思表示解释理论》，中国政法大学出版社2004年版，第35页。

据特定证据认定已经发生的事实。该环节的主要任务是确定特定事实是否发生，也就是要解决逻辑三段论中“小前提”的真实性问题。二是运用方法论，确定事实要件，并最终寻求密切联系的法律规则相连接。在方法论上，确定小前提也要依循一定的步骤，笔者认为，其应当采取“五步法”。具体可分为：法律事实的识别、法律行为的识别、法律关系的识别、要件事实的识别和要件事实的整理五步，分述如下。

一、法律事实的识别

确定小前提担负着认定案件事实、寻找相应规范的功能，这首先需要实现从生活事实向法律事实的过渡，因为能够与大前提相连接，并能够产生一定法律效果的事实只能是法律事实，而不能是单纯的生活事实。

从一个案件争议的产生到裁判结论的最终得出实际上是一个十分复杂的过程，其中包括了多个技术环节，涉及不同法律技术的运用。“通过事实构成要件已经满足的判断，法官将这些事实构成要件应用于呈交给他的生活事件。对于这种应用，自古以来都会使用涵摄（Subsumtion）这一概念。这个概念按其字面意义理解就是‘摘取（Herunternahme）’。这表示，法官摘取生活事件，将之居于事实构成要件之下。”[①] 在小前提的确定中，应当从法律事实的识别开始。

法律事实的识别就是指将生活事实上升为法律事实，运用法律概念和术语对生活事实予以界定，使其成为具有法律意义的事项。法律关系的识别是小前提作业中的第一步。没有经过事实的识别，就无法进入事实的筛选、整理等过程。法律事实与适用是紧密而又不可分的。事实的发现过程常常涉及法律的定性问题。[②] 以“热气球坠落伤人案”为例，在该案中，小前提的确定首先需要考虑，李某解开拴住热气球的绳索的行为是侵权行为还是戏谑行为，换言之，该行为是

① Jan Schapp，Methodenlehre des Zivilrechts，UTB，Stuttgart，1998，S. 99f.

② Bernard S. Jackson，*Law*，*Fact and Narrative Coherence*，Deborah Charles Publications，1988，p. 93.

否具有法律意义？因为证据法证明的事实仍然是非常宽泛的，并不是所有的事实都能够成为方法论上的事实，且能够与大前提相连接。有一些事实并不是法律事实，是与法律无关的，或者是与当前争议无关需要另案处理的事实。这就是说，大量的事实可能都是不能产生法律效果，或者没有法律意义的。在从生活事实到法律事实的过程中，法官应当将无关的生活事实剔除。

所谓“事实”，是指由“什么时间、什么地点、谁、发生了什么”等要素构成的特定事件或者情状。[①] 在社会生活中，每天发生大量的生活事实，形成各种生活关系。但是，生活事实发生争议以后，法律所关注的并非生活事实，而是能够引起一定法律后果的法律事实。在方法论中，所要考虑的事实，并非单纯的生活事实，主要原因在于：一方面，必须有争议发生。当事人争议的事实，是法律的事实。通常来说，人们在社会中生活，都难免发生争议，但是，作为法律事实的争议只是那些能够引起法律后果的争议。例如，在乘车中发生相互拥挤；排队买票时，因为有人加塞而出现争议等。另一方面，生活中的争议并非都是法律所要规范的，因此，它们不可能都是法律事实。通常，法律所不调整的生活事实，可能需要通过道德、习惯等来调整，法律只是调整立法者认为重要的、需要由法律调整的生活事实。[②] 此外，法律也通常只是对发生争议的生活事实进行调整，如果当事人之间没有发生争议，也就不需要法律来调整。从方法论的角度来看，法官在确定小前提时，其所关注的不是生活关系，而是法律关系。正如梅迪库斯所指出的：“生活关系是一个连续统一体，而我们正是从这一连续统一体中取出一部分来，对其进行法律观察。”[③] 这些需要从生活关系中截取一定的事实，然后对社会关系进行法律定性。

从生活事实到法律事实，就是法律思维的过程。“生活事件仅仅根据法官的独立评价过程而被涵摄入该事实构成要件之中。在这个评价过程中，法官对生活

---

① 陈杭平：《论“事实问题”与“法律问题”的区分》，载《中外法学》2011年第2期。

② 朱虎：《法律关系与私法体系》，中国法制出版社2010年版，第35－37页。

③ ［德］迪特尔·梅迪库斯：《德国民法总论》，邵建东译，法律出版社2000年版，第51页。

事件中不同的事实进行评价，并将它们作为其判断的理由而对之进行衡量。”[1]笔者认为，法律事实的认定问题，属于法学方法论的研究范围。法学方法论研究的对象是法律的适用，其三段论中的小前提就是法律事实的认定。在此过程中，通常需要把握如下几个重要的环节。

第一，选取生活事实。这就是说，在生活事实中，仅仅选取具有法律意义、能够产生法律效果的事实。并非所有的生活事实都为法律所关注，从法律的角度，只有部分的生活事实具有法律意义，这部分生活事实的选取是由法律规则所确定的，与这些事实在生活中的意义无关。有些在生活中具有重要意义的事实可能法律并不关注，也有些法律所关注的事实却在生活中微不足道。例如，男女双方在同居期间，双方感情的纠葛问题并非法律所关心的事实，而法律所关注的仅仅是双方存在共同居住的事实，因为在法律中，仅有这个事实才可能涉及法律中扶养、继承等问题。再如，在赠与合同中，赠与的动机和目的并非赠与法律关系所关注的内容，只要行为之间不存在对待给付，就是无偿关系。至于受赠人在主观上是否希望获得好处，或者是否在主观上获得精神慰藉则不必考虑。[2] 如果当事人在诉讼过程中提出大量有关赠与动机的事实，但当事人没有将这种目的或者动机明确表示出来，作为赠与合同中的条件，其具体内容为何法律则不予考虑。

第二，简化生活事实。这就是说，凡是与案件争议无关的生活事实，都应当从事实的认定中剔除出去，应当只是将与案件有关联的生活事实纳入其中。通常来说，生活事实与案件的关联要依据案件的争议来确定。例如，当事人谈判、协商、接触的过程，都是生活事实。如果当事人通过谈判、协商已经缔结了有效的合同，合同的效力和内容并没有争议，而只是就合同的履行发生了争议，那么，当事人的谈判过程就应当被舍弃掉。但是，如果当事人争议的问题，不是合同履行的问题，而是合同是否成立的问题，特别是缔约过失应当调整的问题，此时，当事人谈判的过程就具有重要意义，就应当将其纳入法律事实之中。再如，在

---

① Jan Schapp，Methodenlehre des Zivilrechts，UTB，Stuttgart，1998，S. 99f.

② Christian von Bar and Eric Clive，*Principles*，*Definitions and Model*，*Rules of European Private Law*，Volume IV，Sellier. European Law Publishers GmbH，Munich，2009，p. 2816.

“汽水瓶爆炸致人损害”侵权一案发生之前，加害人可能实施了一系列的行为，法律事实的认定考虑的是侵权发生时的情况。即法官通过当事人提供的证据在整体上对案件形成一个整体事实认知。当张女士在某商场汽水货架上挑选汽水时，其手中的玻璃汽水瓶突然发生爆炸，致使其脸部受伤，致其遭受了各种财产和人身和精神损害，其中所涉及的事实还有很多。例如，张女士在外地的母亲乘车前来看望，张女士女儿因为陪伴母亲而一周未能上学，等等。法官对“汽水瓶爆炸致人损害”案的整体初步抽象认识是不够的，其需要对该事实整体中的各个要素予以具体分解考察，包括汽水瓶的法律性质、张女士的身份、受害人脸部受伤的程度，在该损害发生的过程中所涉及的事实是复杂的，法官需要要对哪些是具有法律意义的，哪些是不具有法律意义的进行一个整体的分析考量，剔除不具有法律意义的事实。

将没有法律意义的生活事实剔除出法律分析的过程，其意义在于：首先，如前所述，生活事实本身是纷繁复杂的，如果我们不将无关的生活事实排除，我们所面对的案件事实本身就会极为庞杂，可能严重影响我们顺利进行必要的法律分析。其次，法律所关注的只是法律事实本身，不剔除生活事实的分析过程实际上是不存在的。裁判的方法首先是认定事实，但是，裁判过程中的事实都是法律事实。所谓法律事实，就是指能够引起法律关系变动的事件和行为。法律事实不同于生活事实之处在于，它不是生活事实的简单重复，它一定要与法律的规则相衔接。所以，法律事实的认定本身，也包含了一定的价值判断过程。它是法官根据实体和证据规则进行取舍，最终认定的事实。①

第三，确定案件的争议点。这是确定哪些生活事实属于法律事实的关键。法律事实应当围绕争议点来展开。争点的归纳方法，实际上就是从双方的争点出发，通过查询、检验与该争点有关的法律，从而得出解决方案。英美法上的争点理论，就是问题导向方法的典型。争点归纳就是要将讼争当事人的争议事实进行归纳总结。如前所述，当事人之间的交易可能反反复复，发生了多次变更。在裁

① 刘景秋：《司法裁判方法问题研究》，吉林大学 2007 年硕士学位论文，第 9 页。

判中，关键是要考虑，与案件的争议点有关的法律事实。法官只能围绕着争点确定案件的规范事实，凡是与争点无关的，都可以依案件情况予以剔除。例如，在“高速公路堵车案”中，某人早晨开车在高速公路上与他人的一辆车相撞，双方发生争议，导致数辆汽车无法开动，致使有人耽误商务会谈，有人延误医治疾病，有人下车穿行农田而踏坏他人的庄稼。对于这些损失，肇事者是否都需要赔偿？如此考虑涉及的问题就很多，关键要看，除车辆相撞的双方之外的其他人是否也主张赔偿。没有争议的问题，不属于法律事实的范畴。

第四，确定救济的范围。法律事实与生活事实的不同就在于，法律事实的确定就是为了救济当事人。如果无法对当事人提供救济，就不属于法律事实认定的范畴。例如，在“热气球坠落伤人案”中，我们首先要确定李某解开拴住热气球的绳索的行为是侵权行为还是戏谑行为，或言之，该行为是否具有法律意义？我们并不认为这是一个单纯的戏谑行为，该种行为已经造成了特定损害后果，表现在一是该种行为造成了他自身的损害。这涉及自身的损害能否请求公司赔偿的问题。二是造成了他人的侵害，该种侵害是否需要由李某负责还是需要公司负责？这两个问题都可能涉及对当事人的救济，所以，其属于法律事实，而不是单纯的生活事实。从实践来看，大量的事实在法律上是没有意义的，所以，首先需要对生活事实进行选择，选取具有法律意义的生活事实。生活事实没有进入司法的领域，就没有意义，即便进入司法领域，也必须属于与案件有关联的生活事实，这个事实才能上升为法律事实。

在裁判过程中，当事人双方都在讲述各自的故事，并为此提交大量的证据。但是，法官不能陷入当事人的陈述之中，其应当始终保持清醒的法律思维。因为上述原因，有学者认为，对于事实的陈述，是法律推理的前提。在三段论推理中，事实的获得不完全借助于生活经验，而是运用专业知识的结果。[1] 此种说法也不无道理，法律事实的认定不仅要借助于方法论，而且需要正确的法律思维。

---

① Franz Bydlinski，Juristische Methodenlehre und Rechtsbegriff，Wien/New York，Springer-Verlag，1982，S. 50.

二、法律行为的识别

在民事纠纷中，大量涉及法律行为。在存在法律行为的情况下，找法的思路将会有根本性的改变。因为在存在合同的情形，就应当首先适用合同，请求权的基础是合同，而不完全是法律规则。为此，我们在小前提确定过程中，还需要识别是属于法律行为还是事实行为，以及该行为的性质如何。

法律行为，是指以意思表示为核心的，能够产生当事人预期的法律效果的行为。法律行为是与事实行为相对应的。所谓事实行为，是指行为人不具有设立、变更或消灭民事法律关系的意图，但依照法律的规定能引起民事法律后果的行为。在民法领域，事实行为和法律行为对应于民法中不同的调控方式，前者属于法定主义调控方式的范畴，后者属于意思主义调控方式的范畴。事实行为和法律行为的后果设定是不同的。就事实行为来说，其法律后果的设定不取决于当事人的意思，而取决于法律的固定；而法律行为的后果设定应尊重当事人的意思。例如，当事人订立了合同，就应当遵守其约定，这就是采用意思主义调控方式的结果。私法自治以“个人是其利益的最佳判断者”为基础，允许当事人自由处理其事务。私法自治的实质就是由平等的当事人通过协商决定相互间的权利义务关系。[①] 私法自治要求“合同必须严守原则（*pacta sunt survanda*）”，当事人双方都要受到其合意的拘束。私法自治必然要求当事人应依法享有自由决定是否缔约、与谁缔约和内容如何以及是否变更、解除等权利。[②] 私法自治也决定了，当事人之间的合意应当优先于《民法典》合同编的任意性规定而适用。只要当事人协商的条款不违背法律的禁止性规定、社会公共利益和公共道德，法律即承认其效力。“私法自治给个人提供一种受法律保护的自由，使个人获得自主决定的可能性。这是私法自治的优越性所在。”[③]《法国民法典》第 1134 条曾规定，当事人

---

① 梁慧星：《民法总论》，法律出版社 2001 年版，第 39－40 页。

② 雅赛将个人的自由决定称为“无支配原则”。参见［英］雅赛：《重申自由主义》，中国社会科学出版社 1997 年版，第 80 页。

③ ［德］迪特尔·梅迪库斯：《德国民法总论》，邵建东译，法律出版社 2000 年版，第 143 页。

之间的合同相当于他们之间的法律，其含义也正在于此。如果我们能够明确当事人之间的关系是事实行为而不是法律行为，则当事人之间本身的意思表示就不在我们考虑的范围之内，我们只需要去关注法律具体规定的内容，而如果当事人之间成立的是法律行为，则要考虑当事人的具体的意思表示。

在此有必要讨论事实行为和法律行为的区别。两者之间的区别主要表现在：

第一，是否存在合同关系不同。意思自治时常体现在对当事人合意效力的尊重，以及对合同关系的维护方面，所以，合同关系的存在是区分事实行为和法律行为的重要标准。侵权行为通常都是事实行为。所谓合同关系，主要是指合同订立之后至履行完毕之前的法律关系。违约责任的前提是当事人之间存在合同关系。如果当事人之间不存在合同关系，则原则上可以考虑适用侵权责任。事实上，侵权责任本身的含义就是指“非合同关系的责任”，因此，《欧洲民法典草案》就将侵权责任称为“造成他人损害的非合同责任”①，这一点已经蕴含了侵权责任原则上是在当事人之间不存在合同关系的情况下所适用的规范。在前述“美容失败案”中，甲与乙之间存在一种合同关系，无论该合同是通过书面形式还是口头形式达成，甲都是基于合同关系而接受美容手术，如果适用合同责任，甲就需要首先证明合同关系的存在，如果适用侵权责任，只要受害人遭受的损失能够确认，则完全无须考虑合同关系是否存在。

第二，义务来源不同。意思自治原则在《民法典》合同编上体现为允许当事人对于各自权利义务的约定，并承认这种约定的约束性。因此，违约责任和侵权责任的区分依据仍然存在于其义务类型为法定义务还是约定义务。法定义务在学理上常常被称为“一般义务”，即所谓“勿害他人（alterum non laedere）”的义务。例如，在英国，侵权行为的经典定义就是：“因违反法律预先设定的一般义务而产生的侵权责任。”② 根据制定法，该义务是任何人都应遵守的，且该义务

---

① Christian Von Bar, *Principles of European Law*, *Non-Contractual Liability Arising out of Damage Caused to Another*, European Law Publishers & Bruylant, 2009, p. 243.

② Rogers, *Winfield & Jolowicz on Tort*, 16th. ed., London: Sweet & Maxwell, 2002, p. 4.

有助于保护任何人，而作为事实行为的侵权行为，就是对此种义务的违反。[①]《民法典》侵权责任编在设定任何人不得侵害他人财产和人身的普遍性义务的同时，还设定了各种具体的不作为义务。例如，依据《民法典》第1222条，医疗机构不得隐匿、伪造、篡改患者的病历资料，否则要推定其有过错。与之相反，《民法典》合同编极少规定强制性义务，尊重当事人意思自治，原则上以当事人之间约定的特别权利义务作为义务来源。在前述"美容失败案"中，从侵权法角度出发，医疗方对于患者的人身安全负有不得侵犯的义务；而从《民法典》合同编角度来看，医疗方应当履行其对患者所作出的在无任何风险的情况下完成美容项目的义务。既然医方承诺"美容手术确保顾客满意"，"手术不成功包赔损失"，这就构成了约定义务的内容即达到一定的美容手术效果。未能达到此种效果，就构成违约，违反义务需要承担违约责任。但在我国司法实践中，对此类案件一般按照侵权责任处理，并要求进行事故鉴定，因为鉴定又可能引发许多新的纠纷，导致本来可以直接确定违约责任的纠纷，反而因为鉴定问题使案件争议变得更为复杂，纠纷难以及时化解，此类情况在产品责任中也时有发生。

应当看到，《民法典》合同编中也出现了一些法定的保护义务。此类义务已与意思自治理念存在较大差距，但是它仍然没有完全脱离意思自治的范围。保护义务主要伴随着主给付义务而存在，旨在保障主给付义务的实现，从这个意义上，保护义务只具有辅助性，仅在例外情况下存在。总体上说，合同义务主要是约定义务。在合同义务之中，即使某合同义务是法定的，它也总是与约定义务存在一种整体上的联系。[②]《民法典》合同编中的法定义务只存在于特殊情形，它可能是约定义务的预备，也可能是约定义务的补充，因此，该法定义务在整体上是为了实现当事人所约定的合同目的，进而实现当事人所意欲的利益安排。但由于意思自治在《民法典》合同编中具有基础性的地位，所以法定义务在《民法

① BGHZ 34，375，380；BGH NJW 1992，1511，1512.；Soergel/Zeuner，§823，Rn. 41. 与之相反，在合同法中，出发点在于仅存在于特定当事人之间的特别权利和义务（BGH NJW 1992，1511，1512）。

② Vgl. Madanus，Die Abgrenzung der leistungsbezogenen von den nicht leistungsbezogenen Nebenpflichten im neuen Schuldrecht，Jura，2004，S. 291f.

典》合同编中总体上处于一种从属性的地位。

第三，责任承担不同。根据意思自治，当事人也可以事先就责任的承担作出安排，只要当事人的约定不违反法律的强制性规定和公序良俗，就可以适用当事人的约定，这就可以极大地减少法官计算损害、确定责任的困难。一般来说，在合同责任中，当事人常常通过约定来安排违约损害赔偿的计算方法，这也为事后计算损害赔偿数额提供了方便。在前述“美容失败案”中，乙在其散发的宣传单上明确承诺，“美容手术确保顾客满意”，“手术不成功包赔损失”。这一承诺已经加入合同内容之中。虽然“包赔损失”的提法比较模糊，但是，其意思仍然很明确，即手术不成功造成的损失，其都负有赔偿义务。在实践中，如果合同中约定了违约金，那么只需要依据违约金确立责任，这就使责任承担非常简便。但是，通过侵权法来确定责任，就不能采用违约金的方式或通过事先确定损害赔偿计算方法来确定责任，而应当通过《民法典》第 1179 条所确定的法定的侵权责任方式来确定责任。有关损害赔偿的计算方法，也应当依据法定的标准来计算，当事人意思自治的空间相对狭小。

第四，免责事由不同。由于《民法典》合同编贯彻了意思自治原则，强调“契约必须严守”，只要当事人达成合意，他们就应当受到合意的拘束，因此，合同责任中法定的免责事由非常有限，通常来说，仅限于不可抗力的情形。虽然如此，但由于合同法具有预先分配风险的功能，所以，法律允许当事人通过事先约定免责事由的方式对其预见的风险事先作出安排。如果当事人通过合同事先作出安排，就可以有效地规避未来的风险。[①] 例如，在医疗合同中（如医疗美容、疗养合同），当事人明示担保达到某种效果，就意味着当事人已经自愿承担相应的后果。如果当事人在合同中明确规定了，因意想不到的风险导致手术失败，医方就不承担责任，则其也可以被免责。而在侵权责任法中，法律常常规定了较多的免责事由，包括一般的免责事由和特殊的免责事由。

---

① ［美］E．艾伦·范思沃斯：《美国合同法》，葛云松、丁春艳译，中国政法大学出版社 2004 年版，第 23 页。

三、法律关系的识别

（一）识别的必要性

所谓法律事实的识别，是指根据证据规则确定的事实，明确法律关系的性质和要素。法律关系是指调整人们行为过程中形成的权利义务关系。法律关系被作为整理法律和展示法律的技术工具，而且成为体系构建的基本方法。[①] 法律关系的识别是一种法律技术，其广泛运用于各种事实的分析和判断，是梳理纷繁复杂的案情事实的工具，也是认识确定小前提的基础和适用法律规范的前提。作为一种法学方法论技术，其具有如下特点。

第一，法律关系是一种条理化的法律思维。法律关系是根据法律规范建立的一种社会关系[②]，是对社会生活关系的一种法律归纳和抽象，反映了社会关系的一些共同特征。法律关系是对纷繁芜杂的社会关系的抽象归纳，其选取了社会关系中具有法律意义的共同特征。也就是说，并非所有社会关系的特征都具有法律意义，只有那些可以总结出与特定事实相关的法律关系，才能准确找到可适用的法律规范。例如，在“餐馆服务员伤人案”中，从“张某上菜不及时”这一事实开始，本案中存在大量复杂的事实关系。如果不从法律关系角度出发来考虑案件中各项事实，我们难以得出引起法律适用的小前提。

对任何一个案件，一个法律人不能陷于事实的迷宫，其首先需要掌握的是法律关系的思维。在事实的迷宫中，需要厘清案件事实所涉及的法律关系，并厘清它的性质。这就需要进行分析，将不属于法律关系的生活关系予以排除。法律关系是法律调整的人与人之间具有权利与义务内容的社会关系。“法书万卷，法典千条，头绪纷繁，莫可究诘，然一言以蔽之，其所研究和所规定者，不外法律关

① ［葡］平托：《民法总则》，法律翻译办公室、澳门大学法学院译，澳门大学法学院1999年版，第5页。

② 张文显主编：《法理学》，高等教育出版社2003年版，第131页。

系而已。”[①] 法律对社会的调整，需要从整体着眼，将民法体系作为研究的对象，而法律关系正是贯穿始终的一根红线，它将民事主体、客体、行为、各种民事权利等诸要素整合为一体，形成清晰的脉络。

第二，法律关系也是一种类型化的思维。类型化是一种界定和认识事物的方法，其通过采用特定标准对一定范围内的事实予以分类，通过归类对可适用的案件类型和生活经验进行归纳和总结。通过对生活事实或典型案例的分析，归纳出若干类型，从而将不确定概念和一般条款具体化，使不确定概念和一般条款具有可适用性和可操作性，以弥补其难以具体适用的不足。[②] 在类型化的情况下，概念的外延可以通过特殊案件的归类和筛除进一步精确化。它通过归类的方法，可以实现“类似案件类似处理”。例如，在前述“餐馆服务员伤人案”中，法律关系通过类型化被区分为合同关系和侵权关系。在侵权关系中，可进一步区分为一般过错责任关系、用工责任关系等；在合同关系中，需要进一步考虑是雇佣合同关系或者消费合同关系等。

法律关系的分类是一种基本的法学方法，法律关系作为一种认识社会关系的工具，不仅涉及对性质的识别，还可能需要对其进行分类，即运用类型化的思维将其归入某一类别中去。分类的方法与归类是不同的，归类只是将一类案件通过价值判断等方式，将其归入特定的类型。归类主要依循类型化的思维模式。案件事实也需要进行类型化，类型化等方法本身是一种思维方式，因为“法学方法是一门区分的艺术”[③]。事实类型化（fact categorisation），是指将作为小前提的事实进行识别、分类，从而为大前提的确定和连接提供基础。通常情况下，作为三段论推理的小前提并非一个单一的事实，其可能包含了大量事实细节。与此相应，作为大前提的法律规范也同样对小前提中的多种具体事实予以了明确规定。法官在运用三段论推理得出裁判结论之前，首先需要将这些事实加以有序整理，

---

① 郑玉波：《民法总论》，三民书局 1979 年版，第 63 页。

② Franz Bydlinski，Juristische Methodenlehre und Rechtsbegriff，Wien/New York，Springer-Verlag，1982，S. 548.

③ Geoffrey Samuel，*Epistemology and Method in Law-Applied Legal Philosophy*，Dartmouth Pub Co，2003，p. 107.

对案件中涉及的多种事实予以准确界定。只有在保证其中每一项具体事实与规范中所要求的事实相符合时，才可能说小前提与大前提是相一致的。[①] 事实类型化的过程是一个复杂的价值判断过程，它是为连接做准备的必要前提，在方法论上具有重要意义。法律关系的定性，本身属于类型化的一种方式。在小前提确定之后，要进入找法阶段，必须对案件事实予以确定。这就需要法官在案件事实与法律关系之间找到一个连接点。通过事实识别分类，能够将某一类事实和另一类事实归类，这是类似案件类似处理的前提。类似案件类似处理必须以案件事实的类似性为前提。试举两个案例进行分析，在一个案例中，某人借用他人的财产而将该财产转让；在另一个案例中，某人将虽然错误登记在自己名下、但是属于他人的财产进行了处分。从表面上看，两者是不同的案例类型，似乎前者是无权处分，后者表面上看是有权处分，实际仍是无权处分。但是，我国《民法典》第311条将其都归入善意取得。所以，通过适用统一的大前提，两个案件的事实又可被归入一类。在这个过程中，不是笼统地将事实归入某一类型，而是将通过识别过程基本定性的事实，进一步加以区分。

第三，法律关系是连接事实小前提和法律大前提的桥梁。法律关系既是对事实的条理化和类型化，是从法律意义上认识事实的前提，也是法律规范调整的基本对象。在三段论方法中，法律关系的一端连接的是社会事实关系，另一端连接的是法律规范。法律事实正是通过法律关系这个桥梁通向另一端的法律裁判结论的。对法律关系的识别，也是判断小前提的基础。首先，需要判断是否形成法律关系。该种关系是否具有权利与义务，是否受法律调整。其次，判断属于何种类型的法律关系。从法律体系的角度来看，不同的法律部门具有不同的法律关系，法官从大的方面来讲，对所涉及的各法律部门的法律关系都要进行思考，从民法的视角而言，法官对是债权关系、物权关系、侵权关系还是其他关系要作出判断。在债权关系中，还需要确定是属于合同关系、不当得利关系还是无因管理关系等具体类型。最后，确定法律关系的构成，需要对法律关系的主体、客体、内

① Geoffrey Samuel, *The Foundation of Legal Reasoning*, Antwerp: Maklu. Uitgevers. 1994, p. 212.

容以及变动情况进行考察，从而厘清、确定法律关系的性质和要素。

（二）识别的步骤

法律关系正是贯穿始终的一根红线，它将民事主体、客体、行为、各种民事权利等诸要素整合为一体，形成清晰的脉络。在方法论上，要始终把握法律关系来确定小前提。例如，在“热气球坠落伤人案”中，如果属于侵权关系，在哪些当事人之间发生此种关系？是公司与市民之间的侵权关系，还是李某与市民之间的侵权关系，或者是李某、公司与市民之间的侵权关系？如果属于合同关系，该种合同关系的主体是谁，李某、公司、市民哪些是合同关系的主体，这些问题都需要法官进行明确。

在法律关系识别过程中，首先需要对所属的法律部门进行判断。在法律关系识别的过程中，首先必须要确定法律关系所属的法律部门，即我们所面对的究竟是民事法律关系、行政法律关系还是刑事法律关系。这一概念包含的内容极为广泛，一般认为，法律关系有平权性的法律关系和隶属性的法律关系，因此，法律关系这个概念应当不仅仅适用于民法当中，还可以适用于公法中。[①] 之所以要首先对法律部门归属进行判断，其理由在于：司法三段论推理都是因特定责任讼争而起，不同的责任由不同的法律部门调整。确定法律责任和引起该责任的法律关系所属的部门，有助于缩小法律讨论的范围，提高法律判断的准确度和效率。例如，有关登记错误所致损害的责任，可能涉及登记机构责任的性质，此种责任究竟是行政责任还是民事责任，这些责任能否与民事赔偿责任并用等问题亟待明确。再如，在土地征收案件中，通常都会出现行政法律关系和民事法律关系的交叉。在这些情况下，确定不同法律关系的归属，进而适用不同法律部门中的不同法律规范并明确不同法律规范中当事人的权利义务，是非常重要的。

其次，对所属民法具体领域的判断。即使在同一部门法中，还涉及不同的具体领域。例如，在民法中，民事法律关系还要分为人格权法、物权法、合同法、侵权法以及婚姻家庭法等不同领域。对于同一民事争议，由于其可能涉及物权、

① 马克思主义理论研究和建设工程重点教材编写组：《法理学》，人民出版社、高等教育出版社 2010 年版，第 117 页。

合同和侵权等不同的领域，并且在不同的法律领域中，由于具体法律规范的不同，其适用的结果也具有不同的特点，因此法官能否选择正确的法律领域，事关案件最终结果，具有十足的重要性。例如，甲租用乙的房屋，在租期届满前曾经向乙表示，在搬家之后要请乙代为收取和转达信件，乙口头表示同意。后来，在甲搬家之后，由于几封重要来信没有转达，导致甲蒙受重大损失，因此甲诉请法院要求乙承担损害赔偿责任。如果法院确定乙已经违反了某种义务，这就涉及确定乙承担的义务究竟是在哪个法律领域中，是违约责任、缔约过失责任还是侵权责任。我们首先必须要明确是否存在合同关系，如果不能够明确合同是否存在就涉及缔约过失和侵权责任。如果能够证明代为转信的约定存在，这就要进一步明确，这种代为转信合同是有名合同还是无名合同，如果是有名合同，究竟是委托合同还是租赁合同中的某种附随义务。这就要求法官对法律关系进一步进行类型化识别，提高对法律关系识别的精准度。

在对所属领域的具体判断中，应当尽量具体深入，只有当小前提足够具体和清晰的时候，我们才能找到大前提和小前提之间的准确连接点。例如，在某个案件中，法官认为争议的财产涉及物权关系，但分析仅到此是不够具体的，还必须要对具体法律关系分析，进一步深入其究竟涉及的是物权关系的哪种类型，是所有权、用益物权还是担保物权，抑或单纯的占有关系。如果是所有权关系，还需要进一步确定是哪种类型的所有权，涉及的是所有权的移转还是所有权的取得抑或所有权的保护关系。如果已经能够确定具体所有权类型，还有必要进一步分析在当事人之间具体权利义务的归属，如争议财产究竟是合伙财产的个人所有还是共同共有。这样的分析应当是一个逐渐深入、逐渐具体的过程，越向具体规则深入和推进，越能够找到准确的裁判以及妥当的裁判依据。

通过对事实的识别和分类，从而准确地寻找大前提。试举两个案例进行分析。在“案例一”中，甲借了乙的手机一部使用，数天后甲以自己的名义将该手机出让，所得价款并没有返还给乙，乙可以提出何种请求？“案例二”中，甲借了乙的自行车一部使用，数天后甲以乙的名义将其转让给丙。这两个案件具有类似性，即都是未经他人许可而处分他人财产。但是，进一步分析可见，两个案例并不应归为一类。“案例一”中被告是以自己的名义出售，而在案例二中被告是以他人的名义出售。如果没有注意到这一区别，就将忽视很重要的案件事实。实际上，“案例一”在性质上属于无权处分案型，而“案例二”属于无权代理案型，它们所适用的法律规则是不同的。在这样一个相同点和相异点的区分中，实际上掺杂了法官的价值判断。这两个例子的比较说明了事实的识别和分类的重要性。

再次，需要对法律关系要素进行识别。法律关系的要素是由法律关系主体、法律关系客体以及法律关系的内容即权利和义务所构成。法律关系要素的识别，主要是对其内容的识别，因为内容的识别与大前提的联系最为密切。例如，在“热气球坠落伤人案”中，如果属于侵权关系，在哪些当事人之间发生此种关系？是公司与受害人之间的侵权关系，还是李某与受害人之间的侵权关系，或者是李某、公司与受害人之间的侵权关系？如果属于合同关系，该种合同关系的主体是谁，李某、公司、受害人哪些是合同关系的主体，对此需要在法律上予以确定。再如，在“餐馆服务员伤人案”中，如果我们能够确定本案中存在侵权关系，就要确定这种侵权关系究竟发生在哪些当事人之间。例如，服务员张某与李某之间是否形成侵权关系，服务员张某与李某对顾客陈某、丁某是否构成共同侵权关系，餐馆与受害人丁某之间是否形成单位用工责任。如果构成合同，则需要进一步判断，这种合同关系究竟是在餐厅与顾客王某之间还是餐厅与顾客陈某之间。这就是说，主体的判断可能和法律关系的判断具有一致性。例如，餐厅和陈某之间存在服务合同关系，我们在识别法律关系主体的同时，也能够对法律关系的性质作出判断。但是在其他当事人之间，我们可能就有必要将主体和法律关系予以分别判断。

四、要件事实的识别与整理

要件事实的识别，是指法官应当根据法律规范来确定，特定案件中要适用该法律规范应当具备哪些法律事实，进而产生特定的法律效果。要件事实是指与规范要件相对应的事实。在许多情况下，依据法律关系已经可以找到大前提。但是，寻找到大前提，并不意味着就当然可以以该大前提作为裁判依据，还要明确案件的事实是否对应于法律规范。确定特定案件是否存在可以对应于法律规范的要件事实。因此，在找到了能够直接与大前提连接的事实之后，还必须进一步确定这些事实是否完全符合大前提的要件。这就必须要以已经确定的大前提的要件与相关的事实相对比。在这个过程中，又必须进一步识别要件事实，从而与大前提中的构成要件相对比，最终确定是否形成连接关系。以“餐馆服务员伤人案”为例，本案涉及违约与侵权的竞合。就侵权责任而言，又涉及过错责任、用工责任、共同侵权责任等规则的适用问题，如何选取其中的法律事实？如何正确地选择具体适用的法律规则？这就需要找出相关的法律规定，将法律规定与案件事实相对应。而上述过程是法律关系的识别无法解决的，必须要借助于要件事实的整理来实现。这个过程实际上就是要件事实的识别过程。

如果同一案件中涉及多种法律关系，如侵权关系、合同关系等，需要通过全面考察，找出最能够直接与大前提连接的事实。以“餐馆服务员伤人案”为例，服务员张某与顾客李某发生的争执是否构成侵权行为或违约行为？李某出言不逊是否构成侵权行为？顾客王某与餐厅之间是否形成合同关系？餐厅的行为是否构成对王某的违约？本案涉及何种性质的法律关系，究竟属于合同关系还是侵权关系，还是构成了违约与侵权的竞合？这些问题都是法官需要回答的问题。但是，仅仅根据某一种法律关系的性质和内容的认定是无法解决要件事实的认定问题的，必须全面回答上述问题。在明确了这些问题之后，才能进一步地找到能够直接与大前提连接的要件事实。

所谓要件事实的整理，是指结合大前提中的构成要件，将案件中所有相应的规范事实加以整理。在对要件事实进行识别之后，就明确了特定的案件应当具备哪些事实。但是，还必须经过分类、挑选、剥离、归纳等过程，最终完成要件事实的整理。例如，就一般侵权而言，依据《民法典》第1165条第1款，必须符合过错、侵害后果、因果关系要件。符合这三个要件才能导致侵权责任的承担。而在实践中，某一个侵权事实的发生背后有可能是一个复杂的故事。并且，当事人双方在法庭上也会讲述不同的故事。例如，就因果关系而言，就可能形成一个较长的证据链条。但是，法官不能在这个故事中迷失了自己，而应当围绕要件事实的整理来进行裁判活动。其必须从完整的故事中通过归纳、整理的方法，将是否存在过错、侵害后果、因果关系三个要件抽离出来。如果通过分析案件，整理好了相应的要件事实，就可以适用《民法典》第 1165 条第 1 款。正如拉伦茨所指出的："事实上，法律适用的中心不在最终的涵摄，毋宁在于：就案件事实的个别部分，判断其是否符合构成要件中的各种要素。"① 这就是说，与大前提的规范要件相联系的不是整个案件事实，而只是案件事实中符合大前提的要件事实，为此，法官需要对案件事实进行归纳整理，使之与法律规范所确定的构成要件相吻合，并最终与大前提相连接，形成合理的裁判结论。

方法论与证据法的不同就在于，小前提的确定是为了连接的需要，而证据法的功能仅仅是认定事实。所以，方法论上的事实不是就事实论事实，法官在认定事实时，还应当将目光投向法律，考虑能够规范这些事实的规则是什么，满足这些规则所需要的要件事实是什么。当进入这一阶段时，就已经开始进入连接的过程。我们仍以"餐馆服务员伤人案"为例，需要明确，服务员张某的行为属于个人还是餐馆所实施的行为？服务员张某与李某之间是否形成了共同侵权关系，服务员张某与第一个受害人陈某是否形成侵权关系，受害人陈某与餐馆是否形成合同关系，餐馆与受害人是否形成侵权关系，餐馆与第二个受害人丁某是否形成合同关系，餐馆与丁某是否形成侵权关系，服务员张某是否与丁某形成侵权关系等。在法律关系确定之后，需要确定法律关系的类型。如果构成侵权行为，究竟是用工责任还是个人侵权？服务员张某与李某对顾客陈某、丁某是否构成共同侵权？这些问题都是事实的整理所要解决的问题。但是，事实的整理过程并不能完全等同于连接，这是因为，在连接阶段要确立最密切联系的规则，而在事实的整理阶段，法官只是寻求与法律规范相对应的事实。在这一过程中，法律规则中包含了诸多的要件，法官要不断地考察，以确定是否存在满足法律规则的事实。事实的整理过程，也是一个不断试错的过程，它需要法官不断地整理事实，并将其

① ［德］卡尔·拉伦茨：《法学方法论》，陈爱娥译，商务印书馆 2003 年版，第 165 页。

与法律规范相对应。虽然它是不断地向连接靠拢，但是，其毕竟还没有最终完成连接。

第三节　要件事实的整理

一、要件事实的整理的特征

如前所述，证据证明的事实往往是未经整理的事实，所以其往往是庞杂而散乱的，需要通过法律技术的进一步加工，才能够确定出符合法律规范的事实要件，并使事实和法律能够有机地衔接。这种技术就是方法论中要件事实的整理。拉伦茨主张："事件必须被陈述出来，并予以整理。"① 法官需要通过整理过程来确定要件事实。

什么是要件事实？它是指与大前提中的构成要件（规范要件）相对应的事实。例如，特定案件中存在的符合《民法典》第 1165 条第 1 款规定的过错、侵害后果、因果关系三要件的事实，就是要件事实。要件事实来源于德文"Tatbestandsmerkmale"一词②，其本意是指法律要件的要素。③ 它最初是在诉讼法中使用，并在日本民法学中得到了广泛的运用。日本学者常常将其称为法律要件。④ 按照日本学者我妻荣的看法，"权利的发生、妨碍、消灭等各种法律效果是否得到肯定，与该等法律效果的发生要件相对应的具体事实的有无相关，因此这种事实一般被称为要件事实，为了与前述法律要件相对应，有时又称为法律事实。"⑤ 在我妻荣看来，要件事实就是与规范要件相对应的事实。我国台湾地区

---

① ［德］卡尔·拉伦茨：《法学方法论》，陈爱娥译，商务印书馆 2003 年版，第 160 页。

② 许可：《民事审判方法：要件事实引论》，法律出版社 2009 年版，第 37 页。

③ 许可：《民事审判方法：要件事实引论》，法律出版社 2009 年版，第 8 页。

④ 许可：《民事审判方法：要件事实引论》，法律出版社 2009 年版，第 37 页。

⑤ ［日］我妻荣：《民法总则》1935 年版，转引自许可：《民事审判方法：要件事实引论》，法律出版社 2009 年版，第 39 页。

学者对此也有论述。例如，王泽鉴先生将其称为要件特征，其认为："法律规范的要件（T），通常系由多数的要件特征（Tatbestandsmerkmale）组成之。因此，特定的案例事实，必须该当于所有的要件特征，始能发生该法律规范所定的法律效果。"[①] 我国学者在引进日本学者理论的基础上提出了要件事实的概念，并对此进行了讨论。[②] "要件事实"概念的提出在方法论上具有重要意义，它使得方法论和证据法中的事实概念得以区分开来，而且为三段论中的连接过程提供了坚实的理论基础。

在小前提的确定过程中，要件事实的整理是其中心环节，也是最后的环节。应当承认，在大陆法系国家，法官在裁判中对事实的分析与裁判不完全一样。例如，在法国，法官对事实的分析相对简略，而对法典和条文的分析较为详细。但在德国，法官对事实的分析则更为详尽。[③] 但无论如何，在大陆法和英美法中，法官的重要工作就是对事实进行筛选。在我国，要件事实的整理在司法实践中具有同样重要的意义。因为法官确定了要件事实，也就确定了小前提。从方法论上来看，对案件事实进行整理，就是要确定要件事实，即确定与大前提所要求的多个事实要件相符或者相违背的事实。在小前提的判断过程中，对于未经加工的事实需要进行整理。一旦获得了要件事实，就将实现规范要件和事实要件的自动连接。在方法论上，要件事实的整理的特征在于：

第一，要件事实整理是依据实体法的规范要件进行的整理。要件事实的整理应当依据实体法而非依据程序法进行。这就是说，在整理过程中，法官要始终考虑实体法所确定的要件，因为要件事实要以法律的规范要件为依据。例如，在德国法上存在所谓物权行为理论，按照此种理论，如果甲向乙购买面包一块，乙愿意出售，双方形成了债权合意。在交付面包之前，双方形成移转面包的合意即为物权合同；在交付价金之前，双方也要形成移转货币所有权的物权合同。但是，我国法律认为，此种生活事实没有必要抽象出来形成物权合同，因此，在我国法

---

① 王泽鉴：《法律思维与民法实例》，中国政法大学出版社2001年版，第201页。

② 许可：《民事审判方法：要件事实引论》，法律出版社2009年版。

③ Jane C. Ginsburg, *Legal Methods: Cases and Materials*, 3rd ed., Foundation Press 2008, p. 70.

上也就不存在物权合同。所以，要件事实首先来自法律规则。同时，事实构成必须要以规范要件为依据。通过要件事实整理，使具体的事实符合法律所设定的事实要件，使得案件事实对应到法律规范的事实中去。从法律上说，法律规范所要调整的是某一类事实，这一类事实具有实质性的相似性。法律规范通常只考虑了这些事实之间的核心要素，而过滤掉了事实之间的差异。但在法律的适用过程中，法官需要从一般的法律规范还原到具体的案件事实。就具体个案而言，法官要适用某一个裁判规则以得出裁判结论，就必须要确定与该裁判规则相对应的具体的要件事实。

第二，要件事实整理是对事实要件的确立。法律事实都是客观的事实，对经证据规则证明为真的事实本身，法官不能对其加以改变，但是，对于其中哪些具有法律真实性的事实能够上升为法律事实，则应当由法官来具体判断。经过证据规则的证明，案件事实已经呈现在法官面前。法官需要继续从事的就是如何根据实体法律规范来处理这些事实。面对一个案件中纷繁复杂的事实，一个优秀法官总是带着法律规范的记忆去认识、选择它们的。法官所从事的，就是要从一个“事实堆”中挑选出那些法律规范所调整的事实，其在认识过程中应当知道哪些事实是为法律所关注的，哪些事实是可能引起某种法律责任的。也正是因为法官所秉承的共同法律知识背景，司法活动才能实现不同法官面对同样的“事实堆”作出同样选择，进而得出同样的裁判结论。正如有学者指出的那样：“司法过程中的法律事实是各方诉讼主体基于自己对案件事实的认识和把握，有目的地将其陈述给法官后，最终呈现在法官面前的关于案件事实的共同性认识，这个事实是被构建的，而非是对事先给定的案件事实的重新摹写的结果。”①

第三，要件事实整理要采用多种方法。而整理并不是将某一类案件和其他案件区分开来，也不需要与其他案件比较，而主要是依据大前提，来确定小前提中是否包括了构成要件中所有的规范事实。在法官的整理过程中，需要根据规范要件，从事对案件事实进行提炼、切割、分类、整理等工作，最终将其组合为一个

① 杨波：《对法律事实构建论的初步阐释——以主体间性为分析路径的思考》，载《法制与社会发展》2006 年第 6 期。

具有法律意义的事实要件，实现从社会意义上的“事实整体”向法律意义上的要件事实的转化，然后，实现事实要件向要件事实的转化，最后通过连接过程得出裁判结论。

第四，要件事实整理过程也是一个法律适用过程。法律本身天然地具有一般性的特点，具有普遍性和非人格性的特点，其不可能自动和案件事实相连接，需要借助于法官对事实整理的工作。裁判的事实是规范要件确定的事实，必须与大前提连接。但在连接之前，必须对事实进行整理。虽然司法三段论表面上是将案件事实涵摄于法律要件之下，但准确地说，被涵摄的并不是案件事实本身，而是具体的以规范要件为依据的特定案件的要件事实。一方面，整个案件事实的内容是庞杂的，事实的因果关系链条可能是冗长的，而一个具体的法律规则很难与如此复杂的案件事实相对应。另一方面，某个特定的案件事实可能会与多个法律规范相连接，甚至符合多个法律规范的要件。但是，法官在裁判中应当确定适用某个特定的法律规范。为此，其必须舍弃掉一些法律规范，要件事实的整理过程中就已经考虑到了要选择适用的特定的法律规范。这尤其体现在责任竞合的案件中。例如，在“美容失败案”中，法官要将侵权责任规则适用于该案件，就必须舍弃掉相关的合同法规范；反之亦然。正是因为这一原因，连接过程只是具体的要件事实和规范要件的连接。判断是否形成真正的连接，则在于是否存在与之对应的事实要件。① 而确定了与规范要件相对应的要件事实之后，自动形成连接，这就形成了法律对个案的准确适用。

要件事实整理本身也是一个价值判断的过程，这是因为要件事实的整理包含了对法律规范的选择，尤其在案件事实可能对应多个法律规范之时，不同的法律规范的选择实际上体现了法官不同的价值判断。另外，案件事实上升为要件事实的过程本身也体现了法官进行的主观上的筛选，这一筛选也可能是以一定的价值取向为基础的。整理过程也是法官经验和技术的结合。法官审判案件的经验也影响着要件事实的整理，经验越丰富的法官，越能够准确、快捷地从庞杂的事实中

---

① 朱庆育：《意思表示解释理论》，中国政法大学出版社 2004 年版，第 35 页。

确定要件事实。要件事实的整理是确定小前提的核心内容。

要件事实整理在方法论中具有重要意义。法律不是在真空中运行的，它都是针对特定的事实来发挥调整效果的。[①] 一方面，法律本身是以生活事实为基础，进行抽象、概括，并形成概念、规则的体系。法律规则来源于生活事实中，在生活事实中不断重复出现的一些法律事实，逐步演化为具体的法律制度，如合同、婚姻、所有权、占有等。法律事实是对生活事实的抽象，裁判的事实都是法律的事实。另一方面，法律在规范生活事实时形成了事实构成，而此种事实构成必须以法律的规范要件为前提。因为大前提和小前提不是自动连接的，法律不是自动地适用于事实，而应当首先对事实进行归类整理，只有在此基础上，才能最终实现连接的过程。也正是基于此种原因，要件事实的整理才真正搭起了连接的桥梁。在通常情况下，涵摄都是以整理为基本的前提，“规范适用要求应以规范来评价待判断的事件，换言之，在判断事件时，应将规范所包含的评价依其意义付诸实现”[②]。

二、要件事实整理过程

要件事实整理是以通过证据证明的事实为基础确定案件的事实。如果案件本身是真伪不明的，法官就无法进行整理。当然，如果案件事实的证明已经达到高度的盖然性，通过采取举证责任的倒置、盖然性判断、事实推定等技术可以确定案件事实。但无论如何，案件事实不应当是模棱两可、含混不清的。在要件事实整理过程中，通常要采取以下方法。

1. 依据规范要件确定事实要件

要件事实整理过程的第一个步骤就是要确定规范要件。因为只有确定了可供适用的法律规范，才能从纷繁复杂的案件事实之中选择出与之相对应的事实要件。在司法裁判过程中，就特定的案件事实可能难以将规范要件和事实要件分开

---

① James A. Holland & Julian S. Webb, *Learning Legal Rules*, Oxford: Oxford University Press, 2006, p. 103.

② ［德］卡尔·拉伦茨：《法学方法论》，陈爱娥译，商务印书馆2003年版，第94页。

予以判断，甚至有人认为事实要件和规范要件是难以截然分开的。但笔者认为，即便是在简单案件中，规范要件和事实要件的区分也是可能的，而且这两项内容通常是可以分开的。例如，甲将乙打伤，甲是否应承担侵权责任？对此就应当查找，甲是否有过错，如果甲是因为正当防卫等原因将乙打伤，则其没有过错。但是，其非基于法定原因致乙人身伤害，就属于有过错。此时，过错作为规范要件就是《民法典》第 1165 条第 1 款规定的要件，如果可以确定甲有过错，就具备了一项事实要件。而案件中甲是否有过错的事实涉及事实要件，所以，“过错”是可以从规范要件和事实要件两个维度予以界分的，而且前述关于“过错”的认识过程本身也已经分别考虑了规范要件和事实要件。

在依据规范要件确定事实要件过程中，要尽可能全面地搜寻可能适用于诉争案件的法律规范。按照齐佩利乌斯的看法，对于已经纳入视野的规范，如果与案件不相关，则应当予以排除。对于那些已经选择出来的规范，需要分别考察它们与案件事实之间的联系密切程度。此种联系表现在那些对案件争议有决定性影响的事实与法律规范之间的联系，而不是次要事实与法律规范之间的联系。① 例如，在“美容失败案”案中，如果选择侵权责任，则依据《民法典》第 1165 条第 1 款所确定的规范要件，即侵权人应对其过错所致他人损害承担赔偿责任。具体而言，其构成要件有：第一，行为人必须要有过错；第二，行为人的行为造成侵害他人民事权益的后果；第三，行为人的行为与受害人遭受的损害之间具有因果联系。只有在满足了三个要件之后，才能形成完整的要件事实。但是，如果因美容失败，而使受害人近亲属遭受精神痛苦。或者因其美容失败，而受害人不能进行正常的社会交往而遭受损害，原告对此要求赔偿。此时，还需要进一步确定这些损害是否属于法律规定“侵害他人民事权益”的后果的内容，并寻找案件中是否存在支持的要件事实。

2. 全面寻找大前提的规范要件

在小前提的确定过程中，也应当尽可能将大前提的要件全面列举，将规范的

---

① ［德］齐佩利乌斯：《法学方法论》，金振豹译，法律出版社 2009 年版，第 130 页。

构成要件进行准确的阐述和把握。[①]事实的整理实际上就是要根据实体法律规范确定的规范要件来确定事实构成。如前所述，方法论中的事实不是依据证据规则还原案件真实，而是要寻求与法律大前提的连接点。此处所说的作为大前提的法律规则不是程序法，而是实体法。在依据实体法确定要件事实的过程中，需要讨论此类要件事实是仅仅涉及责任构成要件，还是应包括相关法律效果的要件。对此存在两种不同的观点：一种观点认为，此处所说的要件事实是指满足责任构成的要件事实，如侵权责任、违约责任等。至于法律效果是满足了责任构成要件之后，自然得出的结论。另一种观点认为，此处所说的要件事实不仅指满足责任构成的要件事实，而且包括满足法律后果的要件事实。例如，在确定侵权责任时，不仅要满足侵权责任的一般构成要件，如果当事人要主张特定类型的侵权责任，还必须满足相应的构成要件。而且一旦当事人主张损害赔偿，就必须满足损害赔偿的构成要件。笔者赞成后一种观点，理由主要在于：从法律规定来看，其对于法律后果往往作出特别的规定，要求特别的构成要件。而此类要件与责任构成要件是不能等同的。例如，在“美容失败案”案中，受害人能否请求赔偿精神损害即涉及这一问题。首先要依据《民法典》第 1165 条第 1 款所确定的规范要件，即侵权人应对其过错所致他人损害承担赔偿责任。但仅仅依据该条还不能满足精神损害赔偿的构成要件，还必须依据《民法典》第 1183 条确定是否侵害他人人身权益，是否造成他人严重精神损害。只有在满足了精神损害赔偿的要件之后，法官才能支持受害人的主张。就合同责任而言，如果原告主张违约金责任，还应当符合违约金责任的构成要件，如当事人的违约金条款必须有效成立。

满足责任构成的要件事实，还需要进一步细分。例如，就侵权责任而言，需要进一步区分为过错责任、过错推定责任、严格责任等。如果受害人依据《民法典》第 1179 条、第 1183 条要求承担不同形式的责任，还需要满足相应的构成要件。例如，受害人要求停止侵害、恢复名誉等，应当满足不同的责任构成要件。如果原告主张精神损害赔偿，则必须依据《民法典》第 1183 条确定是否侵害了

① 黄茂荣：《法学方法与现代民法》（第五版），法律出版社 2007 年版，第 225 页。

人身权益，且造成了严重精神损害的后果。如果原告主张停止侵害，则应当依据《民法典》第1167条的规定，确定被告的侵权行为是否仍然在继续而且构成危险，并危及他人的人身或财产安全。就违约责任而言，其可以根据违约责任形态，进一步区分为不完全履行、拒绝履行、迟延履行、预期违约的责任构成要件。如果受害人主张不同的违约责任形式，也可以进一步区分为违约金责任、定金责任、损害赔偿责任等。事实上，在这一过程中，大前提的要件列举越仔细越全面，越能够形成对应的要件事实。

3. 剔除与规范要件无关的事实

第一，剔除与诉讼当事人的请求无关的事实。在一般情况下，依照“不告不理”的原则，如果是当事人没有请求的，法官无须就此部分的事实进行审查。例如，在“美容失败案”中，如果当事人没有主张精神损害赔偿，法官就没有必要就其是否遭受严重精神损害的事实进行审查。但是，在有些情况下，法官必须依职权进行审查，即便当事人没有请求，也应当整理相关的案件事实。例如，在合同案件中，法官应当依职权审查合同是否无效。即便当事人没有提出合同无效的主张，法官也应当整理相关的事实。

第二，剔除与特定的法律责任认定没有关联的事实。就民事案件而言，大量涉及民事责任的承担问题。因而，法官在审理案件过程中，就应当确定当事人应承担的法律责任，并以此为基础，提出与此种法律责任认定没有关联的事实。裁判者所要从事的，就是在琐碎的生活事实中挑选出与案件所争议的法律责任相关的事实。例如，承租人和出租人之间私人情感关系的好坏，并非法律所关注的社会关系的重点。当事人之间情感关系的恶化，无法引起法律效果，并不能够构成解除合同的事由，也无法成为免除履行义务的要件。[①] 再如，在“汽水瓶爆炸伤人案”中，争议主要在于是否应当赔偿，以及赔偿的范围和数额问题。因此，与此无关的一些问题（例如，被告是否负有召回产品的义务、原告与被告之间的私人交情等），都不属于法官考虑的范围。在事实整理过程中，如果涉及多重法律

① ［德］迪特尔·梅迪库斯：《德国民法总论》，邵建东译，法律出版社2000年版，第53页。

关系，或责任竞合现象，则应当首先确定当事人选择的是何种责任，然后整理相应的要件事实。如果当事人没有选择，则法官必须要确定被告应当承担的责任。事实整理可以将那些与特定法律规定密切联系的事实提炼出来，为依据相应法律规定承担法律责任提供准确的事实基础。

第三，剔除因法律关系变动而丧失法律意义的事实。在实践中，当事人的法律关系可能因为各种情况发生变动，一些曾经具有法律意义的事实可能因此而不再具有法律意义，也就无法再引起法律责任。在判断当事人的责任时，这些事实应当被排除在法律关系之外。例如，当事人于2017年订立了《供货协议》，约定出卖人于2018年10月1日交付货物，买受人于收货后3日内付款。后因受金融危机影响，出卖人无法按时交货，双方于2018年11月1日签订《补充协议》一份。该协议约定：将交货时间延长至2019年8月1日，付款时间顺延。《补充协议》同时规定：凡是《供货协议》与《补充协议》不一致的，以后者为准。在《补充协议》签订之后，买受人催促出卖人按照《供货协议》交货，后因出卖人拒绝，买受人诉至法院，要求出卖人及时交货。该案中，在《补充协议》签订之前，《供货协议》关于"2018年10月1日交付货物"的约定对当事人具有法律约束力，而在《补充协议》签订之后，《供货协议》中的相关条款已经失去意义。法官就可以在确定责任时将其剔除。

4. 提炼案件中作为小前提的事实要件

从具体案件来说，当事人陈述了一个完整的故事。但是，在整理的过程中，必须根据法律的规定，来摘取其中的部分事实。例如，一个简单的侵权案件的发生，其从起因到损害的实际发生的整个过程，可能涉及复杂的情节。但是，依据《民法典》第1165条第1款的规定来确定其过错、损害、因果关系时，可能只涉及其中部分的情节。法官的作用在于，其要把握其中的部分情节，并以足够的证据加以证明。在依据证据规则已经固定案件事实的情况下，确定小前提中的事实是为了更好地适用实体法，得出妥当的裁判结论。例如，在"租房纠纷案"中，就需要依据《民法典》侵权责任编与合同编等相关法律规范来整合、确定据以适用法律大前提的案件事实。

如何根据实体法规定整合这一案件中的法律事实要件？可以结合“租房纠纷案”从如下几个方面分析。

第一，根据违约责任来确定小前提中的案件事实要件。在本案中，出租人乙认为，承租人甲将房门用脚踹坏的行为，无正当理由未按期搬出的行为，都构成违约。承租人甲认为，双方在争吵过程中，乙曾经辱骂、推搡他，因而自己用脚踹门是正当的。且其出差迟延一天不构成违约，乙无权将其财物搬出。在根据违约责任来确定小前提中的案件事实要件时，一方面，要确定甲的行为是否构成违约，这就是说，要确定适用违约责任时所需要的“违约行为”这一法律事实能否成立。另一方面，要分析甲提出的抗辩事由能否成立，这就是要明确用以对抗违约责任成立的抗辩事由所需的法律事实小前提能否成立。笔者认为，依据《民法典》第577条，只要存在违约行为且不具有合法的抗辩事由，违约人就需要承担违约责任。在本案中，甲过期未搬出房屋的行为构成对合同履行期限的违反，甲用脚踹门的行为也是一种非正常使用房屋的行为，且也造成了房屋财物的毁损，因此，承租人甲存在适用违约责任时所需要的事实要件——违约行为。从违约抗辩事由来看，如果乙的辱骂、推搡等行为确实给甲造成了损害，其可以构成一个单独的侵权行为，但不能构成甲拒绝承担违约责任的抗辩事由。至于甲出差迟延一天，也在法律上构成了履行迟延。在上述分析过程中，最重要的是证明甲是否存在违约行为，以及是否存在合理的抗辩事由。这两个法律事实一旦确定，即可以连接到法律关于违约责任的规定。

第二，根据侵权责任来确定小前提中的案件事实要件。承租人甲认为，出租人乙无权将其财物搬出出租房门外，由此造成的财物损失应当由乙赔偿。而出租人乙认为，在甲迟延搬出的情况下，其有权将甲的财物予以清理，因为甲的行为已经影响到房屋的再出租了，且其认为甲的损失无法证实。依据《民法典》第1165条第1款的规定，只要是因为行为人的过错造成他人损失的，都应当承担相应的侵权责任。法律上需要确定的连接点是：一是过错是否存在。对于过错的认定，需要考虑乙是否具有正当的抗辩事由。二是损害事实是否存在。三是行为与损害结果的联系是否存在。在本案中，只要承租人甲能够证明实际损害，笔者认为，另两个要件也同时构成，因为，虽然甲的行为已经构成违约，但这并不意味着乙享有随意处置甲的财物的权利。在甲违约的情况下，乙只能通过正当程序来维护自身利益，而不能擅自将甲的财物搬出，否则即表明其具有过错。至于新的承租人不能搬入的损失，乙可以通过前述的违约责任诉讼一并要求甲赔偿，但不能成为乙将甲的财物搬出的正当理由。一旦过错成立，且又是因为乙的行为造成了甲的损失，两者之间存在因果关系，故应当认定乙的侵权责任。

第三，根据物权请求权来确定小前提中的案件事实要件。在本案中，出租人乙要求根据物权请求权返还原物，要求甲退出房屋。而承租人甲也要求出租人乙返还其损坏的财物。笔者认为，物权请求权也可以作为本案的一种救济方式，本案的事实已经满足了物权请求权的构成要件。一是房屋仍然属于出租人所有；二是房屋仍然由承租人占有；三是承租人占有房屋缺少正当根据。这三个连接点一旦确定，即满足了乙主张物权请求权的条件。但是，笔者认为，在本案中，乙主张物权请求权并不是一个最佳的选择。一方面，案件争议的焦点是围绕延期交房展开的，因此，案件的核心在于是否构成延迟交房这一违约行为，而不是非法占有出租房屋。只有确定违约行为的性质后方能确定非法占有的性质。另一方面，通过违约责任进行救济对于乙而言更加简便、充分。通过违约责任，乙不仅可以要求甲归还其出租的房屋，还可以就原本可以获得的新的租赁关系的损失要求甲赔偿。如果是通过物权请求权救济，乙只能要求甲归还房屋，而无权要求甲赔偿原本可以获得的新的租赁关系的损失。对于承租人甲也要求出租人乙返还其损坏的财物。笔者认为，主张通过物权请求权进行救济在实际操作上也难以实现。因为既然财物已经损坏，那么就已经没有回复物权的可能性了。

5. 事实要件与规范要件的互动

要件事实的整理是一个事实与法律互动的过程。“人们应当相信，依据法律前提和事实前提进行推理，得出的结论在逻辑上是没有问题的。但是，人们往往运用可能适用的法律来剪裁事实。”① 客观的事实应当与法律规定的要件相吻合，

① Franz Bydlinski，Juristische Methodenlehre und Rechtsbegriff，Wien/New York，Springer-Verlag，1982，S. 50.

对现实生活中的事实认定必须符合法律大前提对预设事实的描述。① 但是，在这一过程中，必须要进行事实的整理，通过这种整理才能使事实要件回到大前提，通过考虑大前提中的构成要件，来对照案件事实，认定其是否符合大前提的规定。有关这一问题，我们将在下文阐述。

第四节　事实要件与规范要件的互动

一、事实要件与规范要件需要互动

如前所述，确定要件事实是确定小前提的基础，也是形成与大前提连接的前提。其实，一旦要件事实确定，通常将形成与大前提的自动的连接。因此，寻找与适用法律大前提所匹配的事实要件就是在裁判中准确适用法律的过程。例如，前述的“租房纠纷案”中，承租人甲将房门用脚踹坏的行为，甲无正当理由未按期搬出的行为，乙将甲的东西擅自搬到了门外的行为等究竟属于何种性质的法律关系，其属于同一个法律关系，还是不同的法律关系等问题，对这些事实的确定都是为了寻找到相关的法律规则。正如拉伦茨指出的，在小前提的判断过程中，实际上是规范适用的过程，也是规范具体化的过程。② 这实际上就是说，在法律适用的过程中，对事实的整理（确定小前提）、对大前提的确定（选择并解释具体的法律规范）以及大小前提之间的连接过程是动态的整体过程，也是一个互动的过程。有一种对司法三段论的误解认为，三段论只是一种三个环节的不同作业模式，“找法”应当在“确定大前提”的过程中完成，这一观点有失偏颇。事实上，司法三段论的三个部分是密切联系在一起的。

在方法论上，寻找事实要件必须始终与规范要件形成良性互动。这就是说，

① Geoffrey Samuel, *The Foundation of Legal Reasoning*, Antwerp: Maklu. Uitgevers. 1994, p. 213.

② ［德］卡尔·拉伦茨：《法学方法论》，陈爱娥译，商务印书馆2003年版，第163页。

在整理事实的过程中，不能就事实而论事实，法官首先必须从案件的事实出发寻找应适用的大前提。同时，又必须从大前提出发，整理案件事实。这样一个循环往复的过程就是连接的过程。事实要件与规范要件之所以需要互动，原因在于：一方面，找法过程一定要从事实出发，要围绕事实的发现、重构而展开，致力于重构事实过程（course of events）本身；但事实不能离开规范。法律适用必须以案件事实作为起点，在案件事实、性质均不确定的情况下，法官是根本无法寻找大前提的。另一方面，在法律事实确定后，可以为法官寻找大前提提供明确的导向。法律事实确认越清晰、越科学，法官寻找法律大前提就越清晰、越科学。如果不从小前提出发，法官将像“盲人摸象”“雾里看花”一样，整个案件的审理无从着手。还要看到，从小前提着手，就是要将案件事实认定和法律适用进行不断地互动。正是在这种不断的互动中，才能够在法律大前提和事实小前提之间建立起密切的联系。从这个意义上说，准确认定小前提既是一个事实认定的过程，也是一个找法的过程。

事实要件与规范要件互动具体可以表现为：

第一，根据案件的法律关系寻找法律规范。这就是说，在具体适用法律的过程中，寻找法律的过程并非是盲目的，而应从案件事实出发，准确把握案件中法律关系的性质和特点等，从而寻找相应的法律规范。大前提所预设事实小前提中的各项具体事实并非简单地堆砌积累，而是区别于具体事实的有机整体。[①] 但大前提所预设的事实，需要从特定的案情出发来进行对比以确定最密切联系的法律规则，这主要体现在两个方面：一是根据事实来解释法律规范。法律规定的含义也有一个不断被阐释的过程，在出现了特定案件之后，往往会导致对法律规定的重新解释。例如，在实践中出现了从高楼上泼下热水烫伤他人的案件，此时就需要对《民法典》第1254条中所规定的“从建筑物中抛掷物品”进行重新解释。二是根据事实来寻找新的法律规范。在事实被确定之后，就应当寻找到相应的法律规范。但是，随着事实本身的不断被发掘，可供适用的法律规范也可能出现

① J. Piaget，Le Structuralisme，Presses Universitaires de France，9th. ed.，1987，p. 8.

变化。

第二，不断根据规范要件来整理事实要件。当事人所讲述的事实可能是一个完整的故事，但是，如果从中提炼出满足规范要求的事实要件，则需要采用的是司法的技术。这一过程需要反复进行，而不是一次完成的。更何况，案件事实从发生到变更，可能经过非常复杂的过程。例如，甲乙双方存在长期的买卖煤炭合作关系。几年前，甲乙双方曾经订立买卖合同，完成了系列交易，这一过程持续时间很长，而且也涉及多方当事人。但是，当事人的主要争议集中在最后达成的一次交易，因而，法官应针对最后一次交易是否形成合同、合同的效力及内容等进行判断。事实一旦筛选之后，以当事人争议的合同为审查对象，则案件事实就非常明晰。因此，如果没有对事实本身的筛选，就无法真正确定小前提，无法完成三段论的连接。这就有必要根据相应的规范从复杂的事实中抽取事实要件。事实的整理过程可能是一个动态的、反复的过程，也就是说，在事实的整理中，要不断地回到法律规则之中，探求法律规则的含义，从而整理事实要件。法律事实和大前提之间的目光的相互流转，这就是拉伦茨所说的“在规范和事实之间目光的往返流转”[①]，为什么要往返于规范和事实之间？这主要是因为，孤立地考虑事实问题和法律问题，就往往难以进行妥当的法律适用。

在基本事实确定之后，如果欠缺了特定法律规范所要求的部分事实，此时，法官可以通过实体法上有关法律拟制、权利推定、因果关系推定等规则来确定小前提，弥补当事人举证证明事实的不足。

第三，在具体司法活动中，法官如果发现当事人所主张的小前提，不能够完全被大前提法律要件事实所涵摄，那么法官可以通过释明等方式要求当事人补充。如果当事人最终仍然不能够补充，则法庭通常不能够支持当事人的诉讼请求。

根据大前提的规范要件来确定小前提的事实要件，并非是轻而易举的，因为法律是过去生活的抽象总结，法律中所表述的案件事实很可能与我们在日常生活

---

① ［德］卡尔·拉伦茨：《法学方法论》，陈爱娥译，五南图书出版公司 1992 年版，第 6 页。

中所观察到的生活事实迥然不同。而在具体个案中，法官常遇到的情形是，案件的事实可能不完全符合规范要件。

用公式表示：$T-S=R$

将小前提 S 中的事实要件区分为 $S1$、$S2$、$S3$……而大前提中的构成要件则区分为 $T1$、$T2$、$T3$……如果小前提中只包含 $S1$、$S2$，而缺乏 $S3$，这时，能否继续适用三段论公式，得到我们所需要的结果 R？

在方法论上，此时应当根据规范要件来补足有关的事实要件。例如，原告在河中承包了一块水面从事养殖活动，被告三家工厂在原告上游向河中排放污染物，导致原告所养殖的鱼苗大量死亡，但被告提出，某个被告排放的污染物不可能导致鱼苗死亡的结果，原告也无法证明被告的排放行为与自己鱼苗死亡之间存在因果联系。在环境侵权中，由于其专业性的特点，原告常常会遇到因果关系证明的困难。为了保护受害人的利益，法律特别规定了因果关系的举证责任倒置，以减轻原告的证明责任。《民法典》第 1230 条规定："因污染环境、破坏生态发生纠纷，行为人应当就法律规定的不承担责任或者减轻责任的情形及其行为与损害之间不存在因果关系承担举证责任。"在这种情况下，即使原告没有就因果关系的事实要件即"$T3$"进行举证，法律仍然默认该要件已经获得满足，除非对方当事人能够提供相反证据。

如果法律没有明确地规定可以自动补足有关事实要件的内容，那么在个案之中，法官可以根据具体的情况，依据证据的盖然性原则，在原告满足了一定程度的举证责任之后，依据生活常识以及证据规则，推定有关事实要件的存在。

二、事实要件和规范要件的反复验证和比对

事实要件和规范要件需要反复验证和比对，以确定具体阐明事实要件是否被涵摄。这个认定过程，实际上也是一个连接的过程。[①] 在通过事实整理得出一个

① 黄茂荣：《法学方法与现代民法》（第五版），法律出版社 2007 年版，第 225 页。

或者多个具有法律意义的事实之后，需要进一步确定与各个事实相关的合同约定或者法律规定，以实现事实与规范（合同约定或者法律规定）之间的准确连接。如此才能防止张冠李戴，确保作为三段论推理的大前提与小前提之间具有准确对应性。例如，在某个购买某仪器设备的合同中，双方明确约定将设备安装调试成功作为买受人支付价款的主要条件。但是在安装调试之前，买受人就提出，标的物已经存在缺陷，并以此拒绝付款。在该案中，虽然"产品瑕疵"和"产品调试不合格"两个事实都具有法律意义，都将引起法律责任，但是，这两个事实所引起法律责任的效力基础不同。在当事人没有质量标准约定的情况下，"产品瑕疵"对应的是《民法典》第577条关于违约责任的一般规定。这就需要通过鉴定等方式确定是否违反了法定的质量标准。"产品调试不合格"对应的是《民法典》第615条规定的违反"约定的质量要求交付标的物"的责任。所以，依据不同的法律规则，可以确定不同的事实要件。在根据特定案件的事实排除相关法律规范的过程中，可考虑采用如下几项因素。

第一，如果事实对应到特定的规范，不可能产生特定的法律效果，则该项法律规则可以被排除。以"讨要工钱案"为例，本案涉及能够适用《民法典》第1198条的规定。因为该条仅仅适用于公共场所经营者、管理者和群众性活动的组织者。而此案属于违反因在先行为而产生的安全保障义务的情形，而在本案中，并没有此类情形，且被告也不属于公共场所管理人和群众性活动的组织者，因而，适用《民法典》第1198条不能使被告承担相应的侵权责任，只能适用《民法典》第1165条第1款关于侵权责任的一般条款。

第二，案件事实不具备法律规范所要求的基本构成要件。法律规范之中的构成要件有多种，其中可能存在基本的构成要件，如果基本的构成要件不具备，也无法通过法律解释的方法使得案件具备基本的构成要件，则应当排除相关的法律规范。以"讨要工钱案"为例，由于《民法典》第1198条没有对此种情形作出规定，所以，无法将该案涵摄到该条规定之中。再如，乙欠甲10万元，乙借用一辆货车给甲使用，甲将该货车留置，双方发生争议。甲证明了双方发生了债权债务关系，以及货车为乙所有，但是甲无法证明货车和借款之间的牵连关系，并且也无法证明双方之间是商事关系，则即便甲能够证明其所主张的事实为真，法院也无法支持其诉请。但在某些情况下，如果某项法律规范的基本构成要件已经具备，但是其他部分要件尚不具备，也可以通过扩张解释将其适用于待决案件。例如，某人从楼上倒下热水烫伤行人，是否可以适用《民法典》第 1254 条的规定？关键是要解释，倒下的热水是否属于建筑物中的“抛掷物品”？笔者认为，可以通过考量立法目的，扩张解释该条规定，确定该条可以适用于待决案件。

第三，案件主体不符合法律规范的要求。以“讨要工钱案”为例，被告不属于公共场所经营者、管理者和群众性活动的组织者，所以，从主体上看，该规定可以被排除。在考虑是否可以适用《民法典》第 1165 条第 1 款的规定时，必须解释“行为人”的概念。行为人可以扩张解释为，违反了因在先行为而产生的作为义务的人。在该案中，包工头拒付工钱的行为导致农民工要跳楼。此时，包工头负有制止农民工跳楼的义务，但是，其不但不予制止，反而说，“你跳吧，反正我没有工钱给”。这表明，被告违反了其作为义务，因此本案可以适用《民法典》第 1165 条第 1 款的规定。

第四，虽然案件完全符合特定法律规范，但该规范的适用效力可能被其他规范所排除。例如，债务人可以援引时效制度，对抗债务履行制度的适用。此类情况就属于当事人对债务履行规则的排除。

第五章
连接——法律规范与法律事实的结合

案件事实被作为小前提而被涵摄到作为大前提的法律规范之上，最终得出一个结论。——Bydlinski ①

一个三段论不管表面上看起来多么具有逻辑性，实际上它不过是其大小前提及大小前提的逻辑关系而已。——［美］史蒂文·J. 伯顿②

具体的事实及其涵摄问题的存在使得一条法律规范的含义空间只能通过与这一事实相结合才能被评价和精确化。——［德］齐佩利乌斯③

法律不可能对某一个案件的整体进行单独规定，任何案件总是被涵摄于某一条抽象规则之下。——［德］萨维尼④

案例：

1. **“热水烫伤案”：2010 年 5 月一天晚上，受害人张某遛狗出门，途经某小**

---

① Vgl. Franz Bydlinski, Juristische Methodenlehre und Rechtsbegriff, Aufl. 2, Wien/New York, Springer-Verlag, 1991, S. 41. 1982,

② ［美］史蒂文·J. 伯顿：《法律和法律推理导论》，张志铭、解兴权译，中国政法大学出版社 1999 年版，第 54 页。

③ ［德］齐佩利乌斯：《法学方法论》，金振豹译，法律出版社 2009 年版，第 37 页。

④ ［德］萨维尼：《萨维尼法学方法论讲义与格林笔记》，杨代雄译，胡晓静校，法律出版社 2008 年版，第 27 页。

区一栋楼时，突然被楼上倒出的一盆开水泼到脸上和身上，造成其严重烫伤，因为天黑，且没有路灯，受害人张某看不清楚热水是从何处倒下。张某在受害后，立即拨打110报案，公安赶到现场，也无法查出行为人。后来，受害人张某以该楼的全体业主为被告，要求他们赔偿损失。该案诉至法院之后，围绕着该案是否可以适用《民法典》第1254条的规定产生了争议。

2.“工程承包纠纷案”：甲（发包方）乙（承包方）双方订立一份建设工程合同，在该合同中，约定由承包人乙垫资建造工程。待该工程完成之后，经验收合格，方予以结算工程款项。合同同时约定，甲方向乙方提供500万元的前期投入，但乙方需要按照10%的年利率支付利息。在结算时，双方关于甲投入的前期资金的性质发生纠纷。甲认为属于借贷关系，而乙方则认为属于工程预付款，因此不应支付利息。其认为，关于支付利息的条款是无效的。双方为此诉至法院。

3.“侵害眺望权案”：原告在法院起诉称从被告甲（某房地产开发公司）处购买一套住宅，在购房合同中被告甲明确许诺，该住宅是海景房，能够眺望大海，并且该住宅购置价款明显高于该地区的普通商品房的房价。但是交付之后原告发现该住宅楼临海方向，被告乙（另一房地产开发公司）正在施工建造另一栋建筑，并且在完工之后高度要高于其购买的住宅，将影响他的通风采光并将遮挡其眺望海景。但被告乙提出，其具有合法的建筑规划和许可。《民法典》第293条规定，“建造建筑物，不得违反国家有关工程建设标准，不得妨碍相邻建筑物的通风、采光和日照”。依据该条规定，侵害相邻关系必须违反国家有关工程建设标准，因此，其不构成侵害相邻权。

第一节　连接是司法三段论的直接目的

一、连接的概念和特征

在大小前提确定之后，必然进入连接阶段，以确定与案件事实具有最密切联系的法律规则。所谓连接，是指在三段论推理的过程中，通过一定的方法将大前提中的规范要件和小前提中的事实要件密切地结合在一起，以得出妥当的裁判结论。连接是司法三段论的重要环节，也是司法裁判的中心工作。埃尔曼曾经指出："所有司法判决都意在通过对一般规范的具体化来解决具体争议，从某种意义讲，每一个司法判决都是独特的。"① 在这一过程中，连接的工作，就是将抽象的、一般的法律规则运用到具体的个案之中，与特定案件事实相联系。因此，每个连接过程都具有其独特性。连接就是将普遍、抽象的法律规则与具体案件事实相连接，以实现法律规范对预设事实的调整。立法实际上就是预设人类未来的行为规则和行为后果，法律规范通常预设了将来可能出现的一些具体事实或者事实类型，以实现人们有序地安排和组织生活。连接所要做的，就是在一个真实的事实发生之后，使其受到预设该事实的法律规范的调整。

连接通常又被称为涵摄（Subsumtion），在通常的论述中，学者更经常使用涵摄而非连接一词。所谓涵摄，是指将大前提和小前提结合在一起，形成裁判结论。② 涵摄处理的是法律适用三段论中的大前提（即法律规范）与生活事件（Lebensverhalten）（即案件事实）之间的关系。康德也曾讨论到涵摄的问题，他认为，"如果普遍的东西（规则、原则、规律）被给予了，那么把特殊归摄于它们之下的那个判断力"就是"规定性的判断力"③。把特殊涵摄到普遍之下，这个过程就是康德所说的"规定性的判断力"④。法学方法论中的涵摄理论实际上也是此种哲学思想影响的结果。拉伦茨认为，"作为法律适用基础的涵摄推论，并不是将外延较窄的概念涵摄于较宽的概念之下，毋宁是将事实涵摄于法律描述的构成要件之下"⑤。虽然涵摄一词已经成为一种共识，但笔者以为，这里似乎使用连接一词更为妥当，其理由在于：第一，连接既是不断寻求大前提和小前提

---

① ［美］埃尔曼：《比较法律文化》，高鸿钧等译，三联书店1990年版，第199页。

② Vgl. Karl Karl Engisch, Logische Studien zur Gesetzesanwendung, Aufl. 3, Heidelberg, C. Winter, 1963, S. 13.

③ ［德］康德：《判断力批判》，邓晓芒译，人民出版社2002年版，第13页。

④ 朱虎：《法律关系与私法体系》，中国法制出版社2010年版，第55页。

⑤ ［德］卡尔·拉伦茨：《法学方法论》，陈爱娥译，商务印书馆2003年版，第152页。

结合的过程，同时，又使大前提和小前提最终结合得出裁判结论。从这个意义上说的连接，其实包括了涵摄，即涵摄是连接的一个组成部分，连接是涵摄的上位概念。第二，连接强调的是一个动态的、在事实与法律间建立关联的过程，尽管连接最终是为了实现涵摄，但是笔者认为，三段论的重心仍然应当放在动态过程中去考察。但涵摄常常被认为是大小前提相一致的结果，在这个意义上，其与连接的关系，类似于清偿与履行的关系。履行强调行为过程，而清偿则注重行为的结果。如果将连接看作动态的过程，涵摄则可被看作是连接追求的结果。连接还包含大小前提本身确定的过程，因为这两者本身的确定就是在相互的连接和对应中实现的。而涵摄仅指大小前提确定之后得出两者对应的结果，因此，连接一词包含的范围更为广泛，也更加适合对三段论思维过程本身的讨论。第三，连接可以成为三段论中的一个环节，虽然连接仍然注重寻找与特定案件的事实最密切联系的规则的过程，但是在找法过程中，如果存在多个可能适用的法律规则时，要寻找最密切联系的规则，这实际上就进入了连接的过程。而涵摄往往是大前提和小前提相吻合之后形成的自然的结果。在大小前提确定之后，涵摄是一个自然的结果，而不必形成相对独立的环节。第四，目光往返流转属于连接阶段的内容，其既不能归入大前提，也不能归入小前提之中。但是，在涵摄理论中，目光往返流转始终不能找到恰当的位置。

从方法论上看，连接可以从狭义与广义两方面理解。从狭义上理解，连接似乎仅仅是三段论的一个环节，从一个环节进入下一个环节应当是一个三段论的自然推理过程，而连接处于三段论的最后一个环节。这也决定了只有保证各个法律推理环节的准确性，才能保证从事实到裁判结论这一过程的正确性。正如魏德士所指出的："法律适用由根据规范标准对生活事实所进行的比较性观察和评价组成。对事实和规范进行比较性的归入（Zuordnung）分成若干步骤和阶段。它影响着法律适用的一切具体行为。"① 从广义上理解，从小前提的确定开始，就开始了连接的工作。从形式逻辑的三段论角度看，从狭义上理解连接是正确的，但

① ［德］魏德士：《法理学》，法律出版社2005年版，第288页。

从法律推理的角度看，事实并非如此。一方面，在裁判过程中，法律适用涉及多个环节，每个环节都需要以事实与法律为基础。运用三段论推理，无论是大前提还是小前提的确定，都要形成事实与法律的互动，尤其要根据事实来确定具体、明确的规则，而这一互动关系，本质上就是一个连接的过程，体现了连接的功能。另一方面，三段论的推理过程，是一个"目光往返流转"的过程，在这个过程中，连接并不是一次性地完成的，而是要经历多次事实与法律的循环考察，不断寻求最佳的联系。在实践中，即使三段论推理已经进入最后一步，也有可能需要重新开始，正是在这个意义上，不能将连接看做一个孤立的、自动的环节，而应强调其与其他推理环节的相关性及其动态性特征。

在本书中，笔者从广义上理解连接，这个意义上的连接具有如下几个特点。

第一，连接既是贯穿于三段论推理中的动态过程，又是三段论中一个相对独立的环节。美国法学家史蒂文·J. 伯顿认为："一个三段论不管表面上看起来多么具有逻辑性，实际上它不过是其大小前提及大小前提的逻辑关系而已。虽然有效性在法律推理中是必需的，但就法律推理本身而言，有效性的重要程度是微末的。关键性的问题是：(1) 识别一个权威性的大前提；(2) 明确表述一个真实的小前提；以及 (3) 推出一个可靠的结论。"[①] 形式逻辑的三段论推理过程，都可以适用于司法三段论。这一过程中所要解决的任务，不是事实的真实性问题或规范的解释问题，而是事实与规范之间的对应关系。三段论推理实际上是一个复杂的过程，其中包括多个先后展开的环节，各个环节之间虽然有所差异，但也很难说有清晰而明确的界限。形式逻辑三段论中大前提、小前提、连接的三个阶段的划分，在形式上是清晰明确的，但在法律推理的实践中，这一划分常常会趋于模糊化。实际上，从立案开始到诉讼质证，再到法官裁判，整个过程都需要不断地运用法律对有关事实加以评价。尽管连接作为一种三段论的推理方式，因不同环节而有所不同，但从寻找事实与法律的联系性而言，每个环节实际上都涉及连接问题。我们之所以强调其动态性，其原因就在于存在于各个环节中的事实与法律

① ［美］史蒂文·J. 伯顿：《法律和法律推理导论》，张志铭、解兴权译，中国政法大学出版社 1999 年版，第 54 页。

的互动关系。这样的互动决定了其动态的、与其他环节密切相关而非孤立存在的本质属性。如前文所讨论的，在大前提的寻找中，需要以特定法律关系的定性和分类为基础，而小前提的寻找则要依据一定的法律规范要件来进行。因此，无论是大前提的寻找，还是小前提的确定，都形成了一种相互驱动关系，通过两个方向的努力最终实现有效的连接。从这个意义上，不能简单地把三段论分别地看成法律思维的三个阶段，而应当注重它们之间内在的联系性。正是因为连接活动将三段论的三个环节贯穿起来，法官在法律适用中，不能进行机械分割，否则不利于法律的正确适用。我们并不否认法律推理因内容与任务的差别存在确定大前提、小前提并进行连接的三个阶段，但要准确把握法律推理的本质，在实际运用中，需要特别强调它们不应孤立对待的属性。

连接是动态的过程，从大前提确定开始就已经进入连接的过程。但是，这是否意味着，连接可以包括在大前提和小前提的确定之中呢？笔者认为，在许多情况下，可能在大小前提的确定过程中就寻找到了最密切联系的规则，并进而可以认为完成了连接。但是，在有些情况下，并不能找到这样的规则，还必须进入连接阶段，这就决定了连接本身仍然是相对独立的一个环节。一方面，从功能上来看，连接不仅是为了寻找大前提与小前提的最终结合，而且是要寻求最密切联系的法律规则。其与大前提的确定不同，大前提的确定是找法的过程，在这一过程中，既可能找到了唯一可供适用的规则，也可能找到了多个可供适用的规则。此时，就要进入连接的过程，寻找最密切联系的规则。另一方面，在连接过程中，要实现涵摄的结果。从结果上看，涵摄最终促成了案件结论的产生。许多学者认为，涵摄与此前的准备过程（如确定大前提）是应当区分开来的。[①] 这种看法有一定的道理。这就是说，在大小前提的确定过程中，可能最终并不实现涵摄的结果，只是为涵摄做准备。此外，由于连接可以成为相对独立的环节，所以，目光往返流转可以在该环节中实现。

第二，连接的根本功能是实现特定案件中事实要件与规范要件的密切联系与

---

① Franz Bydlinski，Juristische Methodenlehre und Rehtsbegriff，Wien/New York 1982，S. 396.

妥当对应。裁判者在经历了听取当事人陈述事实、认定证据等一系列过程之后，其最终目的仍是要寻找支持或否定当事人诉讼请求的根据，该项任务就是连接所要完成的。在这个过程中，连接要采用演绎推理的形式，确定小前提是否可以涵盖在大前提之下。这就是说，要在案件推理中建立规范与事实之间密切而妥当的联系。在司法实践中，有的法官在裁判中，喜好援引过多的条款，其似乎认为条款援引越多越有说服力；有的法官干脆不引条款，直接作出判决，或者错误援引。[①] 实际上，裁判过程中的有效连接并不在于条款的多少，关键在于条款和案件事实的对应性。与事实没有对应性的条款援引得再多，也不过是无用的堆砌。齐佩利乌斯教授认为，在法律思维过程中，“涵摄”的意义就是把通过法律用语所指称的一般概念等同于具体的情境要素，然而，这种同等对待并不一定仅仅是法律上规定的要素与具体案件中的完全一致。通常情况下，它实际上是一种“同等评价”的过程，即从当前案情的角度对法律意义范围的衡量和精确化，需要对法律进行解释。[②] 在具体事实与抽象概念之间发现一种部分的同一性，在这个意义上，人们也可以把一个具体的概念涵摄于一个一般概念之中。[③]

笔者认为，大小前提的对应并非简单的同一问题，使用“同一”一词有些过于狭窄和绝对，并不能够反映事实的全貌。比较而言，认为连接所寻求的就是事实与规范间的密切联系更为妥当。一方面，连接要以既存的法律规范为依据，并将其运用到具体的个案之中，而在该过程中，如果找到了可供适用的制定法规范或其他规范，就要通过演绎的方式，将其适用于待决案件。另一方面，由于特定诉争案件的事实要件可能与特定法律条文的规范要件完全对应并引起法律责任，也可能因为不对应而不能满足法律责任的构成要件。连接过程所要确定的是规范要件与事实要件之间是否具有“对应性”：对应则可引起诉争的法律责任，不对应则诉争的法律责任不成立。无论结论对应与否，三段论推理都需要通过连接确保该结论的准确性。这一法律适用过程就称为借助司法三段论（der richterliche

---

① 邹碧华：《要件审判九步法》，法律出版社2010年版，第172页。

② ［德］齐佩利乌斯：《法学方法论》，金振豹译，法律出版社2009年版，第141页。

③ ［德］齐佩利乌斯：《法学方法论》，金振豹译，法律出版社2009年版，第140页。

Syllogismus）的涵摄。这就是说，如果案件事实（即小前提）中的具体特征与一般规范（即大前提）中的构成要件相符合，那么，抽象规定的法律后果就可以适用于具体个案。[①]

第三，连接以得出妥当裁判结论为目的。进一步讲，连接并不止于最密切联系规则的寻找，而更在于裁判结论的作出。因为一旦完成了密切连接，即产生法律责任或其他法律效果，如认定合同有效或无效，解除或撤销能否成立等。进入连接阶段后，实际上就是进入了一个寻求裁判结论的过程。连接过程的完成，正如 Bydlinski 所指出的，意味着"案件事实被作为小前提而被涵摄到作为大前提的法律规范之上，最终得出结论"[②]。也就是说，作为一个整体，在完成连接的工作时，除了考察事实与规范间的密切联系性，还必须考察连接后所达成的法律效果。法官应当在寻找到最密切联系的规则后，确定该规则与特定案件事实是否匹配，以及当事人具体应承担怎样的责任或义务。在某些情况下，规范所确定的法律效果可能是较为抽象的原则性规定。例如，《民法典》第 1165 条第 1 款规定："行为人因过错侵犯他人民事权益的，应当承担侵权责任。"法官寻找到这一根据后，仍然还不能确定具体的法律效果，还需要确定当事人应承担的侵权责任类型以及责任的具体范围。这些都需要当事人进行进一步的阐释。这一过程，并不是单纯的确定大前提含义或小前提内容的问题，更多地在于大前提与小前提之间对应性的确认，因此，其仍属于连接的组成部分。

与一般的解释活动不同，解释活动要针对大前提展开，其虽然服务于裁判结论的得出，但其本身不能得出裁判结论。连接是要将解释结论与事实相结合，从而得出裁判结论。连接的直接目的是寻求裁判结论。为了服务于这一目的，从司法三段论推理启动时起，就已经进入连接的过程。大前提的确定是为了寻求规范要件，这一过程已经开启了连接。而小前提的确定是为了确定事实要件，也是为

---

① Franz Bydlinski，Juristische Methodenlehre und Rechtsbegriff，Wien/New York，Springer-Verlag，1982，S. 395.

② Vgl. Franz Bydlinski，Juristische Methodenlehre und Rechtsbegriff，Aufl. 2，Springer Verlag，1991，S. 41.

了连接。最终为了促使大前提和小前提间完成最佳的契合，就必须要完成最终的连接过程，这既是一个动态的、往复的过程，也是司法三段论追求的直接目的。

第四，连接是一个形式逻辑推理的过程，形式逻辑推理是与价值判断相对应的一个概念。虽然连接过程可能伴随着价值判断，但从性质上说，连接主要运用三段论的原理来作出裁量，原则上是一个形式判断过程。更确切地说，其主要是一个演绎推理的过程。演绎法的哲学基础是理性主义，而归纳法的哲学基础是经验主义。一般来说，在司法三段论推理中，主要采用演绎的方法，而解释中的类型化等则采取的是归纳的方法。尽管我们说在连接过程中存在一个事实与规范之间的循环往复、事实与法律的互动的过程，似乎看起来有一个从一般到个别，又从个别到一般的过程，但经历从事实到规范的“从个别到一般”的过程，旨在寻找准确的规范依据而不是总结与归纳抽象的规范，因此与通常所说的归纳推理仍然有所区别。就其主要任务而言，连接“首先关心的是把一个具体的案件置于制定法的事实构成之下”，形成一种“归属”（Subordination）的结果[①]，其并不关心从个案中总结出怎样的抽象规则。尽管归纳推理可以帮助确定司法三段论中的大前提[②]，但是，在三段论中，就连接过程而言，主要采用的还是演绎推理。当然，在这一点上，两大法系的做法不完全一样。大陆法主要是成文法，它在民法典等中确立了裁判依据，正是因为民法典提供了体系化的、基本的法律依据，因而极大地减少了法官寻找大前提的困难。法官的任务主要是从民法典等中寻求规范要件，而不必去寻求先例。解释法律就是解释民法典，不需要从一系列案例中归纳、总结，以确定规则。所以，大陆法中的法律适用主要是演绎法。而英美法与此不同，它确立了遵循先例的原则，所以，法官常常要从一系列案例中进行归纳、推理，确定一般的规则，然后确立该规则与待决案件的相似性，如果有相似性，法官就可以采取演绎推理的方式得出裁判结论。但英美法也越来越多地颁布

① Karl Engisch，Logische Studien zur Gesetzesanwendung，Aufl. 3，Heidelberg，1963，S. 23f.

② Franz Bydlinski，Juristische Methodenlehre und Rechtsbegriff，Wien/New York，Springer-Verlag，1982，S. 42.

成文法，所以，演绎推理被运用得日益广泛。[①]

第五，连接是一个循环往复的过程。这个过程实际上是独立的大前提和小前提无法完成的，在大前提和小前提的确定过程中，它们之间也会相互影响、相互修正。"连接"就是将具有一般性的法律规范运用到个别和特定的事实之中，实现所谓"从一般到个别"的认识论转换过程，在"个别"中实现"一般性"规则所追求的效果。而这一从一般到个别的"连接"过程的关键，是要寻找出两项要素之间的关联点，正是由于存在关联点，一般性规范适用于个别性事实才具有"正当性"，在逻辑上才得以圆满贯通。因此，所谓的连接过程，实质在于寻求连接法律和事实之间的要素，使得法律规范能够"切入"到个别性的案件事实。此外，在大前提确定之后，可能出现复数的结论。通过体系化的思考，寻找出多个具有密切联系的法律规则后如何确定最密切联系的规则，需要通过连接的过程来完成。所以，如果连接本身不能成为独立的环节，其在三段论中的意义就大打折扣。

连接是追求法律准确适用的过程。方法论的目的在于准确地适用法律，实现裁判的公正，而连接最终就是通过具有共识性的方法与步骤，确保法律的准确适用。德国学者在探讨方法论的过程中，曾经将连接的结果称为"法律因果性"，并认为连接实际上就是为了实现立法者的意志。Zietlmann 指出，"在事实构成与法律结果之间存在着一个特殊的，首先由立法者编制的必然性纽带，我们可能必须将它理解为不外是自然的因果性的类比"，在此，它关涉"一个由人类完全根据对自然的类比所创造的自己的法律因果性"[②]。这就是说，立法者创设某个规则的目的，并非仅仅只是将其作为普遍的行为规则确定下来，同时，立法者的意图还在于将这样普遍性、一般性规范与具体的个案事实相连接。有效的连接，就意味着最充分地贯彻和实现了立法者的意图。因此，连接是三段论中关键的一环。虽然确定大前提、小前提的过程是法律推理中的重要环节，但这些环节本质

---

① James A. Holland & Julian S. Webb, *Learning Legal Rules*, Oxford: Oxford University Press, 2006, p. 354.

② ［德］卡尔·恩吉施：《法律思维导论》，郑永流译，法律出版社 2004 年版，第 35 页。

上都是在为连接作铺垫。就其实质来说，连接的根本目的就是要确定最密切联系，要求法官严格依据法律所确定的规范要件，将其适用于具体的案件事实之中，从而寻找妥当的裁判结论，保证依法裁判与公正司法。所以，整个连接的规则，都是为了保障立法者意图最充分地实现。

二、连接在司法三段论中的功能

连接的直接目的有二：一为寻找最密切联系的规则，将大前提中的规范要件和小前提中的事实要件最密切地结合；二为通过寻找最密切联系的规则推出相应的法律效果。德国学者哈特穆特·毛雷尔认为，法律规范具有两个层面的内容：一是事实要件，二是法律后果。一旦事实要件具备，法律后果就产生。① 由此可见，两者是有机的整体。连接的核心在于寻求最密切联系的规则。例如，在“中国银行（香港）有限公司与广州市保科力贸易公司、广州市对外贸易经济合作局保证合同纠纷再审案”② 中，外经局向金城银行出具一份“承诺函”，其中表示为越秀医保（外经局的下属企业）提供信用支持，因借款人业务需要，特申请港币 3 400 万元的贸易信用额度，并表示上述信用额度经其研究批准同意，要求贷款人根据借款人业务的实际需要，给予继续支持。其愿意督促借款人切实履行还款责任，按时归还贷款本息。如借款人出现逾期或拖欠贷款本息的情况，外经局将负责解决，不让贷款人在经济上蒙受损失。对于该承诺函的性质，存在三种不同的观点。一种观点认为，承诺函实际上是一种债务加入，即外经局愿意作为共同债务人帮助越秀医保承担债务。因为“承诺函”中载明：“如借款人出现逾期或拖欠贷款本息的情况，外经局将负责解决，不让贷款人在经济上蒙受损失。”这就表明其愿意与越秀医保共同承担债务履行的责任。第二种观点认为，“承诺函”是一种一般保证的承诺，因为该函件中表明，“如借款人出现逾期或拖欠贷款本息的情况，外经局将负责解决”，这就意味着应当由债务人首先负责清偿，

---

① ［德］哈特穆特·毛雷尔：《行政法总论》，高家伟译，法律出版社 2000 年版，第 122－123 页。

② 最高人民法院（2011）民申字第 1412 号民事裁定书。

只有在债务人不能清偿时，其才会承担保证责任，确保债务得到履行。第三种观点认为，“承诺函”仅仅只是一种安慰信，不具有法律效力。最高人民法院即采纳了该种立场，最高人民法院认为：“该承诺函从名称上看，并非担保函，故对于其是否可以构成法律意义上的保证应当根据其内容来决定。从该承诺函的内容看，外经局只是承诺督促借款人切实履行还款责任，按时归还贷款本息。如借款人出现逾期或拖欠贷款本息的情况，外经局将负责解决，不让贷款人在经济上蒙受损失。其中并未明确承担保证责任或者代为还款，并未明确保证当债务人不履行债务时由承诺人（外经局）履行债务或承担责任的担保意愿。”[①] 笔者认为，“承诺函”应当是一种一般保证的承诺，因为“承诺函”中载明：“如借款人出现逾期或拖欠贷款本息的情况，外经局将负责解决，不让贷款人在经济上蒙受损失。”所谓负责解决其实就是保证债务最终能够得到清偿，尤其是其强调了“不使其承受经济损失”，这就意味着在出现债务人不清偿时，外经局应当确保债务得到清偿。因此，在越秀医保不能清偿债务时，债权人有权请求外经局承担清偿债务的责任。

就该案来说，找法首先就是找请求权基础，所谓请求权基础，就是支持原告诉讼请求的法律规范。在本案中，法院通过分析第三人的意思表示，认为“其中并未明确承担保证责任或者代为还款”，在排除了成立债务加入或者保证以后，就成为不具有法律效力的安慰信，这种分析的逻辑是值得商榷的。因为即便不构成债务加入或者保证，但第三人向债权人提出“如借款人出现逾期或拖欠贷款本息的情况，外经局将负责解决”，也构成一种愿意承担债务的要约，而债权人接受此种要约，便构成承诺，双方已经形成了承担债务的合同关系。在承诺条件满足后，第三人拒绝承担责任，也构成违约，因此法院应当基于违约请求权，责令其承担违约责任。更何况，基于对当事人的意思表示的解释，可以确定当事人之间的关系构成保证，应当基于保证责任请求权，责令其承担一般保证责任。

在上述案例中，连接的过程不仅要寻找到最密切联系的规则，而且要确定其

① 最高人民法院（2011）民申字第1412号民事裁定书。

法律效果。通常而言，两者之间具有密切联系，后者以前者为前提。也就是说，在许多情况下，只要寻找到了与案件事实最密切联系的规则，就可以自然引申出法律效果。一些学者对司法三段论的表述，往往只是表述最终的法律效果，而忽略了寻找最密切联系规则的环节。事实上，法律效果必须建立在最密切联系的基础上，即应先建立起该联系，再确定相应的法律效果。

寻求最密切联系的规则，实际上就是要求裁判者必须严格依法裁判。在当事人将案件提交到法院之后，法官不能仅凭“良心”或抽象的“公平正义”进行裁判，而应依据与案件有最密切联系的法律来裁判案件。连接的过程，实质上就是法官履行其依法裁判的义务的过程。通过寻求最密切联系的规则，也有助于实现司法的可预期性和精确性。按照杰克森的看法，建立法律大前提和小前提的连接，就是要形成在规范和叙事上具有一致性的方式，将事实纳入规范之中，从而构建一个完整性的叙事。[①] 其含义就是说，这种连接将形成一个自然而然的演化成的“故事”。连接是一个自然的过程，是符合逻辑推理要求的过程。因此，所谓寻求连接，就是寻求最具体、最密切的规则。一旦寻找到这样的规则后，自然可得出法律效果，建立起事实与规范之间的关联。从这个意义上说，连接也具有一定的规律性，即特定的事实通常总是和与其有最密切联系的法律规范相联系的，若妥善总结与运用这种规律，则将最大程度地保障同样案件同样对待，实现司法裁判的可预期性。

寻求最密切联系的规则的目的是保障法官依法作出公正的裁判。连接寻找的大前提是与案件最密切联系的规则，结论应当是唯一的，但是，并非其就是绝对无误的。科学不是绝对的真理，科学的精神不是昭示无法反驳的真理，而是在坚持不懈的探索过程中寻求真理。所以，裁判中的连接过程就是要寻求结论的妥当性。我们说某一个结论是科学的，并不是说它是绝对真理，因为任何的科学理论都有其相对性。从法学方法论来看，通过三段论的操作尤其是连接的操作，可以从逻辑的角度保障其科学性，但是其仍然具有局限性。因此，仍然需要通过与价

① James A. Holland & Julian S. Webb, *Learning Legal Rules*, Oxford: Oxford University Press, 2006, p. 124.

值判断等方法的结合，来克服其局限性。笔者认为，连接在司法三段论中作为独立的环节，强调其独立性是十分必要的，主要原因在于：

第一，在许多案件中，可能存在多个可供适用的大前提，法官应当依据最密切联系规则来确定最妥当的大前提。例如，甲未经乙的同意，将乙的房屋出售，此时，就出现多个可供选择的大前提。在案件法律关系复杂的情况下，连接的重要性就凸显出来。法官在认清法律事实之后，并不一定能够立即对当事人之间的权利义务和责任关系等形成一个结论性意见，有可能形成两种或两种以上的不同处理方案。法院所作出的裁判结论是否具有公正性，就取决于其所选择的是否是最密切联系的规则。

第二，小前提中的事实要件是否符合大前提，也需要反复地与大前提比对。在具体案件中，小前提是否符合大前提，往往难以认定。法官应当考虑的是，如何经过循环往复的论证，实现大前提和小前提的连接。这个过程是单纯的大前提和小前提都无法解决的问题。即使在简单的案件中，连接也可能需要进行多次。例如，在非法拘禁他人的案件中，受害人请求赔偿精神损害。此时，首先应当确定该拘禁行为是否符合《民法典》第 1165 条第 1 款的规定，是否应承担侵权责任。其次，法官还要认定，案涉侵权行为依据《民法典》第 1183 条的规定，是否“造成他人严重精神损害”，从而决定侵权人是否应当赔偿精神损害。

第三，连接的过程虽然是直接得出裁判结论的过程，但是，它同时也包含了验证结论正当性的过程。连接是演绎推理的过程，其本身是形式逻辑运用的结果。从三段论本身来看，演绎推理本身保证了结论的正确。因为演绎推理是前提蕴涵结论的推理形式，或者说，从前提中可以确定地推出结论的推理形式。只要前提是真实的，其结论就必定是真实的。但是，连接的过程并不仅仅局限于三段论的推理，法官还应当运用各种法律论证的方法来验证结论的正当性。这既是克服三段论的演绎推理局限性的要求，也是法律适用与法律论证不可分离的要求。

第四，在连接的过程中，法官要通过分析大前提和小前提，寻求最妥当的裁判结论。法官既不能向一般条款逃逸，也不能错引法条或滥用法条。裁判结论的可预见性和妥当性，很大程度上取决于连接的正确性。可以说，连接越准确，说理越充分，裁判结论就越精确，也就越能保障裁判的可预见性。从司法实践来看，强调法律适用中连接的重要性，对于限制法官自由裁量权、确保裁判的公正是十分必要的。在有的判决中，事实清楚、法律的适用也是正确的，但是缺乏对事实和法律的准确连接。实践中大量存在的问题是，法官从事实出发直奔结论，缺乏与法律规则是否连接、如何连接的逻辑的推理过程。或者在援引某个法条之后，既不解释，也没有对连接过程进行说理，就直接地、简单地作出裁判，判决缺乏说理性，也导致了法律人语境上的差异和沟通上的隔阂。在许多判决中，法院对案件事实是否可以涵摄于法律规则没有进行分析，只有较为武断的结论，常常简单地以“没有事实和法律依据，本院不予支持”来代替说理，语句简单肤浅、内容空洞、千案一理，使人们不知案件结论是如何得出的。[①] 实际上，判决说理不充分，在很大程度上，可以说是因为缺乏方法论的运用。在有的法官那里，裁判甚至变成了一个“自下而上”的复杂错综的工程，首先确定判决结果，然后在法律条文和案情证据的丛林中殚精竭虑地寻找论证的路径，这就是学者所谓的“被倒置的法律推理”。在这个过程中，判决结果不是法律推理的产儿，而是法律推理的指南。至于这个判决又是如何被确定的，有时甚至是一个黑箱。[②] 所以，要解决实践中存在的问题，必须遵循逻辑三段论，尤其是对连接的过程应当进行详尽、透彻的分析。注重对连接的分析说理，就是要在确定案件事实和法律适用的基础上，充分、简洁、严谨、精要地阐述案件事实与法律规范之间的内在联系，使事实、理由脉络清晰、层次分明。通过释法说理，司法裁判不仅可以更好地解决诉讼双方的纠纷，更重要的是能够告诉社会和民众，法律彰显什么、鼓励什么，使抽象的社会公平正义在个案中得到充分的体现，使法律蕴含的正义价值在每个个案中得到彰显，使人们更加了解法律、理解法律、相信法律、尊重法律。[③]

---

① 唐仲清：《判决书制作应确立判决理由的法律地位》，载《现代法学》1999 年第 1 期，第 89 页。又见龙宗智：《刑事判决应加强判决理由》，载《现代法学》1999 年第 2 期，第 36 页。

② 王涌：《被倒置的和被省略的法律推理》，载《法制日报》2000 年 2 月 27 日。

③ 余双彪：《释法说理是公开的深层次要求》，载《检察日报》2010 年 12 月 3 日。

第二节　连接的目的

一、连接旨在寻找最密切联系的规则

确定大前提是找法的过程，即发现法律的过程。这一阶段的主要工作是从案件事实出发，寻找所可能涉及的裁判规则，不应有任何的遗漏。但是，找法的过程是一个伴随说理、推理的过程，其最终目的是寻找最密切联系的法律规则。而一旦寻找到最密切联系的规则后，实际上已经完成了涵摄，即完成了第三个阶段的任务。"涵摄意味着在具体事实与抽象概念之间发现一种（部分的）同一性。"

但是，就一个特定案件而言，在连接的过程中，是否存在最密切联系的法律规则？在这方面，德沃金曾经和哈特就法律问题是否存在唯一正解展开过争论。德沃金认为，在案件审理中存在着唯一正解。"若有人主张没有惟一正解，则依道德上的要求来看，这种主张在道德上及法律上都应极不具说服力。"[①] 他认为，即便是在疑难案件中，也存在着唯一正解，法官总能对法律的适用提供最具有说服力的论证。德沃金认为，所谓法律的完满，意指法律内含了任何案件包括疑难案件的最佳解决方案。[②] 在其《法律帝国》等著作中，德沃金强调法律解释只能有一个"唯一正确的答案"。这是法官在判决中应当尽力追求的、并且在完满的法规范内容实际上也可获得的结果。[③] 在他看来，法官应受原则的拘束，法律原则总是能够提供道德论据，证明某一道德立论比另一个更正确。[④] 但是，哈特认为，法官在适用法律中，不仅要执行现有法律，还要创造法律，在这一过程中，

---

① Ronald Dworkin，*Law's Empire*，Cambridge，Masachusetts，Cambridge，MA：Harvard University Press，Belknap Press，1986，p. 4.

② ［美］德沃金：《法律帝国》，中国大百科全书出版社 1996 年版，第 70－79 页、第 201－214 页。

③ 林来梵、王晖：《法律上的"唯一正解"——从德沃金的学说谈起》，载《学术月刊》2004 年第 10 期。

④ 林立：《法学方法论与德沃金》，中国政法大学出版社 2002 年版，第 186 页。

很难有唯一正解。[①] 针对德沃金的意见，美国法学家波斯纳也提出尖锐批评，他认为如果在“原则”的概念下，法律的界定包括了法官用以判决棘手案件的道德规范和政治规范，那么，在像美国这样一个价值多元的社会中，就很难区分有时甚至无法区分什么是依法定案、什么是依照道德或政治偏好定案。法律被界定得越宽，“法治”就变得越不确定，而不是更确定。[②] 波斯纳认为，在疑难案件中，不存在非对即错的正确答案，而只是存在从实用主义角度上说“妥当”的答案。在笔者看来，以上两种观点并不是截然对立的，在价值多元的世界上，依照民主规则，可接受性最高的结论往往就是所谓的“唯一正确答案”。

应当承认，法学不像数学那样，能够准确地计算出唯一正解，而是有可能存在数个可供适用的规范。在找法的过程中，当找到复数规范，即存在数个可供适用的规范，有学者将其原因概括为“裁判形成过程中的变动性因素（如对案件材料的不同加工、对法律制度的不同理解、法官不同的知识结构和不同的法感情等)”[③]。笔者认为，形成复数解释的原因是多方面的，一方面是因为文本语言表达具有局限性。如科因（Coing）认为，人类所有精神活动的成果，都必须透过语言而产生、存续，透过语言的媒介，思维与理解，方有其存在的基础，一切法律规范都必须以语言的形式表达出来。[④] 语言是表达法律的工具，法律不能脱离语言而独立存在。[⑤] 但是，语言本身固有的模糊性、多义性、不确定性等特点，尤其是生活语言转化为法律语言的困难，都使得语言在很多情况下很难准确表达立法者的意图。而且，随着社会生活不断发展，也使得法律所使用的语言与社会生活发生一定的脱节。语言的局限性决定了文义解释的结论可能并不确定和唯一。另一方面，则是因为法律解释方法具有多样性和局限性。每一种法律解释方法都是独特的，但解释者运用不同的方法，有可能得出不同的结论。尽管各种解

---

① 林立：《法学方法论与德沃金》，中国政法大学出版社2002年版，第68页。

② ［美］理查德·A. 波斯纳：《法理学问题》，中国政法大学出版社2002年版，第28-29页。

③ 陈增宝等：《裁判的形成——法官断案的心理机制》，法律出版社2007年版，第186-197页。

④ ［德］魏德士：《法理学》吴越等译，法律出版社2005年版，第72页。

⑤ E，Kellaway，*Principles of Legal Interpretation of Statutes*，*Contracts and Wills*，Durban：Butterworths，1995，p.16.

释方法的运用有一定的适用顺序，但是这种顺序并非固定的、强制性的，解释者仍然有自由选择的空间。每个解释者可能会青睐不同的方法，而采用不同方法得出的解释结论可能并不一致。此外，法律解释中存在价值判断。价值判断，是指解释者在解释过程中对不同价值的取舍。在法律解释时进行价值判断，主要是指依照法律的目的（法律总是意欲实现某种目的的）、冲突利益的衡量、社会效果的预测、正义的要求等指导对法律文字的理解，而不是仅根据文字的语义来解释。[①] 在现代社会中，价值多元的现象，也会直接导致多元化的规则选择，最终产生复数解释。而且，随着社会生活的发展，许多现象并不是立法者所能预见的，并未在立法时给出准确的价值选择依据，而法官在进行裁量时就会产生各种不同的解释。

由此可见，出现复数解释，是法律解释中不可避免的结果。在出现复数解释时，就涉及德沃金所说的“唯一正解”问题。古人云：“法无二解”。其含义在于，法律解释只能有唯一的结论。我国法上所说的“唯一正解”，其目的就在于寻找最密切联系的规则。在法律适用中，之所以需要寻求最妥当的裁判结论，有以下几个方面的原因。

第一，这是实现法的安定性的需要。法的安定性要求法官不能“操两可之说”，或者认为法律适用像拉橡皮筋一样，可长可短、可伸可缩。相反，法律的适用，必须具有充分的可预期性，应当避免随意裁判带来的不确定性，否则，将使当事人无所适从。法的安定性要求类似案件类似处理。正确执法要求法律解释只能是一个尺度、一个标准，用一个确定的解释结论进行裁判。法是共同生活的秩序，不能任由个人见解的不同各行其是，法律安定性是法律不可缺少的要素。[②] 为此，在法官适用法律的过程中，即便存在复数解释，也要尽量在其中寻找最密切联系的规则。通过适用最密切联系规则可以实现最佳的法律效果与社会效果，最充分地实现立法者的意旨。

---

① 陈靖宇：《论现代法律解释的基本理念》，载褚红军主编：《历史与变革：无锡法院纪念改革开放30周年文萃》，人民法院出版社2008年版，第463页。

② 林文雄：《赖特布鲁的自然法论》，载林文雄：《法实证主义》，增订三版，第19-20页。

第二，这是保障法律权威性的要求。当事人之所以将争议诉至法院，是因为他们相信法院能够公正地作出裁判。如果承认法律解释最终结果的复数性，则同样的法条可以有多种不同理解和适用，尤其是可能出现不同法院对同类案件作出不同的判决，容易使法的公平性和合理性受到质疑。当事人会认为，法官“操两可之说”，从而对司法的公信力产生怀疑。所以，“无论在普通法系还是大陆法系，法官都在寻求法律的唯一判决，作为寻求法律判决唯一的方法，该种行为没有被称为科学而是被认为一种艺术”①。

第三，这是实现法律统一性的需要。法律适用的统一性是法制统一性的重要内容，不同地域、不同审级的法院，其对特定法律的解释应当趋于统一。法官通过寻求最妥当的法律解释结论，并以此为依据进行裁判，可以实现法律适用的统一，同样的争议能够同样得到良好的处理。齐佩利乌斯（Zippelius）认为，相同案件相同处理的原则可以说是法律解释学的灵魂。而进行类型比较，就是要掌握被比较的案件之间的相同特征与不同特征，从而衡量是否应当作相同或不同的处理。② 掌握寻找最密切联系规则的要求，也就是要保证法律适用的统一性。

应当承认，在价值多元的社会中，寻找最密切联系的规则，并不是说在任何案件中，都只有唯一正确的裁判规则。必须承认，在价值多元的社会中，在某些特殊的疑难案件，尤其是立法者未曾充分预料到的新类型案件中，确实存在根据不同价值考量而可得出不同裁判结论的情况，但这与大量的常规案件相比毕竟是少数。而且，法官在个案裁判中，通过在不同规则之间进行解释、分析与比较后，即便是这些疑难案件，法官与学者也会慢慢形成共识，产生并固定下来最密切联系的规则。从这个意义上说，寻找最密切联系的规则，作为连接的目的，是法官必须要尽力完成的任务。

当然，我们所说的最密切联系规则，是指通过该规则的适用，能够实现大多

---

① Geoffrey Samuel, *Epistemology and Method in Law-Applied Legal Philosophy*, Dartmouth Pub Co, 2003, p. 115.

② Vgl. Zippelius, Der Typenvergleich als Instrument der Gesetzesauslegung, in: Jahrbuch für Rechtssoziologie und Rechtstheorie, Bd. 2, 1972, S. 482 ff.

数人所认可的法律意旨，产生大多数人可接受的法律效果。在现代社会价值多元的背景之下，不同的主体在价值判断上具有“不可通约性”，很难让所有人形成共识，只能依靠多数人的可接受性来确定其妥当性。还要看到，科学认识方法的特点就在于，追求真理的客观性。但每门科学探究的真理都具有相对性。所以，就连接过程而言，尽管我们要寻找最密切联系的规则，但这样的规则也只具有相对的意义，即在某个特定时期、某种特定语境下，该规则是具有最密切联系性的，而在另一个不同的时间和空间之中，则很可能未必再具有最密切联系性。随着社会的发展，解释中所作出的价值判断，也可能会发生变化。原来认为的妥当的价值判断，在新的社会背景下可能并不妥当。正如列贝尔所说的“解释的所有原则都有效地适用于阐释”，“解释不是目的，而是一种手段。因此也许还存在更好的解释。”[①] 连接并非要寻求绝对无误的解释，它也是在不断探索最合理的裁判结论。

总之，通过连接寻找到的规则越具有密切联系性，越能够体现严格执法的含义。因此，法官在进行法律推理时，首先要判断密切联系性，选择与案件最密切联系的法律，并在此基础上进行连接，最终依法得出公正的裁判结论。

二、最密切联系规则的判断方法

在有数个裁判规则均存在与案件事实相联系的可能性时，如何认定最密切联系的法律规则呢？笔者认为，可以采用如下标准。

（一）要件分析

建立连接的目的，归根结底在于寻找裁判依据，将抽象的规则运用到具体的个案之中。最密切联系规则是与要件最密切联系的规范，需要法官根据要件事实进行循环反复的连接，确定裁判规则所包含的要件是否与案件最相符合，换言之，特定的事实要件是否可以涵盖在大前提所包含的要件之中。一方面，在要件

① 徐振东：《宪法解释的哲学》，法律出版社 2006 年版，第 48 页。

的分析过程中，应当通过法律解释对规范要件进行准确的解释，并通过对事实的归纳、分析、整理，确定事实要件。作为具有法律素养的人，其不会被大量的、千差万别的个别化事实所淹没，而应从中提取出真正具有法律效果的因素，进行剖析和分类，从而对案件事实要件予以确定。另一方面，要在案件事实和规范要件之间进行比对，如果案件事实不能与规范要件之间相对应，两者就不存在最密切联系性。

以“热水烫伤案”为例，其能否适用《民法典》第1254条的规定，需要通过解释确定该条的规范要件。其包含的规范要件有：一是从建筑物中抛掷物品或者从建筑物上坠落物品；二是该物品造成他人损害；三是难以确定具体侵权人。从本案来看，后两个要件都已经满足，关键是第一个要件，即是否存在从建筑物中抛掷物品的行为。在本案中，楼上倒出一盆开水，这也属于抛掷行为。但是，其所抛掷的是否属于“物品”？在无法找到其他的更密切联系的规则时，如果扩张解释“物品”的概念可以妥当处理本案，就可以进行此种解释。当然，如果能够找到更密切联系的规则，以涵盖本案的案件事实，就不必采取此种扩张解释的方法。

（二）定性分析

定性分析是指要从案件事实所涉及的法律关系的性质出发，找出最密切联系的法律规范。在寻求最密切联系的法律规则时，要实现事实和法律之间的互动。裁判者要从特定的事实要件中寻求最密切联系的规则，首先要对案件事实所涉及法律关系的性质有准确的把握。在现实生活中，事实都是纷繁复杂的，诉讼当事人所陈述的事实也可能存在巨大差异。法官应当在复杂的事实中把握其所涉及法律关系的性质，为此应当做到如下几点：一是要准确把握案件所涉法律关系及其性质。一般来说，如果存在合同，则应首先按照合同关系处理，否则，就需要按照其他关系处理。而认定是否存在合同关系，应以认定当事人是否存在合意为基础。如果合同关系已经形成，还需要进一步确定，合同是有名合同还是无名合同。如果是有名合同，其属于哪一种合同类型？例如，在“工程承包纠纷案”中，甲方向乙方提供500万元的前期投入，但乙方需要支付10%的年利率支付利息。双方的关系究竟是借贷关系，还是投入了一笔工程预付款的法律关系？这就需要对行为的性质进行确定。笔者认为，有关利息的支付条款并没有违反法律或行政法规的强行性规定，因此不应宣告无效，双方之间形成了合同借贷关系。二是要区分民事关系和行政关系。例如，“工程承包纠纷案”中，双方约定由承包方垫资建造，依据有关建筑工程管理的规定，垫资行为已经违反了行政管理的有关规范，因而应当产生相应的行政责任。但只要该规定不属于效力性规范，则不应导致合同无效并产生合同法上的责任。三是要区分当事人所违反的义务的性质。行为人究竟违反了法定的义务，还是约定的义务，将产生不同类型的责任。总之，定性分析法是要以法律关系的性质为基础确定最密切联系的规则。所以，定性准确与否将直接影响到法律规则的寻找是否妥当。

我们试举前述“侵占违章建筑案”进行分析，在该案中，原告请求被告搬出房屋，而没有请求支付租金。因而，本案虽然涉及请求权竞合关系，但是，因为原告仅仅请求搬出房屋，所以，就不涉及合同关系。但是，原告主张被告搬出该房屋，应当确定其究竟是基于物权请求权还是侵权请求权。虽然本案有可能适用《民法典》第 1165 条第 1 款，但是，该款所保护的对象是“民事权益”，确切地说是合法的民事权益。原告对违章建筑所享有的权益，毕竟是基于违法的建造行为而产生的，是否属于合法的民事权益尚有疑问。而如果该案适用《民法典》上关于占有保护的规则，就存在较少的法律障碍。但是，《民法典》上有两个条款也可以适用于本案：一是第 235 条的规定。该条规定：“无权占有不动产或者动产的，权利人可以请求返还原物。”二是第 462 条第 1 款的规定。该条规定：“占有的不动产或者动产被侵占的，占有人有权请求返还原物；对妨害占有的行为，占有人有权请求排除妨害或者消除危险；因侵占或者妨害造成损害的，占有人有权依法请求损害赔偿。”因为第 235 条使用了“权利人”的表述，所以，其所保护的对象限于物权。而第 462 条第 1 款并没有类似的限制，其保护所有的占有人。在建造违章建筑的情形，建造人员无法取得物权，但是，其占有应当得到保护，所以，在本案中，《民法典》第 462 条第 1 款是具有最密切联系的规则。

在责任竞合案件中，因为可能涉及多项请求权，案件事实可能和多个法律规范大前提具有相类似的对应程度，因而关于大前提的选择较为复杂。当然，竞合的确定本身只是当事人的选择问题，不属于方法论所要解决的问题。但是，在当事人没有选择的情况下，需要法官对法律关系的性质进行分析，从而寻找到最密切联系的规则。例如，在“江宁县东山镇副业公司与江苏省南京机场高速公路管理处损害赔偿纠纷上诉案”[①] 中，法院认为，因为第三人在高速公路上的遗撒行为，导致了原告在高速公路上发生车祸，受到严重损害，原告要求高速公路管理机构承担赔偿责任。实际上，本案分别涉及合同责任和违约责任。在实际的审理中，法院并没有给予当事人选择权，一审认为应当直接适用合同责任。二审法院认为：“在第三人没有被追查出来的情况下，副业公司根据合同相对性原则起诉高速公路管理处，主张由没有尽到保障公路完好、安全、畅通义务的高速公路管理处先行赔偿，是合法的。”笔者认为，本案中虽然当事人之间存在合同关系，但是事实上，因为没有任何书面合同的存在，难以确定这种合同关系的内容，而事实上，原《侵权责任法》第 89 条已经明确规定了在公共道路上遗撒物品致人损害的责任[②]，既然原《侵权责任法》已经将此类行为作为侵权对待，事实上已经排斥了合同法的适用，法官在考虑该案时，应当认定原《侵权责任法》第 89 条是与本案事实有最密切联系的法律规则。

（三）目的分析

所谓目的分析，是指在难以根据法律规范的文义确定最密切联系性时，通过考察立法目的来进行规则选择。法官要尊重法律，这首先体现为对法律文义的尊重，强调要从文本出发，尊重文本的本意，而不能随意歪曲或超越文本。正如列贝尔所言：“为了保证公平、忠诚地诠释，对整个文本进行考量是必须的。”[③] 但是，在通常情况下，对法律规范的文义进行解释后，如果出现了复数解释从而有必要对文义进行限缩或扩张解释时，就要对立法目的进行考量。正如耶林所言，一切法律都是有目的的。尊重法律很大程度上就要贯彻立法目的。在数个可能的

① 《最高人民法院公报》2000 年第 1 期。

② 该条现为《民法典》第 1256 条。

③ 徐振东：《宪法解释的哲学》，法律出版社 2006 年版，第 51 页。

裁判结论中，只有最接近于立法目的和意旨的解释，才是符合最密切联系规则的解释。为此，也需要通过法律解释确定待适用规则的立法意旨。凡是能够充分实现立法意旨的规则，就属于最密切联系的规则。以“热水烫伤案”为例，判断热水本身是否可以归入“物品”的范畴时，应当考虑《民法典》第 1254 条的立法目的。该条的重要目的就是对难以根据过错责任获得救济的受害人，依据公平原则提供救济。据此，将热水解释为“物品”，也符合为受害人提供公平救济的立法目的。

（四）价值判断

霍姆斯曾经提出了一句名言，即“在逻辑形式之后是对于各种不同立法理由彼此之间相关价值与重要性的判断”[①]。这实际上准确地概括了在 20 世纪人们对司法规律的把握和认识。在法律适用中，确定最密切联系规则并不仅仅是事实的分析，还应当进行价值判断。“可能作为司法三段论中大前提的法律规范越繁多，对其进行解释的方法越不同，得出的解释结论也就越可能有差异。”[②] 为此，需要进行价值判断。与事实要件的适应程度最高的法律规范，也应当是得出最妥当价值判断结论的规范。适应程度的密切性，既包括形式合理性的要求，也包括实质合理性的要求。形式合理性仅指法律要件与事实要件的适应性。而实质合理性，则是指价值判断方面的妥当性。因为法律适用的最高目标就是要实现公平正义，为了实现这一目标，在选择大前提时，应当进行价值判断的考量，以确定其是否符合公平正义的要求。

笔者在此仍以“热水烫伤案”为例，受害人张某晚上从某栋楼经过时，被楼上倒出的一盆热水泼到身上，严重烫伤，因为天黑看不清楚是从何处倒下的热水。该案的判决中涉及是否可以适用《民法典》第 1254 条的问题。依据《民法典》第 1254 条的规定，高楼抛掷物品致人损害，而无法寻找到行为人，由可能加害的建筑物使用人承担责任。而判断本案与《民法典》第 1254 条之间是否存

① Oliver Wendell Holmes，Jr. “The Path of the Law”，10 *Harvard Law Review* 457 (1897).

② Franz Bydlinski，Juristische Methodenlehre und Rechtsbegriff，Wien/New York，Springer-Verlag，1982，S. 553.

在最密切联系性的关键在于，泼下的热水是否属于《民法典》第 1254 条中所规定的“物品”的范畴？单纯从案件事实和构成要件的关系分析，难以得出最密切联系性的判断。因此，法官在本案中应当进行价值判断，从实现对受害人救济的角度考虑，应当认定本案中的“开水”属于《民法典》第 1254 条所称的“高楼抛掷物”。

（五）效果判断

法律效果是指符合一定的构成要件后，相应所产生的权利义务变动或责任承担的后果。[①] 如果案件事实和构成要件相对应，就可以产生一定的法律效果。但是，如果待决案件还欠缺一定的要件事实，则应当考虑法律适用的社会效果。严格地说，效果判断也涉及价值判断问题，因为确认哪一种效果更应当得到支持，本身就是价值选择的问题。但效果判断与价值判断仍有较大差别，前者更关注对具体效果的分析与考察。在实践中，是否最有利于实现对受害人的保护、是否最有利于实现公平正义，这些都是法律效果判断的考虑因素。这尤其表现在责任竞合的情况下，同一生活事实涉及数个法律规范的适用，这成为大前提确定中备受困扰的问题。例如，在产品责任案件中，交付的车辆自燃，导致原告的损害。此时，究竟应当援引《民法典》合同编关于履行不适当的责任的规定，还是应适用《民法典》侵权责任编关于产品责任的规定？法官应当考虑的就是，如何有利于保护受害人的合法权益。这就是说，要从最有利于非违约方的利益考虑，选择对其最有利的规范。试举“热水烫伤案”为例，《民法典》第 1254 条的构成要件之一是从高楼抛下的且找不到行为人的物品。按照一般的生活经验，物品是指有形的动产，热水本身难以归入“物品”的范畴。但是，除此之外的其他要件完全符合第 1254 条的规定，此时，法官可以考虑从法律效果上判断，如果适用《民法典》第 1254 条的规定，由可能加害的建筑物使用人公平补偿，较之于无人负责，或者由物业公司负责，或者由建筑物的全体业主负责，都有利于实现双方当事人的利益平衡。因此，从法律效果考量，《民法典》第 1254 条就是与本案具有最密

① 李太正等：《法学入门》，元照出版社 2003 年版，第 31 页。

切联系的法律规范。

在特殊情况下，基于一定的社会效果考量，还有助于判断是否产生最佳的法律效果。如果法律条文的规范要素的适用能够产生较好的社会效果，则可以考虑社会评价效果。如果能够通过法律解释方法的运用，将良好的社会评价结果纳入法律规范的要素中，则该良好的社会评价效果就成为法律条文的组成部分，此时在判断是否对应的问题时，就可以优先考虑适用该法律条文。① 因为从广义上说，法律效果也可以包含社会效果，社会效果判断是在法律框架之内进行的法社会学分析。例如，就“泸州二奶遗赠案”来说②，通过其与法律关于公序良俗的规定连接，可以否定遗赠的效力。如果这一连接可以达到最佳的法律效果和社会效果，就符合最密切联系性的要求。当然，在判断是否达到最佳法律适用效果时，应当通过价值判断和利益衡量等方法来综合确定。

（六）利益衡量

法官在选择最密切联系的裁判规则时，也应当借助于利益衡量的方式，平衡、兼顾各方当事人的利益，寻找最适合于得出特定利益衡量结论的法律规范。例如，在上述“热水烫伤案”中，一方面，无辜的受害人被热水烫伤，受害人已经遭受了不幸，并要支付医疗费、护理费等，甚至影响到其正常的工作和生活。如果仅仅因为不完全符合“物品”的概念，要求其自行承受损失，这对受害人是极不公平的。另一方面，对于全体业主或者物业公司而言，要求其全部赔偿也不公平，毕竟在法律上没有确定其是真正的加害人。绝大多数人并没有过错，如果要使其全部负责，也不符合过错责任的原理。但是，考虑到毕竟业主人数众多，较之于受害人具有较强的分担能力，适当补偿一定的损失，也是公平的。从这个

① 许德风：《论法教义学与价值判断》，载《中外法学》2008 年第 2 期。

② 本案的案情是：黄某和妻子蒋某都是泸州一家企业的职工，1963 年结婚。婚后，蒋某一直没有生育，他们抱养了一个儿子。1994 年，黄某与张某同居，并以夫妻名义生活。2001 年 4 月 18 日，黄某立下经公证的遗嘱，要求将夫妻共同财产中属于自己的部分财产遗赠给张某。4 月 22 日，黄某去世。张某要求蒋某按照遗嘱履行，被蒋某拒绝。几天后，张某到泸州市纳溪区人民法院起诉，要求执行黄某的遗嘱。纳溪区人民法院认为，黄某将遗产赠送给“第三者”的这种民事行为违反了《民法通则》第七条“民事活动应当尊重社会公德，不得损害社会公共利益”的规定，因此法院驳回原告张某的诉讼请求。

意义上说，要求其承担适当补偿的公平责任，更为妥当。虽然价值判断和利益衡量具有相互交叉的一面，但是，利益衡量也具有其独立的价值。法官在确定最密切联系的裁判规则时，通过案件所涉及的各方利益的确定和权衡，确定最妥当的利益衡量结论。而符合这一利益衡量结论的裁判规则，就是最密切联系的裁判规则。

第三节 连接的步骤

一、最密切联系规则的确定是逻辑推理和价值判断综合运用的结果

（一）最密切联系规则的确定是逻辑推理的过程

在大前提和小前提确定之后，只要大前提的要件和案件事实可以对应，就可以通过逻辑推理进行法律适用。在这一过程中，存在三种推理方法。

1. 演绎推理。演绎推理是最常见的方法，例如，法律规定醉酒驾驶应当承担刑事责任。而张三醉酒驾驶，结论是张三必须承担刑事责任。演绎推理是司法三段论的具体展开，因此，它是裁判活动中最常用的推理方法。当然，此种推理结论正确性的前提是大小前提都是真实的，且必须遵守一定的规则。如果大小前提本身不正确，则不可能得出正确的结论。

2. 归纳推理。归纳推理是从个别性知识推出一般性结论的推理。如果说演绎推理是从一般到特殊的推理过程，则归纳推理就是从特殊到一般的推理过程。在归纳推理中，可能出现前提真而结论假的情形，所以，归纳推理乃是一种或然性推理。[①] 在进行类型化时，如果从案例和生活中总结出特定的类型，这也属于归纳推理的运用。例如，关于公序良俗的概念，可以将其大体上归纳为各种类型，如危害婚姻、损害正常的家庭关系秩序的行为、违反有关收养关系的规定、

① James A. Holland & Julian S. Webb, *Learning Legal Rules*, Oxford: Oxford University Press, 2006, pp. 218 - 219.

违反性道德的行为、赌债偿还合同、贬损人格尊严和限制人身自由的合同、限制职业选择自由的合同，等等。当然，由于司法三段论的运用必然要运用演绎推理，所以，在归纳推理之后，仍然要进行演绎推理。在违反公序良俗的案件中，法官还要将待决案件与归纳推理中的结论进行比较，以确定是否违反公序良俗。

3. 类比推理。它是从特殊到特殊的推理方法。这是英美法的法官常用的推理方式。在我国指导性案例的推广过程中，也逐渐开始采用类比推理。例如，在“山东起重机厂有限公司”诉“山东山起重工有限公司”案中①，最高人民法院认为，侵害企业名称的简称，也可以构成侵害企业的名称权。在该案中，法院认为，“山起”既是山东起重机厂的简称，也代表着企业的形象，山起重工公司的注册损害了山东起重机厂的名称权利。该案属于指导性案例，如果有类似案件发生，可以参照该案的判决结论。在这个过程中，就要采用类比推理。运用类比推理，一是要找到相对应的指导性案例；二是要进行指导性案例的识别工作，明确指导性案例和待决案件中的相同点和不同点；三是对这些相同点和不同点进行分析，如果不同点并不涉及案件的性质以及构成要件内容，则通常来说，指导性案例的内容对具体案件的裁判就具有指导作用，反之，如果具体案件和指导性案例不具有相似性，则后者不具有指导意义。②

通过上述三种方法，都可以寻找到最密切联系的规则，只不过，这三种方法并不相同。在演绎推理中，最关键的是判断大小前提是否吻合，要通过案件事实来确定大前提和小前提，然后按照逻辑三段论的方法得出裁判结论。在归纳推理中，是要从诸多的个别情形中，归纳出一般结论。而在类比推理中，主要是确定相互比较的两个案件之间是否具有相似性，从而确定可供适用的法律规范。

（二）价值判断对于确定最密切联系规则的作用

在逻辑推理的背后，始终都伴随着一定的价值判断。庞德认为，“稳定性和可预测性要求法官或法学家适用法律时，要根据众所周知的技术，根据现有的前

---

① 最高人民法院（2008）民申字第758号民事裁定书。

② 邹碧华：《要件审判九步法》，法律出版社2010年版，第33页。

提进行推理；第二个因素是努力表达人们向往的永恒不变的理想”[①]。拉伦茨指出，在司法裁判过程中，判断一个案件事实是否符合法条的构成要件这一过程始终不是一个简单的通过逻辑推论的涵摄过程就能实现的，法官必须要作出各种可能的判断尤其是价值判断。[②] 在法学方法论的发展中，越来越多地在司法三段论中加入价值判断的因素，这也是寻求最密切联系规则的需要。[③] 这些都说明，寻找最密切联系的规则，也需要进行价值判断。

价值判断如何发挥作用，可以从如下几个方面来考虑。

第一，正确解释法律，确定大前提。Bydlinski 认为，人们将已经确定的大前提和小前提结合起来，进行演绎推理，就纯粹是逻辑上的操作，而不是法律上的操作。在确定大前提的过程中，法学上的考量已经进行完毕了。[④] 笔者认为，虽然连接是一个逻辑推理的过程，但是它又和价值判断存在不可分割的联系。在连接过程中，大小前提可能是确定的，此时连接过程相对容易。但有时大前提和小前提并不完全确定，此时仍然会掺杂着法官的各种价值判断。例如，在“热气球坠落伤人案”中，热气球爆炸这一事实是确定的，但是乘坐热气球这一行为是否属于《民法典》第 1240 条所规定的“高空作业”，则仍然存在法官进行价值判断的余地。价值判断是指解释者在解释过程中对不同价值的取舍。在法律解释时进行价值判断，主要是指考察法律的目的（法律总是意欲实现某种目的的）、冲突利益的衡量、社会效果的预测、正义的要求等因素，在不同的文义间进行取舍，并进而选择最符合立法目的的、最符合正义要求的理解，而不是仅根据文字的语义来进行理解。[⑤] 价值判断过程中可能涉及前见，但是价值判断产生的原因和过程又不完全等同于前见。法律解释中之所以需要价值判断，从根本上说是因

① ［美］庞德：《普通法的精神》唐前宏译，法律出版社 2001 年版，第 8 页。

② ［德］卡尔·拉伦茨：《法学方法论》，陈爱娥译，商务印书馆 2003 年版，第 165 页。

③ 王国龙：《论司法三段论中的逻辑与价值判断》，载《宁夏社会科学》2008 年第 5 期。

④ Franz Bydlinski，Juristische Methodenlehre und Rechtsbegriff，Wien/New York，Springer-Verlag，1982，S. 396f.

⑤ 陈靖宇：《论现代法律解释的基本理念》，载褚红军主编：《历史与变革：无锡法院纪念改革开放 30 周年文萃》，人民法院出版社 2008 年版，第 463 页。

为法律解释就是法律适用的过程，它必然给予法官自由裁量的权力。具体到法律解释中，价值判断是解释本身蕴含的自由裁量空间而造成的。例如，不确定概念的具体化，法律本身就留给了解释者作出价值判断的余地。在漏洞填补的情况下，解释者享有更大的空间进行价值取舍。总体上看，解释活动大多是一种价值判断活动，即便是具有高度共识的结论，也需要予以说明，而说明论证的过程本身就是价值判断的过程。即使在狭义的法律解释中，法律固有的时效性导致法律在运行一段时间后，或者超出了立法者当时的预期，或者具有滞后性，难以适应社会经济生活的发展变化，因此需要进行价值判断。

第二，法律关系性质的判断。就事实本身的认定而言，这是证据规则所要解决的问题；而就法律关系性质的认定，则属于价值判断问题。一方面，某一事实是否属于法律事实，能否产生一定的法律效果，必须进行价值判断。例如，临时照看邻居家的孩子，是构成委托监护，还是单纯的善意施惠行为？这需要借助一定的价值判断。另一方面，某一事实属于何种法律关系，这也需要借助价值判断的方法。例如，在酒店停车，究竟属于保管合同，还是属于临时占用他人土地的合同，需要结合有偿无偿、交易习惯、当事人的意思等多方面的因素综合考量。当然，判断合同关系的性质也需要依据合同本身的约定来确定。例如，“工程承包纠纷案”中，发包人的前期投入究竟属于借款还是支付的工程预付款，需要依据合同的约定来确定。

第三，最密切联系性的判断。如前所述，最密切联系性的判断，可以采取效果判断、利益衡量等多种方式。这种判断本身就是价值判断。不同类型的价值判断结论意味着对于不同类型的冲突的协调方案，究竟何种协调利益冲突的策略与系争案件事实具有更高的对应性，需要通过利益衡量的方法来作出判断。而运用利益衡量方法作出判断的过程，就是一个价值判断的过程。从这个意义上说，如何将特定的案件事实与何种类型的大前提结合起来，总是与裁判者的特定价值取向结合在一起的。以“热水烫伤案”为例，将从楼上倒出的开水的行为解释为抛掷“物品”的行为，从而使《民法典》第 1254 条具备可适用性，这从价值判断的角度来看，则不仅可以使无辜的受害人得到救济，而且可以发挥维护公共安全、预防事故发生的作用。所以，该条规定可以认为是具有最密切联系性的规则。

第四，指导性案例的事实与待决案件的事实之间类似性的判断。在类似性判断方面，主要考虑重要方面是否有相似性。如果在重要方面是相似的，就属于类似案件；否则，就不属于类似案件。当然，就指导性案例和待决案件的比较来说，实际上也要参照可供适用的法律规范，这也是“目光往返于事实与法律之间”的具体体现。在援引指导性案例的过程中，法官不必进行过多的价值判断，只要确定事实的类似性，就可以援引相同的法律规范。这实际上简化了法官裁判的过程，而且可以避免法官重复进行价值判断。

总之，在寻找最密切联系规则的过程中，不仅是逻辑推理的过程，而且是价值判断的过程。有可能与案件事实相关联的，往往有包含着不同价值判断结论的多个大前提，在这个意义上，对作为大前提的法律规范的分析、解释和论证，事实上在裁判的过程中发挥了证成裁判者价值判断结论正当性的作用，成为裁判者说服系争当事人策略的重要组成部分。传统上的司法三段论主要是一个逻辑的过程，而一般不以价值判断作为法律论证的内容。但事实上，两者是紧密结合在一起的。这就要求裁判者在作出价值判断时，不能基于自己的主观臆断，而要从法律共同体所具有的价值共识出发，采用被司法审判实践证明是行之有效的各种司法技术来作出价值判断。换言之，司法过程中的价值判断一定是受到严格约束的价值判断，否则，也会导致法官自由判断、任意裁量的结果。

二、连接的具体步骤

所谓“连接”，是指将具有一般性的法律规范运用到个别和特定的事实之中，实现所谓“从一般到个别”的认识论转换过程，在“个别”中实现所谓“一般性”。而这一从一般到个别的“连接”过程的关键，是要寻找出两项要素之间的关联点，也正是由于存在关联点，一般性规范适用于个别性事实才具有“正当性”，在逻辑上才得以圆满贯通。因此，所谓的连接过程，实质在于寻求连接法律和事实之间的要素，使法律规范能够“切入”具有个别性的案件事实。在实现连接的过程中，主要采用如下几个步骤。

1. 确定当事人的诉讼请求。诉讼请求是当事人进行诉讼的基本出发点，也反映了当事人争议的焦点。无论采用何种方法，对民事案件而言，不能脱离当事人的诉讼请求。法官原则上不能超越当事人的请求范围来审理案件。无论是认定事实，还是寻找法律，都应当在当事人请求的大体范围之内，不能将当事人没有请求的也纳入考察的范围。例如，当事人请求对方承担违约责任，法院就不必考察当事人是否应当承担侵权责任，而应当围绕合同的成立生效、合同的内容、合同义务的违反等角度展开法律论证。

2. 个别化的案件事实的定性。事实是经过法官在审判过程中，为证据所支持的事实。这里存在所谓从生活事实到法律事实的“转换”过程，大量的、千差万别的具体事实本身，经过法官的裁剪和归类之后，最终进入分析视野的，只能是其中真正具有法律联系的事实。在这个判断过程中，法官要对生活事件中的不同事实进行评价，并将它们作为其判断的理由而对之进行衡量。[①] 这一过程应该包括两个方面：第一，剔除和剥离大量的、不具有法律联系的事实。例如，在合同订立之前，双方可能有大量的礼节性接触和沟通，但是真正进行合同要素方面的谈判，才是具有法律联系的事实，所进行的商谈才有可能进入法律分析的视野。第二，找出具有法律意义事实的关键要素。无论是请求权基础分析方法，还是法律关系分析方法，都需要确定这些“关节点”。例如，关于未成年人网络打赏行为的效力，在实践中经常发生争议。笔者认为，对此应当根据未成年人的行为能力（年龄、智力）以及打赏的数额、家庭经济条件以及打赏的环境等综合判断。如果实施打赏行为的是无民事行为能力人，依据《民法典》第 144 条规定，该打赏行为应当是无效的，但对限制民事行为能力人而言，该行为就不一定是无效的。在确定限制民事行为能力实施的打赏行为效力时，还需要考虑未成年人实施打赏行为所使用的财产是否属于未成年人可以支配的财产。如果未成年人实施

---

① Jan Schapp，Methodenlehre des Zivilrechts，UTB，Stuttgart，1998，S. 99f.

打赏行为所使用的是其父母给的压岁钱、零花钱，表明其父母允许其自由支配该财产，对其使用该财产作出了事先同意，依据《民法典》第 19 条规定，该行为应当是有效的；但如果未成年人打赏使用的是其父母的积蓄，而且数额巨大，与其年龄、智力等不相适应，其法定代理人不追认的，该网络打赏行为即应当属于无效行为。所以，在认定该行为是否无效时，需要将案件事实与适用的法律之间进行相互比对，从而形成法律规则与案件事实的准确连接。

3. 依据事实要件寻找相应的法律规范。找法并非盲目进行的，而是以事实为基础作出的判断，这一过程的任务在于确定所要适用的特定规则。首先，特定的事实限定了找法的范围。如果案件属于侵权纠纷，就应当在侵权法领域内找法；如果在侵权纠纷的范围内，可进一步确定为产品责任，就应当在产品责任制度领域找法。其次，在找法的过程中，如果存在合同，原则上应当先考虑合同关系，然后再考虑侵权责任关系等来处理。如果存在合同，还要确定合同是否成立生效，依据生效的合同来处理相应的纠纷。再次，在依据特定的法律关系找法的过程中，法官应当尽量寻找且穷尽完全法条。如果是不完全法条，要将相关的法条找补齐。在寻找法律的过程中，应当遵循找法的规则，如特别法优先于一般法、上位法优先于下位法等。最后，需要防止法官“向一般条款逃逸”的情况出现。在存在个别和具体化的法律规则的时候，法官不宜简单根据公平原则、诚实信用原则进行判决。在一般情况下，法官不得直接援用一般原则作出判决。但是，必须承认，法律一般原则具有创造性功能，在欠缺具体适用规范的情况下，应当允许法官根据一般原则和法律精神作出判决。

4. 对法律规范的解释。这就是要运用正确的法律解释方法，对特定的规范进行正确的解释。在司法判断的三段论中，法律解释的目的在于确定司法三段论大前提，其对于案件的判决结果具有决定性的意义。可以说，法律解释的结论是裁判者在“找法”过程中具有权威性的意见。法律解释结论是有拘束力的，是生效裁判的依据，它本身要构成裁判的组成部分。在连接过程中，法律规范的解释的意义主要在于：一方面，最密切联系的规则需要通过解释来确定。也就是说，待适用的法律规范中的构成要件应当予以明确化和精确化。例如，在“热气球坠落伤人案”中，热气球升空后爆炸致人损害，是否可以适用《民法典》第1240条的规定，涉及该条中的构成要件，尤其是涉及对“高空作业”概念的解释。如果高空作业的概念可以涵盖热气球升空后爆炸的情形，就可以适用该条规定。另一方面，在确定最密切联系规则时，需要对多个规则进行选择，在这个过程中，需要对相关规则的立法意旨等进行解释，以确定选择某一个规则最能够实现立法意旨。所以，法律规范的解释对于连接的实现起着至关重要的作用。

5. 填补漏洞。如果存在法律漏洞，法官也有义务填补法律漏洞。而漏洞填补的方式可以有多种，如类推、目的性扩张、目的性限缩、习惯法、依据法律的基本原则等。即使是依据多种方式填补漏洞时，也仍然需要确定最密切联系的规则。例如，某个企业被吊销营业执照以后，是否具有权利能力和行为能力。对此，法律上未作规定，显然属于法律漏洞。实践中存在多种观点，但在“重庆台华房地产开发有限公司与重庆晨光实业发展（集团）有限责任公司、重庆晨光百货有限责任公司、重庆晨光大酒店有限责任公司房屋搬迁纠纷案”中，最高人民法院认为，企业法人被吊销营业执照至其被注销登记前，该企业法人仍应视为存续，可以以自己的名义进行诉讼活动。故台华公司在被吊销营业执照后，仍然具有诉讼的权利能力和行为能力，有权以自己的名义提起民事诉讼。台华公司没有成立清算组织，不应成为限制其参与民事诉讼的理由。① 该案所确立的规则就填补了我国现行法的漏洞。

6. 对“连接”过程本身的论证。这就是说，需论证法律规范和案件事实两者之间是否存在对应关系。Bydlinski 认为，事实的认定可能因为所选择的法律而出现不全面。此时，实际上触及了人类知识的局限性和人类学问的局限性问题，因此，需要借助于一定的价值判断。② 在论证连接过程时，不仅要对援引的规则进行解释，而且要论证规范要件与案件要件事实的高度对应性。在连接过程中，有可能多个法条都与案件事实存在对应性，但是最密切联系原则强调了高度对应性，除了构成要素以外，还要从价值判断着手，考虑是否具有最密切的联系

---

① 最高人民法院（2005）民一终字第57号民事裁定书。

② Franz Bydlinski, Juristische Methodenlehre und Rechtsbegriff, Wien/New York, Springer-Verlag, 1982, S. 44.

性。这就需要在论证过程中，大量采用价值判断方法。

7. 目光的往返流转。连接并不是一次性终结的过程，在大量的案件中，需要不断地考虑事实和法律之间的相互关系，从而确定最密切联系的规则。这里包含了两个过程，先是从事实到法律，而后是从法律回到事实。“人们需要一步步地使自己的眼光在案件事实与所要寻找的法律后果之间往返流转，对其加以审视和比较。”① 一方面，对事实从法律联系角度的剖析和加工，使得所谓法律事实本身超脱于生活事实，这被称为对于事实的法律概括过程。例如，对当事人的真实意思进行解释，实际上是对文本本身的“再发现”过程。另一方面，对于具有一般性特点的法律规范本身进行诠释，使得它们能够“相关地”适用到个别性事实，具有了事实的个别性特点，这被称为所谓“事实化的法律”。两个过程的衔接和统一，就表现为这个“连接”过程。

8. 涵摄。如前所述，连接是过程，涵摄是结果。寻找到最密切联系的规则，就是涵摄的过程。拉伦茨指出：“作为法律适用基础的涵摄推论，并不是将外延较窄的概念涵摄于较宽的概念之下，毋宁是将事实涵摄于法律描述的构成要件之下。”② 涵摄是连接的最后步骤，至此完成了连接的过程，并要得出裁判结论。也可以说，裁判结论的得出就是涵摄的结果。

上述关于连接的步骤只是就一般情形而言的，在个案中，可能并非都要采取这些步骤，也可能省去了部分环节。例如，在许多案件中，就不需要法官存在目光的往返流转的环节，一次就可以实现连接的过程，但是，依循这些步骤就可以基本保证有效的连接。以“公司职员李某借用汽车伤人案”为例，公司经理黄某要李某到邮局寄送急件。李某见到正在公司办事的王某，借用了王某的桑塔纳牌的汽车。李某在行驶变道过程中，撞向一辆正在行驶的高速卡车。在急转向的过程中，由于方向盘失灵，致使一行人丁某受伤，汽车毁损严重，李某也遭受重伤。本案在寻找连接点的过程中，需要确定以下步骤：第一，确定当事人的诉讼请求。在该案中，当事人是否提出了损害赔偿请求。第二，对法律关系的定性，

① ［德］齐佩利乌斯：《法学方法论》，金振豹译，法律出版社 2009 年版，第 128 页。
② ［德］卡尔·拉伦茨：《法学方法论》，陈爱娥译，商务印书馆 2003 年版，第 152 页。

即本案属于侵权关系还是合同关系。在本案中，李某向王某借用机动车的行为属于借用合同关系。但是，在李某和受害人丁某之间并没有合同关系，应当属于侵权关系。第三，如果本案属于侵权关系，那么应属于何种性质的侵权？是交通事故责任还是产品责任？笔者认为，在本案中，李某驾驶机动车撞伤丁某的行为属于机动车交通事故责任。第四，李某是否构成侵权？王某是否对出借汽车的行为承担责任？笔者认为，李某是否构成侵权，是否承担责任，要考虑机动车交通事故责任的构成要件，为此，需要解释《道路交通安全法》第 76 条的规定。至于王某的责任承担，则应当解释《民法典》第 1209 条的规定。第五，目光的往返流转。在本案中，适用《民法典》第 1209 条的规定时，可能涉及王某是否对损害的发生有过错。如果需要补充相关的案件事实，就要再回复到小前提的认定过程之中。第六，王某是否对汽车的瑕疵承担责任？依据《民法典》第 1209 条的规定，机动车所有人对损害的发生有过错，故其需承担相应的赔偿责任。如果法官认定了王某明知方向盘失灵，而没有告知李某，其应被认定为也对损害的发生具有过错，应承担相应的赔偿责任。

综上，法学方法论包括了多方面的内容，诸如发现法律事实、寻找法律规范、解释法律规则、事实和法律的结合、裁判结论的确定。但实际上，方法论要解决的核心问题还是大前提和小前提的最密切连接问题。我们说，司法活动需要法官依法公正裁判案件，具体就表现为如何寻找最密切联系的规则。寻找这些规则，不应当选择抽象的法律原则作为大前提，而应当选择具有具体针对性和密切联系性的规则。在纷繁复杂的法律条款中，法官不能陷入这一迷宫之中，而应当寻找与事实具有密切联系性的法律规范。

第四节　连接过程中的目光往返流转

一、目光往返流转的概念

如前所述，连接虽然从大小前提的确定就已经开始，但实际上，连接不同于大小前提确定之处就在于，连接要实现大小前提的结合，而这一结合的过程往往需要循环往复地考察。事实上，事实要件和法律规范的联系，在实践中的操作也并非一次就终结的，在法律适用过程中，法官往往需要通过在大前提和小前提之间反复的考察才能够实现有效连接。因此，在德国，恩吉施教授首先提出了所谓“目光的往返流转（Hin-und Herwandern des Blickes）”，他认为：“对于大前提而言，重要的是什么与具体情形存在关联，而对具体情形而言，重要的是什么与大前提存在关联。但如果人们予以更仔细的考虑，那么这里仅涉及大前提与生活事件之间的持续相互影响，一种在大前提与生活事件之间的目光往返流转（Hin-und Herwandern des Blickes zwischen Obersatz und Lebenssachverhalt），而不涉及一个有瑕疵的循环。”① 他强调了法律的适用是一个多阶段、逐步深入的选择过程，通过这一过程，不相关的规范、解释可能和事实被一步步地排除出去。② 拉伦茨教授也强调了在法学方法论中目光流转于规范与事实之间的必要性。他认为，以案件的事实为起点，判断者进一步审查，可以适用在案件事实的法条有哪些，根据这些法条的构成要件再进一步补充案件事实，如果法条本身不适宜作立即的涵摄，便须针对案件情境作进一步的具体化。③ Scheurele 也指出：“事实认定行为与其法律定性之间的相互渗透，此所涉及的，乃是一种相互阐明的思考过程。”④ 所以迄今为止，“目光的往返流转”已经成为学者的共识，也被司法实务界所广泛接受。

“目光往返流转”是一个形象的说法，其实际上是指，法官在具体的司法适用中，在无法一次性地确定小前提以及与其具有最为恰当联系的大前提的情况下，采用多次对应大小前提的方式，整理并最终确定小前提以及选定大前提的方法。其描述的是一个确定最密切联系的法律规则中的不断深入的选择过程，通过这一过程，不相关的规范、解释可能和事实被一步步地排除出去。⑤ 其适用的理

① Karl Engisch, Logische Studien zur Gesetzesanwendung, 3. Aufl., Heidelberg, 1963, S. 14 - 15.

② ［德］齐佩利乌斯：《法学方法论》，金振豹译，法律出版社 2009 年版，第 130 页。

③ ［德］卡尔·拉伦茨：《法学方法论》，陈爱娥译，商务印书馆 2003 年版，第 162 页。

④ 王泽鉴：《法律思维与民法实例》，中国政法大学出版社 2001 年版，第 37 页。

⑤ ［德］齐佩利乌斯：《法学方法论》，金振豹译，法律出版社 2009 年版，第 130 页。

由就在于，当法官第一次接触案件时，无法认识案件事实的全貌，也无法直接选定适合的大前提，因此需要多次的考察和确定。如果法官经验丰富，对于熟悉的案件一眼就可以得出结论，这一思维过程是否还有存在的必要？笔者以为，法官丰富的经验恰恰是在这一思维过程的不断重复中获得的。首先，在这一过程中，法官对这一思维过程逐渐熟悉，所需要花费的时间逐渐减少，最终就能够出现瞬间就可以完成大小前提的连接，时间花费的减少不代表思维过程的省略。其次，就像世上没有两片相同的树叶一样，没有任何案件的事实是完全一致的，法官在审理前所获得的材料未必是相关案件的全部材料，也未必能够完全反映出案件的真实情况，所以，即便其能够在很短的时间内对应大小前提，也需要在案件的庭审过程中对案件的具体情况进一步了解，如果出现新的案件事实，还需要运用这一思维过程确定大小前提。最后，即便是在简易案件中，案件的事实非常简单，但是由于原被告双方提供的事实和证据可能包含许多不必要的内容，法官也需要通过这种思维方式在这些纷杂的案件事实中选取具有法律意义的事实，作为适用三段论的小前提，并在此基础上寻找最密切联系的大前提。因而，这一思维过程应当在所有的案件中能够得到适用。

二、目光往返流转的必要性

我国台湾地区学者黄建辉说："法律的适用是一种发现法律的动态过程，其非仅系逻辑推演，而是必须往返于法律规范与案件事实的活动。"① 在司法三段论中，"目光的往返流转"是必不可少的，理由在于：

第一，司法三段论并非简单的三个环节的独立运作，实际上从小前提的确定到大前提的认定都是在相互的连接中进行的。小前提和大前提都是在相互的对应和检验中最终确定的，这是一个互动的过程。一方面，事实要件是经证明规则的运用而整理构建而成的，这一过程事实上也是根据法律规范要件来实现的。"虽

① 黄建辉：《法律阐释论》，学林文化事业有限公司2000年版，第15页。

然法律事实是法官等在适用法律的时候认定的，但这种认定同时也是用法律规范衡量生活的一种结果。所以法律事实这一概念在一定程度上体现了法律规范所设计的事实模型。”[①] 另一方面，认定事实要件的目的就在于确定特定事实是否与特定法律规范所调整的对象相匹配，事实要件和规范要件越对应，二者连接的准确度就越高，相应的三段论推理结论就越准确。例如，适用过错责任的一般条款时，构成要件包括过错、损害、因果关系等。而在事实要件中，生活事实也被细分为若干部分。例如，就侵权行为而言，要从过错、损害、因果关系等方面进行分析。通过对规范要件和事实要件反复互动的分析，才能够得到两者间最密切的联系点。尤其是，事实和规范的互动不是一次性完成的。任何一个裁判者，无论其法律经验有多么丰富，面对某个案件事实时，不可能保证能够一次性选择正确的大前提，一次性地完成连接，得出妥当的裁判结论。在这一过程中，可能需要多次的尝试，通过两者不断的连接，通过三段论以及其涵摄判断选择的恰当性，才能够最终选定大前提并确定小前提。法官可能因为大小前提认识的不精确性，或者脱离逻辑的错误应用，导致推理结论明显违背基本的公平正义或者道德观念，进而需要回头重新审视大小前提的准确性，再度进行三段论推理。这实际上也是法官在大小前提和结论之间的往返。因此，司法三段论推理中包括不同层面的“事实与结论之间的往返”。

第二，它符合解释学循环的理论。罗尔斯（John Rawls）在《正义论》一书中提出了一个反思的均衡理论，即在反思中使各种认识和观点实现相互支持、彼此一致的均衡方法。他将此种方法称为“圆圈式的结构”[②]。在解释学上存在着一种循环理论，最早由德国学者阿斯特（Friederich Ast）提出，他认为，一切理解的基本原则都要从作品的个别部分发现整体的精神，或通过整体来理解作品的个别部分[③]，即观察者必须要在作品的整体和部分之间不断来回地观察，以确定部分和整体的真正意义。在法学方法论上，所谓的解释学循环就表现为，法官

---

① 陈金钊：《论法律事实》，载《法学家》2000 年第 2 期。

② John Rawls，*A Theory of Justice*，The Belknap Press of Harvard University Press，1971，p. 579.

③ 徐振东：《宪法解释的哲学》，法律出版社 2006 年版，第 21 页。

的目光不断地来回往复于大前提和法律事实之间，通过这两者之间的不断连接，在具体案件中确定大前提和小前提，并通过司法三段论最终得到结论。

第三，循环往复的考察也是一个反复验证的过程。正是通过循环往复的考察，法官不断地考察规范和事实之间的适应性，从而确定两者之间的结合是否达到了最妥当的效果。从特定的案件事实出发，寻求最密切联系的规则，往往不是一次简单的考察就可以得出结论的，需要进行反复的检验，使目光往返穿梭于规范与事实之间，这实际上是一个不断验证所选择的裁判结论是否妥当的过程。

然而，在德国学者提出目光往返流转的理论之后，始终没有解释，这种流转在三段论中处于哪一个环节。而他们所说的涵摄是以大小前提的对应为前提的。所以，目光往返流转理论难以在司法三段论中找到合适的位置，这在很大程度上是因为他们认为，涵摄是静态的，是大小前提确定后的自然引申的结果。但如果采用连接而不是涵摄的概念，实际上为目光往返流转提供了理论基础。一方面，既然连接是一个动态且持续的过程，而不是静态的、一次完成的，在这个过程中，就包含了目光往返流转。另一方面，连接虽然是从大小前提确定开始的，但是，其也可以成为司法三段论中的一个环节，其目的主要是确定最密切联系规则。“目光往返流转”的过程，也是对案件事实和所应适用法律的理解不断深入的过程。通过这种流转反复，能够不断发现新的案件事实，或者排除不重要、不相干的案件事实。在大多数情况下，最初的归入仅仅是大概的，不确定的尝试[①]，只有经过这种“往返流转”才能够完成对事实的整理并最终确定大前提。

目光往返流转不仅要在事实和法律之间来回穿梭，寻找最密切联系的规则，而且在实践中，目光往返流转还可能存在如下情形：一是在连接过程中，不断补充事实。在法官寻找规范以后，可能需要重新来认定事实，尤其是要补充新的事实。例如，在无权处分的案件里，法官发现了无权处分遗失物的法律规范。此时，法官就可以要求当事人进一步证明，该案中被处分的物是否属于遗失物。二是寻找新的法律规范。在事实认定以后，可能需要寻找新的法律规范。例如，某

① ［德］齐佩利乌斯：《法学方法论》，金振豹译，法律出版社2009年版，第130页。

人私闯民宅，一般认为，行为人侵害的是物权，受害人应基于《民法典》第235、236条行使物权请求权，但法官发现用物权的方法很难保护受害人。因为行为人闯入他人住宅，没待多久就出来了，也没有造成对房屋的任何损害，其也没有占有、侵占房屋，无法用返还原物、排除妨害、赔偿损失等物权保护方法保护受害人。只有将房屋空间认定为私密空间，私闯民宅构成侵害私密空间，适用人格权请求权和精神损害赔偿，适用《民法典》第1032、1033条，才能对受害人提供保护和救济。私闯民宅构成了对私密空间的侵害，可以通过隐私权保护获得救济。

关于目光往返流转的运用，可以以“侵害眺望权案”为例进行说明。在分析本案时，我们必须首先将原告与被告甲的法律关系和原告与被告乙的法律关系分开讨论，因为两者之间相互独立。对被告甲的行为，原告提出了违约和侵权两个诉讼请求，对此我们应当采取“目光反复流转”的方式进行考察。

就原告和甲的关系而言，依据《民法典》第577条的规定，违约的构成要件是：合同有效成立、一方违反合同义务、没有法定或者约定的免责事由。在本案中，原告和甲之间已经签订了一个合法有效的合同，并且在合同中，被告也许诺该住宅是海景房，但却在事实上落空，违反了合同义务。因此，从事实的构成要件看，已经满足了大前提（《民法典》第577条）所规定的构成要件，因此可以认为甲需承担违约责任。从侵权责任来看，依据《民法典》第1165条第1款来看，在原告主张损害赔偿的情况下构成侵权责任的要件包括：过错、侵权行为、因果关系以及损害。从对事实要件的分析来看，本案中被告甲应当知晓当地的规划情况，其仍然提出海景房的保证，在主观上具有过错；原告的通风采光受到影响，并且无法满足其眺望海景的需求，显然也有损害。然而依据《民法典》第1164条的规定，知情权并不是侵权法所保护的民事权益范围，因为所谓侵害知情权的行为，并不是侵权法上所认可的侵权行为，因此本案中的法律事实无法满足侵权责任的构成要件，因而原告无法要求甲承担侵权责任。

就原告和乙的关系而言，如果原告是以侵权请求权提起诉讼，要求乙承担侵权责任。那么，正如我们在上文中所说，由于通风采光、眺望并没有上升为一种权利，而且，其是否可以作为《民法典》第1164条所列举的保护对象的权益范围，值得探讨。笔者认为，能够直接适用其他相关法律规定，就没有必要再适用《民法典》侵权责任编的相关规定。就小前提中的通风采光权而言，其在《民法典》第293条中有所规定。此时，如果认为原告是以物权请求权提起诉讼，我们就需要以《民法典》第236条和第293条作为大前提考察是否能够构成连接。该条的构成要件包括：违反国家有关工程建设标准，产生妨碍相邻建筑物的通风、采光和日照的效果。然而，在本案中，由于被告乙“具有合法的建筑规划和许可”，所以不能够满足《民法典》第293条规定的构成要件，也不能够通过物权请求权获得救济，因此无法要求被告人乙承担排除妨害的责任。在此情况下，笔者认为，可以重新回到侵权责任法之中，如果能够通过说理论证，解释眺望权属于民事权益的范畴，亦可以援引《民法典》第1165条第1款的规定，责令乙承担侵权责任。

总之，只有在循环往复的考察过程中，才能够使得作为适用法律的大前提和法律事实的小前提相互匹配，并最终能够相互连接，使得司法三段论能够在符合客观事实的情况下顺利地适用。

三、目光往返流转的方式

（一）在循环往复考察中确立大小前提、寻求两者之间的密切联结

目光往返流转，其主要的方式就是在循环往复考察中确立大小前提并形成最恰当的连接。因为连接是贯穿大前提和小前提的过程，司法三段论操作适用的过程其实就是一种连接。一方面，寻找大前提实际上是从案件事实出发来寻找可以适用的法律规范。在成文法国家，可以适用的法律浩如烟海。大前提与事实要件只有在往返的过程中，才能实现有效连接。只有从案件的特殊事实要件中才能够寻找到最为恰当的法律规范。另一方面，需要根据大前提所设定的要件进行事实整理，以确定是否符合大前提中的要件。在案件事实真伪确定后，既涉及事实本身定性的问题，也涉及该事实的多方面特征中是否具有法律意义，这本身也需要法律作出判断，这个过程也是一个循环往复的过程。以前述“汽水瓶爆炸伤人案”为例，要确定商场是否承担责任，就应当将该事实进一步根据相关的法律规

则进行分类，以确定其是否属于销售者应当承担产品责任的情形，并将其归入产品责任的范畴之中。例如，《民法典》第1202条规定："因产品存在缺陷造成他人损害的，生产者应当承担侵权责任。"该规范所确定的事实小前提包括五项内容：一是产品，只有因"产品"造成的损害，才有适用该条的可能；二是产品缺陷，也就是说，是因产品"缺陷"造成的损害，而不是"产品自然物理坠落"造成的损害；三是造成了"损害"，没有形成法律意义上的损害，也不能适用该规范；四是被诉讼的是生产者，非生产者不能承担责任；五是"他人"是指何人？其应当是商品销售之后的购买者或者实际消费者。据此，法官在确定适用该规范的事实小前提时，需要对产品、产品缺陷、损害和生产者等要件作出全面审查。只有在各项具体事实均符合该条规定时，才能成为适用该规范的小前提。例如，如果某人在商场选择汽水的过程中，因对方的汽水瓶倒下而受伤，则其不构成此处的产品缺陷致害，不宜适用该条款，因此，对该案不宜将其归入产品责任的事实类型。

对事实的综合分析，从众多繁杂的事实中整理出"重要的（也即可以被解释的规范所涵摄的）"事实因素[①]，并将其作为法律判断的基础。在规范要件中，是对构成要件的描述；而在事实要件中，是对案件事实的描述。事实要件的判断主要是根据规范要件进行的。而法律要件则侧重于对法律本身构成要件等的具体分析[②]，两者之间应相互对照地考察。例如，张三在其博客中辱骂李四是贪官，李四在法院起诉，认为张三侵害了李四的名誉权。如果李四要主张精神损害赔偿，在法律要件构成方面，要明确如下要件：第一，要确定张三是否侵害了李四的名誉权。第二，要判断张三采取了何种方式侵害了李四的名誉权，在本案中，张三的行为虽构成诽谤，但仍需确定这种诽谤行为是否客观上造成了李四的社会评价的降低。第三，是否造成了严重的精神损害。第四，是否存在免责事由。例如，是否涉及正当的舆论监督或者公众人物人格权的限制问题等。如果缺乏其中任何一个要件，就不能成立精神损害赔偿责任。但如果李四仅主张赔礼道歉，则

① ［德］齐佩利乌斯：《法学方法论》，金振豹译，法律出版社2009年版，第130页。

② James A. Holland & Julian S. Webb, *Learning Legal Rules*, Oxford: Oxford University Press, 2006, p. 105.

无须确定是否造成严重精神损害的后果。

（二）通过法律关系的识别和界定进行循环往复的考察

如前所述，法律关系的识别也同样发挥着非常重要的作用。因为只有通过法律关系的识别，我们才能够依据法律关系的性质和特点寻找相应的裁判依据，从小前提中抽象出其对应于大前提的关键法律要素。可以说，法律关系是大小前提之间相互连接的切入点和桥梁，如果我们能够准确识别法律关系，大小前提之间的互动也就能够清晰和迅捷地进行。例如，某小区的特定区域规划为空地，主要用作业主休闲的场所。后来，开发商未经业主同意，将该空地改造成车位，并对外销售。有业主对此提出异议，认为开发商与车位的买受人之间的买卖合同无效。一审法院认为，开发商的行为侵害了业主的共有权。在这个案件中，需要从如下几个方面展开事实和法律之间的目光往返流转：首先，需要从案件的事实中抽象出其所包含的法律关系，判断其涉及的共有关系类型，是一般共有关系还是建筑物区分所有制度。显然，本案属于建筑物区分所有制度的内容。其次，在本案中，原告诉请要求法院认定开发商与车位的买受人之间的买卖合同无效，这实际上就表明，原告是以合同之诉向法院提起的诉请。考虑无权处分的法律效果，既可能产生效力待定的合同关系，也可能形成无效合同关系，而在受让人为善意的情况下还可能构成善意取得。这就需要我们针对具体案件的情况，通过法律效果，对案件的事实作进一步的归类。尤其是要从不同的法律关系着手，往返地考察大小前提与构成要件之间的对应关系。例如，如果法院支持原告的请求，认为合同无效，就需要考虑在无权处分的情况下业主是否追认，或者业主有无事后主张撤销的情况，尤其是在车位的买受人是善意的、且符合了善意取得的要件的情况下，将可能使得原告的诉请不能够达到目的，为此还需要验证《民法典》第311条的构成要件是否与案件相对应。这就会形成多次往返于多个大前提和案件事实的情况，而这种情况在具体的法律适用中是很常见的。再次，在本案中，一审法院认为，开发商的行为侵害了业主的共有权。这实际上又将本案所涉及的法律关系扩展到侵权法的范畴，在二审中，需要将有关侵权法的相关规范也纳入是否与案件事实相对应的考察之中。

（三）在体系考察中反复寻找妥当的大前提

法律制度是一个完整的体系，尤其是民法典的各项制度之间具有内在的一致性和体系性。法官在寻找任何一个裁判规则时，不能仅仅局限于某一个制度甚至某一个条文，还必须将相关的制度、法条等搜寻出来，通过循环往复的考察，将特定的规范与事实的对比，寻找最妥当的规则，这就是我们所说的在体系考察中反复寻找妥当的大前提。例如，在赃物的买卖中，因为其属于无权处分，基于这一法律事实，法官可以去寻找《民法典》第 311 条关于善意取得的规定，但是，法官为了适用该条规定，可能要进一步查证法律事实，此时，如果发现其属于赃物的买卖，就应当再次寻找可供适用的法律。从《民法典》的立法过程来看，该法第 311 条的规定似乎不应直接适用于赃物的买卖。但是，该法第 312 条是关于遗失物善意取得的规定，如果进行类推适用可以考虑适用该法第 312 条。问题在于，《民法典》第 312 条中又规定，如果受让人通过拍卖或者向具有经营资格的经营者购得该遗失物的，权利人请求返还原物时应当支付受让人所付的费用。此时，法官应当再次查证法律事实，以确定赃物是否是通过拍卖或者向具有经营资格的经营者购得。

在体系考察过程中，要尽可能全面地搜寻可能适用于诉争案件的法律规范。然后对与个案事实没有关联，或者关联的实质性程度比较低的规范予以逐步排除。对那些有关联的规范，需要通过解释将此种关联性予以呈现出来，以说明此种关联的实质性。[①] 有时候，一个法律事实可能会满足多个法律规则的构成要件，但是由于举证和消灭时效等原因，需要排除部分规则的适用，此时，我们就有必要回到法律事实中，重新寻找新的可适用的法律规则。[②]

（四）在循环往复考察中进行反复验证

所谓循环往复的考察，实际上就是法律规范和案件事实不断反复对应的过程，并且在这个过程中需要不断整理案件事实，选择确定法律规范。而请求权基础的分析方法，实际上就是用请求权基础反复对应案件事实，考察其是否可以适

---

① ［德］齐佩利乌斯：《法学方法论》，金振豹译，法律出版社 2009 年版，第 130 页。

② 黄茂荣：《法学方法与现代民法》（第五版），法律出版社 2007 年版，第 224 页。

用。目光往返于规范和事实之间，其意义何在？笔者认为，主要是为了寻找准确的裁判依据，在这个过程中需要进行反复考察和验证。例如，在某个公鸡啄伤儿童眼睛的案件中，涉及动物致害责任；又涉及从事实出发找到动物致害责任的规定（即《民法典》第1245条）。其后，我们又可以发现，其还涉及关于过失相抵的问题。因此，有必要考察是否存在受害人过错。这又转回到事实方面，即确定受害人是否具有过错。此时，如果发现受害人没有过错，但是受害人的监护人有过错，我们还应当再来考察法律是否有监护人过错视为受害人过错的规定。不过，我国《民法典》侵权责任编及相关法律中对此都没有相关规定，此时，就应当考虑是否有必要进行漏洞填补。

循环往复的考察是最密切联系的要求。所要寻找的裁判规则是否是最密切联系的规则，往往不是一次简单的考察就可以得出结论的，需要进行反复的检验。循环往复的考察也是验证的过程。正是通过循环往复的考察，法官不断地考察规范和事实之间的适用性，从而确定两者之间的结合是否达到了最妥当的效果。尤其是循环往复的考察也使得对小前提的认识不断加深，它可以帮助法官确定案件事实，法官可以从大前提出发反过来寻找相应的小前提。例如，在公鸡啄伤儿童眼睛的案件中，从大前提来看，其可能适用过失相抵规则。因此，在连接中，法官就应当反过来查明受害人是否具有过错，或者受害人的监护人是否具有过错。在这个循环往复的过程中，法官也需要反复对小前提中的事实要件进行认定。在复杂的案件中，连接过程可能需要进行很多次。通过多次涵摄，法官才能得出最后的结论。[①] 这些科学方法的运用使得案件具有可预见性，从而发现案件真实。[②]

法官在循环往复的思维考察过程中，既需要借助于实务经验和逻辑推理，也需要运用法律解释技术，还需要作出价值判断。当然，目光往返流转必须是以客观的案件事实与实体法上的法律条文为依据和前提来进行，而不是任意的往返流

① Franz Bydlinski, Juristische Methodenlehre und Rechtsbegriff, Wien/New York, Springer-Verlag, 1982, S. 400.

② James A. Holland & Julian S. Webb, *Learning Legal Rules*, Oxford: Oxford University Press, 2006, pp. 231 - 232.

转。法官不能自由塑造、添加案件事实，法官可以裁剪和整理事实，但不能塑造案件事实。法官通常不得突破法律条文的文义范围，而必须在可能的文义范围之内进行价值判断，不能超出可能文义的范围自由解释。

在法律没有明确规定的情况下，要通过法律解释的方法确定大前提，然后对小前提进行进一步的分类。在案件事实的认定中，哪些属于同类案件，哪些不属于同类案件，需要进行判断。例如，在善意取得中，借用他人之物进行处分，与盗窃他人之物进行处分，两者是否属于同类，并因此适用相同的规则？由于我国《民法典》对于盗窃他人之物的处分没有作出规定，所以需要法官就此作出区分：前者可适用善意取得，而对后者，真正的权利人有权追及其物。再如，在网络侵权中，网络服务提供者对侵权的事实出于明知与应知，两者之间是否属于同类，并要求网络服务提供者承担侵权责任？《民法典》第 1197 条对此没有明确规定，这既涉及法条本身的解释问题，也涉及案件事实的分类问题。在后一个例子中，需要对《民法典》第 1197 条中的“知道”进行解释，只有确定了其包括了“应当知道”，才能对有些属于应当知道的案件进行分类，否则，就无法将其涵摄到大前提之下。

在责任竞合的情况下，同一案件的事实可能符合多个可以对应的大前提，需要作出选择。在此情况下，需要考虑小前提的构成与多个大前提规范要件之间联系的紧密程度问题，应选择联系更为紧密的大前提作为三段论的基础。例如，在“郑雪峰、陈国青诉江苏省人民医院医疗服务合同纠纷案”中，原告因为长期未能生育，因此到医院实施人工辅助生育，但是医院最后采用的方案与原告最初选择的方案并不相同，并且最终治疗失败，原告诉请医院承担违约责任，并承担相应的医疗费、误工费以及精神损害赔偿责任。法院认为，在当事人双方已经约定采取某种特定治疗方案的情况下，医院擅自变更治疗方案，违背了其合同义务，造成了损害，应当承担相应的责任。在本案中，法院之所以认为这是一个合同关系，并且将其归入违约责任的范畴，是因为和侵权责任相比，违约责任与该案件的事实具有更为密切的联系性。一方面，当事人之间确实存在合同关系，且在合同中明确约定了治疗的方法；另一方面，从责任后果来看，虽然本案属于合同之诉，但损害赔偿的数额不得超过违反合同一方订立合同时预见到或者应当预见到的因违反合同可能造成的损失，亦不包括精神损害赔偿，因此法院对原告要求被告承担精神损害赔偿不予支持，亦不支持要求被告公开赔礼道歉的请求，此种裁判结论是妥当的。[①]

① 公丕祥主编：《典型裁判案例》，法律出版社 2009 年版，第 120 页。

第六章
连接的典型方法

具体的事实及其涵摄问题的存在使得一条法律规范的含义空间只能通过与这一事实相结合才能被评价和精确化。——［德］齐佩利乌斯①

稳定性和可预测性要求法官或法学家适用法律时，要根据众所周知的技术，根据现有的前提进行推理。——［美］庞德②

案例：

“拒付装修款案”：被告贾某购得三室一厅的新居一套，请原告某装修公司对新居进行装修，合同约定装修完毕并验收合格后，才支付装修款。但被告在装修完毕并已经验收之后，没有立即支付装修款。10天后，因该市突降大雨，房屋天花板开始漏水，导致地板被浸泡受损，墙壁粉刷层开裂，墙上壁纸脱裂。据此，被告以装修不合格拒绝支付装修款，并要求装修公司承担违约责任。原告认为，依据合同规定验收合格就应当支付装修款，被告已经构成违约，且地板被浸泡受损等损失是因为大雨所致，与装修质量无关。双方为此发生争议，原告诉至法院。

---

① ［德］齐佩利乌斯：《法学方法论》，金振豹译，法律出版社2009年版，第37页。

② ［美］庞德：《普通法的精神》，唐前宏译，法律出版社2001年版，第8页。

第一节　法律关系分析方法

我们在前文中介绍了三段论的基本原理。三段论的直接目的都是要确定规范要件与事实要件的可结合性和联系的密切性。但这一过程可以通过多种方法来实现，典型的如法律关系分析方法、请求权基础分析方法和案例指导方法。有学者称，法律关系分析法可以与流水生产线相比拟，使生产效率在数量上和质量上都大为提高。[①] 下文将对此分别展开讨论。

一、法律关系分析方法的概念

所谓法律关系分析的方法，是指通过理顺不同的法律关系，确定其要素及变动情况，从而全面地把握案件的性质和当事人的权利义务关系，并在此基础上通过司法三段论的适用以准确适用法律，作出正确的判决的一种案例分析方法。所谓法律关系是“由法律规定的生活关系”[②]，即法律规范所调整的那部分社会关系。社会关系是包罗万象、复杂多变的，其中并非所有的社会生活关系都由法律调整而形成法律关系，法律仅仅是截取有法律干预之必要的那部分社会生活，构建成法律关系，塑造为法律秩序。

法律关系之所以可以成为一种案例分析的基本方法，或成为三段论中连接的一种基本方法，其主要原因在于：第一，在成文法背景下，立法者在制定成文法过程中，已经对社会生活关系加以类型化界定，因此，成文法所调整的对象就表现为已上升为法律关系的社会关系。成文法所设计的诸种法律效果也是相应于特定的法律关系而言的。那么，要分析某一个具体案件争议中的法律效果，就需要

① 张玉卿、葛毅主编：《中国合同法比较法案例分析》，“商务部中德经济法培训与咨询项目”教材。
② ［德］迪特尔·梅迪库斯：《德国民法总论》，邵建东译，法律出版社 2000 年版，第 50 页。

对案件中的各种事实予以剪裁，将那些符合法律调整的社会关系挑选出来[①]，判断其法律效果，也即对案件作出裁判。第二，法律关系是截取生活关系的一部分而形成的，正如萨维尼所指出的："并非人与人之间的所有关系都属于容易接受并需要法的这种界定的法领域。"[②] 法律仅是截取有法律干预之必要的那部分社会生活关系，构建成法律关系，塑造为法律秩序。"人与人之间的关系或者全部、或者全不、或者部分属于法领域或需要由法律规则支配。"[③] 生活关系要上升为法律关系，必须存在一个形式要素，即必须存在法律规定。因此，法律关系分析方法就是要剔除不受法律调整的那些生活关系，从而在特定案件事实与规范人们行为的法律之间建立起准确的联系。第三，法律关系本身构成了民法的体系，民法制度和规则是按照法律关系的内在逻辑展开的。我国《民法典》采纳了大陆法系普遍运用的"总-分模式"，区分了"总则"和"分则"，从理论上看，总则分为权利主体、权利客体、权利的变动、法律行为（变动的原因）；分则为法律关系具体内容的展开，即各种法律权利。因而整个民法的内容，不外乎法律关系之主体、客体、权利义务及其变动和变动的原因。[④] 所以，确定存在不存在法律关系、判断存在何种法律关系、确定法律关系的各个构成要素是什么，是考察法律问题时都应当确定的问题，也可以说，只有准确地把握了法律关系，才能够深入理解整个民事权利的逻辑体系。第四，正确运用法律关系分析方法，有助于限制法官恣意裁判，保证法律的安定性。法律推理本是一个演绎过程，采取司法三段论模式：大前提是"找法"，即寻找应当适用的法律规范；小前提是确定案件事实；以法律为依据，以事实为准绳，将抽象规范适用于具体案件，得出结论，即判决意见。但在实践中，裁判说理严重不足，尤其表现在就大小前提的连接缺乏说理，甚至一些判决结果不是法律推理的产儿，而是法律推理的指南。至于这个

---

① 张志铭：《法律解释操作分析》，载《南京大学法律评论》1998 年第 2 期。

②③ ［德］萨维尼：《萨维尼论法律关系》，田士永译，载《中德私法研究》第一卷，北京大学出版社 2006 年版，第 5 页。

④ 郑玉波：《民法总则》，三民书局 1979 年版，第 63 - 65 页。

判决是如何被首先确定的，却是一个黑箱。[①] 之所以出现此种情况，很大程度上是因为法官职业群体尚未形成职业共同体达成共识的方法与职业思维习惯，而法律关系分析方法是法律职业共同体养成职业思维习惯共识的一种重要方法。正确运用法律关系分析方法，要求加强判决的说理性，法官不能仅仅凭个人的经验断案，必须正确运用特定案例分析方法，采取循序渐进的方式，使司法成为一个技术性的过程，使裁判具有同一性、精确性和可预测性。

二、法律关系分析法的特点和功能

（一）法律关系分析法的特点

前文已经分析了采用法律关系分析方法的优势和必要性。由于法律关系分析法是法律人分析社会现象的基本思维方法，因而也是在司法三段论中寻找案件的事实与规范要件的密切联系的基本方法。其适用的范围较为宽泛，此种方法的特点主要表现在：

第一，它以法律关系为媒介，实现司法三段论中大小前提的有效连接。在法律关系分析方法中，需要经历一个从最初的案件事实到最终的案件裁判结论的复杂过程。采用法律关系分析方法，就是为了通过一定的工具，实现这一复杂过程的有序开展。这一过程主要包括如下环节：案件事实→法律关系→法律规范→案件裁判。法律关系分析法着眼于对案件事实的考察，在此基础上适用法律，其要求对案件事实进行准确的定性，确定其属于何种性质的法律关系。在此基础上，对法律关系三要素的全面考察，尤其要考察法律关系的变动情况。在分析和判断案件事实和法律适用时，需要确定不同法律关系、法律关系的性质和权利义务内容，从而全面地把握案件的性质和当事人的权利义务关系，在此基础上进一步适用法律。

第二，它既是对事实要件的分析方法，也是对法律事实的分析方法。法律关

① 王涌：《被倒置的和被省略的法律推理》，载《法制日报》2000 年 2 月 27 日。

系的分析方法的特点在于：一方面，它是从事实的定性出发来进行分析。这就是说，采用法律关系分析法，需要从法律关系着手把握案件事实，准确地确定事实要件。另一方面，其要从法律关系性质着手，确定规范要件，从而准确地适用法律。所以法律关系分析法也是一种法律适用的方法，能够以法律关系为媒介，把事实和法律有效地连接起来。

第三，它是法律人的一种基本思维方法。法律关系的分析方法是法学最基本的分析方法和分析框架，它不仅是一种案例分析的方法，而且也可适用于法学研究和民法体系的构建。法学的考察对象即是特定的法律关系，任何法律问题不外是法律关系的分析与综合。法律人分析法律现象都要考察是否存在法律关系、法律关系的性质如何、构成要件如何。只有从法律关系着手，才能够从纷繁复杂的案情事实中理出头绪，所以法律关系分析方法也是法律人应当具备的一种基本思维方式。

（二）法律关系分析法的功能

法律关系分析法是一种独特的连接方法，较之于其他方法，其具有如下优点。

第一，在存在多种复杂的法律关系时，能够条分缕析地分析各种权利义务。通过对法律关系的分析和把握，将各种法律关系区分开来，以不同的法律关系确定当事人的法律权利和义务。以前述“美容失败案”为例，实践中，多数意见认为此类情况应按照侵权处理，毕竟《民法典》侵权责任编对医疗损害责任有明确规定，能够较好地保护患者的利益。但笔者认为，这样的认识可能过于简单化。从案情来看，当事人之间毕竟已经形成了合同关系，原告对被告的承诺已形成了充分的信赖，被告的行为已经符合了违约责任的构成要件，简单地否定违约责任的存在而将其纳入侵权责任范畴，与该案的具体实情不符。其原因在于：首先，由于当事人之间已经形成了医疗合同关系，受害人甲对乙享有合同债权，这种债权就是请求其对自己进行美容服务的权利。其次，当事人之间医疗合同的内容是可以确定的。从乙的允诺及其宣传单中的担保等中，可以确定该合同的内容。

第二，排除非法律关系的因素。即在区别法律关系与非法律关系的基础上，将考虑对象聚焦于法律关系。社会规范系统是一个多元的体系，很多生活关系由道德、风俗、习惯、宗教等社会规范调整，法律并不介入，如民法学说上所谓的“好意施惠关系”“自然债务”等理论，即揭示出此种社会关系不由法律调整，因此不能形成法律关系，从而也不能通过法律渠道予以救济。例如，甲乙二人素来交好，甲邀请乙到家里做客，此为好意施惠关系，不属于受法律调整的社会关系，不构成民法上的债权债务及违约责任问题。

第三，把握法律关系的要素。民事法律关系的要素是指构成民事法律关系的必要因素，任何民事法律关系都由几项要素构成，要素发生变化，具体的民事法律关系就随之变更。从微观层面看，由于一个法律关系通常涉及主体、客体、内容等要素，一个社会关系正是通过诸种要素而被认定为特定法律关系的。这也意味着，每一个要素将决定特定社会关系的法律关系定性，要素的变动也很可能因此导致法律关系的变动。民事法律关系要素仅限于三个，即主体、客体和内容，这是任何法律关系都应具备的，民事法律关系也不例外。因此，把握了法律关系的要素，也就能够把握案件的事实要件，并以此寻找规范要件。

第四，把握法律关系的变动。以民法为例，从民事法律关系出发，我们不但可以把握整个民事关系的产生，还能够把握民事权利变更、发展、消亡的整个变动线索。民事法律关系是有章可循的。民事权利是民事法律关系的核心。在权利受到侵害时，法律关系转变为一种民事责任关系。以物权的变动为例，某个民事主体可以通过劳动创造物品，从而获得对该物品的所有权，其后将该物品转让给他人，使他人继受取得该物品的所有权，在买受人死亡时还可以通过遗嘱将该物移转给他的继承人。在他人侵犯所有人对该物的所有权时，权利人便享有物权请求权，可以诉请法院的保护。物从产生、流转再到消灭，都处于某一个特定的法律关系之中，我们总能从法律关系的角度来把握特定的物在法律和生活中的角色。这也正如有学者指出的：“时间维度与空间维度的交织造就了法律关系活生生的结构，使之成为一个具备历史性的体系。”[①] 民事法律关系都是不断变化、

① 杨代雄：《私权一般理论与民法典总则的体系构造》，载《法学研究》2007年第1期。

发展的，考察任何一种民事法律关系都应当了解其变动的原因及变动的效果，这就意味着必须查找一定的法律事实，但是法律事实毕竟是外在于法律关系的，它是将抽象的法律规范与具体的法律关系加以连接的中介，它本身并不属于法律关系的要素。只有在考察法律事实之后才能明确其引发了何种法律关系，而在明确了该种法律关系之后已经无须再考察法律事实了。

第五，有效的连接事实和法律。法律关系分析方法是从法律关系着手，或以法律关系为媒介，将事实和法律形成一种有效的连接，法律关系被德国学者梅迪库斯称为“私法的工具”，因为法律关系是连接大前提和小前提的桥梁。因此，法律关系的分析方法是法学最基本的分析方法和分析框架，是寻找与事实最密切联系的法律规则的有效模式。

三、法律关系分析法的运用

法律关系分析法的运用可分为如下步骤。

（一）明确争议点及与其相关的法律关系

“法官的任务就是解决诉讼当事人的争议。”① 整个逻辑三段论的起点是当事人的争点。因为在民事案件中，主要是实现当事人的主张。当事人的主张或请求确定了法院审理的范围。因此，在适用三段论时，也应当确定当事人的请求和主张。例如，在“无权处分钢琴案”中，王某认为卖价过低，要求李某另外赔偿5万元，并向丁某主张返还钢琴。所以，本案应当围绕原告主张的损害赔偿和返还原物展开。但是，其并没有提出解除合同的诉讼请求，因此法院也没有必要对合同是否应当解除的问题进行审查。

在确定当事人的请求和主张时，确定争点也非常重要。从法律上来看，争点实际上就是双方当事人争议的焦点。争点本身的分析方法，也是一种分析方法。它适用于案情复杂但是争点比较集中的案件。通过对争点的分析，可以直接进入

① Read v J. Lyons & Co. Ltd [1947] AC 156，175.

案件的实质部分，从而抓住案件的要害。一般来说，争点可以从如下几个方面来判断：第一，从原告起诉时提出的诉讼请求来分析。如果原告的请求仅仅只是确认合同无效或者请求对方承担违约责任，那么，争议点就集中在合同是否无效，或者一方是否没有履行合同上。第二，从双方当事人的请求和反请求来明确争点。例如，在“拒付装修款案”中，原告要求被告支付装修款，而被告提出装修不合格，要求其承担违约责任。因此，双方的争点就在于，原告是否按照合同约定履行了装修义务，装修的质量是否符合合同的规定。只要装修符合合同约定，被告就应当支付装修款，原告也不必承担违约责任。所以，尽管当事人提出了两个请求，但是，其关键在于，原告是否按照合同约定履行了其装修义务。第三，考虑一方的请求和对方的答辩。通过双方之间的请求和答辩，我们可以发现，哪些是双方有争议的问题，从而确定争点。比如，原告提出被告没有履行合同规定的出资义务，其中包括没有提供土地以及支付500万元的现金。而被告提出，其已经交付了土地，只不过没有及时办理登记过户手续。对于没有支付500万元现金的事实，被告并没有否认。因此，双方对于没有现金出资是没有争议的，争议的焦点在于，没有办理土地使用权的过户登记是否构成违反出资义务，而不在于是否实际交付了土地。原告提出，被告没有办理土地使用权的过户登记，使公司不能办理该权利的抵押，从而使得公司和股东都遭受了损失。笔者认为，争议的焦点既然是在是否办理过户登记方面，股东原则上只能请求将该土地使用权过户在公司名下，股东难以请求被告承担损害赔偿责任。争点的分析就是对纷繁复杂的案件进行分析，寻找其中最关键、最核心的有争议的问题，即围绕该核心关系还有哪些“有关联的法律关系”，二者关系如何。以前述“美容失败案”为例，争议的焦点究竟是顾客与美容院之间是否存在着合同关系，以及美容院的单方面承诺是否构成合同的有效条款，在分析当事人的争议点过程中，也要判断原告所请求的内容，以及其所提出的请求与所提供的依据。

（二）区分生活关系与法律关系，选择具有法律意义的生活关系

在诸多事实中，要将那些具有法律意义的事实挑选出来，作为进入下一个环节的基础。对每个具有法律意义的事实予以准确的界定，在法律上界定其属性和

名称，上升为法律事实。例如，好意施惠关系，不属于受法律调整的社会关系，不构成民法上的债权债务关系，朋友亲戚相聚交谈、邻里之间相互串门等也不产生法律意义，应当排除在法律关系的考察之外。区分生活关系和法律关系这两种关系的原因在于：第一，因为事实发现并非全部生活事实的发现，法律人要根据法律判断一个问题是不是应当纳入法律制度的范围内来解决。[①] 法律人要分析和判断的是法律事实，是可以引发法律后果的事实，而不是单纯的生活事实。例如，朋友之间喝茶、聊天，这些事实属于情谊行为，并不会纳入法律的视野。生活事实是否纳入法律的视野，这本身也需要进行一定的法律价值判断，要结合行为的性质、后果等来判断。第二，法律事实只是法律真实，而不是客观真实，因为法律事实是依据证据来确定的法律事实，它是事后推演出来的，虽然可以接近客观真实，甚至可能实际上就是客观事实，但是，在绝大多数情况下，它与客观真实不能完全等同。第三，当我们分析法律事实的时候，就要确定一定的法律关系，法律关系分析的核心就是要解决法律关系的性质问题。例如，某人从商场购物出门，被商场门口堆放的杂物绊倒摔伤，这一事实涉及其究竟是合同关系、侵权关系，还是缔约过失责任关系？当确定了该法律关系的性质时，我们实际上已经在一定程度上确定了其法律后果。再如，甲将其从乙处借来的手表擅自出售，这里我们就判断其涉及侵权关系、合同关系、不当得利关系等。

（三）界定法律关系的性质

法律关系本身是法律所调整的社会关系，当我们分析法律关系的时候，实际上就是运用法律来确定当事人之间权利义务的内容，已经包含了法律运用和解释在其中了。这就是说，法律关系的性质确定，表明法律人已经运用法律来解释事实，并实现法律与事实的连接，也就是说，法律人要运用法律的眼光来分析看待法律现象。所以，法律关系的性质确定，不单纯是事实发现过程，也是法律的价值判断过程。在“美容失败案”中，适用侵权法或合同法会导致不同的法律后果。尽管在该案中存在医疗关系，但长期以来，司法实践一直将其作为侵权案件

① 葛洪义：《法律方法的性质与作用》，载《月旦民商法研究》第 4 期。

处理。因此，在分析该案时，应当首先确立法律关系的性质，对不同的法律关系，适用不同的法律规范，从而得出不同的法律结论。

在简易案件中，法律关系可能相对比较简单，法官能够轻易判断其中的法律关系。但是在一些疑难案件中，一个案件可能涉及多种法律关系，对其中既有民事法律关系，又有刑事法律关系，还可能会有行政法律关系。这就首先需要梳理这些法律关系，即便是单纯的民事法律关系，对其中相应的民法概念、民法规则与民法制度的内涵、外延、法律特征、构成要件，等等，必须做认真的分析，如分析其究竟是合同关系、侵权关系、无因管理关系还是不当得利关系。确定不同的法律关系的性质对于确定当事人的权利义务影响很大。以前述“美容失败案”为例，其究竟是属于美容院的违约还是侵权？如果是违约，则究竟违反了何种性质的合同；如果是侵权，则属于哪一种类型的侵权行为。再如，在前述“提供发票案”中，首先，应确定小前提，该案是一个具有承揽属性的合同关系，双方的争议属合同争议。其次，应确定大前提，即开具发票是否属于原告的合同义务以及被告是否可据此主张同时履行抗辩。笔者认为，不能适用同时履行抗辩的规则，因为一方面，承揽合同并未将开具发票规定为承揽人的主要义务。另一方面，从合同的内容上看，双方也并未约定承揽人有开具发票的义务，虽然承揽人也有进行必要合作的义务，但由于牵连性的欠缺，违反该义务并不能导致对方拒绝支付报酬的同时履行抗辩。

（四）分析考察法律关系的要素

1. 对法律关系主体的确定。在具体民事法律关系中，一般都要有双方或多方当事人参加，如需要确定谁向谁主张权利；是否与法律关系发生直接的利害关系；是否具有适格的诉讼主体资格等。尤其是需要确定具体的主体是谁，因为民事法律关系的每一方主体可以是单一的，也可以是多数的。案件事实的主体并不能等同于法律关系的主体。如无民事行为能力人尽管实施侵权行为，但因其依法不承担责任，从而不能成为侵权责任关系主体。再如，公司职员实施的职务侵权行为，承担责任主体可能是公司。所以，首先需要确定法律关系的主体。通过确定主体，也有助于判断诉讼当事人。因为当事人不能确定，就无法确定合格的原被告。在确定法律关系主体时，我们应当注意如下几点。

第一，要区分不同性质的法律关系中不同的主体，例如，在“餐馆服务员伤人案”中，属于一般过错责任关系，发生在餐馆服务员和受害人之间，如果是单位用工责任关系，则发生在餐馆和受害人之间。再如，上述“美容失败案”中，美容院外请一名专家从事手术，那么在该案中，外请的专家与受害人之间是何种关系？如果本案是一个一般的过错责任，外请专家单独作为行为人，应当对其行为负责。但如果是医疗损害责任，外请专家只是作为医院的医务人员，则美容院是责任主体。

第二，要区分法律关系的内部效力和外部效力，并据以确定法律关系的不同主体。在“餐馆服务员伤人案”中，如果餐馆承担了对受害人的赔偿责任，餐馆可以依据相关法律对直接造成损害的服务员进行一定的追偿。这样就形成了两种法律关系，餐馆和受害人之间是外部关系，餐馆和服务员之间是内部关系。这两种法律关系中的责任主体是不一样的。这一点尤其表现在共同责任中，数个行为人都有义务对外对受害人承担责任，但在其所承担的份额超出了自己应当承担的份额时，将形成对其他义务人的追偿关系。这其中，就存在外部关系和内部关系的区分。

第三，要准确界定债务人和债务履行辅助人（包括代理人、使用人等）、债权人和接受债权履行辅助人等。通常情况下，后者都属于前者的组成部分。例如，甲乙之间订立合同，甲欠乙若干数额的钱款。后来，丙向乙表示，其自愿偿还甲对乙的欠款。这首先就涉及法律关系主体的判断，在第三人表示愿意代偿的情况下，其是否可以替代债务人成为合同的当事人。依据《民法典》合同编的规定，此时，其并没有成为新的债务人，所以，乙不能请求丙承担义务。因而，丙不是合同当事人，不能成为法律关系的主体。

第四，要考虑个人在民事活动中不同的身份。例如，虽然某人在合同中签字，但其是以公司的法定代表人的身份签字的，因此只能由公司作为合同当事人。此外，还要特别考虑主体的权利能力和行为能力的问题，这涉及年龄和智力的判断。无论是在违约还是侵权法律关系中，行为能力的判断仍然具有其重大的意义，尤其是在合同关系中，行为能力的判断往往是合同关系存在与否的基础。[1]

2. 对法律关系内容的确定。法律关系的内容就是当事人之间具体的权利和义务。明确当事人之间具体的权利义务，从而正确地解决纠纷，是我们识别法律关系的重要目的。民事法律关系的内容指民事主体的权利和义务。这种权利义务内容，是民法调整的社会关系在法律上的直接表现。任何个人和组织作为民事主体参与民事法律关系，必然要享受民事权利和承担民事义务。法律关系的内容是当事人的权利、义务，权利义务决定着当事人之间的法律关系类型，明确权利义务的性质、效力与行使对于分析案件具有重要意义。但是，明确合同权利义务并非一蹴而就的，在具体案件中，我们应以当事人之间已经确定的权利义务为线索，明确当事人的权利义务。例如，债权为对人权，其本身具有相对性，只能在当事人之间发生拘束力，原则上只能对相对人主张；物权为对世权，任何第三人的侵害皆产生排除妨害及侵权责任。以上述“美容失败案”为例，如果是一个医疗合同关系，则医疗机构的允诺就可能转化为合同的内容；而在侵权中，此种允诺只能作为判断过错的一种义务标准。

3. 对法律关系客体的确定。所谓法律关系的客体，是法律关系所指向的对象，通常认为，法律关系的客体包括物和当事人的行为。认识法律关系的客体，也有助于我们明确具体的法律关系类型，从而最终确定当事人之间的权利义务。这主要是因为，法律关系的客体往往能够决定具体法律关系的类型。在民法中，物权关系的客体是物，而债权关系的客体则是当事人的行为。例如，合同约定应当以种类物交付。但是，当事人以特定物交付，这涉及标的物的确定。客体的判断还涉及判断法律关系的数量。例如，甲借乙的摩托车不还，甲提出乙曾欠甲钱款若干，至今没还，所以其有权不返还摩托车。因为甲的“留置”与乙的欠款不是同一法律关系，所以甲不能享有留置权，在法律上应当将其看作两个法律关系，分别处理。

（五）对法律关系要素变动的确定

在确定法律关系的性质之后，对裁判案件的思考，需要对法律关系的基本要

---

[1] 王泽鉴：《法律思维和民法实例》，中国政法大学出版社 2001 年版，第 26 页。

素以及法律关系要素的变动情况进行考察。这就是说，法律关系本身也是动态发展的过程，当法律关系的要素确定之后，可能会随着时间的变化而变化，为了正确地识别具体法律关系，我们对这些要素的变化也应予以关注。所以王泽鉴教授认为，时间的因素非常重要。在民法中，时间的经过涉及诉讼时效、除斥期间、要约与承诺期间、履行期间等，其能够直接关系到法律关系的形成、效力甚至消灭。① 具体来说，法律关系的变动要考察如下情况。

第一，法律关系主体的变化。主体可能随着标的物的移转或者当事人之间新的约定而变化，当事人之间的权利义务也可能会因为时间的经过（如时效届满）发生变化。

第二，法律关系客体的变化。例如，某人将某地块抵押后，又行使建设用地使用权，在该地块之上加盖了新的建筑物，在抵押权实现时，就要考虑客体的变化情况。再如，租赁房屋由原来约定的二层改为三层。

第三，法律关系内容的变化。法律关系内容的变动包括法律关系的发生、变更、消灭。法律关系不是一成不变的，而是根据客观事件以及当事人的意志和行为发生法定的或意定的相应变动，如权利的取得、丧失，权利内容或效力的变更等。所谓历史方法，是指就案例事实发生的过程，依序检讨其法律关系。② 例如，甲乙之间经过长时间的磋商，拟合作建立合营企业。在这一过程中，甲乙之间曾经达成多次初步协议和书面协议。但直到半年后，双方才将一份正式的书面协议送有关机关报批。而报批的协议和先前的很多协议并不一致。如果要以“记流水账”的方式考察，很多事实的考察都是毫无意义的，因为法律上认可的就是报批的协议。在报批之前，当事人还处于缔约阶段，只有报批以后，当事人之间才正式确立合同关系。正是从这个意义上说，历史方法具有其局限性。再如，在“拒付装修款案”中，根据合同约定，装修完毕并验收合格后，就应当支付装修款，被告在装修完毕并已经验收之后，没有立即支付装修款，已经构成违约，因

① 王泽鉴：《法律思维和民法实例》，中国政法大学出版社 2001 年版，第 27 页。

② 王泽鉴：《民法思维》，北京大学出版社 2009 年版，第 33 页。

此应当承担相应的违约责任。如果在拖欠装修款期间，被告确实发现装修质量不合格，也可以另行要求原告承担不适当履行的责任。但是由于被告已经构成违约，所以被告不能够基于《民法典》第525条的规定主张同时履行抗辩从而拒绝支付装修款。从这两个案例中可以看出，法律关系经常发生变动，法官主要考察变动中的法律关系，尤其是在裁判过程中，法官应当主要围绕诉讼请求和当事人的争点以及法律关系的变动情况来展开分析，不能采用“记流水账”的方式来判案，否则法官会陷入细节繁多的案件事实之中。

第四，法律关系变动的原因。法律关系之所以发生变动，其原因在于特定的法律事实的发生。法律事实分为自然事实和人的行为，自然事实又包括事件和状态，行为包括合法行为、违法行为等。值得注意的是，社会生活中出现的事实，并非都与法律关系有关，也并非都能产生一定的法律效果。例如，朋友亲戚相聚交谈、当事人的内心思想感情等，不可能产生法律意义。凡是能够产生一定的法律意义、具有一定的法律价值的事实，都可以成为法律事实。法律事实不仅能引起当事人预期的法律效果，也能引起当事人预期之外的其他法律后果。例如，当事人订立的合同符合法律的强行性规范且不违反社会公共利益时，就能够产生合同法律关系。如果该合同是无效合同，则不会引起当事人预期的法律后果，导致一定的法律关系的产生、变更或者消灭。

第五，法律关系存在的时间和地点对于案例分析也具有重要影响。时间对于时效期间和除斥期间的计算、要约与承诺期间的计算、清偿期的到来、失权的效果等具有重要意义。地点对于清偿地的确定、风险负担、司法管辖、准据法的适用等具有重要意义。

（六）考察法律适用

法律关系是沟通大前提和小前提的桥梁，因而在对案件事实根据法律关系进行定性和整理之后，就要依据案件的法律关系性质寻找可供适用的法律规范，以及有最密切联系的法律规则，这一过程就是司法三段论运用的过程。上述对法律关系的考察实际上是对事实的客观分析，在确定法律关系的事实之后，应进一步探讨法律规范搜寻的问题，即查找适用核心关系与有关联的法律关系的法律规范。应当采用“拉入视野（in-Betracht-Ziehen）”技术，即要找到相应的法律领域，一步步接近与事实最密切的法律规则。[①] 在这个过程中，实际上仍应按逻辑三段论模式展开。不过，在案例分析的过程中，运用形式逻辑的三段论公式，不是首先寻找大前提，而是应先确定小前提，即对事实进行认定，然后再寻找大前提。因为法官必须首先接触和认识案件事实，对事实有了基本的了解后，才能有目的地寻找法律规范。在确定了小前提后，按照形式逻辑的三段论方式推理，将小前提套入大前提，最后得出结论。所谓“以事实为依据，以法律为准绳”，就是对三段论的推理过程的高度概括。[②]

法律关系分析方法需要运用逻辑三段论，但绝非如法律适用的机械论者所想象的完全是三段论逻辑的演绎过程，它还涉及大前提和小前提如何连接的问题，而连接点的确定必须有赖于法律解释。在法律适用的机械论者看来，法官好像一个自动售货机，只要把法律条文和法律事实像硬币一样投进去，判决就会像商品一样自动蹦出来，这显然是一种脱离实际的想法。法律规范的内涵并非一目了然，法律概念的内涵外延的边界具有一定的模糊性，必须经过解释才能明确其含义并适用。而且，法律规范所指引的对象也是不确定的，法律概念的所指和立法本意间可能因社会变迁而不一致。此外，裁判所认定的事实也只是相对的真实，而非绝对的客观真实。这一切都决定了法律的适用绝非一个机械的过程，而需要发挥法官的主观能动性。

在分析过程中，必须保证小前提、大前提都必须是正确的，其结论才可能是正确的。但不是说二者都正确了，其结论就一定正确，因为这里还涉及一个二者如何连接的问题。具体来说，首先，必须要根据法律关系的性质来判断、搜寻相关法律规范，例如，如果是合同关系，则主要寻找《民法典》合同编的有关规定。如果是侵权则要寻找侵权责任编的相关规定，但也可能涉及总则编、其他各编的相关规定。在此过程中，要区分法律规范的性质是任意性规范还是强行性规

① ［德］齐佩利乌斯：《法学方法论》，金振豹译，法律出版社 2009 年版，第 126 页。
② 梁慧星：《裁判的方法》，法律出版社 2003 年版，第 5 页。

范，因为它涉及当事人的约定能否排除法律优先适用的问题。以上述“美容失败案”为例，如果将其作为合同纠纷，则首先应该确立合同的内容，然后在合同已经成立并有效的情况下，按照合同的约定来处理纠纷。如果当事人在合同中明示担保达到某种效果，则意味着合同内容已经包含此种条款，如果不构成明示担保，则美容院的承诺不构成合同条款。如果适用侵权纠纷，就应当主要适用《民法典》侵权责任编的相关规定来处理。在该案中，适用侵权责任法或合同法会导致不同的法律后果，被告所要承担的民事责任也不相同。其次，正是在法律规范与法律关系的连接上，有必要进行法律解释，即通过解释来确定某项法律规范能否适用。在法律解释时，要对法律规范的构成要件和法律后果进行整体理解和把握。法律规范的构成要件和法律后果之间连接的密切性越高，得出结论的可靠性越大。如果大前提和小前提都是正确的，但是它们之间的连接度很低，或根本不发生真正的连接，则判决结果仍然可能是错误的。例如，仍以上述“美容失败案”为例，如果按照侵权案件处理，就需要依据《民法典》第 1218 条的规定，来解释美容活动是否属于诊疗活动、美容院是否属于医疗机构、外请专家是否属于医疗机构的工作人员、外请专家的行为是否属于医疗机构的过错，以及行为与结果之间是否存在因果联系等问题。

法律关系分析法的特点是在运用形式逻辑三段论时，需要先考虑案件的小前提，然后再考虑案件的大前提，但这并不意味着要将事实问题和法律问题截然分开。严格地说，法律关系分析法所确定的事实并不是单纯的事实，而是法律意义上的事实。例如，关于法律关系性质的界定，本身就是事实问题和法律问题的结合。另外，有一些问题很难说究竟是事实问题还是法律问题。比如说，某人开车将孕妇撞伤，究竟其撞伤了一个人还是两个人，这不仅是一个事实判断问题，还是一个法律价值判断问题，因为这涉及是否承认胎儿的主体资格这一法律问题。在对事实问题进行判断的时候也不能离开法律规定而单纯论之，所以，法官在裁判时目光必须在大前提和生活事实之间往复流转。[①]

① ［德］卡尔·拉伦茨：《法学方法论》，陈爱娥译，五南图书出版公司 1996 年版，第 184 页。

第二节　请求权基础分析法

一、请求权基础分析法的概念

请求权基础分析法（Subsumtion）又称为归入法、涵摄法，是指通过寻求请求权基础，将小前提归入大前提，从而确定请求权是否能够得到支持的一种案例分析方法。[①] 运用请求权基础分析方法来分析案例，其构造为“谁得向谁、依据何种法律规范、主张何种权利”。依此，解题的主要工作在于探寻得到支持一方当事人向他方当事人有所主张的法律规范和依据。有学者将请求权基础的运用称为“找法”，即寻找该请求权的实体法依据，尤其是现行法律依据。[②] 例如，在前述“侵占违章建筑案”中，首先需要确定请求权的基础。由于本案中原告没有主张支付租金，所以，其请求权基础不是《民法典》合同编的相关规定，而是物权编或侵权责任编的规定。因此，在分析的过程中，应当逐一地对其究竟应适用《民法典》中哪一编的规定进行判断。

请求权基础分析法的特点在于，通过考察当事人的请求权主张，寻求该请求权的规范基础，从而将小前提归入大前提，最终确定请求权是否能够得到支持的裁判结论。其考察以当事人的请求权为基础展开，因此，它要先探讨请求权的基础理论，再探讨请求权基础分析法在分析案例中的具体运用。采取请求权检索方法的好处在于：因该方法逐一检索，因此很少会遗漏请求权；也不会遗漏法律条文的适用；因为在讨论请求权能否成立的时候必然要检索积极要件与消极要件，由此可以发现抗辩权是否存在。与法律关系分析方法比较，其主要特点在于：第一，法律关系分析法着眼于案件事实的考察，在此基础上适用法律，在这种方法中，要把案件事实分析与法律适用作为两个步骤分别适用。请求权基础方法则侧

① 王泽鉴：《法律思维与民法实例》，中国政法大学出版社 2001 年版，第 200 页。

② 张俊浩：《民法学原理》，中国政法大学出版社 1991 年版，第 84－85 页。

重探究请求权的规范基础，注重将事实与法律结合起来考察。第二，法律关系分析法要对法律关系三要素进行全面考察，而不仅仅对法律关系的某一特定内容，即请求权进行考察。而请求权基础的分析方法则是通过考察当事人主张的请求权，探究其法律基础和事实依据，其考察范围限于与请求权相关的法律事实和规范基础。采用法律关系分析方法，可以高屋建瓴地分析各种法律关系。在一种法律关系中，可能有多个权利，而不仅仅包括请求权。第三，法律关系的分析方法是法学最基本的分析方法和分析框架，它不仅是一种案例分析的方法，而且适用于法学研究和民法体系的构建。法学的考察对象即是特定的法律关系，任何法律问题不外是法律关系的分析与综合。请求权基础的方法更侧重于对案例进行分析。

请求权基础分析方法，必须要首先寻找请求权基础。所谓请求权基础，是指能够产生特定请求权的法律依据或合同依据。从法律规范层面来看，这一依据应当具体规定了关于在何种条件下当事人可以提出何种请求的内容。因此，一般来说，作为请求权基础的法律规范应当是一项包含构成要件与法律效果的完全法条。当然，需要注意的是，请求权基础规范与完全法条之间，并不是一一对应的关系。请求权基础规范一般具有以下几方面的特点。第一，并非所有完全法条都当然构成请求权基础。例如，《民法典》第 146 条第 1 款规定了通谋虚伪表示的无效，这一规范既包含了通谋虚伪表示这一构成要件，也包括了法律行为无效这一法律后果，是完全法条。但是这一完全法条中并不直接导致请求权的产生，因法律行为无效而发生的不当得利返还请求权或缔约过失的损害赔偿请求权等，仍需以其他的法律规范作为请求权基础。第二，在不存在竞合的情况下，请求权基础规范通常是一个特定的完全法条。不过，请求权的实现，往往需要由多个完全或不完全法条的相互结合完成。例如，《民法典》第 995 条规定了侵害人格权需要承担民事责任，明确了人格权可以作为侵权法保护的民事权利，侵犯人格权要承担民事责任。但是，在受害人请求损害赔偿时，仍需适用侵权责任编的相应规则。在这个意义上，侵权责任编的规则与人格权编的规则相互作用，共同支持受害人请求权的实现。第三，请求权基础规范的基本功能是担当法官的裁判规范，而不直接指引当事人的行为。例如，《民法典》第 979 条关于支付无因管理必要费用及关于受益人对管理人所受损害适当补偿的规则，主要供法官在涉及无因管理的裁判中加以引用和进行权衡，而不像第 981 条一样（管理人管理他人事务，应当采取有利于受益人的方法），直接指引人们的行为。当然，在法官根据相应请求权基础规范作出了裁判之后，该裁判中对法律的解释、对事实的认定和裁判的结果，也会对人们未来的行为产生间接的影响。

王泽鉴先生认为，请求权基础的寻找，是处理实例题的核心工作，请求权基础方法是每一个学习法律的人必须彻底了解、确实掌握的基本概念及思考方法。[①] 作为基础的思维方法，法学方法是每一个法律人入门的必修功课，它有助于培养法律人共同的学术思维和话语，排除对话和交流的障碍，不至于出现思路迥异、各说各话的现象。但是，在实践中，人们可能对此种方法产生误解，即认为只要确定了请求权基础，就找到了应当适用的大前提。事实上，在某些情况下，确定了请求权基础确实可以找到最密切联系的规则。例如，在“侵占违章建筑案”中，最终应当适用《民法典》第 462 条第 1 款的规定。但在另一些案件中，仅仅找到请求权基础是不够的，还必须找到其他的法律规则。以上述“美容失败案”为例，如果受害人选择了侵权请求权，仅仅依据《民法典》第 1165 条第 1 款确定请求权基础是不够的，法官还必须援引该法第 1218 条关于医疗损害责任的规定。

从实践来看，请求权基础分析方法是适用于给付之诉的一种操作性较强的方法。但是，此种方法也具有一定的局限性。表现在：一方面，按照此种方法，要对可能涉及的各种请求权逐项进行检索，如无权处分涉及侵权请求权、合同请求权、不当得利请求权等。按照此种分析方法，必须要进行逐一的检索，失之烦琐，同时，有时还会陷入多项请求权之中，必须要熟悉各种请求权才能很好地运用，否则难以把握。另一方面，请求权基础分析法有其限定的适用范围，在某些案例中可能并不存在请求权。例如授权行为的法律关系；无权代理中本人的追认权亦然。在确认之诉、形成之诉中，由于其本身不涉及请求权，因而请求权基础

---

① 王泽鉴：《法律思维与民法实例》，中国政法大学出版社 2001 年版，第 50 页。

分析方法就难有适用的余地。此时就需要运用法律关系分析方法加以解决。例如合同无效、合同不成立、单方法律行为的争议，确认物权、确认继承权，以及合同撤销、解除等涉及形成权的争议。此外，请求权基础分析法不能揭示法律关系的构成要素和内在结构。例如，它不能揭示争议的法律关系的客体，而客体有时在案例分析中又具有重要意义，所以，此时仍有赖于其他的方法，如法律关系分析方法的运用。

二、请求权基础分析方法的适用步骤

对请求权进行检索时应当考虑请求权的先后顺序，将请求权作为一个完整的体系并在这个体系之中进行先后顺序的考虑与安排。但这只是一个学理上的方法，是对法官裁判以及法律学人研究案例具有指引作用的操作指南和思维方法，但不是法律明文规定的裁判规范，并不具有强行性。并且，请求权的检索还涉及运用者的角度问题，作为一名法官、律师或案件的当事人，其在纠纷解决中所处的位置不同，其检索的内容和顺序也各有侧重，有一定区别。请求权基础分析方法在适用中通常分为如下几个步骤。

（一）判断请求权关系的存在

请求权基础分析方法适用的主要对象是给付之诉，为此，首先要判断特定的诉讼究竟是确认之诉、形成之诉，还是给付之诉。因为请求权基础分析方法主要适用于给付之诉，如果当事人提出的不是给付之诉，则该方法就没有适用的余地，此时应当采取法律关系分析法。在确定了可以适用该方法后，应当判断请求权关系的主体和内容，即谁基于何种理由向谁提出何种请求。以上述“美容失败案”为例，法官在运用请求权基础分析方法时，首先应当认定其属于给付之诉的范围，并且确定具体的请求关系，即受害人请求美容院承担损害赔偿责任。

（二）请求权检索

请求权检索，是指对待决案件可能涉及的请求权基础进行检验和验证。在具体的诉讼中，原告可能提出了请求，但并未指明请求权的基础。例如，原告只是请求赔偿损失，但没有指出是基于什么请求权而提出的。在一般情况下，如果原告已经明确地指明了请求权，法官就已经没有必要进行检索。按照私法自治原则，只能在原告所确定的框架内确定请求权基础。例如，在责任竞合的情况下，《民法典》第 186 条规定："因当事人一方的违约行为，损害对方人身权益、财产权益的，受损害方有权选择请求其承担违约责任或者侵权责任。"如果原告已经选择了违约或者侵权，要求被告赔偿，法官只能在原告选择的范围内进行裁判。但如果原告只是要求赔偿，而没有作出选择，则法官就要进行请求权基础的检索。

1. 考察原告的请求可能涉及的请求权。在原告提出请求之后，其可能涉及多个请求权。例如，原告主张损害赔偿，就可能涉及违约损害赔偿、侵权损害赔偿、合同解除后的损害赔偿、合同无效后的损害赔偿等。原告主张返还财产，就既可能涉及物权请求权，也可能涉及侵权请求权，甚至可能涉及不当得利返还请求权。

2. 确定各种请求权的类型。笔者认为，根据民法的各个法律制度，即根据请求权的基础关系的不同，可将请求权分为如下几类。

（1）请求权的基本体系

请求权的基本体系是由违约、侵权、物权、占有返还、不当得利、无因管理、缔约过失所构成的。具体如下表所示。

请求权类型	法条列举
违约请求权	《民法典》第 577 条
侵权请求权	《民法典》第 1165、1166 条；《民法典》中排除妨碍、消除危险、恢复原状、损害赔偿请求权（《民法典》第 1167 条和侵权责任编第二章）
物权请求权	《民法典》第 236、237、238 条
人格权请求权	《民法典》第 995 条
占有返还请求权	《民法典》第 235 条
不当得利返还请求权	《民法典》第 122 条
无因管理费用返还请求权	《民法典》第 121 条
缔约过失请求权	《民法典》第 500、501 条
知识产权请求权	《著作权法》第 52 条、《商标法》第 57 条等

这些请求权各具特点，它们在适用中所要求的构成要件以及所产生的法律效果各不相同。例如，不当得利返还请求权与侵权请求权的区别在于：不当得利并不要求证明返还义务人具有过错，而侵权原则上要求有过错；不当得利的成立是以得利人得利为前提的，而侵权必须以损害为前提。这就决定了，运用不同的请求权，受害人所获得的保护是不同的，他应根据不同请求权的特点来选择。

（2）具体的请求权类型

1）《民法典》总则编中的请求权体系表

《民法典》总则编中的具体请求权	法条列举
见义勇为的补偿请求权	《民法典》第 183 条
侵害英烈等人格利益的请求权	《民法典》第 185 条
违约责任与侵权责任竞合的请求权	《民法典》第 186 条

2）《民法典》物权编中的请求权体系表

《民法典》物权编中的具体请求权	法条列举
异议登记不当损害赔偿请求权	《民法典》第 220 条 2 款第 3 句
虚假登记、登记错误损害赔偿请求权	《民法典》第 222 条
物权请求权	《民法典》第 236、237、238 条
征收征用返还、补偿请求权	《民法典》第 243、245 条
集体决定撤销请求权	《民法典》第 265 条 2 款
业主大会、委员会决议撤销请求权	《民法典》第 280 条 2 款
业主大会、委员会的停止侵害、消除危险、排除妨害、赔偿损失请求权以及业主的请求权	《民法典》第 286、287 条
相邻关系损害赔偿请求权	《民法典》第 296 条
共有财产分割损害赔偿请求权	《民法典》第 303 条
无权处分损害赔偿请求权	《民法典》第 311 条 2 款
遗失物损毁灭失请求权	《民法典》第 316 条
占有人的排除妨害、消除危险以及损害赔偿请求权	《民法典》第 462 条

3）《民法典》合同编中的请求权体系表

《民法典》合同编中的具体请求权	法条列举
擅自撤销要约	《民法典》第 476、477 条
合同未成立之缔约过失：假借订立合同，恶意磋商	《民法典》第 500 条
重大误解	《民法典》第 147 条
显失公平	《民法典》第 151 条
欺诈、胁迫	《民法典》第 148 条、150 条
违反法律或公序良俗的合同	《民法典》第 153 条
限制行为能力人订立的合同	《民法典》第 145 条
无权代理人订立的合同	《民法典》第 171 条
泄露或不正当使用商业秘密	《民法典》第 501 条
合同无效或者撤销后的请求权	《民法典》第 157 条
不履行和不适当履行合同的责任	《民法典》第 577 条
预期违约	《民法典》第 578 条
约定损害赔偿	《民法典》第 585 条
违约损害赔偿	《民法典》第 584 条
合同解除后的损害赔偿请求权	《民法典》第 566 条
违反后合同义务的损害赔偿请求权	《民法典》第 558 条

4）《民法典》人格权编中的请求权体系表

《民法典》人格权编中的具体请求权	法条列举
一般人格权请求权	《民法典》第 990 条第 2 款
死者人格利益请求权	《民法典》第 994 条
人格权请求权	《民法典》第 995 条
违约精神损害赔偿请求权	《民法典》第 996 条

5)《民法典》婚姻家庭编中的请求权体系表

《民法典》婚姻家庭编中的具体请求权	法条列举
离婚请求权	《民法典》第 1079 条
抚养费用请求权	《民法典》第 1085 条
探望请求权	《民法典》第 1086 条
离婚补偿请求权	《民法典》第 1088 条
离婚帮助请求权	《民法典》第 1090 条
离婚损害赔偿请求权	《民法典》第 1091 条
再次分割夫妻共同财产请求权	《民法典》第 1092 条
收养关系解除请求权	《民法典》第 1114 条（送养人享有）、第 1115 条（养父母和养子女）
收养费用补偿请求权	《民法典》第 1118 条

6)《民法典》继承编中的请求权体系表

《民法典》继承编中的具体请求权	法条列举
法定继承遗产分配请求权	《民法典》第 1127、1130 条
代位继承请求权	《民法典》第 1128 条
丧偶儿媳、女婿作为第一顺序继承人请求权	《民法典》第 1129 条

7)《民法典》侵权责任编中的请求权体系表

《民法典》侵权责任编中的具体请求权	法条列举
过错责任请求权	《民法典》第 1165 条第 1 款
过错推定责任请求权	《民法典》第 1165 条第 2 款
严格责任请求权	《民法典》第 1166 条
停止侵害、排除妨碍、消除危险请求权	《民法典》第 1167 条
精神损害赔偿请求权	《民法典》第 1183 条
产品责任中惩罚性赔偿请求权	《民法典》第 1207 条

(3) 除《民法典》外，一些单行法也存在大量的请求权，以知识产权为例，

列表如下。

1）《专利法》中的请求权体系表

《专利法》中的具体请求权	法条列举
排除他人使用请求权	《专利法》第 11 条
支付专利费用请求权	《专利法》第 13 条
专利共有人之间的使用费分配请求权	《专利法》第 14 条
职务发明人的奖励、报酬请求权	《专利法》第 15 条
发明人、设计人和专利权人的标明请求权	《专利法》第 16 条
专利权宣告无效请求权	《专利法》第 45、46 条
强制许可使用费用请求权	《专利法》第 58 条
专利保护请求权	《专利法》第 65 条
诉前禁令请求权	《专利法》第 72 条
诉前保全请求权	《专利法》第 73 条

2）《商标法》中的请求权体系表

《商标法》中的具体请求权	法条列举
无效注册商标宣告请求权	《商标法》第 44 条
申请复审请求权	《商标法》第 45 条
停止侵害、损害赔偿请求权	《商标法》第 60 条
诉前禁令和财产保全请求权	《商标法》第 65 条
证据保全请求权	《商标法》第 66 条

3）《著作权法》中的请求权体系表

《著作权法》中的具体请求权	法条列举
强制许可中的报酬请求权	《著作权法》第 25 条
停止侵害、消除影响、赔礼道歉、赔偿损失请求权	《著作权法》第 52 条
诉前禁令和财产保全请求权	《著作权法》第 56 条
证据保全请求权	《著作权法》第 57 条

3. 请求权分析的逻辑顺序。民法上的请求权是由一系列的请求权所组成的体系。这些请求权包括合同上的请求权、侵权上的请求权、不当得利请求权、无因管理请求权、缔约上过失的请求权等。这些请求权组成了一个有机的整体，形成了一个请求权的完整体系。德国学者梅迪库斯认为，请求权是一个完整的体系，它是由合同的请求权、缔约过失请求权、无因管理请求权、物权请求权、不当得利和侵权的请求权所构成的体系。[①] 各种请求权在同一案件中同时并存或发生冲突时，应该确定各项请求权在行使上的先后顺序，以形成一种体系的观念。他认为，请求权的顺序也应当按照上述顺序排列，这种观点不无道理。据此，笔者认为，考察任何一个民事案件，必须要分析请求权的体系，在原则上，请求权的体系应当按照如下顺序来确定。

第一，考察请求权的先后顺序应将合同上的请求权作为第一顺序加以考虑，合同作为特定人之间事先约定的关系，确定了当事人之间的权利义务，只有首先从合同关系着手，才能向其他关系展开，即合同上的请求权与其他的请求权发生密切联系时，应首先考虑适用合同上的请求权。[②]

第二，缔约过失请求权。按照梅迪库斯的看法，缔约过失的请求权与合同的请求权是不可分割的，甚至可以包含在合同的请求权之中，因为无论是在合同的缔结过程还是在合同终止以后，都会涉及缔约过失的请求权。[③] 但笔者认为，这两项请求权应当分开。缔约过失的请求权适用于双方无合同关系的情况，而基于违约的请求权乃是以有效合同的存在为前提。如果存在合同关系，则属于合同责任；若不存在合同关系，则可以考虑缔约过失责任。缔约过失请求权仅次于合同请求权，优先于其他请求权。

第三，无因管理请求权。无因管理请求权与合同关系极为类似，都是产生合法占有权的依据，无因管理也常常与合同有密切联系，其本身也是准合同的一

---

① 关于请求权体系，参见 Dieter Medicus，Bürgerliches Recht，Carl Heymanns Verlag，1999，pp. 5－9。

② 王泽鉴：《法律思维与民法实例》，中国政法大学出版社 2001 年版，第 72－73 页。

③ 关于请求权的顺序，参见 Dieter Medicus，Bürgerliches Recht，Carl Heymanns Verlag，1999，p. 6。

种。但合同上的请求权应优先于无因管理上的请求权。所谓无因，是指无法律上的原因，包括无法定的义务或约定的义务为他人管理事务。如果管理人和本人之间事先存在合同关系，管理人是依照约定管理他人的事务，则管理人负有管理的义务，不构成无因管理。所以，合同请求权与缔约过失请求权应当优先于无因管理请求权，但由于无因管理本质上是一种合法行为，一旦无因管理请求权能够成立，则不应当适用其他请求权。所以，无因管理请求权应当优先于合同及缔约过失请求权以外的其他请求权。

第四，物权请求权。物权请求权是指基于物权而产生的请求权，也就是说，当物权人在其物被侵害或有可能遭受侵害时，有权请求恢复物权的圆满状态或防止侵害。在物权受到侵害的情况下，首先应当采用物权的请求权对物权进行保护。这是因为物权的请求权具有优先于债权的效力。如在破产程序中，所有人对其物享有取回权，此种取回权实际上是由所有物返还请求权而派生的，当然应优先于一般债权而受到保护。再如，所有物返还请求权一般不受诉讼时效的限制，所以物权请求权较之于侵权请求权更有利于保护受害人，因此，原则上物权请求权应当优先于侵权请求权适用。

第五，不当得利和侵权请求权。因为不当得利和侵权行为都是法律禁止和限制的行为，广义上都属不合法的行为。按照合法行为成立则排除非法的逻辑，首先应当考虑是否存在其他以合法行为为基础的请求权，如果其他请求权不能适用，则最后才能适用不当得利和侵权的请求权。因此，不当得利和侵权的请求权应当置于最后的顺位。至于不当得利和侵权请求权两者之间，何者应当优先考虑，应当根据具体情形判断。例如，甲未经乙许可，在乙的门前停放了车辆2周，甲因此省去了停车费1 000元。在此案中，乙既可以以侵权请求甲赔偿，也可以以不当得利请求甲返还。在前者，乙可以以甲省去的停车费作为自己的损失；在后者，乙可以以甲省去的停车费作为甲的获利。以侵权为由提出请求，受害人必须证明加害人的过错；而以不当得利为由，受害人不必证明得利人的过错。从这个意义上，有人认为，不当得利请求权可以优先主张。但是，如果无法证明被告的获利，则应当优先考虑以侵权为由请求赔偿。

笔者认为，上述顺序只是寻找请求权基础的思路，循着此种思路，可以保障法律分析的严谨性。但是，不能机械地理解这一顺序，尤其是对于经过长期法律训练的法官来说，其可以凭借自己的知识和经验，仅仅检验若干特定案件中可能产生的请求权。在选择某一项请求权之后，应当进行必要的说理论证。

正确了解民法的请求权体系对于培养分析和运用法律的体系观念，从体系上把握整个民法的知识、制度和规范，从而正确适用民法规则具有十分重要的意义。当然，在责任竞合的情况下，如果当事人已经在竞合的请求权之中作出了选择，则法官无须再考虑竞合的问题；如果当事人没有选择而同时提出两种甚至多种请求，则法官应当从最有利于保护受害人的角度来确立一种请求权。以上述“美容失败案”为例，受害人主张精神损害赔偿，则法官只能根据侵权来保护受害人的利益。通常情况下，违约责任中的履行利益并不包括精神损害，因为基于合同发生的交易关系中，所有类型的价值都通过价金等因素被转化成为经济价值加以体现，而精神损害是合同违约方在订立合同时难以预见的损失，但在因医疗损害造成人身健康损害以及精神损失的情形，依据《民法典》第996条，受害人可以请求精神损害赔偿。

（三）请求权的初步锁定

通过对请求权逻辑顺序的考察，可以逐渐排除一些与案件事实不符合的请求权。例如，在“美容失败案”中，如果原告仅仅只是要求赔偿精神损害，法官就只能确定侵权请求权，而不能再讨论违约的请求权。在请求权的锁定过程中，一般要采取如下几种方法。

1. 对请求权的排除。通过对请求权逻辑顺序的考察，可以逐渐排除一些与案件事实联系不密切的请求权。以上述“美容失败案”为例，受害人主张赔偿精神损害，就可以排除合同责任，因为我国目前的法律规范并不支持在违反合同情况下的精神损害赔偿。如果受害人要求美容院重新做手术并达到其承诺的效果，则属于合同请求权，因此可以排除侵权的请求权。

2. 对请求权的选择，即在可能的几项请求权中选择一种。选择锁定就意味着原告要确定一种请求权，也就是要选择一种对其最为有利的请求权提出主张或提起诉讼。只能在请求权锁定后，才能够开始进行一种请求权基础的分析。

3. 请求权的并用。例如，原告要求停止侵害、消除危险、赔偿损失等，如果可以支持原告的所有请求，就会出现请求权的并用。

（四）请求权基础的分析

请求权基础既可以是法律规范，也可以是合同、遗嘱等具有法律效力的其他法律依据。正如有学者指出，此种可供支持一方当事人得向他方当事人有所主张的法律规范，即为请求权规范基础，简称请求权基础。① 此处所说能够支持请求权的规范基础，与我们通常所说的裁判规则存在一定的区别，严格地说，裁判规则的含义更为宽泛。请求权基础的分析过程可以分为以下几个步骤。

首先，应当找出对应该请求权的具体法律规定。在前述“美容失败案”中，如果法官适用《民法典》侵权责任编，那么依据该法典第1218条的规定，此时，受害人应当证明医疗机构及其医务人员具有过错。如果按照合同处理，则应当援引违约责任承担的一般法律规则，依据《民法典》第577条来确立违约方的责任。如果适用《民法典》合同编，则甲不需要证明乙的过错，而只需要证明乙的医疗活动违反了合同约定，即可以要求其承担违约责任。

其次，对所找的法律规范进行分类和定性。其中，有些法律规范不能单独地作为请求权的基础，例如，已经由当事人约定排除的任意性规范、不完全法条（如说明性法条、限制性法条）等。至于引用性法条、拟制性法条也不能独立成为请求权基础，必须与其他相关法条配合才能构成请求权基础。此外，程序性规范也不宜单独地作为请求权的基础。

在前述“美容失败案”中，需要具体查找如下几个方面的法律规定：一是要确立被告是否有过错，并援引《民法典》第1218条的规定，来确立被告的责任；二是关于损失的确定。如果按照合同处理，在前述“美容失败案”中，乙在其散发的宣传单上明确承诺，“美容手术确保顾客满意”，“手术不成功包赔损失”。该宣传单在合同订立后已经成为合同的内容，虽然乙许诺“手术不成功包赔损失”，

① ［德］迪特尔·梅迪库斯：《德国民法总论》，邵建东译，法律出版社2000年版，第50页。

在损害赔偿的计算方法上仍然不甚明确，但是，其确定了赔偿范围，即手术不成功所造成的损失。笔者认为，只要手术不成功造成了原告的财产损失，都是被告可以合理预见到的财产损失，依据《民法典》第584条的规定，都应当属于其赔偿的范围。因而，受害人甲不必对因果关系单独举证证明。但是，如果该案适用侵权责任，受害人不仅要证明损害，而且要证明损害与被告行为之间的因果关系。三是关于免责事由。在前述“美容失败案”中，由于不存在约定的免责事由和免责条款，如果适用合同责任，乙必须证明不可抗力存在。而事实上，在该案中，不可抗力并不存在，所以在本案中，乙通过合同处理很难被免除责任。但是，如果适用侵权责任，其免责的可能性就大大提高，例如，如果乙证明，甲在治疗过程中未配合其进行手术活动，或者证明限于当时的医疗水平该手术难以成功，则依据《民法典》第1224条可以部分或全部地免除责任。还应当看到，如果适用合同责任，则原则上原告应当负有证明被告有违约行为的义务。[①]

最后，要将该规范构成要件进行具体的分解。在前述“美容失败案”中，如果适用《民法典》第1218条的规定，“患者在诊疗活动中受到损害，医疗机构或者其医务人员有过错的，由医疗机构承担赔偿责任”。那么，需要将医疗损害责任的构成要件具体确定为从事诊疗活动、患者遭受损害、主体是医疗机构及其医务人员，并且该主体具有过错。只有将侵权责任的构成要件分解为过错、损害事实、因果关系等，才能够具体适用这一规定。此外，如果受害人主张精神损害赔偿，《民法典》第1183条规定：“侵害自然人人身权益造成严重精神损害的，被侵权人有权请求精神损害赔偿。”在此我们有必要将精神损害赔偿的条款具体分解为侵害人身权益、受害人遭受精神损害、精神损害后果严重等要件，只有全部满足了这些要件才能适用精神损害赔偿条款。在这个分解过程中，需要运用法律的解释方法对法律规范进行准确的解释。

（五）连接

连接是指把事实要件与法律规范相对应，将确定的事实要件归入（或涵摄）

① ［德］冯·巴尔等主编：《欧洲合同法与侵权法及财产法的互动》，吴越等译，法律出版社2007年版，第47页。

法律规范的构成要件中去。具体来说，连接要经历对案件事实的性质认定、分解、整理，并按照规范要件确立出事实要件，最后将事实要件归入法律规范规定的要件。如图示。

A　B　C　D　　规范中发生某种法律效果的各项构成要件

a　b　c　d　　纠纷中的各项事实

如果争议事实被分解后一一对应地符合了法律规范的构成要件，就应当支持原告的请求权。在前述"美容失败案"中，要就案件的客观事实即小前提，与《民法典》第1218条分解出来的规范要件进行一一对应，从而判断是否能够满足原告的请求权。

（六）消极规范构成要件的检索

所谓消极规范构成要件，是相对积极规范构成要件而言的，规范构成要件被称为积极规范构成要件，而消极规范构成要件就是指否定积极规范构成要件的条件，通常就是指抗辩事由或免责事由。如果客观事实满足了该条件或要件，则请求权仍不能成立，通过对积极或消极规范构成要件的考察，事实上是从正反两方面来考察请求权基础。例如，前述"美容失败案"中，如果乙证明，甲在治疗过程中未配合其进行手术活动，或者证明限于当时的医疗水平该手术难以成功，则依据《民法典》第1224条就可以部分或全部地免除责任。当然，抗辩权的行使必须严格遵循法律规定的行使条件和程序，不能违反法律规定而行使权利或滥用抗辩权，否则，不能发生抗辩的效果。

（七）对请求权变动状态的考察和确定

从特定案件来看，请求权的确定也可能要结合其变动状态进行考察，才能得出准确的结论。例如，当事人之间的合同已经变更或终止，则请求权也要随之予以重新考察。尽管通过对请求权基础的考察，能够确定请求权已经成立，但是如果请求权已经发生了变动，就要进一步分析变动的原因和情况。

（八）请求权竞合与聚合

所谓请求权竞合，是指同一法律事实产生了多项请求权，当事人可以选择其中一项行使。所谓请求权聚合，是指同一法律事实产生了多项请求权，当事人可以一并主张并且行使。例如，在房屋租赁期间届满之后，承租人拒不返还房屋，而且将其转租。出租人既可以依据违约责任请求返还房屋，也可以依据不当得利请求返还转租所得的租金。从方法论的层面来看，竞合和聚合的区分对于请求权检索具有重要意义。在竞合的情况下，法官只能确定一种请求权，请求权基础也据此确定。而在聚合的情况下，法官可以确定数个请求权，并且要各自确定其请求权基础。关于责任聚合与竞合的区分，首先要依据法律规范，如果合同有约定，则依据约定。只有在没有约定的情形下，才应当由当事人依据法律的规定选择某一项请求权行使。总之，不能使一个人因一项违法行为而遭受两次惩罚，也不能使一个人因一次损害而得到两次赔偿。

三、请求权基础分析法与法律关系分析法的比较

请求权基础分析法与法律关系分析法都是在实践中运用得比较广泛的适用法律的方式，但是，两者存在如下区别：第一，适用范围不同。请求权基础分析法主要适用于给付之诉，而法律关系分析法的适用范围更为宽泛，几乎可以适用于各类案件。因为在一种法律关系中，可能有多项权利，而不仅仅包括请求权，即使是给付之诉，也可以适用法律关系的分析方法。尤其是在存在多种复杂的法律关系时，法律关系分析法能够条分缕析地分析各种权利义务。通过法律关系要素结构的分析，能够把握整个民事权利的逻辑体系，并可以通过分析法律关系的变动过程，把握法律关系产生、变更、消灭的脉络。第二，分析过程不同。请求权基础分析法是先找出法律规范，再将事实“归入”其中；而法律关系分析方法主要是先找事实后找法。当然，在事实分析过程中也离不开对法律规范的解释和运用。请求权基础分析法是在检索过程中一次性完成；而法律关系分析法是在对法律事实分析的基础上，适用法律规范。请求权基础分析法可以采取事实要件与规范要件逐一考察的方式；而法律关系分析法无法将各个要件分别归入法律规范，只能在既定的事实上，整体地进行法律的适用。第三，适用的规范不同。请求权基础分析法中所适用的规范是请求权基础规范，而法律关系分析法中所适用的是

所有裁判依据，其范围不限于请求权基础规范。

但是，法律关系分析法也不能代替请求权基础分析法。如前所述，请求权基础分析法具有自身的独特特点，而且已经在德国等国家司法实务中长期运用，是经实践证明行之有效的方式，被认为是培养法律人的流水线。虽然我国目前司法实践中对请求权基础分析方法尚未高度关注，但是今后此种方法的优点将逐渐显露，并受到司法实践的重视。在具体的法律适用中，此种方法恰好可以弥补法律关系分析方法的不足。例如，法律关系分析方法只注重对法律规范的分析，而缺乏对合同、遗嘱等请求权基础的分析。再如，法律关系分析方法更多地重视对法律关系的把握，但缺乏对请求权基础系统的考察和检索。而请求权基础分析方法可以弥补这些缺陷。此外，在大多数案件中，当事人的主张都以请求的方式表现出来，诉讼上的争议多为给付义务的争议，请求权检索的方法也能适合实务的需要。

总之，笔者认为，请求权基础分析法与法律关系分析法这两种方法是民法案例分析的基本方法，二者相互独立，又互有融合交叉，因而不可有所偏废。

第三节 案例指导方法

连接是在大前提和小前提之间进行的。通常来说，指导性案例都是已经成功实现连接的案件。如果法官确定待决案件与指导性案例之间存在类似性，则可以依据指导性案例得出裁判结论。如此，通过参照指导性案例，可以减少其推理的环节，也可以作为验证法官作出的裁判结论是否公正的手段。

一、指导性案例在方法论中的意义

（一）指导性案例的概念和特征

指导性案例，是指由最高人民法院确定并发布的、对全国法院审判、执行工作具有指导作用案例。[①] 指导性案例是一个特殊的用语，它是相对于判例法语境下的判例而采用的一个概念。它虽然不是判例，但又具有对司法裁判的指导性作用。指导性案例具有如下重要特点。

第一，发布机关的特定性。指导性案例的来源很广，可以来自全国各地、各级的法院，但是，其发布机关应当具有特定性。从中国目前现有的法院的权威性来看，仍以最高人民法院来作为指导性案例的发布机关。在指导性案例制度的建设初期，为了保障案例的权威性、指导性和判决文书的说理性，由最高人民法院来作为案例的发布机关，有利于对全国的司法裁判起到指导作用。由最高人民法院来发布指导性案例，也有利于确保其所发布的指导性案例对各级法院的拘束力。

第二，典型性。指导性案例之所以能够起到指导的作用，就是因为这一类案例具有典型性的特点，能够对类似案件的裁判起到示范作用。典型性不仅表现在其事实具有典型的特点，而且表现在其往往具有针对法律适用的疑难性、新型性等问题所提出的解决方案。一是案件的疑难性。疑难性主要是指法院的判决是针对实践中经常出现的法律适用方面的疑难问题，并且该判决具有典型性，将这一疑难问题较为全面地展示出来，并作出了较为科学的判决，其说理也较为充分。二是案件的新型性。新型性主要是指在审判实践中遇到新出现的问题，此类问题在立法上没有明确的规定，在以往的审判经验中也未曾遇到，因此，这类案件的判决可以为以后出现同类的判决提供有益的指导。尤其需要指出的是，指导性案例的典型性表现在，其可能是法官妥当运用漏洞填补方法作出裁判的典型案件。在这些案件中，法官已经充分考量了案件中相关当事人的利益，妥当运用了各种漏洞填补方法，从而作出了裁判。因此，如果待决案件与指导性案例中的事实具有类似性，就应当参照指导性案例，不必再次重复进行漏洞填补。参照指导性案例，既方便了法官裁判案件，也拘束了法官的自由裁量权，对于维护裁判的客观

① 《关于案例指导工作的规定》第 2 条规定："本规定所称指导性案例，是指裁判已经发生法律效力，并符合以下条件的案例：（一）社会广泛关注的；（二）法律规定比较原则的；（三）具有典型性的；（四）疑难复杂或者新类型的；（五）其他具有指导作用的案例。"

性和确定性具有重要意义。

第三，内容具有正确性。指导性案例应该是法官正确裁判案件的结果，这一正确性既包括认定事实的准确性，也包括适用法律的准确性。就适用法律而言，一方面，在法有规定的情况下，裁判依据应当是与案件的事实具有最密切联系的裁判规则，且对适用的法律规则进行了准确的阐释。另一方面，在法无规定特别是存在法律漏洞的情况下，必须依据填补漏洞的方法，正确作出裁判、填补法律漏洞。此外，判决理由必须充分、说理透彻①，裁判结论符合公平正义的要求。指导性案例一定是准确解释法律、适用法律的结果，其体现了司法公正的要求。在事实认定方面，要避免出现对案件的事实认定存在争议的情形，否则将会影响指导性案例的权威性。指导性案例是法官审判执行工作中参照的楷模，可以说是案例中的精品案例、模范案例②；否则，就无法发挥其指导性的功能。在指导性案例发布以后，其并不是永远具有拘束力，经过一段时期，可能与新的立法以及社会的变化不相适应，这就需要发布新的指导性案例来代替旧的指导性案例。

第四，具有指导性。最高人民法院发布的指导性案例不同于一般的案例，其一经发布就对全国所有的类似案件具有指导作用。《关于统一法律适用加强类案检索的指导意见（试行）》要求，在法院对裁判进行检索时，如果检索到的类案为指导性案例的，人民法院应当参照作出裁判。这就意味着在案件类似的情形下，实际上是必须参照进行裁判的，只有这样才能做到同案同判。这虽并不意味着必须援引其作为规则直接在裁判中适用，但是对于类似案件法官有参照指导性案例裁判的义务，在作出不同裁判时必须进行说理。而且，指导性案例必须是在效力上具有确定性的案例，也就是说，指导性案例是已经生效的判决。否则，如果没有经过上诉期限，或者二审、再审审理期间的一审案例，作为指导性案例出现，则会干扰正在进行的或者可能进行的审判，影响法官的审判。

第五，发布程序的严格性。尽管指导性案例不一定是最高人民法院自己审判的案例，但其是通过最高人民法院审委会充分讨论通过的，此种程序与司法解释

① 王立平、林志雄：《案例指导制度探析》，载《研究生法学》2009 年第 3 期。

② 胡云腾、于同志：《案例指导制度若干重大疑难争议问题研究》，载《法学研究》2008 年第 6 期。

通过的程序相同。严格的程序也保证了指导性案例的权威性、正确性，使其有别于其他最高人民法院公布的案例，如公报案例等。此外，指导性案例应当具有统一的格式、体例和编号，并且应当在《最高人民法院公报》《人民法院报》等权威媒体上统一发布。明确的形式要求，既能够保证指导性案例的权威性，也有助于引用方便。

在我国，案例指导制度是一个特殊的用语，其本身还不能等同于判例法语境下的遵循判例。从比较法角度来看，两大法系都采用了判例制度，只不过，判例的法律效力有所不同，但就其都能够成为法律渊源而言，是大体上相同的。[①] 判例法与成文法虽然各有利弊，但从法律的发展趋势而言，两者是相互补充、有机协调、优势互补、相辅相成的。事实上，世界上最具代表性的两大法系，正以一种相互融合的方式在发展。但在我国，由于现行的立法体制和司法制度的性质和特点，决定了法院的案例即使是指导性的案例也不可能成为法律渊源。基于这一原因，最高人民法院采用了指导性案例的概念，以示其与作为法律渊源的判例的区别。这不仅符合中国的实际，而且明确了指导性案例的作用。

案例指导制度在我国具有固有法的特点。我国历来具有以成文法主导、判例补充的传统。古籍中曾有“皋陶（舜时的司法官）造律”的记载，而“法”的原始字义与断狱神兽联系在一起。[②] 在春秋战国时，荀子曾说：“有法者以法行，无法者以类举，听之尽也”[③]。所谓类举，就是在无法律可引用时依判例断案。在秦律中详细地记载了各种案例，成为官方整理出来以供判案的依据。汉朝时，将经过朝廷整理出来的断案成例称为“决事比”。“决事比”就是比照前例推理断案。宋朝虽主张以律为主，但仍以例代格，且以例破律现象十分普遍。[④] 以判决的主文作为法律，称为“新格。”而至明清时期，律与例并存，导致判例法的迅速发展。清朝乾隆时曾颁布了《大清律例》，并经常进行修改。在《大清律例》

---

① 当然，大陆法系有个别国家（如法国），并没有完全承认判例是法律渊源。参见［美］马丁·夏皮罗：《法院：比较法上和政治学上的分析》，张生、李彤译，中国政法大学出版社 2005 年版，第 199、201 页。

② 张晋藩：《中国法律的传统与近代转型》，法律出版社 1997 年版，第 237 页。

③ 《荀子·王制》。

④ 张晋藩：《中国法律的传统与近代转型》，法律出版社 1997 年版，第 242 页。

纂成时，王凯泰序云："断罪有律，而准情有例，'律'守一定，而'例'则因时为变通。"律与例合一，构成法律适用的完整体系。尽管自清末修律以后，我国完全继受大陆法，走上法典化道路，但民国以后判例仍然具有拘束力。可见，我国重视判例作用的传统，并未因清末修律而彻底改变。只不过判例的主要功能是补充制定法的不足，使制定法具体化，在一些朝代都由朝廷修订、编纂，以作为官方的准则。① 由此可见，采用案例指导制度与我国法律传统是相吻合的。

中华人民共和国成立以来，尤其是改革开放以来，最高人民法院一直重视案例指导工作。在20世纪80年代初期，最高人民法院还发布了有关刑事方面的案例，开启了用案例解释法律的尝试。从1985年开始，《最高人民法院公报》开始刊登具有指导意义的案例。《最高人民法院公报》上公布的案例、《人民法院案例选》上登载的案例以及《中国审判案例要览》刊登的案例等②，都对人民法院的司法审判工作起到了不同程度的指导作用。但是，指导性案例尚未制度化并全面推行。2005年，最高人民法院发布了《人民法院第二个五年改革纲要（2004—2008）》，其中提出："建立和完善案例指导制度，重视指导性案例在统一法律适用标准、指导下级法院审判工作、丰富和发展法学理论等方面的作用。"这是最高人民法院第一次正式提出"案例指导制度"与"指导性案例"的概念，并将案例指导制度作为司法改革的重要任务提出来，这对于我国案例指导制度的建设具有重要意义。2010年11月26日，最高人民法院发布了《关于案例指导工作的规定》（以下简称《规定》），该《规定》虽然只有短短9个条文，但对构建具有中国特色的案例指导制度意义巨大。它不仅解决了长期以来中国司法制度中要不要案例指导制度的争论，而且对指导性案例的效力、制定程序等问题，都作出了基本的规范，其对审判实践、法学理论研究和法学教育必将产生深远的影响，称其为"一个具有划时代意义的标志"毫不为过。

在《民法典》颁布以后，民商事法律制度体系已经建立，推进案例指导制度仍然具有十分重要的意义。法律体系的形成标志着我国法治建设将由重视立法转

① 张晋藩：《中国法律的传统与近代转型》，法律出版社1997年版，第243页。

② 《中国审判案例要览》由中国人民大学法学院与最高人民法院应用法学研究所共同主编。

向全面重视法律的适用，从解决“有法可依”的问题，转向解决“有法必依、执法必严、违法必究”问题。从法律适用来看，案例指导制度对于保障裁判的统一、规范法官自由裁量、保障法律的准确适用等都具有十分重要的意义。

（二）指导性案例可以有效地弥补司法解释的不足

法谚云：“判决创设权利，法之解释亦有法之效力。”指导性案例是弥补司法解释的不足，并配合司法解释发挥作用的重要措施。众所周知，司法解释是我国法上的一个特定概念，它是指由最高人民法院和最高人民检察院基于法律的授权，就各级司法机关在司法实践中如何具体应用法律问题而作出的解释，或者说是指司法机关依法在具体适用法律过程中对法律规范的内容和含义所作的解答和说明，属于有权解释的一种。司法解释一直是重要的法律渊源，也是法律解释的重要形式之一，对保障法律的正确实施发挥了极为重要的作用，但司法解释本身又具有抽象性、一般性、滞后性等缺陷，因此，司法解释必须要与指导性案例相结合，才能发挥其应有的作用。具体来说，指导性案例在弥补司法解释不足方面的功能主要表现在：

第一，具有具体针对性。事实上，法律的适用问题都是具体的、针对特定的案件事实提出来的。离开了具体案件的事实，抽象地谈规则的适用问题，有可能无的放矢或流于空泛。法律本身具有一般性和普遍性，而司法解释作为将抽象的法律规则准确地运用于具体案件的手段，必须要与具体案件相结合才能发现可适用的规则，更好地适应裁判的需要。更何况在大多数案件中，事实问题和法律问题是很难分开的，因此，司法解释也不能单纯针对法律问题作出一般性的解释。如果司法解释本身也具有一般性和抽象性特点，就会失去司法解释的固有功能。司法解释大多并非针对个案，而是从许多个案中抽象出来的共同规则，因此，具有一般性和抽象性的特点。[①] 司法解释通常不是基于解决个案问题制定的，而是基于法律模糊或者缺陷等普遍性问题制定的。所以司法解释在制定后，法官常常仍不能获得非常具体化的解释，在具体案件中甚至需要对司法解释进行再解释。

---

① 王玧：《司法解释的制定、适用及其改革之思考》，载《人民司法》1998 年第 5 期。

而指导性案例都是针对个案中的典型案例作出，因此其和司法解释相比，具有较强的针对性和具体性。在审判实践中，各地法院就法律适用问题向最高人民法院所作的请示，常常都是与具体案件的汇报结合在一起的，有的虽然在请求报告的标题中注明是法律适用问题，而报告的内容仍然是具体案件。由此表明司法解释是很难与具体案件分开的，而在指导性案例中作出的解释更符合司法解释固有的性质。尤其是指导性案例都是实践中出现的典型案例，而且该案例得以公布，乃是经过了审理法院和上级法院甚至最高人民法院的层层遴选，其判决书的理论水平较高，说理较为充分，审判质量较高。因此，这类案例的公布，有助于提升司法机关法官判决书的说理水平。

第二，具有及时性。司法解释是对既往司法审判经验的总结，因此难免具有滞后性，对于今后社会生活中出现的新型案件可能也会难以适用。而指导性案例都是直接针对个案作出的，及时反映了实践中出现的新情况、新问题，能够对现实中发生的案例作出及时应对。与司法解释相比，虽然司法解释也具有及时性的特点，但是，较之于指导性案例，仍然具有一定的滞后性，不能及时应对实践中的问题。

第三，具有准确性。众所周知，法无解释不得适用，但要保障法官准确理解和适用法律、做到同案同判，则需要对法律作具体、明确的解释，尤其是只有针对个案进行的解释，才更富有针对性。与司法解释相比较，指导性案例对法律的解释更为具体、准确，而抽象性的司法解释有可能会出现与法律规则不一致的现象。因为不少司法解释常常是根据一条或数条法律规定，制定出数条甚至数十条解释，有一些解释甚至已经超出了法律文本的字面含义，有些解释因为表述模糊不清，在解释以后还要再解释，因而难免引发了一些理论争议。而指导性案例则只是针对具体个案作出的裁判，避免了理论上的争议，所以在解释上更为准确、具体，更能够切实保障法律在司法中的准确适用。[①]

第四，具有更强的规范性。司法解释在颁布之后，不一定能够保障法官都依

① 王玧：《司法解释的制定、适用及其改革之思考》，载《人民司法》1998 年第 5 期。

照司法解释作出同样的判决，毕竟法官还具有一定的自由解释空间。但是指导性案例公布后，在相同或相似情形下，法官必须参照指导性案例裁判，这样更进一步规范了法官的自由裁量权，有利于保障同案同判、同法同解，更有利于维护法律的可预期性。

笔者认为，在指导性案例制度建立之后，其将与司法解释制度相辅相成，共同发挥解释法律、统一裁判尺度、保障法律的准确适用的功能。通过两者的相互配合，能够更进一步地保障司法的公正和法律的准确适用，实现公正司法和依法裁判。

（三）指导性案例的功能

如前所述，指导性案例是在方法论发展不甚成熟，人们对法律适用方法还没有达成基本共识的背景下产生的，它对于法律适用具有重要价值。在相当程度上，指导性案例起到了方法论的作用。指导性案例的功能主要表现在：

第一，指引功能。指导性案例的指引功能意味着，它可以指导法官寻找相应的大前提，并能够在小前提和大前提之间形成连接。通过指导性案例，可以规范法官的法律适用活动，尤其是拘束了其自由裁量权，从而实现裁判的可预期性，保持裁判的统一性。在司法裁判过程中，法官享有自由裁量的权力。即便立法规定得非常精细，也无法完全排除法官的自由裁量的空间。更何况，立法本身只是确立一般性规则，不可能针对具体个案确立事无巨细的规则，因此，法官行使自由裁量权也是解决法律的一般性与案件的个别性的矛盾的重要途径。指导性案例浓缩了优秀法官的审判方法，通过指导性案例可以将他们的经验传授给其他法官。在法官整体队伍素质还有待提高的背景下，这种方法具有其重要意义。

第二，统一功能。法律适用的统一性是法制统一性的重要内容，博登海默指出，“正义的一个基本原则要求，法律应当以相同的方法处理基本相似的情形”①。不同地域、不同审级的法院，其对特定法律的解释应当趋于统一。法官通过寻求最妥当的法律解释结论，并以此为依据进行裁判，可以实现法律适用的

① ［美］E. 博登海默：《法理学——法哲学及其方法》，邓正来、姬敬武译，华夏出版社 1987 年版，第 496 页。

统一，同样的争议能够同样得到良好的处理。然而，在实践中，经常出现同案不同判、同法不同解的现象，导致当事人缺乏对裁判的合理预期，而且对司法的公信力产生负面影响。而通过法律解释尤其是司法解释的方法，虽然有助于在一定程度上解决这一问题，但是解释的抽象性和非具体针对性仍然使法官难以应对实践中千差万别的具体个案。所以，通过指导性案例以正确指导法官的裁判活动，要求法官“应当参照”指导性案例来判案，从而确保了类似案件类似处理。指导性案例是最高人民法院审委会讨论通过的，其出台必须经过类似司法解释的严格程序，一般来说都是正确的、典型的、具有示范性的案例，它们通常都是法官正确地运用了方法论的结果。法官在判案过程中，在与指导性案例的事实相同或相似的情形下，应当参照指导性案例，可以做到同案同判，同法同解，保证司法尺度的统一。①

第三，解释功能。指导性案例从其性质上看是解释法律的一种形式。个案判决能够成为指导性案例，不在于它的判决结果如何，而在于判决中蕴含了什么样的法律原则，这些原则性的东西才是其他同类案件在遵循先例时应当吸收的内容。它是以案例形式体现的法律解释。② 指导性案例都是以现实的、生动的案例为基础，法官在其中充分展示了其法律智慧。这种智慧不仅体现在事实的认定方面，而且体现在运用法律解释、漏洞填补等方法，努力消除法律之间的矛盾，弥补法律漏洞，进而通过法律推理作出判决。③ 尤其应当看到，指导性案例制度是适应我国转型时期社会对司法需求的一种有效制度。在社会转型时期，立法虽然加快了制定步伐，但是各种新问题、新矛盾层出不穷，而成文法具有固有的滞后性，法律为了维护其稳定性、权威性和可预期性，不可能频繁修改，因此，转型社会的纠纷具有复杂性、突发性和易变性的特征，解决纠纷的时间维度要求现代司法对转型社会的正当性诉求给予充分的关注，以发挥现代司法回应性的功

① 胡云腾、于同志：《案例指导制度若干重大疑难争议问题研究》，载《法学研究》2008 年第 6 期。

②③ 魏胜强：《为判例制度正名》，载《法律科学》2011 年第 3 期。

能。[①] 因为在存在法律漏洞的情形下，法官应当通过法的续造的方式来寻找大前提。指导性案例都是以现实的、生动的案例为填补法律漏洞的依据，法官在其中充分展示了其法律智慧。这种智慧不仅体现在事实的认定方面，而且体现在运用法律解释、漏洞填补等方法，努力消除法律之间的矛盾，弥补法律漏洞，并进而通过法律推理作出判决。[②] 所以，指导性案例是引导法官正确填补法律漏洞的指引。

第四，简化功能。如果没有指导性案例，法官应当遵循一定的方法进行法律适用。如果存在指导性案例，法官以“相似性”为基础，就可以进行判决，从而简化法律的适用。法官在裁判中，需要考察判断具体案件的事实是否与指导性案件相类似，只需要将具体案件分类、抽象之后，和指导性案件的事实相比较即可。[③] 在存在指导性案例的情形，法官只要确定待决案件与指导性案例的事实存在相似性，就可以参照指导性案例中的判决，这意味着法官的法律适用过程可以适当简化。这尤其体现在，大前提的寻找、大小前提的连接以及法官的论证义务方面。因为指导性案例都是较为正确的、典型的、具有示范性的案例，法官在该案例中已经完成了大前提的确定、大小前提的连接以及法律论证。在待决案件中，法官只需参照指导性案例，就可以得出妥当的裁判结论。当然，这并不意味着法官就免除了找法的义务，其仍然要寻找案件可供适用的大前提。指导性案例的推行简化了连接的过程。在存在指导性案例的情形，法官可以作出与指导性案例相同的连接，不必再次进行连接过程的论证。

第五，说理功能。裁判说理越充分，则裁判活动就越公开透明，并能以严密的逻辑和情理使案件裁判结论不仅在当事人之间体现法律的公正价值立场，而且能够使社会大众对裁判及背后法律的公正性得以理解。裁判文书是否能够引用指导性案例作为裁判依据，一直存在争议。一般认为，考虑到指导性案例是最高人

---

① 夏锦文、莫良元：《司法转型中指导性案例的生成机理》，载《法律科学》2010 年第 4 期。

② 魏胜强：《为判例制度正名》，载《法律科学》2011 年第 3 期。

③ James A. Holland & Julian S. Webb，*Learning Legal Rules*，Oxford：Oxford University Press，2006，p. 184.

民法院审判委员会讨论决定的，具有解释法律、指导裁判的性质和作用，因此，至少可以作为裁判说理来引用。笔者认为，如果裁判文书本身已经成为指导性案例的一部分，虽然它不可以作为裁判中的法律依据来援引，但是，其可以成为法官说理论证的重要素材。所以，通过指导性案例，可以强化判决的说理性，使当事人更容易接受判决结果。同时，指导性案例也对法官如何进行论证提供了依据。

第六，价值引导功能。通过发布指导性案例，并在指导性案例中载明案件蕴含价值的方式，不仅通过裁判要旨来确定一些基本的规则，弥补法律的不足，而且这些指导性案例本身也传递了一定的价值。这些价值通常具有普遍的指导意义，它不仅能指导法官遵循这些价值，而且向社会公众传达正确的法治观念，能够使社会公众从中直接领悟和理解法律的原则和精神，从而起到良好的普法效果。例如，在“上海欧宝生物科技有限公司诉辽宁特莱维置业发展有限公司企业借贷纠纷案”① 中，法院认为，人民法院审理民事案件中发现存在虚假诉讼可能时，应当依职权调取相关证据，详细询问当事人，全面严格审查诉讼请求与相关证据之间是否存在矛盾，以及当事人诉讼中言行是否违背常理。经综合审查判断，当事人存在虚构事实、恶意串通、规避法律或国家政策以谋取非法利益，进行虚假民事诉讼情形的，应当依法予以制裁。这就传播了这样一种价值观念，即人民法院保护合法的借贷关系，同时对于恶意串通进行虚假诉讼、意图损害他人合法权益的行为，也将依法制裁。

二、指导性案例的效力

建立案例指导制度的关键在于，要明确指导性案例的效力。从最高人民法院采用“指导性案例”而不是“判例”的表述来看，其主要考虑到指导性案例不具有判例的效力。但关于指导性案例究竟应当具有何种效力，一直是有争议的话

① “上海欧宝生物科技有限公司诉辽宁特莱维置业发展有限公司企业借贷纠纷案”，最高人民法院指导案例 68 号。

题。对此，主要有如下几种观点：一是说理功能说。此种观点认为，指导性案例在效力性质上的说服性或参考性，是指它的效力取决于它的正确性、妥当性，即对法律的正确解释、对法理的正确发展、对法律原则的正确发现。人们遵从它是因为信服它的正确性。指导性案例的效力来自法官在其中对有关法律解释观点的论证，来自其中法律论证所具有的合理性和说服力。① 二是参照功能说。参照就是参考、遵照的意思，即法官在审判案件时，处理相类似的案件时，可以参考指导性案例所运用的裁判方法、裁判规则、法律思维、司法理念和法治精神。处理与指导性案例相类似案件时，要遵照、遵循指导性案例的裁判尺度和裁判标准。② 三是指导功能说。此种观点认为，指导性案例应当具有“指导效力”③。法官在判案过程中，应当按照指导性案例进行判决，否则，二审法院可以对未按照指导性案例进行裁判的进行改判。这三种观点都不无道理。

指导性案例的定位是构建指导性案例制度的基础。虽然两大法系的总体趋势是相互借鉴、相互融合的，案例在大陆法系也逐渐成为法律渊源，但我国的指导性案例制度既不会演变成英美法系中的先例，也不会成为大陆法系中的判例。从总体而言，我国的指导性案例不会成为法律渊源，法官也不受“先例拘束”原则的拘束。如前所述，司法解释是最高人民法院作出的一种有权解释，但指导性案例与其不同，其并不具有法律约束力，不能作为裁判依据援引，只能作为裁判的参考。在这个意义上，我们说建立指导性案例制度，并非要建立判例法制度，我们也不能照搬判例法国家普遍采纳的遵循先例的原则。从最高人民法院一五改革和二五改革纲要来看，最初建立这种制度的设想，主要是针对司法解释的不足和案件请示制度的改革而提出的一种新指导方式，绝非要将指导性案例变成一种法律。在我国目前法律体制下，法官无权创造法律，司法机关进行审判的依据也必须是全国人大及其常委会所制定的法律以及行政机关颁布的行政法规和规章、地

① ［德］卡尔·拉伦茨：《法学方法论》，陈爱娥译，商务印书馆2003年版，第302-303页。

② 蒋安杰：《最高人民法院研究室主任胡云腾——人民法院案例指导制度的构建》，载《法制资讯》2011年第1期。

③ 胡云腾、于同志：《案例指导制度若干重大疑难争议问题研究》，载《法学研究》2008年第6期。

方各级人大制定的地方性法规以及两高制定的司法解释，而不能够由法官个人在个案中创设规则并且变成判例要求以后的审判都加以遵循。

笔者认为，如果指导性案例仅具有说理功能，显然无法将其与其他案例，如公报案例区别开来，并体现案例指导制度应有的功能。但如果认为其具有指导功能，又在一定程度上将其作为法律渊源，拔高了其效力。事实上，二审判决是否改判，生效判决能否提出再审，起决定作用的仍然是指导性案例所适用的法律，而不是指导性案例本身，就此而言，参照功能说更值得赞同。根据《规定》第7条，指导性案例的效力是“各级人民法院在审判类似案件时应当参照”。笔者认为，这是对指导性案例的一种准确定位。参照的含义，首先意味着其不是法律渊源，不能直接作为裁判依据。但如何理解“应当参照”的含义？对此存在不同看法。一种观点认为，既然只是“参照”，那么法官可以自由决定是否参照。而另一种观点则认为，只要有类似的指导性案例，法官就必须要参照。笔者赞成第二种观点。因为如果法官可以自由决定是否援引指导性案例，则指导性案例制度就没有任何权威性，将会形同虚设，毫无意义。笔者认为，指导性案例“应当参照”的含义包括如下几方面。

第一，指导性案例具有权威性。“应当”的含义包含了强制性的要求，不同于“可以”的表述。因为指导性案例是由最高人民法院依照一定的程序所选定和发布的，通常都是通过严格的遴选机制而筛选出来的公正的、已生效的判决，它并非指法官个人在具体案件中对于法律所作的解释。指导性案例一旦公布，就应当对包括最高人民法院在内的全国法院都能够产生一定的拘束力。这就是说，所有的法官在遇到类似案件时，都应当参照指导性案例来进行裁判。

第二，参照的含义是指，在没有充分且正当的理由时，法官对于同类案件应当参照指导性案例作出裁判。因此，在指导性案例公布之后，法官的一个重要任务是要确定裁判的案件是否与指导性案例相同或相似。对当事人来说，其也可以根据指导性案例来检验法官是否正确适用法律、公正裁判，从而保证类似案件类似裁判，避免同案不同判的现象出现。

第三，参照的含义还表现在，法官可以在说理部分直接援引指导性案例。虽然指导性案例不能作为法官裁判的依据，但是可以在判决书说理部分来加以使用。从这个意义上讲，指导性案例可以成为说理的理由。一般而言，直接援引指导性案例在判决中进行说理，法官就已经使判决具有了较强的说理性。但在不援引指导性案例的情况下，法官的说理论证义务较重。

第四，参照的内容并非是指导性案例的全部内容，而主要是其判决理由。换言之，指导性案例中具有指导性、一般性的部分，是判决中所确立的法律观点或对有关问题的法律解决方案以及对该观点或该方案的法律论证。①

参照指导性判例作出裁判，实质上是要实现类似问题类似处理，保障裁判可预期性的实现。齐佩利乌斯（Zippelius）认为，相同处理的原则可以说是法律解释学的灵魂。而进行类型比较，就是要掌握被比较案例间的相同特征与不同特征，从而衡量是否应当作相同或不同的处理。② 这不仅有利于实现裁判的可预见性，而且是实现法制统一性的需要。但问题在于，如果在案件事实具有与指导性案例相类似的情况下，法官应当参照而不予参照，应当产生何种后果？当事人是否能以此为由提起上诉或再审？上级法院能否因此而对下级法院的判决进行改判？这实际上涉及如何建立指导性案例发挥作用的机制问题，也是建立这项制度后必须要解决的关键问题。在英美法中，因为受遵循先例的影响，上级法院毫无疑问可以对下级法官的判决进行改判。但是在大陆法国家，先例的拘束力尚不如英美法国家那样严格。③ 从大陆法国家的经验来看，虽然其没有采纳英美法“遵循先例”的原则，但是，其权威性的案例仍然具有一定的约束力。例如，在欧洲一些大陆法国家，宪法法院的判决等同于法律，不仅对法院，对社会公众亦具有法律效力。借鉴其他国家的经验，在我国，指导性案例发挥作用的机制主要体现在如下两个方面。

一是诉讼机制的内在作用。对同类案件，如果下级法院的法官没有按照指导

---

① ［德］卡尔·拉伦茨：《法学方法论》，陈爱娥译，商务印书馆 2003 年版，第 302－303 页。

② Vgl. Zippelius，Der Typenvergleich als Instrument der Gesetzesauslegung，in：Jahrbuch für Rechtssoziologie und Rechtstheorie，Bd. 2，1972，S. 482 ff.

③ Arthur Taylor von Mehren，*The Civil Law System*，Little，Brown and Company，1957，p. 72.

性案例审判，例如，在证据标准、事实认定、法律规范选择、法律条文解释以及裁量标准等方面与指导性案例不同，在此情况下，上级法院发现之后，可以通过诉讼程序进行纠正。这应当是发挥指导性案例约束力的一个主要途径。通过上诉和再审程序，可以确保上级法院发布的指导性案例能够得到下级法院的遵循。有人认为，如果没有按照指导性案例办案，可以进入上诉和再审程序。笔者认为，由于法律对上诉和再审的程序已经作出了明确的规定，并没有把这一理由作为再审的原因，所以在有关诉讼法律没有进行相应修订之前，还不能将未参照指导性案例作为进行上诉和再审的启动原因。

二是指导性案例自身的说服力。因为指导性案例具有正确性，所以法官可以直接援引其作为判案的理由，也可以在诉讼调解过程中，以指导性案例来阐述自己的理由进行说理。如前所述，在裁判的说理论证中，指导性案例具有最强的说服力，参照指导性案例，法官的论证义务就极大地得到减轻，而当事人、律师以指导性案例来作为自己诉讼请求的支撑，也是极为充分的理由。指导性案例确定的法律适用规则，内容具有正确性，其已经经过实践检验是科学合理的。当然，在确定指导性案例时，就得注意确保案例内容的正确性，避免因为对指导性案例内容的争议而影响到指导性案例的作用，如果法官在类似案件中，拒绝参照指导性案例进行裁判，就必须要给出充足的道理来说明其不予采纳指导性案例的理由。法官应当解释其为何不参照指导性案例，其采用新的立场又是基于何种法律和事理的考量。对法官课以此种义务，也是为了发挥指导性案例的拘束力。

三、类似案件的判断方法

指导性案例角度建立以后，其判决效力及于本案以后的其他“同类”案件，判例的重要功能之一，是实现同案同判。[①] 在普通法中，按照遵循先例原则（the doctrine of stare decisis），特定先例建立了一个法律规范（a principle of law），

① 杨仁寿：《法学方法论》，中国政法大学出版社 1999 年版，第 212 页。

该规范所调整的情形与诉争案例中的情形相同或者充分相似，因此，该法律规范适用于当前案件。而相对人可以从相反的角度进行论证，证明先例与诉争案例在多个实质性方面存在差异。[①] 而在大陆法系，先前的判决对后来的案件并没有完全的拘束力。可见，在两大法系，虽然案例的效力不完全相同，但都要求通过系争案例与先前的案例进行比较，通过同质性和异质性的标准来观察系争案例与先前的案例之间是否存在相似性，从而确定是否应当按照先前的案例适用法律，作出裁判。可以说，相似性程度越高，法官受到先前案例的拘束就越强，其作出与先前案例不同判决时应负担的论证说理义务就越重。在这个过程中，判断相似性是关键的问题。在我国，建立指导性案例制度也应如此。因为同案同判是指导性案例的直接目的和具体适用的基本原则，“同案”是适用指导性案例的前提和基础。[②] 确定案件相似性的关键，是确定指导性案例中法律解决方案的合理性或实质理由，或者说，是确定使得指导性案例中的裁判规则或法理获得正当性证明的目的或价值。[③]

同案并不是说案件事实绝对相同，而是指具有争议的案件事实与先前作为指导性案例之间的类似性，就成为适用指导性案例的基本前提。[④] 指导性案例发挥作用的关键在于，通过“识别”确定系争案件与指导性案例之间是否存在类似性。从比较法上来看，国外的法官通常采取如下做法：首先需要明确待决案件的诉因（cause of action）与指导性案例是否相似。就一个案件来说，只有和其诉因密切相关的事实才是我们需要重点关注的事实，所需要比较的也是同种诉因下的类似案件。[⑤] 笔者认为，我国法官在审理案件时参照指导性案例，首先要求明确待决案件的事实与欲参照的指导性案例具有相同性或相似性（类似性）。从我

---

① Joseph Singer, “How to Brief a Case and Prepare for Class”, *Property Law: Rules, Policies, and Practices*, 4th ed., Aspen Publishers 2006.

② 王立平、林志雄：《案例指导制度探析》，载《研究生法学》2009 年第 3 期。

③ 张琪：《论寻找指导性案例的方法》，载《中外法学》2009 年第 3 期。

④ 傅郁林：《建立判例制度的两个基础性问题》，载《华东政法大学学报》2009 年第 1 期。

⑤ James Holland & Julian Webb, *Learning Legal Rules* 6th ed., Oxford University Press, 2006. p. 183.

国司法实践来看，笔者认为，类似性应当具有如下几个特点。

第一，案件基本事实类似。对于简易案件而言，指导性案例与系争案件的事实大体相同。基本事实类似包括了行为类似、结果类似、数额类似或者某一个其他情节类似。[①] 例如，在“信达公司合肥办事处诉中国医药集团总公司等借款担保合同纠纷案”[②] 中，企业因全部资产被整体划拨而变更产权关系后，无偿接受企业的公司将所接受企业的全部经营性净资产及相应的债务作为自己的出资组建其所属的新公司的，应在接受原企业资产的范围内对其原有债务承担连带责任。因此，企业因全部资产被整体划拨而变更产权关系后，就属于案件的基本事实。即使出现了新的案件类型（如拆迁中的补偿纠纷案件等），只要基本事实相同，就可以确定类似性。在确定案件基本事实类似性的过程中，关键要考虑系争案例和指导性案例中的关键事实是否具有类似性，如果关键事实不同，通常就可以说这两个案件具有不同之处。[③] 例如，在“陈全、皮治勇诉重庆碧波房地产开发有限公司、夏昌均、重庆奥康置业有限公司合同纠纷案”[④] 中，最高人民法院认为，原《合同法》关于“恶意串通”行为的认定，应当分析合同双方当事人是否具有主观恶意，并全面分析订立合同时的具体情况、合同约定内容以及合同的履行情况，在此基础上加以综合判定。该案是就合同订立中的“恶意串通”行为所作出的认定，如果是在侵权案件中出现“恶意串通”行为，就不宜采用上述案例中的认定方法。

在讨论争议的案件事实与指导性案例的事实是否具有相似性的时候，应当注重比较两者之间的区别。一般而言，该种区别主要是一种实质性的区别，而不是不重要的、轻微的区别，这种区别将会对争议的法律效果和当事人责任的承担产

① 胡云腾就案例指导制度的探索与发展过程答记者问，http：//baike. baidu. com/view/5278120. htm，访问日期：2011 年 8 月 1 日。

② 最高人民法院（2004）民二终字第 54 号民事判决书。

③ James Holland & Julian Webb，*Learning Legal Rules* 6th ed.，Oxford University Press，2006. p. 184.

④ 最高人民法院（2009）民申字第 1760 号民事裁定书。

生实质性的影响。例如在前述“山起”[①] 案中，最高人民法院认为，对于具有一定市场知名度、为相关公众所熟知并已实际具有商号作用的企业或者企业名称的简称，可以视为企业名称，并可以根据《反不正当竞争法》第 5 条第 3 项[②]的规定获得保护。该案仅仅适用于具有一定市场知名度、为相关公众所熟知的企业名称，此类企业的名称也应当包括其简称。但是对一般的不具有较高市场知名度的、不为公众所熟知的企业名称，就不能适用这一规定。再如，在“正野”不正当竞争纠纷案中[③]，最高人民法院认为，受《反不正当竞争法》保护的企业名称，特别是字号，不同于一般意义上的人身权，是区别不同市场主体的商业标示，可以继承。该裁定还明确，登记使用与他人注册商标相同的文字作为企业名称中的字号，生产经营相类似的产品，倘若足以使相关公众对商品的来源产生混淆，即使他人的商标未被认定为驰名商标或者著名商标，仍可构成不正当竞争行为。该案中，其适用的基本前提是登记使用与他人注册商标相同的文字作为企业名称中的字号，如果不属于这一情形，则不能适用该案所确立的规则。

第二，法律关系类似。在进行案件的比较时，首先要判断指导性案例中的法律关系与待决案件中的法律关系是否具有相同的性质。此处所述的法律关系不是泛泛的判断，如案件本身是侵权案件还是合同案件。例如，就合同案件来说，其究竟属于有名合同还是无名合同，如果是买卖合同，其涉及的是风险负担，还是物的瑕疵问题。法律关系的比较越具体，其相似性程度就越高。例如，同样是买卖，一般的买卖和特种买卖也存在区别。此处所说的法律关系类似，不是说基本法律关系相类似，而是指具体的法律关系相类似。一般而言，仅仅将民事案件区分为侵权或者违约的法律关系，显然过于宽泛，即使属于某一合同类型或者同一侵权类型的法律关系，也还不能认为具有类似性，而必须是作为裁判对象的具体的特定法律关系同一。例如，在“蘭王”鸡蛋商业诋毁案中，最高人民法院认为，《反不正当竞争法》调整的商业诋毁行为并不要求行为人必须直接指明诋毁的具体对象的名称，但商业诋毁指向的对象应当是可辨识的，《反不正当竞争法》

① 最高人民法院（2008）民申字第 758 号民事裁定书。

② 现行《反不正当竞争法》第 6 条第 2 项。

③ 最高人民法院（2005）民三监字第 15－1 号民事裁定书。

没有对商业诋毁的语言作出限制，诋毁语言并不一定要求有感情色彩。[①] 在这一案件中，最高人民法院明确区分了商业诋毁的两种形态，实际上是区分了因商业诋毁产生的反不正当竞争法律关系与侵权法律关系，并确立了不同的构成要件。法官在确定案件的相似性时，需要具体考虑原告是基于哪一种法律关系而请求赔偿。指导性案例和系争案例中的法律关系越具体、越具有类似性，通常被认为是性质类似案件。

第三，案件的争议点类似。即案件中争议的问题相同，例如，都是以是否构成根本违约为争议的焦点；再如，在 2001 年云南省高院审理的一起医疗事故纠纷中，再审法官在“驳回申诉通知书”中，参考 2009 年 9 月 7 日北京市海淀区法院审理的“贾国宇案”，论证了精神损害赔偿的合理性，从而支持原告的请求。[②] 一般而言，争议点的类似性还是要根据原告的主张和被告的抗辩来判断。

第四，案件所争议的法律问题具有相似性。例如，待决案件是产品责任案件，其主要涉及是否是设计缺陷，而指导性案例也是处理相同的问题。在“老糟坊”商标侵权纠纷案中[③]，最高人民法院认为，使用在相同或者类似商品上的两个商标，如果普通消费者施以一般注意力，难以区分其差别，就可以推定这两个商标具有造成误认的可能性，构成近似。这一案件中其争议的法律问题关键就在于如何判断两个商标之间构成近似。再如，在“胡骥超、周孔昭、石达成诉刘守忠、《遵义晚报》侵害名誉权案”中，最高人民法院认为：被告的行为可使社会一般人认为指向某个特定人，尽管被告并未指名道姓地诽谤该人，亦可认为指向该人。[④] 因此，在侵害名誉权的案件中，如果涉及影射侵害他人名誉权的，可以参照该案例来进行裁判。在将系争案件和指导性案例进行比较时，尤其应当考虑两

---

① 最高人民法院（2009）民申字第 509 号民事裁定书。

② 在该案件中，当事人在一家美容店做医学美容，由于美容师操作上的原因，美容做坏了，对当事人的容颜造成了损害。受害人要求在赔偿治疗费、修复费的同时赔偿精神损害，一审法院予以支持。被告美容师对法院判决赔偿精神损害不服，进行申诉。参见张琪：《论寻找指导性案例的方法》载《中外法学》2009 年第 3 期。

③ 最高人民法院（2001）民三终字第 9 号民事判决书。

④ 最高人民法院《关于胡骥超、周孔昭、石述成诉刘守忠、遵义晚报社侵害名誉权一案的复函》（1991 年 5 月 13 日）。

个案件之中所蕴含的价值冲突是否类似，是否需要进行价值的选择和平衡。例如，系争案件是婚姻当事人将其财产赠与给第三者的案件，这里涉及财产处分自由与善良风俗之间的冲突，法官就需要参照前述“泸州二奶遗赠案”来裁判。

凡是具备了上述特点的案件都可以认为与指导性案例之间存在类似性，由此可以看出，类似性的判断就是逻辑上类比方法的运用。在逻辑学上，类比推理原理的可靠程度是建立在两个事物相同属性之间相关程度的基础之上的。这种相关程度愈高，类比推理的可靠性就愈大。[①] 类推是类比推理原则在解释学中的运用，因此，类推适用中也应当要求“相关程度”，或者称为“类似性”。在类推适用中，类似性判断是其最关键的步骤。这是因为，类推顾名思义就是建立在类似性基础上的推导。诚如考夫曼所言：“类推介于同一与差异之间!”[②] 因此裁判者必须谨慎对待类推方法，深入分析指导性案例与系争案件的相似之处与差异之处，认真选择比较点，使类比推理的过程具有合理性，这样才能得出科学的结论。法官在运用类比方法进行类似性的判断时，一是要从积极方面进行类似性比较，凡是越与先前的指导性案例相似的，就越具有参照适用的可能性。一般而言，涉及的法律事实越具体，就越可能参照适用先前的指导性案例。例如，关于机动车是否包括电瓶车，如果相关案例有如此的解释，也是可以参考的。二是从消极方面进行类似性比较。这就是说，在进行类似性比较时，法院可以从差异性角度来进行比较，差异性越大，则参照的可能性就越小。

在方法论上，参照指导性案例进行法律适用是一种方法，一旦确定了相似性，就应当按照指导性案例的裁判结论得出裁判结论。当法官在审理类似案件时，应当参照指导性案例而未参照的，法官应当进行充分的说理论证，提出能够令人信服的理由。[③] 若法官未进行充分说理，则二审法院应认定为法律适用错误，应当予以改判。

---

① 李廉、张桂岳、孙志成主编：《逻辑科学纲要》，湖南人民出版社 1986 年版，第 235 页。

② ［德］考夫曼：《法律哲学》，刘幸义等译，法律出版社 2004 年版，第 118 页。

③ 蒋安杰：《最高人民法院研究室主任胡云腾——人民法院案例指导制度的构建》，载《法制资讯》2011 年第 1 期。

第三编

法律解释学

第七章
狭义法律解释方法

解释法律，系法律学之开端，并为其基础，系一项科学性之工作，但又为一种艺术。[①] ——［德］萨维尼

抽象的条文并不能对具体案件进行裁判。[②] ——［美］霍姆斯

解释学是一门艺术，即从文本中得出其中没有的东西。[③] ——［德］奥多·马克瓦德

案例：

1. “惊牛践踏秧苗案”：某日，村民夏某赶牛回家途中，牛遇到一群野狗，受到惊吓，将路旁的田地里梁某的秧苗践踏，导致梁某遭受财产损失。受害人梁某请求夏某赔偿，但是夏某拒绝赔偿。梁某起诉到法院。《民法典》第1245条规定：“饲养的动物造成他人损害的，动物饲养人或者管理人应当承担侵权责任；但是，能够证明损害是因被侵权人故意或者重大过失造成的，可以不承担或者减

① 王泽鉴：《法律思维与民法实例》，中国政法大学出版社2001年版，第212页。

② Oliver Wendell Holmes Jr., *The Common Law*, Boston, Little, Brown, and Compant, 1881, p. 5.

③ ［德］魏德士：《法理学》，吴越等译，法律出版社2005年版，第303页。

轻责任。”对该条规定的“饲养的动物造成他人损害”，学者之间存在不同理解。一种观点认为，此处所说的“动物造成他人损害”，是指造成他人人身损害，而不包括财产损害，所以牛造成秧苗损害，不应当赔偿。另一种观点认为，此处所说的“动物造成他人损害”，既包括造成他人人身损害，也包括造成他人财产损害，所以，牛造成秧苗损害，也应当予以赔偿。

2. “音乐设备留置案”：乐都公司是一家经营音乐器材的公司。因为它的音乐设备出现了故障，便将其价值约 50 万元的一台设备交付给专门的维修公司京鑫公司进行维修。此前，京鑫公司曾经卖给乐都公司 50 台电脑，其中 5 万元的价款乐都公司还没有支付。在设备维修完毕以后，乐都公司支付了维修费用，但是，京鑫公司以此前的货款没有支付完毕为由，对该音乐设备进行了留置。乐都公司提出异议：一方面，维修音乐设备与电脑货款无关，另一方面，电脑货款仅欠 5 万元，而被留置的那台音乐设备的价值约 50 万元，远远超出了债权数额，所以京鑫公司不得留置该批货物。第一方面的异议并不能成立，因为商事留置权中对于留置的标的物与债权之间的牵连性的要求不同，反映在我国《民法典》上，便是对“同一法律关系”的例外规定。① 因此本案中得以成立商事留置权。第二方面的异议是否成立，取决于该批音乐设备是否属于可分割物。我国《民法典》第 450 条规定：“留置财产为可分物的，留置财产的价值应当相当于债务的金额。”如果是可分物，则确实不能将整批货物留置，因为债权数额仅为 5 万元，只需留置相当于 5 万元价值的设备即可。但如果该批设备不可分割，则京鑫公司有权留置整批货物以担保其债权。

3. “海鲜产品变质损害案”：某年 7 月中旬，位于重庆市区某路段的张某中午开车上高速路，因为违章并线，与前行车辆追尾，导致被撞车辆尾灯损害，且两车因相撞横跨马路。两人下车以后发生争吵，导致严重交通堵塞（后交警认定张某负全责）。紧跟其后的一辆冷藏大货车因堵塞受阻 3 个多小时，到达目的地的时间比预定时间晚了 3 小时，车载部分海鲜已经变质，且未能赶上某五星级饭

---

① 孟强：《论我国〈物权法〉上的商事留置权》，载《政治与法律》2008 年第 10 期。

店的大型晚宴筹备活动，造成该酒店营业收入损失 5 万元。该酒店和货运公司要求张某赔偿 6 万元损失。本案涉及对《民法典》第 1165 条第 1 款关于“行为人因过错侵害他人民事权益造成损害的，应当承担侵权责任”的规定中“侵害他人民事权益”是否包括纯粹经济损失的问题，这在学界一直存在争议。

4. “汽车自燃致损案”：张某从某经销商处购买了某厂家生产的汽车一辆，置于仓库之中。后来，在起动时，发动机起火，导致汽车本身被烧毁，仓库中其他物品并没有遭受损害，车主也没有遭受人身损害。张某无法找到经销商，他以该厂家为被告，基于产品责任请求赔偿。一审法院认为，该案不符合《产品质量法》第 41 条的规定，张某于是依据《民法典》第 1202 条的规定，提起上诉，要求赔偿。

5. “无人居住小岛所有权争议案”：位于某市 30 海里的地方有一个小岛，长期无人居住。后来，海边某渔村欲将该荒岛开发为旅游度假村。但当地海域管理部门认为“无人居住的海岛应为国家所有，申请较早的村庄并不享有荒岛的所有权，只有在申请海域使用权之后才能开发”。双方为此发生争议，争议的焦点是“无人居住的荒岛是否属于国家所有?”一审法院认为，我国目前尚无法律明文规定无人居住的海岛属于集体所有。而从我国海域和土地的所有权体系来看，只有国家所有权和集体所有权两种形式，因此，既然海上无人居住的海岛不属于集体所有，其就只能是国家所有。

第一节　狭义法律解释方法概述

在讨论了司法三段论之后，有必要就法律解释方法展开研讨。法律解释方法是在司法三段论的框架中进行的一项寻找大前提的作业，同时也是确定与案件的事实最密切联系规则的重要方法。法律解释方法包括狭义法律解释方法、不确定概念和一般条款的类型化、漏洞填补。下面我们分别对此进行探讨。

一、狭义的法律解释方法的概念和特征

所谓狭义的法律解释，是指在待决案件已有法律规定的情况下，法官在法律文义的可能范围之内所进行的解释。[①] 而在可能文义范围内进行解释的方法，都是狭义法律解释的方法，包括文义解释、体系解释等。如果说对于漏洞填补、价值补充等方法，目前尚没有形成共识，但对于狭义的法律解释方法已经逐渐形成共识。在此基础上，法律解释学才能够作为一门科学逐渐成熟。

“法无解释不得适用”，此处所说的解释并不仅仅是指正确阐释法律条文的文义与立法意旨，从而准确适用法律，也包括通过解释消除歧义，弥补因条文模糊甚至疏漏可能产生的问题。在《民法典》颁布之后，有关民事法律的基本规则已经基本形成，并不需要司法解释创设过多的新规则。但是应当看到，《民法典》的诸多规定仍然较为抽象和原则，有些规定可能只考虑到了某一方面的作用，而忽略了其在另一方面可能带来的副作用。例如，《民法典》第997条规定：“民事主体有证据证明行为人正在实施或者即将实施侵害其人格权的违法行为，不及时制止将使其合法权益受到难以弥补的损害的，有权依法向人民法院申请采取责令行为人停止有关行为的措施。”这就在法律上规定了侵害人格权的禁令制度，从

① 杨仁寿：《法学方法论》，三民书局1986年版，第119页。

总体上看，《民法典》第 997 条的规定仍然过于抽象、原则，例如，何为有证据证明？需要证明到何种程度？如何理解“不及时制止将使其合法权益受到难以弥补的损害”？《民法典》并未作出明确规定，应当由法官在裁判中作出解释。在《民法典》实施后，不能立即展开法典的修法工作。只能通过法律解释的工作，在《民法典》的适用中弥补这些规定的不足。在《民法典》颁布后，我国民事领域的法治建设所迫切需要的，是如何有效解释和适用《民法典》。通过解释弥补现有法律体系的不足，消除现有法律之间的矛盾，使法律得到有效适用，最大限度地发挥立法的效用。这正是法律解释在今天所应发挥的功能。因此，无论是立法者，还是司法者，都应当高度重视法律解释问题，法学研究也应当比以往更重视法律解释。这也是成文法国家法律发展史上的重要规律。正如帕特森所言：“毋庸置疑，我们的时代是解释的时代。从自然科学到社会科学、人文科学到艺术，有大量的数据显示，解释成为 20 世纪后期最重要的研究主题。在法律中，‘向解释学转向’的重要性怎么评价也不过分。”①

狭义的法律解释方法的特点在于：

第一，它以法律对于待决案件的裁判依据已有规定为适用前提。所谓待决案件，确切地说，就是案件事实。案件事实是法律适用中的小前提。狭义的法律解释方法，就是要寻找法律适用中的大前提，将其运用到待决案件之中。狭义的法律解释方法不同于漏洞填补方法之处就在于法律对特定案件事实的裁判依据已经作出了规定。这种规定可能是集中的，也可能是分散的；可能是法律本身已经作出了针对性的规定，也可能是不清晰的，或者是过于抽象的。但是无论如何，在适用狭义的法律解释方法时，已经存在可供适用于待决案件裁判的成文法的规定。如果法律对于待决案件作出了规定，法官不仅要找出相应的规定，而且要将其与案件相连接。因此，在狭义的法律解释中，存在容易查找到的、以语言形式存在的制定法。而在漏洞填补的情况下，并不存在制定法，法官也无法得到类似

---

① ［美］帕特森：《法律与真理》，陈锐译，中国法制出版社 2007 年版，序言。

的提示。[1] 这是狭义的法律解释方法与漏洞填补方法的重要区别。

第二，它以探究法条的可能文义为适用的界限。通说认为，狭义的法律解释与漏洞填补的区别在于，狭义法律解释并未超出法条的可能文义，而漏洞填补则超出了法条的可能文义。只要判决是依据法律的文义而作出的，在文义范围内进行解释就可以认为是直接遵从了立法者的命令。如果超出了文义的可能范围，就必须借助其他的理由来加以论证和说明。[2] 因为狭义法律解释方法是在文义的可能范围之内进行的解释，所以各种狭义法律解释方法都必须以法律文本为基础进行。而法律漏洞通常是在没有法律规定，或者规定之间存在矛盾等情况下，法官需要创造性地探究合理的法律规则。在漏洞填补中，其对象并非文本，所以，不宜将其置于狭义的法律解释方法之中。

在确定法律文本的可能文义范围时，必须要区分规范的核心文义和边缘文义。所谓核心文义，是指法律文本的最基本含义；所谓边缘文义，是指法律文本中除核心文义的部分。法律文本中使用的大多数概念，具有稳定的意义内核，但同时具有一个“边缘领域”，需要通过解释来确定其含义。此种分类最早是由以奥斯汀为代表的“牛津学派”和以维特根斯坦为代表的“剑桥学派”认识到，后来由哈特所采用，并被德国学者广泛借鉴。[3] 利益法学的创始人赫克曾经形象地描述道，“概念的核心、距离最近的词义、概念的延伸使我们认识了陌生的词。它好比黑暗中被月晕围绕的月亮”[4]。赫克主张将概念分为概念核心（Begriffskern）及概念外围（Begriffshof）来认识。在概念核心里，概念的内容和范围是完全清楚的；在其周围则是概念的外围，在此即有许多疑问产生，愈向外围，争议愈大。例如土地、家具、食品是“物”，但是电力或空中的烟雾是否为物，则就不那么

① Franz Bydlinski，Juristische Methodenlehre und Rechtsbegriff，Wien/New York，Springer-Verlag，1982，S. 470.

② Claus-Wilhelm Canaris，Die Feststellung von Lücken im Gesetz，Berlin，Duncker & Humblot，1983，S. 20.

③ 朱虎：《法律关系与私法体系》，中国法制出版社 2004 年版，第 29 页注 1。

④ ［德］魏德士：《法理学》，吴越等译，法律出版社 2005 年版，第 79 页。

明白。[①] 虽然在概念含义的边缘区域，法条的文义是比较模糊的，但是，超出该边缘区域的解释就属于漏洞填补，也称为法律补充。狭义的法律解释要重构现行法的规定，而漏洞填补则要超出现行法。[②] 考夫曼认为，应当区分规范的核心范围与边缘范围。[③]即使是具体的法律概念，也具有抽象的内容，当法官对各种利益进行衡量时，需要看所调整的内容是法律概念的核心领域还是处于法律概念的“边缘”调整的内容。[④] 例如，对《道路交通安全法》第76条中的“机动车一方”一词的理解，就该词的核心文义来说，是指实际控制机动车的人，除此之外，机动车的占有人、所有人、买受人、承租人等，这些都处于该词的边缘区域。但如果将机动车驾驶人的挂靠单位，都作为机动车一方来解释，这就超出了法律的文义可能范围。可能的文义范围也是对法官进行解释的一种约束，在此范围内，法官应运用狭义解释方法确定法律的含义。

第三，它在本质上是解释性而非创造性的方法。狭义解释方法是在法律有明确规定的情况下所进行的解释，因此，这一方法只能是针对既有的法律规范所进行的阐释，而不是创造性的过程。法官进行此种解释只不过是适用法律，而不是创造法律，应受到立法者比较严格的拘束。狭义的法律解释方法是描述性和解释性的，而漏洞填补方法是创造性和补充性的。在狭义的法律解释方法中，也存在价值判断，但是，不能超出法律文义的可能范围。

第四，它是法律解释最常用的方法。在法律解释中，法律漏洞的出现是非常态的。一般来说，成文法都可以规范待决案件的裁判。既有的法律规定基本上可以满足裁判的需要，而不必借助于法官造法的方式。从法官的日常审判实践来看，其基本上都是在运用狭义的法律解释方法来解释法律。在我国，随着立法的不断完善，出现法律漏洞的情形越来越少。尤其是，法律解释的根本目的是要探

① Karl Engisch, Thomas Würtenberger & Dirk Otto, Einfuehrung in das juristische Denken, Kohlhammer, 11. Aufl., 2010, S. 108.

② Franz Bydlinski, Juristische Methodenlehre und Rechtsbegriff, Wien/New York, Springer-Verlag, 1982, S. 469.

③ ［德］考夫曼：《法律哲学》，刘幸义译，法律出版社2005年版，第127页。

④ 许中缘：《论体系化的民法与民法的体系化》，法律出版社2007年版，第103页。

求制定法的目的，通过立法目的的考量，将现行的规定适用于待决案件，而狭义的法律解释就是发现法律、探求法律真意的过程，它最直接、最充分地体现了法律适用的特点。

二、狭义法律解释方法的适用顺序

各种法律解释方法在适用中很难说存在绝对的、非常明晰的优先次序，但是，各种解释方法之间也并不是不存在任何顺序，此种顺序主要是引导法官正确思考的路径或思维的方式。我们不能说某种方法绝对优先于另一种方法。这是因为各种解释方法对于立法者本意的尊重程度存在差异。通常而言，对司法者自由裁量限制越多的解释方法处于较为优先的序位。例如，文义解释是直接依照立法者设计的法律条文来确定其含义，充分体现了裁判者对立法者及其价值判断的尊重，故文义解释具最优先地位。而体系解释是依据法律的上下文确定相关法律规则的含义，仍然是依据法律文本发现立法者的价值判断结论。从各种解释方法对于发现文本的可能文义的功能来看也是不一样的。就狭义的法律解释而言，其方法大致可以分为三大类：文义解释、论理解释（包括体系解释、目的解释、历史解释、合宪性解释等）、社会学解释。就此三类法律解释方法而言，如果文义解释不能得出唯一的解释结论，就应当运用体系解释方法，借助法条之间的关系来进行解释。通过体系解释仍然不能消除法条含义的模糊性，就应当运用历史解释方法。通过历史解释仍然不能得出解释结论，才应当采用目的解释方法。[①] 最后是社会学解释。凡是能够从文本中得出解释结论的，就不应当采用过多的价值评价。正是基于这一原因，文义解释应当置于所有法律解释方法之首，而与文本联系密切的方法，如体系解释、当然解释、反面解释等，都应当置于其他的法律解释方法之前来运用。笔者认为，可以大体上依照文义解释、体系解释、当然解释、反面解释、限缩解释和扩张解释、历史解释、目的解释、合宪性解释的顺序

① Franz Bydlinski，Juristische Methodenlehre und Rechtsbegriff，Wien/New York 1982，S. 557.

依次进行。

1. 确定文义可能包括的范围

确定文义可能包括的范围的方法包括文义解释、体系解释、当然解释和反面解释。这些方法应当按照如下顺序考虑。

第一，首先应当采用文义解释的方法。文义解释应当置于各种法律解释方法之首。文义解释确定了法律文义的可能范围，而这一范围就是狭义的法律解释和漏洞填补区分的基础。所以，文义解释是各种法律解释方法的起点。

第二，在文义解释之后，应当采用体系解释的方法。如果文义解释无法揭示出条文的真实含义，则应该考虑采取体系解释的方法，考虑和其他条文、制度的整合性以及可以适用于其他相似事态、状态的法律条文的整合性。[①] 体系解释实际上是结合具体法律条文所处的上下文、在某一制度整体中所处的地位等因素来进行解释；这可以被看作是对文本全部含义的进一步挖掘和再现，它和文义解释一起，都是为了防止解释活动偏离文本本身。

第三，在探寻可能文义的过程中，也可以采用当然解释和反面解释的方法确定含义。这两种方法实际上是由文义解释派生的具体解释方法，是从文义中的逻辑关系推导出文字的真实含义。之所以将这两种方式排在文义解释和体系解释之后，是因为这两种解释方法和文义及体系解释方法具有密切的联系。在许多情况下，在进行文义解释的同时，也会运用到两种解释方法。在当然解释的情况下，虽然法律条文的字面含义不能包括待决案件，但是，通过对其进行“扩张”就可以适用；而且此种“扩张”还处于法条文义的可预测范围。反面解释采用形式逻辑的推理方法。在反面解释中，法律条文的核心文义是清晰的，其适用范围是比较明确的。另外，采用这两种方法不需要进行过多的价值评价，因此应当将这两种方法置于目的解释、历史解释等解释方法之前。

第四，在探寻可能文义的过程中，也有必要采用限缩解释和扩张解释的方法。限缩解释和扩张解释，都是从字面上来对文义进行的客观的阐释，其本来与

---

① ［日］星野英一：《民法的另一种学习方法》，法律出版社 2008 年版，第 184 页。

文义解释存在特殊的联系，甚至有人将其称为文义解释的方法。但事实上，限缩或者扩张只是在探究了目的之后的操作，有时候是在体系解释之后进行的限缩或者扩张。裁判者不能凭空对于法条的文义进行任意扩张或限缩。

2. 立法目的考量

立法目的考量应当置于可能文义的确定之后，但又应当置于社会效果等价值评价之前。其原因主要在于：

第一，立法目的的探究仍然是以法律条文本身作为基础进行的，属于法内解释的范畴。我们所谓的立法目的的考量，是文字背后体现的立法者的真实意图，是立法者的通过法律条文直接体现出来的具体立法目的。探讨立法目的也必须围绕着法律条文展开，目的解释往往可以通过法律文本就可以进行直接判断，通过对法律文本的解读，可以探寻立法的目的。因为目的解释没有脱离文本。从立法论上看，是目的产生了条文；而从法律解释上看，只能从条文本身来研究立法目的。因此，对立法目的的探究不能离开法律条文，也正是这个原因，立法目的的探究应当置于文义范围确定之后。

第二，可能文义的探究是目的解释方法的前置程序。如果通过文义解释得出的结论是单一的，那么其通常可以直接作为法律解释的最终结论。如果通过体系解释等方法能够确定可能的文义，且不存在复数解释的可能，则应当以该文义作为解释的结论，这也是优先确定可能的文义的原因。但是，可能的文义也可能是复数的，解释者就必须借助于立法目的来进一步确定可能的文义。所以，在法律解释中，目的探究不是法律解释的最终目标，而是确定法律文本意思的手段。从这个意义上讲，目的解释应当置于文义、体系解释等方法之后。

第三，目的解释应当优先于文义、体系解释方法之外的其他解释方法。这就是说，除了能够直接确定文本的单一含义的解释方法（如文义、体系、当然解释、反面解释）之外，目的解释可以优先于其他法律解释方法。一方面，目的解释是在直接确定文本之外的最佳方法，因为目的是解释立法者真实意图的最佳判断因素，立法活动的展开和立法文本的设计，都是围绕立法目的的实现来进行的。另一方面，其他的一些方式都要以目的解释为基础。此外，在探寻可能文义的过程中，也有必要直接运用目的解释来推导出法条文义。目的解释既可以与体系解释交叉使用，也可以从文义解释直接进入目的解释。

3. 社会效果等价值评价

在探寻法律条文的文义过程中也有必要考虑社会效果。之所以将社会效果等价值评价作为第三个步骤，首先是因为其在一定程度上脱离了法律文本，以法律之外的因素作为解释的依据，属于法外解释的范畴。因此，较之于可能文义的确定和立法目的解释，其赋予了法官更大的自由裁量余地，更可能导致解释的主观性。其次，这些素材是立法者在立法过程中未必考虑到的情况。尤其是因为法律具有滞后性，所以依据立法当时状况制定的法律规则未必适应未来社会的需要，因此需要社会学解释等方法推动法律与时俱进。还要看到，如果过分强调法律的社会效果，将社会效果评价置于文义、体系、目的等解释方法之前，就意味着法官在解释时就可以脱离法律的束缚，完全根据法官自己理解的社会效果自由裁量。这可能影响法律的安定性和权威性，容易造成法官专断。[①] 所以，社会学解释方法只能在前述各种解释方法穷尽之后，才有其发挥作用的余地。

4. 合宪性解释

在探寻法律文本含义的过程中，也可以考虑运用合宪性解释。之所以将其作为狭义解释的最后一种解释方法，是因为这种解释方法将部门法置于宪法条文的审视之下，是在法律条文出现重大争议而难以通过其他狭义解释方法判断的情况下才能运用的解释方法。合宪性解释主要是通过宪法来对法律解释进行“范围性控制”，即对于法律的诸种解释结论，都不得超出宪法许可的范围，凡是与宪法的原则和精神相互冲突的解释，都不能成为最终的解释结论。合宪性解释主要发挥选择和排除的功能，即在诸多解释的结论中选择具有合宪性的并且排除违反宪法精神的结论。

在狭义的法律解释方法中，按照此种先后顺序，有可能寻找到最妥当的解释

① 江必新：《在法律之内寻求社会效果》，载《中国法学》2009 年第 3 期。

结论。解释方法的顺序给解释者提供了一种指引，解释者只有依循这种方法来展开，才能获得最妥当的解释结论。试举一例进行分析：张某向李某借款，以其一辆汽车作为质押标的物。后来李某的债权超过了诉讼时效，而李某仍然占有该汽车，其希望通过变卖该汽车来实现自己的债权。张某却主张，主债权的诉讼时效届满，质权也已经消灭，李某不能行使质权。本案中，质权是否因其主债权存续期间届满而消灭？不同的学者依据不同解释方法得出了相反的结论。具体来说，有如下几种解释方法及其结论：一是文义解释说。此种观点认为，根据最高人民法院《关于适用〈中华人民共和国民法典〉有关担保制度的解释》第 44 条第 3 款的规定，“主债权诉讼时效期间届满的法律后果，以登记作为公示方式的权利质权，参照适用第一款的规定”。质押权即属此处所谓“担保物权”，因此，质权人可以在诉讼时效届满后 3 年内行使其担保物权。二是体系解释说。此种观点认为，依据我国《民法典》第 419 条的规定，“抵押权人应当在主债权诉讼时效期间行使抵押权；未行使的，人民法院不予保护”。据此，抵押权的存续期间与诉讼时效期间相同。根据“明示其一、排斥其他”的规则，质权的存续期限与诉讼时效期间并不相同，其仍然应当适用上述司法解释的规定。因此，本案中质权人有权行使质权。三是历史解释说。此种观点认为，通过历史资料考察可见，立法者不认可质权的存续期间。因为《民法典》第 419 条的规定来源于《物权法》第 202 条，考察该条制定的历史可见，《物权法》二次审议稿（2004 年 10 月）第 221 条规定：“债务人未履行到期债务的，担保物权人可以依照本法和其他法律规定实现担保物权。主债权诉讼时效期间届满未行使担保物权的，担保物权消灭。”但《物权法》最终未作出此种规定。《民法典》保留了《物权法》的立场。因此，应当认为立法者不再坚持二审稿的立场，即在主债权消灭之后，质权可以继续有效存在。四是类推适用说。此种观点认为，我国《民法典》第 427 条要求质押合同规定“债务人履行债务的期限”，而没有规定质权的存续期间。因此，可以类推适用《民法典》关于抵押权的存续期间。五是比较法解释。此种观点认为，在质权的存续期间没有规定的情况下，构成法律漏洞，应当根据比较法来确定。例如，我国台湾地区“民法”规定，质权的存续期间是自主债权诉讼时效期间届满后 3 年；日本民法规定，质权的存续期间是主债权诉讼时效期间届满后 5 年。可以借鉴这些规定，确定我国质权的存续期间。笔者认为，质权的存续期限与抵押权的存续期限类似，如果不作类似处理，会导致法秩序的内部矛盾，在狭义的法律解释中，如果能够通过位序在先的解释方法得出结论，原则上不必考虑位序在后的法律解释方法的运用。在本案中，通过文义、体系解释无法得出妥当结论，所以需要运用漏洞填补的方法。

需要指出的是，我们所说的解释顺序只是一种指引，它并非强制性的规则，在个案中，并非绝对遵循这一顺序才能得出妥当的解释结论。因为在某些情况下，后位的解释方法更有利于获得符合立法者意思或立法目的的结论。例如，如果法律颁布不久，探究立法者原意是比较容易的，甚至在我国，一部法律颁布之后就会出版参与立法的人员撰写的释义书，这就为历史解释提供了有利条件。如果能够通过历史解释准确地阐释立法者的真实意图，历史解释方法可能比体系解释等方法更优先适用。举例而言，《民法典》第 440 条关于应收账款质押是否包括收费权质押？从全国人大法工委的释义中直接可以看出，立法意图是包括了收费权质押的[①]，因此，这种解释比体系解释更能反映立法者的意图。

第二节 文义解释

一、文义解释的概念

文义解释，是指对法律文本的字面含义所进行的解释[②]，或者说，是根据制定法的字面含义进行的一种具体化的解释。一方面，文义解释是针对法律文本的字面含义，按照语法结构和语言规则、通常理解等方法所进行的解释。例如，按照法律条文的词组联系、句子结构、文字结构、文字排列及标点符号等解释法律

① 黄薇主编：《中华人民共和国民法典物权编解读》，中国法制出版社 2020 年版，第 783 页。
② 王泽鉴：《民法总则》，中国政法大学出版社 2001 年版，第 51 页。

文本的字面含义。另一方面，文义解释原则上就是要使文本的字面含义具体化，阐释其字面含义，确定文本的准确意思。例如，《民法典》第 1165 条第 1 款规定："行为人因过错侵害他人民事权益造成损害的，应当承担侵权责任。"一般认为，该条属于过错责任的一般条款，可以普遍适用于法律没有规定的各种侵权责任发生的情况。但法官在处理一些法律没有特别规定的侵权案件时，如何适用《民法典》第 1165 条第 1 款的规定就需要解释。例如，在前述"醉酒冻伤案"中，受害人喝醉酒以后，被告将其送到家门口，但并未将其送进房屋，导致其在冬天被冻伤，这属于因先前行为引发的违反安全保障义务的责任，但因为《民法典》第 1198 条只规定了场所责任和组织者责任，所以该条不能涵盖此种案型。此时，法官就可以适用上述过错责任的一般条款。从文义解释的角度来看，《民法典》第 1165 条第 1 款中至少有如下问题需要解释：一是基本概念的解释，即行为人、过错、侵害、民事权益、侵权责任的概念是什么。二是适用范围的解释。从适用范围来看，该条没有以"法律规定"来限制，可见其是普遍适用于法律没有特别规定之外的各种侵权情形的。① 鉴于本案的情形是《民法典》侵权责任编没有特别规定的，且行为人因过错侵害了受害人的民事权益，因此可以适用过错侵权责任的一般条款。

法律以文本为其载体，或者说，它是以书面语言的形式出现的。因此，文义解释就是对书面语言即法律文本的字面含义的解释，它是法律解释中最常用、最基础的解释方法。从法律解释学上来说，文义解释不同于其他社会科学上的解释，它解释的对象是法律文本，而且其解释活动是在适用法律过程中进行的。在法律解释学上，文义解释是一种特殊的解释方法，较之于其他解释方法，具有自己的特点。

第一，它是对法律文本的字面含义所进行的具体化的阐释。解释法律概念等是为了准确把握整个法条的含义。从对文本解释的实际过程来看，往往是解释者结合自身的经验、按照一般的理解，来阐释特定文本的可能含义。一方面，文义

① 此种方法也可以归纳到体系解释的范畴之中。

解释应当以文本为基准，就法条论法条，就文字论文字来阐释文本的含义。另一方面，解释者要依循法律文本所表述出来的客观含义进行解释，不可对规则的含义随意扩张或缩小，使解释的含义与文本的字面含义发生过分的偏离。虽然在许多情况下，单纯从文义出发进行解释，并不能准确地解释法条的真正含义，需要目的解释、体系解释等配合适用，但文义解释本身并不需要探究立法目的或作过多的价值判断，否则就容易脱离文义解释而进入目的解释等其他解释方法领域了。文义解释存在的假设前提是，法律文本非常确切地表达了立法者的意图，并且立法者也使用了充分地表达其意图的措辞。①

第二，它原则上不考虑法条字面含义以外的因素。文义解释是一种独立的法律解释方法，与其他法律解释方法的区别就在于其仅仅考虑法条的字面含义，而不考虑其他因素。相对于其他解释方法而言，文义解释的依据相对比较单纯，可以说是“就法条论法条”。例如，《民法典》第1183规定：“侵害自然人人身权益造成严重精神损害的，被侵权人有权请求精神损害赔偿。”从文义解释来看，该条规定将精神损害赔偿仅仅限于“侵害他人人身权益”的情形，没有包括侵害财产权益的情形，如果认为精神损害赔偿可以包括特殊情况下侵害财产权益的情况，则超出了该条规定的文义范围，需要采用其他的解释方法论证。文义解释是对字面含义进行具体化的阐释，既不需要对其进行扩张，也不需要对其进行限缩。一方面，文义解释一般不需要法官进行价值判断。文义解释是依据法律文本的通常含义、依据文义解释的一般规则，从而确定法律解释的结论。② 在文义解释的情况下，不需要作过多的价值判断，当然，在解释过程中，在对文本的字面含义进行具体化的过程中，并非不考虑任何法律的价值判断，但是文义解释仍限于文义本身。另一方面，文义解释所依据的解释材料是法律规范本身所包含的。③ 这就是说，文义解释仅仅是针对文本本身来解释法条，通过对文本所使用

① Jean-Louis Bergel，Méthode juridique，PUF，Thémis，Droit privé，2001，pp. 246－248.

② Miranda Oshige Mcgowan，“What is Legal Interpretations? Against Interpretation”，42 *San Diego L. Rev.* 711. 2005.

③ F. Bydlinski，Juristische Methodenlehre und Rechtsbegriff，Wien/New York 1982，S. 437.

语言的含义来进行解释。这是文义解释与其他狭义法律解释方法的区别所在，其他的狭义法律解释方法依据的解释材料是待解释法条以外的因素，如立法史、立法目的、社会学效果、比较法等。从这个意义上说，文义解释的方法相对简单。

第三，它不需要借助于其他方式来解释，文义解释是所有法律解释方法中最独立的方式。各种解释方法最终都要厘清概念、术语、法条的含义，但是，并非所有的方法都是文义解释的方法。如果在文义的阐释中借助了其他因素，就是其他法律解释方法的运用。例如，借助法律的外在体系来解释，就在文义解释的基础上借助了体系解释的方法。文义解释的重要特点在于，其不需要借助于立法目的考量和立法资料的考证，来确定立法者的立法目的，而直接可以从法律文本的字面含义出发对其进行阐释。如果文义解释中的标准包含了其他狭义法律解释方法中的标准，就会导致文义解释方法架空了其他法律解释方法，也使得文义解释变成内涵宽泛、无所不包的解释方法，完全替代了其他的解释方法。正是因为文义解释不需要借助于其他方式来解释，所以，它原则上不涉及价值判断。如果文义解释涉及价值判断，实际上就成为通过其他方式来进行的解释，如目的解释等。例如，我国有关法律中经常提到“由国务院制定”等字样。但是，“国务院”是否仅指国务院本身，还是包括国务院各部委？对此存在不同的看法。有学者认为，“国务院制定”是指国务院制定的行政法规，而不能包括各部委制定的规章、办法等。也有学者认为，“国务院制定”是指以国务院名义发布的规范性法律文件，并不限于行政法规。有学者认为，各部委都是国务院的组成部分，因此，国务院各部委也属于国务院。另有学者认为，“规定”不等于“制定”，“制定”就只限于国务院的行政法规，而“规定”的含义包含得非常宽泛。要解决这一争议，必须要探讨立法者的本意究竟是限于国务院层面的规定，还是可以适当放宽。这实际上是借助历史解释的方法来确定特定法条的含义。

第四，它原则上是按照人们通常的理解进行解释。一方面，文义解释要按照语义学上的方法进行解释。这就是说，文义解释要借助于词典、习惯的理解等方式确定法律条文的含义。例如，《民法典》物权编中的“占有”，在语义学上的含义就是控制和支配。另一方面，文义解释要按照法律的通常含义进行理解。这就是说，许多法律用语和日常生活用语是有区别的，其往往指称某一法律现象或法律过程。例如，侵权责任编中的“补偿”与生活中的“补偿”的含义不同，生活中的“补偿”与赔偿的含义相同，而该编中的“补偿”是按照公平原则进行的赔偿。

探求法律文本的文义是法律解释的首要目的。文义解释是所有法律解释的起点，也是一切法律解释的终点。“法学之终极目的，固在穷究法之目的，惟终不能离开法文字句。”[①] 但文义解释必须在可能文义的范围内，且主要是对核心文义进行解释，确定可能文义的范围，包括确定法律条文的核心文义和边缘文义。法律条文的含义可以进一步区分为核心文义和边缘文义。在核心文义的范围内，法律的适用通常是没有争议的，如果待决案件处于该范围内，就可以直接得出结论，不必进一步进行解释。如果要对边缘文义进行解释，则可能需要借助于目的性扩张、类推适用等方法。例如，在诉讼时效制度中，我国《民法典》第 195 条规定，权利人提起诉讼可以导致诉讼时效中断。如果待决案件中的债权人申请追加当事人，这应当仍然处于“提起诉讼”的文义射程范围之内，这可以通过扩张解释，从而适用《民法典》第 195 条。而如果债权人申请仲裁，则应当解释为申请仲裁已经超出了“提起诉讼”的文义射程范围，这就构成法律漏洞，解释者可以通过目的性扩张来填补法律漏洞。[②]

二、文义解释的依据

在解释文义的过程中，主要从语义学和法律学的角度进行，具体来说：

1. 借助于法理进行解释

在进行文义解释时，应当借助于人们在法学领域的共识来进行。此处所说的共识主要是指法理。例如，对于“占有”的概念来说，虽然有事实说和权利说，但是，多数学者认为应当采事实说。因此，在解释这一概念时，应当借助多数学

① 杨仁寿：《法学方法论》，三民书局 1986 年版，第 120 页。

② 当然，《最高人民法院关于审理民事案件适用诉讼时效制度若干问题的规定》通过以后，这些解释方法就没有必要了，因为该规定第 13 条已经作出了明确规定。

者的见解。法理是长期法学研究的结果，也是法律人的共识，借助法理来解释法律的文义，既是法律解释科学性的要求，也是准确理解文义的需要。

2. 运用文法进行解释

文法，就是用词造句的规则系统，它是词的构成规则、变化规则、组合规则的总和。运用文法进行解释，主要是对法律条文的词组联系、句子结构、文字结构、文字排列及标点符号等进行语法结构的分析，从而阐明法律条文的含义和内容。[①] 文义解释就是要解释书面语言，首先需要通过语义学来解释，遵守汉语的基本文法和语法。例如，在关联词的选择方面，“或者”表明一种选择，“应当”表明法律的强制义务，“或”指替代方案，“和”指并列，“等”表示一种开放式的列举。在陈述的时态方面，法律使用现在时，就表明一种要求；法律使用将来时，表示一种必须达到的命令或强制。否定句表达的是一种禁止。[②] 当然，文义解释也不是简单的、仅从语义学的角度来阐释概念。文义首先应当按照社会一般人的理解进行解释。

3. 借助词典进行解释

在运用语言知识来解释法律条文的含义时，法官有时可以借助于词典。较之于个别法官对词语的理解，词典中的解释更为明确、可靠。当然，“词典对法律文本词语的解释只能提供解释的起点而不是依据词典来确定词语的终点”[③]。例如，我国《民法典》第1239条中规定了“易燃”“易爆”“剧毒”“放射性”等词语，这些专门词语需要借助词典进行解释。但词典的含义只是提供一种参考，不能直接成为法官作为论断的依据。[④] 例如，对于“信用”一词，《牛津法律大辞典》将其解释为“为得到或提供货物或服务后并不立即而是允诺在将来付给报酬的做法”，“一方是否通过信贷与另一方做交易，取决于他对债务人的特点、偿还能力和提供的担保的估计”[⑤]。这一解释可以作为法官解释的参考，但不能作为

---

① 任彦君：《刑法解释方法的选择和运用》，载《平顶山工学院学报》2007年第4期。

② Jean-Louis Bergel，Méthode juridique，PUF，Thémis，Droit privé，2001，pp. 246－248.

③ Bergen Evans，“But What's a Dictionary For?”，Atlantic Monthly，May 1962，at 62.

④ Pioneer Inv. Servs. v. Brunswick Assocs. Ltd.，113 S. Ct. 1489，1502 (1993).

⑤ ［英］戴维·M. 沃克主编：《牛津法律大辞典》，光明日报出版社1988年版，第225页。

解释的最终依据，因为它不是从信用权客体（即经济上的可靠性和经济上的支付能力）的角度，而是从交易对象的角度来理解“信用”一词的。

4. 根据文义的语境进行解释

语境，是指写作所处的环境。[①] 也就是说，在使用某个词时，其是在何种场合中使用特定的用语。语境包括言内语境、言伴语境、言外语境，解释学上所谓“情景化”（situation），即结合具体的情事来进行解释，也是指语境。[②] 语言的意义是在特定语境当中反复使用而形成的。如果所使用的语境没有发生变化，语义也不会发生变化。如果一般人对某个词语有通常的理解，表明该词语在当前所使用的语境也应当是统一的。法律作为大多数人的意志的体现，也应当被推定为与前述语境相同，因此，必须根据语境来把握语言的准确含义。

具体来说，理解文本的语境应当考虑如下几个方面的因素：一是语言在文本中所处的位置。正如霍姆斯所指出的，“即使是在字典里，一个词也通常有多种含义。因此，你必须考虑词所在的句子来确定其含义”[③]。这就是说，要从言内语境（包括文章的段落、语篇等所构成的语境）考虑，从某一法律文本的内在结构和上下文的体例安排来理解法律的文义。例如，《民法典》中“损害”的概念，其有时指的是财产损失，有时则既包括财产损失，也包括精神损害，甚至包括各种损失之外的危险、不当妨害等。为此需要根据具体的条款来予以确定。再如，《民法典》第 1166 条所规定的“损害”是作为名词使用的，而在其他条款中的“损害”又是作为动词使用的，这就要确定同一概念在不同语境下的含义。二是要考虑概念与概念的整体联系。在解释中，要区分不同的法律部门的概念，明确其可能具有的不同含义。例如，在民法上，含有过量的三聚氰胺的产品，可归入缺陷产品的范畴；而在刑法上，含有过量的三聚氰胺的产品，可能被认定为《刑法》第 144 条中的在生产、销售的食品中掺入的“有毒、有害的非食品物质原

---

① 谢晖：《法律的意义模糊及其救济方法》，载《法制与社会发展》2009 年第 1 期。

② Jeanne Simard，“L” interprétation législative au Canada：la théorie *à* l’épreuve de la pratique，in *R. J. T.*，vol. 35，2001，p. 645.

③ Oliver Wendell Holmes，“The Theory of Legal Interpretation”，*Harvard Law Review*，Vol. 12，No. 6（1899），p. 419.

料”。再如，民法上“婚姻”的概念与刑法上“婚姻”的概念也不完全相同，在刑法上承认事实婚姻，而在民法上，婚姻都是指已经办理了结婚登记的婚姻。根据有关司法解释，1994 年 2 月 1 日以后，我国就不再承认事实婚姻。在同一法律部门内部，同一概念、术语在不同的语境下，其含义也可能不同。例如，“应当”一词在某些条文中，其表明该规范是强行性规范，而在另一些条文中，其只是表明一种倡导，而不影响法律行为的效力，需要解释者根据条文来具体判断。

5. 采用生活经验等其他方式进行解释

采用生活经验等其他方式进行解释，一是要注重生活经验。法律是社会生活的产物，它是人类生活经验的反映。所以，在法律解释时，要基于生活经验对其进行解释。对日常用语的理解是进行法律解释的重要依据，日常用语必须与法律用语相互拉近，才能使日常世界与法律规范的世界不会发生割裂。[①] 所以，日常生活中理解的语言的含义，应当成为文义解释的重要标准。对于法律规范文义的解释，原则上应当依照社会一般人的理解进行。因此，法官自身的生活经验，也可以作为文义解释的依据。例如，《民法典》物权编中多个条文对相邻人的必要的容忍义务作出了规定（第 290、291、292 条），就需要根据生活经验来具体认定。二是要注重逻辑知识。传统理论认为，文义解释是一种语义解释和逻辑解释方法。法条都是将概念、术语按照一定的逻辑组织起来的，因此，文义解释也必须遵循形式逻辑的要求。基于此种考虑，文义解释中也应当借助于逻辑知识，确切地说是形式逻辑的知识。逻辑知识主要运用于体系解释等论理解释之中，但是，在文义解释中，也可能借助于逻辑知识而确定法律规范的含义，因为法律条文的字面含义有时也需要运用形式逻辑的一般原理来确定。

三、文义解释的主要规则

（一）尊重文本的规则

文义解释就是要从文本的字面含义出发进行解释，因此必须尊重文本。在文

① ［德］考夫曼：《法律哲学》，刘幸义译，法律出版社 2005 年版，第 175 页。

义解释中，法官解释的唯一依据就是法律文本，包括法律的概念、术语、规则、条款等，所以法官在进行文义解释时，必须尊重文本，而不能脱离文本进行解释，否则就会导致裁判权的滥用。尊重文本，在实质上也就是尊重立法原意和立法目的。之所以将文义解释置于首位，是因为解释者应当尊重立法本意，这也是有法必依原则的体现。

（二）按照通常理解进行解释的规则（plain-meaning rule）

按照通常理解进行解释的规则，又称为避免荒谬解释的规则（avoiding absurdity），它要求按照通常理解来解释法律。文义本身可能是在特定语境下使用，在不同的时代和不同的时期，人们对其有不同的理解。但是，人们对文义的基本含义还是可以形成共识。① 正是基于此种共识，也使得文义解释成为可能。例如，我国《民法典》第 1042 条第 2 款规定："禁止有配偶者与他人同居。"有人认为，"同居"这一概念具有复数解释的可能，既包括异性之间的同居，还包括同性之间的同居。② 笔者认为，尽管"同居"可能出现两种不同的字面含义，但后一种理解不符合人们的通常用语和表达习惯，缺乏理解上的共识度。因此，"同居"一词即指通常意义上的"异性之间"的同居。再如，在上述"惊牛践踏秧苗案"中，笔者认为，从"损害"概念的含义来看，按照通常的、一般的理解，在没有特殊解释的情况下，它既包括侵害人身造成的损害，也包括侵害财产造成的损害。之所以需要按照通常理解来解释，理由在于：第一，按照通常理解来解释法律往往可以确定其客观的含义。列贝尔指出："语言的含义应采用表达者可能要表达的含义。存在疑义时，我们应该采纳惯常的含义，而不是语法上的或古典的含义。"③ 第二，解释者按照通常的理解进行解释，可以避免荒谬的结论，避免完全按照个人的理解来曲解法律。第三，按照通常理解可以实现解释的统一性。它意味着要消除地域的差异，从而实现法律的统一。法律制定的目的就是要统一规则，因为地域的差异而对法律有不同的理解，就会破坏法治的统一。

---

① F. Bydlinski，Juristische Methodenlehre und Rechtsbegriff，Wien/New York 1982，S. 442.

② 黄丽娟：《论法律漏洞及其应对》，载《山东社会科学》2008 年第 8 期。

③ 徐振东：《宪法解释的哲学》，法律出版社 2006 年版，第 48 页。

第四，它可以使判决结果具有可预期性。法律解释就是要将抽象的法条运用到具体的个案中，在这一过程中，解释的含义符合大多数人的理解和看法，就使得判决具有可预测性。

（三）指示规则（Andeutungstheorie）

指示规则，是指在法律条文的含义不清晰、不明确的时候，只允许在法律文义所应当涵盖的（即使是不完美的）或有所“指示”的解释结果中作出选择。[①]例如，法律规定了“交付”一词，法官只能在“现实交付、简易交付、指示交付、占有改定”的范围内进行解释，而不能超出该范围进行解释。按照指示规则的要求，法官解释法律时，要尊重法律条文所表达出来的文义，只能在法律条文所表达出来的可能文义范围之内进行选择，而不能逾越这一范围。这一规则不仅确定了选择的范围，而且确定了选择的对象。这也表明了文义解释的一个重要功能，即文义解释实际上确定了法律解释结论的可能选择范围。一般来说，指示的范围和对象，应当按照法律文本的含义来确定，包括其核心文义和边缘文义。在确定指示对象时，要根据语法、逻辑、生活经验、语境等综合考虑。

（四）同一解释规则

同一解释规则，又称为“同一概念原则上应当保持同一含义”，是指同一概念在同一法律部门内部，甚至在不同的法律部门之中，都应当尽可能保持含义的一致。这也是拉伦茨所说的“法律的意义脉络”[②]。例如，在法律中多次使用“近亲属”，如何理解这一术语的含义？原则上，在法律之中，至少在同一法律之中，该词汇应当具有同一含义。《民法典》第1045条第2款规定：“配偶、父母、子女、兄弟姐妹、祖父母、外祖父母、孙子女、外孙子女为近亲属。”虽然《民法典》中有关“近亲属”的规定就有20处，但都应当按照这一理解进行解释。尽管同一解释规则要求“同一概念、同样解释”，但是，如果有充足的理由，同一概念也可以作不同的理解。每一个词语、每一个概念在不同的场合也可能有不同的表达，立法者在不同法律规则中体现其价值判断的确定性和清晰性是有差异

① ［德］魏德士：《法理学》，吴越等译，法律出版社2005年版，第316页。

② ［德］卡尔·拉伦茨：《法学方法论》，陈爱娥译，商务印书馆2003年版，第204页。

的。例如，《民法典》第1180条规定："因同一侵权行为造成多人死亡的，可以以相同数额确定死亡赔偿金。"根据历史解释和目的解释来看，此处与《民法典》其他地方所表述的"可以"的含义不完全相同。它实际上指的是原则上应当，而不是既可以也不可以的含义。同一词汇，其具体内涵与其所处的语境、使用的主体等是密切相连的。但是，在解释中，同一文本中应该使同一语词具有同一的意义。在进行文义解释时，必须遵循如下规则，即如果没有特别的理由，法律中所使用的概念都应当是含义相同的。当然，如果确实有特殊原因，也可以进行不同的解释。

（五）特定的法律术语按照其特定含义理解

在文义解释中，既要注重阐释其普通含义，也要注重阐释其专业含义。法律语言中有部分特定的法律术语，对于这些专门法律术语的解释，不能按照社会一般人的通常理解进行，而应当探寻它的特定含义。[①] 例如，"善意"一词，从一般人的理解出发，是指心肠好，或者用意好。但法律中使用的"善意"是指不知情，"恶意"是指知情，它们都不能按照社会一般人的理解进行解释。再如，一般人所理解的"死亡"就是指自然死亡。而法律上的死亡的类型包括自然死亡和宣告死亡。

对于专门的法律术语，要按照其特定含义进行理解，原因在于：一方面，这符合立法者的真实意思。立法者在立法之时运用专门的法律术语来规范社会生活，其所借助专门术语表达的含义是特定的。如果按照社会一般人的理解进行解释，就会偏离立法者的真意。另一方面，这是法律适用中科学性的要求。法律是一门经过长期历史演变而形成的科学性的知识。如果不按照其特定的含义进行理解，就无法实现法律适用中的科学性。此外，法律用语和一般的生活用语不同，其本身可能蕴含着法律价值、立法政策等因素，其具有特定的、不同于生活语言的内涵。[②] 例如，《民法典》合同编中的"承诺"就和日常生活中所说的"承诺"不同，其本身具有特定的含义、构成要件、时间限制等。

---

① 梁慧星：《民法解释学》，中国政法大学出版社1995年版，第214页。

② 杨仁寿：《法学方法论》，三民书局1986年版，第124页。

第三节　体系解释

一、体系解释的概念和特征

体系解释是狭义法律解释中的重要方法，是以法律的外在体系为依据进行的解释。[①] 所谓体系，是指具有一定逻辑的系统构成。法律体系是由具有内在逻辑联系的制度和规范所构成的，由具有内在一致性的价值所组成的体系结构。体系解释的前提是，解释者确信法律是一个合理的、符合逻辑的完整体系。每一个制度、规范是法律体系的组成部分。法律体系分为内在体系与外在体系[②]，外在体系（Aussere Systematik），又称为形式体系，它是指篇章节、基本制度的安排等形成的逻辑体系。内在体系（Innere Systematik），又称为实质体系或价值体系[③]，它是指各单个法律制度之间的基本价值的内在联系。这一区分首先由利益法学派的代表人物赫克（Heck）在 20 世纪 30 年代提出，并得到了众多民法学者的认同。体系解释中的“体系”是指外在体系，不包括内在体系。从法律解释学的角度来看，内在体系和外在体系的分类对解释方法的区分有一定的意义。内在体系属于目的解释等的范畴，例如，法律的基本原则可以作为规范目的从而用于解释法律条文。而外在体系属于体系解释的范畴。体系解释要求解释者在解释时首先确信法律具有体系性，而不能认为法律是散乱的，各个条文之间是没有逻辑联系的。例如，关于法人是否享有名誉权，有学者认为，民法典在人格权编并没有明确规定法人是否享有名誉权，但是通过体系解释可以发现，民法典实际上承认了法人享有名誉权。其原因在于：一是《民法典》第 1024 条第 1 款规定：“民事主体享有名誉权。任何组织或者个人不得以侮辱、诽谤等方式侵害他人的

① F. Bydlinski，Juristische Methodenlehre und Rechtsbegriff，Wien/New York 1982，S. 443.

② Vgl. Philipp Heck，Begriffsbildung und Interessenjurisprudenz，Tübingen，Mohr，1932.

③ 王泽鉴：《法律思维与民法实例》，中国政法大学出版社 2001 年版，第 225 页。

名誉权。”此处的表述是民事主体，从人格权编相关条文的表述看，如果某项人格权仅能由自然人享有，则该条文使用了“自然人”的表述，如果某项人格权不限于由自然人享有，则该条文使用了“民事主体”的表述。二是依据《民法典》第110条第2款规定：“法人、非法人组织享有名称权、名誉权和荣誉权。”该条虽然只是规定于总则编，但显然适用于人格权编，因此从体系解释来看，法人应享有名誉权。

康德认为，体系的一致性是“使我们对科学有最佳的共同认识”①。我国古代思想家大多强调应当进行整体和体系的理解，避免“断章取义”。朱子曾言，“凡读书，须看上下文意是如何，不可泥著一字”②。法谚云：“欲寻词句意，应观上下文”，因此，在法律解释中，必须贯彻体系一致的思想。体系解释是在文义解释出现了复数解释的情况下而采用的一种解释方法，其在法律解释方法体系中处于仅次于文义解释的优先位阶。这主要是因为其和文义解释一样，是从文本的字面含义和结构来进行的解释，且此种方法与文义解释具有密切的联系，甚至在很多情况下难以区分。例如，根据概念、条文在文本中所处的位置进行解释，既可能是文义解释，也可能是体系解释。法官在个案中通过对体系解释得出的结论的运用，不仅能够准确阐释文本的含义，妥当寻求法律解释的结论，而且有助于强化法律的体系结构。当然，通过体系解释消除体系矛盾，或者说体系违反，只能是消除形式上的体系矛盾。如果法律条文之间构成实质上的矛盾，此时，就属于“碰撞式法律漏洞”，需要借助漏洞填补的方法来解决，而无法通过体系解释的方法解决。另外，通过法律解释来完善法律的体系，只能是个案式的、非永久性的，因为法官的个案判决不可能实现制度性的全面完善。

从方法论的角度来看，体系解释是受到了系统论、逻辑学、解释学等方法的影响，也可以说是这些方法在法律解释中的具体运用。体系解释的特点具体表现在：

第一，它是通过整体来解释某一具体法律规范的含义。体系解释的最大特点

① 吴从周：《民事法学与法学方法》（第二册），一品文化出版社2007年版，第2页。
② 《朱子语类》，中华书局1986年版，第192页。

是运用系统论方法来解释法律。系统论方法认为，系统的性质和规律存在于整体的全部要素的相互联系和相互作用中，因此，要从整体性上解释和把握解释对象。[①] 这一方法运用在法律解释中，就是体系解释的方法。体系解释是哲学上整体的观点、联系的观点在法解释学中的具体运用。从解释学的角度来看，体系解释体现了解释学循环（hermeneutischer Zirkel）的规律。解释学循环是重要的现象，即部分的理解要借助于整体，而整体的理解又要借助于部分。在体系解释中，解释学循环的现象表现得最为明显。[②] 体系解释将法律规范置于整个体系之中来理解，不能孤立地理解特定的条文和概念，而是要将其与其他的条文甚至整部法律结合起来、联系起来进行解释，将整部法律中的一些基本概念、原则、一般条款等加以运用，和相关的制度结合起来进行理解。在这个意义上，体系解释也被称为整体解释。

第二，它以法律的外在体系为基础进行解释。体系解释假定法律存在外在体系，立法者构建了合理的外在体系。所以，体系解释以“法律不会自相矛盾”（das Postulat der Widerspruchsfreiheit）的推定为基础。正是因为法律有所谓外在体系，法律本身的章节安排、各个法律条文的排列等都是合乎理性的。因此，体系解释要借助于法律规则的逻辑结构，即立法者在构建规则体系时所运用的逻辑。[③] 例如，关于相邻权的性质历来有所有权延伸说和法定地役权说的争议。我国《民法典》物权编将相邻关系规定在所有权中，而没有规定在他物权中，通过对物权编整个体系的考察，相邻权并未规定于他物权中，自然不能认定其成为法定地役权。

第三，它是作为解释对象的法律规范嵌入作为整体的语境之中。正是因为这一原因，体系解释不是从法律规范的字面表述来考虑，而是从法律整体的角度来考虑。例如，依据《民法典》第11条，“其他法律对民事关系有特别规定的，依照其规定”。从字面含义上看，似乎凡是特别法有规定的都要适用特别法。但是，

① 朱志凯主编：《逻辑与方法》，人民出版社1995年版，第368页。

②③ F. Bydlinski, Juristische Methodenlehre und Rechtsbegriff, Wien/New York 1982, S. 443.

如果按照体系解释，就不能如此理解。从体系解释来看，《民法典》的许多内容已经修改了特别法的相关规定，按照新法优先于旧法的规则，应当适用《民法典》的相关规则。因此，此处所说的“其他法律对民事关系有特别规定”是指其他法律的规定与《民法典》之间不存在冲突的特别规定。如果这些规定与《民法典》没有冲突和矛盾，则可以适用；如果这些规定与《民法典》的规定不一致，则必须要适用《民法典》的规则。由此可见，个别规范和规则的解释必须借助于体系解释的方法。同时，法律的整体也是由各个法律规范组成的，对整体法律制度的理解也必须借助于对各个法律规范的理解。

体系解释并非要解释法律的整个体系，而是要解释特定法律条文的含义。在这一点上，法律解释学上的体系解释与学理解释中的体系解释是不同的。在学理解释中，通常要对于整个法律文本的体系、结构、制度进行解释，但是，法律解释学上的体系解释只是要寻求裁判依据，所以是对特定法律规范的解释。

第四，它不考虑法律的外在体系之外的因素进行解释。体系解释的依据只是法律的外在体系，不能考虑其他因素，这是界分体系解释与其他解释方法的关键。如果法律解释中考虑了法律外在体系以外的因素，就转化为其他的解释方法。例如，通过考察立法者真意来解释法律条文，这就属于目的解释，而不是体系解释。利用体系解释主要是根据外在形式来解释法律，这就可能忽视法律的实质目的和本意。因此，体系解释本身具有一定的局限性。

法典化就是体系化，《民法典》的颁布为准确地适用法律解释，尤其是体系解释的方法解释法律、丰富和完善法律提供了极大的便利。体系解释是法律解释的重要方法，是准确理解条文文义的重要工具。虽然法律解释始于文义解释，但是也要关照该条文与本章相关条文、所在章节，甚至是其他各编中条文的关系。因为这些条文形成了解释该条文的外在框架和解释边界。只有通过法典化，在体系化的前提下，通过体系之间的相互关联来确定规范的射程，才能使规范的含义更为清晰，同时有助于发现与待解决案件相关的其他规范。所以，民法典奠定了体系释法的基础。

二、体系解释的步骤

（一）文义解释是体系解释的前提

在进行体系解释时，首先要进行文义解释。只有在通过文义解释得出复数解释结论时，才有必要进行体系解释。体系解释不仅需要对某个法律条文进行解释，而且要对多个法律条文进行解释。一般而言，在进行体系解释时，要对两个方面的内容进行文义解释：一是对拟适用的法律条文进行文义解释。例如，在居民小区内，业主与开发商就利用一片空地所建设的停车位的权属发生了争议。开发商认为，该停车位应当属于其所有，而业主认为，该停车位应当属于业主共有。该案就涉及对《民法典》第 275 条第 2 款的理解，即“占用业主共有的道路或者其他场地用于停放汽车的车位，属于业主共有”。在体系解释时，先需要对“其他场地”进行文义解释，即该概念是否包括了空地？通过文义解释，“其他场地”可以有多种理解，无法最终确定其含义。此时，就需要进行体系解释。这就是对待适用的法条先进行的文义解释。二是从整体上看，对可能涉及的一些相关法条也要进行解释。体系解释与文义解释的区别就在于：它不限于对某个条文自身的解释，而是将解释对象扩展到该条文前后相关联的条文或者整部法律。① 作为解释依据的相关法律条文，其含义也必须予以确定，否则，也难以确定拟解释法律条文的含义。例如，在上例中，业主与开发商所争议的空地的权属，不仅涉及《民法典》第 275 条第 2 款的规定，而且涉及该法第 274 条的规定，即建筑区划内道路、绿地、其他公共场所、公用设施、物业服务用房等的归属问题。笔者认为，《民法典》第 274 条规定“其他公共场所”归业主共有，“其他公共场所”也包括空地在内。而《民法典》第 275 条第 2 款中的“其他场地”也包括空地在内。既然《民法典》第 275 条第 2 款中所规定的“其他场地”属于业主共有，而争议的空地归属属于此类情形，因此，从体系解释的角度来看，该争议的空地应

① 袁春湘：《法律解释的解释》，载《法律适用》2008 年第 8 期。

当属于业主共有。所以，在解释业主的法定权利时，不能仅仅从文义解释出发，而应当结合整个《民法典》物权编第六章的规定进行体系解释。

（二）确定体系解释的必要性

在对文义进行解释之后，解释者确定了可能文义的范围，体系解释旨在从体系角度阐明文本的含义，而这个含义必须要在可能文义的范围之内，不能超越这一范围。但是在明确了可能文义的范围之后，解释者应确定是否有必要运用体系解释的方法。通常情况下，文义解释可能存在复数结论，而体系解释通过对规范群的整体解释，可以将之前文义解释所出现的复数结论进行筛选，从而得出最为准确的解释结论。例如，《民法典》第 1165 条第 1 款规定："行为人因过错侵害他人民事权益造成损害的，应当承担侵权责任。"这就在法律上确立了过错责任的一般条款。但该规定是否能作为一般的归责原则，则存在不同的看法。采用体系解释的方法，将《民法典》第 1165 条第 1 款和该条第 2 款和第 1166 条比较，可以发现，在过错推定责任和严格责任的规定中，出现了"法律规定"四个字，而在过错责任的规定中没有出现这四个字。可见，过错推定责任的规定和严格责任的规定都适用于法律有特别规定的情形。而过错责任可以适用于法律没有规定的情形。这就表明，过错责任是普遍适用于法律有规定和没有规定的各种情形的一般条款。由此可见，体系解释与文义解释具有相互验证功能。如果存在这种验证的必要性，也就存在体系解释的必要性。

（三）确定是否属于同一法律位阶

体系解释通常是在同一法律位阶中进行的。在不同位阶的法律规定之间，应当按照上位法优先于下位法的规则来确定法律的适用，而不能进行体系解释。[①] 例如，《民法典》侵权责任编和《医疗事故处理条例》之间就属于上位法和下位法的关系，原则上不能运用体系解释的方法确定具体可适用的规则。尤其是如果部门法的规定与宪法规定相互矛盾，就应纳入合宪性解释的范畴，不属于体系解释。

① ［德］Ingeborg Puppe：《法学思维小学堂》，蔡圣伟译，元照出版公司 2010 年版，第 80 页。

（四）依据一定的外在体系阐明文本的含义

在确定有必要进行体系解释之后，就要根据一定的体系来阐明文本的含义。对体系的考察应当是全方位的考察，法律的体系就是由具有内在逻辑联系的制度和规范所构成的、由具有内在一致性的价值所组合的体系结构。这就决定了我们对体系的考察应当是更宏观、更全面的。根据一定的体系来阐释法律文本，可以分为如下几种情况。

1. 依据同一法律部门内部不同法律之间的体系进行解释。以民法为例，法律之间的解释，一般是指民事法律之间的相互解释，包括民事基本法与民事特别法之间、商事特别法与民事基本法之间的解释。例如，《民法典》第 388 条第 1 款规定："设立担保物权，应当依照本法和其他法律的规定订立担保合同。担保合同包括抵押合同、质押合同和其他具有担保功能的合同。"该规定将担保合同的内涵扩张到其他具有担保功能的合同，这就跨越了传统民法学理论关于物权编和合同编的沟壑，将担保物权合同和保证合同与非典型担保一起并入担保合同的概念之下，确立了担保合同这一上位概念，一定程度上为保证合同的部分规则（诸如《民法典》第 701 条、第 702 条）类推适用于担保物权合同提供了明确的法律依据。例如，《民法典》第 701 条首先明确："保证人可以主张债务人对债权人的抗辩。债务人放弃抗辩的，保证人仍有权向债权人主张抗辩。"从该条规定来看，其并没有对债务人对债权人的抗辩的范围作出限定，尤其是没有将其限定为"抗辩权"，而是使用了"抗辩"这一表述，这表明，保证人享有债务人对债权人的抗辩，其既包括实体法上的抗辩，也包括程序法上的抗辩，其既包括抗辩权，也包括抗辩权之外的其他抗辩事由。民法典意义上的抗辩（Einrede）需与无须主张的抗辩（Einwendung）相区别，通常而言，无须主张的抗辩指的是一切私法意义上的抗辩。[①] 抗辩本身是对保证人的保护规则，物权编的担保合同没有规定的，其也可以适用于担保人的抗辩中去，从而赋予担保人相应的抗辩保护。

---

① 陆家豪：《论债权让与中的债务人抗辩》，载梁慧星主编：《民商法论丛》，第 66 卷，法律出版社 2018 年版，第 146 页。

需要指出的是，体系解释中法律之间的解释，不应包括部门法与宪法之间的解释。因为通过确定部门法与宪法之间的关系来进行的解释，属于合宪性解释的范畴，如果将其包括在体系解释之中，将使体系解释和合宪性解释难以区分。

原则上，体系解释只能在同一部法律内部进行解释，在特殊情况下，才需要扩展到同一法律部门的体系之中进行解释，在极为例外的情况下，需要将视野扩展到其他法律部门的体系之中进行解释。当然，在依据不同法律部门的法律规定进行体系解释时，也要注意到各个法律部门之间的区别。例如，就“过失”的概念而言，刑法中的“过失”是指主观过失，因为刑法是依据犯罪人的主观心理状态而定罪量刑的，不能采客观过失标准。但是，在民法上，出于对受害人提供保护和确定一般行为标准的考虑，现代各国司法实务基本上都倾向于采过失的客观标准。

2. 依据同一法律内部不同法律制度之间的体系进行解释。某一个法条的概念，在同一法律内部不同位置使用时，其具体含义可能有所不同。例如，《民法典》上的“占有”一词，在所有权中使用时，其意指所有权的一项权能，即占有权能，是所有权的一项重要内容。但在“占有”分编中使用时，其意指一种事实，占有的事实根据占有人有无占有本权而言，其既可能是有权占有，有可能是无权占有。因此，在理解法律中的概念时，应当结合同一法律内部其他制度进行整体理解。尤其是对有些法律条款的理解，不能完全孤立地从法律条文本身来理解，而要结合其他法律条文进行整体理解。

依据同一法律之中规范所处的位置和不同规范之间的关系进行解释。各个法条之间存在意义关联，借助法条的位置和法条之间的相互关系，可以确定出具体法条的含义。在体系解释中，依据同一法律之中法律条文的位置和不同法律条文的相互关系进行解释，这是运用最为广泛的方法。具体来说，应当从如下几个方面来考虑。

第一，在同一法律中，不同规范之间的关系。不同规范之间往往起到相互衔接、相互补充的作用，其存在着意义上的关联。因此，可以运用其相互关系进行解释。例如，《民法典》人格权编对法人、非法人组织人格权与自然人的人格权进行了区分，对法人、非法人组织的人格权采取封闭的保护方法。《民法典》第110条第2款规定："法人、非法人组织享有名称权、名誉权和荣誉权"，与《民法总则》第110条第2款所规定"法人、非法人组织享有名称权、名誉权、荣誉权等权利"相比，少了一个"等"字。这就意味着对法人、非法人组织人格权的保护仅限于名称权、名誉权和荣誉权三项，是封闭性的保护。以后如果出现了法人、非法人组织新的人格利益需要保护，可以依据《民法典》126条规定来保护。而《民法典》第110条第1款规定："自然人享有生命权、身体权、健康权、姓名权、肖像权、名誉权、荣誉权、隐私权、婚姻自主权等权利"，说明我国《民法典》对自然人人格权的保护是开放的。此外，要确定条文之间的原则和例外的关系。在同一法律条文内部，可能存在一般规定和特别规定，在进行体系解释时，应当优先考虑特别规定，或通过特别规定来确定文本的具体含义。例如，《民法典》第448条规定："债权人留置的动产，应当与债权属于同一法律关系，但企业之间留置的除外。"该条是关于留置权的一般性规定，即要求留置的动产与债权之间具有牵连性。但是，该条以但书的形式作出了例外规定，即留置的主体是企业的，则不受牵连性的限制。因而，在适用该条时，首先，要考虑法律关系的主体是否都是企业，如果主体都是企业，则可能会突破一般民事留置权关于牵连性的要求。[①] 其次，要确定法律条文的整体意思。通过文义解释确定某条款各部分的文义以及各部分的逻辑联系之后，再根据逻辑联系将各部分的意思联系起来，获得整个条文的整体意思。例如，《民法典》第791条第2款第2句规定："承包人不得将其承包的全部建设工程转包给第三人或者将其承包的全部建设工程支解以后以分包的名义分别转包给第三人。"该规范究竟属于禁止性规范，还是属于对合同的法定义务的规定，违反该规定究竟导致什么效果？是否导致其与第三人之间的合同无效，还是引起违约责任？笔者认为，从该规定的措辞来看，这是一项法定义务，具有公开性，推定第三人知晓该规范，如果第三人签订该合同时主观上不符合善意要件，其法律效果因违反该强制性规范而无效。

---

① 孟强：《论我国〈物权法〉上的商事留置权》，载《政治与法律》2008年第10期。

第二，考虑法律概念和条文在该部法律之中所处的位置。如前所述，法律不作无意义的次序编排（das Postulat der systematische Ordnung）是体系解释的重要规则。因此，体系解释是指根据上下文的含义、法律条文在整部法律中的章节位置、相关法条的内容等进行的解释，具体而言：一是根据法律条文的前后位置来考虑。通常，条文置于总则部分，其作为一般规则，而条文置于分则部分，其属于特别规则。特别规则要优先于一般规则适用。二是根据法律条文中各个条款的安排。例如，《民法典》第1195条和第1197条分别规定了提示规则和知道规则，这一安排本身表明了原则和例外的关系。三是同一条款之中的除外规定。例如，《民法典》第1212条规定："未经允许驾驶他人机动车，发生交通事故造成损害，属于该机动车一方责任的，由机动车使用人承担赔偿责任；机动车所有人、管理人对损害的发生有过错的，承担相应的赔偿责任，但是本章另有规定的除外。"该但书主要是指该章第1215条第1款规定了盗窃、抢夺机动车等情形下的责任。《民法典》1215条第1款规定："盗窃、抢劫或者抢夺的机动车发生交通事故造成损害的，由盗窃人、抢劫人或者抢夺人承担赔偿责任。"从该条规定来看，在盗窃、抢劫、抢夺机动车的情形下，行为人驾驶他人机动车也可以纳入《民法典》第1212条所规定的"未经允许驾驶他人机动车"的情形，因此，本条但书将该情形排除在外。[①] 因此，要理解《民法典》第1212条中除外规定的内涵，必须要结合《民法典》第1215条规定加以理解。

3. 依据法律部门内部不同法律之间的体系进行解释。在大陆法系国家，法律被划分为不同的部门，各个部门都具有自身的体系。该体系是由法律部门内部不同的法律、制度、规范等构成的一种完整的体系。因而，在某个条款本身存在争议的情况下，也可能有必要依据法律部门内部不同法律之间的体系进行解释。在法律解释中，解释者要根据法律部门内部不同法律体系的特点进行解释。例如，《民法典》合同编规范大量的是任意法规范，任意性规范是法律留给当事人进行意思自治的空间，因此裁判者在进行解释时，就应当更多地尊重当事人的意思。而在

① 黄薇主编：《中华人民共和国民法典侵权责任编解读》，中国法制出版社2020年版，第183页。

《民法典》物权编中，大量的是强行法规范，因此裁判者应当从强行法规范的角度进行解释，将当事人的意思自治与国家对财产秩序的管理和一定程度的介入结合起来，从而既尊重当事人的意思自治，又注重维护财产交易秩序和交易安全。

在同一法律部门内部，也涉及上位法与下位法、一般法与特别法的关系，要准确地把握法律的效力级别和适用的先后顺序，尽管这些规则属于效力性的规则，而不是解释规则，但在解释时也要考虑这些效力性规则。如果被参照的解释对象分别位于特别法和一般法时，通常要遵守特别法条优先于一般法条的原理，这也是根据法律内部相关法条的关系进行的解释。例如，《民法典》第1240条规定："从事高空、高压、地下挖掘活动或者使用高速轨道运输工具造成他人损害的，经营者应当承担侵权责任；但是，能够证明损害是因受害人故意或者不可抗力造成的，不承担责任。被侵权人对损害的发生有重大过失的，可以减轻经营者的责任。"而《电力法》第60条规定："电力运行事故由下列原因之一造成的，电力企业不承担赔偿责任：（一）不可抗力；（二）用户自身的过错。"此处的免责事由采用过错的概念，从文义上讲，既包括故意，又包括过失，因此与《民法典》的相关规定并不一致。这里就涉及在解释时，两部法律之间是一般法与特别法的关系，还是新法与旧法的关系。这就首先要从体系着手进行解释。所以，在进行体系解释时，必须准确把握法律规范的效力规则。

4. 依据法律部门的体系进行解释。在某些情况下，某一法律中的概念、术语等，可能会在另一部法律中有所界定，在这种情况下，我们在适用这一法律概念、术语时，就需要引用另一部法律中的相关内容对其内涵和外延加以明确。例如，《行政强制法》第64条规定："行政机关及其工作人员利用行政强制权为单位或者个人谋取利益的，由上级行政机关或者有关部门责令改正，对直接负责的主管人员和其他直接责任人员依法给予处分"。此处所说的处分就应该依据《公务员法》第62条作出界定。该条规定："处分分为：警告、记过、记大过、降级、撤职、开除。"因此，处分的概念应当包括上述所提及的所有内容。

需要指出的是，在不同法律部门之间所使用的概念、术语，其内涵和外延也有可能并不相同，对此应当加以注意，明确区别。例如，关于"近亲属"的概念，不同的法律部门的解释并不相同。《民法典》中的近亲属范围要比《刑事诉讼法》中近亲属的范围更为广泛，这是因为民法更加注重保护民事主体的权利和合法利益，所以应当对自然人的近亲属作较为宽泛的界定，这样才能对民事主体形成更加周密的保护。而《刑事诉讼法》作为公法性质的程序法，其有关近亲属的规定，大多是围绕保障程序正义而展开，例如，近亲属有申请审判人员回避的权利等，因而《刑事诉讼法》对于近亲属的范围作出了适当的限定，该法第108条第6项规定："近亲属"是指夫、妻、父、母、子、女、同胞兄弟姊妹。这就使得其近亲属范围较《民法典》的范围为窄。因此，在进行体系解释的时候，应当依据不同的法律部门所具有的体系进行解释。

三、体系解释的规则

（一）法律制度体系化的推定规则

法律制度体系化的推定规则，就是指解释者在进行法律解释时，首先应当推定法律制度是已经经过了体系化过程，形成了一个完整的、具有内在一致性的体系。事实上，在我国，法律制度都是在宪法指导下形成的有机整体。这是我国社会主义法律体系的重要特征所在。法律解释的目的就是要保障法律适用的统一性，并促进法律制度的统一，防止出现类似案件不同处理的现象。只有首先推定法律制度的体系化已经形成，才有可能运用体系解释的方法。具体而言：一是推定所有的法律都是依据宪法制定，并且符合宪法的。二是法律制度内部，单行法和基本法、特别法和一般法之间的关系都应当协调一致，不能出现法律体系内部的冲突。三是同一法律之中，总则与分则、各个法律制度和法律规范之间，也保持协调一致。正是因为推定存在着这种体系，体系解释才成为可能的解释方法。从这一规则出发，也可以产生如下几项具体的规则。

第一，解释者不能因为其对体系存在怀疑，就放弃体系解释方法而直接进行漏洞填补。即使出现碰撞式法律漏洞，也只有在无法通过体系解释的时候，才能采用漏洞填补方式。也就是说，如果两个规则相互矛盾，能够选择适用其中一个规则，就应当尽可能不解释出两个规则相互矛盾的结论。

第二，清晰的规则应当优先于模糊的规则而适用。在两个规则之间，应当尽可能优先适用清晰的规则，而不是模糊的规则。[①]

第三，清晰的规则可以用来解释模糊的规则。在法律上，有时对特定的概念等作出了明确的规定，有时对同一概念则没有明确的界定。解释法律时，应当参照清晰的规则来解释模糊的规则。

第四，解释法律时，应当尽可能地得出"无赘言预设"（das Postulat der Nicht-redundanz）的结论。法律应当无赘言，这是法律体系合理性的要求。例如，《民法典》第 1173 条规定了受害人的过错，该法第 1174 条规定了受害人的故意，基于"无赘言预设"的要求，第 1173 条中的受害人的过错应当限于受害人的过失。

（二）借助整体来理解个别的规则

法谚有云：只有理解了整体，才能理解部分。在进行法律解释时，必须要对法律的整体有全面的理解。在法律解释中的所谓"整体"，既包括某个特定法条的全部内容，也包括整个法律制度，还包括各个法律部门。而所谓"部分"则是指待适用的具体法律条文和具体规范。只有遵循借助整体来理解个别的规则，才能避免法律解释中仅仅考虑特定的法条，而对该法条进行误读。具体而言，一是要考虑法律条文的具体位置，来确定其含义。通常，如果在一个条文中出现了多个条款，第 1 款的规定常常属于一般规定，其他条款属于特别规定。例如，《民法典》第 1194 条是一般规则，而第 1195 条和第 1197 条中的"提示规则"和"知道规则"都是特殊规则。甚至可以进一步分析，在第 1195 条和第 1197 条之间，第 1195 条属于一般规则，而第 1197 条属于特殊规则。二是根据位置的安排来确定法律规则的适用范围。通常而言，位置安排在前面的条款往往更为抽象，而后面的条款往往针对具体事项。因此，前面的条款对后面的条款具有可适用性。例如，《民法典》第 1245 条规定："饲养的动物造成他人损害的，动物饲养人或者管理人应当承担侵权责任；但是，能够证明损害是因被侵权人故意或者重

① 黄异：《法学方法》，元照出版公司 2009 年版，第 93 页。

大过失造成的，可以不承担或者减轻责任。”该条规定置于《民法典》第 1249 条关于遗弃或逃逸的动物致人损害之前，而第 1249 条没有确定免责和减轻责任的事由，有关此种事由应当适用第 1245 条的规定。再如，《民法典》第 1198 条关于安全保障义务的规定，置于第 1201 条关于教育机构责任的规定之前，因此，第 1198 条更为抽象，其可以用于解释第 1201 条的规定。三是根据整体与部分的关系来理解法律规范的含义。例如，以采矿权作担保，究竟应当属于“权利质押”还是“权利抵押”？这需要比较“权利质押”和“权利抵押”的相关规定。依据《民法典》第 440 条第 7 项的规定，“法律、行政法规规定可以出质的其他财产权利”都可以质押。因此，只有法律、行政法规有明确规定时，才能成为质押的客体。而对于权利抵押，法律采取开放性的态度，《民法典》第 395 条第 1 款第 7 项规定，“法律、行政法规未禁止抵押的其他财产”都可以抵押。因此，从整体来理解，采矿权的担保属于权利抵押，而不是权利质押。当然，法官在进行整体解释时，其前提是对整个法律部门和制度规范的全面而准确的掌握。

（三）同类解释规则

同类解释规则（拉丁语为 eiusdem generis），是指如果法律上列举了具体的人或物，然后将其归属于“一般性的类别”，那么，这个一般性的类别，就应当与具体列举的人或物属于同一类型。例如，我国《民法典》第 1239 条前段规定“占有或者使用易燃、易爆、剧毒、高放射性、强腐蚀性、高致病性等高度危险物造成他人损害的”，应当承担责任。如何理解“等高度危险物造成他人损害”的表达？此处采用“等”字表明该条对高度危险物采用了开放式列举，但是，按照同类解释规则，“等高度危险物”应当是与已经列举的易燃、易爆、剧毒、放射性具有类似属性的物。同类解释方法还要求将概念和术语置于特定语境中进行同一表述，在不同的语境其可能存在不同的含义。例如过错，在过错责任中和在过错归责原则中的含义是不同的。在一个法律用语有几个不同的解释时，通常应优先考虑与整个体系含义相协调的一种解释。①

① 孔祥俊：《法律方法论》（第二卷），人民法院出版社 2006 年版，第 1018 页。

（四）明示其一即排斥其他规则

“明示其一，排斥其他”的规则（expressio unius exclusion alterius），简称为“明示排除其他”，是指法律文本中明确提及特定种类的一种或者多种事项，可以视为以默示的方法排除了该种类以外的其他事项。按照该规则，如果法规中明文提及某类东西中的一些事项，可解释为它无意包括同一类别中并未被提及的事项。例如，我国《民法典》在第1125条中规定，在继承人篡改、销毁遗嘱的情况下，导致继承权的丧失。按照“明示其一即排斥其他”的规则，在其他情况下，如隐匿遗嘱，并不能导致继承人继承权的丧失。再如，我国《民法典》第1245条但书规定：在饲养动物致人损害责任中，“如果能够证明损害是因被侵权人故意或者重大过失造成的，可以不承担或者减轻责任”。按照这一解释规则，除该条明确规定的情形以外，被侵权人具有一般过失不会减轻或免除责任。

一般来说，运用该规则时必须要注意如下几点：首先，必须要明确，法律所进行的列举是否为完全列举。在法律上，列举分为封闭式列举和开放式列举。在封闭式列举的情况下，才有该规则适用的可能；而在开放式列举的情况下，该规则不能适用。当然，封闭和开放是相对的，在某些情况下，相对于特定的事项是封闭的，而相对于其他事项就是开放的。例如，《民法典》第153条第1款规定，“违反法律、行政法规的强制性规定”的民事法律行为无效。其本身是兜底性条款，具有一定的封闭性，因此，我们可以解释为违反行政规章并不一定导致合同无效。但是，该条中的“法律、行政法规”也具有一定的开放性，其所包含的范围十分广泛，可以认为是“引介性”条款，将合同法之外的法律和行政法规都引入其中，作为判断合同效力的标准。其次，只有在法律未提及的事项是立法者有意排斥的事项时，才能将其他的情况排斥在外。倘若不是这样，若因立法者的疏忽而将无意排除的事项未予提及，按照这种规则解释就会违背立法者的本意。这就决定了，该规则必须与其他规则结合起来适用，特别是要与立法目的结合起来，注意识别被排除的内容是否为立法者易于排除的事项。[①] 最后，法律中所进

① 孔祥俊：《法律方法论》（第二卷），人民法院出版社2006年版，第1020页。

行的列举必须具有“相互排斥”的特点，而不允许进行类推适用。如果采用类推适用的方法，即使是封闭性列举，也可以扩张其适用范围，从而得出与“排斥其他”相反的结论。因此，必须明了列举的性质，是具有“排他”性的列举，还是“示例”性的列举。体系解释对“明示其一即排斥其他规则”实际上是通过分析法律的文义而进行的解释。通过分析立法者明确表述的文义，从而推论出立法者不愿意将除此之外的情形纳入法律之中。

（五）法律不作无意义的次序编排的规则

法律不作无意义的次序编排，该规则也是推定法律外在体系合理性的引申，也是体系解释的出发点。例如，《民法典》第1195条规定了网络侵权中的通知规则，第1197条规定了网络侵权中的知道规则。从逻辑排列来看，通知规则是一般规则，而知道规则是例外规则。所以，在通常情况下，都应当适用知道规则。

（六）例示性规定优先于概括性规定

所谓例示性规定，是指法律通过具体列举的方式所作的规定。所谓概括性规定，就是指法律通过不确定概念和一般条款所作的规定。从立法技术的角度来看，立法者为了同时实现法律的可操作性和法律的适应性的目标，往往同时设计了例示性规定和概括性规定。[①] 在适用时，应当优先适用例示性规定。例如，《民法典》第1222条规定，“隐匿或者拒绝提供与纠纷有关的病历资料”，该法第1225条又对病历资料的具体类型作出了规定，包括住院志、医嘱单、检验报告等。所以，在解释《民法典》第1222条的规定时，应当参照《民法典》第1225的规定。

第四节 当然解释

一、当然解释的概念

所谓当然解释，就是指法律虽无明文规定，但出于法律规定的目的考虑，如

① 黄异：《法学方法》，元照出版公司2009年版，第93页。

果其事实较之于法律所规定的情况，更有适用的理由，就可以直接适用该法律规定。[①] 当然解释包括："举重以明轻"（argumento a maiori ad minus）和"举轻以明重"（argument a minori ad mains），它实际上是运用形式逻辑得出的解释结论。[②] 例如，关于合同的解除，对于已经生效的合同，在因不可抗力导致合同目的无法实现时，当事人都可以依法解除合同，那么，对于附生效条件的合同，在条件尚未成就时，合同尚未生效，如果出现了不可抗力，导致合同目的无法实现，按照举重以明轻的解释规则，当事人也应当有权依法解除合同。

当然解释具有如下特点。

第一，它是通过比较性质相同的事物而进行的推论。在当然解释中，要进行"举轻明重"或"举重明轻"的推理，而这一推理的前提就是两个事物之间具有性质上的同质性，从而可以进行比较。例如，就买卖和抵押而言，二者都属于处分行为的范畴，具有可比较性，因而可以进行当然解释。如果两个事物之间没有共同的性质，就无法进行比较，也不可以进行当然解释的推理。例如，在侵权责任中，可以请求精神损害赔偿，我们是否可以依据当然解释确定在违约中也可以进行精神损害赔偿呢？笔者认为，因为这两种责任性质截然不同，无法进行比较，所以，不能进行当然解释。

第二，它要运用逻辑的推演。在当然解释中，解释者要进行逻辑的推演，其推演的具体形式就是"举重以明轻"或"举轻以明重"。当然解释就是解释者从被解释的规范中推论出其他相似的或对应的规范，尤其是采用了逻辑的要素而进行的一种推理。在当然解释中，通常涉及"较多"与"较少"的比较。[③] 因为立法者秉持了"见微知著"的观点，往往进行省略性的规定，并不详细地列举各种"大小覆盖"的情况，而是将这一问题留给解释者来加以完善。解释者并不需要采用填补漏洞的方法，而可以从文本的含义出发，运用逻辑推演的方法就能推导

① 梁慧星：《民法解释学》，中国政法大学出版社1995年版，第225页。

② 《唐律疏议·名例》中曾规定："诸断罪无正条，其应出罪者，则举重以明轻，其应入罪者，则举轻以明重。"这可以认为我国古代法中很早就已经提出了当然解释的规则。

③ ［葡］孟狄士：《法律研究概述》，黄显辉译，澳门大学法学院1998年版，第148页。

出解释的结论。

第三，它应考虑法律的规范目的。当然解释并非仅仅是“轻”与“重”的衡量，在衡量的背后，还应当进行法律的规范目的的考量。逻辑的考虑与法律的目的相比较，逻辑是服从于目的的，任何解释都不能因为片面遵守逻辑，而忽略了法律的立法目的。这就要求，在当然解释的情况下，需要在法律确定的限度内进行解释。解释者首先要明确法律的立法目的是否允许作此种逻辑推论，在多大限度内允许进行逻辑推论，以及法律对其是否有例外的规定等。所以，无论是举重以明轻还是举轻以明重，被参考的“轻”和“重”，可以理解为法律设置的禁止或者允许的最大限度。在这一限度之内的，就可以适用这一法律规范；而超过这一限度，则应当适用相反的规范。例如，《民法典》第 497 条第 2 项规定，提供格式条款一方“不合理地免除或者减轻其责任、加重对方责任、限制对方主要权利”的，该格式条款无效。按照“举轻以明重”的解释规则，如果当事人运用格式条款排除对方所有权利的，该条款当然无效。当然解释实际上是对立法者意思的推定。之所以需要当然解释，是因为：一方面，为了追求法律规则的简洁性，立法者并没有将其意思明确地阐明，故需要借助于解释来阐明立法者的意图。另一方面，在当然解释的情况下，尽管文义有一定的模糊性，但是，其并不需要借助价值填补就可以获得结论。所以，从这个意义上说，它仍然被归入狭义的法律解释之中，而与价值补充并不相同。

第四，它是在法律条文文义的可能范围之内进行的解释。在当然解释的情况下，法律对于待决案件并没有明确的规定。这是否意味着，它就属于漏洞填补的方法？在理论上，也有学者认为，当然解释属于漏洞填补的方法。[①] 但是，笔者认为，当然解释仍然属于狭义的法律解释方法，因为当然解释的结论仍然处于法条文义的可能范围之内。法条文义的可能范围，并不限于其字面含义，而是指其射程范围。在当然解释的情况下，虽然法律条文的字面含义不能包括待决案件，但是，通过对其进行“扩张”解释，就可以适用，而且此种“扩张”还处于法条

① Franz Bydlinski，Juristische Methodenlehre und Rechtsbegriff，Wien 1982，S. 472.

文义的可预测范围之内。

当然解释的适用范围主要限于立法者为了节约立法资源而有意遗漏的条文。如果过分扩张当然解释的适用范围，就会得出违背法律目的的解释结论。当然解释方法的适用范围十分有限，而且其适用范围是没有明示的，解释者可能超越其适用范围，从而导致法律解释中的谬误。此外，它在涉及程度的时候也比较困难，究竟何者为“重”，何者为“轻”，从字面上看，并非一目了然。因此，当然解释可能导致不适当地扩大法官的自由裁量权。相应的，当然解释的缺陷就在于，法官可能借当然解释之名，而行任意创设法律规则之实。假如立法者只希望于法律所规定的法律要件被满足时，才能产生特定的法律效果，或在立法者就其他情形法律故意不予规定时，则就此法律要件，不得为当然解释，可采取“明示其一视为排斥其他”等原则。[①] 这就是说，法律明确表示只能采取此种意思，而不能采取另外的意思。

二、当然解释的方法

（一）举重以明轻

举重以明轻，也称为以大推小（a maiore ad minus），即根据法律规定的目的来考虑，如果其事实较之于法律所规定的情况更轻，就可以直接适用该法律规定。[②] 举重以明轻的逻辑推论是：在符合 T1 法律要件时，有 F 法律效果发生，在有类似之较轻的 T2 法律要件之情况，使其有 F 效果发生，才属于合理。[③] 例如，《民法典》第 320 条规定：“主物转让的，从物随主物转让，但是当事人另有约定的除外。”按照“举重以明轻”的解释规则，主物抵押的，从物当然随同抵押。

具体而言，依据“举重以明轻”进行解释，应当遵循一定的规则。举重以明

① 黄立：《民法总则》，1994 年版，第 42－43 页。

② 杨仁寿：《法学方法论》，三民书局 1986 年版，第 146 页。

③ 黄立：《民法总则》，1994 年自版，第 42 页。

轻规则的适用应当遵循如下规则。

第一，两种情况之间必须存在共性。也就是说，待决案件与相关法条中构成要件的规定，存在某种共性。例如，关于买受人在符合善意取得的情况下，是否可以对抗承租人的优先购买权？在善意取得的制度下，第三人在善意的情况下可以取得无权处分人所处分的第三人的财产。因此，在承租人向善意第三人主张优先购买权时，如果第三人是善意的、支付了价款且办理了过户登记，则承租人自然不能对抗善意第三人的权利。因为原所有权人都不能对抗善意第三人的权利，更何况只是享有优先购买权的承租人。但是在这两种情况下，都属于享有一定权利之人欲对抗善意第三人的权利，其法律关系的性质是相同的。

第二，两种情况之间存在“轻”与“重”的差别。这就是说，推论的前提必须是两种情况之间存在“轻”与“重”的差别。此时，需要借助社会经验、法律价值判断等来确定所谓的“轻”与“重”。例如，在法律上，“转让”和“抵押”比较，虽然两者都是处分行为，但是，转让要移转所有权，而抵押只是设定担保，并不当然移转所有权，所以，从对处分权人的权利限制来看，抵押的限制较少，因此，转让较之于抵押，其属于更“重”的情形。

第三，法律的明确规定可以适用于待决案件中的情形。举重以明轻是逻辑推论的结果，但是，在适用该规则时，并不能仅仅考虑形式逻辑的规则，还必须从法律的规范目的的角度考虑。也就是说，法官作出此种推论，必须考虑既有的规定可以适用于待决案件，并且不违反法律的规范目的。从这个意义上说，举重以明轻的规则，必须与目的解释等结合起来运用；否则，可能导致法官滥用当然解释规则，成为法官随意造法的工具。我们之所以强调当然解释并非漏洞填补，在很大程度上，是要求法官去发现立法的真意，尽可能发现立法者的意思，并且法官必须遵从立法者的意思，而不是首先考虑漏洞填补，进行法律补充。

（二）举轻以明重

举轻以明重，也称为以小推大（a minore ad maius），即根据法律规定的目的来考虑，如果其事实较之于法律所规定的情况更重，那么按照立法的意思，既然较轻的行为都适用该规则，较重的规则就更有理由适用该法律规定。[①] 举轻以明重的逻辑推论是：假设某一法规针对某一构成要件事实 F1，规定了法律效果 R。现有一事实 F2，该法规未明白加以规范。但相较于事实 F1，依该法规之目的，F2 事实更为重要，则适用于 F1 之法规的法律效果 R 当然更适用于该事实 F2。[②] 例如，公司对外担保是一种无偿行为，会对公司正常经营、股东利益、债权人债权实现产生不利影响。为此，《公司法》专门规定了公司对外担保的程序和要件。而债务加入的责任更重，举轻以明重，担保这种从属性债务更加需要符合公司法的程序要求，而且对外担保的效力和归属都有专门法律规范予以调整。据此，法定代表人以公司名义加入债务的，必须作出加入债务的决议，遵守决议程序，而不能通过债务加入来规避公司对外担保规则。

举轻以明重的方式，大多运用于刑法之中，但是，在民法中也有适用的余地。这尤其表现在对责任的认定上，在法律规定了较“轻”的情况下要承担责任，那么出现了较“重”的情形时，当事人就更应当负责。

三、当然解释的性质

关于当然解释，究竟是独立的解释方法，还是应当被纳入类推适用的范畴？对此，存在两种不同的观点：一种观点认为，当然解释并非独立的狭义法律解释方法，它或者被置于文义解释之中，或者被置于体系解释之中。另一种观点认为，当然解释与类推适用、目的性扩张等方式一样，属于法律漏洞填补方法的一种。德国通说认为，当然解释在性质上是一种与类推适用、反面推论、目的性限缩并列的续造法律的论证方式。[③]

笔者认为，虽然当然解释与文义解释、体系解释存在联系，但是，其本身并非可以为两者所包含。当然解释之所以能够作为一种独立的解释方法，其原因就

---

① 杨仁寿：《法学方法论》，三民书局 1986 年版，第 146 页。

② 吴从周：《民事法学与法学方法》（第一册），一品文化出版社 2007 年版，第 89 页。

③ Franz Bydlinski，Juristische Methodenlehre und Rechtsbegriff，Wien 1982，S. 472.

在于：法官通过对待决案件的事实与法律规定事实之间的比较，可以直接认定法律规定能够适用于待决案件。从表面上看，法律对于待决案件没有规定，法官似乎是在创设规则。但是，法官进行当然解释，仍然处于法条文义的可能范围之内，而且并没有超出立法者可预测的范围。进行当然解释，不仅可以阐释文本的含义，而且还可以选择可供适用的裁判规则。

四、当然解释的规则

（一）遵循立法目的

之所以允许当然解释存在，主要是因为如此解释符合立法目的的设计。在当然解释中，法官实际上是从字义的角度进行推论，但是，法官进行此种推论，不能仅仅从语言学的角度考虑，而应当遵循法律的立法目的，以尊重法律规范目的为重要标准。例如，《森林法》第 23 条第 2 款规定："禁止在幼林地和特种用途林内砍柴、放牧。"按照举轻以明重的解释，禁止在幼林地砍柴，当然，也包含了在已经长成的林地中砍柴。但是，对于专门用于家庭采伐的薪炭林，依法允许砍伐的，属于例外规定。因此，法官在进行当然解释时，必须要考虑立法的例外性规定，而不能简单地作僵硬的解释。

（二）法律允许举轻明重，也就意味着允许举重明轻

在法律解释上，存在一个规则，即如果法律允许了举轻明重，也就意味着允许举重明轻。[①] 这就是说，在同一法律文本中，如果可以采取举轻以明重，也就意味着可以举重以明轻。

（三）当然解释不仅适用于法律条文中构成要件的推论，而且适用于法律条文中法律后果的推论

在通常情况下，当然解释都运用于法律条文中的构成要件部分。但是，当然解释也可以适用于法律条文中的法律后果部分。这就是说，如果法律条文中所规

① Eveline T. Feteris, *Fundamentals of Legal Argumentation: A Survey of Theories on the Justification of Judicial Decisions*, Kluwer Academic Publishers 1999, p. 152.

定的法律后果与待决案件中的可能的法律后果比较，也可以得出“更重”或“更轻”的结论，法官就可以进行当然解释。

第五节　反面解释

一、反面解释的概念

所谓反面解释，就是指依照法律文本规定的正面意思推论出相反的结果，据此阐明法律条款的真实含义。[①] 换言之，要求从法律条文规定的内容，推论出反面的结果。例如在“音乐设备留置案”中，涉及《民法典》第450条的适用。根据该规定，“留置财产为可分物的，留置财产的价值应当相当于债务的金额”。但是，该法对于留置财产是不可分物的情形没有作出规定。按照反面解释的规则，如果留置财产是不可分物，则留置财产价值与债务金额之间的“相当性”要求就不是必要的。因此，京鑫公司留置音乐设备的行为是合法的，它可以享有对该音乐设备的留置权。

反面解释的称谓，本身就是一个争议的话题。有学者采用“反对解释”的概念[②]，也有学者采用“反面解释”，还有学者采用“反面推论”一词。[③] 笔者认为，较之于反对解释和反面推论，“反面解释”的提法更为妥当，原因在于：一方面，从词义上讲，“反对”一词带有一定的感情色彩，可能会被误解为解释者对解释对象持否定态度，或者被误解为对法律条文本身的否定态度，而“反面解释”则强调从被解释对象的另外一面进行解释，从而能够更清楚地表达出反面解释的具体内涵。另一方面，“推论”一词强调逻辑学上的演绎过程，强调的是逻

---

① 杨仁寿：《法学方法论》，三民书局1986年版，第139页。

② 杨仁寿：《法学方法论》，三民书局1986年版，第139页；梁慧星：《民法解释学》，中国政法大学出版社1995年版，第277页。

③ 黄茂荣：《法学方法与现代民法》，（第五版），法律出版社2007年版，第331页；王泽鉴：《民法学说与判例研究》（第8册），中国政法大学出版社2005年版，第67－68页。

辑上的周延性。而事实上，在这里，它是作为一种解释方法采用的。虽然对于反面解释究竟属于狭义的法律解释，还是漏洞填补方法，仍然存在争议，但毫无疑问，它仍然属于法律解释学的范畴，将其称为“反面解释”更为确切。反面解释的特点在于：

第一，它是在法律条文的文义范围之内进行的解释。在反面解释的情况下，其仍然在文义的范围内采用反面推论的方式得出结论。在反面解释中，法律条文的核心文义是清晰的，其适用范围是比较明确的。例如，《民法典》第 231 条规定：“因合法建造、拆除房屋等事实行为设立或者消灭物权的，自事实行为成就时发生效力。”采用反面解释，就意味着，非法建造房屋，并不能自事实行为成就时发生物权变动的效果。尽管反面解释是从反面进行的推论，但是其推论的依据仍然是文本的字面含义，并没有脱离和超越文本的直接含义，只是其所采取的视角是从文义正面规定的反面进行解释。

第二，它是通过采取“非此即彼”的形式逻辑的推理方法所进行的解释。反面解释是指依据法律规定的命题（判断），推断其反方面命题（判断）的一种法律解释方法，其前提是法律条文的规定仅仅适用于有明确规定的情形，换言之，法律仅仅赋予其所规定的情形以特定的法律效果，超出该情形就出现相反的效果。因此，解释者在解释中针对其他的情形，就会出现相反的法律后果。在反面解释中，往往要求法律条文所规范的事实具有完整性，在其所载明的事实之外的其他事实，应当与此相对应，从而可以适用相反的规则。在此情况下，通过“非此即彼”的推论是符合立法意图的。

进行反面解释的具体操作过程是：确定法条中的构成要件是否是法律后果的充分必要条件，然后推论其相反的结果。被解释的法条中，构成要件与其法律后果之间形成充分必要条件的关系，反面解释可以得出确定的结论。这实际上可以理解为是逻辑方法在法律解释学中的运用。

第三，它是依据“相异的事件应当有相异的处理”的法理进行解释。[①] 反面

① 杨仁寿：《法学方法论》，三民书局 1986 年版，第 140 页。

解释的法理依据是平等原则。平等原则从广义上理解包括类似情况类似处理和不同情况不同处理，而反面解释就是要实现不同情况不同处理。反面解释和类推适用的法理基础是截然不同的，类推适用的基础是“类似情况类似处理”，而反面解释的法理基础是“不同情况不同处理”。因此，在反面解释中，应当确定待决案件事实与法律规定的构成要件之间存在差异性，并且，因为此种差异而要作不同的处理。反面解释适用的情况经常采用正面列举的方式，但是，正面列举并非是它的所有形态。法律也可以采取反面列举的形式。例如，《民法典》第 497 条第 2 项规定，提供格式条款一方“不合理地免除或者减轻其责任、加重对方责任、限制对方主要权利”的，该条款无效。这就是从反面列举的形式来进行的规定，对此种情况也可以适用反面解释。因为无论是反面列举还是正面列举，都不影响反面解释的适用。如果法律以正面方式全面要求行为人以某种方式行为，那么就意味着法律的本意是对被要求行为之外行为的否定；如果法律从反面全面列举了某种事实，禁止行为人以某种方式行为，那就意味着，法律的本意是对反面的行为持肯定态度。

在我国司法实践中，法院也经常采用反面解释的方法。例如，在“张桂平诉王华股权转让合同纠纷案”中，针对《公司法》第 147 条所规定的禁止发起人转让股份的行为，法院认为，该规定是禁止发起人自公司成立之日起三年内实际转让股份，那么从反面推之，法律并不禁止发起人在公司成立三年之后转让股份，因此，发起人为了在公司成立三年之后转让股份而预先签订合同的行为不能认定为无效。[①] 法律文本为什么有必要作出反面解释？一方面，立法技术对法律条文简洁性的要求决定了法律通常不必对某一问题同时从正反两个方面加以规定，因为在许多情况下，正面或者反面的外延都十分宽泛，难以穷尽。另一方面，一些法律的规范对象在外延上是有限的，一旦法律对某一方面的内容作出规定之后，那么对其外延之内的其他内容，就可以依据既有法律的规定加以推论。如果法律不允许进行反面解释，则必然造成立法过程中要对各个法条的相反运用都加以规

① 《最高人民法院公报》2007 年第 5 期，第 45 页。

定，从而导致法律的过分臃肿。例如，《民法典》第209条规定：“不动产物权的设立、变更、转让和消灭，经依法登记，发生效力；未经登记，不发生效力，但是法律另有规定的除外。”此处，立法就正反两个方面都作出了规定，因此，就没有进行反面解释的余地。但是，大量的法条通常只是从一个角度进行规定，特别是从正面进行规定。例如，《民法典》第214条规定：“不动产物权的设立、变更、转让和消灭，依照法律规定应当登记的，自记载于不动产登记簿时发生效力。”这就是从正面加以规定的，通过反面解释，可以得出结论，如果不动产物权的变动还没有记载于不动产登记簿，即使当事人提出了登记申请，登记机构也已经受理了该申请，也不能发生不动产物权变动的效力。

二、反面解释的适用条件

反面解释通常适用于特殊情形，只有满足了比较严格的适用条件时，才能予以适用。从法律规范的角度来看，反面解释的适用条件包括三个。

1. 构成要件是法律效果的必要条件或充分必要条件，符合逻辑推论的要求

反面解释实际上是形式逻辑规律的典型运用，所以，它的运用必须符合逻辑规律的要求。学者常常引证克鲁格公式来确定反面解释的基本形式：即在一个法条中，如构成要件为M，法律效果为P，当M是P的必要条件（$M \leftarrow P$），或者充分且必要条件时（$M \longleftrightarrow P$），就能对这个法条进行反面解释，得出“$\overline{M} \rightarrow \overline{P}$”的结论。[①] 试举《民法典》第497条关于格式条款排除对方主要权利无效的规定为例。

构成要件（M）：提供格式条款一方不合理地免除或者减轻其责任、加重对方责任、限制对方主要权利。

法律效果（P）：该格式条款无效。

必要条件（$M \leftarrow P$）：格式条款不合理地免除或者减轻其责任、加重对方责

① 黄茂荣：《法学方法与现代民法》，（第五版），法律出版社2007年版，第331－332页。

任、限制对方主要权利，是条款无效的必要条件。

反面解释，得出“$\overline{M}\rightarrow\overline{P}$”的结论：如果格式条款没有不合理地免除或者减轻其责任、加重对方责任、限制对方主要权利，甚至于即便排除了对方次要权利的，该格式条款也可以有效。

符合逻辑推论的要求，就意味着，构成要件和法律效果之间存在特殊关系，即构成要件是法律效果的必要条件或者充分必要条件。它不仅确定了反面解释的适用条件，而且是适用反面解释的逻辑前提。反过来说，如果构成要件和法律效果之间不存在必要条件或充分必要条件，就不能进行反面解释。例如，《民法典》第 490 条第 1 款第 1 句规定：“当事人采用合同书形式订立合同的，自当事人均签名、盖章或者按指印时合同成立。”因为该条第 2 款规定，实际履行也可使合同成立。所以，当事人签名盖章，并非合同成立的必要条件。因而，我们不能通过反面解释得出结论，即当事人没有签名或者盖章，合同即不成立。

2. 所要解释的法条必须是确定的法律规范

反面解释是以既有规范中的构成要件和法律后果，来推定其相反的事项。它应当是以法律条文形式表现出来的法律规范。因为在反面解释中，必须要对其构成要件和法律后果进行解释，如果不是包含了构成要件和法律后果的法律规范，就无法进行反面解释。所以，只有在特定法条的构成要件和法律后果都比较明确时，才可能通过形式逻辑的方法进行反面推理。所谓确定的法律规范，应当包含如下几个方面的含义。

第一，法律规范的确定性。法律规范的概念、术语等，必须是明确的、具体的、确定的。通过这些确定的概念、术语，法律规范的构成要件就是确定的，法律效果也是确定的。此时，我们才能判断特定的构成要件是否是法律效果的必要条件。一般来说，可以作反面解释的规范，都是与特定的法律效果联系在一起的强制性规范。因为任意性规范只是用于补充当事人的意思，且在违反任意性规范的情况下，可能未必引发相应的法律效果。在任意性规范中，当事人可以通过约定来排除其适用，或者说，通过约定来推翻特定的构成要件。这就意味着，该法律规范的适用前提是开放性的，因而难以对其进行反面解释。只有强制性规范，其才可能通过反面解释确定相应的含义，从而适用于待决案件。

第二，法律规范适用范围和法律后果的封闭性。法律规范适用范围的封闭性，是指法律规范可供适用的范围被明确界定，而且这种界定是十分周延的，不存在例外的情形。反面解释只有在封闭的文义之下，才能从正面推测立法者的反面意思。如果立法者本身的意思具有开放性，就无从把握哪些属于反面的意思。例如，《民法典》第1198条第1款规定："宾馆、商场、银行、车站、机场、体育场馆、娱乐场所等经营场所、公共场所的经营者、管理者或者群众性活动的组织者，未尽到安全保障义务，造成他人损害的，应当承担侵权责任。"依据这一规定，违反安全保障义务的责任主体，限于"经营场所、公共场所的经营者、管理者或者群众性活动的组织者"，该条规定就是封闭性的规定，可以适用反面解释，即凡是不属于"经营场所、公共场所的经营者、管理者或者群众性活动的组织者"，便不能承担违反安全保障义务的责任。

第三，法律概念的核心文义和边缘文义都是确定的。如果反面解释涉及法律概念的解释，必须确定出该概念的核心文义和边缘文义。例如，善意是相对于恶意而言的，非法是相对于合法而言的。在反面解释中，不仅其核心文义是确定的，而且其边缘文义也应是确定的。一旦概念的边缘文义是模糊的，其反面解释就难以进行。例如，如果将善意界定为不明知，则其核心文义和边缘文义都是清晰的，其反面意思就是明知，至于有无过失就不必考虑。但如果将善意界定为不明知和不应知而不知，则其反面的意思就有所不同。

3. 反面解释不违反法律的规定

在进行反面解释的过程中，还应当考虑法律是否允许进行反面解释。不同法律领域内存在不同的价值原则，因而反面解释的适用空间也不同。在公法领域，适用"法无明文允许则为禁止"，而在私法领域，适用"法无明文禁止即为允许"。因此，在公法领域，进行反面解释的可能性较小；而在私法领域，进行反面解释的空间比较大。[①]

① 王文胜、周晓晨：《重构法律解释学中的反面解释》，载《判解研究》2007年第6期，第173页。

三、反面解释的适用步骤

（一）确定法条是否是确定的规范

反面解释是以既有规范中的构成要件和法律后果，来推定其相反的事项。如果既有法条的构成要件和法律后果是不确定的，就很难推出其相反的事项。具体而言：

第一，要进行文义解释，对法律本身的固有含义进行界定。从现有法律条文看，法律禁止的是什么行为，反对的是什么行为，应当有一个准确的判断。例如，《民法典》第 522 条第 2 款规定："法律规定或者当事人约定第三人可以直接请求债务人向其履行债务，第三人未在合理期限内明确拒绝，债务人未向第三人履行债务或者履行债务不符合约定的，第三人可以请求债务人承担违约责任……"依据这一规定，真正利益第三人合同中，第三人在债务人违约时享有请求其承担违约责任的权利。依据反面解释，就应当认为，在非真正利益第三人合同中，债务人违约时，第三人不享有请求其承担违约责任的权利，而只能由债权人请求。但是在作出此种解释时，首先要进行文义解释，说明真正利益第三人合同的概念和构成要件，在此基础上作出反面解释。

第二，必须确定法律规定的适用范围。一方面，法律规范的可能文义是确定的，虽然该文义范围未必是封闭的，但是，它至少应当是确定的，从而为反面推理提供可能。例如，《民法典》第 1255 条规定："堆放物倒塌、滚落或者滑落造成他人损害，堆放人不能证明自己没有过错的，应当承担侵权责任。"从该条规定的反面解释来看，堆放人能够证明自己没有过错的，就不应当承担侵权责任。另一方面，法律规范的事实是确定的，具有特定的构成要件。法律规范事实的确定性，既指其适用范围的确定性，也指其构成要件的确定性。适用范围的确定性，通常都是指其是封闭的，在法律上有明确的界限。一般来说，在可能的文义确定以后，法律规范可得适用的范围也大体清楚，这一可供适用的范围被限定后，才能运用反面解释的方法。

第三，明确法律中规定的法律效果。法律规定的特定事实是与法律效果相联系的。因为一定的事实出现，才引发了相应的法律效果，所以，如果法律条文规定的法律效果是确定的，在特定法律事实出现后就会引发特定的法律效果。例如，在留置的财产为可分物的情况下，留置权人行使留置权，必须遵循“相当性”规则，否则将导致留置权的滥用。从该规定来看，法律规定的效果是明确的、确定的，如果法律效果本身是不明确的，也无法进行反面解释。

（二）确定法条中构成要件与法律后果之间的必要条件关系或充分必要条件关系

在进行此种推论时，还必须要考虑如下因素：法条的相反意思是否只有一种推论，而不能有其他推论。这就是说，要确定法条中构成要件和法律后果之间是否构成必要条件关系或者充分必要条件关系。并非任何条文都可以进行反面解释，法律条文是否可以进行反面解释，要取决于“法律要件”与“法律效果”之间，是否具有“内涵的包含”及“相互的包含”的逻辑关系。① 从逻辑关系的角度来看，反面解释的适用前提是，其只能进行一种反对的推论，而不能是多种反对的推论。例如，《民法典》第1218条规定：“患者在诊疗活动中受到损害，医疗机构或者其医务人员有过错的，由医疗机构承担赔偿责任。”从反面解释来看，只要患者不是在诊疗活动中遭受损害，或者医疗机构及其医务人员没有过错的，医疗机构就不承担医疗损害责任。

（三）推论

反面解释如何推定其反面的意思？在进行反面解释时，实际上是通过对该法条的反转运用来进行的解释。在确定法条中的构成要件是否是法律后果的充分必要条件之后，借助于形式逻辑的推论方法，即可以推论出与现有法律条文相反的结果。

四、反面解释适用的规则

（一）非此即彼的推论规则

反面解释的前提是要从法律的正面含义，推导出相反的含义也是成立的。因

① 杨仁寿：《法学方法论》，三民书局1986年版，第141－145页。

此，反面解释的重要规则就是要进行非此即彼的推论，如果不能进行此种推论，就无法进行反面解释。例如，《民法典》第1249条规定："遗弃、逃逸的动物在遗弃、逃逸期间造成他人损害的，由动物原饲养人或者管理人承担侵权责任。"对于该条不能进行反面解释，进而确定动物不是在遗弃或逃逸期间造成他人损害的，动物饲养人或者管理人就不必承担责任。

（二）例示性规定不适用反面解释

例示性规定，属于法律就典型形态所作的规定。所以，法律中的例示性规定与法律后果之间，并不存在充分必要条件或必要条件关系。因此，例示性规定不适用反面解释。例如，我国《民法典》第500条规定："当事人在订立合同过程中有下列情形之一，造成对方损失的，应当承担损害赔偿责任：（一）假借订立合同，恶意进行磋商；（二）故意隐瞒与订立合同有关的重要事实或者提供虚假情况；（三）有其他违背诚信原则的行为。"该条第1、2项属于例示性规定，无法对其进行反面解释。依据反面解释原则，非故意隐瞒与订立合同有关的重要事实或者提供虚假情况，不构成缔约过失责任。但在实践中，被告因重大过失而提供了虚假情况，给原告造成了重大损失，也可能属于违背诚实信用原则的行为，应当承担缔约过失责任。所以，笔者认为，该条属于例示性规定，难以适用反面解释。

（三）开放性规定不适用反面解释

法律中的有些规定属于开放性规定，立法者之所以作出开放性规定，是为了避免遗漏，为未来的社会发展预留规制空间。对于开放性规定，反面解释无法适用，这同样是考虑到既有规定中的构成要件和法律后果之间不存在必要条件关系或充分必要条件关系。例如，《民法典》第563条第1款规定："有下列情形之一的，当事人可以解除合同：（一）因不可抗力致使不能实现合同目的……（五）法律规定的其他情形。"该条实际上是规定，在若干种根本违约的情况下，当事人可以解除合同的情形。但是，该条的规定属于开放性规定，因而无法对其进行反面解释。

第六节 目的解释

一、目的解释的概念和特征

目的解释，是指通过探求制定法律文本的目的以及特定法律条文的立法目的，来阐释法律的含义。例如，《民法典》第990条第2款规定："除前款规定的人格权外，自然人享有基于人身自由、人格尊严产生的其他人格权益。"该条规定以立法的形式确定了一般人格权。由于一般人格权旨在弥补具体人格权僵化的不足，因此一般人格权的具体外延是随着实践的不断变化而越来越丰富的。该条的立法目的也在于宣示：人格尊严是一般人格权的内核，是判断所有新型人格利益的基本标准，任何一种权益受到侵害后，只要侵害了个人的人格尊严，都可以纳入一般人格权的保护范围。随着社会的发展，出现各种人格利益时，是否要受到人格权的保护，要以人格尊严为标准进行判断，这由此也表明了人格尊严是所有值得法律保护的人格权益的基本标准。

目的解释作为一种独立的法律解释方法，其在解释方法中的重要性不断加强。在《学说汇纂》中有句名言，"认识法律，不仅在于明白其词语，而且系在于明白目的及权力"（scire leges non hoc est，verba earum tenere，sed vim ac potestatem）[①]。罗马法谚也称，"认识法律并非固守它们的文辞，而要掌握它们的效力和意向"（Scire leges non est verba earum tenere，sed vim ac potestatem）。其本意在于，解释者应该进行立法目的的探究。到19世纪70年代以后，德国学者耶林开始对概念法学提出挑战，主张应当克服形式主义解释的弊端，而根据功利的要求自由地进行社会利益的衡量和调整。[②] 从耶林开始，目的解释的重要性受到关注。耶林在其名著《法律的目的》一书中，明确宣称"目的是所有法律的

① Degister 1.13.17.

② 季卫东：《法律解释的真谛——探索实用法学的第三道路》，载《中外法学》1998第5期。

创造者”，“所有在法律之泥土上的一切，都是被目的所唤醒的，而且是因为某一个目的而存在，整个法律无非就是一个独一的目的创造行为”①。他将法律目的比喻为在茫茫大海上指引航船方向的“导引之星”，因而应当将目的解释作为法律解释中的重要方法。耶林之后的目的法学、自由法学等，也逐渐弱化历史解释的地位，转而强调目的解释的重要意义。在现代法律解释学中，目的解释成为重要的解释方法之一。

荀子曾经指出：“不知法之义而正法之数，虽博每临事必乱。”② 这句话的意思是说，要想理解法律，必须要明白法律的目的和精神，否则，懂得再多也遇事必乱。在我国当前，学者普遍认为目的解释是法律解释的基本方法。在司法实践中，也有不少判决采纳目的解释方法。例如，在某股权转让合同纠纷中，江苏省高级人民法院认为，原《公司法》第147条规定“发起人持有的本公司股份，自公司成立之日起三年内不得转让”。本条的立法目的在于防止发起人利用公司设立谋取不当利益，并通过转让股份逃避发起人可能承担的发起人责任。该法条所禁止的发起人转让股份应是股份变动行为的禁止，而不是对签订合同的债权行为的禁止。该股权转让合同不违反《公司法》关于发起人在一定期限内禁止转让股份的立法目的，协议双方在《公司法》所规定的发起人股份禁售期内，将股权委托给未来的股权受让方行使也并不违反法律的强制性规定。③ 作为一种独立的法律解释方法，目的解释的特点主要表现为：

第一，它是借助于对立法目的的探究，来阐释法律的含义。如果法律条文的含义本身是清晰的，或者能够通过体系解释等明确，就不需要借助立法目的来确定其含义。只有在文义解释仍然有复数解释可能时，才需要通过立法目的和立法意旨的探究，来阐释法律文本的含义。具体来说，法律概念和术语的解释，往往需要通过立法目的的考量来确定。而法律条文的表达不清晰或不准确，或者因立

---

① Rudolf von Jhering，Der Zweck im Recht，Volume 2，Nabu Press，2010，S. 442.

② 《荀子·君道》。

③ 江苏省高级人民法院（2005）苏民二初字第0009号民事判决书，载《最高人民法院公报》2007年第5期。

法者有意省略而使得法律文字的含义难以理解，均需要进行目的解释。例如，《民法典》第279条所规定的“利害关系”概念，与其他地方的这一概念含义可能是不同的，因此，要通过立法目的的考察来确定其特定的含义。

目的解释中的目的是范围比较宽泛的概念，它包括立法目的和立法意旨。笔者认为，所谓立法目的，是指立法者在制定某个制度、规范、概念时所持的目的。所谓立法意旨，是指特定法律条款的意旨。立法目的主要是针对某一部法律来说的，具有宏观意义，其强调某个法律所追求的规范社会的目标，立法目的对于立法意旨具有指导作用，而立法意旨是立法目的的具体化，任何法律条文的立法意旨都是立法目的的具体展开。正是由于各种立法意旨的组合，才能够实现立法目的。一部法律通常具有一个统一明确的立法目的，但是，法律中的个别法律条文可能表现出不同于整部法律的立法意旨。例如，我国《民法典》第1246条规定：“违反管理规定，未对动物采取安全措施造成他人损害的，动物饲养人或者管理人应当承担侵权责任；但是，能够证明损害是因被侵权人故意造成的，可以减轻责任。”该条并没有设定免责事由，对于是否存在免责事由，学界存在不同的解释。笔者认为，该条设立的意旨在于，强化对受害人的保护，在一定程度上体现对动物饲养人的惩罚，因此，不能认为，饲养人或管理人有免责事由。

第二，它主要探究客观的立法目的和立法意旨。目的解释中的目的，是指从法律文本出发，探究法律文本本身的目的，以及制定法条的目的。从这个意义上说，目的解释表现为对“条文的目的与意义”的解释。[①] 目的解释要解决两个方面的问题：一方面，要探究立法目的，另一方面，要探究立法意旨。这里所说的立法目的和立法意旨是客观的，或者说法律文本所表现出来的规范目的，而不是探究历史上立法者的主观目的。目的解释既有微观的观察，又有宏观的观察，其所确定的立法目的，既可以是整部法律的立法目的（如《民法典》物权编中的物尽其用价值），也可以是特定制度的立法目的（如合同编中的鼓励交易原则），还

① Robert Alexy, Kiel and Ralf Dreier Göttingen, *Statutory Interpretation in the Federal Republic of Germany*, Interpreting Statutes, A Comparative Study, Aldershot/Brookfield/Hongkong/Singapore/ Sydney 1991, p. 88.

可以是特定法律规范的立法目的（如生命权优先于其他人格权的立法目的）。从法律解释目标的角度来看，如果坚持折中说，解释目标就是通过法律文本来探究法律的意旨，而不是抽象意义上的公平正义理念，因此，目的解释应当是法律解释的重要方法。

第三，它主要是从文本出发探讨立法目的。如果从法律文本出发难以探究立法目的和立法意旨，就应当借助于其他方式来解释，如体系、历史、比较法等各种方式。所有这些方式都是为了探求立法目的，但是，目的解释主要依据文本来探究立法目的，如果借助其他方法来探究立法目的，就可能转化为其他的法律解释方法，如历史解释等。目的解释中的目的是法律文本本身表现出来的目的。一方面，探究法律的目的应当从文本出发，而不应当借助于立法史的考察，应当要求法官从客观的文本出发来探究立法目的，从而尽可能消除前见对解释的不利影响。另一方面，如果立法者的意旨与法律文本的意旨不同，应当按照法律文本的意旨来确定其含义。在这一点上，目的解释与历史解释是不同的。例如，《道路交通安全法》第 76 条第 2 款规定："交通事故的损失是由非机动车驾驶人、行人故意碰撞机动车造成的，机动车一方不承担赔偿责任。"从字面意义来看，"故意碰撞"的含义可以作宽泛的解释，只要是故意与机动车接触，都可能导致免责。从立法资料来看，立法者的真意是，只有故意导致交通事故的行为（如"碰瓷"），才可以导致免责。但是，从该条的现实意旨来考察，其并非限于故意导致交通事故的行为，所以，应当按照法律文本的目的来进行解释。只有从文本出发探求立法目的，才能把握立法者的真实意图，准确地理解法律的含义。

第四，它是一种不拘泥于法律文字的解释方法。目的解释方法主要是从法律文本的目的出发来阐释法律文本的含义。目的解释的结论可能与法律文本的字面含义存在一定的区别。目的解释的结论可能导致法律文本的限缩解释，也可能导致法律文本的扩张解释，因此，它与文义解释、体系解释等存在区别。例如，《民法典》第 1180 条规定同一案件同一赔偿的规则，使用了"可以"的表述。如果从文义解释，应属于任意性规范，但是，通过立法目的的考察，立法者实际上是要通过该规则修改、补充《人身损害赔偿司法解释》第 15 条确立的区分城乡不同户籍确定不同赔偿标准的规则。所以，此处所说的“可以”应当解释为“原则上应当”。当然，目的解释也不能超出法律文本的可能文义范围，如果通过立法目的的考量作出超出文本的文义射程范围的解释，就属于目的性扩张，从而进入漏洞填补的领域。

二、目的解释方法的运用

目的解释和文义解释、体系解释等相比较，已经在一定程度上脱离了文本。目的解释是在文本含义不清晰时的解释。当文本的意思明确时，通常不需要借助立法目的来明确其含义。通常来讲，目的解释运用的大致步骤如下。

1. 从文义出发解释法律条文，确定其可能存在的多种解释结论。在进行文义解释后，如果考虑到文义解释所确定的解释结论是复数的，难以明确妥当的解释结果，那么，可能就需要借助目的解释方法来对多种解释可能进行筛选，从而确定符合目的的解释。例如，在前述“热水烫伤案”中，是否可以适用《民法典》第1254条？由于该条仅限于楼上抛掷的物品，或者坠落的物品，而楼上倾倒的热水是否属于此类情况，则引发了争议。笔者认为，在判断热水本身是否可以归入《民法典》第1254条所说“物品”的范畴时，应当考虑该条的立法目的。该条的重要目的就是对难以根据过错责任获得救济的受害人，依据公平原则提供救济。据此，将热水解释为“物品”，更契合为受害人提供公平救济的立法目的。目的解释通常是在文义解释本身不能得出结论的情况下，通过对法律规范本身目的的探讨，来确定文本的准确含义。当法律条文的内容不明晰时，有必要通过探求立法目的来确定解释结论。

法律的文义不清晰主要包括如下几种情况：第一，由于法律的文义不清晰，通过文义解释本身不能得出结论。例如，在《民法典》总则编中，对自然人人格权的列举与其他民事权利的列举，在表述上是不一致的。《民法典》总则编关于人格权以外的其他民事权利的规定，采用“依法享有”的表述（如第114条第1款规定：“民事主体依法享有物权”；第118条第1款规定：“民事主体依法享有债权。”)，但是在人格权的规定中，没有采用“依法”两个字的表述。这并不是一个疏漏。立法目的在于，人格权保护应当保持开放性。立法者实际上是为了表明自然人的人格权，不能仅仅限于法律列举的权利，即使对于法律没有规定的新型人格权益，也要进行保护。第二，法律条文没有准确地表达立法目的。第三，法律条文本身与立法目的相冲突。如果立法采用的语言所表达的意义或许与立法者的意图是相反的，法官在裁判中发现条文没有明确表达立法者所想要达到的意图，这时法官就会对立法所阐述的意义进行探讨。[①] 例如，《劳动法》第 20 条第 2 款规定：“劳动者在同一用人单位连续工作满十年以上，当事人双方同意延续劳动合同的，如果劳动者提出订立无固定期限的劳动合同，应当订立无固定期限的劳动合同。”在实践中，用人单位往往不会同意劳动者的提议。“当事人双方同意”的表述实际上与保护劳动者的立法目的相冲突，正因如此，《劳动合同法》修改了该规定。[②]

2. 从法律文本自身出发来探求立法目的。当法律条文的内容不明晰时，有必要通过探求立法目的来确定解释结论。在确定目的解释确有必要的情况下，应当从如下几个方面来确定立法目的。

第一，通过法律文本的直接表述来确定其立法目的。法律文本中可能明确阐明了其立法目的，这在我国法律中比较普遍，通常是在法律的第 1 条明确立法目的。目的解释应该从客观的文本出发来探究立法者的目的。任何法律的设定，立法者都要确定一定的目的，这里所说的目的就是法律规范所要达到的效果。法律在设定任何一个条款的时候，都具有其目的性。绝大多数法律规范，在适用过程中，可以直接发现立法者的意图。而立法者制定法律都是为了实现一定的社会目的，因此，按照立法目的进行解释，才能实现该法律的目标。“解释者应当站在

---

① E, Kellaway, *Principles of Legal Interpretation of Statutes, Contracts and Wills*, Butterworths, 1995, 64.

② 《劳动合同法》第 14 条第 2 款规定：“用人单位与劳动者协商一致，可以订立无固定期限劳动合同。有下列情形之一，劳动者提出或者同意续订、订立劳动合同的，除劳动者提出订立固定期限劳动合同外，应当订立无固定期限劳动合同……”

立法者的立场上，模拟后者再次形成法律思想。”[①]

第二，制度目的探究。目的解释具有层次性，从宏观方面讲，立法目的指整个法律所追求的目的；从微观方面讲，是指某一具体法律条文在具体规范某一类具体法律关系中所追求的目的。例如，《民法典》物权编第四分编规定了担保物权，其目的在于规范民事主体的担保法律行为，使担保物权的变动符合该编确立的法律秩序，明确担保物权设立变动过程中各项权利的归属。

第三，法律条文、概念所包含的目的分析。法律条文、概念中所包含的规范目的，是没有明文表述的，但是，可以通过各种方式分析出其规范目的，从而作为法律解释的依据。例如，在“郑雪峰、陈国青诉江苏省人民医院医疗服务合同纠纷案”中，法院认为：“该法（指《消费者权益保护法》）所指的服务，是经营者为获取经济利益而提供的商业性服务。法院向江苏省卫生厅调取的证据表明，人民医院不是以营利为目的的机构，不属于经营者。”[②]

3. 从法律文本以外的因素来探究立法目的和立法意旨。目的解释主要应当从文本出发来探究立法目的和立法意旨，然而，立法目的既包括法律之中已经明确表达出来的立法目的，也包括法律之中没有明确表达出来的立法目的，因此，也有必要通过文本以外的因素来探究立法目的。具体来说，在法律文本以外探究立法目的和立法意旨的途径主要有如下几种。

第一，通过体系分析来探明法律中没有直接表述的立法目的。这需要法官考察制度和制度之间、条文和条文之间的内在联系，从中发现立法目的。有时需要研究法律文本中其他各节的内容，来探究目的。[③] 例如，在《民法典》侵权责任编中关于补偿责任的含义如何界定，单纯地从某个条文本身是难以解释的，但是，将补偿责任与赔偿责任的规定相比较就可以看出，法律凡是适用赔偿责任的，应当依据完全赔偿原则进行赔偿，而适用补偿原则的，则赋予了法官自由裁

① ［德］萨维尼：《萨维尼法学方法论讲义与格林笔记》，杨代雄译，胡晓静校，法律出版社2008年版，第7页。

② 《最高人民法院公报2004年卷》，人民法院出版社2005年版，第401页。

③ See E. Kellaway, *Principles of Legal Interpretation of Statutes, Contracts and Wills*, Butterworths, 1995, p. 69.

量权，其可以根据具体情形裁决行为人适当补偿。

第二，通过历史考察来确定法律的立法目的。通过对立法时各种立法资料（包括立法时的社会背景、各个法律草案的变迁、学者的草案建议稿等）的考察，也可以探究立法目的。例如，原《物权法》第 191 条第 2 款明确规定："抵押期间，抵押人未经抵押权人同意，不得转让抵押财产，但受让人代为清偿债务消灭抵押权的除外。"《民法典》第 406 条修改了原《物权法》第 191 条关于禁止抵押物转让的规则，允许抵押人在设定抵押权后转让抵押物。作出此种修改的原因在于：一是放开抵押物的转让可以充分发挥物的效用，并大幅提升物的利用效率，从而贯彻物尽其用的原则；二是可以提升交易的便捷程度，避免不当增加抵押物转让的交易成本。[①] 三是抵押的性质。对于只是让渡了抵押物交换价值的抵押人而言，其处分抵押物的权利也遭到了一定的干涉。从这一角度来看，《民法典》对于抵押物转让规则的变更具有一定的积极意义。[②] 新规则虽然有利于促进物尽其用、鼓励交易，但是由此也可能给抵押权人监管抵押物或实现抵押权造成困难。因此，《民法典》第 406 条增加了一句"当事人另有约定的，按照其约定"。可见，立法者试图通过承认禁止转让特约效力的方式，来弥补允许抵押物转让的上述弊端。

第三，通过探求规范的性质，来确定立法目的。在探求立法目的时，也要探明法律规范属于强制性规范（包括义务性规范和禁止性规范），还是任意性规范。就禁止性规范而言，也要确定其是效力性禁止规范（也称效力规范），还是管理性禁止规范（也称取缔规范）。例如，《律师法》第 13 条规定："没有取得律师执业证书的人员，不得以律师名义从事法律服务业务……"该规定是要强化对律师代理的管理，并非要使委托合同无效。因此，其性质上是一般管理性规范而不是效力性规范，如果出现无律师资格者与第三人订立有偿代理合同，并不宜使该合同无效。

第四，通过社会学方法的运用来确立立法目的。法社会学的方法实际上是从法律之外来确定立法目的。例如，《民法典》第 279 条关于小区内"住改商"应

---

①② 黄薇主编：《中华人民共和国民法典物权编释义》，法律出版社 2020 年版，第 510、512 页。

取得“有利害关系的业主的同意”的规定，其所针对的现象是，随着城市高层建筑的兴起，利用住宅从事商业活动大量产生，商业利益与居住利益之间的矛盾是这一法律条文所要解决的主要社会问题。因此，该条的立法目的就是在保护居住利益不受损害的情况下，协调业主的居住利益与商用者的商业利益。从这一立法目的出发，该条中的“有利害关系的业主”，就是指因商业活动而使其正常居住利益受到影响的业主。①

第五，通过比较法的方法来确定立法目的。一般来说，比较法的方式是通过借鉴域外的经验来探求立法目的，其适用范围较为狭窄，但是仍然有存在的余地。尤其是在民商法律方面，作为“法律输入国”，我们的法律解释可能更多地需要比较法的方法。例如，我国《民法典》第 311 条规定的善意取得制度，其立法目的如何，可以通过比较法的方法来予以确定。

4. 按照立法目的，选取符合目的的解释结果。探明立法目的，是为了要明确解释的结果，因此，立法目的确定之后，就必须运用于解释。具体来说，就是按照立法目的来选择其中符合立法目的的解释结论。例如，在前述“惊牛践踏秧苗案”中，如果将《民法典》第 1245 条所规定的“他人的损害”理解为仅限于他人的人身损害，显然不符合立法所确立的保护受害人的目的。

如果待解释的法律条文具有多元的立法目的，此时，法官应当通过价值判断，既要尽可能实现法律所确定的多元价值目标，又要在多元价值目标中有所取舍。例如，在善意取得的情况下，占有改定是否可以导致善意取得，需要通过探寻立法目的加以明确，因为这里存在“保护权利人的物权”和“发挥物的效用”之间的冲突。“保护权利人的物权”要求占有改定不能导致善意取得，而“发挥物的效用”则要求占有改定可以导致善意取得。再如，在留置权制度中，债权人占有第三人的动产，是否可以享有留置权？此时存在“维护社会主义市场经济秩序”和“保护权利人的物权”之间的冲突。如果考虑“维护社会主义市场经济秩序”，则应当使债权人享有留置权，而如果考虑“保护权利人的物权”，则不应当

① 熊丙万：《论住宅商用法律制度》，载《政治与法律》2009 年第 8 期。

使债权人享有留置权。

三、目的解释应当遵守的原则

(一) 立法者意图的阐释最大化原则

任何法律制度的设计都体现了特定的立法目的。正如学者所说:“没有目的,就没有法律文本。”[①] 目的是文本的灵魂。所以,法官解释和适用法律就是要将立法者的目的具体化,这就有必要遵守对立法者意图的阐释最大化原则。这一原则具体包括如下几个方面:一是在解释过程中,需要对文本所包含的立法者隐含的意图进行最大化的阐释[②],以准确把握立法者的意图。二是在立法者多种意图并存时,要实现各种意图的协调,尽可能保证各个立法目的的实现。三是如果立法者的意图不能符合当前的社会情势,则应当从立法目的出发作出符合当前社会需要的解释。

(二) 省略之规定视为故意省略原则 (casus omissus pro omisso habendus es)

该原则起源于罗马法[③],指如果法律对于特定事项没有规定,就推定立法者是故意不作此规定,或者说立法者对被省略的规定持否定的立场。例如,我国《民法典》第196条没有明确规定未登记的动产物权请求权不适用诉讼时效,这可以推定立法者对该制度持否定立场。

(三) 法律不作区分,则解释不必作出区分原则

在法律解释方法上,存在一个规则,即“法律规定未设区别,吾人也不得加以区别”(Ubi lex non distinguit nec nos distingure debemus.)[④]。一般认为,从立法意图考虑,如果法律对于某个概念术语所包含的各项内容没有区分其不同类

---

① Stanley Fish, Adrian Vermeule, "There is no Textualist Position", 42 *San Diego L. Rev.* (2005), p. 616.

② Adrian Vermeule, "Three Strategies of Interpretation," 42 San Diego L. Rev. (2005), p. 616.

③ 吴庚:《政法理论与法学方法》,中国人民大学出版社2007年版,第369-370页。

④ 郑玉波:《民法债编各论》(上册),三民书局1981年版,第158页。

型作出不同的规定，则可以认为立法者在该概念、术语中包含了所有的类型。[①] 此种解释还是要求从文本出发，考量立法目的，尊重法律的意旨。例如，我国《民法典》第 663 条规定，赠与人可以因下列情形撤销赠与：（1）受赠人严重侵害赠与人或赠与人近亲属的合法权益；（2）对赠与人有扶养义务而不履行；（3）不履行合同约定的义务。如何理解此处“对赠与人有扶养义务”？是仅限于法定的扶养还是应当包括约定的扶养？从法律解释的规则来看，如果法律未作出区分则解释时也不宜作区分，既然此处所说的扶养不限于法定的扶养，则应当包括约定的扶养。再如，法律上没有区分占有的善意和恶意，就可以理解为占有包括了善意占有和恶意占有。如果法律特别指明“善意占有人”，就不能将其扩大到恶意占有人。[②]从前述“惊牛践踏秧苗案”可见，法律既然没有将对他人损害的概念明确限定在人身损害，则将其理解为包含了财产和人身损害是妥当的。

但是，如果法律已经作出区分的，则表明立法者已经作出选择，应当依照法律进行区分。例如，《公务员法》第 62 条规定：“处分分为：警告、记过、记大过、降级、撤职、开除。”但《行政强制法》第 63 条第 1 款规定：“行政机关将查封、扣押的财物或者划拨的存款、汇款以及拍卖和依法处理所得的款项，截留、私分或者变相私分的，由财政部门或者有关部门予以追缴；对直接负责的主管人员和其他直接责任人员依法给予记大过、降级、撤职或者开除的处分。”显然，该条中所说的行政处分已经对《公务员法》关于处分种类的规定作出了限制，不包括警告、记过，因此，在解释《行政强制法》第 63 条时，就不能依据《公务员法》第 62 条规定来作出解释。

（四）尽量作有效解释原则（utres magis valeat guam preat）

立法者都是依照宪法的精神进行立法的，而且，法律作为社会行为规范，其应当是有效的。立法者制定法律的目的是要使所有的法律条文都有效，从而实现其社会效果，因此，应当尽量对于现有法律规范作生效的法律解释。例如，《民法典》第 505 条规定，在确定当事人超越经营范围订立的合同的效力时，不得仅

---

①② Paul Delnoy, Elément de méthodologie juridique, Larcier, 2006, Bruxelles, p. 185.

以超越经营范围确认合同无效，因此在解释此类合同效力时，应尽可能解释为有效。

（五）发展性原则

法律是用语言文字表现出来的，在法律制定以后，其所使用的词句已经固定化，但这并非意味着法律所使用的文字的含义是一成不变的。法律所使用的语言也具有发展性的特点，特定的概念、术语随着时代的变化，也会出现含义的演变。诚如郑玉波先生所言，“从时间着眼，法文之解释应注意其进化性，因文字之含义每随时代之进化而变迁，一法律虽不能万古长存，然亦不可朝令夕改，因此法文之意义，自亦应与时代而俱新，否则不足以应社会之需要”①。例如，《民法典》第3条规定：“民事主体的人身权利、财产权利以及其他合法权益受法律保护。”此处所述的“其他合法权益”就是一个具有发展性的概念，将随着社会的发展而具有不同的含义，如随着网络社会的来临，网络虚拟财产权就可能被纳入其中。

第七节　限缩解释和扩张解释

一、限缩解释

（一）限缩解释的概念和特征

限缩解释也称为缩小解释，是指法律规定的文义过于宽泛，与立法者所想要表达的意图不符，应当将其加以限制，缩小其适用的范围。在法律制定过程中，如果法律文本的文字表述过于宽泛，与立法者所想要表达的意图不符，没有将特定的案件类型排除在外，就会导致立法者的意图难以真正实现，出现立法者的表述比其意愿要多的现象（maius dixit quam voluit）。② 在此情况下，需要进行限

① 郑玉波：《法学绪论》，三民书局2008年版，第73页。
② ［葡］孟狄士：《法律研究概述》，黄显辉译，澳门大学法学院1998年版，第152页。

缩解释，将特定法律规范的适用限缩到立法者原本希望适用的案件类型或特定的法律关系。例如，在“海鲜产品变质损害案”中，酒店和货运公司认为，张某追尾的行为直接导致其财产受到损害，应当按照《民法典》第1165条第1款的规定赔偿该损失。但应当看到，该条规定并未包含对纯粹经济损失的赔偿。笔者认为，该条所说的“民事权益”，应当对该范围进行限缩解释，不应当使之包括所有的纯粹经济损失。由于在本案中，张某的行为只是过失，而不是故意，难以预见到酒店和货运公司所遭受的损失，所以，张某不应当对此损失承担损害赔偿责任。[①] 限缩解释的特点在于：

第一，它是将法律文本的文义的适用范围予以缩小，再适用到具体案件。之所以需要进行限缩解释，是因为法条的字面含义过于宽泛，已经超越了其核心文义的范围和边缘区域，要通过限缩使文义回到其射程范围之内，防止对其进行不恰当的理解和解释。通过限缩法律条文的文义，使法律条文的适用范围有所缩小，从而得以针对特定的法律关系。[②] 例如，《民法典》第919条规定：“委托合同是委托人和受托人约定，由受托人处理委托人事务的合同。”依据该条规定，应由受托人处理委托人事务，且对于委托人的事务并没有作严格限定，但这并不意味着委托人的任何事务都可以由受托人来处理。一般而言，法律特别规定或者依事务性质不得由他人代为处理的，受托人不得处理。例如，结婚、离婚等身份行为，就不得由受托人处理。

第二，它的依据主要是立法目的和立法意图。之所以要在法律解释中进行限缩解释，原因在于：一方面，对文义进行限缩，是为了重新回归立法原意。因为立法中语言表述的模糊性和立法技术的局限性，使立法的表述有时出现过宽的现象。另一方面，通过限缩法条的文义，可以使之更符合立法意图。例如，《民法典》第522条第2款规定了真正的利益第三人合同的规则，该条规定：“法律规定或者当事人约定第三人可以直接请求债务人向其履行债务，第三人未在合理期

① See Gerhard Wagner, *Comparative Tort Law*; Mathias Reimann & Reinhard Zimmermann (eds), *The Oxford Handbook of Comparative law*, Oxford University Press (2006), pp. 1016 - 1017.

② 梁慧星：《民法总论》，法律出版社2001年版，第318页。

限内明确拒绝，债务人未向第三人履行债务或者履行债务不符合约定的，第三人可以请求债务人承担违约责任；债务人对债权人的抗辩，可以向第三人主张。”此处所说的“第三人可以请求债务人承担违约责任”应当作限缩解释，主要指的是继续履行和实际损害的赔偿责任，而不应当包括违约金、可得利益损失赔偿等责任。因为毕竟第三人没有支付相应对价，所以其不应当通过违约金责任等获得更大的利益。

第三，它不能损及法条的核心文义。限缩解释作为一种狭义的解释方法，其仍然属于狭义解释方法的一种，其只是对法律条文的文义进行限缩，但并不能损及法条的核心文义。如果法官要进行损及法条的核心文义的解释，就必须运用目的性限缩的解释方法，而不是限缩解释。例如，《民法通则》第 58 条规定，违反法律或者社会公共利益的民事行为无效。由于这里所说的“法律”的概念非常宽泛，《民法典》第 153 条第 1 句进一步将其明确规定为“违反法律和行政法规的强制性规定”的法律行为无效。但是，此处所说的“强制性规定”仍然过于宽泛，原《合同法司法解释二》第 14 条规定：“合同法第五十二条第（五）项规定的‘强制性规定’，是指效力性强制性规定。”这就区分了效力性规范和管理性规范。只有在违反效力性规范时，才会导致合同无效，这就对《民法典》的规定进一步予以了限缩。这种限缩符合《民法典》的立法目的和规范意图，既能够维持规范的效力，又能够起到鼓励交易的目的。

在限缩解释中，对文义范围进行缩小，主要目的是要实现法律文本的“合目的性”，因此，只要符合立法的目的，那么限缩既有可能是限缩为文本的核心文义，也有可能限缩到文本的边缘范围。但无论采取哪一种，无论缩小到哪一范围，都要符合规范的目的，且无论采取何种方式进行限缩，都必须在法律的可能文义范围之内。一般来说，限缩是基于文义和立法目的进行的，但也要受到法律条文的文义范围宽窄的影响。法律条文的文义范围越宽，需要进行限缩的可能性就越大，反之则越小。正如伯莱尔（Boulle）指出的，法律条款的范围越宽泛，确定法律条款的意义则越困难。[①] 限缩解释是对法律条文文义的限缩，它应当是依据各种法律解释方法进行的，不能是任意的限缩。否则，在不符合限缩解释条件的情况下进行限缩解释，就必然损害法律规范的正当适用。[②]

（二）限缩解释适用的步骤

在我国司法实践中，法院时常采用限缩解释的方法。例如，在“丁晓春诉南通市教育局、江苏美术出版社侵犯著作权纠纷案”中，法院认为，我国《著作权法》第 23 条第 1 款[③]所规定的“教科书”并非泛指中小学使用的所有教材，而是“应当界定为经省级以上教育行政部门批准编写、经国家专门设立的学科审查委员会通过，并报送审定委员会批准后，由国家教育委员会列入全国普通中小学教学用书目录的中小学课堂正式用书”[④]。在适用限缩解释时，应当遵循如下步骤。

第一，通过文义解释方法，确定法律条文的文义。限缩解释必须要明确法条的核心文义和边缘文义。一般来说，限缩解释是对法律作比其字面含义要狭窄的理解，甚至要限缩到其核心文义的范围。如果限缩的程度损及了核心文义，就不再是限缩解释，而属于目的性限缩。

第二，通过对立法目的、立法意图、体系等各种因素的考察，确定是否需要限缩以及限缩的范围。一方面，通过对立法史、法律体系、立法目的等的考察来确定是否有必要进行限缩。法律上之所以需要采用限缩解释的方式，是因为法条的文义不足以表达立法者的真意，使得法条存在一定程度的不周延，或者表述不准确。此时，通过限缩解释就可以克服法律的缺陷。另一方面，通过对立法目的的考察，要确定出限缩的范围，即如何使文本表达的字面含义回到文本的原初状态和应该达到的范围，这需要对立法目的进行一个准确的探究，再确定如何对文义进行限缩。

---

① Anrence Boulle, Elements in the Crucile 1987, SALJ 116.

② 孔祥俊：《法律方法论》(第 2 卷)，人民法院出版社 2006 年版，第 895－896 页。

③ 现行《著作权法》第 25 条第 1 款。

④ 《最高人民法院公报》2006 年第 9 期。

第三，确定限缩解释之后是否损及法条的核心文义。这要求在进行限缩解释时，不能损及法条的核心文义，否则，就可能演变成为目的性限缩而进入法律漏洞填补的领域。限缩解释是狭义的法律解释方法，而目的性限缩是漏洞填补的方法；限缩解释所依据的是条文的立法本意即本来设想的适用范围，而目的性限缩所依据的是立法目的。[①] 二者的区别在于是否超出了文义的可能范围。如果在法律文义的预测可能性范围之内，就属于限缩解释；而如果在法律文义的预测可能性范围之外，就属于目的性限缩。需要指出的是，判断是否损及核心文义，首先，要从立法目的来判断。其次，要考虑社会一般人的看法，即根据社会一般人的观点来确定是否会因限缩损及核心文义。

第四，说理论证。在限缩解释过程中，对于文义是否超出立法目的、是否需要缩小、如何缩小等，都需要进行充分的说理论证。在没有充分而且必要理由的前提下，裁判者应当尊重立法者的表述，不能随意进行限缩。

二、扩张解释

（一）扩张解释的概念和特点

与限缩解释相反，扩张解释是指与立法目的和立法意图相比较，法条的字面含义过于狭窄，通过解释使法条的字面含义扩张，以符合立法目的和立法意图。例如《民法典》第524条关于第三人代为履行的规定，原则上仅规定了法定的第三人代为履行的问题，但是可以将其进行扩张解释，认为在文义上也应当包含意定的第三人代为履行的问题。[②] 扩张解释的特点在于：

第一，它是对法条文义予以扩张后，再适用于具体案件。在进行扩张解释时，因为法律所规定的文义过于狭窄，不能完全表明其立法目的，因此需要扩张

---

① 梁慧星：《裁判的方法》，法律出版社2003年版，第164页。

② 郑永流教授认为，由于刑法中有禁止类推戒律，人们遂用超越法律的字面含义扩大法律的适用范围的扩张解释方法来应对立法未预计的行为。从结果上看，两种解释无甚区别，参见郑永流：《出释入造——法律诠释学何为，与法律解释学的关系》，载《法学研究》2002年第3期。

其适用范围，以符合立法目的。一方面，扩张解释是扩大法条字面含义的解释，所以首先要从文义出发，阐释文本的客观含义。另一方面，在扩张解释的情况下，核心文义是清晰的，扩张只是将其边缘文义予以扩大，使其涵盖的范围更加宽泛。扩张之后，要能够使待适用的法律与待决案件发生联系，扩张解释的目的仍然是为裁判寻找依据。

第二，它依据的主要是立法目的和立法意图。与限缩解释类似，扩张解释的依据也是立法目的和立法意图。法官之所以要进行扩张解释，就是要通过法条文义的扩张，从而使解释符合立法目的和立法意图。例如，《民法典》第1240条规定的高度危险责任，责任应当由经营者承担。如何理解经营者？有人认为，经营者是直接经营高度危险活动的自然人、法人。笔者认为，对此应作扩张解释。在高度危险活动中，作为责任主体的经营者，应当是事实上或经济上控制该活动的人。[①] 如果所有人自己经营，经营者应当包括所有人。

第三，它必须在可能文义的范围内进行解释。扩张解释和限缩解释一样，都属于狭义解释方法，因此，法条含义的扩张也应当受到一定的限制，即在文义的射程范围之内（或称文义的可能范围之内）。如果逾越了可能文义的范畴，就不再属于狭义法律解释方法，而进入漏洞填补范围。以前述“醉酒冻伤案”为例，该案不能适用《民法典》第1198条，但能否适用《民法典》第1165条第1款，涉及对“行为人”一词的解释问题。《民法典》第1165条第1款规定：“行为人因过错侵害他人民事权益造成损害的，应当承担侵权责任。”笔者认为，此处所说的“行为人”应当扩张解释为包括责任人，因为该条可以适用于行为人以外的责任人为他人行为负责的情形。

（二）扩张解释的运用

扩张解释是在法律文本的边缘范围之内寻找裁判依据，为了提高对其边缘文义理解的准确性，运用扩张解释也要遵循一定的步骤，以保证解释结论的妥当性。

第一，通过文义解释，其字面含义不足以适用于待决案件，即法律条文对于

① 周友军：《高度危险责任》，载王利明等：《中国侵权责任法教程》，人民法院出版社2010年版，第697页。

待决案件有所规定，但是其字面含义较为狭窄，不能涵盖该案件类型。例如，《民法典》第701条在保证合同章中规定了保证人可以主张债务人对债权人的抗辩，但是在物权编中，却并未规定物上担保人享有主张债务人抗辩的权利。基于立法目的的考量，并没有区分保证人与物上担保人在享有此种权利上的必要，因此，对于《民法典》合同编中的保证人所享有的抗辩权利也应当进行扩张解释，及于物上担保人。

第二，目的性探究。目的考量具有两方面的意义：一方面，在确定是否有必要对文义进行扩张解释之后，法官必须要对立法目的进行考量，考察这种扩张是否违反法律的禁止性规定，而且还要看这种扩张是否与立法目的和立法意图相背离。另一方面，这种扩张可以进行到什么程度，也要有一个立法目的的考量。为了确定立法意图，可以运用除文义解释以外的各种狭义的法律解释方法，如历史解释、目的解释、体系解释、社会学解释等。例如，《民法典》第195条规定："有下列情形之一的，诉讼时效中断，从中断、有关程序终结时起，诉讼时效期间重新计算：（一）权利人向义务人提出履行请求；（二）义务人同意履行义务；（三）权利人提起诉讼或者申请仲裁；（四）与提起诉讼或者申请仲裁具有同等效力的其他情形。"该条中的"提起诉讼"是否限于在法院起诉还是包括其他的类型，如申请支付令、申请财产保全等？许多学者认为，从文义解释的角度来看，该条中的"提起诉讼"仅限于在法院起诉。但是，如此理解过于狭窄，将造成当事人的权益不能得到充分保护，因此有必要作扩张解释。

第三，确定扩张解释是否符合法律规定。判断是否符合法律规定，先要确定文本能否进行扩张解释。如果法律已经对某类情况作出了明确的准用、参照的规定，就应当按照法律的规定进行参照或准用，而不能采用扩张解释的方法。

第四，确定解释是否在法律的可能文义范围之内。例如，《民法典》第1255条规定："堆放物倒塌、滚落或者滑落造成他人损害，堆放人不能证明自己没有过错的，应当承担侵权责任。"此处所说的"倒塌"应当进行扩张解释，使之不仅包括堆放物整体倒塌坍塌的情形，还包括发生堆放物上部分物体坠落、滚落而致人损害的情形。

三、限缩解释和扩张解释的规则

（一）尊重立法目的

立法目的确定了法律规定某一条款所要追求的目的和所要达到的效果。限缩解释和扩张解释都是从立法目的出发进行的法律解释，通过对文义的立法目的的考量来确定文义所表达出来的立法目的是否超出了或窄于真实的立法目的的范围。如果不能符合立法目的，则解释结论就不具有妥当性。所以，在进行限缩或扩张解释时，必须充分尊重立法目的。例如，张某是某住宅小区业主，他希望在家里设置购物网站，但只是在其家里进行信息处理，实物的存储和交付都在小区之外的某地。按照该市的地方性法规的规定，办理网上购物，必须经过相关部门的批准登记。张某便前往工商部门办理登记，此时工商部门提出，依据《民法典》第279条，其必须获得有关利害关系的业主的同意。本案涉及《民法典》第279条，所说的“有利害关系的业主”究竟应当如何理解的问题。从文义解释的角度难以确定其含义。但是，从目的解释的角度来看，法律主要是为了防止经营活动给广大业主的正常居住利益和生活环境造成破坏性影响，因此，有利害关系的业主应指因经营活动而直接受到影响的业主。在本案中，由于其他单元的业主并没有因此而受到实质影响，如果将其都看做有利害关系的业主，就属于扩张解释，即将“有利害关系的业主”包括了所有直接利害关系人和间接利害关系人，而从立法目的考虑，应当限于直接的利害关系人，间接的、可能受到影响的业主不属于《民法典》第279条规定的范畴。

（二）以文本为基础

无论是限缩还是扩张解释，都应当以法律文本为前提和出发点，即便是被扩张或限缩之后的解释结论，也应当在被解释条文所涵盖的范围之内。法律用语不同于日常生活的用语，其具有抽象性和一定程度的模糊性等特点，这就为限制和扩张解释提供了可能。但是，无论是限制解释还是扩张解释，仍然属于狭义的法律解释方法，都必须尊重文本的文义，而不能超越文义的可能范围，否则，法官就逾越了其职权范围。

（三）为个人创设负担的规范应作严格解释，为个人创设权利的规范应作扩大解释（Favores ampliandi，odiasa sunt restingenda）

现代民法以保障私权为目的，为了最大限度地实现这一目的、实现个人的福祉，在涉及个人权利的事项解释时，法官应当从法律的目的出发，在必要的时候可以作扩张解释。但凡是在涉及个人义务和负担的情况下，法官不能作扩张解释，否则，将无限制地扩张个人的义务，变相缩减个人的权利，从而从根本上违背了民法保护个人权利的目的。例如，《民法典》第279条规定："业主不得违反法律、法规以及管理规约，将住宅改变为经营性用房。业主将住宅改变为经营性用房的，除遵守法律、法规以及管理规约外，应当经有利害关系的业主一致同意。"该条规定仅限于建筑物区分所有的情况，是对区分所有的业主设定的一种负担，但该规定仅限于区分所有的情况，而不能对该条作扩张解释，即扩张到其他类型的建筑物业主，否则，将会侵害业主的个人房屋所有权。

（四）例外应作严格解释规则（Exceptio strictisssimae intertetationis est）

在适用扩张解释时，必须要遵循对法律的例外规定原则上不能作扩张解释的规则。[①] 罗马法上有谚云："例外规定应作严格解释。"这是因为，例外规定是法律考虑各种特殊情况而作出的规定，其适用范围上应当有严格的限制，一般不能将例外规定扩张适用于其他情况。如果扩张解释例外规定，不仅违反了立法之时的特殊法政策考量，而且违反了法律设立例外的目的。因此，在对例外规定进行解释时，必须采取严格解释的立场，以尽可能符合立法者作出的法政策判断。另外，从一般规则和例外规定的关系来看，如果例外规定可以任意扩张，将与其例外规定的地位不相吻合。例如，《民法典》第312条规定了遗失物的特别善意取得规则，但不能通过扩张解释将其适用于盗赃物的善意取得。

① Eveline T. Feteris，*Fundamentals of Legal Argumentation*：*A Survey of Theories on the Justification of Judicial Decisions*，Kluwer Academic Publishers 1999，p. 152.

第八节　历史解释

一、历史解释的概念和特征

历史解释又称"法意解释"或"沿革解释"，是指通过对立法过程的考察来探求立法目的和意旨，从而阐明法律文本的含义。在进行历史解释时，主要应当参考立法过程中的记录、文件、立法理由书等因素，以及颁布法律时的法律环境、社会环境、立法动机、立法者所追求的目的、先例、草案等[①]，从中探求立法者的真意，从而对法律文本的含义作出正确的解释。例如，我国《民法典》侵权责任编中关于产品责任的规定是在总结《民法通则》、《产品质量法》、《侵权责任法》和最高人民法院相关司法解释的基础上制定的，所以，在理解《民法典》有关产品责任的相关条文时，就需要考察该法是否修改了原有的法律规则以及修改的理由，对这一过程的考察有助于准确理解《民法典》有关产品责任的相关规定。在"汽车自燃致损案"中，依据《产品质量法》第 41 条，"因产品存在缺陷造成人身、缺陷产品以外的其他财产（以下简称他人财产）损害的，生产者应当承担赔偿责任"。虽然汽车自燃不属于缺陷产品以外的其他损害，因此受害人不能基于产品责任而主张赔偿，但可以依据《侵权责任法》第 41 条，"因产品存在缺陷造成他人损害的，生产者应当承担侵权责任"进行解释。从历史考察来看，《侵权责任法》第 41 条所说的"造成他人损害"，旨在修改《产品质量法》第 41 条的规定，删去了"缺陷产品以外的其他财产"损害的概念，从而扩张了损害的范围，按照立法者的解释，其"既包括缺陷产品以外的其他财产的损害，也包括

① Robert Alexy, *Kiel and Ralf Dreier Göttingen*, *Statutory Interpretation in the Federal Republic of Germany*, Interpreting Statutes, A Comparative Study, Aldershot/Brookfield/Hongkong/Singapore/Sydney 1991, p. 87.

缺陷产品本身的损害，这样，有利于及时、便捷地保护用户、消费者的合法权益”[①]。而《民法典》第 1202 条继续沿袭了《侵权责任法》第 41 条的规定。这意味着，在因产品缺陷造成损害的情况下，无论是何种损害（包括缺陷产品本身的损害），受害人都可以请求赔偿。因此，依据《民法典》第 1202 条，受害人可以主张赔偿。

历史解释可以通过探究制定法律时的历史情况，以探求立法者的真实意图，从而对于待解释的文本的含义作出解释。历史解释是法律研究与法律解释的前置性工作。但在法律解释中，一般认为，历史解释只是在文义解释和体系解释出现复数结论的时候，才有必要借助于历史解释方法。如果能够通过文本解释出某种结论，则没有必要采用历史解释方法。毕竟法律文本是立法者意思的直接体现，在能够通过文本确定出立法者意思的时候，就没有必要借助于文本之外的材料来探究文本的含义。历史解释的主要特点在于：

第一，它是借助于历史资料所进行的解释。历史解释与其他解释方法的不同之处在于，它已经脱离了法律文本自身，而转向借助于立法过程中的历史资料而对文本进行解释，因此其解释对象虽然是文本，但参考的是文本以外的因素，即立法过程中的各种历史资料。历史解释中所依据的资料包括：法律颁布前的法律状况和事实状况、法律颁布的原因、法律建议稿、法律起草人的私人学术著作等。[②] 历史解释属于历史考察的范畴，借助于历史资料可以理解法条的来龙去脉、变化过程，从而可以探明立法者的真实意思，最终服务于法律文本的阐释。例如，我国《森林法》第 18 条、《草原法》第 38 条所规定的“征用”概念，与《民法典》第 245 条所规定的“征用”概念并不相同。通过历史考察，可以发现，上述两个条款所规定的“征用”实际上是指“征收”，这主要是因为这些法律制定时还没有区分征用与征收，但实际上两者是有明显区别的。

第二，它旨在探求立法者在立法时的意思。历史解释就是要探究立法者的真

---

① 全国人大常委会法制工作委员会民法室编：《中华人民共和国侵权责任法条文说明、立法理由及相关规定》，北京大学出版社 2010 年版，第 174 页。

② F. Bydlinski，Juristische Methodenlehre und Rechtsbegriff，Wien/New York 1982，S. 449.

意，但这种意思不是现在的立法者的意思，而是历史上立法者的意思。对此种意思的探究，不是通过对法律文本来探究的，而是通过对历史资料的分析来确定的。需要指出的是，我们这里所说的立法者，不是指某一具体的个人，而是指整个立法机构。所以，在探求立法者真实意思时，不能仅仅从某个立法参与者的意思来确定立法者的意思，而应当从整个立法机构的角度来确定其意思。例如，在我国，只能从全国人大及其常委会的有关机构制定法律时的资料来进行历史解释。

第三，它是通过探明立法者的真意来阐明文本的含义。在历史解释中，解释者要探寻立法者的真意，但这并非解释者的最终目的，也不是历史解释的最终功能。作为一种狭义的法律解释方法，历史解释最终是为了阐释法律文本的含义。历史解释作为一种解释方法，它存在的价值就在于为个案中确定法律裁判依据服务，而不是作为考据学对象的意义。例如，我国《民法典》第 1229 条规定："因污染环境、破坏生态造成他人损害的，侵权人应当承担侵权责任。"该条继承了《侵权责任法》的规则，删除了《民法通则》第 124 条关于"违反国家保护环境防止污染的规定"和"依法"承担侵权责任的表述[①]，这表明立法者的意图在于，只要因排污行为造成了损害，就应当承担损害赔偿责任，而不论污染行为是否符合排污标准。

在罗马法时期，历史解释并没有受到重视。到了 19 世纪，萨维尼将其作为重要的法律解释方法，成为其认定的四种解释方法之一。在我国当前的司法实践中，法院极少采用历史解释的方法，主要原因在于：一是我国是成文法国家，强调以现行有效的法律作为裁判依据，否则，判决结果可能被上级法院推翻。二是法官对现行法进行立法的历史解释，可能会被误认为是超越权限，难以为当事人所接受。三是考虑到我国立法资料的公布较少且难以考察等原因，法官运用此种方法进行解释受到较多的限制。历史解释的价值高低取决于法律颁行时间距离待决案件的时间长短。法律颁行的时间越久远，历史解释的价值就越低；而法律颁行的时

① 《民法通则》第 124 条规定："违反国家保护环境防止污染的规定，污染环境造成他人损害的，应当依法承担民事责任。"

间越短暂，历史解释的价值就越高。[①] 对一些颁布时间较早的法律，采用历史解释方法过于困难，因此，此种方式作为一种法律解释方法虽然是受到学者公认的，普遍存在于学理解释之中，但是，在司法实践中却运用较少。从今后的发展趋势来看，历史解释也应当为法官所重视，使之成为阐释法律文本含义的重要工具。

二、历史解释需要考虑的因素

历史解释方法不是简单地从某个立法者的意思来确定，而是应当从客观的资料中表现出来的立法者的整体意思来确定文本的含义。在历史解释中，所有立法资料都可以用于确定立法者的真意。[②] 但解释者所依据的资料应当是以书面材料形式表现出来的历史资料。[③] 同时，这些资料应当与立法过程有关，或者说，历史解释的资料应当是立法资料。[④] 否则，解释者就会将自己对立法文本内容的理解作为立法者的意图，就会导致立法者的意图的无限扩大。具体来说，历史解释应当参考如下资料。

第一，法律本身的演进历史。这就是说，在就法律条款本身难以把握其含义时，应当考察各部法律的相关规定，探求法律本身的发展历程。例如，《民法典》第 347 条第 1、2 款规定："设立建设用地使用权，可以采取出让或者划拨等方式。工业、商业、旅游、娱乐和商品住宅等经营性用地以及同一土地有两个以上意向用地者的，应当采取招标、拍卖等公开竞价的方式出让。"此处采用了"应当"的表述，该规定是否是强行性规范，违反该规定是否导致交易无效？历来存在争议，这就需要从立法目的来探究。《民法典》的该条规定来自《物权法》第 137 条的规定，在《物权法》颁布之前，根据《城市房地产管理法》第 12 条，土地使用权可以采取公开竞价的方式出让，也可以采取双方协议的方式出让，这就赋予了政府极大的审批权，政府可以自由决定出让的方式，从而导致在实践中，

---

① 王泽鉴：《法律思维与民法实例》，中国政法大学出版社 2001 年版，第 228 页。

②③ F. Bydlinski, Juristische Methodenlehre und Rechtsbegriff, Wien/New York 1982, S. 449.

④ Campbell v. Bd. of Dental Exam'rs, 125 Cal. Rptr. 694, 696 n3 (1975).

大量的土地不通过公开竞价的方式出让，而采用协议转让的方式，造成了土地的低价转让和权力寻租等不良现象。依据《物权法》第 137 条第 2 款规定，经营性用地一律实行招拍挂的方式竞价出让，这就有效地规范了政府批地权。《物权法》的规定有利于提高土地的利用效率，有利于保障建设用地使用权设立程序的公开、公平和公正。公开竞价实际上就是要允许所有的不特定的人都参与竞争，按照市场交易规则竞价交易，实现阳光用地，并保障用地程序的公正。[①]因此，从历史解释出发，该条款属于强行性规范而不是任意性规范，违反该规定将导致合同无效。

第二，立法草案的说明。在我国，尤其是改革开放以来，大多数法律都有关于立法草案的说明。草案说明既是立法者的真实意思，也是其最终意思，对理解法律具有十分重要的意义。如果其他立法资料与该草案说明相冲突，应当以该草案说明为准来确定立法者的意思。尤其是在我国，在立法资料大多不公开的情况下，草案说明作为向社会公开的立法资料，成了最重要的历史解释的依据。例如，关于人格权编所规定的人格权是否可以适用于公民政治、社会等方面权利（包括受教育权、劳动权等）？在制定人格权编时，立法机关在草案的说明中也指出："人格权编这一部分，主要是从民事法律规范的角度规定自然人和其他民事主体人格权的内容、边界和保护方式，不涉及公民政治、社会等方面权利。"2020 年 5 月 22 日在第十三届全国人民代表大会第三次会议上，全国人民代表大会常务委员会副委员长王晨同志所做的"关于《中华人民共和国民法典（草案）》的说明"中已经非常明确地指出："草案第四编'人格权'在现行有关法律法规和司法解释的基础上，从民事法律规范的角度规定自然人和其他民事主体人格权的内容、边界和保护方式，不涉及公民政治、社会等方面权利。"这就严格限定了人格权的适用范围。

第三，立法过程中的相关资料。其中很重要的就是立法过程中立法者就特定问题所产生的争议的讨论意见。例如，在《物权法》制定过程中，围绕是否规定居住权和典权，曾经发生了激烈的争议。但是，立法者最终删除了最初法律草案

---

① 原国土资源部 2007 年发布的《招标拍卖挂牌出让国有建设用地使用权规定》第 1 条。

中关于这些权利的规定。通过对该争议的考察和立法者最终的选择，可知立法者不允许设立居住权和典权这两种用益物权，而并非构成法律漏洞。法律审议中的争议情况记录，对于理解该法律中相关制度的含义，具有较大意义。例如，原《合同法》第52条第1项规定，“一方以欺诈、胁迫的手段订立合同，损害国家利益”。此处所说的国家利益，是否包括国有企业以及国家控股、参股企业的利益？在《合同法》起草时，曾有不同的意见。有学者认为，国有企业以及国家控股、参股公司的利益最终应当归属于国家，因此，这种利益应被认定为国家利益。但立法机关认为，国有企业以及国家控股、参股公司的利益并非国家利益，在性质上是分属于不同企业的个体利益。① 因此，不应对市场主体进行类型的区分，分别设置不同的法律规则，可见，从历史资料的角度来看，应当对此处所说的国家利益作限缩解释。

第四，立法当时的社会环境。在历史解释中，证明法律的出现及其制定时的一系列社会环境（统称为立法环境）也是历史解释中要考虑的因素。例如，《民法典》第388条第1款规定：“设立担保物权，应当依照本法和其他法律的规定订立担保合同。担保合同包括抵押合同、质押合同和其他具有担保功能的合同。”作出该规定的目的在于“扩大担保合同的范围，明确融资租赁、保理、所有权保留等非典型担保合同的担保功能，增加规定担保合同包括抵押合同、质押合同和其他具有担保功能的合同”，从而为优化营商环境提供法治保障。② 在世界银行发布的《全球营商环境报告》中，我国在“获得信贷”指标排名中表现一直不太理想，主要原因在于我国动产担保交易法的架构与国际趋势还有相当差距。③ 为了改善营商环境，民法典在担保制度方面作了重大完善，致力于推动担保制度的现代化，第388条第1款规定就是此种变化的重要体现。

需要指出的是，上述立法史料必须是客观存在的，只有在能找到这些资料时，才能够进行历史解释，从这些资料中探讨立法者历史上的争议以及最终解决

① 胡康生主编：《中华人民共和国合同法释义》，法律出版社1999年版，第89－90页。

② 王晨：《关于〈中华人民共和国民法典（草案）〉的说明》，中国法制出版社2020年版。

③ 高圣平：《统一动产融资登记制度的建构》，载《环球法律评论》2017年第6期。

方案。如果没有这些资料，或者资料记录残缺，无法从中探究，则不能适用历史解释方法，而应当采用其他解释方法。

三、历史解释方法应当遵循的规则

（一）注重立法历史规则

在历史解释的过程中，应当综合考虑法律本身诞生的历史，包括法律起草、审议过程中的重要讨论和争议，以及其他重要的立法资料。历史解释作为规范具体化的基础，只有通过对规范形成的历史考察，才能够了解规范的起初含义。在历史解释中，所有立法资料的运用，可能是为了确定立法者在法律颁布之时的立法目的和价值判断。[1]

（二）尊重历史上立法者的意思

历史解释的目标，究竟是探求立法者在立法当时的真实意思，还是立法者立于当前情形所可能的意思？换言之，法律是按照“产生时”，还是按照“适用时”来解释，成为学者在几个世纪中争议的论题。[2] 笔者认为，历史解释的目标是要探究历史上的立法者的真意，这是历史解释作为一种独特的法律解释方法所决定的。历史解释要求理解立法者的原意，而立法者的原意就是历史上立法者制定该法律时所具有的意思。进行法律解释必须要尊重历史上立法者的意思，因为历史上立法者的意思更为准确地反映了立法者当时的意图，在没有其他资料可以探究立法原意的情况下，立法者的意思就具有决定性作用。虽然我们不能笼统地说历史解释要优先于其他的解释方法，但是在确实无法通过其他方式考究立法者的意思时，立法史料是确定法律条文意思的重要因素，尤其是在法律颁布时间不长的情况下，社会背景并没有发生较大的变化，这种解释方法的重要性更为明显。

---

① F. Bydlinski，Juristische Methodenlehre und Rechtsbegriff，Wien/New York 1982，S. 453.

② ［德］魏德士：《法理学》，吴越等译，法律出版社 2005 年版，第 332 页。

（三）采用多种方式对历史解释得出的结论予以验证

历史解释确实具有较多的局限性，尤其是我国长期不重视立法资料的整理，解释者难以从历史资料中探究立法者的意思。再加上有些资料本身因为残缺不全，给法律解释本身带来了很大程度上的主观任意性，导致了在历史解释中所得出的立法者原意可能是多种的，甚至是冲突的。以前述“汽车自燃致损案”为例，从历史考察来看，《民法典》第 1202 条规定：“因产品存在缺陷造成他人损害的，生产者应当承担侵权责任。”该条来自原《侵权责任法》第 41 条。原《侵权责任法》第 41 条旨在修改《产品质量法》第 41 条的规定，扩张了损害的范围。这就意味着，在因产品缺陷造成损害的情况下，无论是何种损害（包括缺陷产品本身的损害），受害人都可以请求赔偿。但此种做法是否妥当，需要以其他方式进行验证。从原《侵权责任法》的立法目的出发，需要充分救济受害人，但如果受害人不能依据该法第 41 条提出主张，而其与生产者之间并无产品合同关系，其也不能对生产者提出合同赔偿主张，在此情况下，其权利将无法得到救济。再从体系解释角度来看，本案涉及违约责任和侵权责任的竞合问题，在产品责任所保护的损害范围受到严格限制的情形下，仅仅选择侵权或者违约的方式，仍难以充分弥补受害人的损失，因此，《民法典》的上述规定具有其合理性。可见，通过多种方式可以验证这一解释的合理性。

第九节　社会学解释

一、社会学解释的概念和特征

社会学解释，是指在法律文本出现复数解释的情况下，将社会效果等因素的考量引入法律解释中，据此作为解释文本在当前社会生活中应具有的含义，从而阐释法律文本的意义。例如，在“房地产虚假广告案”中，蒙海集团提出，天欣家园的行为，构成对国家利益的损害，因而，合同应被认定无效。但从社会学解释的角度来看,《民法典》第153条第2款规定:“违背公序良俗的民事法律行为无效。”一般认为,该条不应当包括损害国有企业的利益。如果认为损害国有企业的利益都是损害“国家利益”,并宣告合同无效,将严重损害市场交易秩序,不利于国有企业的长远发展。因为如果与国有企业发生交易就可能因损害国家利益而导致合同无效,将会阻止一般企业与国有企业的交往,也会影响交易安全。

在现代社会,虽然法律日趋健全,但是,法律的社会价值考量也越来越重要。如何使纸面上的法能够成为“活的法”(lebende Recht)、“行动中的法”(law in action)[①],成为两大法系关注的焦点,也成为法律解释的研究重点,因此,社会学解释方法日益显示出其重要性。社会学解释方法的产生,实际上是通过引入社会学的方法,衡量法律的社会效果,从而使得法律与当下的社会直接发生作用,实现法律与社会的互动。社会学解释方法主要从法的妥当性出发,确切地说,就是强调法律在当前社会的妥当性,通过预测和考虑法律规范适用后的社会效果来解释法律。通过社会学解释,能够使法律文本保持对社会环境的适应性,缓解法律本身固有的滞后性,充分发挥法律调整社会关系的功能。虽然这种方法存在一定的局限,但是,其仍不失为一种法律解释的良好方法,对于实现司法的社会认同、发挥法律在社会中的实际作用具有重要意义。社会学解释具有如下特点。

第一,它是社会学方法在法律解释中的应用。所谓社会学方法,是指结合特定社会在某一特定时期的各项要素,包括当时的思想潮流、社会需要、风俗和文化状况、经济社会情势等情况,而研究社会发展规律的方法。[②] 社会学方法运用到法律解释中,便产生了社会学解释方法。解释方法要求考虑特定国家的实际情况,使法律解释能够适应其社会实际的需要。[③] 其优势在于:一方面,立法者承

---

① [德]托马斯·莱塞尔:《法社会学导论》,高旭军等译,上海人民出版社2008年版,第6页。

② Paul Delnoy, Eléments de méthodologie de l'interprétation juridique, Larcier, 2006, p. 175.

③ 例如,《比利时民法典》第1326条规定,以私署文书承认一项债务的存在,其必须要完全采取书面形式,需要债务人亲笔签名,并且要写明“经本人同意字样”以及大写的债务金额。但是,如果该文书出自一位农民之手,则无须亲笔签名及大写金额等要求。解释学上认为,当时居民的主体为农民,而且农民不识字,或者被认为未受过文化教育。Paul Delnoy, Eléments de méthodologie de l'interprétation juridique, Larcier, 2006, p. 175.

认自己所制定的成文法的局限性，允许法官在解释法律时参考经济社会变化、道德观念演进等因素，缓解成文法的滞后性。另一方面，注释法学通常局限于注释演绎的法条主义的藩篱，而社会学解释方法打破了这一局限，将社会需求、社会考量等因素引入法律解释当中，建立了以社会观察为基础的解释方法。因此，社会学解释方法既借鉴了法社会学的成果，也将随着法社会学的发展而不断完善。社会学解释方法与其他法律解释方法的区别在于，其要借助于法律之外的要素来解释法律，“跳出”了法律之内的狭隘视界，从社会的角度来阐释法律。通过这种解释方法，使法律条文的意义能够适应社会的实际生活状况。①

第二，它以法律在当前社会的妥当性为价值判断标准。法的妥当性，是指法律适用中要实现最佳的效果。法的妥当性的确定，不能仅仅局限于法律内部，还必须将视野拓展到法律之外，即立足于社会来考察。所以，社会学解释方法在价值判断上并非完全依据法的安定性，而是依据法的妥当性来探求法律在当前社会应当具有的意义。“法律需要变化，老的原则总是需要被新的原则所代替。法律规范的科学性的保持并不是静态，而是动态。”② 尤其是社会变化日趋频繁，社会生活关系纷繁复杂，导致法律越来越显示出滞后性，并与法律的社会控制功能发生了冲突。在解释法律时，不能完全从文本出发，局限于法律的逻辑和体系，而应当借助对社会关系及其变化的考察，来对法律作出妥当性解释。社会学解释方法是旨在将政治、经济、文化等因素引入法律解释中的重要通道，实现法与社会的有机结合。如果缺少了社会学解释，法律解释就成为就法论法，无法从更广阔的视野考量法律解释的妥当性。例如，对公序良俗的解释，在不同的时期，特定群体的道德观念可能发生了变化，关于某一行为是否违背了公序良俗的要求也可能发生了变化，引入当前社会的考量因素来解释，将使公序良俗的内涵更符合当前社会的普遍认知。

第三，它是依据社会效果等因素的考量来阐释法律文本的含义。社会学解释

---

① 管欧：《法学绪论》，五南图书出版有限公司 2007 年版，第 237 页。

② Xavier Labbee，Les critères de la norme juridique，Droit/Manuel，Presses Universitaires de Lille，1995，p. 84.

方法虽然最终也要解释法律文本的含义，但是，它并非主要从文本出发来解释法律或探究立法意图，而是以文本之外的因素来解释法律文本，此种文本以外的因素主要是社会效果等因素。所谓社会效果，就是指法律作用于社会生活所产生的效应。确定法律的社会效果往往需要考虑法律如何作用于社会，以及会导致社会生活的何种变化，或者说可能对社会产生的积极作用和消极作用。它不是研究文本的字面含义，也不是探究立法者的真意，而是通过社会效果的考量和目的衡量，使法律解释能够更好地实现其社会目的。[①] 同时，通过社会效果的预测和目的衡量，在法律条文可能的文义范围内，确定法律规定的具体内容，甚至在特殊情况下可以变通法律的严格适用。[②] 例如，《消费者权益保护法》第 2 条规定："消费者为生活消费需要购买、使用商品或者接受服务，其权益受本法保护；本法未作规定的，受其他有关法律、法规保护。"本条所说的"生活消费"应如何解释，存在争议。它常常被理解为是为了自己的生活消费而购买商品或接受服务，这显然不利于实现该法的社会目的。事实上，以投资为目的购买珠宝、集邮册等行为，也属于生活消费。此外，生活消费不仅包括为自己生活需要购买物品的人，而且包括为了收藏、保存、送人等需要而购买商品，以及替家人、朋友购买物品，代理他人购买生活用品的人。[③] 甚至"知假买假"，也可能被纳入"生活消费"之中。因此，通过社会学解释方法，从社会需要和法律发展的需要考察，应当将该条中"生活消费"的含义作扩大解释。这实际上就是在数种解释结论中选取了一种妥当的解释结论。

第四，它仍然是在可能的文义范围内所作的解释。社会学解释方法要依据文本之外的因素进行考量，在一定程度上脱离了法律文本。这种解释不是从文本出发进行的阐释。当然，通过社会学解释来实现法律的"与时俱进"，只能在法律解释允许的范围之内，即在法律文义的可能范围之内。正如凯尔森所言，法律解

① 孔祥俊：《法律解释方法与判解研究》，人民法院出版社 2004 年版，第 441 页。

② 孔祥俊：《法律方法论》（第 2 卷），人民法院出版社 2006 年版，第 909 页。

③ *The Shorter Oxford English Dictionary*，Vol 1，Clarendon Press，Oxford，1973，p. 282.

释要从文本恒定的措辞出发，但通过解释的方法来面对变动中的环境和社会需要。①

在法律解释学的发展史上，社会学解释作为一种解释方法，出现得较晚，它是法社会学发展的结果。② 因为古代法律实行严格解释方法，不仅要求尊重文本，而且要求按照文本的字面含义来解释，这就在客观上排斥了社会学解释方法的运用。近代自然法学和概念法学都认为法律本身要么是理性的统一体，要么是概念的金字塔，法律本身不存在缺陷，法官也无须凭借法律之外的其他因素来解释法律。社会学解释方法是随着近代法社会学的产生而出现的一种方法。这种方法认为，法律应该保持与社会的互动，法不能局限于规范的法，而应当表现为行动中的法。③ 与时俱进是法律的重要特征，法社会学理论运用到法律解释领域，就产生了社会学解释方法。在日本，碧海纯一等学者都力倡法律的社会学解释方法，并逐步使社会学解释方法成为一种独特的法律解释方法。④ 在我国古代社会，司法活动强调“情与法”的结合，这在一定程度上体现了社会学解释方法的特点和精神。在我国司法实践中，法官经常采用社会学解释方法，例如，在前述“泸州二奶遗赠案”中，泸州市纳溪区人民法院认为，黄某将遗产赠送给“第三者”的这种民事行为违反了《民法通则》第 7 条“民事活动应当尊重社会公德，不得损害社会公共利益”的规定，因此，法院驳回了原告张某的诉讼请求。在本案中，法官认为，如果按照《继承法》的规定，支持原告张某的诉讼主张，将滋长“第三者”“包二奶”等不良社会风气。⑤ 因此，本案中的法官实际上运用了社会学解释方法，从而认定遗赠给二奶的遗嘱属于违反善良风俗的遗嘱。尤其是近年来，司法活动强调法律效果与社会效果的统一，因而，许多法官在审判实践中经常考虑案件结论可能对社会产生的影响，根据社会考量来解释和适用法律。总之，社会学解释方法已经成为一种普遍采用和适用的方法。

---

① Jean-Louis Bergel，Méthode juridique，PUF，Thémis，Droit privé，2001，pp. 246 - 250.

② 杨仁寿：《法学方法论》，三民书局 1986 年版，第 161 页。

③ 陈兴良：《刑法知识论》，中国人民大学出版社 2007 年版，第 17 - 18 页。

④ 黄建辉：《法律阐释论》，新学林出版股份有限公司 2000 年版，第 140 页。

⑤ 王甘霖：《“第三者”为何不能继承遗产?》，http：//news. eastday. com/。

二、社会学解释方法的适用步骤

（一）文义解释后出现复数解释

文义解释方法是一切解释的起点，在社会学解释方法中也不例外。在运用社会学解释方法时，首先应当用文义解释的方法确定文字的基本含义。文义解释的目的就是确定法律条文的含义，尤其是确定其可能的文义范围。如果法律文本是清晰的，并且不存在复数解释的可能，尤其是对其解释没有争议，此时，就不必再进行论理解释，更不需要进行社会学解释。

社会学解释方法在运用中必须从法律文本出发进行，必须以可能的文义为其解释的最大范围。在适用该方法时，法官的基本义务就是探究文本的含义与立法目的，不能简单地以社会效果为由否定文义与立法意旨。例如，某债务人甲分别欠乙、丙、丁三人的债务。现三人同时在同一法院起诉，并都已获得胜诉判决，同时申请强制执行。法院根据三人的申请查封了甲一处价值 1 000 万元的房产。现三人债权总计达到了 5 000 万元。在执行过程中，甲的 1 000 万元房产如何在三人间分配发生了争议。一种观点认为，应当按照法律规定的标准，在债权人之间按照债权比例进行平均分配。因为“在存在数个债权时，不论其发生先后，均以同等地位并存”[①]。另一种观点认为，应当考虑社会效果，考虑债权人的特殊性。在本案中，有的债权人生产经营困难，若债权不能实现，企业将难以维系，陷入破产境地，影响职工就业和社会稳定；有的债权人为国有银行，涉及国有资产的问题，应予优先保护；有的债权人为私营企业，在国家鼓励、扶持私营企业的大背景下，应予特别照顾。笔者认为，本案应采用社会学的解释方法，首先，应当从文义解释出发，确定文义是否存在复数解释的可能。其次，在适用法律时，我们应当推定立法者已经在立法时充分考虑了社会效果，强调维护债权平等旨在维护基本的交易安全，防止出现多重标准，导致法官随意地裁量。如果不考

① 王泽鉴：《债法原理》（第 1 册），中国政法大学出版社 2001 年版，第 10－11 页。

虑法定标准，仅考虑债权人的自身情况，每个债权人都可以提出要求多分的理由，如果否定法律确立的分配标准或单纯以社会效果为分配标准，则会出现多重标准的问题，导致法官享有极大的自由裁量权，其结果会引发更严重的问题。再次，讲“法律效果与社会效果相统一”，只能在以社会效果弥补法律效果不足的层面上加以理解，因此，法官应首先论证法律效果是否与社会实际脱节，而在本案中，很难说债权人平均分配完全背离了社会效果的要求。如果确实出现了某些债权人受到严重影响，影响了其基本生计，那也只能在平均受偿的基础上，适当照顾其基本生活保障的需求。我们注重法律的与时俱进，但绝不能超越法律的基本精神。

主张强调社会效果优先，强调普遍适用社会学解释的主要理由是实践中存在大量的疑难案件，法律的普遍性特点导致其无法适用到疑难案件中，因此，在这种情形下，可以不严格遵循法律的标准。笔者认为，从法律实践的角度看，确实存在很多难以找到相应法律规定的疑难案件，但这正是法律解释学所要解决的问题。作为法官的一项基本任务，就是要找到可用于案件的法律规定（大前提），而不能因为案件疑难而根本放弃找法即大前提的寻找工作。大前提的寻找，也是三段论推理的前提，是法官的一项基本任务。如果片面强调疑难，放弃找法的过程，将彻底背离“司法”的本意，完全不能尽到法官应尽的义务。而且，在司法实践中，虽然存在疑难案件，但从数量上看，绝大多数案件仍是一般性的民事案件，仍要在传统的解释框架下处理。同时，在寻找到大前提后，如何使法律规定与有关案件对应，是司法三段论的基本任务。法官的基本义务就是探究文本的含义与立法目的，不能简单地以社会效果为由否定文义与立法意旨。例如，在“甘肃省工业交通投资公司与平凉崆峒水泥有限责任公司出资纠纷案”中，当事人因投资协议和以物抵债协议发生纠纷，甘肃省高级人民法院认为：“鉴于双方对以崆峒公司所有的华陇宾馆的房产及土地使用权评估作价后抵顶债务的法律事实确属客观存在的实际，在保护投资公司债权的同时也应当综合考虑双方自愿以物权抵偿债务的客观事实，才能达到法律效果与社会效果的有机统一的目的。”虽然该案的处理结果是妥当的，但其分析过程值得商榷。因为即使采用社会效果分析，其仍然需要按照司法三段论的程序寻找大前提，即寻找裁判规则，不应该忽略具体的法律规则，而直接依据特定社会效果裁判。同时，即便采用社会效果分析，也应当首先从具体法律规则的文义出发，确定文义是否存在复数解释的可能。只有在存在复数解释可能时，才需要借助社会效果分析方法，选择妥当的解释结论。因为法院在裁判时，首先应当寻找大前提，社会效果分析的运用，只是针对大前提能否运用于具体的案件事实而选择采用，换言之，只能在考虑大前提能否运用于案件事实的前提下，实现法律效果与社会效果的统一，而不能为了实现特定的社会效果而忽略大前提。按照依法裁判的要求，需要寻找裁判依据，因此社会效果分析不仅要从法律文本的可能含义出发，而且最终要阐释法律的文义，不能超越文本的可能文义范围。

（二）无法通过其他法律解释方法得出妥当的解释结论

在一般情况下，如果法律文本自身的含义不够明确，可以通过探究立法目的等方式来确定其含义，但是，当文本出现了滞后性和不完备性之后，完全拘泥于文本将无法实现妥当的社会效果。在有些情况下，文本的不完备性可以通过历史解释等方法来解决。而对于法律规范的滞后性，是无法通过历史解释解决的，因此，社会学解释方法主要适用于如下几种情况。

第一，法律规范存在滞后性。法律具有一定的滞后性，这是各国成文法普遍存在的问题。从某种程度上说，法律颁布越久，其滞后性就越突出。尤其在我国社会目前处于急剧的转型期，一些规则在制定当时可能符合社会需要，但在各方面因素变化之后，便可能无法满足社会发展的需要。法律解释的最终目的是要实现法的安定性与妥当性的平衡。安定性从本质而言是法律的稳定性与可预期性，而妥当性则是法律公平正义的价值体现。当然，在民法领域中，所谓法律的滞后，通常指个别或某些条款的滞后，并非整部法律的滞后。面对滞后性，法官在解释法律的过程中，仍有一定的选择空间，可以根据案件的实际情况，选择最恰适的大前提。从某种程度上说，如果法律制定的质量较高，体系完整，尤其是通过适度的抽象条款（如采用一般条款等方式），使法律保持了其应有的开放性与包容性，就可以克服法律滞后的现象。当然，即便出现了滞后的问题，法官引入社会学的方式进行解释，仍应充分阐述其理由。

第二，法律规范存在不完备性。法律规范的不完备性，主要是指出于立法者表述错误，或者立法者考虑不周等原因，导致法律不能妥当地规范待决案件。例如，《民法典》第237条规定，“造成不动产或者动产毁损的，权利人可以依法请求修理、重作、更换或者恢复原状。”依据该条规定，修理、重作、更换与恢复原状是相并列的两种方式，但事实上，修理、重作、更换本身就是恢复原状的方式，这就会给法律适用带来困难，有必要通过法律解释解决这一问题。

第三，法律规则相互冲突。如果法律规则之间发生了冲突，就需要借助社会效果的考量来确定应当适用的法律规范。例如，《证据规则》曾要求，当事人应当在举证期限内提交证据，否则视为放弃举证权利。该条规定与《民事诉讼法》关于证据可以在二审、再审中提出的举证规则相冲突。[①] 为此，法官在选择应当适用的规则时，就应当通过社会学的方法，考察不同的社会效果，进而作出选择。当然，社会学解释方法不能解决实质性的规则冲突，因为此时构成碰撞式漏洞，必须借助漏洞填补的方法。

（三）考量社会效果、民情等因素进行解释

1. 社会效果考量

社会学解释方法考量的主要因素是社会效果。如何理解社会效果？所谓社会效果，就是指法律作用于社会生活所产生的社会效应，或者说，就是指法律所要实现的社会统制目的。[②] 笔者认为，判断是否符合社会效果，至少应从如下几个方面考虑：第一，符合实体正义和程序正义结合的需要。案件的处理不仅在实体上应当是合法的，而且在程序上也应当是正当的、公开的、透明的，程序正义才能够保证当事人相信实体正义，从而化解纠纷，保障案件的执行。第二，案件的公正的处理结果，因体现了裁判的公正性，能够为当事人所接受。“辨法析理、胜败皆服”。如果案件的处理结果因明显不公正不能为当事人所接受，就不能称

① 《民事诉讼法》第200条规定，申请人“有新的证据，足以推翻原判决、裁定的”，人民法院应当再审。

② 杨仁寿：《法学方法论》，三民书局1986年版，第164页。

实现了其社会效果。例如，特定案件的处理可以服务于地方经济的发展，但如果明显损害一方当事人的利益，就可能导致当事人的上诉或缠诉等问题，影响社会稳定。第三，符合社会公众的法感情、社会大众对法院审判活动体现公平正义的一般认识。这就是说，社会公众的朴素的法意识、公平正义观念等，也应当作为考量法律解释的重要标准。如果法院判决违反了社会多数人的法感情，就会导致公众的不满，影响法律的权威。

社会效果和法律效果是不可分离的，不能将两者对立起来。社会效果是指法律所要实现的规范社会的目的。[①] 换言之，就是指通过案件裁判，促进经济、文化等的发展，实现社会的稳定。法律效果是从法律内部的角度来观察法律适用所产生的效果；社会效果则是从法律作用于社会生活所产生的效果的角度来观察。法律效果倾向于法律的证明，侧重于法律条文的准确适用；社会效果倾向于法律价值的实现，侧重于司法目的的实现。[②] 是否符合一定的社会效果，不是单纯地主观判断，应当具有一定的客观判断标准。

在进行社会效果考量时，法官首先要尊重文本，尊重文本实际上就是要尊重法律。伯尔曼指出，在法治社会中，“法律必须被信仰，否则它将形同虚设”[③]。而要树立全社会对法律的崇尚、尊重乃至信仰，必须借助司法机构的严格执法行为才能得以实现。法官在解释中只有树立了对法律文本的崇尚和尊重，才能真正树立法律的至高无上的权威，并形成全社会对法律的普遍尊重。就具体的法律规范而言，可能因为立法者的疏忽，也可能因为立法技术的因素，其可能并没有充分体现法律、法律制度或法律规范的目的。因此，裁判者就需要借助目的解释的方法，来明确其具体含义、扩大或限缩其字面意思，从而作出最符合目的的解释。如果法律中确实存在个别条款不合理的现象，裁判者也应当通过体系解释、历史解释等方式确定立法者真实的意思；如果法律中个别条款规定确实不妥当，

① 杨仁寿：《法学方法论》，三民书局 1986 年版，第 164 页。

② 李国光：《认清形势，统一认识、与时俱进，开拓创新，努力开创民商事审判工作新局面为全面建设小康社会提供司法保障》（2002 年 12 月 9 日在全国法院民商事审判工作会议上的讲话）。

③ ［美］伯尔曼：《法律与宗教》，三联书店 1991 年版，第 14 页。

裁判者也只能在法律解释方法所允许的范围内适当加以修正，而不能自己居于立法者的地位，以自己的判断代替立法者的判断来进行修改。此外，社会效果不是裁判者个人主观上理解的“社会效果”，而应当是从社会一般观念出发来认定的社会效果。

2. 主流民意考量

在法律解释中，解释法律的时候应当考虑社情民意。民意是社会效果的一个方面，是其重要内容，但不是社会效果的全部含义。法律解释中之所以要参考主流民意，是因为法律本身就是人民群众意愿的体现，在法律解释中尊重民意，既符合法的目标，也符合法的价值。法律文本不一定准确符合民意，尊重民意使法律更贴近民众的需要，更符合民众的期待。但是，我们说尊重民意，并非意味着完全依据民意来适用法律，完全以民意代替审判。民意是重要的参考，但不是唯一的、决定性的因素。在很多时候，民意的把握可能是很困难的，甚至民意本身也是一个模糊的语词。例如，在网络侵权案件中，民众可能仅仅看到当事人权益的保护，而对于信息自由、技术创新的理解没有形成共识，所以，可能其理解并不全面。而如何平衡当事人权益保护与信息自由和技术创新的关系，正是法官要考量的问题。他不应简单地依据民意，更不能简单地依据“网民之意”来解释并适用法律。当然，在绝大多数情况下，民众的意见可能充分地反映了社会的需要，法官在确定社会效果时，要充分予以重视，法官应当经过充分的社会调查来了解民意。

但应当看到，民意并不能完全等同于社会效果。一方面，社会效果所包含的内容相当宽泛，除了民意之外，还包含其他的内容。民意往往是指社会公众对于某一事件的即时和短期的反应，而社会效果还包含中期和长期的效果和反应。另一方面，社会效果要保持一定的持续性和稳定性，而民意可能会随时发生变化。某一事件，民众在当时可能是一种反应，而在事件逐渐沉淀之后，经过较长一段时间的反思，民意完全可能发生逆转性变化；即使就短期的公众反应而言，对某一事件不同的群体往往存在不同的看法和评价，民意有时候本身就是对立和分裂的。此时，不能简单地认为多数人的意见就必然是正确的，否则，就容易陷入司法民粹主义的窠臼之中。此外，社会效果存在客观的评价，而民意往往是很难把握的。

3. 社会需求考量

社会需求，是指社会实际生活对法律所提出的要求。社会需要是一个比较抽象的概念，它实际上包含了社会的各种需求，如政治、经济、文化等方面的需求。社会需求和社会效果存在一定的交叉，但又不完全等同。社会需求包含了前瞻性的要素，反映了社会未来的要求；而社会效果更强调当前的社会实际。“在解释现代法律的许多案件中，可以假定立法者的意图和目的是促进合理目标的实现”①，但事实上，立法者所表述的法律条文，可能与社会的实际需要并不完全吻合。因为成文法天然具有滞后性，尤其是在社会转型时期，立法者曾经设想的社会目标，可能会因社会发展而不能完全实现。在进行社会需求考量时，必须借助于法官对规则的准确理解、对规则是否可运用于特定事实的准确判断，从而使规则获得及时最佳的运用。解释者通过考量法律所要实现的社会需求、社会目标，妥当确定法律条文的含义，并最终增进社会福祉。法律解释和适用也应当以此为目的，能否达到这一目标是衡量法律适用和解释是否妥当的重要的标准。事实上，社会效果也是检验法律解释和适用的妥当性的重要尺度。在法律解释和适用上追求社会效果，也是与法律的终极目的相吻合的。②

（四）论证说理

社会学解释方法不同于其他的法律解释方法，其更强调论证和说理的作用。这主要是因为：一方面，社会学解释是借助于法律之外的因素进行的解释，判断法律解释结论所考虑的因素已经超出了法律文本自身。在社会学解释中，法律文本的文义、外在体系、内在体系等已经被暂时撇开，它是从法律之外的社会领域中寻求解释的依据，这就给了法官较大的自由裁量余地。另一方面，社会学解释只有在绝大多数法律解释方法被运用之后，仍然无法得出解释结论时，才予以适用。裁判者对于是否在运用了各种法律解释方法之后仍然不能得出结论，应当进

① ［英］约瑟夫·拉兹：《法律的权威》，朱峰译，法律出版社2005年版，第181页。

② 孔祥俊：《法律解释方法与判解研究》，人民法院出版社2004年版，第459页。

行论证。此外，社会学解释是采用社会效果的判断，而社会效果的分析是相对比较困难的，而且包含了一定程度的主观性。为了避免裁判者通过比较片面和主观的分析，就得出结论，必须要求其尽到较充分的说明义务。总之，在社会学解释方法中，法官所受的拘束较少，因而，其应当负有更重的论证义务。具体来说，解释者所进行的论证说理要注意如下几点。

第一，要注重实证分析。社会学解释作为法社会学发展的结果，也应当体现法社会学的要求，即应当注重社会学方法的运用，其中最主要的是社会实证的方法。当然，考虑到法官审理案件的时限，法官的社会学知识局限等问题，法官也并非一定要直接进行社会实证研究，他可以借助于既有的社会学的研究成果。为了避免法官享有过大的自由裁量的权力，以追求社会效果为由，而违背法治的原则和精神，必须要求其以客观的标准来衡量社会效果。例如，以社会稳定的考虑、服务于特定时期的经济政策（如宏观调控和克服金融危机等）、和谐人际关系的维持等为标准。

第二，综合考虑法律的政治、经济、文化等各个因素。在社会学解释中，“社会效果”是广义上的概念，这里所说的“社会”并非与政治、经济、文化相对应的概念，而是包含所有这些因素的概念。在社会学解释中，并非简单地考虑社会中某个方面，而应当考虑影响社会效果的各种因素，以实现综合意义上的社会效果。例如，在我国，曾经出现过“撞了白撞”的讨论，如果仅仅进行法律的经济分析，可能它也具有其合理性①，但是，通过综合考虑各种因素，就会发现其可能存在不利影响，可见，单纯地将经济效果等同于社会效果是不妥当的。从实践来看，有的地方法院认为，判决本地企业败诉会影响当地经济的发展，这实际上是地方保护主义的翻版，而不是真正考虑了社会效果。

第三，尊重立法者对社会效果的考量。法律之中所确立的价值判断，实际上是通过民主的立法程序确立的价值判断，反映了人民的意志，这是司法者不能随意加以更改的。事实上，立法者在立法的过程中，已经充分考虑了法律的社会效

① 王成：《侵权损害赔偿的经济分析》，中国人民大学出版社 2002 年版，第 211 页。

果，而有的司法者可能并没有真正理解法律的含义，而仅通过个人的简单考察就判断其不能实现社会效果。在法律解释中，解释者虽然要独立地判断特定法律解释结论的社会效果，但是，也应当尊重立法之时，立法机关所考虑的社会效果。当然，立法者所考量的社会效果也可能与社会实际需要和社会现实不完全吻合，例如，有关的劳动立法强调保护劳动者的合法利益，但如果保护标准过高，可能导致劳动者大量失业。再如，在法律上强化对妇女权益的保护是必要的，但是，在离婚财产分配中过分保护女性，也可能导致离婚率的增加。在此情况下，法官就应当全面考量立法者所作的社会效果考量，并结合现实的需要得出妥当的裁判结论。

第四，注重法律规范与其他社会规范的互动，如道德规范、宗教规范等。社会秩序的形成，需要多种规范的共同作用，可以说是规范的综合体的作用。在这一规范综合体中，法律只是行为规范系统中的一个组成部分，它强调与外在的行为规范的互动。而其他的规范，或者规范人的内心世界，或者规范人的行为但不具有强制力。在社会学解释中，法律条文的含义确定，也应当考虑到法律规范与其他规范的相互配合，而不能以法律规范代替其他社会规范。

三、社会学解释的规则

（一）法律效果与社会效果的统一

通常，社会效果一定是法律作用于社会后产生的效果，在进行社会学解释的过程中，不能将法律效果和社会效果对立起来。一方面，法律本身也是为了实现规范社会的目的，因此，社会效果与法律效果是不可分离的。只有在充分实现法律效果的情况下，才能真正实现其社会效果。换言之，社会效果正是寓居于法律效果之中。这是因为，法律本身是全民意志的体现，立法过程是社会效果的考量过程，也是社会效果最大化的确定过程。立法时所作的价值选择本身就是基于社会效果的考量而确定的，因此，实现了法律中的价值选择，通常都会实现其社会效果。另一方面，只有在充分实现法律效果的情况下，才能真正实现其社会效果。当然，法律考量的是一般的社会效果，在特殊情况下，因为法律所追求的普遍正义与具体案件中的个案正义并不完全吻合，也可能导致一定程度上的法律效果和社会效果的背离。在此情况下，法官要考虑在法律效果之外进一步追求其社会效果。但是，在进行社会效果考量的过程中，完全撇开法律的目的、精神，纯粹以法官自身所理解的社会效果来进行判断，则只能导致法官的专断而达不到真正良好的社会效果。因此，对于社会效果的考量必须是在遵循法律的目的、精神等价值下进行的考量。①

法律效果与社会效果的统一，要求法官应当尽可能在法律解释规则允许的范围之内适用法律。一方面，法官在考量社会效果时，必须坚持"依法裁判"的精神，不能以社会效果为名逾越法律的界限，法官，顾名思义就是"司法之官"，其基本职责就是严格地执行法律，法官对法律的服从，首先表现在对法律文本的服从。法官解释法律，首先要推定文本都是合理的，而不能对文本的科学性和合理性持怀疑态度。现代法律解释活动以被解释的法律文本是理性地形成的为假设前提。法官不能以怀疑的态度来对待法律文本。解释者不能简单地以"追求社会效果"为由，撇开法律文本，而以自己理解的意思来代替法律的意旨。另一方面，法官必须要在文义的可能范围内解释法律。此外，法官还必须在法律规定的自由裁量权范围内追求社会效果。如果法律文本已经表达出了明确的法律解释结论，则通常无须法官再根据社会效果的考量来重新依自由裁量权确定法律文本的含义。如果法律文本已经表达了复数解释结论，法律通常也只能在此种复数结论中予以选择，而不能超出这些可能的解释结论而另求它解。实际上，法律被认真对待或法律应受尊重本身也是一种重要的社会效果。

（二）社会学解释的结论不能超出法律的可能文义

社会学解释方法并非要逾越法律条文的文义可能范围，而只是在该文义可能范围之内，通过社会学的考量，针对复数结论，从中选取能够实现最佳社会效果的解释结论；或通过社会效果等的考量来阐释文本的含义。可能文义的范围就是

---

① 江必新：《在法律之内寻求社会效果》，载《中国法学》2009年第3期。

立法者对于司法者所授权的可以自由裁量的范围，解释者仍然应贯彻立法者的意思，而不应自行进行造法活动。如果超出法律的可能文义，就属于漏洞填补的范畴。在漏洞填补中，一般不需要借助于社会学解释方法，因为漏洞填补可以采用基本原则等宽泛的解释方法。

（三）演进解释的规则

“解释的所有原则都有效地适用于阐释时”。这就是说，在运用社会学解释方法时，必须注意到，法律本身并不是停滞不前的，而是处于发展变化之中的。法律也要随着社会发展而发展，而社会学解释的目的就是在不脱离文本的情况下，使文本保持时代性。例如，法律上的财产通常是指动产和不动产。但随着网络虚拟财产的出现，其概念也会发生变化，所以，财产在法律意义上是否应包括网络虚拟财产，就不能作终局的解释。随着社会的发展，解释者对法律的解释也应当考虑到社会情势的变化，应该根据社会的实际需要来进行必要的修正。例如，《铁路法》第 17 条第 1 款规定：“铁路运输企业应当对承运的货物、包裹、行李自接受承运时起到交付时止发生的灭失、短少、变质、污染或者损坏，承担赔偿责任：（一）托运人或者旅客根据自愿申请办理保价运输的，按照实际损失赔偿，但最高不超过保价额。（二）未按保价运输承运的，按照实际损失赔偿，但最高不超过国务院铁路主管部门规定的赔偿限额；如果损失是由于铁路运输企业的故意或者重大过失造成的，不适用赔偿限额的规定，按照实际损失赔偿。”据此，最高人民法院《关于适用〈中华人民共和国民事诉讼法〉若干问题的意见》（现已废止）第 30 条明确规定：此类案件的审理实行限额赔偿制度，最高赔偿额为 6 万元（从 2007 年 9 月 1 日起变更为 15 万元）。从实践来看，该规定具有明显的不合理性，因为大量的铁路事故中的损害远远超过 6 万元，不能对受害人提供充分的保护。[①] 这就是说，《铁路法》制定之时要保护铁路运输企业，避免因加重其责任而妨碍铁路事业的发展，但是，这一目的很难与现代社会的需要相符合，现代社会强调以人为本，充分保护受害人的利益。尤其是，现代的铁路已经实行

① 杨佩正：《选择视角中的和谐司法》，载《审判研究》2008 年第 12 期。

企业化，并占据垄断地位，这更加显示出该规定的不合理性，需要根据社会的需要进行必要的调整。

（四）尊重立法者所作的利益取舍

立法过程本身就是价值衡量的过程，立法者在立法过程中已经充分进行了利益考量。正如有学者所指出的，如果大面积的都是法律外部的利益衡量，那么作为一个成文法国家，其立法就是失败的。[①]所以，在立法的价值衡量已经明确的情况下，法官应当尊重立法者所作的利益衡量，而不能再进行不同的利益衡量。例如，在遗失物的善意取得之中，法律规定，失主在2年内有回复请求权。但在实践中，部分遗失物可能已经无法恢复原状，或者被拾得人用于其他特殊的用途，这时法官要考虑具体情形，而不能简单地要求拾得人返还原物。

（五）妥当进行利益衡量

法律解释是对各种解释结论的选择，但在社会学解释中，是要通过社会考量，对解释结论所体现的各种利益及其冲突进行平衡和考量，因此，有必要妥当地进行利益衡量。以我国房地产业银行的贷款风险为例，在建工程抵押贷款，工程竣工后，虽然银行享有抵押的优先受偿权，但是最高人民法院2002年6月11日《关于建设工程价款优先受偿权问题的批复》指出："一、人民法院在审理房地产纠纷案件和办理执行案件中，应当依照《中华人民共和国合同法》第二百八十六条（对应为现行《民法典》第807条）的规定，认定建筑工程的承包人的优先受偿权优于抵押权和其他债权。二、消费者交付购买商品房的全部或者大部分款项后，承包人就该商品房享有的工程价款优先受偿权不得对抗买受人。"由此可见，建筑公司享有比银行优先的受偿权，如果该房屋已经出售，则小业主享有优先受偿的权利。最高人民法院的上述司法解释，考量了在建工程抵押情形中的各方利益，并最终确定，小业主的利益处于最高的位阶，司法解释采取保障小业主利益优先的规范定位，是为了保护个人的居住权和生存权。与此同时，在保障小业主利益的同时，也应维护抵押权人的利益，这实际上也同时保障了交易安

① 孔祥俊：《法律方法论》（第3卷），人民法院出版社2006年版，第1267页。

全。当这两种利益发生冲突时，按照最高人民法院的立场，小业主的利益被置于优先保护的地位。在审判实践中，经常遇到诸多的价值冲突问题，例如，在生命权与财产权发生冲突时，应当优先考虑生命权的维护。当公共利益与个人的财产利益发生冲突时，优先考虑公共利益，等等。这些价值考量本身就是利益衡量的结果。

第十节　合宪性解释

一、合宪性解释的概念和特征

所谓合宪性解释，是指在出现复数解释的情况下，以宪法的原则、价值和规则为依据来确定文本的含义，得出与宪法相一致的法律解释结论。通过合宪性解释来确定法律文本的含义时，通常采取选择或排除的方式。这就是说，如果某个解释结论符合宪法，就应当选择其作为解释结论；如果所作的法律解释违反了宪法，就应当予以排除。通过这种方式，使文本的含义能够与宪法保持一致。以“无人居住小岛所有权争议案”为例，依照《民法典》等有关法律的规定，对无人居住的海岛应确认为国家所有。我国《宪法》第 9 条第 1 款规定：“矿藏、水流、森林、山岭、草原、荒地、滩涂等自然资源，都属于国家所有，即全民所有；由法律规定属于集体所有的森林和山岭、草原、荒地、滩涂除外。”实际上，从广义上讲，“荒地”是指没有人居住和利用的土地，其既包括陆地，也应当包括无人居住的海岛。根据我国《宪法》第 9 条，凡是属于集体所有的自然资源，必须要由法律作出明确的规定。但是，我国目前尚无法律明文规定无人居住的海岛属于集体所有，因此，可以确认其为国家所有。

在合宪性解释中，有必要区分作为解释对象的文本和作为解释依据的文本。作为解释对象的文本，是拟适用于具体案件中的部门法规定，而作为解释依据的文本是宪法文本。合宪性解释是要运用解释的依据来确定解释对象的含义，而并非直接对解释的依据进行解释，这也是合宪性解释和宪法解释的区别所在。合宪性解释的特点在于：

第一，合宪性解释是在无法通过其他狭义法律解释方法得出唯一妥当结论后运用的方法。在法官适用法律时，不能直接依据宪法来裁判，也不能首先依据宪法进行解释。就民事案件而言，法官应当以民法的规定作为裁判依据，并且首先要运用文义解释等其他法律解释方法来确定法律文本的含义。如果通过其他解释方法得出了唯一的结论，就无须诉诸宪法来解释。只有在出现了复数解释，且部分解释结论可能违反宪法时，才有必要运用合宪性解释，加入作为决定判断标准的宪法论点。① 据此，合宪性解释只有在具备如下条件时才能运用：一方面，出现了复数解释，难以确定文本的含义。此时，合宪解释具有备位性与补充性的特性。在出现了复数解释的情况下，依赖于裁判规范难以解决数个解释结果的冲突问题，此时，以宪法为依据进行解释，与宪法作为基本法的地位是相符合的。“在多数可能的解释中，应始终优先选用最能符合宪法原则者。”② 另一方面，出现了复数解释时，涉及宪法问题且有必要运用宪法来解释。在一些案件中，由于复数解释的争议焦点，涉及宪法中的原则、价值和规则，或者说，它们与宪法的联系较为紧密，因此有必要采用合宪性解释。如果在复数解释中，不涉及是否符合宪法的判断问题，也就不必要进行合宪性的控制。

第二，合宪性解释是依据宪法对部门法进行的解释。一方面，合宪性解释并不是解释宪法，它只是依据宪法解释待适用的法律规范。合宪性解释直接解释的对象是法律文本而不是宪法文本。合宪性解释仍然是法律解释而不是宪法解释，只不过在具体解释法律的过程中，也可能要对宪法进行必要的解释。③ 合宪性解释很大程度上是验证解释的结论，而不是为了阐明宪法自身的含义。另一方面，法官进行合宪性解释只是在宪法允许的范围内针对要适用的法律文本进行解释，而不是直接将宪法作为裁判规范运用到案件之中。之所以需要运用合宪性解释，

---

① Friedrich Müller，Juristische Methodik，Berlin，Duncker und Humblot GmbH，1989，S. 65.

② ［德］卡尔·拉伦茨：《法学方法论》，陈爱娥译，商务印书馆 2003 年版，第 217 页。

③ 王泽鉴：《法律思维与民法实例》，中国政法大学出版社 2001 年版，第 197 页。

是因为根据部门法（如民法）本身难以确定该解释结论，从而需要从更高位阶的宪法出发进行解释，选择最妥当的解释结论。尤其是从部门法本身出发，不能判断其是否与宪法相一致时，从法秩序统一的角度考虑，任何部门法都必须符合宪法的规则和精神。法律体系实质上是内部的法律价值体系，该体系应当保持一致性。① 而宪法中的价值具有最高的位阶，部门法的解释必须符合宪法价值。还应当看到，合宪性解释只是针对法律文本而不是针对当事人的意思表示而进行的解释。

第三，合宪性解释的功能在于选择和排除解释结论。根据宪法的基本原则和精神，尤其是主要根据宪法赋予人们的基本权利，排除违反宪法原则的解释，在多种解释中作出判断和选择，使法律解释的结论符合宪法。② 在我国，在合宪性解释中，虽然以宪法为依据，但并非要求法官直接适用宪法进行裁判，也不是运用宪法来填补法律漏洞，因为宪法作为根本大法，它只是立法的指导，本身并不能作为裁判的规范。就宪法与私法之适用关系而言，更是具有水平效力或间接效力，即宪法是间接作用与辐射于私法之上的。合宪性解释的功能就是针对多种解释结论作出选择或排除解释结论，并确定文本的含义。具体来说：一是选择解释结论。合宪性解释要求，在出现了复数解释，难以确定法律文本的含义时，应当选择与宪法相符合的解释结论。对同一法条有多种解释的可能性时，应当选择与宪法相一致的那一种解释。二是排除解释结论。也就是说，排除各种解释结论中与宪法相违背的解释，因此，合宪性解释具有验证方法的特点。它的目的并非要对法律条文是否违宪进行审查，也不是要认定特定条文无效，而只不过是针对具体案件，对法律条文的解释结论进行验证，因此，合宪性解释可以起到验证部门法是否符合宪法的功能。“合宪性法律解释是一种顾及宪法的解释，寻求一种使宪法原则可能公正实现的解释；引领法律合乎宪法的解释，通常就规范意义的确

① ［德］魏德士：《法理学》，吴越等译，法律出版社 2005 年版，第 330 页。

② Leibholz/Rinck/Hesselberger，Grundgesetz-Kommentar an Hand der Rechtsprechung des Bundesverfassungsgerichts，Bd. I，6 Aufl.，Köln 1989，S. 10.

认上，能使法律在宪法精神中获得充实或纠正。”①

合宪性解释本身也经历了一个产生和发展的过程。在传统的法律解释方法中，并不存在此种法律解释方法。在19世纪初期，萨维尼归纳的法律解释方法之中就没有将其包括在内，但是，有人认为，萨维尼的体系解释内容比较宽泛，可以包含合宪性解释。② 据学者考证，1908年瑞士联邦法院在一个判决中首次采用了合宪性解释，并提出，“法律解释不逾越宪法的范围，才能称为正确的解释”③。一般认为，该案是合宪性解释的发端。自此以后，尤其是第二次世界大战以来，其地位日益突出。早在德国帝国法院时期，就曾经提到，法律如果有疑义，除非明白显示偏离宪法规定，否则，应解释为与宪法规定是相符合的。1953年，德国联邦宪法法院在一项决议中正式使用了合宪性解释的规则。④ 而奥地利法院自1951年起，开始使用合宪性解释。在20世纪60年代，欧洲的违宪审查制度的发展，进一步促进了合宪性解释方法的运用。⑤ 在此期间，德国学者发展了“符合宪法的原则”，提出合宪性解释方法，应作为法律适用中法律解释的最高位阶的准则。宪法的效力优于一般法律，法律解释的结果不得与宪法条文相抵触，如果法律文本存在多种不同解释时，其中与宪法最相符合的解释，有优先的效力。⑥ 在法律解释方法中，合宪性解释的地位和作用越来越突出，最终发展成为一种独立的法律解释方法。它是基于现代文明社会突出强调宪法的基本价值而发展出来的一种法律解释方法。⑦ 在我国司法实践中，合宪性解释被运用得较少，但是，其作为一种重要的法律解释方法，具有其独立存在的价值。这首先是因为宪法是国家的根本法，具有最高的法律效力。因此，法官在司法实践中，为维护宪法的权威和正确实施宪法，也应当“以宪法为根本的活动准则”进行合宪

---

① H. Bogs, Die verfassungskonformes Auslegung von Gesetzen, Stuttgart/Berlin/Köln/Mainz 1966, S. 15.

② 舒国滢等：《法学方法论问题研究》，中国政法大学出版社2007年版，第392页。

③ 苏永钦：《合宪性控制的理论与实际》，月旦出版社1994年版，第1页。

④ BVerfGE 2, 266 (282).

⑤ 苏永钦：《合宪性控制的理论与实际》，月旦出版社1994年版，第80页。

⑥ 龙卫球：《民法总论》，中国法制出版社2002年版，第92页。

⑦ 姜福东：《司法过程中的合宪性解释》，载《国家检察官学院学报》2008年第4期。

性解释。其次，我国法律一般规定，“依据宪法，制定本法”，这可以看作是合宪性解释的依据。再次，合宪性解释也可以看作是广义的体系解释的组成部分。我国法律是在宪法统率下的各个部门法组成的有机整体，任何部门法都不能违反宪法，这也是我国法秩序统一的要求，也是体系解释的具体化。所以，笔者认为，依据宪法和法律的规定，合宪性解释具有法律依据。

二、合宪性解释的适用步骤

1. 作为解释对象的法律文本出现了复数解释。此处所说的复数解释，并非是通过文义解释得出了复数解释，而是说通过文义解释和其他论理解释，出现了复数解释，才有必要进行合宪性解释。例如，在“中国乙肝歧视第一案”中，原告张某于 2003 年 6 月在某市人事局报名参加公务员考试，其笔试和面试成绩均名列第一，按规定进入了体检程序。但在其后的体检中，他被检查出感染了乙肝病毒。后该市人事局依据《某省国家公务员体检标准》，正式宣布张某因体检不合格不予录用。原告遂以被告剥夺其担任国家公务员的资格，侵犯其合法权利为由，向人民法院提起行政诉讼，请求依法判令被告的具体行政行为违法，法院判决对该行政行为予以撤销。① 该案涉及行为人究竟侵害了受害人何种权益？存在诸种不同的看法，此时应认为出现了复数解释。笔者认为，在就业中歧视乙肝病人，实际上是侵害了乙肝病人的人格利益，此种人格利益属于宪法所保护的人格尊严的范畴，在民法上表现为一般人格权，应当受到《民法典》人格权编的保护。所以，只有在对于法条的适用存在复数解释时，才有必要进行合宪性解释。

2. 确定待决案件是否涉及有关的宪法的规范、原则和精神。这就是说，出现了复数解释结论，也未必都要运用合宪性解释方法。这是因为在实践中，复数解释的可能性经常存在，如果都运用合宪性解释，将使得合宪性解释的适用范围过于宽泛。只有在出现复数解释，且可能涉及违反宪法时，才需要进行合宪性解

① 《全国第一起因“乙肝歧视”引发的行政诉讼》，载《检察日报》2003 年 11 月 24 日。

释。例如，在前述“中国乙肝歧视第一案”中，对于就业中歧视乙肝病人，是否构成对其人格利益的侵害，以及侵害了何种人格利益，因为现行民法没有作出明确规定，所以，必须借助于宪法的相关规定才能确立。同时，通过合宪性解释，可以借助于宪法的规定准确阐释该概念的文义。《宪法》第38条规定：“中华人民共和国公民的人格尊严不受侵犯。”《民法典》第990条第2款规定：“除前款规定的人格权外，自然人享有基于人身自由、人格尊严产生的其他人格权益。”据此，在就业中，对乙肝病人进行明显歧视，使受害人人格尊严遭受侵害，也因此损害了受害人的人格权益，行为人应当承担相应的责任。当然，合宪性解释不同于宪法解释，它的目的不在于解释宪法，而是要解释拟适用的部门法的文本。

3. 运用宪法的规则、原则和精神来解释被解释的法律文本。一旦确定了被解释的法律文本，需要进行合宪性解释，就应当以宪法为依据进行解释。以宪法为依据，指的是不仅以宪法的规则为依据，还包括以宪法的精神为依据。例如，在司法实践中，有偿代孕的纠纷已经出现，此类案件常常涉及代孕母与委托人签订有偿代孕协议后，代孕母将孩子生下后，不愿意将孩子归还，并进而违反协议。如果依据私法自治应当尊重当事人之间的协议，但是如果要强化对人格尊严的维护，则应当认为该协议有损人格尊严，因为其将代孕母变成了生育工具，且将代孕的孩子当作商品进行交易，这些都有损人格尊严。因此，依据《宪法》第38条人格尊严的原则规定，《民法典》人格权编采纳了人格尊严优先于私法自治的基本理念。按照这一原则，当事人之间的协议如果有损人格尊严，应当被认为违反公序良俗，从而被认定为无效。具体来说，依据宪法进行解释包括如下几个方面。

第一，根据宪法上的基本权利规则进行解释。宪法所确定的基本权利，不仅是个人的权利，而且是基本法所确立的“价值秩序”，这一秩序构成立法机关构建国家各种制度的原则，也构成法官在解释法律时的上位指导原则。[①] 例如，在一起案件中，原告是某中国公民，他到某酒店的后花园喝咖啡，被酒店告知后花园只供外国人消费使用，禁止中国人进入。原告起诉到法院，认为酒店的行为侵

① Volker Epping，Grundrechte，Berlin 2005，S. 121f.

害了其人格权。在一审过程中，有些法官认为，现行《民法通则》没有对此作出规定，应当引用《民法通则》第 101 条关于名誉权的规定，判令被告停止侵害并赔礼道歉。也有些法官认为，名誉权的侵害要求社会评价降低的事实，《民法通则》第 101 条的规定似乎不能适用于该案件。最后，法院认为，应当进一步引证宪法中关于人格尊严不受侵害的规定，来验证《民法通则》适用的合宪性。这实际上是运用宪法上基本权利的规则来进行的合宪性解释。

第二，依据宪法上基本权利以外的规则。宪法往往都是原则性规定，大多涉及法政策的内容，必然包含高度的政策性考量。[①] 例如，宪法上的平等原则对于民法中许多案件的处理具有借鉴意义。在一些情况下，宪法上的平等原则可以被理解为公共秩序，从而作为解释公序良俗的重要内容。因而，对特定人群在就业、招生等方面的歧视，有可能被解释为违反公序良俗，这在某种程度上可以理解为合宪性解释。

第三，宪法的原则和精神。宪法上的原则和规则众多，在解释法律规则时，不可能运用所有的宪法原则和规则来进行合宪性解释，而只能选择与待决案件有关的宪法原则和规则进行解释。例如，《宪法》第 38 条虽然规定了维护人格尊严原则，据此将保护人格尊严作为宪法的基本价值，但在实践中，侵害他人人格尊严的案件时有发生，法官不能直接依据《宪法》第 38 条规定裁判案件，还必须援引具体的法律规则。例如，某超市的保安怀疑消费者偷拿财物，对其进行搜身，虽然没有侵犯原告的名誉权，但实际上侵犯了原告的人格尊严。此类案件就必须要援引《民法典》第 1011 条的规定，保护受害人的人格尊严。

4. 选择和排除法律解释中的可能结论。合宪性解释自身并不具有积极确定法律文本含义的功能，它的功能只是在已经确定的可能解释结论中进行选择和排除。一方面，需要解释者在可能的解释结论中进行选择。这就是说，如果在复数解释中，有些解释是符合宪法的，就应当选择这些解释作为最终的解释结论。另一方面，需要解释者在可能的解释结论中进行排除。也就是说，如果在复数解释

① 杨日然：《法理学论文集》，月旦出版公司 1997 年版，第 508 页。

中，有些解释是违背宪法的，就应当排除这些解释可能，以免最终的解释结论与宪法发生冲突。

三、合宪性解释的规则

（一）推定合宪的规则

在合宪性解释中，要审核法律条文的含义是否符合宪法之基本价值判断，首先应当推定解释的文本是符合宪法的。某一个规范如果可以作违反宪法的解释，又可以作合乎宪法的解释，则应作合乎宪法的解释。反之，只要其中任何一种解释结论符合宪法，就优先选择其作为解释结论，以避免该法律条文被宣告违宪。[①] 推定合宪的规则就是将法律条文违宪的举证责任，分配给主张其违宪的人，由其证明特定的法律条文违宪。按照凯尔森的规范等级理论，全部的现代法律体制都立足于这一基本原则，即在金字塔形状的法律构成中，宪法居于塔顶，其他法律位于其下。因此，法律应当是在符合宪法的情况下制定的，这是推定合宪规则的基础。在我国，社会主义法律体系是在宪法指导下构成的一个有机整体，我国法律的制定都是依据宪法进行的，而且，多数法律开宗明义地表明，其是依据宪法制定的。例如，《民法典》第1条规定："根据宪法，制定本法。"这本身也表明，法律是符合宪法的原则和规范的。通过合宪性推定，有助于维护法律体系的统一性，也有助于维护法律秩序的稳定。[②]

（二）基本权利充分实现的规则

在合宪性解释中，要尽可能充分地实现宪法赋予人民的基本权利。在合宪性解释中，解释者所依据的宪法规则和精神是广泛的，但是，其中重要的依据是基本权利的规则。宪法上的基本权利（如劳动权）既是个人可以向国家主张的权利，也是为国家设定的义务。宪法上基本权利的效力，不仅体现在立法之中，而且体现在司法之中。立法者要通过立法活动来实现基本权利；司法者也要通过司

① 吴庚：《政法理论与法学方法》，中国人民大学出版社2007年版，第363页。
② 吴庚：《政法理论与法学方法》，中国人民大学出版社2007年版，第364－365页。

法活动来保证基本权利的实现。[①] 在合宪性解释中，司法者尤其要尽可能充分地保障基本权利，使得基本权利的效用最大化。在进行法律解释时，如果数个解释可能中包含了一项可以最充分实现基本权利的结论，就应当以该结论作为最终的解释结论。

（三）协同解释原则

合宪性解释必须与其他法律解释方法结合起来，从而对法律文本作出清晰的解释。合宪性解释本身可以作为审查的标准，但不能用来发现法律文本的含义。如果要发现法律条文的可能含义，就必须借助于文义解释和其他论理解释方法。通过这些方法得出了复数解释结论时，再运用合宪性解释进行选择和验证。因此，合宪性解释必须和其他解释方法结合起来运用。[②]

① 张翔：《基本权利的双重性质》，载《法学研究》2005 年第 3 期。

② 王泽鉴：《民法实例研习》（第 1 册），1982 年自版，第 146 页。

第八章
不确定概念和一般条款的具体化

法无精确之定义，而委诸善良人之判断。（Lex non exacte definit，sed arbitrio boni vivi permitet.）——法谚

不确定之概念，必须予以具体化。[1] ——王泽鉴

案例：

1. “侵害政府行政权案”：某记者在小报上发表一篇报道，其中提及某县政府在拆迁过程中存在违反程序及补偿不到位的问题。该县县政府领导认为，记者的报道不属实，侵害了县政府的名誉权和行政权。一审法院认为，被告构成侵权。被告不服提起上诉。二审法院认为，依据《民法典》第 1164 条的规定，行为人必须侵害民事权益才构成侵权，而县政府的名誉权和行政权不符合民事权益的构成要件。

2. “拒付法师报酬案”：张某荣的儿子刘某星患病 1 个月未愈，经邻居引介，邀请当地知名的“活神仙”司某法到家办法事。双方约定，“活神仙”到张家工作 3 天，费用 666 元。张某荣事先支付了 333 元，在 3 天法事完成之后，张某荣

[1] 王泽鉴：《民法学说与判例研究》（第 1 册），中国政法大学出版社 1998 年版，第 277 页。

之夫从外地回家，他认为，虽然儿子病情有所好转，但也不是因为法事所致，“活神仙”实属行骗，因而拒绝支付剩余的333元。后来，“活神仙”诉请当地的派出法庭，要求张某荣支付剩余的333元工资，因为其已经依照约定付出了劳务。在审理中，关于是否应当支持原告的诉讼请求，存有争议。一种观点认为，按照当地的风俗习惯，法师一般都能在事后获得全部约定的费用，少有拒绝支付者，因此，应当支持原告的请求。另一种观点认为，虽然我国法律没有关于该问题的具体规定，但是，合同以“办法事”为标的，已经违反了我国《民法典》第153条第2款关于违背公序良俗的民事法律行为无效的规定，该合同无效。

第一节　不确定概念的具体化

一、不确定概念的定义和特点

不确定概念是作为与确定概念相对应的术语被提出来的，是指在内涵和外延上都具有广泛不确定性的概念，例如公共利益、公序良俗、合理期限等。不确定概念最早由奥地利法学家藤策尔（Tenzer）教授提出，它主要是针对行政法上的自由裁量权问题提出的，藤策尔阐明了研究不确定概念的重要性。[①] 后来，这一概念被法律解释学所采纳。以内涵和外延是否确定为标准，法律概念大致可以分为两类：一类是确定概念，它是指内涵和外延相对确定的法律概念，对于某一法律事实是否属于此概念的范畴，解释者能够根据其特征作出直接的判断；另一类是不确定概念。它是指一种内容与范围均广泛不确定的概念。[②] 例如，“民事权益”“过错”“合理期限”“善意”“公序良俗”“显失公平”“相当数额”等。以“侵害政府行政权案”为例，某记者对某政府机构的报道不实，是否构成对政府

① 翁岳生：《行政法与现代法治国家》，台大法学丛书，1982年版，第37页。

② Karl Engisch，Thomas Würtenberger & Dirk Otto，Einfuehrung in das juristische Denken，Kohlhammer，11. Aufl.，2010，S. 108f.

行政权及名誉权的侵害？这涉及对《民法典》第 1165 条第 1 款所规定的“民事权益”概念的解释问题。“民事权益”是一个不确定概念，我们很难对其下一个准确的定义，而只能通过类型化的方式来解释该概念所包括的内涵与外延。一方面，需要结合《民法典》第 1164 条的规定来解释民事权益的范围，在该范围中并不包括行政权，因此，政府机构的行政权不受侵权责任法保护。另一方面，应当对名誉权的范围进行解释。依据《民法典》第 1024 条，名誉权的主体是指民事主体，而民事主体包括自然人和法人。所以，机关法人也应当享有名誉权。但按照通说，从有利于维护公民对政府的监督的意旨出发，基于有利于政府依法行政之目的考量，对机关法人的名誉权应当作必要的适当限制。

现代民法为了克服法律的滞后性，为避免法律的僵化，大量地运用了不确定概念，以保持法律的适应性，使之更好地适应社会的发展，并能够维持其开放性。所以，不确定概念已经成为立法中常用的技术，对不确定概念的解释成为解释学中的重要问题。不确定概念具有如下特点。

第一，概念的高度概括性。所谓不确定概念的高度概括性，是指不确定概念对社会生活现象进行了高度的概括和抽象，从而使其具有了较大的包容性，能够涵盖的事实类型更为广泛，可以应对社会不断发展的需要。所以，从 20 世纪下半叶以来，对于不确定概念的解释方法转向了类型化思考。[①] 应当看到，绝大多数法律概念都具有一定程度的抽象性和概括性，只是程度有所差异。“不确定概念”与一般法律概念的区别就在于，它达到了相当程度的抽象与概括，而一般概念的抽象与概括程度要低一些。

第二，内涵和外延的不确定性。不确定概念的最大特点即在于其内涵和外延的不确定性。通常所说的不确定概念的“难以定义性”，就是由于其内涵和外延的不确定性造成的。例如，“善意”“合理期限”等，很难在性质上给出准确的定义。又如，诚实信用这一不确定概念的功能在于，在法律遇到生活情况的改变或其特殊性时起调节和转化作用，所以，这一概念虽然在内涵上可能能够界定，但

① 邱聪智：《回复原状的规范意义》，载《民事法学新思维之开展》，元照出版公司 2008 年版，第 330 页。

其外延无法界定。①

第三，适用上的开放性。不确定概念的不确定性，还表现在其发展的、变动的属性上，因此，其在内涵和外延上始终保持了开放性。在社会生活发生重大变化的情况下，不确定概念的包容性更强，甚至在某种程度上可称为"包罗万象"②。例如，"公序良俗"的概念包含的类型非常多，而且随着社会的发展又会出现一些新的情况，如代孕母亲、器官移植、克隆引发的问题等都可能涉及公序良俗的判断。

正是因为不确定概念具有上述特点，所以，在解释学上，作为一种解释对象，其要适用特殊的解释方法，也正是因为不确定概念在解释上的特殊性，我们对于这类概念的解释，应当将其单独作为一种特殊的解释活动来对待。

二、不确定概念进行具体化

不确定概念具体化，是指通过法律解释的过程，使不确定概念的内涵和外延得以明晰，从而能够作为裁判依据，适用于具体个案。不确定概念的具体化是基于对 19 世纪概念法学加以反思的基础上产生的，它是使法律保持一定的弹性，克服成文法的滞后性而产生的一种独特的解释方法。在实践中，大量的不确定概念仅仅通过定义的方式无法指导法官的判决。因此，要保证法官真正做到类似问题类似处理，只有通过类型化才能给予法官具体的引导。在"拒付法师报酬案"中，涉及以"办法事"为合同标的是否违反了我国民法典公序良俗的规定，并进而导致合同的无效？笔者认为，对公序良俗行为可以进行类型化，因此，讼争合同因属于违反公序良俗原则而无效。由于公序良俗的概念涉及的情况纷繁复杂，其内涵的伸缩性极大，无法直接适用于个案，所以，就需要列举各种类型，确定案件的情形是否符合这些类型。③ 不确定概念的具体化要遵循一定的步骤。笔者

①② ［葡］马沙度：《法律及正当论题导论》，澳门大学法学院 2007 年版，第 97 页。

③ 朱晓飞：《公益诉讼语境下的"公益"涵义解析》，载《环球法律评论》2008 年第 3 期。

认为，不确定概念的具体化要遵循如下程序。

1. 应当进行文义解释。要判断一个概念是否为一个不确定概念，必须从文义解释入手。如果通过文义无法确定其比较清晰的含义，才可以认定其属于不确定概念。在判断出某一概念为不确定概念之后，方可展开下一步的解释活动。一般来说，不确定概念难以通过文义解释来阐释其含义。最典型的是，《民法典》第524条第1款所规定的第三人代为履行以第三人对履行债务具有“合法利益”为限。买受人对于主债务的清偿是否具有“合法利益”呢？在对《民法典》第524条第1款的解释中，立法者主要列举了转租合同中的次承租人代承租人履行的权利，但并未具体明释何人为“具有合法利益的第三人”①。而在解读第406条的规定时，并没有阐释涤除权可否由《民法典》第524条所替代。② 这就涉及对“合法利益”的解释问题，何为“合法利益”？在对该概念进行类型化处理时，必须要进行文义解释。笔者认为，第三人对债务履行具有合法利益，实际上就是指第三人对债务的履行具有利害关系，在审判实践中可由法官根据具体案情进行判断。具体情况主要包括第三人与债务人之间具有一定的人身关系，或者第三人就债务的清偿可以获得一定的财产利益。基于这种认识，抵押物的受让人对履行债务并因此消除抵押权是具有利害关系的。在具体化过程中，进行文义解释的主要功能在于：一是确定哪些概念属于不确定概念。如果不属于不确定概念，则通过狭义的解释方法加以解释。二是文义解释只是确定了一个大致的范围，或者只能是明确不确定概念大致的内涵。

2. 考量个案所涉及的各项因素。由于不确定概念的含义比较模糊，仅能为个案的判断提供一定的价值指引，法官应当根据具体案情、社会情势等各种特殊因素将不确定概念具体化。③ 法官在具体化过程中，应当考虑如下一些因素。

第一，法律条款中的相关规定。作为一种立法技术，立法者会在法律中同时使用不确定概念和不确定概念所包括的某种具体类型，但对这些概念的使用，仍

---

① 黄薇主编：《中华人民共和国民法典合同编释义》，法律出版社2020年版，第143页。

② 黄薇主编：《中华人民共和国民法典物权编解读》，中国法制出版社2020年版，第683页。

③ ［葡］马沙度：《法律及正当论题导论》，澳门大学法学院2007年版，第97页。

要遵循一定的规则，以使其符合立法者所设定的范围。例如，在合同关系中涉及的公共利益，与物权关系中涉及的公共利益，在考量时是不完全相同的。因此，在不确定概念的具体化过程中，要结合法律的具体语境来加以确定。又如，在我国，涉及合同的强制性规定非常多，尤其是在大量的行政性法规之中，有很多属于强制性规定，哪些规定能决定合同的效力，需要法官考量立法目的等各种因素。

第二，立法目的和立法意图的考量。在不确定概念中，立法者已经作出了一定的价值指引，这在一定程度上可以实现对法官进行具体化的拘束，法官的具体化操作也有了方向性的指导。法官在具体化过程中不能偏离该价值指引，应当按照立法者的既定思路来进行解释。① 例如，《劳动合同法》确定了侧重保护处于弱势地位的劳动者利益的立法宗旨，因而，如果劳资双方在劳动合同中约定诸如“劳动者结婚或者生育，就必须被辞退”之类的条款，应当认定其为无效。

第三，社会生活经验的运用。社会生活经验包括交易习惯、日常生活经验等。不确定概念的具体化不能脱离社会生活的经验。既然不确定概念的内涵和外延都不确定，但仍然能够在法律文本中出现，就是因为立法者预期在一定的社会阶段，人们围绕着不确定概念，一般都有一定程度的来源于社会生活经验的价值共识。这就是有学者所谓的社会一般观念和伦理标准。② 例如，善良风俗的概念就有必要考虑社会生活经验来加以确定。

第四，社会发展的需要。类型化本身就意味着，其应当是开放性的，此种开放性的表现之一就是要能够适应社会发展的需要。类型化并非封闭性的，而且并非过分的具体化，即便是类型化的结果，也仍然是具有一定概括性的子类型，而不是针对个案的情形，因此，它可以实现抽象性和具体性之间的平衡。在具体类型化中，需要考虑社会的发展，保持类型化的前瞻性。例如，《民法典》第 1164 条关于保护“民事权益”的范围，可以根据社会发展的需要而作出新的解释，一些新的利益如公开权、环境利益、信托受益人的权利、虚拟财

① 杨仁寿：《法学方法论》，三民书局 1986 年版，第 167 页。

② 梁慧星：《民法解释学》，中国政法大学出版社 1995 年版，第 297 页。

产、特许经营权等也有必要进行类型化并纳入民事权益的范畴之中进行保护。

3. 根据上述考量因素进行类型化。不确定概念本身授予了法官解释的权限，法官在解释时享有极大的自由裁量的权利。[①] 从一定意义上说，不确定概念的具体化先要通过对其内涵、外延的列举与明确完成，类型化不过是在此基础上的整理和归纳。但是，类型化必须要考虑上述因素来进行，而不能盲目地开展。在类型化过程中，法官需要通过案件整理进行经验的归纳。案件整理实际上就是将司法实践的经验归类、整理，从而确定不确定概念所包含的内涵、外延。与一般的法律规范相比，不确定概念的不确定性较大，这实际上是立法者授予了法官较大的权力，而且，其所规范的案件类型也是立法者难以预见的，并且这一点也是为立法者所明知的。因此，对具体案件，应当通过对既有案件的归纳整理来得出结论。

4. 具体化与案件事实的连接。具体化本身不是目的，其根本目的是要通过具体化使不确定概念得到明晰，从而使不确定概念可以应用到具体案件中去。不确定概念的具体化，需要结合特定案件的事实进行判断。例如，2007 年，某电力公司与某石油公司签订了购买 1 万吨石油的合同，在合同签订以后，石油价格上涨了一倍。石油公司提出希望变更价格条款，而电力公司表示反对。双方为此发生了争议。我国《民法典》第 151 条规定，“致使民事法律行为成立时显失公平的”，合同本身属于可撤销的法律行为。该条中的“显失公平”就是不确定概念，它虽然确立了撤销的根据，但是，究竟如何解释这一概念仍然需要法官予以具体化。法官可以通过比较法的方法，借鉴罗马法上的“短少逾半”规则，认定该案属于显失公平的情形，允许变更合同价格条款。在这个过程中，法官必须结合具体的个案而进行类型化。

5. 说理与论证。在不确定概念具体化的过程中，应当强化法官的说理和论证义务。不确定概念，因其内涵具有较大的模糊性，所以只有通过解释才能确定其比较明确的内涵。诚如杨仁寿先生所言，“在具体化的过程中，法官并非为同

① ［德］迪特尔·施瓦布：《民法导论》，郑冲译，法律出版社 2006 年版，第 75 页。

类案件厘定一个具体的标准，而是应根据个案，依照法律的精神、立法目的，针对社会的情形和需要，予以具体化，以求实质的公平与妥当。因之，法官于具体化时，须将理由述说明确，而且切莫引用他例，以为判断之基准”[①]。尤其是，较之于狭义的法律解释而言，法官在进行不确定概念的类型化时，必须进行更为充分的说理和论证。

第二节　一般条款的具体化

一、一般条款的概念和特征

一般条款（clausula generalis），是指在成文法中居于重要地位的，能够概括法律关系共通属性的，具有普遍指导意义的条款。[②] 在罗马法上，因为采取决凝术的方式，重视具体问题具体解决，在法律上尚未出现过多的一般条款。[③] 近代以来的大陆法国家的法典化运动中，由于法典的制定者希望借助法典全面规范社会生活，法典便成为唯一的法律渊源。但是，鉴于法律规定得过于具体、详尽，又难以具有足够的包容性，也可能使法典内容过于庞杂。在此背景下，一般条款应运而生。但一般条款过于概括和抽象，在适用中必须具体化。以前述“讨要工钱案”为例，被告违反安全保障义务的行为，不属于群众性活动的组织者和公共场所管理者或经营者违反安全保障义务的情形，难以适用《民法典》第 1198 条的规定。是否可以适用《民法典》侵权责任编第 1165 条第 1 款关于“行为人因过错侵害他人民事权益，应当承担侵权责任”的规定？必须看到，第 1165 条第 1 款在性质上属于一般条款，在适用时应当首先进行类型化处理，即认为该条不仅

① 杨仁寿：《法学方法论》，三民书局 1986 年版，第 168 页。

② 张新宝：《侵权行为法的一般条款》，载《法学研究》2001 年第 4 期。

③ Justus Wilhelm Hedemann, Die Flucht in die Generalklauseln, Tübingen, J. C. B. Mohr, 1933, S. 1 f.

包括行为人直接实施行为而导致的侵害，还包括违反安全保障义务但无法适用《民法典》第 1198 条的情形。如果采用这样一种类型化方式，则可以使本案适用第 1165 条第 1 款的规定进行处理。

在法律上，一般条款具有如下特征。

第一，统率性。现代的社会关系通常都十分广泛复杂，法律规范也十分复杂，立法者难以通过具体的法律规范对各种类型的社会关系进行调整。在这一背景下，一般条款既有统领现有具体的规范的作用，也有在欠缺具体规范时提供指引的作用，从而使法律保持较高的适应性。

第二，概括和抽象性。一般条款是对某一类法律问题的概括性规定，也就是说，它不是针对某一具体的社会现象所作出的规定，而是对某一类的社会现象作出集中的规定。例如，广西某地曾发生热气球爆炸，导致多人伤亡的案例。由于热气球不属于高空作业，因而不能适用《民法典》第 1240 条的规定，但可以适用《民法典》第 1236 条关于高度危险责任一般条款的规定。因为一般条款的规定并非针对某一个别问题而言的，而是对所有问题的共通性要素的提炼。正是因为一般条款要涵盖所有具体的类型，所以其具有较高的抽象性。

第三，开放性。所谓开放性，指一般条款的内涵与外延不是封闭的，可以随社会的发展而不断变化。例如，《民法典》第 1165 条第 1 款可以适应关于过错责任的一些新类型案件的发展而为受害人提供救济。一般条款的设置具有兜底条款的作用，能够适应各种不同个案的需要，并满足社会发展的需要。另外，一般条款在很多情况下往往可以与例示性规定合并运用，从而可以弥补例示性规定的不足。例如，在侵权责任编之中，设置过错侵权的一般条款，就可以保持法典本身的开放性，从而使侵权责任编可以调整社会生活中不断涌现的新形态侵权。

第四，基础性。一般条款体现了特定法律制度的一般原则和精神，它实际上构成了该制度的基础，为具体规则的设立与阐释提供了参照。相比统率性而言，基础性意味着，一般条款并不包含具体规则，主要确立特定的价值基础，为其他制度提供构建与发展的起点。例如，《民法典》第 1165 条第 1 款实际上为该条第

2 款的过错推定奠定了基础，因为过错推定最终还是要确定过错。尤其应当看到，侵权责任编的一般规定中关于“不承担责任和减轻责任的情形”的规定，都是围绕过错责任的一般条款展开的。

毫无疑问，我国立法注重一般条款的运用，这在立法技术上值得肯定。但是，在解释学上，它也给法官的司法活动带来了新的问题。一般条款与不确定概念一样，都因其特殊性而决定了在对其解释的方法上的独特性。一般条款的含义很难通过文义解释的方法准确界定，也难以通过其他狭义解释方法清晰地阐明其含义。另外，一般条款的开放性特点决定了，无法通过法律解释穷尽其含义，这与不确定概念类似，因此，必须借助于类型思维的方式，通过类型化方式对其进行具体化的操作。

二、对一般条款进行具体化

裁判者适用一般条款的核心任务是要实现一般条款的具体化。一般条款的具体化，是指将一般条款所涵盖的情况类型具体化，使之可适用于特定的具体案件。一般条款具体化的步骤如下。

第一，一般条款的具体化首先要从文义解释着手，判断其属于一般条款还是具体的裁判规范，或者是法律原则。如果是具体的裁判规范，则应纳入狭义的法律解释方法中处理；如果属于法律原则，则应当纳入漏洞填补的范围内处理。以前述《民法典》第 1165 条第 1 款为例，它究竟适用于上述何种情形，这需要法官进行判断。而在判断其适用范围时，需要考虑文义、立法目的、体系等因素。从该条的规定来看，其立法目的在于，确立过错责任原则，作为侵权法的兜底性条款，因此，凡是法律没有特别规定的侵权行为，都应当适用该条来处理。

第二，对一般条款具体适用范围的确定。例如，诚实信用和善良风俗都涉及道德要求的法律化，但二者的适用范围存在着差异。诚实信用是最低限度的交易道德的法律化，通常适用于财产法领域；而善良风俗则确定了在伦理生活领域不得逾越的道德准则，通常适用于亲属法和人格权法领域。[①] 再如，《民法典》第1165条第1款关于过错责任的一般条款的规定仅仅适用于侵权，而不适用于合同等行为。这些都意味着确定一般条款的具体适用范围本身极其重要。

第三，从案件的积累出发，找出特定的典型案件类群（bestimmte typische Fallgruppen），进行类型化处理。也就是说，应当对于一般条款所适用的案件进行归类整理，确定一般条款所能够涵盖的范围。例如，实践中在合同缔约过程中出现违反诚信原则的类型较多，某些案件究竟属于合同编规范的范围，还是侵权责任编规范的范围，便需要首先加以确定。其次，还要判断《民法典》第500条第3项中规定的行为究竟包括哪些类型。如果案件并无适用的案件类群或没有具体化的原则，或不知有此原则，则适用法律的人要自己去建造案件类群以及找出处理此案件类群的原则。[②] 但是，对于一些直接确定裁判规则的一般条款，则需要确定待决案件的事实是否属于该条款所能调整的对象。这也主要是一个涵摄的问题。

第四，认定个案情况（Umstände des Einzelfalles），并与特定案件类型相联结，即确定前述的案件类型群是否可以与待决的特定案件相互联结。这需要法官进行比较处理。如果待决案件与案件类型群之间存在可联结性，就应当将其归入特定的类型。例如，在缔约过程中，撤销有效的要约导致相对人信赖利益的损失，就属于《民法典》第500条第3项所规定的案件类型。

第五，说理论证。例如，就法律行为是否违反公序良俗，应就法律行为的内容、附随情况以及当事人的动机、目的及其他相关因素客观地综合判断。另外，还需要以“社会上通常合理的人的共同价值确信”作为判断的基础，并且，还要在解释因素和法政策因素得出的规范目的的规范下加以评价，从而保证个案的公正解答。[③]

---

① 马俊驹、余延满：《民法原论》，法律出版社2005年版，第39-47页。

② 秦季芳：《概括条款之研究》，台湾大学法律学研究所1994年硕士学位论文，第98页。

③ Dieter Schmalz, Methodenlehre für das juristische Studium, Münster, Nomos, 4. Aufl., 1998, S. 128.

第三节　不确定概念和一般条款的类型化

所谓类型化，是指通过对某一类事物进行抽象、归类，从而对不确定概念和一般条款进行的具体化。一般来说，类型化是以事物的根本特征为标准对研究对象的类属划分。[①] 不确定概念和一般条款的具体化主要是指类型化。以《民法典》第 1164 条规定的“民事权益”概念的类型化为例，可以将其区分为人身和财产、权利和利益、法定权益和非法定权益等。再如，《民法典》第 1183 条规定，只有造成他人“严重精神损害”的，才能请求精神损害赔偿。此处所说的“严重精神损害”也是不确定概念，必须要进行类型化，可以将其区分为侵害物质性人格权所造成的严重精神损害、侵害精神性人格权所造成的严重精神损害两种不同类型。在不同的情形下，对严重与否的判断标准是不同的。例如，对于物质性人格权的侵害标准，通常是造成了人身伤亡和健康损害，而对于精神性人格权的侵害标准，通常是超出了社会一般人的容忍限度。

由于不确定概念和一般条款的特殊性，难以进行概念的定义，这也是概念思维的局限性所致。此时就要借助归类整理的方式进行解释，这就是通常意义上所说的类型化。类型化的运用应当采取如下步骤。

1. 确定拟解释对象是否属于不确定概念和一般条款。类型化的第一个步骤就是确定待解释的对象属于不确定概念和一般条款。在判断其是否属于不确定概念和一般条款时，首先，需要通过文义解释等方法判断某个概念或条款是否具有模糊性、宽泛性、包容性等特点，文义解释可以确定其文义的可能范围，至少确定其核心文义。如果不了解法律条款的内涵和外延，就不可能对法律条款进行类型化。例如，“公序良俗”概念中的公共秩序和公共道德是其核心文义，凡是在此范围内的都可以解释为公序良俗。除文义解释方法之外，历史解释等方法也可

① 李可：《类型思维及其法学方法论意义——以传统抽象思维作为参照》，载《金陵法律评论》2003年第 2 期。

以确定立法者的意思，例如，《民法典》第243条并没有对“公共利益”作出界定，其目的就是要留给法官具体阐明，同时，立法者还要借助这一要件控制征收的适用范围，避免其成为获取私人利益的工具。其次，要确定能否通过狭义法律解释方法解决问题。如果完全可以通过狭义法律解释方法明确其内涵，就没有必要借助类型化的方法来进行进一步的明确。例如，《民法典》第1252条规定的“其他设施”致人损害责任，其中“其他设施”是一个不确定概念，需要在法律上对其进行类型化。但从实践来看，有关其他设施造成的损害主要包括电线杆倾倒、塔机坠落、脚手架坍塌等造成损害。如果能够通过文义解释方法将“其他设施”的含义阐释清楚，则类型化之方法并无实行必要。

2. 从立法目的考量，确定立法者使用这一概念和条款是否就是运用其以适应社会的变化，使其具有更宽泛的适用范围。按照法律无赘言的规则，每个法律规范都应当具有自己的适用范围，不确定概念和一般条款也是如此。[①] 例如，在“无锡冷冻胚胎案”中，沈某与刘某都是独生子女，两人于2010年10月登记结婚。2012年8月，因自然生育困难，沈某与刘某到江苏省南京市鼓楼医院，通过人工辅助生殖方式培育了13枚受精胚胎，其中4枚符合移植标准。但就在植入母体前一天，夫妻二人因交通事故死亡。夫妻双方的父母就4枚冷冻胚胎的归属产生争议，协商不成，诉诸法院。一审法院经审理认为，体外受精胚胎具有发展为生命的潜能，是含有未来生命特征的特殊之物，不能像一般物一样任意转让或继承，故其不能成为继承的标的。沈某夫妇已死亡，通过手术达到生育的目的已无法实现，故手术过程中留下的胚胎不能被继承。[②] 2014年5月21日，一审法院驳回了原告的诉请。但该案中，法院并没有援引相关法律规定。问题在于，该案可否适用《民法典》第1002条规定的“生命尊严”？“生命尊严”是一个不确定概念，包含了非常丰富的内容。笔者认为《民法典》第1002条规定的“生命尊严”，可以为冷冻胚胎保护提供法律依据。因为胚胎本身不是一般的物，而是体现了生命价值、生命尊严的物。

---

① ［德］Ingeborg Puppe：《法学思维小学堂》，蔡圣伟译，元照出版公司2010年版，第84页。

② 欧阳铭琪：《无锡人体冷冻胚胎权属纠纷案》，载《人民法院报》2019年9月5日。

3. 归纳和概括。类型大体上可以分为经验类型、逻辑类型和规范类型三种。[①] 这就要求以生活经验为基础进行逻辑上的归纳和总结，发现存在的类型，进而上升到法律规范的层面，使之成为裁判案件的依据。类型化的过程包括如下步骤。

第一，共性把握。即对不同事物的共同特征进行描述分析，而不是定性分析，这一过程实际上就是把握类型的“整体性”的过程，也就是说，要抽象出各种不同事物相互之间的共同特点。[②] 例如，当我们要对“善良风俗”进行类型化时，我们首先应当把握善良风俗自身具有的一些特征。由于善良风俗是一个时代的特定概念，在不同的时期，人们对善良风俗的理解不同，所以，法官在解释时，就要考虑人们的一般道德观念，尤其是随着社会的发展，要考虑其与当下社会的主流价值观和道德观是否吻合。

第二，根据共性归类。即将具有共性的事物归类。类型化的方法就是要把握特定概念的属性，将符合该属性的事物进行归纳列举，从而实现概念的具体化。[③] 类型化不是将各种毫无关联的事物聚拢组合在一起，而应当在归类的过程中，依据一定的生活经验和案件类型进行归类。[④] 某个法律事实是否属于这一抽象概念的范畴，要依据这一法律事实所具有的特征与抽象概念特征的相似性来判断。如果它符合抽象概念的某些特征，就可能要归入这一类事物之中。有学者认为，类型的特点一是多次重复出现，二是具有大致相同的外部特征。[⑤] 类型的构建，主要是找出某类事物的共通因素，并加以总结表达，构成法律中的类型。[⑥] 类型化具有分类的功能，但类型化不是简单的分类，而是从具体事物出发进行的归类操作。类型化的实质是一种提炼、抽象和概括，是将具有相同特征的事物归

---

① 李可：《类型思维及其法学方法论意义——以传统抽象思维作为参照》，载《金陵法律评论》2003年第2期。

② 林立：《法学方法论与德沃金》，中国政法大学出版社2002年版，第129页。

③ 许中缘：《体系化的民法与法学方法》，法律出版社2007年版，第101页。

④ 闫军：《概念与类型法律思维之比较》，载《福建法学》2009年第1期。

⑤ ［德］考夫曼：《类推与“事物本质”——兼论类型理论》，吴从周译，学林文化事业有限公司1999年版，第13页。

⑥ 许中缘：《论体系化的民法与法学方法》，法律出版社2007年版，第106页。

纳为同一类别的过程。类型化只是对于生活中频繁发生的、理论上比较成熟的类型进行归纳，而不可能对其所涵盖的所有类型进行归纳。[①]

第三，体系化整理。这里所说的体系化整理有两层含义：一方面是特定的类型是否符合一般条款的本意，另一方面是将已经归类出来的结果进行进一步的体系化整理，确保这些范畴在逻辑上属于同一个层次，构成并置关系，如果是不同层次的，则应当在不同层面上予以考虑。在对不确定概念和一般条款进行类型化的过程中，通过分层次性的类型化，使得分类越来越接近现实生活。[②] 例如，就公共利益而言，它包括国家安全利益和消费者利益，虽然它们都属于公共利益，但它们却属于不同的层次，因此，对不确定概念和一般条款的类型化，可以采取分层的方式。类型化不同于一般的概念思维，很大程度上因为这些提炼出的概念之间具有内在联系，而简单的概念群之间并无内在联系。类型是可以分层次的，但是无论分为多少层次，它们之间都有内在的逻辑关联。

4. 相似性比较。即将案件的具体情况与类型化的样态加以比较，确定它们之间是否具有相似性，以保障类似案件类似处理。之所以要进行类型化，不是为了满足逻辑上分类的要求，而是要将其应用到具体案件的解决中，即要将特定的案件事实涵摄到特定的类型之下，并与特定的案件事实相联系。这就要求进行案件事实与类型样态的相似性比较。例如，公共利益的概念在集体土地征收和城市房屋拆迁中，其内涵还是有一定差异的，因此，在具体应用中，要确定特定案件中的公共利益具体属于哪一种类的公共利益。然后，需要从特定案件的具体事实出发，去建立与所归纳的范畴之间的联系。法官所进行的类型化，毕竟是为司法三段论服务的，最终是为了确定大前提，并使其能够与案件事实产生连接。所以，类型化的结论应当是可以适用于待决案件的结论。如果不确定概念没有通过类型化来明确，将使得具体个案的解决变得非常困难。当然，在涵摄过程中，法官应当对特定事实属于有关类型的理由作出论证。

① 朱岩：《危险责任的一般条款立法模式研究》，载《中国法学》2009年第3期。

② 吴从周：《论法学上之“类型”思维》，载《法理学论丛——纪念杨日然教授》，月旦出版公司1997年版，第315－316页。

第九章
法律漏洞的填补

法典不可能没有缝隙。[①] ——Hattenhauer

如果法典未规定解决某一案件的方法，就出现了漏洞。——法谚

案例：

1. “应收账款重复质押案”：华天国际房地产开发有限责任公司（以下简称“华天公司”）因申请建设用地需要，向某市工商银行借款 2 亿元人民币，借款期限 2 年。华天公司以其向宏图公司的债权 3 亿元作质押。在办理了质押登记以后，华天公司又将该债权出质给该市的某发展银行，借款 5 000 万元，并办理了登记。因为发展银行的债权先到期，因此，发展银行要求拍卖该债权。在拍卖之前，工商银行提出异议，认为，我国《民法典》并没有规定应收账款可以重复质押，所以，发展银行所享有的质权无效。本案争议的关键问题在于：应收账款是否可以重复质押给他人？（《民法典》对重复质押未作规定，只对抵押作了相关规定，即同一财产可以向两个以上债权人抵押，并按登记的时间顺序清偿——《民

① Hans Hattenhauer，Allgemeines Landrecht für die Preuβischen Staaten von 1794，Textausgabe，Herausgeber，2. Auflage 1994. at 1，21.

法典》第 414 条）

2.“冰坨子砸坏汽车案”：2008 年 1 月，南方普降大雪。某市居民张某的房屋上结了冰坨子。第二天天晴，冰坨子融化，掉落后砸在钱某的汽车上。后来，该车送往修理厂修理，花费修理费若干。车主钱某起诉张某，要求赔偿其汽车的损失，而张某提出抗辩，认为这完全是因为自然原因造成。在本案中，需要讨论的问题是，房屋上的冰坨子，是否属于我国《民法典》第 1253 条关于“建筑物、构筑物或者其他设施及其搁置物、悬挂物发生脱落、坠落造成他人损害”责任中的“搁置物、悬挂物”的概念？一种观点认为，此处所说的“悬挂物”是指基于人的有意识活动而悬挂于建筑物或其他设施之上的物。另一种观点认为，此处所说的“悬挂物”包括基于人的有意识活动而悬挂的物，也包括基于其他原因而悬挂的物（如基于自然力）。

3.“墓碑漏刻姓名案”：原告和被告是兄弟姐妹关系。在他们的母亲去世以后，被告三人与原告两人商议在其母墓前立石碑一块，要求各人平均出资，两个原告没有同意。被告三人便共同出资立碑，并在碑上署名，但没有将两原告的名字刻在墓碑上。两原告得知后，向法院起诉，要求在亡母墓碑上刻上自己的名字。为此，原告于 2001 年诉至某市人民法院，要求判令被告在墓碑上刻上自己的名字，并赔偿精神损失费 1 万元。对于在墓碑上刻上自己名字的权利，是否属于人格利益，并且在受到侵害的情况下，是否可以要求恢复原状，并获得精神损害赔偿，法律对此并没有作出规定。

4.“捡到彩票中奖案”：2005 年 3 月，张某和杨某在上学的路上拾到被人刮开并丢弃的彩票一张。杨某拿着这张彩票去兑奖，获得 6 万元。后来，张某的父亲得知此事，就起诉到法院，要求杨某返还一半的奖金。法院判决要求杨某返还一半的奖金给张某的父亲。在诉讼结束后，作为该彩票销售单位的某市民政局提出，该彩票的奖金应当收归民政局。民政部 1994 年 12 月 2 日发布的《中国福利彩票管理办法》第 19 条规定：“奖金用于奖励取得中奖资格的购券者。”据此，民政局认为，所有人抛弃奖券，领奖资格即消灭，不能由别人替代，因而拾得人也就不存在原始取得的问题。而该市检察机关则提出，彩票的奖金应当归国家所有，拾得物在不能确定原所有人的情况下，应根据《民事诉讼法》规定的程序和原则推定为无主财产，收归国家所有。

5. “租赁黑车案”：2006 年 5 月，姚某由于四处联系业务，需要包车，后发现小区门口停了一辆“黑车”，车主为刘某。双方约定包车一个月，刘某为姚某驾驶，月租金 5 000 元，预付 2 000 元。一周之后，姚某因已完成业务，不需要再租用该车，便与刘某协商，要求退还 1 000 元，并提出了两项理由：一是刘某系违法经营；二是姚某实际上只乘坐了 4 天车。刘某予以拒绝，并要求姚某支付剩余的租金 3 000 元。双方为此发生争议。姚某便诉至法院，请求法院确认合同无效，并请求法院责令刘某退还 1 000 元租金。法院在案件审理过程中认为，刘某开黑车的行为应当由有关行政管理部门予以处罚。但关于姚某明知“黑车”而订立租车合同，其能否反过来主张合同无效？对此，存在争议。

第一节 法律漏洞填补概述

一、法律漏洞的概念及其认定

（一）法律漏洞的概念

“法典不可能没有缝隙。”[①] 法律漏洞是由于立法者未能充分预见待调整的社会关系，或者未能有效协调与现有法律之间的关系，或者由于社会关系的发展变化超越了立法者立法时的预见范围而导致的立法缺陷。这种缺陷表现为：调整特定社会关系的具体法律规范的缺失，或者既有法律规范之间存在矛盾，或者既有法律规则在今天的适用明显违背了法律对公平正义的基本要求。[②] 例如，《民法

① Hans Hattenhauer, Allgemeines Landrecht für die Preußischen Staaten von 1794, Textausgabe, Herausgeber, 2. Auflage 1994. at 1, 21.

② 在学理上，法律漏洞也通常被界定为“违反立法计划的不圆满状态”。参见黄茂荣：《法学方法与现代民法》，(第五版)，法律出版社 2007 年版，第 377 页。

典》第700条仅规定了承担保证责任的保证人有权在承担的责任范围内向债务人追偿，而没有明确规定，承担保证责任的保证人是否有权要求其他保证人予以分摊。《民法典》第392条规定在混合共同担保的情形下，提供担保的第三人承担保证责任之后，有权向债务人进行追偿，但并没有规定是否有权向其他担保人追偿。显然关于担保人对于其他担保人的追偿问题，属于法律漏洞，需要通过法官的法律续造进行填补。

法条有限，世事无穷。在法律适用中，由于法律的不完善和缺失，法官经常面临适用法律的困难。法官有时无法找到据以裁判案件的依据，有时找到的依据不止一个，且相互之间还存在冲突。如此，必然使法官的裁判面临困难。而法官又不能以法无明文规定为由而拒绝裁判。在此情况下，立法机关很难在短时间内作出及时反应，法官只能通过积极地填补法律漏洞的方法，以顺利完成案件的审判。

在法律解释学上，讨论法律漏洞的概念具有重要意义：一是帮助法官正确发现法律漏洞，以防止法官因随意行使填补漏洞的权力而陷入填补漏洞不当的结果。因为在很多情况下，立法者可能有意回避或不愿对某一事项作出规定（如《民法典》对于小产权房的归属采取了回避的态度），或者某些事项属于立法者通过立法而不是通过司法来解决的问题（如我国法上取得时效的缺失应当通过立法完善），或者可以通过狭义法律解释或价值补充来弥补的缺陷，都不属于法律漏洞。如果解释者一定要将其作为法律漏洞，则属于对“假想漏洞”进行填补①，显然法官此举可能因此侵害了立法权，或者不恰当地使用了漏洞填补的权力。二是引导法官以正确的方法填补法律漏洞。法律漏洞的填补是具有技术性的操作，法官应当掌握填补漏洞的科学方法。由于填补法律漏洞是法官行使司法审判权过程中的一项重要作业，也可以说是他们的一项权力，但这种权力又存在被误用的可能。因此在法律上，必须要对法律漏洞的概念作出准确的界定。笔者认为，法律漏洞应当具有如下几个特点。

---

① 即原本存在相关案件事实的法律规定，但法官撇开该规定，认为缺乏调整待决案件的规范，继而从事漏洞填补作业。

1. 裁判依据的欠缺性。从法律解释学的角度来说，法律漏洞与个案的裁判依据联系在一起，也就是说，法律漏洞不是从宏观角度来观察法律的不完善性，而是从微观的角度来观察法律是否为待决案件提供裁判依据。一部法典难以涵盖社会生活的方方面面，难以为所有纷繁复杂的纠纷提供裁判依据。在法律适用活动中，由于存在法律漏洞，法官无法依据制定法中的特定具体规范对特定讼争案件进行裁判。即便法律存在原则性规定，而缺乏适用于个案的具体裁判规则时，也可能存在法律漏洞。所以，我们所说的裁判依据的欠缺性，是指能够适用于个案的裁判规则的欠缺性。

2. 外在表现的不完善性。并非所有的法律存在不完善或缺陷都可以称为法律漏洞。法律漏洞不仅表现为具体案件中裁判规则的缺乏，而且表现为规则本身的不完善、相互冲突或表述错误等，从而导致成文法不能为个案提供裁判依据。从法律漏洞的表现形式上看，其具体包括三类：一是调整特定社会关系的具体法律规范的缺失，根本不存在调整特定社会关系的相关规则。例如，关于赃物能否善意取得问题，我国《民法典》根本就没有作出任何规定。二是既有法律规范之间存在矛盾。此种情况又可以分为两种情形：第一种情况是同一部法律内部存在法律术语、法律规则的冲突；第二种情况是不同法律之间针对同一问题的法律规则存在明显差异，例如，原《证据规则》第 8 条第 1 款规定："诉讼过程中，一方当事人对另一方当事人陈述的案件事实明确表示承认的，另一方当事人无需举证……"但是，原《证据规则》第 74 条规定："诉讼过程中，当事人在起诉状、答辩状、陈述及其委托代理人的代理词中承认的对己方不利的事实和认可的证据，人民法院应当予以确认，但当事人反悔并有相反证据足以推翻的除外。"前条表明"自认后无需举证"，而后条则认为"当事人反悔的可以推翻"，与前条的意旨明显相矛盾。三是既有法律规则在表述上存在重大错误，导致其难以适用于具体的个案。

3. 立法计划的相悖性。从法律漏洞的产生角度看，具体裁判规则缺失还必须违反了立法计划。此处所说的立法计划，是指从法律的立法目的考量，其应当作出的规范设计。违反立法计划的原因是多样的，要么是由于立法者未能充分预见待调整的社会关系，要么是社会关系的发展变化超越了立法者立法时的可预见范围，要么是未能有效协调与现有法律之间的关系等。例如，《民法通则》制定之时，依据当时人们普遍的法律意识和权利观念，“保护死者人格利益”的问题还未得到关注和认可，因此，《民法通则》未对其作出规定。但随着经济发展和人们生活水平的提高，公民的权利意识和欲望日益增强，“保护死者人格利益”逐步成为一个人民共同关心和认可的法律问题。在此后的个案实践中，法院借助于司法解释填补了相关的法律漏洞。因此，《民法典》第 994 条专门规定了“死者人格利益”的保护规则。

我们之所以强调法律漏洞是指立法计划的相悖性，就是要将法律漏洞与立法者的有意沉默区别开。一般认为，“有意沉默”是指立法者已经预测到法律调整的对象和情形，但由于诸多原因而未能直接予以明确规定，而是留待理论或司法实践来解决。德国学者和我国台湾地区学者往往称之为“违反计划”。法律漏洞应当与立法者的“有意沉默”相互区分，法律意味深长的沉默不是漏洞。① 笔者认为，这两者之间存在一定的区别，主要表现在：第一，从存在的形态上看，出现“违反立法计划”大多是由于立法者未能预见到法律所需要调整的社会情形，而“有意沉默”则是立法者在预见到法律所需要调整的社会情形后有意保持的沉默，有意不作规定。第二，从解决的方法上看，违反立法计划通常表现为规则的缺失，但“有意沉默”并非完全表现为规则的缺失。有的“有意沉默”是立法者故意采取了回避态度，而有的“有意沉默”则是立法者通过指引参照其他法律规范的方法来予以解决的。前一种情况可能构成法律漏洞，而后一种情况则不能视为法律漏洞。例如，《民法典》中对于小产权房所产生的法律问题没有作出具体的规定，这属于法律的一种“有意沉默”，但并不构成法律漏洞。第三，从立法目的来看，“违反立法计划”并非是立法者有意安排的，因而立法者允许裁判者在个案中寻求可供适用的规则。但是，“有意沉默”有可能体现了立法者的某种态度。例如，取得时效，立法者在《民法典》中对其没有规定，而按照历史解

① ［德］魏德士：《法理学》，吴越等译，法律出版社 2005 年版，第 354 页。

释、体系解释和目的解释，表明立法者实际上对此制度采否定的态度。以体系解释为例，考虑到《民法典》中对于物权的取得方式采取了法定的方式，即凡未被《民法典》所规定的物权取得方式均不能予以承认，因此，借助于体系解释，可以认为，《民法典》对于取得时效作为一种物权取得方式是采取排斥态度的。所以，《民法典》未规定取得时效，并不是法律漏洞，法官也不能主动填补此种漏洞。

4. 狭义法律解释方法的不可适用性。尽管法律存在不完善的情况，但如果能够通过狭义解释等方法而加以完善，也不产生法律漏洞。所以，法律漏洞都是在无法仅借助狭义法律解释方法得出妥当的解释结论时才会产生。例如，实践中时常发生数人一起饮酒，某人反复劝酒致另一人醉倒，劝酒人未能将醉酒人及时送回家，致使其在路上遭受损害，此种情形难以适用《民法典》第 1198 条关于违反安全保障义务的责任，但并非法律漏洞，通过法律解释，可适用《民法典》第 1165 条第 1 款关于过错责任的基本规则。法律漏洞与语义抽象模糊、一词存有复数解释可能的法律规范不同，后者大多能够通过诸种狭义法律解释方法弥补“抽象模糊”的不足，而法律漏洞则无法通过文义、体系、历史、目的等法律解释方法来解决。

（二）法律漏洞的认定

我们已经讨论了法律漏洞的特点，认识这些特点，有助于确定是否存在法律漏洞。但需要注意的是，仅仅根据法律漏洞的特点进行认定还是不够的，而且，不能将这些标准采用简单叠加的方式予以适用，需要通过一定的程序和步骤加以具体认定。

第一，从制定法出发。法律漏洞是指法律中存在的漏洞，此处所说的“法律”包括了所有的法律法规。需要指出的是，法律漏洞中所说的“法律”并不包括习惯法在内。习惯法只是法律漏洞填补的依据，而非判断存在法律漏洞与否的依据。法律漏洞中的“法律”仅指制定法，其理由在于：一方面，习惯法历来都是作为填补法律的不足而产生的。另一方面，依据制定法来认定法律漏洞有利于司法操作。因为习惯法的存在与否，需要举证证明，且其规则如何也比较模糊，如果依据习惯法来认定是否存在法律漏洞，不利于实现法的明确性。此外，将习惯法作为填补法律漏洞的方法，也有利于规范法官的自由裁量权。较之于狭义的法律解释，漏洞填补属于例外情况下才应采取的方法，因此，法官在进行漏洞填补时必须要比较谨慎，而且应当尽到较充分的说明义务。

第二，确定具体规则存在缺失和矛盾。我们所说的法律漏洞都是在具体的个案裁判中判断是否缺乏具体的法律适用规则。从最广泛的意义上讲，由于法律基本原则的涵盖范围较宽，故某种程度上基本原则也能涵盖相关的法律纠纷。但是，考虑到法律基本原则的抽象性和模糊性，以及缺少案件裁判的直接适用性。笔者认为，此时因为缺少直接据以判案的法律具体规则，故还是应当认为存在法律漏洞。尤其应当看到，在许多情况下，法律虽然没有作出直接规定，但已经明确指引参照其他的法律规范，此时也应当认为法律已经作出了明确规定，而不能认为存在法律漏洞。例如，《民法典》第 361 条规定："集体所有的土地作为建设用地的，应当依照土地管理的法律规定办理。"该规定即属于此种情形。

第三，规则的缺失和矛盾是否可以通过其他途径来解决。在许多情况下，从表面上看，法律规定是缺失的，但是，如果通过解释的方法来发现规则，就不能认定为存在法律漏洞。例如，《民法典》第 1199、1200 条规定的教育机构责任中只适用于未成年学生，而对于在校的成年学生遭受侵害如何适用，在该条中没有规定。这不能认为是法律漏洞，因为对于此种损害，完全可以适用该法第 1165 条第 1 款的规定。再如，《民法典》第 1198 条没有对违反因在先行为引发的安全保障义务作出规定，如果在实践中出现了此类案件，也并非属于法律漏洞，而应当适用侵权责任的一般条款（《民法典》第 1165 条第 1 款）。

在法律之中，条文之间的矛盾和冲突是时常存在的。例如，针对同一事项的两个法律条款，一个清晰一个模糊，或者两个条款的表述并不一致，此时，有可能需要通过解释来消除矛盾和冲突，并非一定要认定为法律漏洞。在解释中，法官要尽可能通过各种解释方法来消除其矛盾和冲突，而并非只要出现漏洞和矛盾，就作为法律漏洞对待。例如，《民法典》第 1253 条"有其他责任人的"，建设单位和施工单位可以追偿。"因其他责任人的原因"导致建筑物等倒塌的，其他责任人承担责任。两者在表述上并不一致，但是，通过体系解释可以澄清其含义，消除可能存在的矛盾。所以，此种情形也不属于法律漏洞。再如，《民法典》第 1233 条规定："因第三人的过错污染环境、破坏生态的，被侵权人可以向侵权人请求赔偿，也可以向第三人请求赔偿。"但依据第 1175 条的规定，"损害是因第三人造成的，第三人应当承担侵权责任"。在第三人造成损害的情况下，原则上应当按照责任自负的原则，由第三人承担侵权责任，这似乎也形成了法条之间的相互矛盾。在这种情况下，按照特别规定优先于普通规定的规则，应当优先适用第 1233 条的规定，不应适用第 1175 条。

以法条文义的可能范围为认定依据。法律漏洞的认定并非以法条的字面含义为标准，而是以法条的可能文义范围为标准。所谓法条的可能文义，就是法条的预测可能性范围内的文义，它远远超过了文义的字面含义。以法条文义的可能范围为认定依据，还意味着在进行法律漏洞的认定过程中，应当通过穷尽各种狭义法律解释方法来判断是否可以找到适合的法律依据，唯此还不能实现法律解释目的时，方才有认定法律漏洞存在的可能。

第四，以立法目的和意图为依据，确定是否违反立法计划。如前所述，法律漏洞本身就是违反立法计划的结果。至于是否违反立法计划，应当从立法目的和意图等考虑，不能随意确定。在实践中，存在大量法无明文规定的情况，许多法官即认为存在法律漏洞。实际上，许多规则是立法者刻意回避，或者立法者有意留待未来法律作出安排的，并不允许司法者解决。对于此种情况，也不能作为法律漏洞来对待。例如，我国《信托法》中受托人的权利是否属于物权，立法者实际上对其采取了回避态度，希望未来法律来规范。而且，我国《民法典》采物权法定原则，受托人的权利如果属于物权，即应受到该原则的拘束。再如，关于取得时效是否可以作为物权取得的一种方式，《民法典》并未进行规定。立法者主要是考虑到这种方式可能会导致国有资产的流失，从而并未规定。这显然属于立法者"有意的沉默"，即立法者对于取得时效的不规定，不构成漏洞，而是明确予以否定。如果立法者已经预见到相关社会需求并有意采取排斥态度的，则应当认为是立法者已经给出了否定的结论，而非存在法律漏洞；反之，如果立法者确实是因为没有预见到相关社会需求而采取了立法沉默的，则应当认定为是法律漏洞。

（三）法律漏洞的分类

1. 明显漏洞与隐藏漏洞

漏洞根据其表现形式上的差异，可以分为明显漏洞和隐藏漏洞。所谓明显漏洞，也称为公开漏洞，是指依据立法计划，法律应当积极地设置规定而没有设置规定的情况。① 例如，我国《民法典》第1182条规定："侵害他人人身权益造成财产损失的，按照被侵权人因此受到的损失或者侵权人因此获得的利益赔偿；被侵权人的损失以及侵权人因此获得的利益难以确定，被侵权人和侵权人就赔偿数额协商不一致，向人民法院提起诉讼的，由人民法院根据实际情况确定赔偿数额。"该条在实践中大量适用于知识产权侵权案件，但是，"人身权益"的概念表明其限于侵害人身而不应包括侵害知识产权，这实际上形成了明显漏洞。

所谓隐藏漏洞，是指依据立法计划，法律应当对某种事项作出限制规定而未能作出限制。② 隐藏漏洞的表现形式可以是碰撞式漏洞，即法律之间相互冲突，从而使得法官难以适用；也可能表现为法律制定时所依据的社会背景发生了重大变迁，现行法律规则已经不适于新的社会背景；或者还表现在适用范围过宽，涵盖了不应该涵盖的现象。例如，最高人民法院《买卖合同司法解释》第6条规定了在一物数卖的情形下，采取如下三项原则确定各买卖合同的效力。一是先行受领交付的买受人请求确认所有权已经转移的；二是均未受领交付，先行支付价款的买受人请求出卖人履行交付标的物等合同义务的；三是均未受领交付，也未支付价款，依法成立在先合同的买受人可以请求出卖人履行交付标的物等合同义务。前两项规则是符合法理的，但是第三项规则从法理上而言就难以说通。因为物权与债权的最大区别就在于债权具有平等性，物权具有优先性。按照债的平等性，债权不问合同签订的先后，标的额的大小等都一律平等受偿，在没有法律特别规定的情形下，任何合同债权都不具有优先于其他合同债权的效力。《买卖合

① 王泽鉴：《法律思维与民法实例》，中国政法大学出版社2001年版，第253页。

② 王泽鉴：《法律思维与民法实例》，中国政法大学出版社2001年版，第256页。

同司法解释》第 9 条采纳该规则之后，以合同签订的时间确定向何人交付标的物，会鼓励实践中的当事人倒签合同以获得标的物，反而催生了不诚信的行为。而且，在当事人倒签取得标的物后，如果后来发现了真实的合同签订顺序，由于已经完成了交付，也没有办法给予真正在先签订合同的当事人以救济。这一规则与债的平等性规则相互矛盾，造成了法律评价的不统一，构成了隐藏的漏洞。当然，如果法律规则之间的冲突可以通过体系解释的方法加以消除的话，也并不属于漏洞。

区分明显漏洞和隐藏漏洞的意义在于，填补这两种漏洞的方法存在一定的区别。其一，对于明显漏洞，通常采取类推适用、目的性扩张等方式来弥补。而对于隐藏漏洞，则应当区分隐藏漏洞的不同类型，并针对不同类型的隐藏漏洞采用不同的填补规则。如果某一法律规范涵盖的法律关系过于宽泛，则应当通过目的性限缩的方式来填补漏洞[①]；如果出现碰撞式法律漏洞，通常运用类推等方式在碰撞的解释可能之间作出一个选择。其二，在明显漏洞的情况下，法官通过漏洞填补就足以确定司法三段论中的大前提；而在隐藏漏洞的情况下，法官通过目的性限缩还不足以提供大前提，还必须借助其他法律解释方法（包括狭义的法律解释方法和漏洞填补方法）来确定大前提。

2. 自始漏洞与嗣后漏洞

这是以漏洞产生的时间为标准所作的区分。所谓自始漏洞，是指在立法之时，因为立法者的疏忽等原因而导致的法律漏洞。自始漏洞又可以分为：认知的法律漏洞与非认知的法律漏洞。二者区别的标准是立法者在制定法律时是否对法律漏洞有所认识。[②] 对于认知的法律漏洞，立法者通常认为制定具体规范的时机尚不成熟，留待学理深入讨论和司法实践继续总结，以免因为操之过急而作出不成熟而又僵硬的规范，妨碍了生活关系的自由发展和法律的进化。[③] 例如，我国

---

① 王泽鉴：《民法学说与判例研究》（第 1 册），中国政法大学出版社 1998 年版，第 288 页。

② 舒国滢等：《法学方法论问题研究》，中国政法大学出版社 2007 年版，第 396 页。

③ Karl Engisch，Einführung in das juristische Denken，1971，S. 137. 转引自黄茂荣：《法学方法与现代民法》，（第五版），法律出版社 2007 年版，第 429 页。

《民法典》第196条第1款第2项规定"不动产物权和登记的动产物权的权利人请求返还财产"不适用诉讼时效的规定，但是对于未登记的动产物权请求权是否适用诉讼时效并没有规定，这就属于认知的漏洞。

嗣后漏洞，是指在立法之时，法律能对社会关系进行有效调整，但随着社会的发展，社会经济条件的变化，出现了立法者立法时不可能想象到的纠纷类型，未能得到法律的规范。在立法时，绝大多数规范已经充分考虑了当时的社会背景和各种社会关系，但是原有的社会背景可能发生重大变化，使法律规范无法涵盖新出现的社会现象。① 例如，我国《企业破产法》对于破产还债程序，没有规定人身伤害的优先赔偿问题。这是因为当时没有发生大规模侵权，相应问题并不突出。由于"三鹿奶粉"等案件的发生，出现了法律不能适应新的社会需要的情形，这就属于嗣后漏洞。

区分自始漏洞与嗣后漏洞，其意义在于：一是对于自始漏洞，要分析其是否属于立法者明知的漏洞，如果是立法者的有意沉默，则并不构成真正意义上的法律漏洞。如果属于明知的法律漏洞，因为立法者已经认识到这一问题，所以，可以通过对立法资料的考察，来了解问题的相关背景。而对于非明知的法律漏洞，无法通过历史解释的方法确定。对于明知的漏洞，立法授权裁判者结合法律的一般条款，通过解释来妥当行使自由裁量权，作出妥当的裁判。二是对于明知的法律漏洞，因为立法者已经认识到法律漏洞的存在，所以，法官只是按照立法者的意思来确定，而不必自行进行认定。而对于非明知的法律漏洞，则属于立法者没有认识到的漏洞，法官要对其进行认定，此时就负有较重的论证义务。

3. 全部漏洞与部分漏洞

依据法律是否对于特定事项有所规范，法律漏洞可以区分为部分漏洞和全部漏洞。全部漏洞又分为两种情况：第一种是法律应当对某种事项作出规定而未能作出规定，整体缺乏规定；第二种是法律虽有规定，但是存在体系碰撞和违反的现象，导致无法确定解决纠纷的大前提。这两种情况都属于全部漏洞。而部分漏

① 李青、翁焱：《论法律漏洞及其补充》，载《安徽工业大学学报（社会科学版）》2006年第1期。

洞，是指法律对于特定事项有所规范但并未涵盖该事项的各个部分的内容。[①] 例如，对于无因管理，我国《民法典》第121条和合同编准合同部分对此作出了规定，但是，该法中对于无因管理中费用返还的范围、不真正无因管理、不适法的无因管理等都没有规定，这就属于部分漏洞。

区分全部漏洞与部分漏洞的意义在于：其一，在全部漏洞的情况下，法官填补漏洞，必须要完全依靠法官造法来确定可供适用的大前提。而在部分漏洞的情况下，法官并不一定都要采用漏洞填补的方式来确定纠纷处理的大前提，如果能够通过狭义解释方法特别是扩张解释方法等，寻找到法律适用的大前提，就没有必要进行法律漏洞的填补。其二，在部分漏洞的情况下，如果要采用填补漏洞的方式，所填补的法律规则不得与关于该问题的既存制度发生冲突。而在全部漏洞的情况下，法官的漏洞填补活动就不必受此规则的拘束。

4. 碰撞漏洞和非碰撞漏洞

碰撞漏洞，又称为冲突漏洞，是指因为规范矛盾、价值矛盾和体系矛盾而产生的法律漏洞。除此以外的法律漏洞，称为非碰撞漏洞。碰撞漏洞的特点，是从表面上看，法律对相关事项设置有比较明确的调整规则，但该调整规则并非唯一，在数项调整规则之间存在冲突关系，导致裁判者无法确定对纠纷处理的大前提。如果这些调整规则之间的冲突能够通过法律适用的规则加以调整，例如，通过特别法优于一般法、上位法优于下位法、新法优于旧法等规则来加以确定，则该矛盾就不存在漏洞填补的问题。例如，我国《民法通则》第136条规定，身体受到伤害，其诉讼时效为1年。而《产品质量法》第33条规定，因产品质量而导致人身损害，其诉讼时效为2年。这里虽然存在规范矛盾，但是，按照“特别法优先于一般法”的规则（即体系解释），在产品责任的情形下，应当优先适用《产品质量法》的规定，因而这里并不存在法律漏洞。只有在这些方式无法解决的情况下，才成为碰撞漏洞，从这个意义上讲，碰撞漏洞也被称为“不可化解的规范矛盾”[②]。

① 梁慧星：《民法解释学》，中国政法大学出版社1995年版，第259页。

② 杨解君：《法律漏洞略论》，载《法律科学》1997年第3期。

碰撞漏洞包括如下几种：一是规范矛盾。它是指数个不同的法律规范对同一法律事实加以规范，并赋予不同的法律效果。二是价值矛盾。它是指从规范本身无法确定是否存在冲突关系，依据体现在法律规则之中的价值取向可以确定法律规则之间存在冲突关系。三是体系矛盾。其不仅是指规范之间的相互矛盾，而且包括不同的制度甚至法律之间存在着相互冲突和矛盾的现象。① 规范矛盾和体系矛盾还可能表现为：个别法律规范与整个立法目的存在冲突。例如《固体废物污染环境防治法》《大气污染防治法》《水污染防治法》中的免责事由，与《民法典》侵权责任编中关于环境侵权责任的免责事由存有冲突。《电力法》的相关规定也与《民法典》侵权责任编中对于高度危险免责事由规定不相一致。在实践中，规范矛盾、价值矛盾、体系矛盾都会产生碰撞漏洞，但也可能通过法律解释方法的运用，在可能文义的范围内消除。实际上，体系解释、社会学解释对于此类问题的解决具有直接的作用。例如，从表面上看，《合同法》第 69 条与第 94 条第 2 项就存在体系矛盾，第 69 条规定："当事人依照本法第六十八条的规定中止履行的，应当及时通知对方。对方提供适当担保时，应当恢复履行。中止履行后，对方在合理期限内未恢复履行能力并且未提供适当担保的，中止履行的一方可以解除合同。"第 94 条第 2 项规定："在履行期限届满之前，当事人一方明确表示或者以自己的行为表明不履行主要债务"的，当事人可以解除合同。这两条是否构成碰撞漏洞和体系冲突？笔者认为，第 94 条是一般性规定，第 69 条是特别性规定，两者是一般法和特别性的关系，换言之，第 94 条第 2 项所谓"在履行期限届满之前，当事人一方……以自己的行为表明不履行主要债务"就是指第 69 条所列举的情形，两者之间其实并不构成冲突，而是一致的。对此，《民法典》第 528 条对《合同法》第 69 条作出了修正，其规定："当事人依据前条规定中止履行的，应当及时通知对方。对方提供适当担保的，应当恢复履行。中止履行后，对方在合理期限内未恢复履行能力且未提供适当担保的，视为以自己的行为表明不履行主要债务，中止履行的一方可以解除合同并可以请求对方承担违约

① 杨解君：《法律漏洞略论》，载《法律科学》1997 年第 3 期。

责任。”彻底弥合了表面上的形式冲突。

碰撞漏洞和非碰撞漏洞的区别主要表现在：一方面，漏洞的表现形式不同。在碰撞漏洞的情况下，存在相应的法律规定，只不过，就同一事项的两个法律规定之间存在冲突。而在非碰撞漏洞的情形，并不存在相应的法律规定。另一方面，碰撞漏洞也可能通过狭义解释方法（尤其是体系解释）来解决，而非碰撞漏洞无法通过狭义解释方法进行填补。此外，在碰撞漏洞的情况下，法官要选择可供适用的法律规定，而在非碰撞漏洞的情况下，并不存在类似的选择问题。

二、法律漏洞填补的概念和特征

法律漏洞的填补，又称法律补充或法律续造，它是指存在法律漏洞的情况下，由法官根据一定的标准和程序，针对特定的待决案件，寻找妥当的法律规则，并据此进行相关的案件裁判。在个案裁判中，因法律存在漏洞，而立法又不能及时作出回应，法官又不能以存在法律漏洞为由拒绝审判，这就要求法官必须进行漏洞填补。法律漏洞填补具有如下特点。

第一，法律漏洞填补必须以法律漏洞的存在为前提。因此，法官必须首先要识别并判断法律漏洞的存在及形式，而不能盲目地直接进行漏洞填补。一方面，即便是在没有具体法律规定的情况下，法官也不能当然、简单地认定存在法律漏洞，并运用自由裁量权去填补漏洞。因为在没有具体规定的情况下，立法者可能对这种情况有充分的认知，根本不希望（甚至禁止）法官去填补法律漏洞。在此情况下，根本就不存在法律漏洞。另一方面，法律规则彼此间可能存在冲突和矛盾，或者法律概念具有高度的模糊性和不确定性。但是，如果能够通过狭义的法律解释方法，或者通过对不确定概念进行类型化的方式来阐释这些条文和概念的含义，也不能认为存在法律漏洞。毕竟填补漏洞赋予了法官较大的自由裁量权，因而在穷尽了所有的狭义法律解释方法后，才能够确定是否存在法律漏洞。也只有在确定存在法律漏洞的前提下，法官才有运用漏洞填补方法寻求法律规范的必要。

第二，漏洞填补以寻找适用于个案裁判的妥当法律规则为目标。漏洞填补，都是在个案裁判中进行，为了确定司法三段论中的大前提而采取的创造性司法的方式。法律漏洞填补是在个案裁判中，因为可供裁判的法律依据的缺失，所以，才有法官填补法律漏洞的必要。所谓的漏洞填补，本质上就是法官通过一定的标准和方法，在既有法律规范之外，努力寻求可适用到具体个案的裁判规则，以解决个案争议。

第三，漏洞填补是法官创造性地适用法律的活动。首先，漏洞填补是针对个案适用法律的一个环节。漏洞填补本质上还是为了配合个案的法律适用而确定大前提的一个找法活动。法律漏洞填补虽然是在既有法律规范体系之外来寻求法律规则，但其还是必须要遵循法律体系的整个精神和目的。其次，漏洞填补并非一个简单地确定法律规范的活动，而是裁判者创造性地找法活动。在非碰撞式漏洞填补的情况下，最终解释出来的大前提是制定法中不存在的。既然不存在相应的法律规范，也就不存在承载这一法律规范的载体。所以，在漏洞填补中，不是从现有的具体规则出发来解释规则、确定大前提，而是通过习惯法、法律原则等其他非规则来创造法律规范。虽然所有的解释活动都伴随着价值判断，但在漏洞填补活动中，这一特征表现得更为突出。

第四，法律漏洞的填补是在立法目的和精神指导下所开展的法律适用活动。漏洞填补与狭义的法律解释不同，狭义的法律解释以法律文义的可能范围为界限，如果待决案件处于法律文义的可能范围之内，就不能认定存在法律漏洞。但是，在漏洞填补的情况下，因为具体适用规则的缺失，故法官将不再受法律规范可能文义的拘束，但这并不意味着法官在填补漏洞时可以无拘无束地自由创设规则。虽然法律漏洞填补是一个创造性的法律适用活动，但其性质上仍然是一个法律解释的过程。其原因在于，法官填补漏洞所寻得的可适用于案件裁判的法律规则无论怎样都必须与法律精神和原则相吻合。具体表现为：一是在漏洞填补之前，针对法律没有规定的情形，法官必须依据立法目的和立法意图的考量以确定立法者是有意排斥某项规则，还是因为疏忽而未作任何安排。若立法者在立法时是明显地否定某项规则的存在时，则不能认为此时存在法律漏洞。例如，我国

《民法典》对典权没有作出规定，这实际上表明了立法者不愿意认可此种他物权形式的态度，故立法者没有规定典权并不构成法律漏洞。二是法官在填补漏洞过程中，也应当遵循合宪性的要求。宪法是国家的根本大法，一切立法和司法活动，都应当遵循宪法，不能违反宪法的规则和精神。不仅在狭义的法律解释中，应当满足合宪性的要求，而且在漏洞填补中，同样要遵循合宪性的要求。法官通过漏洞填补所发现的大前提，不能违反宪法的规则和精神。三是法官在漏洞填补时，要符合法律的目的和精神。立法的目的、精神和价值，都体现了立法者制定法律的终极目的，也是实现社会正义的重要途径。在进行漏洞填补时，法官发现司法三段论中的大前提，必须符合法律的目的。

漏洞填补的方法可以分为两大类：一类为法律体系内的填补。它是指借助于现有法律体系内的规则来进行相关漏洞填补，如类推、目的性扩张解释、目的性限缩解释。另外一类为法律体系外的填补方法。它是指在现有法律体系外寻求相关规则来填补漏洞，如基于习惯法和比较法填补漏洞等。在成文法国家，漏洞填补首先应当采用法律体系内的填补，即以现有成文法规范为基础，尝试填补漏洞，推动法律的发展。在不能依据体系内因素填补漏洞时，才能选用体系外因素进行漏洞填补。这是因为，在成文法国家，“受法律拘束”是法官裁判的基本原则，法官应当援引法律进行裁判，不能随意脱离法律规定裁判。虽然存在法律漏洞，但法官在仍然援引相关法律进行裁判时，也不失为一种“依法裁判”。还要指出的是，引用体系内的法律规范进行裁判相较于依据体系外规则进行裁判，可更好地规范法官的自由裁量权。当然，由于成文法始终无法摆脱体系内的漏洞问题，所以，在一定的条件下，体系外的漏洞填补也是非常必要的。体系外的漏洞填补也反映了成文法无法达到绝对的完善性，所以司法活动仍然具有独立的价值。

三、法律漏洞填补的具体规则

填补法律漏洞确实赋予了法官较大的自由裁量权，这也引发了司法裁判不统

一、法律安定性受损的风险。如果法官的自由裁量权不受制约，有可能会“将案件事实置于司法擅断和不负责任的危险之中”[①]。因此，法律漏洞填补活动需要遵循特定的规则和程序。

1. 穷尽所有狭义的法律解释方法和不确定概念、一般条款的具体化

对法律漏洞的填补，应当作严格限制。这就是说，法律漏洞的填补，必须在穷尽了所有狭义的法律解释方法及对不确定概念、一般条款具体化之后也无法寻找到法律适用的大前提，才能进行漏洞填补。例如，对于特定的案件事实，立法者有意保持沉默，这种情况不属于法律漏洞。但是，此时可能需要运用历史解释方法，以明确立法者是有意沉默。[②] 在法律解释学中，探讨法律漏洞填补的规则，并非要鼓励法官进行漏洞填补，相反，其目的是要规范法官的自由裁量权。法官必须是在不得已的情况下才能进行漏洞填补，而且此种漏洞填补必须按照严格的程序和条件进行。

在法律适用中，法官必须在将不确定概念和一般条款进行具体化之后，才能填补漏洞，因为不确定概念和一般条款不属于法律漏洞。

2. 漏洞填补应当符合法律的立法目的

法官应当如何填补法律漏洞，是应当完全置现行法于不顾，还是应当从现行法的规则、原则、立法精神出发，通过对各种利益的衡量而适用法律并填补漏洞？这确实是一个值得探讨的问题。笔者认为，法官造法并不是指法官可以在不受任何拘束的情况下，完全以法官的个人意思进行漏洞填补，裁判中所形成的规则完全体现的是法官个人的意志。实际上，法官所要做的，是努力发现立法者的意思，不仅包括立法者在立法时的意思，还包括在法官作出裁判时的立法者的意思。法官需要根据现行法的规则、原则和精神，努力将立法者的意思与社会需要相结合，寻找公平、正义、安全、效率等法的价值的实现。在漏洞填补过程中，法官也要时刻秉承公平、正义的观念，法官所寻求的裁判依据是否能够适用于解

① ［美］约翰·亨利·梅利曼：《大陆法系》，顾培东、禄正平译，法律出版社 2004 年版，第 55 页。

② Franz Bydlinski，Juristische Methodenlehre und Rechtsbegriff，Wien/New York，Springer-Verlag，1982，S. 475.

决个案争议，取决于其是否符合一般人理解的基本的公平正义理念。因此，用于填补漏洞的规则与法律既有的规则之间应当保持其体系性，包括外在体系和内在体系。所以，通过体系化思维而进行的漏洞填补，就应当能够纳入法律体系之中，尤其是不能与宪法、法律的价值体系发生冲突。① 法官进行漏洞填补的活动应当符合法律的立法目的。在判断是否构成法律漏洞的问题上，法官负有论证的义务，应当根据识别漏洞的程序和规则进行判断。

3. 漏洞填补应当遵循相关先后顺序

如前所述，漏洞填补的各类方法大体上可以分为两大类：一类为法律体系内的填补；另一类为法律体系外的漏洞填补。一般来说，在填补法律漏洞时，首先应寻求法律体系内部的填补方式。但法律体系内部的填补的方法重心在于适用实定法，而非通过习惯法与比较法等方法来创设新的规则。例如，在司法过程中，应当尽可能地从现行法的规则中寻找依据，所以，类推适用、目的性扩张、目的性限缩等法律解释方法应当优先于其他漏洞填补的方式而适用。但需要指出的是，由于法律原则十分抽象，包容性极广，所以，其通常只能作为最后一种漏洞填补的方式。法律原则是一切制度、目的的基本标准，在采用法律原则填补漏洞之后，就无须采用其他漏洞填补方式了。

4. 漏洞填补应当寻找具体可供适用的规则

法律解释学讨论法律漏洞的填补，并非要赋予法官填补漏洞的权限。与此相反，它要探讨如何对法官填补漏洞进行规范和限制。在漏洞填补过程中，法官应当受到的限制主要包括如下方面：第一，必须努力寻找可供案件裁判的具体规则，而不能简单地用法律原则来填补漏洞。漏洞填补以裁判规则的缺失为前提，但是，在漏洞填补的过程中，法官应当尽可能选择可供适用具体的规则，从而与小前提相连接。例如，关于抵押合同无效后当事人之间应当如何分担责任，法律并没有作出规定，有的法院直接依据公平原则，确立债权人、债务人、抵押人等的责任。但公平原则确实过于抽象和原则，给予了法官过大的自由裁量的权力。

---

① 梁迎修：《方法论视野中的法律体系与体系思维》，载《政法论坛》2008 年第 1 期。

《民法典》第682条第2款规定："保证合同被确认无效后，债务人、保证人、债权人有过错的，应当根据其过错各自承担相应的民事责任。"法官事实上可以类推适用该条规定进行裁判，而不必直接依据公平原则进行裁判。显然，在能够通过类推适用的方法适用法律时，相较于直接适用法律原则更为合理。第二，所寻求的法律规则应当具有可直接适用性，尤其是能够直接与待决案件的事实发生联系。第三，当法条之间出现矛盾或者相互冲突的情况下，法官不能通过法律解释的方式任意修改或废弃相应的法律规则。在漏洞填补的过程中，法官无权宣告某个法律规则无效。

5. 在创造性补充的情况下，法官更应当通过探明事理、查明通说见解等方式，来进行创造性补充

漏洞填补具有最明显的法官创造性司法的色彩，而这与大陆法系禁止司法者创造法律的传统相违背。虽然漏洞填补不可避免，但在从事此项活动中，法官应当尽可能遵循学界通说见解，如果法官采取了少数说，就应当尽到更加充分的论证义务。漏洞填补要坚持司法克制的原则，在选择各种漏洞填补方法时，法官也应当负有更重的论证义务，尤其要避免随意选择漏洞填补的方法，得出不妥当的解释结论。漏洞填补应当有正当充分的理由，而且法官应当尽到更充分的论证义务。这主要是考虑到，漏洞填补是授权法官进行创造性司法的法学方法，在一定程度上，其已经脱离了现行法的拘束。如果法官在填补漏洞时，不具有十分正当且充分的理由，就难免导致漏洞填补的随意性。

第二节　类推适用

一、类推适用的概念和特征

所谓类推适用，是指在对特定的案件缺乏法律规定时，法官比照援引与该案件类似的法律规定，将法律的明文规定适用于法律没有规定、但存在与明文规定

相类似的情形。[1] 在“应收账款重复质押案”中，该案涉及应收账款是否可以重复质押给他人的问题。笔者认为，虽然《民法典》就重复质押问题没有作出明确规定，但并不意味着法律绝对禁止。这里首先要区分具体情形，就动产而言，因为动产质押必须移转占有，而交付必须采取现实交付的形式，所以，动产不可能进行重复质押。但就应收账款质押而言，因为采取登记而非移转占有的公示方法，所以它与抵押十分类似，可以类推适用《民法典》关于重复抵押的规定。中国人民银行于 2019 年 11 月 22 日颁布的《应收账款质押登记办法》（2019 第 4 号）第 6 条规定：“在同一应收账款上设立多个权利的，质权人按照登记的先后顺序行使质权。”这一规定实际上承认了应收账款可以重复质押，而且符合《民法典》物尽其用的原则和精神。通过类推适用，可以实现“类似问题类似处理”，符合人们的公平正义观念。

类推适用虽然是以法律的规定为基础，是从文本出发进行的法律解释，但是，其已经超出了法律文义的可能范围。所以，“类推并非为一种解释方法，而是一种填补法律漏洞的方法”[2]。从方法论上说，类推适用是以类比推理的逻辑方法为基础的，即根据两个或两类对象之间存在某些属性的相同或相似，而推出它们的另一属性也相同或类似的推理。[3] 笔者在此试举一例来解释类推适用中类比推理的运用：大成公司向某市工商银行借款，并委托第三人以 10 台车床出质，担保借款的偿还。后来，工商银行因各种原因没有在债权的诉讼时效期间内行使质押权。第三人认为，质押权已经消灭，要求取回质押财产。而工商银行则认为，法律对于质押期限没有规定，虽然超过了诉讼时效期限，其仍然可以行使质押权。我国《民法典》第 419 条规定：“抵押权人应当在主债权诉讼时效期间行使抵押权；未行使的，人民法院不予保护。”问题在于，该规定能否类推适用到质押的情形中？这就有必要考虑类推适用的规则。具体来说，在该案中适用类推的方式，要考虑如下几个因素。

---

① 黄茂荣：《法学方法与现代民法》，(第五版)，法律出版社 2007 年版，第 492 页。

② 李太正等：《法学入门》，元照出版社 2003 年版，第 167－168 页。

③ 刘江编著：《逻辑学推理和论证》，华南理工大学出版社 2004 年版，第 189 页。

第一，类推适用的前提是法律没有明确规定的情形。在类推的情况下，其前提是法律存在漏洞，或者说，法律对争议的案件没有规定。这里所说的法律没有明确规定，也包括法律上没有准用的规定。因为如果法律上规定了准用，就明确了只要与特定事物的性质不相违背，该规则在法律上就具有可适用性，此时也属于法律作出了明确规定。在本案中，法律对于质押权行使期限没有作出规定，所以，可以考虑类推适用《民法典》关于抵押权行使期限的规定。

第二，类推是将法律的已有规定适用于待决案件。类推是将与法定案件内涵特征相类似的系争案件归摄到该法定案件的法律规范框架之内。通过类推适用可以将介于同一性和差异中的类似性案件赋予现行法上的规范基础。[①] 星野英一教授认为，类推适用以"如果具有符合 A 的事实，就会产生 X 的效果"的规定为前提，如果产生了 $A1$ 的事实的时候，类推解释就会认为"虽然 A 与 $A1$ 存在差别，但是都包含着共同的要素 $A2$，正是由于 $A2$，才应该承认 X 的效果，所以对于 $A1$ 也会产生同样的结果"[②]。其主要特征在于，将制定法为某构成要件所作的规定，适用到与该构成要件相类似的另一构成要件中。例如，在上述案例中，适用类推就是要将《民法典》第 419 条的规定类推适用于法律没有规定的情形。

第三，待决案件的情形与法律的既有规定存在类似性。在类推适用中，关键是进行比较分析，寻找其间的类似性。根据《说文》的解释，"类，种类相似，惟犬最甚"。这也说明，适用类推应当以相似性为前提。类推适用的核心在于类似性的认定，而类似性的认定要依据规范意旨来确定。[③] 虽然存在法律漏洞，但是，如果法律对于类似的情形作出了规定，这就为类推适用提供了制定法的基础。例如，《民法典》上的抵押期限与质押期限确实具有类似性，因为它们都适用于担保物权，而且，都主要适用于主债权诉讼时效已经届满的情形。因为类推适用以存在制定法依据为前提，所以类推适用较之于其他方法，更能够保证法律

---

① 黄建辉：《民法上之类推适用》，台湾大学法律学研究所 1988 年硕士学位论文，第 90 页。

② ［日］井上英治：《民法总则》，法曹同人 1998 年版，第 174 页。

③ Josef Esser, Vorverständnis und Methodenwahl in der Rechtsfingdung, Bodenheim, Athenaeum Vlg., 1984, S. 183.

解释的统一性和安定性。

类推规则产生的根据是普遍性原则（the principle of universalizability）和平等对待原则（the principle of equal treatment）。普遍性原则，是指法律规则应当普遍适用于所有类似的情形。因为类推者和被类推者具有同质性，同属于某些具有普遍性规范的调整范畴之内。[①] 所以，类推规则具有普遍性。平等对待原则，是指类似情形应当类似处理。通过将既有的法律规定类推适用于具有类似性的案件，可以使得类似的案件得到类似的结论，从而符合平等对待原则的要求。通过类推适用，可以实现法的适用的妥当性效果。类推不能简单地视为逻辑推理过程，相反，应当在符合法律价值的前提下填补法律漏洞。[②]

自罗马法以来，各国法律大多认可类推适用的规则。在《学说汇纂》中就曾确认，在出现法律漏洞的情况下，按照类似情况类似处理（ad similia procedere）。[③] 罗马法上类推的经验对后世各国产生了深远影响。许多国家甚至在民法典中明确规定了类推的规则，例如，《意大利民法典》第12条第2款规定："无法根据一项明确的规则解决歧义的，应当根据调整类似情况或者类似领域的规则进行确定。"在我国古代，也较为重视类推的方式。《荀子·王制》指出："无法者以类举。"所谓人情万变而法条有穷，因此，在刑法里面采用了"比附援引"等补救的办法。在我国当代司法实践中，法院也注重运用类推的方式。例如，依据我国《民法典》第700条的规定，承担了保证责任的保证人有权向债务人追偿；但是，《民法典》担保物权编并未就承担了担保责任的物上保证人的追偿权作出一般规定，但是这也属于《民法典》第524条规定的第三人代为履行发生法定债务移转的效果的范畴，所以理应允许其向债务人予以追偿。因为在法律规定明显存在漏洞的情况下，此种类推适用无疑是漏洞填补的一种重要方式。虽然我国法律处于不断完善的过程之中，但是，法律漏洞的不可避免性决定了类推适用在一

---

① Eveline T. Feteris，*Fundamentals of Legal Argumentation*：*A Survey of Theories on the Justification of Judicial Decisions*，Kluwer Academic Publishers 1999，p. 151.

② Anne Roethel，Normkonkretisierung im Privatrecht，Mohr Siebeck，2004，S. 127.

③ D. 1. 3. 12.

定程度上可规范法官自由创制和解释法律的空间，此种活动仍然限于成文法的范围，维护了成文法法律渊源的地位，保障了法的统一性和权威性。

类推与参照适用具有一定相似性。参照适用又称准用，是指法律明确规定某一法律规定可以参照适用于其他规定的情形。准用就是根据法律的规定（准用规定），对有关A的规定进行修正，适用于B。准用是法定的类推，是在法律有明文规定的情形下，适用本来无法适用的另外一项规则。它包括两种形式：一是规范群的类推适用。例如，《民法典》第1001条规定："对自然人因婚姻家庭关系等产生的身份权利的保护，适用本法第一编、第五编和其他法律的相关规定；没有规定的，可以根据其性质参照适用本编人格权保护的有关规定。"依据本条规定，人格权编的规则可以参照适用于身份权。该条实际上就属于整个规范群的准用，二是单一规范的适用。[①] 例如，《民法典》806条第3款规定："合同解除后，已经完成的建设工程质量合格的，发包人应当按照约定支付相应的工程价款；已经完成的建设工程质量不合格的，参照本法第七百九十三条的规定处理。"这也反映了民法典在实现法律完备性上的优势，其通过参照适用的技术手段就可以解决诸多问题，这在单行法的立法模式下是不可想象的。准用"乃为法律简洁，避免复杂的规定，以明文使类推适用关于类似事项之规定"。准用与类推适用的区别主要表现在：一方面，是否有明确的法律规定不同，准用是由法律规定直接进行规定的，而类推适用并无法律规定；另一方面，由于法律规定的存在，在法律适用中可以直接依据规定进行准用，而对于类推适用而言，则必须寻求最为相近的规则，并论证类推适用的原因，方能进行类推适用。

一般认为，如果类推适用方法由法律明文规定，则应当将其称为"准用"[②]。在准用的情况下，法官的自由裁量权较小，法官只不过要对特定法条进行适用。

类推作为漏洞填补的方法，并非可以适用于所有的法律部门，其主要适用于

---

① 谢鸿飞：《民法典规范的类推适用》，载《检察日报》2020年11月30日。

② 李太正等：《法学入门》，元照出版社2003年版，第169页。

民法领域。“现代类推解释，仅可用于民法，而在刑法，则绝不采用。”[①] 这主要是基于如下考虑：第一，某些法律采用了法定原则，要求严格依据法律的直接规定来适用，即根据法律明确规定的构成要件和法律后果来适用。例如，在刑法上，有所谓“罪刑法定原则”，在税法上，有所谓“税收法定主义”，在行政法上，有所谓“行政处罚法定主义”。第二，这是保护人民权利的需要。刑法、税法等法律都是为人民设置负担的法律，如果允许类推适用，将使得人民的权利得不到有效保障。当然，有学者认为，在一般情况下，刑法上禁止类推，这是罪刑法定原则的要求，凡是要追究犯罪人的责任，都必须有法律的明确规定。然而，刑法上的类推，也并非绝对禁止，一般来说，有利于被告人的类推解释是可能成立的。[②]《民法典》为类推方法的展开提供了基本前提。在单行法时代，因为各个单行法自成一体，很难从一个单行法类推到另一个单行法，这也限制了类推功能的发挥，但是在法典化之后，《民法典》可以为法官适用类推等方法提供极大方便。通过类推实现同案同判、类案类判，类推扩张了现有规则的适用范围，可以有效填补法律漏洞，发展和完善法律。

二、类推的分类

一般认为，类推适用可分为个别类推和总体类推。[③] 所谓个别类推，也称为法律类推或制定法类推[④]，是指就某个别法律规定而为类推适用，即被类推适用的是个别规定。例如，《民法典》第 291 条就利用他人土地的通行作出了规定，但是，就利用他人房屋通行并没有规定，考虑到二者之间具有类似性，可以采用类推适用的方法来填补这一漏洞，这属于个别类推。

总体类推，也称为法的类推，是指就多数同类法律规定抽象出的一般法律原

① 陈朝璧：《罗马法原理》，法律出版社 2006 年版，第 25 页。

② 陈兴良主编：《刑法方法论研究》，清华大学出版社 2006 年版，第 199 页。

③ 不过，在学理上，对于此种分类是否科学，也存在不同看法。参见［葡］孟狄士：《法律研究概述》，黄显辉译，澳门大学法学院 1998 年版，第 159 页。

④ ［德］迪特尔·施瓦布：《民法导论》，郑冲译，法律出版社 2006 年版，第 107 页。

则而为类推适用。[①] 例如，《民法典》第 388 条第 1 款规定："设立担保物权，应当依照本法和其他法律的规定订立担保合同。担保合同包括抵押合同、质押合同和其他具有担保功能的合同。"通过确定担保合同这一上位概念，可以包容下位的诸多担保合同类型。这就为保证合同的相关规则可以总体类推适用到物上担保之中提供了上位法依据。事实上，保证合同中规定的多项规则，例如保证人的抗辩权、协商变更主合同内容不得减损保证人利益的规则等在物上担保中均未规定，但完全可以将这些规则全部类推适用到物上保证责任之中。此种方式就可以称为总体类推。当然，依据保证合同的性质，不能类推适用的除外，例如关于一般保证与连带保证以及保证期间等的规定就不能类推适用于物上担保。

总体类推和个别类推仍然存在一定的差异：第一，两者的适用前提存在差异。个别类推是从单一法律规定出发而将其类推适用于待决案件；总体类推则是从复数法律规定出发而将其共同的原理类推适用于待决案件。第二，两者在逻辑方法的运用上存在差异。在个别类推中，主要借助于类似问题类似处理的规则来进行演绎，法官没有进行归纳的操作；而总体类推不仅有演绎的方法，还有归纳的方法，即通过数个法律规定归纳出共同的法理，进而将类推适用于法律没有规定的情形。第三，从适用的情况来看，个别类推是常态，属于类推适用的一般情况；而总体类推是特别规定，仅适用于特殊情况。

三、类推适用的步骤

（一）漏洞的判断

类推适用作为漏洞填补的一种方法，其适用应当注重如下前提要件：一是法官必须确定漏洞的存在。也就是说，在法律适用过程中，存在具体规则缺失，或者法律规定相互冲突（碰撞式漏洞）。二是不存在法律规定的准用的情况。如果法律对于其适用已有明确规定，此时，就不存在法律漏洞，也就没有类推适用的

① 王泽鉴：《法律思维与民法实例》，中国政法大学出版社 2001 年版，第 261－262 页。

问题。例如，《民法典》第310条规定："两个以上组织、个人共同享有用益物权、担保物权的，参照适用本章的有关规定。"所谓参照，实际上就是准用的意思，而不能解释为类推适用。三是已经穷尽了狭义的法律解释方法或价值补充的方式仍然无法确定法律适用的依据。裁判者必须先穷尽狭义解释方法、价值补充之后，发现确实存在法律漏洞，而又能找到准确的比较点，才能适用类推的解释方法，从而避免裁判者的无限类推。

（二）类似性的判断

类推适用的法理就是要"类似问题类似处理"，因此，其适用的规则之一就是要遵守类似性规则。在逻辑学上，类比推理原理的可靠程度是建立在两个事物相同属性之间相关程度的基础之上的。这种相关程度愈高，类比推理的可靠性就愈高。[①] 类推是类比推理原则在解释学中的运用，因此，类推适用中也应当要求"相关程度"，或者称为"类似性"。类似性越强，其推理的可靠性越高。尤其是从广义上说，只要是法律规范，都具有某种相似性，因为其在本质上都属于国家制定的调整社会关系的规范。类推的弊端，就在于这种解释方法一旦无限扩大适用，则任何法律规范都可以被当作比较点，任何法律规范都可以与待决问题找到某种相似之处。这样的话，类推将成为法官恣意裁判的借口，制定法的安定性将被破坏殆尽。

根据类似性的要求，首先，不同法律领域的规则无法进行类推。例如，侵权责任编中的精神损害赔偿，不能类推适用于合同责任。其次，即便是同一领域的法律规则，其类推适用，也要进行类似性检验。所谓"类似性检验"，是指通过分析确定待决案件与特定的法律规则是否具有相似性，能否实现有效的契合。"只有当案件之间的实质的类似性，才构成进行类推适用的充分理由。"[②] 类似性是类推的基本条件要求，因此，裁判者必须谨慎对待类推方法，深入分析已有法律规范与系争案件的相似之处与差异之处，认真选择比较点，使类比推理的过程具有合理性，这样才能得出科学的结论。

---

① 李廉、张桂岳、孙志成主编：《逻辑科学纲要》，湖南人民出版社1986年版，第235页。

② Eveline T. Feteris, *Fundamentals of Legal Argumentation: A Survey of Theories on the Justification of Judicial Decisions*, Kluwer Academic Publishers 1999, p. 152.

如何认定"类似性"，学者有不同的看法。主要有如下几种观点：（1）构成要件类似说，即通过构成要件的比较，来认定类似性。（2）实质一致说，即通过考察系争案件事实与法律规定的案件事实之间是否具有"实质一致"来认定类似性。（3）同一思想基础说，即从系争案件事实与法律规定的案件的基础事实来看，如果两者具有"同一利益状态"，即认定其具有相同的基本事实，认定其类似性。[①] 这些看法都不无道理。笔者认为，"类似性"的认定应当从构成要件和立法目的两个角度进行，理由在于：一方面，类推适用既有事实认定，也有价值判断。[②] 就其事实认定来说，我们应当从法律规定的构成要件出发，与待决案件相比较，从而认定其在事实上的类似性。而就价值判断来说，类推适用就是要实现法律的规范目的，因此，类似性的考察还必须考虑法律的规范目的，以免与法律的规范目的相违背。另一方面，类推适用并非仅是逻辑的推演，所以，仅仅从构成要件的类似性来进行判断，与其性质不相符合。在类推适用中，比较点的选择并非完全是客观的，其有时可能是基于裁判者的主观判断。[③] 因此，通过立法目的考量，可以限制法官在类似性认定中比较任意的判断。具体来说，类似性的判断应当从两个方面着手。

1. 适用情形的类似。即待决案件中的事实与法律既有规定中的构成要件具有类似性。判断适用情形的类似可以从如下几个方面考虑：第一，被类推的法律规定与待决案件法律关系的性质必须处于民法领域，并受民法调整。我们不能将不同法律部门的法律进行随意类推，例如，不能将刑法的某些规范随意类推到民法[④]，也不能将民法的规定随意类推到行政法。第二，通常限于民法内同一法律领域内部的类推。类推通常限于民法典内部，而一般不能在它们之间相互类推。例如，违约损害赔偿的可预见性规则就不能适用到侵权损害赔偿之中，因为合同上的请求权和侵权损害赔偿请求权不属于同一法律领域。第三，必须在法律关系方面具有类似性。法律关系的类似性是类似性认定中的重要考量因素。例如，我

① 黄建辉：《法律阐释论》，新学林出版股份有限公司 2000 年版，第 36－37 页。

②③ ［德］考夫曼：《法律哲学》，刘幸义译，法律出版社 2005 年版，第 116 页。

④ 我国刑法根据罪刑法定的原则而禁止类推，这是为了更好地保护犯罪嫌疑人的权益。

国《民法典》第 312 条规定，“所有权人或者其他权利人有权追回遗失物”。因而，遗失物是不适用善意取得的。而盗赃物和遗失物都是非基于原物权人的意思脱离占有的，二者具有高度的相似性，因此，法官可以将遗失物的规则类推适用到盗赃物去。[①] 第四，两种法律关系处于同一层次，不存在包含、递进或其他关系，否则就不再是类推适用，而是其他法律解释方法。第五，必要时可以采用反类比的方式来判断类似性。在进行类推时，也可能要进行反类比的操作。所谓反类比，是指在比较事物间的相同属性时，进一步找出它们的不同属性，然后分析这些不同属性推理出的属性是否存在不相容，从而进一步验证类比结论的可靠性。如果存在不相容性，即使是两个或两类事物之间存在许多的相同属性，类比得出的结论也是不可靠的。[②] 通过反类比来进一步发现两者之间的差异，从而确定其类似性的程度。

2. 立法目的和规范意旨考量。所谓立法目的和规范意旨考量，是指既有法律规则的立法目的可以适用于待决案件的调整。为了追求类推适用所要达到的目的，在类推的时候，法官不仅要比较两个事实之间是否具有类似性，而且要考量立法者的立法目的，决定将特定法条类推适用是否与其立法目的相吻合。[③] 类推要顺利进行，必须要考量立法目的。例如，《民法典》中的违约损害赔偿的可预见性规则，不能适用于侵权损害赔偿，因为可预见性规则是为了鼓励交易而设定的，与侵权损害赔偿旨在保护受害人的目的不完全相同。考量立法目的，应当从如下几个方面着手。

第一，法律是否允许裁判者在特定案件中进行类推适用。如果法律不允许裁判者进行类推，就不得进行类推适用。例如，侵害具有人格象征意义的特定纪念物品，可以请求精神损害赔偿，但是，立法者并不允许将其类推适用于侵害一般财产权的情形，所以，该规则不能类推适用于对其他物权的侵害。

第二，在类推过程中，应当了解立法者预想事件的利益状况、立法者最重视

① 熊丙万：《论赃物的善意取得及其回复请求权》，载《法律科学》2008 年第 2 期。

② 刘江编著：《逻辑学推理和论证》，华南理工大学出版社 2004 年版，第 192 页。

③ Paul Delnoy, Elément de méthodologie juridique, Larcier, 2006, Bruxelles, p. 410.

何种利益，然后才能类推，因此，在采用类推方法时，应当考虑立法者追求的目的。例如，《民法典》第303条规定：“……但是共有人有重大理由需要分割的，可以请求分割。”因此，共有人在存在“重大事由”的情况下，即使存在禁止分割的约定，也可以分割共有财产，这一规定是否可以类推适用《民法典》规定的建筑物区分所有权？笔者认为，虽然两者之间也具有一定的相似性，但共有制度和建筑物区分所有制度的规范目的不同，因此，共有中分割共有财产的“重大事由”并不能类推适用于建筑物区分所有权的分割情形中。

第三，考虑法律设定特定的规则是否是为了追求特定的法律效果、包含了某种特殊的考虑因素。在特殊的情况下，法律可能针对特殊情况设计了特殊的立法目的，只有在排除了这些特定的目的，才可以在通常的意义上对具备相似性的两个情形之间进行类推。例如，《国家通用语言文字法》第13条规定：“公共服务行业以规范汉字为基本的服务用字。”据此有人认为，通过类推适用该规定，地名也不能采用异体字。笔者认为，要求公共服务行业使用规范汉字，是为了便利社会公众，而与历史文化传统的保存无关，但是，地名中使用的汉字，并非是为了方便社会公众使用，而是与历史文化传统的保存存在密切关系，所以，两者之间关联性不够，不宜进行类推。

第四，从法律效果来看，类推不得加重当事人的责任。在此需要探讨，连带责任的规定是否可以类推适用的问题。笔者认为，一般情况下，对于连带责任的适用不能进行类推，因为连带责任实际上是加重责任，对于当事人的利益影响重大，对此不宜进行类推，以免因为法官的行为而对不同的当事人争议形成不同的判决结果。

第五，不存在适用类推的障碍，也就是说，类推不违反宪法和法律。类推适用不但要在正面上符合类推的要件，而且要从反面上排除类推适用的障碍。虽然民法与刑法等法律部门不同，类推适用在民法领域原则上不受限制，但是，就民法中的特定领域来说，其也可能存在类推的障碍。例如，《民法典》实行物权法定原则，所以，不能将民法典关于用益物权的规定类推适用到典当关系。

（三）比较点的分析

在判断具体的类似性时，还应该准确选择比较点。所谓比较点，是指对被类推的法律关系具有决定性影响的因素，而找到这样的因素，才能确定能否类推。比较点的分析应当从上述两个方面着手，即适用情形的类似和立法目的的考量。通过比较点的分析，认定其具有适用情形的类似且符合立法目的，就可以确定类似性。在类推中，待认识的法律关系，并不是在其自身或者接近其自身的本质中加以认识的，而是在另一类更为典型的法律关系的关联中加以认识的，是通过与其他事物进行比较而完成法律适用的。两个事物突出的共性就是比较点。例如，飞机、汽车、火车都属于交通工具，都是民法中的特殊动产，因此，从它们作为特殊的动产适用特殊的登记规则来说，其权属变动规则可以类推，因而，在《民法典》上，“特殊的动产”是其比较点；在侵权法上，它们都是高速运输工具，因此，就严格责任的适用而言是可以相互类推的，“高速运输工具”是其比较点。但是，在某些方面又不能类推，例如，就其赔偿方面，航空事故实行限额赔偿，而汽车火车事故就属于完全赔偿。再如，就劫持航空器和火车、汽车，因其对公共安全的影响不同，所以，对该类行为的处罚也无法类推。

四、类推适用的规则

（一）类推不能排除法律规范的适用

在法律针对特定事项已经有明文规定时，法官不能排除该规范的适用而类推适用其他规则。法官不能以类推理由排除特定具有适用效力的成文法规范的效力，但法官可以通过类推解释对成文法规范进行限缩或者扩张解释。[①] 例如，受害人在晚上从一个办公楼门前走过时，被楼上倒下的热水烫伤，但找不到行为人。经过扩张解释，可以将《民法典》第1254条扩张适用于此种情形。也就是说，可以将“从建筑物中抛掷物品”中“物品”的概念包含从楼上倒下的热水。但法官不能完全撇开这一规定，而类推适用《民法典》第1253条关于搁置物、悬挂物致人损害的责任。

① Eveline T. Feteris，*Fundamentals of Legal Argumentation*：*A Survey of Theories on the Justification of Judicial Decisions*，Kluwer Academic Publishers 1999，p. 152.

（二）类推适用不能违背立法者的意愿

类推适用应当体现立法者的意旨。例如，《民法典》侵权责任编所规定的严格责任，其属于侵权法中特殊类型的责任，立法者只是希望其仅适用于法律特别规定的情形，不能类推适用于法律没有规定的情形，否则就会违背立法者的意愿。又如，大型船舶发生碰撞，对此我国法律没有明确规定，能否类推适用机动车与行人之间发生碰撞的规则？笔者认为，因为机动车和行人之间的责任属于严格责任，所以，不能类推适用于此类情形，否则，就违反了立法者的意愿，是不妥当的法律适用。

（三）类推适用原则上不能加重当事人的责任

在法律适用中，加重当事人的责任应当非常谨慎，法官不能通过类推解释对他人附加强制性义务或者权利限制，否则就违背了人们对既有法律所确立行为规则的稳定预期。[①] 就类推适用来说，原则上不能加重当事人的责任，即使要加重当事人的责任，也必须有充分的理由。例如，在我国《民法典》合同编典型合同分编中，在赠与合同、委托合同之中，在无偿的情况下，合同一方当事人只对其故意和重大过失负责。按照总体类推的规则，法官应当先从这几个法条之中抽象出一个共同的规则，即在无偿合同之中，合同当事人只对其故意和重大过失负责，不能通过类推而加重当事人的责任。

（四）类推适用原则上不适用于例外规定

例外规定都是基于特殊的法政策考量而确立的，因此，例外规定原则上不可以类推适用[②]，否则，不仅会不适当地扩大其适用范围，而且可能会加重一方当事人的责任，从而不利于维护其权益。此外，如果例外规定可以类推适用，也会违反其立法目的。例如，我国《民法典》第 359 条第 1 款规定："住宅建设用地使用权期限届满的，自动续期。"这一规定就属于例外规定，不能类推适用于其他用益物权。当然，如果不能确定某种情况是否是法律规定的例外情况，此时也

① John F. Manning, "What Divides Textualists from Purposivists", 106 *Colum. L. Rev.* 70, 2006.

② Eveline T. Feteris, *Fundamentals of Legal Argumentation: A Survey of Theories on the Justification of Judicial Decisions*, Kluwer Academic Publishers 1999, p. 152.

可以作为一般情况来对待。

第三节　目的性扩张和目的性限缩

一、目的性扩张和目的性限缩的概念和特征

目的性扩张和目的性限缩都是漏洞填补的方式。[①] 所谓目的性扩张，是指为了贯彻立法目的，对法律条文作出超过其文义的解释，使其包括原本没有包括的案型。[②] 目的性扩张是在存在明显漏洞的情况下，法官填补漏洞的方法，其也是基于法律的目的考量而进行的操作，即法律条文所涵盖的案件，如果根据立法的本意来看，在表述上显得过于狭窄，法官可以从探求立法目的出发，将法律条款所适用的案件类型进一步扩张。[③] 以“冰坨子砸坏汽车案”为例，该案在适用法律时，需要回答冰坨子是否属于《民法典》第1253条关于“建筑物、构筑物或者其他设施及其搁置物、悬挂物发生脱落、坠落造成他人损害”责任中的“搁置物、悬挂物”的概念。笔者认为，从文义解释的角度来看，“搁置物、悬挂物”的含义应当按照通常的理解来确定。按照一般人的理解，搁置物和悬挂物应当是基于人的有意识的行为而设置的物，悬挂物主要是因人工的原因悬空存在于建筑物侧面的物品，所以，本案简单地通过文义解释难以适用《民法典》第1253条，只能通过目的性扩张解释方法才能将“冰坨子”纳入“悬挂物”的范畴。

再如，我国《民法典》第404条规定了“正常经营活动买受人规则”。依据这一规定，在动产抵押的情形下，抵押权人所享有的权利不得对抗在正常经营活动中已经支付价款并取得该动产的买受人，从《民法典》的规定来看，该规则仅

---

① Claus-Wilhelm Canaris，Die Feststellung von Lücken im Gesetz，Berlin，Duncker & Humblot，1983，S. 83f.

② 黄茂荣：《法学方法与现代民法》，(第五版)，法律出版社2007年版，第499页。

③ ［日］井上英治：《民法总则》，法曹同人1998年版，第13页。

适用于抵押权。但事实上，除抵押权外，出卖人可能在其动产之上以融资租赁、所有权保留等方式设定担保权，在出卖人将动产转让的情形下，买受人的权利保护与前述设定抵押权的情形类似，从《民法典》设置正常经营买受人规则的目的出发，应当对该规则的适用范围进行目的性扩张，使其同样适用于债务人的财产之上已经通过融资租赁、所有权保留的方式设定担保权的情形，也就是说，如果买受人支付了合理的对价，且已经取得该动产，则融资租赁的出租人与所有权保留中的所有权人也不得以其所享有的担保权对抗买受人的权利。

所谓目的性限缩，是指法官在适用法律时，发现有关法律规范适用于某个特定案件，不符合法律调整目的的要求，则可以将该案件排除在法律规定的适用范围之外，从而追求法律适用的目的。例如，我国《民法典》第725条采纳了“租赁物”的表述，而没有明确限定为“动产”或“不动产”。对之进行文义解释，“租赁物”显然既包括动产，也包括不动产。由此可见，我国《民法典》合同编规定，无论动产或不动产，都适用买卖不破租赁规则。这实际上是扩张了买卖不破租赁的适用范围。但本书认为，此处有必要采用限缩解释，将租赁物限于不动产。因为买卖不破租赁规则的立法目的，主要是为了保障承租人的居住利益。不动产的承租人应当享有居住的权利，这属于基本人权的范畴。基于此，才形成买卖不破租赁规则。对于动产而言，因不涉及居住利益的问题，不必适用该规则。且动产通常都是种类物，在市场上可替代性强，即便租赁关系因所有权变动受到影响，承租人也可以通过租赁、购买等方式实现其利用物的目的。再如，《民法典》第171条第3款规定：“行为人实施的行为未被追认的，善意相对人有权请求行为人履行债务或者就其受到的损害请求行为人赔偿。但是，赔偿的范围不得超过被代理人追认时相对人所能获得的利益。”该款并不区分无权代理人的善意与恶意，这就导致在无权代理人为善意时，也可能承担较重的履行债务的责任形式，因而构成了隐藏的漏洞，需要进行目的性限缩，将行为人的范围限制在恶意。

目的性扩张和目的性限缩都是填补漏洞的方式，在解释方法上，两者通常被合并在一起讨论，因为它们都以法律漏洞的存在为前提，都以法律目的作为漏洞填补的基础和依据。由于法律目的决定了是否有必要进行扩张或限缩，因此在进行扩张或限缩时，必须进行法律目的的考量。此外，二者适用的结果都超出了法律文本可能的文义范围。一般来说，运用目的性限缩，是因为法律条文可能的文义范围涵盖的案件类型过于广泛，从而与确定的法律目的发生抵触或冲突。为了实现该法律目的，有必要限缩待解释法律条文的适用范围。与此类似，目的性扩张是因为法律条文文义的可能射程范围已经不能涵盖待决的案型，也与确定的法律目的不相吻合，因此有必要作出超出此范围的“扩张”解释。

二、目的性限缩和目的性扩张的类型

从我国的实际来看，根据确定法律目的的途径的差异可以将目的性限缩和目的性扩张进一步区分为如下几种类型。

第一，依据某一法律规定的目的和意图，限缩或扩张该法律规定的适用范围。例如，《民法典》第 205 条规定：“本编调整因物的归属和利用产生的民事关系。”此处所说的利用，是否包括以租赁等方式而进行的债权性利用？如果能够包括，则租赁产生的租赁权也可以适用《民法典》物权编的规定。笔者认为，该条的立法宗旨是确定《民法典》的适用范围，《民法典》物权编主要是确定物权的归属和利用，而不应包括债权性利用方式。所以，通过目的性限缩，因债权性利用而产生的民事关系要被排除在《民法典》第 205 条的适用范围之外。

第二，依据若干法律规定组成的法律制度的目的，限缩或扩张该法律规定的适用范围。例如，《民法典》第 311 条规定了善意取得制度，但是该条并没有明确，法条中所说的动产是否包括盗赃物。从善意取得制度的目的考量，其旨在寻求静态私权利保护和动态交易安全的平衡，而盗赃物的善意取得虽然保护了交易安全，但是，对受害人权利的保护略显不足。因此，从目的考量出发，可以考虑将盗赃物排除在《民法典》第 311 条规定中所说的动产之外，这就是采用了目的性限缩的解释方法。

第三，依据法律的立法宗旨来确定立法目的，以此为根据来限缩或扩张相关法律规定的适用范围。例如，《民法典》第288条明确规定了处理相邻关系的基本规则和所要实现的法定目的。而同法第292条规定："不动产权利人因建造、修缮建筑物以及铺设电线、电缆、水管、暖气和燃气管线等必须利用相邻土地、建筑物的，该土地、建筑物的权利人应当提供必要的便利。"这里仅提及"必须利用相邻土地、建筑物"，而没有提及构筑物及其附属设施。从第288条确定的法律目的来看，凡是"不动产"的相邻权利人因从事建造、修缮等需要利用他人"不动产"的，其他不动产权利人都应当提供必要的便利，因此，可以利用目的性扩张的方法解释第292条，即这里的不动产不限于相邻土地和建筑物，还应包括《民法典》上的构筑物及其附属设施。

三、目的性限缩和目的性扩张的区别

虽然目的性限缩和目的性扩张具有若干共同之处，但是，它们毕竟是两种不同的漏洞填补方式，其区别主要表现在：

第一，两者适用的法律漏洞的形式不同。目的性限缩和目的性扩张作为法律漏洞填补方法，其适用的前提都是法律漏洞的存在。但两者所适用的前提存在差异，目的性限缩适用于隐藏漏洞的填补，而目的性扩张适用于明显漏洞的填补。如前所述，法律漏洞可以分为明显漏洞和隐藏漏洞，明显漏洞是指较之于法律的规范目的，法律条文的含义过于狭窄；而隐藏漏洞是指较之于法律的规范目的，法律条文的含义过分宽泛。[①] 明显漏洞通常借助于习惯、类推适用、目的性扩张等方式来填补，而隐藏漏洞通常通过目的性限缩来填补。

第二，两者在法律解释中的表现形态不同。就其本质，"目的性扩张和目的性限缩是基于立法本意对法律规定适用范围所进行的调整"[②]。在个案中，拟适

---

① Franz Bydlinski，Juristische Methodenlehre und Rechtsbegriff，Wien/New York，Springer-Verlag，1982，S. 480.

② Ernst A. Kramer，Juristische Methodenlehre，Beck Juristischer Verlag，3. Auflage，2010，S. 161ff.

用于待决案件的法律条文的字面含义不足以涵盖该案件，或者适用的案件违反其立法目的，因而基于立法目的的考量，有必要对法条的字面含义进行扩张或限缩。但是，目的性扩张与目的性限缩两者本身存在差异。目的性扩张扩张了法律的文义，进而扩大了法律文本的适用范围，而目的性限缩限制了法律的文义，进而缩小了法律文本的适用范围。

第三，两者在是否损及核心文义上存在不同。目的性扩张和目的性限缩都是以法律的规范目的为基础的，同时也都要解决文义解释结论无法涵盖待决案件的问题，但是，两者在是否损及核心文义上存在不同。在目的性扩张的情况下，法官所作的解释结论只是核心文义的延伸，虽然超出了可能文义的范围，但没有实质性改变核心文义。而目的性限缩则明显缩小了法律文本可能的文义范围，将原本由法条文义所涵盖的案件类型排除于法规范的适用范围之外，通常都会损及法律文本的核心文义。①

第四，两者在如何运用平等原则进行推理上有所不同。平等原则包括两层含义，即“类似问题类似处理”和“不同问题不同处理”。平等原则是目的性限缩和目的性扩张的共同基础，但是，两者在具体运用时各有侧重。在目的性扩张的情况下，其所运用的是平等原则中的“类似问题类似处理”。而目的性限缩则不仅要考虑法律的规范目的，还要考虑平等原则，也就是说，其要依据“不同问题不同处理”的规则进行推理。②

四、目的性扩张和目的性限缩的适用步骤

目的性扩张与目的性限缩一样，其作为漏洞填补的方法，在适用中要给予法官一定的自由裁量权。法官必须在法律文本之外探寻立法目的，找到公平解决案件的方法。目的性扩张或限缩是创造性的司法活动，其要求法官具有更高的司法

① 王鹏翔：《目的性限缩之论证结构》，载王文杰主编：《法学方法论》，清华大学出版社 2004 年版，第 15 页。

② 黄茂荣：《法学方法与现代民法》，（第五版），法律出版社 2007 年版，第 495 页。

技术。不过，为了保障正确适用此种方法，实现法律适用的妥当性，法官必须严格遵循相应的步骤。

（一）判断是否存在法律漏洞

确定存在法律漏洞是适用目的性扩张和目的性限缩的前提。在判断时，要从法律文本出发，确定是否存在法律的不完善和缺陷。另外，也要通过各种法律解释方法的运用，来确定法律文本的含义。在进行目的性扩张时，不仅条文的内涵狭窄，而且对该条文进行扩张解释仍然难以适用时才有必要进行目的性扩张。这实际上也是判断是否存在明显漏洞的过程。例如，原告在为单位外出办事时，由于被告的过失造成交通事故而受到伤害，送到医院抢救，花费了一百多万元的医疗费，其单位无力支付。被告同意支付医疗费用，但由于种种原因，被告未支付，此时原告是否可以请求社会保险基金先行支付医疗费用？《社会保险法》第42条规定："由于第三人的原因造成工伤，第三人不支付工伤医疗费用或者无法确定第三人的，由工伤保险基金先行支付。工伤保险基金先行支付后，有权向第三人追偿。"对该条中所说的"不支付"应当如何理解，存在不同看法。依据文义解释，不支付应当是指明确表示拒绝支付。但如果不支付仅限于拒绝支付，显然大量的无故拖延而导致的未支付等情况就不能适用，受害人就无法得到社会救助基金的救助，这对受害人的保护极为不利。笔者认为，此处就存在法律漏洞，对此应当采取目的性扩张解释来填补法律漏洞，因此，此处所说的不支付，不仅包括拒绝支付，而且包括因拖延、支付不能等原因而导致的不支付的情况，易言之，是指第三人未支付医疗费用等情况，至于第三人是主观上不愿意支付还是客观上无法支付，则不予考虑。虽然目的性扩张和限缩都是填补法律漏洞的方式，但一般而言，对于开放的漏洞，主要是通过目的性扩张等来予以填补。而对于隐藏的漏洞，则要通过目的性限缩进行填补。

（二）考量立法目的

无论是目的性扩张，还是目的性限缩，都要以立法目的的确定为前提。目的性考量的作用在于：一是对于识别漏洞具有重要意义。虽然法律没有规定，但是从立法目的考量，法律是故意不作规定的，那么此时就不存在法律漏洞。二是目的性考量可以确定扩张或限缩的边界。无论是扩张还是限缩，都要受到立法目的的限制，如此则可以有效防范法官的恣意妄为。目的考量在一定程度上赋予了法官较大的自由裁量权，为了防止其背离该制度运用的宗旨，必须要求其进行分析、判断，并且充分论证对该法律规范有修正之必要，才能对法律规范进行限制。[①] 例如，《民法典》第 235 条规定："无权占有不动产或者动产的，权利人可以请求返还原物"，该条规定了"原物"的返还，而没有规定"原物"所生孳息的返还，从而形成了法律漏洞。从恢复物权人对其物的占有及保护物权人的立法目的来看，可以对该条进行目的性扩张，即将返还原物扩张适用于"原物"所生孳息的返还。

（三）扩张或限缩

第一，扩张。这里所说的扩张，是指扩大法律条文的适用范围，即超出法律条文的文义范围来适用法律。在扩张的情况下，已经超出了文义的射程，因此，解释者应严格遵循立法目的，这既是扩张适用的正当性的基础之一，也是限制法官任意性的要求。例如，被告假冒原告的品牌，构成对原告商标权的侵害，原告只能证明被告从该假冒行为中获取了一千万元的利益，但不能证明自己所遭受的具体损失，对此是否可以援引《民法典》第 1182 条，以侵权人的获利作为赔偿标准？依据《民法典》第 1182 条，必须是侵害他人人身权益并造成财产损失的，被侵权人才能以侵权人的获利为标准赔偿。从文义解释来看，侵害知识产权并不能包括在侵害人身权益之中，所以，如果要适用该条，就必须通过目的性扩张的解释方法。

第二，限缩。限缩是指限制法律条文的文义范围，将待决案型排除于法律条文的文义范围之外。从文本的字面含义来看，其应当涵盖待决的案件，但基于立法目的的考虑，应将该待决案件排除在其适用范围之外。需要注意的是，目的性限缩方法运用的结果仅仅是排除特定规范不应当包括的内容，而该规范所应包括的内容仍然需要通过一定的解释方法来解释其内涵。例如，《民法典》第 522 条

① Brandenberg, Die teleologische Reduktion. S. 65. 转引自吴从周：《民事法学与法学方法》（第一册），一品文化出版社 2007 年版，第 158 页。

第2款规定："法律规定或者当事人约定第三人可以直接请求债务人向其履行债务，第三人未在合理期限内明确拒绝，债务人未向第三人履行债务或者履行债务不符合约定的，第三人可以请求债务人承担违约责任；债务人对债权人的抗辩，可以向第三人主张。"此处所说的"第三人可以请求债务人承担违约责任"并非指第三人可以请求债务人承担各种违约责任，而主要是指请求债务人承担继续履行和赔偿损失的责任。至于可得利益的赔偿等，则不应当有权提出赔偿。

（四）说理和论证

立法目的的考量并非任意的行为，法官也不能任意解释，必须结合每个法律的具体目的进行阐述。当然，在阐明立法目的时，也需要借助于各种法律解释方法，尤其是历史解释、比较法解释等各种方法。与目的性扩张不同，在目的性限缩中，并不需要考虑两种情形的关联性，所以，不需要对两种情形进行对比，而只是将法律条文进行"损及核心文义"的限缩。在限缩时，为了防止法官自由裁量权的滥用，法官也必须阐明立法目的，并充分论证其目的性限缩的合理性。

应当看到，《民法典》的颁布为目的性限缩和扩张提供了如下便利：一是《民法典》为漏洞的发现提供了便利。目的性限缩和目的性扩张均是法律漏洞的填补方法。法律的漏洞只有在经过传统的法律解释方法解释后，仍然不能达成圆满性的解释时才会产生。《民法典》的体系性特征，使得适用者可以借助于各种解释方法发现漏洞的存在。二是《民法典》为发现法律关系之间的相似性和区别性提供了可能。目的性扩张的适用以法律关系之间的相似性为必要，目的性限缩恰恰相反，以法律关系之间存在区别性为必要，《民法典》规则体系使得人们可以更便利地观察到不同法律关系之间的相似性和区别性。三是《民法典》的颁布形成了内在的统一价值体系。目的性限缩和目的性扩张的漏洞填补方式均是服务于实现立法目的的。而《民法典》的颁布，使得立法所追求的价值得到了有机统一，适用者在这一统一的价值体系内探寻立法目的，从而便于目的性扩张和目的性限缩方法的使用。

五、目的性扩张和目的性限缩的适用规则

（一）目的性扩张和目的性限缩都必须依据立法目的

无论是目的性扩张还是目的性限缩，都必须依据立法目的来进行。这里所说的立法目的，也可以称为法律的规范意旨。目的性扩张和目的性限缩必须依据立法目的，是为了保障此种漏洞填补不会成为法官恣意的工具，而应当符合此种漏洞填补方式的基本要求。无论是“扩张”还是“限缩”，其解释结论都不能过分偏离法律文本的字面含义。所以，在目的性限缩或目的性扩张时，解释者必须首先确定立法目的，然后依据该目的谨慎地进行“扩张”或者“限缩”，不能以自己的主观意思代替立法目的，从而导致任意解释法律，甚至是曲解法律。

（二）目的性限缩仅适用于隐藏漏洞

目的性限缩的适用范围是特定的，即它仅适用于隐藏漏洞。在存在隐藏漏洞时，法律条文的字面含义超出了依据立法目的确定的其应当适用的范围。目的性限缩不能适用于明显漏洞，而只能适用于隐藏漏洞。例如，《民法典》第 585 条第 2 款规定：“约定的违约金过分高于造成的损失的，人民法院或者仲裁机构可以根据当事人的请求予以适当减少。”有观点认为，事实上立法者主要是针对民事合同而非商事合同，因此在解释上，应当将合同限缩解释为民事合同。[①]

（三）目的性扩张不能改变法律条文的核心文义

在目的性扩张的情况下，其是要作出超出法律条文可能文义范围的解释。如果仍然处于法律条文的可能文义范围之内，则属于扩张解释，而不属于目的性扩张。目的性扩张不仅要超出法律条文的字面含义，而且要超出其文义的射程范围。当然，目的性扩张也要遵循立法目的，而不能改变法律条文的核心文义。

---

① 黄薇主编：《中华人民共和国民法典合同编解读》（上册），中国法制出版社 2020 年版，第 446 页。

第四节 基于习惯法的漏洞填补

一、基于习惯法的漏洞填补的概念

民事习惯是指在某区域范围内，基于长期的生产生活实践而为社会公众所知悉并普遍遵守的生活和交易习惯。习惯是人们长期生活经验的总结，它既是人与人正常交往关系的规范，也是生产生活实践中的一种惯行。此种惯行得到了人们的普遍遵守，尤其是对一些习惯而言，其效力在长期的历史发展过程中已经得到了社会公众的认可，长期约束人们的行为，因此也被称为“活的法”。法谚云：“习惯乃法律之最佳说明（Optimus legum interpres consuetudo；Optima est legis interpres consuetudo；Custom is the best interpreter of law.）。”① 习惯可以被看作是社会发展的纽带，无论社会发展变化多么迅速，其都无法摆脱与过去的纽带关系，也不可能同过去的历史完全割裂。许多法律规则都根植于习惯，并从习惯中汲取营养，习惯是重要的法律渊源。

从比较法的经验来看，各国在法典化的进程中大都注重对本国既有习惯做法的梳理和总结。习惯法是罗马法的重要组成部分，是罗马法的法源（Rechtsquelle）之一。② 据罗马法记载，“古老的习惯经人们加以沿用的同意而获得效力，就等于法律。”③ 习惯是法律解释的重要依据。萨维尼指出：“如果罗马法承认有权解释（authentische Auslegung）和习惯解释（usuelle Auslegung）的决定性力量，则在此承认中并未包含特殊的法观点，毋宁说，它仅仅是以下事实的一个简单推论，即制定法和习惯被承认为法律渊源。”④ 普通法又称为判例法，

---

① Paulus Dig. 1. 3. 37.

② Savigny，System des heutigen römischen Rechts，Bd. 1，Berlin，1840，S. 34 ff.，66，76 ff.

③ ［古罗马］查士丁尼：《法学总论——法学阶梯》，张企泰译，商务印书馆1989年版，第11页。

④ Savigny，System des heutigen römischen Rechts，Bd. 1，Berlin，1840，S. 296.

其主要是在先例的基础上形成的法律体系，但先例大量都是以习惯为基础的。故此，有学者就指出："英格兰普通法实际上就是习惯法体系延续而来的结果（result of the survival of a system of customary law）。"① 时至今日，在现代英国法上，习惯仍属于一种重要法源，在许多领域，其与成文法具有同样的权威。②

近代以来，习惯的作用也得到了确认。尤其是在商事领域，习惯具有非常重要的作用。可以说，近代商法（lex mercatoria）就是从习惯法发展而来的，其基本内容就是商事习惯。③ 法国法学家波塔利斯曾言：《法国民法典》实现了成文法和习惯法的折中④，习惯法占据了《民法典》的重要内容。《民法典》中的习惯法尤其集中于所谓的"固有法"领域，如家庭法（如夫妻财产制度，收养制度）和继承制度（如长子继承制，配偶在继承法上的法律地位等）等领域。在物权法领域，人役权制度也是典型的习惯法产物。

"在现今各国法制，在民事方面，不论其法典本身有无明文规定，几无不承认习惯为法源之一种。"⑤ 当然，尽管习惯在现代社会中作为一种法律渊源得到了法律的认可，但其适用范围仍然受到严格限制，主要原因在于：一方面，现代社会成文法的调整对象越来越庞杂，调整程度越来越详尽，留给习惯调整的空间在日益缩小。另一方面，随着现代社会经济的发展，社会变迁日益剧烈，社会分工日益精细，规则也日益具体，传统社会中习惯的适用空间也因而被大大压缩。这就是说，习惯直接作为案件裁判依据的功效正在逐步减弱。卡多佐曾经宣称，"在普通法发展中，习惯在今天的创造能力已不如它在过去的年代了。"⑥ 事实

---

① Samuel, *Common Law*, in: Jan M. Smits (ed.), Elgar Encyclopedia of Comparative Law, 2006, p. 146.

② ［美］罗斯科·庞德：《法律史解释》，邓正来译，中国法制出版社 2002 年版，第 12 页。

③ Moses, *The Principles and Practice of International Commercial Arbitration*, 2nd edition, Cambridge University Press, 2012, p. 64; Bederman, *Custom as a Source of Law*, Cambridge University Press, 2010, p. 117.

④ Alan Watson, *The Evolution of Western Private Law*, 2001, Ch. 5, Note 66; Levasseur, "Code Napoleon or Code Portalis?", in: *Tulane Law Review*, Vol. 43, 1969, p. 763.

⑤ 王伯琦：《近代法律思潮与中国固有文化》，清华大学出版社 2005 年版，第 306 页。

⑥ ［美］本杰明·卡多佐：《司法过程的性质》，苏力译，商务印书馆 1998 年版，第 35 页。

上，大陆法系国家也是如此。但习惯仍然是重要的民法渊源，其在民法规则的创设和解释方面仍然具有重要作用。

从我国民事立法的历史来看，我们也曾经注重对民事习惯的整理。早在清末变法时，修订法律大臣俞廉三将制定《大清民律草案》的宗旨概括为四项，即“注重世界最普遍之法则”、“原本后出最精确之法理”、“求最适于中国民情之法则”和“期于改进上最有利益之法则”。其中，“中国民情”就包括了习惯。沈家本在《裁判访问录序》一文中就曾经指出：“夫必熟审乎政教风俗之故，而又能通乎法理之原，虚其心，达其聪，损益而会通焉，庶不为悖且愚乎。”[①] 其观点旨在强调在《民法典》制定中，只有注重善良风俗，才能使法律不悖于民情，充分吸纳民情民意，以符合现实需要，展现时代特色。清末民初曾经进行过两次全国性的民事习惯调查活动，民国时期曾经整理出版过民事习惯调查报告。虽然国民党“民法”大量借鉴了《德国民法典》等法典的经验，甚至一些条款直接照搬他国，但不少规则仍然来源于本土的习惯。以“物权编”为例，地上权、永佃权、典权等主要来自习惯。

中华人民共和国成立以来，我国多部民事立法也充分体现出对生活习惯和交易习惯的尊重。早在 1951 年，最高人民法院西南分院在《关于赘婿要求继承岳父母财产问题的批复》中指出：“如当地有习惯，而不违反政策精神者，则可酌情处理。”有些地方法院就曾经专门整理民风民俗，并研讨其对民事审判的影响。[②] 一些法院的法官也重视援引民间习惯来解释法律或填补漏洞。[③] 我国现行法律也明确规定，在某些情形下，可以适用习惯，如原《婚姻法》第 50 条也曾经规定：“民族自治地方的人民代表大会有权结合当地民族婚姻家庭的具体情况，制定变通规定。”这实际上强调对少数民族婚俗习惯的尊重。再如，《民法典》合

① （清）沈家本：《历代刑法考》，载邓经元、骈宇骞点校：《寄簃文存》（卷六），中华书局 1985 年版，第 2237 页。

② 姜堰市人民法院：《司法运用习惯 促进社会和谐——人民法院民俗习惯司法运用经验》，载公丕祥主编：《审判工作经验（三）》，法律出版社 2009 年版，第 338 页。

③ 2004 年 10 月 28 日姜堰市人民法院审判委员会讨论通过了《关于将善良风俗引入民事审判的指导意见》，2007 年又制定了《关于将善良风俗引入分割家庭共有财产的指导意见》。

同编的许多规则也都特别强调当事人的约定和交易习惯可以优先于《民法典》合同编的规定而优先适用。[①] 尤其需要指出的是，我国《民法典》物权编中有多个条款都确立了习惯的法律地位，如第 289 条在处理相邻关系时规定："法律、法规对处理相邻关系有规定的，依照其规定；法律、法规没有规定的，可以按照当地习惯。"第 321 条第 2 款规定："法定孳息，当事人有约定的，按照约定取得；没有约定或者约定不明确的，按照交易习惯取得。"但是，在《民法典》出台之前，习惯在民法规则体系和司法裁判中究竟处于何种地位，一直未被明确。这也导致司法实践中法官不敢大量直接援引习惯裁判。在许多情况下，虽然找不到法律依据，但可以寻找到习惯时，法官不敢援引习惯裁判，而直接援引法律原则裁判，这样看似是"依法裁判"，实则会使法官享有过大的自由裁量权。

《民法典》第 10 条规定："处理民事纠纷，应当依照法律；法律没有规定的，可以适用习惯，但是不得违背公序良俗。"这实际上也确立了习惯的民法渊源地位。在我国司法实践中，也应当高度重视习俗在裁判说理中的作用。"入国而问俗"，"入乡随俗"已内敛于之心，外化于行。了解民俗习惯，尊重民俗习惯，运用民俗习惯，这是法官进行裁判说理时应当考虑的因素。[②] 依据《民法典》第 10 条，依据习惯也包括依据习惯法进行漏洞填补。

基于习惯法填补漏洞的特点表现在：

第一，它是基于法律以外的法律渊源来填补法律漏洞。以习惯法填补漏洞，与类推、目的性扩张、目的性限缩、依据法律基本原则的方法不同。类推等方式虽然不是以法律规定作为裁判依据，但毕竟是以现行法中的规定为基础进行漏洞填补。依据习惯法来填补漏洞，也不同于依据法律的基本原则来填补漏洞。习惯法虽然也与法律中的价值取向相同，但是它毕竟不是法律的基本原则。所以，依据习惯法来填补漏洞，就是要跳出成文法自身的框架来寻找裁判依据。在成文法

---

① 例如，《民法典》第 510 条规定："合同生效后，当事人就质量、价款或者报酬、履行地点等内容没有约定或者约定不明确的，可以协议补充；不能达成补充协议的，按照合同相关条款或者交易习惯确定。"

② 赵旭东：《习俗、权威与纠纷解决的场域——河北一村落的法律人类学考察》，载《社会学研究》2001 年 2 期，第 78 页。

之外，习惯法是最可行、也最能够为当事人所接受的裁判依据。虽然制定法在现代社会的功效已经越来越强大、越来越完善，但仍不能完全排斥习惯法在填补法律漏洞方面的功能，毕竟制定法不能穷尽所有的事项，其必然要留下“法律空白”，这就为习惯法发挥作用提供了前提。而习惯法固有的行为规则性、当事人认可性、内心确信性等特点决定了，其可以发挥法律渊源的作用。也正是基于这一考虑，制定法有时可能故意预留法律漏洞，将其交给习惯法来填补，因为习惯法可以考虑各个不同行业、不同地域、不同民族等的特殊需要，而形成具有针对性的规则。即使在成文法最发达的国家，也都承认习惯可以作为辅助性的渊源。

第二，它是基于习惯法来填补法律漏洞。习惯和习惯法不同，习惯只有成为习惯法，才可以上升为法律的渊源，从而作为漏洞填补的依据，因为在漏洞填补的情况下，需要寻找具体的裁判规则。例如，我国《民法典》第 289 条规定：“法律、法规对处理相邻关系有规定的，依照其规定；法律、法规没有规定的，可以按照当地习惯。”这里所说的“当地习惯”实际上是“习惯法”，因为其是以法律渊源的形式出现的。在具体的裁判过程中，针对规则的缺失，不能盲目地将所有的习惯直接纳入裁判之中，而必须对其进行形式上和实质上的审查。一方面，从形式上，习惯必须经过法院的认可之后，才能进入司法裁判。另一方面，习惯必须在实质上不违反法律的强制性规定和公序良俗，才可以作为行为规则使用。在漏洞填补中，应当基于习惯法而不是习惯来填补法律漏洞，符合法律渊源的一般理论。在司法三段论中，大前提是法律问题，小前提是事实问题，而习惯法作为漏洞填补的依据，其属于大前提，因此，它属于法律问题。基于习惯法而不是习惯来填补法律漏洞，这就决定了在审判过程中，如果一方当事人就习惯进行主张，这是事实问题。而如果习惯上升为习惯法，那么就应当由法官依据职权来调查认定。

第三，习惯法可以直接作为个案的裁判依据。这就是说，在存在法律漏洞的情况下，法官依据习惯法来进行裁判，并不需要进行合法性审查，也不需要对其进一步进行解释。一方面，习惯上升为习惯法本身就意味着其已经经过了合法性审查。在实践中，有些法院将经过审查并认可的习惯通称为“善良风俗”[①]，应当说，这种做法是我国法官创造性司法、在现有法制框架下承认习惯法效力、发挥习惯法律漏洞填补功能的一个典型事例。如果经过审查认定，习惯不违反法律的强制性规定和善良风俗，就表明法官已经完成了解释的任务。另一方面，习惯法本身就是明确、具体的行为规则，它作为长期的生活经验，是作为行为规则来发挥作用的，具有明确性和可适用性，所以，只要习惯通过了法官的审查，具备了法律规范的内在属性，法官就可以在案件裁判中直接加以适用。相应的，法官也就不需要对于采用习惯法填补法律漏洞的必要性再进行阐释。

在《民法典》颁布以后，由于我国民商事法律规范体系越来越齐备，习惯在填补法律漏洞、直接作为案件裁判依据方面的功效势必会越来越小。尽管如此，我们不能否认习惯在法律解释、法律适用中的巨大作用。从司法审判来看，仍有一些法院援引习惯作为裁判的依据。在适用习惯进行裁判的案件中，婚姻、继承和相邻关系这三类案件几乎占75%，而商事案件仅占7%。[②] 这一统计是否准确，还有待于进一步考证，但值得肯定的是，民间习惯在法律解释中的作用仍然是不可忽视的。因此，《民法典》承认了习惯法可以作为法律渊源，并可以成为填补法律漏洞的依据。例如，在某个案件中，法院认为，按照习俗，红白喜事气氛迥异，按照风俗习惯不能在同地同时举行。新纪元酒楼明知一方举办婚礼，还同时承办另一方举办的丧事，因此，违反了善良的习惯风俗，有损原告人格利益，应当承担民事责任，最终判决被告承担责任。[③] 再如，在“墓碑漏刻姓名案”中，

---

① 姜堰市人民法院：《司法运用习惯 促进社会和谐——人民法院民俗习惯司法运用经验》，载公丕祥主编：《审判工作经验（三）》，法律出版社2009年版，第336页以下。

② 广东省高级人民法院民一庭、中山大学法学院：《民俗习惯在我国审判中运用的调查报告》，载《法律适用》2008年第5期。

③ 2005年11月5日，广西宜州市的蒙先生与吴女士举行婚礼，根据当地的习俗，他们在宜州市一家名叫“新纪元酒楼”订了20桌酒席（大厅共40桌），宴请双方亲友。婚宴提前一个月预订。但在婚礼当天，酒店将大厅的另外20桌订给了一家举办丧宴的客户。由于婚礼的时间地点已经提前通知，按照风俗不能临时更改，婚礼结束后，蒙先生和吴女士将酒楼诉至法院，请求精神损害赔偿9 160元。2007年4月15日，河池市中级人民法院作出终审判决，判决酒楼承担1 600元的精神抚慰金。参见陈光：《司法判决中民间规范作用的社会心理学分析》，载谢晖等主编：《民间法》（第7卷），山东人民出版社2008年版，第102-103页。

涉及在墓碑上漏刻亲人的姓名是否侵害原告人身权益的问题。笔者认为，民间的习惯是人们在长期的生活实践中逐渐形成的。人们对于逝去的亲人树碑以进行祭奠和悼念是我国的传统风俗习惯，对此应该予以尊重。按照我国传统伦理道德的一般观念，只要属于死者的近亲属，均可对死者进行祭奠活动。墓碑上篆刻死者子女等的姓名通常按照长幼顺序排列，而且不应有所遗漏。据此，笔者认为，在墓碑上刻上自己名字的权利，是一种人格利益，属于原《精神损害赔偿司法解释》第 1 条第 2 款中的“其他人格利益”的范围。当然，因修建、修改墓碑铭字的费用，原告应当予以分担。

二、填补法律漏洞的规则是习惯法而非习惯

如前所述，习惯在法律解释中的作用是多方面的，但是，其最突出的作用表现为，在法律存在漏洞的情况下，以习惯作为漏洞填补的依据。正是从这个意义上，我们将习惯作为漏洞填补的依据来对待。习惯以漏洞填补的依据出现时，其实际上已经构成了习惯法。

在发挥习惯法的法律漏洞填补功能时，关于习惯和习惯法是否可以区分，存在着同质说和异质说两种观点。① 同质说认为，习惯和习惯法在本质上是相同的，并不存在差别。异质说认为，习惯和习惯法存在性质上的差别，习惯仅仅是人们有此惯行，而习惯法还要求人们对此惯行有法的确信。② 习惯只是一种规则，而不是严格意义上的法。③笔者赞同异质说。区分习惯和习惯法的概念在法律解释中意义重大。习惯法是指在制定法之外，为特定人群生活或者交往中所遵循的，并为国家所认可的行为规则。习惯法与习惯是不同的，习惯法的构成条件较之于习惯更为复杂。有学者认为，习惯要上升为习惯法，首先必须具备两种积极的要件：一是有经久的惯行，二是其效力得到了社会一般人的认可。这就是

① 杨建军：《惯例的法律适用》，载《法制与社会发展》2009 年第 2 期。

② 王泽鉴：《民法总则》，中国政法大学出版社 2001 年版，第 58 页。

③ 眭鸿明：《遵从习惯是一种理性思维方式》，载《金陵法律评论》2004 年第 1 期。

说，某种习惯必须为特定区域内的社会成员所普遍认可，因此形成了一种“法的确信”，成为社会成员的共同法律信念。[①] 换言之，习惯法所体现的行为规则为特定群体所普遍认可，并为他们信奉为必须遵循的行为规则。违背该规则的行为将被该群体认为具有可非难性。而习惯只是被认为是一个惯常做法，当事人通过协商变更该习惯并不会被认为不当。

习惯法是获得国家认可的部分习惯。一般认为，习惯要成为习惯法还需要符合两种消极要件：一是不与成文法抵触，二是不违反公序良俗。[②] 对于这种消极要件的判断过程实质上就是对于习惯的“合法性”的审查过程。习惯是特定群体的实践规则，但这些规则的类型和数量众多，未必都获得了国家的认可。例如，在我国，有的地区的少数民族习惯将“渔场”规定为集体所有，任何人都可以捕捞。[③] 这一习惯显然与我国现行《民法典》的“水流、滩涂等自然资源属于国家所有”的规定不符合。再如，我国很多地方习俗认为，出嫁女不享有继承权和分割家庭财产的权利。[④] 这显然也违背我国《民法典》继承编的基本规定。而习惯法是在获得国家认可的情况下，具备了法律拘束力的规范，如果违反了这些习惯法，将引起法律责任。这种国家的认可能够通过制定法进行概括性的承认（如《民法典》第289条的规定），待遇特定问题时具体化，其也可以通过司法审判中法官的援用来实现。

从法律解释学的角度来看，区分习惯和习惯法的意义在于，习惯可以作为狭义的法律解释方法或价值补充的工具，但其不能直接适用于法律漏洞的填补。在填补法律漏洞时，习惯必须转化为习惯法，其原因在于，一方面，习惯仅仅作为狭义法律解释的根据时，其不是直接作为一个法律渊源存在的，其只是作为阐释法律规范的根据、含义的辅助手段而存在的，只是为了帮助法官更好地理解、说明法律文本的含义。因此，其本身是否具有法律约束力，是否得到社会公众的普

---

① ［德］卡尔·拉伦茨：《德国民法通论》（上册），谢怀栻等译，法律出版社2002年版，第7页。

② 王伯琦：《近代法律思潮与中国固有文化》，清华大学出版社2005年版，第310页。

③ 周林彬等：《物权法中的“习惯”的法经济学研究》，载谢晖等主编：《民间法》（第7卷），山东人民出版社2008年版，第194－195页。

④ 汤建国等主编：《习惯在民事审判中的运用》，人民法院出版社2008年版，第34页。

遍遵守，具有社会惯行性，法官无须加以过多考虑。但是，在适用习惯法填补法律漏洞时，因为习惯法是直接作为一种法律渊源加以适用的，故其是否具备法律规范的内在属性，则必须加以严格的审核。[①] 另一方面，习惯作为法律解释的依据出现时，是不能直接引用的，法院还是依据相关法律条文进行裁判，习惯只是帮助法官理解、论证法律条文的含义时具有一定的辅助作用。所以，这些习惯是否满足法律渊源的要件，法官并不需要多加考虑。而在法律漏洞填补时，法院需要直接引用习惯法作为案件裁判的依据，故需要对于习惯是否具备法律的属性，加以更加严格的审查。此外，习惯在满足一定要件，经审查后，可以成为习惯法，直接作为案件裁判的依据。但是，一般情况下，并非所有的习惯都具有这样的效力。

三、习惯法填补法律漏洞的程序

1. 确定漏洞

习惯仅能够补充法律，而不能修改现行法。因此，只有在现行法存在漏洞时，才有适用习惯法的必要。制定法存在法律漏洞是运用习惯法填补法律漏洞的前提。在认定法律漏洞时，我们必须区分两个概念，即“法”和“法律”。“法律”是指制定法，而“法”是指一切具有普遍约束力的行为规则。存在法律漏洞时，只是表明“制定法”本身存在缺陷，不能表明“法”存在缺陷。在制定法存在缺陷的情况下，就表明存在法律漏洞，此时可以借助于习惯法等其他法律渊源来填补漏洞。虽然目前成文法体系越来越庞大、越来越详尽，其中更包含像公序良俗、诚实信用等一般条款，但是，受限于成文法立法技术的限制，其仍然不可能完全预见现实生活中所有的纠纷，预设相应的法律规范，故仍然需要借助于习惯法等予以漏洞填补。

需要指出的是，如果法律法规已经明确规定在何种情况下应当适用习惯，此时是否认为仍存在法律漏洞？例如，我国《民法典》第 289 条明确规定：“法律、

---

① 杨建军：《惯例的法律适用》，载《法制与社会发展》2009 年第 2 期。

法规对处理相邻关系有规定的，依照其规定；法律、法规没有规定的，可以按照当地习惯。”笔者认为，这种情况并不符合法律漏洞的构成要件。一方面，法律漏洞是立法者由于立法技术的不完整性，对于现实生活中的纠纷考虑不足，以致在法律规范中留下了空白，法官在案件裁判中无从依据制定法加以裁判。另一方面，既然法律法规已经在法律条文中明确指引法律适用者在一定情况下采用习惯来裁判案件，这就说明立法者已经充分预见到了相关社会纠纷的存在，并意图加以有效的规范。虽然限于立法技术的限制，立法者没有提出明确的规则，但其已经明确授权司法者采用习惯来作为案件裁判依据，故这种情况下，不能认为是立法者的一种立法漏洞，因为此时法律对其已经作出了规定，只不过运用了“不确定概念”，所以，法官应当根据社会生活来具体确定“当地习惯”的含义，这实际上是不确定法律概念的具体化问题，而非漏洞填补问题。所以，采用习惯法填补法律漏洞必须是特指法律法规没有明确规定，且法律法规也没有明确授权采用习惯来裁判案件时直接引用习惯来裁判纠纷的情形。

2. 找寻习惯

找寻习惯是采用习惯法填补法律漏洞的必经步骤。找寻习惯既是一个当事人举证证明的过程，也是一个法官依职权判断的过程。在习惯找寻过程中，应当完成如下几个步骤。

第一，习惯存在的证明。习惯不同于习惯法，习惯本身是一个事实问题，所以，需要当事人举证证明。每一方当事人都有义务证明和质证该习惯的存在和内容。法官没有必要为了当事人的利益而主动地找寻习惯的存在，否则，会丧失法官的中立立场。而作为漏洞填补的习惯法，其性质上属于法律，而不属于事实，因此它属于法律依据问题，是属于法官依职权而查明的事项，不应当要求当事人提供证据证明。当然，如果当事人为了获得有利裁判而自愿予以证明，法官也不必禁止。

第二，在多个习惯存在的情况下，确认和案件最密切关联的习惯。民间存在的习惯可能数量众多，法官在依据习惯进行漏洞填补时，必须选择与系争案件关系最为紧密的习惯，而不能任意加以选择。此种关联性的判断，既是法官的义务，也是依职权进行的判断。例如，在某案件中，当事人在转让房屋时，未特别约定是否应当将门前的一对石狮子作为从物一同转让。原告认为，依据《民法典》第 320 条，主物转让的，从物随主物转让，故该对石狮子应当连同房屋一并转让。但被告对于该对石狮子是否属于从物提出了异议。关于从物的理解，《民法典》本身并没有作出明确的规定，而当事人又没有作出特别的约定，因此，在发生争议后，是否应当根据当地习惯来确定该对石狮子是否属于《民法典》中的从物？笔者认为，习惯也可能存在交易习惯、当地的生活习惯等。如果几种习惯之间存在矛盾，对此应当以交易习惯来确定漏洞填补的依据。换言之，如果当地的交易习惯认为石狮子并不能独立存在，而应当连同房屋一并转让的，则该对石狮子应当被认定为《民法典》中的从物；反之，如果当地交易习惯认为石狮子可以和房屋分离而独立存在，并不需要必然地连同房屋一并转让，则该对石狮子并非《民法典》中的从物。

第三，习惯的适用范围的判断。习惯都是在特定区域、特定人群内适用的，超出了此范围，即不存在习惯适用的空间。法官在适用习惯裁判案件时，必须要判断当事人是否都是适用习惯的合适对象，对于非习惯适用范围内的当事人，法官不得采用习惯作为相关纠纷的裁判依据。例如，在“李金华诉立融典当公司典当纠纷案”中，当事人就绝当后当户能否再单方要求赎回当物发生争议。对此，《典当行管理办法》没有作出明确规定。上海市静安区人民法院认为，绝当后，消灭当户基于典当合同对当物的回赎权，既不违反法律规定，也符合典当行业的惯例和社会公众的一般理解。典当行业也有自己的一些行业习惯，这些行业习惯在不违反现有法律、法规禁止性规定的前提下，也应当作为处理典当纠纷时的参照。[①] 再如，关于家庭共有财产的分割，哪些人属于家庭成员，并可以参与共有财产的分割，哪些财产属于共有财产，可以分割，以及在实际分割中应当采用哪些方法，也可以考虑当地的习俗。[②]

① 《最高人民法院公报》2006 年第 1 期。

② 例如，将家神柜一般分给长子；大银杏树可以分给长子，银杏树大小不等的，适当贴补差价；对于家庭贡献较大的长子，可分给长孙适当的份额。参见姜堰市人民法院审判委员会讨论通过的《关于将善良风俗引入分割家庭共有财产的指导意见》。

3. 审核习惯

审核习惯，就是对习惯的合法性判断。将习惯上升为习惯法，必须要经过法官的审核认定。如果不作任何的审查与过滤，使陈规陋习堂而皇之地成为有约束力的法律，会破坏法律本身的安定性与人们对法律的稳定预期。

习惯上升为习惯法，需要满足形式和实质两方面的要件。从形式上说，习惯需要经过法官严格的审查，确定其已经具备了法律的内在属性时，方才可以直接作为法律渊源裁判案件。就实质而言，习惯上升为习惯法必须满足如下条件。

一是习惯已经形成了约束人们行为的规则，人们对于其存在已经产生了一种“法的确信”。习惯不像成文法是立法者主导或者介入之下形成的，而是在长期的生活和交易过程中，日积月累逐步自发形成的。例如，在有些地方建造粪坑、汪溏、灰堆等，不能正对邻居家的门窗；烟囱的安置不得对准邻居的大门；航行中，装有粪便等污秽物品的船只应当避让其他船只，等等。[①] 有的习惯已经作为行为规则存在，得到了普遍的认可，而有的习惯仅仅是在特定条件下、特定时期内形成的，并非具有普遍约束性。对于后者，虽然我们在解释相关法律规范时可以酌情考虑，但其是不能被承认为习惯法的，不可以用于填补法律漏洞。此外，如果习惯不是行为规则的话，法官也无法直接援引其裁判案件。

二是不违反法律的强制性规定和公序良俗。习惯作为千百年以来人们生产生活经验的总结，林林总总、包罗万象，不可能所有的习惯都能发挥法律漏洞填补的功能，更不能将所有的习惯都直接作为司法案件裁判的规则。习惯要转化为习惯法，就必须能够作为法律渊源，纳入整个法秩序之中。因此，习惯要转化为习惯法，就必须对其进行“合法性”判断。此处所说的“合法性”包括不违反法律的强制性规定和公序良俗。在实践中，“合法性”的判断是由法官在个案裁判过程中具体认定的。

4. 论证说理

以习惯法来填补法律漏洞是否需要进行论证说理？如前所述，只要法官对于

① 汤建国等主编：《习惯在民事审判中的运用》，人民法院出版社 2008 年版，第 61－62 页。

法律漏洞的存在以及习惯法的存在进行了论证，就可以直接引用习惯法来裁判案件，而无须对于该习惯法为什么能够适用于此案件的裁判以及适用的合理性再进行阐述和论证。例如，在上海发生的一个案件中，某装修公司因其装修工自杀在业主的房屋内，法院判决其应当赔偿业主的精神损失，但驳回了业主关于房屋贬值损失的索赔。[①] 在该案中，我国现行法对于侵害房屋所有权情况下的精神损害赔偿并没有作出规定，这实际上构成了法律漏洞，因此，可以借助于习惯来进行填补。该案的法官若需要以习惯法来填补法律漏洞，首先，需要判断法律漏洞的存在；其次，需要论证对于侵害房屋所有权情况下的精神损害赔偿是否存在某种习惯；再次，对习惯是否不违反法律强制性规定和公序良俗应当进行论证，也就是说，要证明该习惯是否具有习惯法的效力。在本案中，法官应论证，根据习惯，新婚夫妇的新房不能是“凶宅”（即发生过不正常死亡等伤害事件的房屋），故该装修工人的自杀行为必然给当事人造成心理上的伤害，即精神损害。所以，笔者认为，只有在存在法律漏洞的情况下才能运用习惯来填补漏洞，否则，就属于价值补充的范畴。

四、依习惯解释的规则

（一）遵循法律的强制性规定和公序良俗

既然习惯已经上升到法的渊源的层级，那么，其当然不得与制定法中的强制性规定相互冲突，否则，就会与立法者制定强制性规定的立法目的相违背。不论是作为具体裁判规则的习惯，还是用于填补法律漏洞的习惯，都应当与其他法律渊源之间保持一致，而且其内容都不得违反法律的强制性规定。违反法律强制性规定的习惯不能作为漏洞填补的依据。还应当看到，公序良俗是广义上的违法性判断标准，如果习惯违反了法秩序的统一原则，违反了法律的强制性规定和公序良俗，就不能成为漏洞填补的依据，这就是习惯的合法性控制。它意味着在运用习惯来填补漏洞

① 上海市黄浦区人民法院（2000）黄民初字第608号民事判决书。

时，该习惯必须符合法律的强制性规定与公序良俗的要求。如果与这两者相互冲突，其也不能取得法的渊源的地位，否则，法治的原则就会受到破坏。

（二）习惯须经司法审查才能成为漏洞填补的依据

无论是何种习惯，即便当事人对其有法的确信，也不能自动地成为漏洞填补的依据，须经法官的认可方能上升为习惯法。庞德曾指出："习惯就是司法决定的习惯，而不是民众活动的某个习惯。"① 在我国，民间存在诸多习惯，它们也在很大程度上规范或影响着人们的行为。大量的习惯是可以作为法律渊源的，但是，在填补漏洞时，习惯不能直接作为裁判规范。在裁判过程中，只有在面对尚未成为法律的习惯时，对其是否属于习惯法的判断才十分必要。此项任务通常要在司法过程中完成。

（三）习惯应具有特定的适用范围

习惯是特定区域、特定人群在长期的生产生活实践中形成的行为规则。在特定区域或行业内，习惯为人们所公认，并能约束该地区、行业的人们的行为，而超出了此范围往往不能得到社会公众的认可。因此，在寻求裁判依据时，不能把特定地区的习惯推及全社会，也不能将特定行业的习惯适用于所有行业。除非相关的地区、行业具有相同的习惯，才可以参照既存习惯规则来裁判案件。如果将非本地区、本行业的习惯强加于某地区、某行业的当事人，将可能导致不公正的裁判结论。因此，即使是作为填补法律漏洞的规则，也必须以特定习惯的适用对象和范围为前提。

第五节 基于比较法的漏洞填补

一、比较法方法的概念和特点

在法律解释学上，比较法的方法是指通过借鉴国外立法和判例，并结合我国

① ［美］本杰明·卡多佐：《司法过程的性质》，苏力译，商务印书馆 1998 年版，第 35 页。

法制背景和社会实际，确定裁判依据以填补漏洞的方法。例如，我国 1995 年的《保险法》没有规定保险人因投保人未履行告知义务而行使解除权的期限，实践中经常发生争议，但是，通过比较法的解释，解除权的行使应当在一定的期限内（如 1 个月）进行。① 因此，有的法院在个案裁判中通过比较法的方法弥补了这一缺陷。

茨威格特在其《比较法导论》开篇引用了德国诗人诺瓦利斯的名言，“一切知识和认识都可溯源于比较”。在传统的法律解释方法上，并没有比较法的方法，但是，自 19 世纪德国的历史法学派倡导比较法方法以来，推进了比较法研究方法的发展。② 自 20 世纪以来，比较法的研究方法日益重要，并成为法学研究普遍认可的重要方法。随着经济全球化的发展，比较法的方式彰显出其日益重要的地位，比较法学也成为法学中的重要学科。而比较法研究方法的发展，也必然导致比较法的方法成为法律解释的重要方法。

比较法的方法在法律解释中的运用，主要就是运用比较法的方法来填补法律漏洞。例如，我国《民法通则》规定了具体人格权，但没有规定一般人格权，而实践中出现了许多新型人格权（如网络环境下的隐私权等）法律纠纷。最高人民法院在制定有关精神损害赔偿的司法解释过程中，采用了比较法的方法，借鉴了德国等其他国家的判例和学说关于一般人格权的经验，在该司法解释中确立了人格尊严权。按照起草者的解释，这实际上是借鉴了德国的经验，采纳了一般人格权的概念。③ 《民法典》的颁布为运用比较法方法填补漏洞带来新要求。由于《民法典》基本形成了较为完备的民商事制度体系，基本能够满足裁判对规则的需求，且由于《民法典》的制定本身就是建立在对比较法经验的总结和吸收基础

---

① 例如，《德国保险合同法》第 20 条规定：“解除权仅可以在一个月内行使。该期限自保险人知道告知义务的违反之时起算。”《日本商法典》第 645 条第 2 款也规定：“自保险人知道解除权原因时起 1 个月内不行使，该解除权消灭。自合同订立时起经过 5 年亦同。”这些经验都是值得借鉴的。

② 张鼎昌：《比较法之研究》，载何勤华、李秀清主编：《民国法学论文精萃》（第 1 卷），法律出版社 2003 年版，“基础法律篇”，第 524 页以下。

③ 陈现杰：《人格权司法保护的重大进步和发展》，载《人民法院报》2001 年 3 月 28 日。需要指出的是，我国《民法典》第 990 条第 2 款已经明确规定了一般人格权。

之上，因此借助比较法填补漏洞的必要性就大大降低，但是这并不意味着比较法的方法丧失意义。法典的滞后性总会导致漏洞存在，在一些通过传统方法难以解决问题时，比较法的解释方法仍然有意义。但是需要注意的是，在《民法典》颁行后，进行比较法解释不再意味着直接援引外国法，直接依据外国法进行裁判，而是在有必要的情形下，总结比较法的经验，从而寻求可以借鉴的做法。因此，使用比较法的方法填补漏洞实际上是借鉴比较法的经验，而非简单照搬、援引，要将符合《民法典》立法目的的比较法的经验内化于我国的法律体系之中再进行适用。作为一种漏洞填补的方法，比较法方法的特点表现在：

第一，它是在个案中因缺乏本国法律规则而采纳的法律解释方法。该方法运用的前提是出现了法律漏洞。但这种漏洞不同于一般的法律漏洞，是指适用于个案的本国法律规则明显缺失。在适用比较法时，其前提是本国的实定法上存在法律漏洞，然后需要考察在其他国家和地区的法律规定上，是否存在解决同一问题的法律规定并予以借鉴。虽然在存在法律漏洞的情况下，也可以运用抽象、宽泛的法律基本原则来填补，但毕竟比较法较之于基本原则更为具体，因为比较毕竟是具体制度的比较，其有助于发现具体的制度和规则。通过比较法的方法，可以确立具体的规则，而且，这些规则经过国外的司法运用已经成为成熟的经验，值得借鉴。

第二，它是采用比较的方法来借鉴可供适用的法律规则。从学理上讲，关于“比较方法”存在不同的界定，有关于概念的比较，也有所谓功能的比较。[①] 笔者认为，漏洞填补中的比较主要包括两个方面：一是不同外国法律制度之间的比较。其中，比较的对象包括了各个国家相关具体制度的差异，立法背景的异同以及判例学说的演进路线；二是外国与中国的比较。比较法方法不能脱离我国的实际，必须结合我国的实际来进行比较分析。一方面，比较法的方法在应用中不仅

① 功能主义比较方法是指观察者必须尽量全面地观察所比较的对象，将之放在特定地域的整体制度以及关联因素制约的大背景下进行分析和评判，将之定位为具有特定功能的关联系统的一个子系统。参见［德］K. 茨威格特、H. 克茨：《比较法总论》，潘汉典等译，贵州人民出版社 1992 年版，第 56－58、77 页。

应当考虑概念和规则的比较，还应当注重概念背后的价值判断、立法意旨等因素，否则，根本无法准确进行比较。茨威格特指出："比较法的问题，不是关于不同国家的法律制度的概念结构，而是它的法律制度的功能，比较法的方法是对不同社会秩序解决问题的办法重新从它们各自的现实，从它们所实现的各自社会目的进行相互比较。"① 另一方面，比较法方法必须在我国宪法和法律的框架内进行，它既不能与我国宪法的规则和原则相冲突，又不能与我国法律的目的和精神相违背。比较法不能与本国的社会生活实际相冲突。法为人而定，非人为法而生。每一个制度和体系安排，都要反映本国的历史文化传统，符合社会的实际需要。春秋战国时期的晏子曾经说过："橘生淮南为橘，生于淮北为枳。"所以，在运用比较法方法时，一定要结合中国的实际，不能简单地从国外的经验出发来确定我国的应有规则，更不能削足适履，盲目引入相关制度。需要指出的是，借鉴比较法的经验填补漏洞，并非意味着在裁判中直接运用外国法裁判案件，只是借鉴外国法经验，总结出妥当的裁判规则填补漏洞。

第三，它是运用国外成熟的制度经验来填补漏洞。它山之石，可以攻玉。人类的一些经验是具有共同性的，包括运用法律手段协调利益冲突的法律经验。这在民商事领域体现得更为明显。尤其是随着经济的全球化发展，国际交往日益频繁，法律已经出现了相互借鉴和融合的趋势，一些规则甚至呈现出国际化和统一化趋势，这在合同、担保和票据等领域尤为明显。这表明，民商事领域的许多规则是可以相互借鉴的。如果在比较法上，存在着对具体问题进行协调的具体的法律规则，在不与本国的法制背景和社会背景相冲突的情况下，运用国外的经验解决本国的问题也具有较高的可行性。因为比较法的资料浩如烟海，不可能援引所有的立法，而只能援引与裁判有密切关联的域外法律制度。尤其需要注意的是，比较法的方法中并不包括参照国外的学说。国外的学说见解虽然也可能会作为法官填补漏洞的依据，但是，如果这种学说尚未被域外司法实践所采纳，则通常不应当用于填补本国法律漏洞。

① [德] K. 茨威格特、H. 克茨：《比较法总论》，潘汉典等译，贵州人民出版社1992年版，第80页。

梅里曼指出："法律根植于文化中，它在一定的文化范围内对特定社会在特定的时间和地点提出的特定要求产生反映。"[①] 法律虽然具有本土性，但是作为一种文化，又可以相互借鉴。在我国，无论是立法实践还是法学研究，比较法的方法可谓是最常见的方法。[②] 但在我国司法实践中，这一方法却很少作为解释方法加以运用。这主要是因为我们强调依法裁判，所以，即便出现法律规则缺失，法官宁可适用比较抽象的法律原则，也一般不援引比较的做法，以防止不能依法裁判。实际上，这种做法的结果可能导致向一般条款逃逸。从我国法院的司法实践来看，法官在裁判中基本不可能表明其是参考了国外立法、判例，但是，从其实际推理过程来看，其时常采用了比较法的方法。例如，在"捡到彩票中奖案"中，彩票已经被人刮开并丢弃，属于抛弃物。因此，杨某和张某拾得彩票后，不能按照遗失物的规则处理，也不能类推适用法律关于遗失物要返还失主的规定。鉴于其他漏洞填补的方式也无法解决本案的纠纷，笔者认为，可以采取比较法的方法，借鉴各国民法典所普遍采纳的规则，即通过先占制度来解决，拾得人可以通过先占取得彩票权利。杨某和张某拾得彩票后，已经符合先占的条件，应当享有对彩票的所有权。而奖金作为彩票的法定孳息，也应当归属主物的所有人。再如，在"杨丽娟诉广州某报名誉侵权纠纷案"中，广州市中级人民法院借鉴美国法中公众人物人格权应受限制的规则，认定杨丽娟为"自愿型公众人物"，其名誉权应受限制。[③] 可见，采用比较法的方法也有助于填补法律漏洞。

二、比较法解释方法的运用

为了保障比较法方法在漏洞填补中发挥应有的作用，防止法官随意照搬外国法裁判中国案件，有必要为比较法方法确立一些运用规则。笔者认为，如果运用比较法方法，应当遵守如下程序。

---

① ［美］约翰·亨利·梅里曼：《大陆法系》，顾培东、禄正平译，法律出版社2004年版，第155页。

② 米健：《比较法学与近现代中国法制之命运》，载《现代法学》2005年第2期。

③ 《杨丽娟名誉权案败诉 被称自愿型公众人物》，载《华商报》2009年9月23日。

1. 确定本国法中存在规则缺失现象。运用比较法的方法填补漏洞，首先是要确定存在法律漏洞，其填补的漏洞具有一定的特殊性。这种特殊性表现在，本国法的相关规则明显缺失，而且对此种缺失存在着共识。该漏洞既不是因为规则具有高度的模糊性，也不是表现在规则的冲突和矛盾，而是因为缺乏任何关于待决案件的规则。虽然这些情形也可以采用一定的原则来判案，但是，因为从比较法中可以发现国外已经提供了比较成熟的经验，所以，还是应当采用国外的规则经验。

2. 确定是否可以采用除基本原则之外的其他漏洞填补的方法。毕竟比较法解释方法是一种借鉴域外制度经验的做法，如果现行法能够提供裁判案件的法律基础，就没有必要运用比较法解释方法来填补漏洞。但借鉴比较法的经验，需要能够确定出具体规则，并能用于填补漏洞，而在运用这一方法时，不能完全根据外国法来裁判案件。

3. 采用比较的方法确定可适用的规则。采用比较的方法确定可适用的规则，应当是国外的成熟的制度经验，其应当具有如下几个特点：一是应当是成熟的域外经验。用于漏洞填补的规则，应当是经过国外的实际运用，被证明为有效的和妥当的规则。某一个新型的规则可能代表了法律的发展方向，但是，如果没有经过实践的检验并被证明是行之有效的，也不宜借鉴。二是国外的具体制度的借鉴。用于填补漏洞的比较法制度应当是具体的制度，因为具体制度通常是国外已经成熟的经验，而且易于确保二者在具体功能上的相似性。与通过法律原则填补漏洞的方法相比，比较法方法的优势就在于其能够提供具体的规则，如果其仅仅是法律原则的借鉴，则完全可以通过基本原则来填补，没有运用比较法的必要。三是要考虑其是否符合我国的国情。作为法律继受国家，我国应当非常重视比较法的研究，但是，比较法不仅是对外国制度和学说的介绍，而且要结合中国的立法和学说，并且要对二者进行比较分析。比较法的方法不能离开对某项法律规则社会背景的分析，不能只是引出某个法律条文或者某个学者的观点来支持对中国法的某一看法。例如，关于物权行为理论，从德国学者的角度来看，其符合德国法律人偏好抽象思维的特点，但是，其并不符合中国的国情，我国法律并没有采纳这一理论区分负担行为和处分行为，所以，不宜作为法律解释的因素。

4. 关联性分析。所谓关联性，是指与诉争案件具有相关性，法官应当对此予以论证，如果与诉争的案件没有关联，就没有必要予以参照。与其他漏洞填补方法不同，比较法的方法参照的对象是国外相关的立法和判例。在无法通过其他方法得出法律解释结论时，解释者采用比较法解释方法，通过综合比较相似法域的法律制度，得出比较法上关于处理待决法律关系的法律经验。在选择参照的对象时，要确定域外的法律制度是否与我国的法律制度具有类似性，从而可以使得比较法的借鉴与国内法的规定保持体系性。决定采用哪种模式的关键因素主要有两个：第一，案件事实是否与比较法上的规则所假设的事实相同；第二，待决案件所基于的背景是否与比较法规则存在相同的背景。如果存在一些差异，则应当根据个案的具体情况，对比较法制度加以调整，得出能够适用于待决案件的具体规则经验。为发挥比较法作为解释方法的功能，有必要区分两类案件：一类是在非涉外案件中，诉争案件缺乏适当的国内法调整，也没有相似的国内的指导性案例调整。这时可能需要直接援引或者参考国外立法、判例的做法，对国内案件作出裁判。① 另一类是涉外案件中的比较法运用。在涉外民商事案件中，案件可能依当事人约定或法律规定适用某国或地区的法律，法官因此需要寻找并适用外国法律。② 从严格意义上讲，此种方法与我们通常意义上所说的比较法解释存在本质的差异，因为，根据国际私法规则寻找到的比较法的规则就是裁判案件的真正法律依据，不需要将其转换为国内的某项具体规则之后再适用。

5. 通过比较分析确定可供适用的大前提。需要强调的是，并非所有比较法上的规则都能直接适用。具体来说，对规则的采纳有两种不同方法：一种是直接适用的方法。例如，在《物权法》颁布之前，我国司法实践在通过比较法解释方法适用善意取得制度时，基本上沿用了比较法上关于善意取得制度的构成要件。第二种是加工改造的方法。比较法的解释，应当在中国的语境下进行探讨，不能完全离开中国的语境，而纯粹从外国的话语、术语出发进行探讨。例如，“营业”

① 朱景文：《比较法总论》，中国人民大学出版社 2004 年版，第 68 页。

② 朱景文：《比较法总论》，中国人民大学出版社 2004 年版，第 67 页。

和“营业权”的概念在中国已经多年不用，而采用“经营”“经营权”的概念，如要运用国外“营业”和“营业权”的制度经验，可以在概念上进行适当的改造和加工。从比较法的分析得出来的经验，必须与中国的实践相结合，以确定是否符合中国国情。

三、依据比较法填补漏洞的规则

无论是在法学研究领域，还是在法律适用领域，比较法方法都是被广泛应用的方法，但这种方法并不是简单地照搬域外法律体系的经验和做法。如果比较法方法适用不当，有可能背离国情，甚至会因生搬硬套造成对既有法律体系的破坏。正如科夏卡尔（Koschaker）所说，“劣质比较法比根本不存在任何比较法更糟糕”①。为了克服比较法方法可能带来的弊端，该方法的运用也应当遵循一定的规则。

比较法的运用要遵循一定的规则，法官不能随意使用比较法的方法进行法律解释。具体来说，比较法解释方法应当遵循如下规则。

（一）全面比较规则

此处所说的全面比较，是指从比较法的角度探寻可供适用于特定案件的大前提，不仅要了解国外针对相应社会关系采用的法律规则，而且要了解域外规则产生和存在的经济、社会、文化背景和法律传统，判例学说的演进、发展脉络，确定影响该制度的根本因素。比较法的视野应当宽广，不仅要重视大陆法系的经验，而且要关注英美法系的经验。通常，比较法的方法主要适用于国际化程度比较高的领域（如合同法等具有国际通用性、惯例性的商事交易规则），在固有性较强的领域，比较法的方法一定要慎重使用。例如，在《民法典》物权编、婚姻家庭编等领域，其具有较强的固有法色彩，应当谨慎运用比较法方法。值得注意的是，在寻求比较法的渊源时，除了关注一些成熟国家的法律制度、规则和经验

---

① 丁南：《论民事审判中的比较法解释》，载《当代法学》2003 年第 12 期。

之外，还可以考察比较法上判例和学说的发展经验，观察他国法律发展的动态和趋势。例如，《民法典》合同编中的履行不能、瑕疵担保责任等在国外逐渐被淘汰的法律制度，就缺乏借鉴的意义了，因此就没有必要予以借鉴。

（二）结合国情规则

法律是根植于特定历史时期、特定社会背景下的一种文化，是诸多因素综合影响的产物。[①] 比较法的借鉴中应防止因片面借鉴域外法律制度带来的弊病。我们之所以要求全面比较，说到底，也是要考察在外国土壤中孕育的法律制度能否生长在中国的法律体系中。各国法律制度运用的社会背景不同，如语言、文化、地理等，这也会影响到比较法运用的效果。同时，在比较法的情况下，法官的主观因素介入的可能性较大，因为各国的法律制度之间差异较大，选择哪个国家的法律规则来运用，可能受到法官主观因素的影响。借鉴比较法的经验说到底也是为了解决本国的法律问题，既然比较法是为了解决在个案中的裁判依据，弥补本国法规定的不足，那么，考察域外制度必须与中国的法律体系和社会背景相吻合。一方面，在借鉴外国立法、判例和学说时，应以不违反本国法律的整体精神为前提。例如，有些国家的法律规定，非婚生子女的继承份额只是婚生子女的一半。这一规定显然与我国《民法典》继承编的基本原则是相冲突的，因为我国《民法典》继承编采平等原则，婚生子女和非婚生子女都具有平等的法律地位。另一方面，在借鉴外国立法、判例和学说时，也要考虑我国法律规则与外国法律规则的区别。例如，我国《民法典》不承认不动产留置权，因此，在解释《民法典》第 807 条的规定时，就不宜借鉴国外的不动产留置权制度。此外，在借鉴外国立法、判例和学说时，还要考虑我国的社会实际情况，必须与本国的法律体系相吻合。

（三）关联性规则

所谓关联，是指域外的法律规则和判例原则所提供的成熟的规则经验能够

---

① John Henry Merryman & Rogelio Perez-Perdomo, *The Civil Law Tradition: An Introduction to the Legal Systems of Western Europe and Latin America*, 3nd ed., Stanford University Press, 2007, p. 150.

适用于具体的案件，或者说这些规则与具体个案的事实具有相关性。比较法的解释方法不同于比较法的研究方法，其不是为了单纯地梳理法律制度发展的历史，也不是为了总结丰富的规则存在形态，而是为了借鉴能够适用于特定案件的法律依据。一方面，比较法的方法，并非在任何情况下都可以运用，也不是要运用外国法来裁判案件。只有在具体案件中因为本国法律没有规定，形成个案规则的缺失时，才有必要运用比较法解释方法。如果本国法律有规定，只是其不明确时，此时，不能直接援引比较法经验来裁判，因为在此情况下，我们可以采用其他漏洞填补的方法来解决。① 另一方面，在漏洞填补中运用比较法的方法，必须要确定比较法的规则是否涵盖了待决案件所体现的法律事实，尤其是能不能与具体的案件事实发生联系。在这个过程中，法官应当通过充分的说理论证，来说明该规则适用于个案的合理性。如果所找到的法律规则不能与待决案件的事实相契合，无论该规则在体系上和精神上如何完美，也不能轻易适用。

第六节　基于法律原则的漏洞填补

一、基于法律原则的漏洞填补的概念和必要性

（一）基于基本法律原则进行漏洞填补的概念和特点

如前所述，法律原则主要适用于漏洞的填补。基于法律原则的漏洞填补，是指在存在法律漏洞时，法官根据法律原则进行创造性的司法活动，确定司法三段论中的大前提。从比较法上来看，许多国家民法典中都明确规定，在法律没有规定的情况下，应当依据基本原则填补漏洞。例如，《葡萄牙民法典》第 10 条第 3 款规定，在存在法律漏洞的情况下，“以解释者自己定出之规范处理，而该规范

① 丁南：《论民事审判中的比较法解释》，载《当代法学》2003 第 12 期。

应与解释者如为立法者根据法治精神制定之规定无异”。《意大利民法典》第 12 条更明确规定，在存在法律漏洞的情况下，首先适用类推的规则，“如果仍然存在疑问，则应当根据国家法制的一般原则加以确定”。这就在法律上明确了法律原则可以作为漏洞填补方法，使法官进行此种漏洞填补具有了明确依据。这种方式给予了法官一定的造法的权力，所以，很多制度从中演进出来。例如，情势变更原则就是从诚信原则之中演化出来的。[①] 再如，在各国早期合同法中，都没有缔约过失责任，但近几十年来，各国法院通过创造性的判例，基于诚实信用原则承认缔约过失责任，填补了合同法体系上的漏洞。大陆法系普遍认为，将由多数针对不同的构成要件赋予相同效果的法律规定得出“一般法律原则”，该原则在评价上也同样可以适用到法律并未规整的案件事实上。[②]

法律基本原则虽具有抽象性，但具有极强的包容性和适应性，而且这些原则都体现了法律的价值和精神。所以，依据法律的基本原则进行漏洞填补不失为一种有效的办法。例如，在“盛丰诉宜兴市茂达装潢工程公司空间利用案”中，鉴于空间权纠纷缺乏法律依据，江苏省宜兴市人民法院根据原《民法通则》第 4 条关于诚实信用原则的规定作出了判决。[③] 再如，在合同因价格的急剧变动而发生单方变更合同、因合同条款不明确时的履行义务的确定、在订约过程中一方因故意违反允诺而造成另一方的损失等案件，其中不少案件的裁判结果充分体现了公平正义的要求。[④] 基于法律原则进行漏洞填补的特点在于：

第一，基于法律原则的漏洞填补适用于各种法律漏洞。法律原则本身是非常宽泛的，是一切具体法律制度的发展来源，根据各项基本法律原则可以推导出一切具体法律制度。因此，基于原则的漏洞填补方法是一个兜底性寻法工具。从理论上说，几乎所有的漏洞能够运用原则来填补，这也是基于原则的法律漏洞填补方法与其他漏洞填补方法的重要区别。也就是说，该方法的适用范围是最为宽泛

---

① ［德］魏德士：《法理学》，吴越等译，法律出版社 2005 年版，第 354 页。

② ［德］卡尔·拉伦茨：《法学方法论》，陈爱娥译，商务印书馆 2004 年版，第 260 页。

③ 《中国审判案例要览》(2003 年民事卷)，中国人民大学出版社 2004 年版，第 58 页。

④ 吴小晗：《在自由与公正间抉择》，载公丕祥主编：《法官办案经验》，法律出版社 2009 年版，第 121 页。

的。虽然，采用基本原则填补漏洞的前提是存在漏洞，且没有可供适用的具体法律规则。但据此，一方面，如果仍然可以援引有关的具体规则判案，法官首先要援引具体规则，即便规则存在模糊性、体系违反等，法官也要通过文义解释、体系解释等方法尽可能弥补法律具体规则的缺陷，而不能援引法律的基本原则。另一方面，基本原则不能作为狭义的法律解释方法，因为在狭义的法律解释中，即使法律存在缺陷，法官也应当通过具体的规则来作出判决。在采取狭义的法律解释和价值补充的情况下，都是在可能的文义范围内进行的解释，仍然没有超出文义的射程范围，不能称之为创造性司法活动。例如，在“勋怡公司诉瑞申公司财产权属纠纷案”中，上海市高级人民法院认为，双方当事人恶意串通，隐瞒事实，编织理由进行诉讼，企图通过法院的确权来对抗法院的查封，是诉讼欺诈行为，违反了原《民法通则》第 4 条关于民事活动应当遵循诚实信用原则的规定。① 笔者认为，在该案例中，通过诉讼欺诈行为来变更产权登记，在性质上可以解释为一种侵权行为，可以扩张适用《民法典》第 1165 条第 1 款的规定，而不必援引基本原则填补漏洞。

第二，它需要法官运用基本法律原则进行漏洞填补。德沃金认为，法律解释的对象既包括“法律规则”（legal rules），又包括“法律原则”（legal principles），这两者皆为法官判案的依据。在疑难案件中，法官即使无明确的“规则”可依，也并非无“法律”可依，因为构成法律的尚有“原则”，其将可以为法官提供足以解决一切案件的依据。② 原则是指包括立法、司法和执法在内的总的指导思想和根本法律准则。能够填补漏洞的原则具有如下特点：一是具有高度的抽象性和概括性，原则“不预先设定任何确定的、具体的事实状态，没有规定具体的权利和义务，更没有规定确定的法律后果。但是，它指导和协调着全部社会关系或某一领域的社会关系的法律调整机制”③。法律原则与规则的区别在于，原

① 《最高人民法院公报》2004 年卷，第 366 页。

② 林立：《法学方法论与德沃金》，中国政法大学出版社 2002 年版，第 66～67 页。

③ ［美］迈克尔·D. 贝勒斯：《法律的原则》，张文显等译，中国大百科全书出版社 1996 年版，第 486 页。

则具有一般性，而规则具有具体性。[①] 法官在裁判案件中，通常只能援引具体的规则来作出判决，而不能援引抽象的原则，否则就属于“向一般条款逃逸”。但是，在存在明显漏洞的情况下，争议的案件没有具体的规则可供援引，法官又不能拒绝裁判，其只能依据基本原则来进行漏洞填补。正是因为原则具有高度的抽象性和概括性，它只能作为最后的漏洞填补方法。因为法律原则几乎可以普遍适用于该法律领域的所有问题，如果依据原则来填补漏洞可以优先适用，则其他漏洞填补方法就没有存在的必要。二是具有法定性。依据法定的原则填补漏洞，是指该原则由法律明文规定，不应当包括没有成文化的原则。“在有些情况下，一般的法律原则部分地被制定法明文规定，此时，它也可以作为漏洞填补的依据。如果特定的法律原则只是部分地被‘成文化’，此时，超越法律上规定的范围后，该原则仍然要用于漏洞填补。”[②] 我国《民法典》总则编和各分编都规定了法律的基本原则，可用于填补法律漏洞，法官可运用法定的基本原则进行法的续造。因为用于漏洞填补的一般的法律原则是具有普遍适用效力的，所以，可以用来作为填补漏洞的依据。[③] 但因为法官是依据法定的原则来填补漏洞，所以，其填补漏洞是有法律依据的，这决定了法官可以援引基本原则的规定作为裁判依据。尤其是我国法律中往往开宗明义地宣示该部法律的基本原则，这也为法官依据法定的原则填补漏洞提供了立法基础。三是具有价值性。基本原则具有价值判断的功能。通常，法律的基本原则集中体现了特定法律的价值取向，它是指导立法行为的，应当具体化为法律规则，从而规范人们的行为。因为基本原则都体现了法律的价值取向，通常要考量基本原则的价值是否可以涵盖特定的案件，而一般不进行立法目的考量。由于民法的基本原则最集中地反映了法的公平、正义等价值，因此，法官在裁判中遇到法律缺乏具体规定的情况，援引民法的基本原则进行裁判，无疑可有效地进行漏洞的填补。自由、平等等价值“常常关联到对法律原则

① ［美］迈克尔·D. 贝勒斯：《法律的原则》，张文显等译，中国大百科全书出版社 1995 年版，第 13 页。

②③ Franz Bydlinski，Juristische Methodenlehre und Rechtsbegriff，Wien/New York 1982，S. 488.

的性质和结果的评价”①。所以，运用基本原则时，要考虑特定案件是否符合基本原则所包含的价值。例如，在有关公平责任的案件中，法官就要考虑是否适用民法的公平和平等的价值；在有关欺诈的案件中，法官就要考虑是否适用民法的诚信价值。正因如此，运用基本原则填补漏洞，也可以实现法律的基本价值。

第三，它需要法官运用基本原则创设具体规则。填补漏洞的前提是具体规则的缺失，法官的找法活动仍然需要寻找某个具体的规则，并将这个规则与具体的案件事实相连接。运用基本原则填补法律漏洞时，虽然适用的是基本原则，但这并不是说法官就应简单地直接根据基本原则作为裁判的依据，因为从原则直接到裁判结论的做法缺乏说服力。例如，公平正义是一项基本的法律原则，如果仅仅根据该原则来填补法律漏洞，则一切案件都可以据此得以裁判，那么，当法律制度不清晰或者有复数解释时，都可以直接依据基本原则裁判，而无须其他解释方法了。另外，从司法三段论的角度来看，漏洞填补就是要确定大前提，基本原则不包含构成要件和法律后果，无法作为大前提。② 因此，正确的做法应当是先根据基本原则推导出一个适用于特定案件的具体规则。例如，在“非典”期间，因为情势变更致使合同不能履行，但我国法律并没有规定情势变更原则。实践中，有的法官直接依据公平正义的基本原则作出了判决，这显然是不妥当的。如果法官能够先根据基本原则推导出情势变更之类的具体规则，再将其适用于具体案件，不但增强了法律解释结论的准确性，而且提高了裁判结论的说服力，增进了司法裁判的可接受性。

第四，它是填补漏洞的方法中的后位的方法。因为一方面，该方法是兜底性的工具，只是在其他漏洞填补方法不足以达成可供适用的规则时才适用；另一方面，此种方法给予了法官较大的自由裁量权。因为基本原则非常抽象，其适用范围十分宽泛，事实上，它几乎可以涵盖所有的情形，采用基本原则来填补漏洞，就导致其他方法几乎没有适用的余地。法官应当首先借助于习惯法、目的性扩张、目的性限缩、类推适用的方法进行漏洞填补。在这些方法都无法运用时，才

① ［美］迈克尔·D. 贝勒斯：《法律的原则》，张文显等译，中国大百科全书出版社 1995 年版，第 8 页。

② 徐国栋：《民法基本原则解释》，中国政法大学出版社 2001 年版，第 32 页。

借助法律原则进行漏洞填补。因此，即使存在漏洞，如果能够通过目的性扩张或类推适用等方式填补漏洞，也不必采用基于法律原则填补漏洞的方式。例如，在《物权法》颁行之前，就空间权的设定而言，如果可以依据建设用地使用权进行目的性扩张，就不应运用基本原则进行漏洞填补。但是，当时的法律并没有允许设立空间权，所以，通过目的性扩张来进行漏洞填补不符合立法目的，而只能借助于法律的基本原则来填补漏洞。这主要是考虑到，在上述方法中，法律解释毕竟依托于一定的规则，如此，可以尽可能保证法律适用中的安定性。在基于法律原则进行漏洞填补的时候，也要进行具体化，将其作为后位的漏洞填补方法，可以尽可能保证法的安定性，符合立法目的。所以，庞德指出："没有一个公式能够告诉我们什么行为是不道德，从而是不正当的……讲究实际的法学家所关注的是将各种不同的情况加以归类，并找出每一类情况所应适应的特定原则。"[①] 一般来说，在各种填补漏洞的方法中，如果采取其他的方式填补与依据法律基本原则填补发生冲突，应当优先适用其他漏洞填补方法。当然，如果难以通过上述方法填补法律漏洞，可援用诚信原则等直接填补法律漏洞。"诚信原则具有弹性，内容不确定，系有待于就特定案件予以具体化的规范，论其功能，实为实体法之窗户，实体法赖之以与外界的社会变迁，价值判断及道德观念相联系，互相声息，庶几能与时俱进，故一般判例学说均视诚信为法律之基本原则。"[②]

（二）依据基本原则填补漏洞的功能及局限性

基本原则不仅体现了立法目的，而且是法律价值的集中体现，但是，法律的基本原则也是法理的重要组成部分。依据基本原则填补漏洞主要发挥如下几个方面的功能。

一是确定法律适用的依据。法律的基本原则是作为漏洞填补的手段，这就是说，它的运用就是为了明确司法三段论中的大前提。当然，法律的基本原则运用于法律适用之中，其必须转化为具体的规则。从审判实践来看，我国法院已经就

---

① ［美］庞德：《通过法律的社会控制法律的任务》，沈宗灵、董世忠译，商务印书馆 1984 年版，第 99 页。

② 王泽鉴：《民法学说与判例研究》（第 1 册），中国政法大学出版社 1998 年版，第 303 页。

运用基本原则来填补漏洞进行了有益的尝试。例如，在实践中，法院依据诚信原则确立了情势变更规则、悬赏广告等规则。最典型的是在“李珉诉朱晋华、李绍华依据悬赏广告支付报酬案”中，法院在判决中认为，朱晋华、李绍华负有广告中许诺的给付报酬义务。被告辩称“寻包启示”许诺给付报酬不是真实意思表示，事后反悔，拒绝给付李珉酬金 15 000 元，有违原《民法通则》第 4 条规定的诚实信用原则，是错误的。① 这些都表明，依据基本原则进行漏洞填补就可以明确法律适用的依据，从而进行司法三段论的推理。

二是贯彻法律的基本价值。基本原则体现了法律的基本价值，既可以为法律解释提供价值指引，也为正确的价值判断提供基础。基本原则是在历史的进程中，经过不断的认识和实践，成为任何人都难以否定的行为标准，例如，平等原则、自由原则等。川岛武宜认为，法律的基本原则在一定的历史时期内具有客观性和稳定性，而且与特定时期法律的基本理念是一致的，并体现了一定的普适性。所以，基本原则可以为法官进行价值判断提供基础和参照。② 基本原则反映了特定法律中基本的价值取向，是法律中理念的集中体现。在审判实践中，一些法院曾援引诚实信用原则处理过有关合同因价格的急剧变动而发生单方变更合同、因合同条款不明确时的履行义务的确定、在订约过程中一方因故意违反允诺而造成另一方的损失等案件，其中不少案件的裁判结果充分体现了公平正义的要求。按照 Paul 教授所言，法官必须从法律的基本原则、精神、司法制度的基本功能、法律追求的社会效果等考虑，进行充分的说理。如果缺乏合理的、充足的理由，就不应进行漏洞的填补，这就是还原正义。③

三是作为论证的基础和依据。在进行狭义法律解释和价值补充时，法律原则可以成为法官说理论证的依据。例如，在进行目的解释、体系解释时，需要进行解释选择，法律原则所体现的立法精神和立法目的即可成为解释选择的依据。拉

---

① 《最高人民法院公报》1996 年第 1 期。

② 段匡：《日本的民法解释学》，湖南大学出版社 2005 年版，第 279 页。

③ Paul Delnoy，Elément de méthodologie juridique，Larcier，2006，Bruxelles，p. 390.

伦茨认为，基本原则也可以指目的、合理的理由、规整的原则。[①] 如果出现某一具体的法律规范在案件中的适用违背法律的根本目的时，民法基本原则则授权法官依据实际要求对具体法律规范加以变通适用，以确保立法所追求的公平正义在个案中得到实现。[②] 这也表明，依据基本原则填补漏洞在一定程度上也是符合立法目的的。在立法之时，立法者之所以要规定高度抽象的法律原则条款，就是希望在出现立法不能预料的新情况时，法官能够运用其填补法律漏洞，完成对案件的裁判。通过基本原则填补漏洞，可以使法律适应社会发展的需要，这最终也是符合立法目的的。正如有学者所指出的："法官可根据社会生活发展的需要，通过解释基本原则，把经济、政治、哲学方面的新要求补充到法律中去，以使法律追随时代的发展而与时俱进，实现法律的灵活价值。"[③] 例如，在"辽宁立泰实业有限公司与徐某房屋买卖合同纠纷上诉案"中，当事人就违约责任发生争议，法院认为，被告的行为构成违约，应当承担违约责任，关于违约金数额的确定，法院在运用原《合同法》关于违约责任的规定时，即参照了原《合同法》第 6 条所规定的诚信原则。[④]

但是，运用基本原则填补漏洞仍然存在明显的局限性。我国审判实践中出现的运用基本原则来判案的"偏好"，仍有待于受到合理的限制。此种方式的局限性在于：一是可能导致"向一般条款逃逸"。所谓"向一般条款逃逸"，是指在存在法律规则的情况下，法官不援引法律规则，而直接援引法律原则来作出判决。逃逸的结果会使具体的法律规则虚化，法官严格司法的要求也受到挑战。法官可能会按照其个人喜好，决定是否适用法律的规定。例如，在本可以适用《民法典》第 1186 条（即公平责任条款）的情况下，仍然要适用民法基本原则，这就使得法律关于公平责任的规定似乎形同虚设。二是赋予了法官过大的自由裁量权。例如，在"勋怡公司诉瑞申公司财产权属纠纷案"中，某高级人民法院认

① ［德］卡尔·拉伦茨：《法学方法论》，陈爱娥译，商务印书馆 2003 年版，第 214 页。
② 孙钻：《略论诚实信用原则》，载《金陵科技学院学报（社会科学版）》2005 年第 1 期。
③ 徐国栋：《民法基本原则解释》，中国政法大学出版社 2001 年版，第 356、357 页。
④ 辽宁省抚顺市中级人民法院（2014）抚中民三终字第 00580 号民事判决书。

为，双方当事人恶意串通，隐瞒事实，编织理由进行诉讼，企图通过法院的确权来对抗法院的查封，是诉讼欺诈行为，违反了原《民法通则》第 4 条关于民事活动应当遵循诚实信用原则的规定。[①] 笔者认为，在该案例中，通过诉讼欺诈行为来变更产权登记，在性质上可以解释为一种侵权行为，可以扩张适用原《民法通则》第 106 条第 2 款的规定，不必援引基本原则填补漏洞。三是不利于法律适用的统一。法律的基本原则不包括具体的构成要件和法律效果，裁判的结果可能是千差万别的，从而不利于法律适用的统一，使法律适用的可预见性受到挑战。另外，法律的基本原则本身也是多元化的，其价值取向也可能存在冲突，例如，平等原则和公平原则之间就是存在相互限制的关系的。法官依据不同的基本原则作出判决，其结果也可能存在较大的差异。

二、依据基本原则填补法律漏洞的步骤

（一）确定适用前提

如前所述，依据基本原则填补漏洞，必须是存在漏洞，且不存在具体的相关规则，这是适用法律基本原则的前提。具体来说，它包括三个方面。

第一，漏洞的识别和确定。依据基本原则来填补漏洞的方法，其适用范围非常广泛，几乎可以适用于一切法律漏洞。但是，基本原则的运用前提是存在法律漏洞，即法律对于特定案件应当作出规定而没有作出规定。在识别漏洞的过程中，必须要确定是否存在具体的法律规则，只有不存在可供适用的具体法律规则时，才能认定法律漏洞的存在。此处所说的具体规则，不仅包括一般的法律规则，而且包括一般条款和不确定概念，此外，还包括运用法律漏洞的填补方法仍然无法确定应当适用的法律规则。例如，我国原《合同法》不承认情势变更原则，在《合同法司法解释二》出台之前，情势变更制度属于法律漏洞。该规则的缺失显然不能满足实践需要，如 2003 年非典的出现，导致住宿合同、旅游合同

① 《最高人民法院公报》2004 年卷，第 366 页。

取消，如果不认可情势变更原则，当事人的利益关系很难得到妥善调整。所以，我国一些法院根据对诚信原则和公平原则的解释，创造性地解释出了情势变更原则。[①] 当然，即使法律没有作出规定，但属于法外空间的，也不属于法律漏洞，不能运用法律的基本原则。

在司法实践中，有的法院在有明确的法律规则可以适用、不存在法律漏洞的情形下，仍然依据基本原则进行裁判，这显然不符合法律原则的适用方法，也可能使相关的法律规则成为具文。例如，在“薛某与周某某民间借贷纠纷案”中，被告周某某因经营所需，于 2012 年 11 月 2 日向原告薛某借款人民币 28 000 元，约定 2013 年 6 月 15 日前归还，并出具借条一份。借款到期后，经原告多次催要，被告均以种种理由予以推诿，至今未能偿还。后原告诉至法院，请求被告还本付息。法院认为，“原、被告之间的民间借贷关系合法有效，应受法律保护。被告向原告借款人民币 28 000 元，借款到期后，被告未能归还原告借款，其行为有违诚信原则，应及时归还借款。”[②] 在该案中，债务人在借款到期后未按时还款，债权人有权基于合同关系请求其承担违约责任，而法院忽略违约责任的具体规则，而直接依据诚信原则进行裁判，显然有失妥当。

第二，穷尽了狭义法律解释方法和价值补充的方法。一般来说，只要确定了法律漏洞的存在，就不可能运用狭义的法律解释方法和价值补充的方法。例如，在“帕某诉张某某等道路交通事故损害赔偿纠纷案”中，当事人之间的机动车发生碰撞，造成受害人受伤，其车辆受损。法院认为：“由于张某某已向原告给付了 25 000 元。相抵后，张某某的赔偿义务已履行完毕。对于多支付的部分，张某某虽没有明确要求原告退还，但本院认为，在其不知应承担多少赔偿额的情况下，难以明确主张退还多少。另从原告诉讼主张中主动扣除被告方已付款的意思表示以及被告张某某表达的愿依法承担应承担的部分的意思表示，表明张某某希

① 相关案例和司法实践中的具体做法，参见吴小晗：《在自由与公正间抉择》，载公丕祥主编：《法官办案经验》，第 121 页。《民法典》第 533 条已明确规定了情势变更。

② 江苏省如东县人民法院（2014）东栟民初字 0273 号民事判决书。

望退还为原告多承担的部分。为体现公平原则，原告应再退还张某某 8 072.19 元。”① 虽然该裁判结论是妥当的，但其直接援引公平原则进行裁判，是值得商榷的。针对机动车之间发生交通事故，应实行过错责任的归责原则，根据《道路交通安全法》第 76 条的规定，“机动车之间发生交通事故的，由有过错的一方承担赔偿责任；双方都有过错的，按照各自过错的比例分担责任”。此处所说的过错，一般认为，主要是机动车一方因故意或过失违反了有关道路交通安全的法律法规和规章，或者因驾驶不当导致了交通事故的发生。在机动车之间发生损害的情况下，只要双方证明自己没有过错，就可以减轻或免除责任。所谓按照各自的过错比例分担责任，也就是指根据过错程度的大小来确定责任，过错越大则责任越重。所以，对本案应当按照上述规则进行裁判，确定当事人的责任，而不应当直接援引公平原则进行裁判。只有在出现法律漏洞的情形下，才能直接援引法律原则进行裁判。

但是，基本原则的特殊还表现在，有些基本原则还表现为法律的规则，如诚实信用原则本身也可以以不确定概念和一般条款的形式表现出来。这就要求，在法律解释过程中，尽量通过狭义法律解释方法和价值补充的方法来确定大前提。例如，能够通过具体化的方法确定大前提，就不必适用法律的基本原则。我们之所以要区分基本原则的不同表现形式，其意义也在于此。

在没有穷尽狭义的法律解释方法和价值补充方法的前提下，如果我们将法定化的法律原则作为裁判的依据，则我国民法的适用中将不存在法律漏洞。因为法律原则本身可以以高度抽象和概括的方式涵盖民事各个领域。例如，《民法典》第 3 条规定：“民事主体的人身权利、财产权利以及其他合法权益受法律保护，任何组织或者个人不得侵犯。”因为民事权益既包括权利，又包括权利之外的各种利益，假如侵害任何民事权益的行为都可以依据该条进行保护，就不必设置侵权法，也不存在侵权法上的漏洞。事实上，法律原则大多是价值的宣示，不宜直接作为裁判依据。从法律解释学的角度来看，法官可以运用法律原则进行漏洞填

① 新疆维吾尔自治区吐鲁番市人民法院（2014）吐民初字第 523 号民事判决书。

补，但这并不说法律原则涵盖了所有情形，就不存在法律漏洞。

第三，穷尽了其他漏洞填补方法。漏洞填补方法中的习惯法、类推适用、目的性扩张、目的性限缩，这些都以比较明确的法律规则为基础，而基于法律原则来填补漏洞则应当作为最后一种填补漏洞的方法。这主要是因为，基本原则的适用范围非常宽泛，其体现了法律的基本价值，所以，它几乎可以适用于各种法律漏洞，涵盖各种情形。例如，诚实信用原则作为帝王条款，其几乎可以适用于所有民事领域。如果基于原则填补漏洞优先适用，则其他的漏洞填补方法就没有了适用的空间，也几乎没有了存在的价值。另外，基本原则的适用存在较大的任意性，法官所享有的自由裁量权较大。因此，法律的基本原则作为漏洞填补的依据，其应当作为后位的方法。举例而言，就法律的基本原则和类推适用来看，它们的区别比较明显：被类推的法律规定包含了构成要件和法律后果两个部分；而法律原则仅仅包含了价值取向或者一般的价值目标，它并不包含明确的法律后果。[①] 类推适用对于保障法的安定性具有重要意义，而法律的基本原则却难以保障法的安定性，因此，同等条件下，应当优先适用类推方法，而非以法律基本原则进行漏洞填补。

（二）适用基本原则

1. 寻找适当的基本原则

尽管法律原则较多，但在寻找基本原则时，应当把握如下规则。

第一，要尽可能寻求法定化的基本原则。基本原则可以分为两类：一类是法律上明文规定的基本原则，如《民法典》合同编规定的合同自由原则，《民法典》物权编规定的物权法定原则等。另一类是法律上没有规定的基本原则。例如，学者从《民法典》合同编的规定中推导出的鼓励交易原则（promoting trade）。就漏洞填补来说，这两类基本原则都可以作为漏洞填补的依据。原则上，运用基本原则来填补漏洞，要首先依据法律上明文规定的基本原则。其理由主要在于：一方面，在我国，民事立法中往往开宗明义地规定了基本原则。

① Franz Bydlinski，Juristische Methodenlehre und Rechtsbegriff，Wien/New York 1982，S. 485.

从而将法律原则予以成文化，这与很多国家的民法中并不规定法律原则存在明显的区别。大陆法系国家往往不在法律中规定基本原则，它常常在具体条文中有所体现，并经过学者的总结和提炼而形成基本原则。这就决定了，在我国，法官能够从法律中寻找到可供适用的基本原则。另一方面，既然法律对基本原则作出了明文规定，法官在解释法律时就可以援引相应的法条。虽然依据的并非是法律规则，但是毕竟是依法裁判。而如果仅仅适用学者总结出来的基本原则，就可能导致其权威性不足。此外，非法定化的基本原则究竟包括哪些，本身就存在争议。法律上明文化的基本原则是立法者意志的表达，而学者总结的基本原则则表现了学者的认识。所以，不能首先以法律上没有规定的基本原则作为解释的依据。如果以非法定化的基本原则直接作为裁判依据，则可能出现类似情况不同处理的现象。

需要指出的是，在例外情况下，如果法律中没有规定某项基本原则，法官是否可以援引从现行法的规定中归纳出的法律的基本原则？此类原则是以现行法的若干规定为基础，归纳出其背后的一般价值和目标。[①] 例如，以《民法典》合同编、《民法典》总则编的相关规定为基础，归纳出债的相对性原则。笔者认为，基本原则本身也处于不断的发展变动之中，立法规定的基本原则虽然涵盖范围广泛，但是，仍然有可能存在无法涵盖的案件类型。另外，法律已经规定了若干具体的规则，但是，其没有规定背后共同蕴涵的基本原则，法官也可能有必要从中抽象归纳出某项原则。例如，我国学界通说认为，一物一权是我国《民法典》物权编中的一项基本原则，该原则的确立是物权的支配性特征、排他性效力、优先性效力得以存在的重要理论基础。但是，与“平等保护”原则不同的是，我国《民法典》物权编并没有通过法律条文直接规定该原则。再如，很多学者认为，鼓励交易是《民法典》合同编的一项基本原则，是判断合同效力问题的重要准则，但是，《民法典》合同编也未明文规定该原则。对于依据法律规定总结出来的基本原则，必须存在坚实的基础，可能还需要借助于法制史学的研究，从过去

① Franz Bydlinski, Juristische Methodenlehre und Rechtsbegriff, Wien/New York 1982, S. 485.

的判例、法律规范订定的由来、历史的沿革等来发现。[①] 尤其是还必须对其进行检验，确定其是否与现行法的规定或者原理相冲突。如果存在冲突，也不能用于漏洞填补。[②]

第二，尽可能考虑特定法律领域的特殊的基本原则。就民法来说，其基本原则的类型很多，除了适用于整个民法领域的基本原则外（如平等原则、自愿原则），还存在民法内部各个具体领域的基本原则，如物权法的基本原则、合同法的基本原则等。一般来说，在成文法国家，法律原则在实定法上可以分为如下类型：一是等级最高的法律基本原则。这主要体现为正义原则。法律的精神就是正义，整个民法都以追求公平正义为目的，它是最高的理念，也表达了法律的最高目的。二是民法所普遍适用的基本原则。例如，《民法典》第 5 条至第 9 条规定了自愿、公平、诚实信用、公序良俗、绿色原则等，都是实体法规定的民法的基本原则，它可以适用于整个法律部门。其中，有些原则需要通过法律规则来具体化，而有些原则并不需要通过法律规则来具体化。法律用专门的条文规定了法律原则，这些规定并不直接涉及当事人之间的权利义务关系，也不涉及法律后果。三是民法内部各个法律领域自身的原则。例如，物权法中的公示公信原则，合同法中的合同自由原则、鼓励交易原则等。在这三个层次中，要尽可能寻找更为具体的原则。因为越具体的原则，其与裁判的联系就越密切，而且，法官的裁量权也受到更多的限制。同时，寻求更具体的原则，也可以为案件的裁判提供更具体的价值指引。

在此需要探讨的是，是否有必要将宪法的原则作为填补漏洞的依据？笔者认为，宪法的根本法地位决定了其原则几乎都已经转化为各个部门法中的原则，所以，部门法的原则已经足以作为填补漏洞的依据，而不必再借助于宪法的原则。另外，从保持各个法律部门相对独立性考虑，宪法的原则也不宜直接进入各个部门法。因此，就民法而言，漏洞填补的依据就是民法的基本原则。例如，宪法上的平等原则已经具体化为民法上的平等原则，即《民法典》第 4 条关于“当事人

---

① 杨日然：《法理学论文集》，月旦出版公司 1997 年版，第 9 页。

② Franz Bydlinski，Juristische Methodenlehre und Rechtsbegriff，Wien/New York 1982，S. 486.

在民事活动中的法律地位一律平等”的规定，因此，填补漏洞的依据应当是《民法典》第4条，而不应当是宪法上的平等原则。

2. 相关性检验

针对各个法律的基本原则，如何选择最恰当的基本原则来适用，这就有必要进行“相关性检验”。所谓“相关性检验”，是指通过分析确定待决案件与特定的法律基本原则能够实现最佳的契合，即选出一个最佳的适用于具体个案的原则。在进行相关性检验时，首先必须对具体案件中需要调整的法律关系性质进行判断。不同类型的法律规范协调不同类型的利益关系，其所应遵循的相对具体的法律原则也可能存在差异。例如，在交易背景下的民事法律关系中，更多地强调当事人的意思自治和合同自由。在非交易背景下的民事法律关系中，更多地强调固有权利的保护和公权力的限制等精神。“相关性检验”是以对待决案件事实的精确分析为基础的，从而确定待决案件不能适用其他的法律原则予以处理。其次，要考虑案件事实与法律基本原则的相关性。例如，就具体的案件事实或者说法律关系，其与何种法律的基本原则具有最大的相关性。

3. 对基本原则的阐释

法律的基本原则必须具体化，因为基本原则是高度抽象的，其只有通过具体化才能演化为构成要件和法律后果，从而为待决案件提供大前提。以“公序良俗原则”为例，该原则也可以归入不确定概念的范畴。在两大法系，公序良俗是法官填补漏洞时所遵循的重要依据。当然，“公序良俗”一词本身抽象程度较高，比较模糊。“有时候它所包含的内容，完全就是法律演变过程中，立法或司法功能上，最根本的伦理、政治和社会等诸原则和概念。”[①] 在缺乏可供援引的规则的情况下，法官根据公序良俗原则作出裁判，已成为适用法律的一种方式。[②] 再如，在英美法上，“公共政策”也是一项基本原则。正如博登海默所指出的，在美国，公共政策“主要是指尚未纳入法律中的政府政策和惯例”，已经起着裁判

① 邓衍森：《法律哲学上司法造法的若干问题》，载《台湾法律学报》第4卷第2期，第166页。

② Winfield P. H.，“Public Policy in English Common Law”，42 *Harv. L*，*Rev.* 76（1929）.

案件的独立法源作用。[①] 此种经验也可为我国司法实践所接受。我国原《民法通则》第 2 条虽规定“民事活动必须遵循法律，法律没有规定的，应当遵守国家政策”，但最高人民法院的有关司法解释提到，在没有法律规定的情况下，应依据国家的政策进行裁判。学界也有人认为，在运用法律原则填补漏洞时，也应该以政策作为填补漏洞的依据。笔者认为，此种观点值得商榷。因为政策时常灵活多变，且通常是以内部文件的形式下达于各有关机关，因此，要求全体公民均以此作为行为规则确有一定的困难。所以，政策如果作为法律解释的依据，必须将其法定化、具体化。《民法典》中并没有将政策规定为法律渊源，可见政策并非法律规定的渊源。

对基本原则进行阐释，并非意味着要对每一项原则进行准确的定义。因为原则不同于一般的概念和术语，它体现的是法律的基本价值，甚至是法律的最高价值，因此，其是无法定义的。我们所说的要对其进行阐释，具体表现为：第一，要阐明原则所包含的基本价值，从而为法官填补漏洞提供价值指引。例如，公平原则体现了公平的价值，而诚信原则体现了诚信的价值。这些价值也可能是特定法律领域内公认的基本价值，例如，平等、公平、诚信等。第二，要阐明基本原则的适用范围及其限制。例如，合同自由原则可以适用于合同领域，而遗嘱自由原则仅适用于遗嘱领域。一般来说，法律的基本原则往往会受到限制，例如，自愿原则要受到诚信原则的限制。这一限制也可以理解为基本原则的例外。结合特定案件，我们也要考虑这一例外情形是否出现。第三，基本原则应尽可能转化为具体规则。基本原则具有非法律规范性的特点，法律规范都包含了构成要件和法律后果两个部分，而基本原则之中并不包含这两部分，仅仅确定了价值取向。而在法律解释中，以基本原则来填补漏洞，应将其转化为包含了构成要件和法律后果的具体规则。例如，诚实信用原则用来填补漏洞时，就必须将其转化为情势变更制度的规则。第四，如果运用某个原则会与其他原则的运用发生冲突，就要进行解释，以确定适用特定基本原则的合理性。考虑到法律的基本原则之间存在相

① ［美］博登海默：《法理学——法律哲学与法律方法》，邓正来译，中国政法大学出版社 1999 年版，第 449 页。

互冲突、相互补充的特点，法官在必要的时候，需要综合运用两个甚至两个以上的法律基本原则进行漏洞填补。尤其是法律的基本原则通常都是多元的，而且多个法律基本原则之间往往还会存在一定的冲突。在此情形下，需要考虑各种利益，选择妥当的法律原则填补漏洞。

（三）基本原则与案件事实的连接

基本原则虽然具有较高的抽象性和适用的宽泛性，但是，其仍然要与特定的案件事实相连接。在填补漏洞时，要考虑基本原则与案件事实是否一致。在依据基本原则填补漏洞时，考虑到民法的一般原则过于抽象和概括，且法律的基本原则自身并不包括明确的构成要件和法律效果，如果以其为依据进行漏洞填补，就会给予法官过大的自由裁量的权力。所以，法官在填补漏洞时，还应当尽可能使其具体化。在实践中，有些法官判案时直接援引某项原则作出判决，而常常没有指明该项原则与案件事实的连接。甚至在很多案件中，都援引公平原则来判决，但是，实际上其所依据的判决理由过于空泛，有的法官依据其所理解的公平原则作出此种判决，而有的法官则依据其所理解的公平原则来作出另一种判决，这就不能实现类似问题类似处理。所以，在运用基本原则填补漏洞时，必须实现基本原则与案件事实的连接，具体来说：

第一，要尽可能运用比较具体的原则。就民法而言，凡是能够适用民法中各个领域的特殊原则的，就不应当再适用民法的一般原则。例如，《民法典》第5条中的“自愿”原则，已经具体化为合同自由原则。[①] 所以，在合同案件中，例如对于合同形式的自由选择，可以直接援引《民法典》第469条的规定，而不应再援引《民法典》第5条的规定。

第二，在运用基本原则填补漏洞时，要根据案件的需要尽可能将其转化为具体的规则，因为毕竟直接援引基本原则得出裁判结论过于宽泛。如果法官将其运用到具体案件时，可以将其具体化为规则，就可以使其更有针对性。例如，从诚信原则中解释出的情势变更原则。

---

① 《民法典》第5条规定：“民事主体从事民事活动，应当遵循自愿原则，按照自己的意思设立、变更、终止民事法律关系。”

第三，在同一法律内部，如果法律就特定制度规定了基本原则，则不应再运用该法律的一般原则。例如，《民法典》第241条规定："……用益物权人、担保物权人行使权利，不得损害所有权人的权益。"其是针对他物的行使所确立的原则，不应适用于其他领域。

（四）充分的说理论证

在运用基本原则进行漏洞填补时，法官享有较大的自由裁量权，所以，法官要进行充分的说理论证。这不仅有利于防止法官滥用其自由裁量权，而且，要实现法的稳定性，就必须强化法官的说理论证的义务。由于基本原则较为抽象，在其适用于具体案件时，需要确定法律规定与案件事实之间是否存在密切联系。如何能够将抽象的原则适用到鲜活的事实，就需要法官对这一过程进行充分的论证和说理，以证明其裁判的合理性，并非"向一般规定的逃逸"。法官应以基本原则以及依据原则所阐释出的规则为大前提，以案件事实为小前提，从而得出判决的结果，并对这一过程进行完整而充分的论述。例如，原告之父去世以后，在出殡的当日，全家处于悲痛之中。被告是其邻居，因平日与原告不和，就在该日故意播放喜庆欢快的音乐，严重扰乱了原告家里悲痛的气氛。原告认为，被告的行为使其遭受极大的精神伤害，要求赔礼道歉，并赔偿精神损失。本案中，因缺乏法律适用的依据，法官就可以适用法律的基本原则裁判。本案中，法官认为，被告的行为违背了公序良俗原则，判令被告赔礼道歉。但是，法官在解释的过程中应当尽可能进行具体化的阐释，需要对基本原则的可适用性、其内容的具体化进行详细的说理论证。

第四编

价值判断与利益衡量

第十章
价值判断

在逻辑的背后总是隐藏着人们对价值和相互冲突的立法理由的判断。——［美］霍姆斯①

法律适用的法律方法是在形式上实现立法规定的实质性的价值判断的理论。——［德］魏德士②

不管是在实践的领域，还是在理论的领域，法学涉及的主要是价值导向的思考方式。——［德］卡尔·拉伦茨③

案例：

1. “私自开车肇事案”：周某是某行政管理部门的司机。2010 年 3 月 5 日，周某晚上下班正要回家，接到女朋友的电话，要送她回家。依据规定，下班后驾车回家，必须取得单位同意。但周某未经同意便私自驾车接女友。为了赶时间，周某在经过一个十字路口时，不仅超速而且闯了红灯，恰好与一辆拐弯的车相撞，致该车司机李某重伤，且导致李某的车毁损。在保险公司赔偿之后，因为远

① See Oliver Wendell Holmes, Jr.,“The Path of the Law”, 10 *Harvard Law Review* 457 (1897).

② ［德］魏德士：《法理学》，丁小春、吴越译，法律出版社 2003 年版，第 419 页。

③ ［德］卡尔·拉伦茨：《法学方法论》，陈爱娥译，商务印书馆 2003 年版，第 101 页。

不足以弥补李某的损失。李某在法院起诉，要求周某与某行政管理部门共同赔偿。一审法院认为，周某私自开车回家，属于盗窃行为，依据《民法典》第1215条的规定，应由其自己负责。而二审法院认为，该案属于国家赔偿案件，在本案中因行政管理部门没有看管好自己的车辆，应由行政管理部门承担赔偿责任。

2. “腾讯用户相约自杀案”：上海海事大学学生小范在腾讯QQ群上看到丽水一男青年小张的死亡邀请，小范应邀赶到丽水相约自杀。自杀过程中，小张中途放弃，而小范则自杀身亡。事后，死者小范的父母将小张以及深圳市腾讯计算机系统有限公司一起告上法院，索赔27.9万元。法院宣判小张和腾讯公司分别承担20%和10%的赔偿责任，判决腾讯公司一次性赔偿小范父母死亡赔偿金、丧葬费、交通费的10%，计50 612.50元，精神损害抚慰金5 000元，共计55 612.50元。

3. “旅客欠酒店费用案”：某旅客在酒店住宿时，由于信用卡、现金等丢失，在结账时尚欠约5 000元的费用，该旅客表示愿意将随身携带的物品留在酒店作为担保。虽然旅客的物品价值超过5 000元，但是，酒店服务人员还是不让其离开，要求其必须交付现金。因此，旅客被扣留了一天，耽搁了其行程。更重要的是，该旅客感到自己的人身自由受到非法拘束，故其以精神受到损害为由，到法院提起诉讼，要求赔偿。

第一节 价值判断的概念和作用

司法三段论提供了较为严谨的逻辑推理方法和程序，但这些方法和程序的运用，最终都要服务于法律所秉持的价值取向的实现，体现法律所追求的公平正义。在价值取向多元的社会，价值判断对弥补形式逻辑的不足、确定妥当裁判结论尤为重要。

一、价值判断的概念和特征

价值判断，是指在司法裁判活动中，根据一定的价值取向判断争议所涉及的法律利益，实现法律所追求的公平正义。价值在哲学上是指客体对于主体的某种效用。所谓价值，就是指美好观念或人们追求的事物。[①] 所谓法的价值，就是指作为一种社会规范的法律所体现的、可以满足人需要的功能和属性。[②] 价值判断(Werturteile)，就是以某一选定的标准衡量人、事件和状态等，通常指某一特定客体对特定主体有无价值、有什么价值、有多大价值的判断。[③] 价值判断大多属于应然判断（normative judgment)，强调法律规范应追求怎样的目标，要求判断者秉持妥当的价值立场（判断标准）去解决诉争利益。与价值判断这一应然范畴相对应的是法律的实然判断（priscriptive judgment)，或称事实判断，其关注的重心是现行法已经作出了何种价值判断。实然判断是主流价值取向和价值立场的全面反映。

事实上，法律规范中充满了价值判断，因为任何完整的法律规范都以实现特定的价值观为目的，并对特定的法益和行为方式作出评价。在规范的事实构成与法律效果的联系中，总是存在着立法者诸如正义、自由、平等、效率、安全等价值判断。[④] 价值判断在司法过程中的应用，是以特定的价值作为标准去裁判具有争议的个案。从法学方法论上来说，价值判断就是指在运用司法三段论的过程中，运用特定的价值观念认定事实、选择与解释法律，并最终作出裁判的过程。公正的裁判“一方面要努力使之不与现行法规及法院判例的逻辑体系发生矛盾，另一方面，又不能满足于现存体系的逻辑归结，而要求得到实现对具体案件的价值判断的结果。这两个要求在起着引导作用，这是任何人也不得不承认的”[⑤]。

在裁判活动中，自从概念法学可能导致机械执法的弊端呈现之后，价值判断便愈发受到重视，并成为方法论研究的重要议题。就法律适用而言，如果立法者已经对特定案件事实预设了价值判断结论，则法官的主要任务就是探究并采用立

---

① 张文显:《法学基本范畴研究》，中国政法大学出版社 1993 年版，第 101 页。

② 张文显:《法学基本范畴研究》，中国政法大学出版社 1993 年版，第 255 页。

③ ［德］魏德士:《法理学》，丁小春、吴越译，法律出版社 2003 年版，第 54 页。

④ ［德］魏德士:《法理学》，丁小春、吴越译，法律出版社 2003 年版，第 55 页。

⑤ ［日］我妻荣:《债法在近代法中的优越地位》，王书江、张雷译，中国大百科全书出版社 1999 年版，第 354 页。

法者的价值判断规则，若没有足够重大的理由，通常无须运用自己的价值立场去判断。但在许多情况下，通过法条体现出来的价值取向不清晰，法官无法寻求立法者明确的价值取向，此时，如何进行价值判断，就是方法论所要解决的问题。尤其应当看到，在许多情况下，价值判断就像在茫茫大海中的指引船只方向的指南针，正确的价值导向会使裁判活动导向正确的方向，而错误的价值判断就可能使裁判结果偏离公正的方向，出现所谓形式合法、实质不公的局面。不少判决表面上看，对事实的认定是清晰的，裁判的依据也是充分的，但其结论却明显有悖人们一般认为的公平观念，这在很大程度上就是因为价值判断的错误造成的。因此，从方法论上讨论价值判断，对于保障法官依法公正裁判，具有重大意义。

霍姆斯认为，“在逻辑形式之后，是对于各种不同立法理由彼此之间的相关价值与重要性的判断”①。英国法官秉持规范公权、保障私权的理念，并在此基础上形成了行政法上的两个重要的判例，并分别确立了两项原则：第一项原则是“韦德内斯伯利不合理性”原则。该原则是在 Wednesbury 案中所确立的，在该案中，法官格林指出：“如果一个决策太不合理了，以至于让人觉得这是个不理性的行为时，那么行政机关就无权执行这样的决策。”② 该案确立了“韦德内斯伯利不合理性（Wednesbury unreasonableness）”原则，并成为英国法上控制行政自由裁量权的主要法律原则。第二项原则是保护公民的“合理期待原则”。该原则是在 2001 年的考夫兰（Coughlan）案中确立的，在该案中，主审法官海顿（Hidden）认为，如果行政机关的行为引起了公民的合理期待，那么行政机关就不得损害公民的此种合理期待，否则就可能构成权力滥用。③ 后来，上诉法院将其确立为行政法上的一项重要法律原则，并且成为保障私权的一项重要原则。④由此可见，国外的判例历来强调通过判例向社会传递正确的价值观念。

在我国司法实践中，我们曾经更多地将诉讼的功能局限于定分止争，着眼于

① Holmes，*The Path of the Law*，In Collected Legal Papers（Peter Smith，N. Y. 1952），p. 181.

② Associated Provincial Picture Houses Ltd v. Wednesbury Corporation［1948］1 KB 223 CA.

③ R. v. North and East Devon HA ex p. Coughlan［2001］QB 213.

④ 叶榅平：《遵循先例原则与英国法官的审判思维和方法》，载《比较法研究》2015 年第 1 期。

已经发生的社会争端，目的是让既发的社会争议得到公平的解决。但随着司法活动的逐步公开，司法裁判本身的功能会大大扩张，会从对既有争议的解决，扩大到对潜在行为的引导和对潜在争议的提前化解，传统上我们将立法视为引导人们行为的主要工具，但随着司法判决公开的强化，特别是随着司法判决说理的充分化和公开化，司法判决将与立法在很大程度上发挥类似的社会规范功能，对社会行为具有前瞻性的引导作用。俗话说，“一摞文件不如一纸判决”，实践证明，在个案的裁判中，法官如果秉持正确的价值观，将会对社会公众起到很好的价值引导作用，而裁判中错误的价值判断，则将在全社会产生消极的影响。在“彭宇案”中，“这个动辄自称‘依据常理判断’的判决受到报刊和网络舆论几乎众口一词的谴责，其事实认定部分几乎每一句话都经不起公众同样依常理进行的推敲。”[①] 以“彭宇案”的一审判决来说，法官指出，“相信一个人‘出手做事是事出有因’”，这实际上是表明，“如果不是你推的，你为什么上去扶她?”这就意味着法官在主观上认为，人们一般都没有助人的善心，而都是为了追逐个人利益，如果以此来推己及人，这一价值取向也不符合互帮互助、见义勇为的道德观念。这也反映了正确价值判断在说理中的作用。该案引起整个社会的普遍质疑，从反面也说明了价值判断的重要性。

近几年来，在相关的案例中，司法裁判坚持了正确的价值观念导向，自觉维护和引导并弘扬社会主义核心价值观。例如，在“朱振彪追赶交通肇事逃逸者案”中，张某驾驶摩托车与他人追尾相撞，被撞者受伤倒地昏迷，张某倒地后起身驾驶摩托车逃离现场（交警部门认定：张某负此次事故主要责任）。驾车途经肇事现场的朱振彪发现后随即追赶。张某翻越铁路护栏，自行走上两铁轨中间，被火车撞击死亡。张某的亲人向法院起诉，请求判令朱振彪赔偿 60 余万元。一审法院认定：交通肇事逃逸者行为具有违法性，朱振彪作为普通公民挺身而出，制止正在发生的违法犯罪行为，属于见义勇为，应予支持和鼓励。[②] 在类似的案

① 张卫平《司法公正的法律技术与政策——对“彭宇案”的程序法思考》，载《法学》2008 年第 8 期。

② 《朱振彪追赶交通肇事逃逸者案》，载《人民法院报》2019 年 1 月 16 日。

例中，法官坚持了正确的价值导向，克服了过去“和稀泥”式的做法，宣示了公平正义的价值，收到了良好的社会效果。价值判断的主要特点在于：

第一，价值判断具有一定程度的主观性。它是裁判者根据一定的价值取向在裁判中所作出的选择。在价值多元的社会中，任何人包括裁判者自身，通常都具有不同的价值取向，但在有关的价值取向通过立法过程被确立下来后，法官在案件裁判时对于自身的价值取向便要受到严格的限制。[①] 但需要说明的是，法官裁判案件时并非一定能够找到唯一对应的法律规范。实践中，法官往往或者面临着法律规范的缺失，或者面临着多种可适用法律规范的选择，此时，法官应当发挥自身的价值判断能力，寻找适合的案件裁判规则。正确的价值取向往往是保证裁判结论公正的重要因素，因为价值取向不同，法官面对同样的事实，可能会得出截然不同的结论。例如，在离婚纠纷中，如果秉持优先保护婚姻家庭关系的价值取向，则可能要优先考虑保护对妇女、儿童的合法权益，即使房产登记在男方的名下，如果女方在离婚后无房可住，那么，法官也要考虑保护女方的居住权。再如，在劳资纠纷中，如果法官秉持了充分保护作为弱者一方的劳动者的利益，那么，就可能在有关劳动合同的解除、解除后的补偿等方面会适当倾斜考虑劳动者的利益。如果法官认为应当平等对待劳资双方的利益，甚至认为为了促进投资，要优先保护资方利益，那么，就可能不会考虑这些因素。这就说明，价值判断对裁判结果会产生重大影响。由此可见，价值判断具有一定的主观性和个别性，因而需要通过一定的规则对其加以规范。

第二，价值判断具有共识性。所谓共识性，是指价值判断应当符合主流的价值观。尽管价值判断具有一定程度的主观性，但是裁判活动中的价值判断不同于一般的价值判断，因为它将直接或间接地影响裁判结果。如果允许法官任意地进行价值判断，将无法保证裁判结果的公正性，且会导致裁判结果不具有可预期性。特别是在价值取向多元的情况下，人们所秉持的价值前见不同，则其所能够接受的说服理由也是不同的。因此，需要形成达成共识的论证方法，这些方法都

① 参见许德风：《论法教义学与价值判断》，载《中外法学》2008 年第 2 期。

包含了各种价值共识，有的包含在历史的因素中，有的包含在逻辑的因素中，有的包含了其他国家和地区的经验。在理论上，存在一些共识性的原理，这应当是裁判中遵循的前提，法官如果尊重共识性的原理，其就不必负有较重的论证义务，但如果法官要突破共识性的原理，其就应当负有较重的论证义务。在判断是否具有价值共识时，要准确依循法律所提供的价值判断，即便原有法律所确定的价值与法官的个人情感、好恶相冲突时，也仍应遵循现有法律，作出相应的价值判断。当然，如果现行法律规范的价值判断已经明显滞后，与社会脱节，在适用结果上具有不公正性，则应当由法官在个案裁判中通过漏洞填补的方法作出独立的价值判断，实现个案的公正裁判。当然，法官在进行这一价值判断时，需要进行充分的论证和说理。

第三，价值判断具有指导性。这就是说，价值判断是准确理解把握法律的意旨，从而在利益发生冲突的情况下，指导法官根据立法者确定的法律意旨，为纠纷的解决提供妥当的判断依据。价值判断产生于利益的冲突。准确地说，冲突的利益背后分别代表了利益相关者不同的价值取向。法官所要做的，就是对冲突利益背后的价值取向作出选择。个案纠纷的发生本身就是一种利益冲突，而利益就是一定价值立场的体现，利益就是有价值的事物。每个人有不同的利益需求，并因此存在不同的价值取向。现实中，某个单个的个人或群体的利益和价值取向并非都能得到满足和实现，但他们都希冀能够全部实现自己的利益和价值，此时利益的冲突就在所难免。立法者和法律适用者所要从事的就是在冲突的价值中作出妥当的选择，使一部分人的价值取向得到满足。此种选择妥当与否，就需要一定的价值判断标准。例如，《民法典》的善意取得制度就反映了不同主体之间的利益冲突，法律为了保护交易安全，确认了交易人的利益而牺牲了原财产权人的利益。[①] 再如，《民法典》中相邻关系制度也体现了协调邻里之间的利益冲突，以及价值判断的规则。不动产一方应当顾及另一方的通风、采光、通行等利益，不能为了自身利益的最大化而漠视邻人的利益，这也是法律在不动产权利人之间的

① 熊丙万：《论赃物的善意取得及其回复请求权》，载《法律科学》2008 年第 2 期。

利益冲突中作出了选择。

价值判断就是要依照特定的价值取向，对相互冲突的利益关系进行协调，确定应当受到保护或应当优先保护的利益。价值判断旨在为利益冲突的解决提供妥当的判断依据。在司法三段论中，简单的逻辑推理常常难以实现周全的利益权衡，有必要通过妥当的价值判断实现司法裁判的公平正义。司法裁判是一个说理的过程，也是一个价值判断的过程。说理并不完全是从法教义学上进行的论证，更重要的是要给出价值判断的理由。在裁判过程中，法官作出不同的选择，本身也体现了各种价值的冲突。如果仅仅只是按照形式逻辑进行法律适用，而不进行价值判断，就必然导致机械执法，难以真正实现法律所体现的公平正义价值。以“腾讯用户相约自杀案”为例，本案涉及网络经营者所应当承担的法律责任问题。《民法典》第1194条虽然对此作出了规定，但并没有规定网络经营者应当对于留言进行审查并采取相应的防范措施，以及在此情况下是否需要承担责任的问题。在此情况下，很难通过逻辑三段论的推理直接推断出网络经营者是否需要承担责任，此时就需要法官在案件裁判时进行价值判断予以确定。简单地说，如果认为网络经营者在此情况下负有审查和防范的义务，则可能给予网络经营者课以较重的责任，如此可能会阻碍网络平台的发展与信息的流通；反之，如果从更好地保护网络使用人角度出发，则可能会得出不同的结论。这里就需要法官在价值取向上作出取舍。再如，在“旅客欠酒店费用案”中，涉及酒店是否可以有权进行自助行为，以及自助行为是否过当的问题。我国对于自助行为并没有相关法律依据，此时，只能直接依据明确的、具体的大前提得出裁判结论。本案中，只能由法官援引《民法典》第1165条第1款，根据价值判断的结果，确定酒店是否有过错。本案中，基于人身权优先保护原则，酒店在扣留一定财物已经足以保护其财产利益的情况下还固执地一定要扣留旅客人身，已经侵犯了旅客人身权，故酒店是有过错的，应当承担相应的侵权责任。从上述两个例子中可以看出，简单的司法三段论还无法对于现实中发生的所有案件均作出妥当的裁判，还必须由法官根据具体个案进行一些利益取舍。如果要保护某种利益，就可能使另一种利益受到一定的限制。优先保护某种利益，将会使另一种利益受到影响和损害，无论何种取舍，都是一种利益衡量的问题。

第四，价值判断必须在司法三段论的框架内进行操作。在具体个案中，法律条文规定的详略程度不同，法官价值判断的余地也不尽相同。一般而言，法律规定得越仔细，法官价值判断的空间越小；反之，法律规定得越简略，法官价值判断的空间越大。但无论如何，法官价值判断都必须在司法三段论框架内进行，必须确定大前提，并在大前提和小前提的连接过程中进行价值判断。这就是说，一方面，法官不能仅仅以价值判断直接作为裁判依据，即便是一种法律价值体系内的价值，也具有一定的抽象性和模糊性，其不能直接代替大前提。因此，法官不能直接通过价值判断来作出裁判结论。例如，“旅客欠酒店费用案”中，法官不能简单地仅仅以“人身权高于财产权”就直接得出裁判结论，还要引用《民法典》第 1165 条第 1 款的规定作为依据。另一方面，法官应当以一定价值判断标准去解释法律，形成法律条文和案件事实的密切连接，以解释的结论作为裁判依据。例如，在“旅客欠酒店费用案”中，法官通过“人身自由优先于财产安全”这一价值判断来认定酒店的过错，从而确定酒店是否应当承担侵权责任。法官的整个价值判断过程都必须在司法三段论中进行，而不是直接以抽象的价值标准作为案件裁判依据。虽然法学方法论主要是由司法三段论和价值判断所组成的，但价值判断不能完全独立于司法三段论而存在，在很大程度上，价值判断发挥着弥补司法三段论不足的作用。应当看到，在司法实践中，存在一种倾向，即过度重视价值判断而轻视司法三段论的运用，从而导致在实践中，有时，法官可能在三段论之外作出价值判断，例如，有的地方法院明确提出，司法要积极配合政府的招商引资活动，为本地企业保驾护航。因此，从“服务大局”的政策视角出发，许多学者呼吁司法应当主动介入社会生活的方方面面，除了定分止争、实现司法正义之外，还应当在促进经济建设方面有所作为。甚至有的法官直接根据服务地方经济发展的大局来直接作出裁判，这实际上是以价值判断代替了对法律的具体分析。这些做法在一定程度上背离了司法的规律，可能使司法丧失独立性和中立性。同时，从价值判断的层面而言，实质上是作出了一种不妥当的价值判断。

价值判断是司法艺术的体现。司法者适用法律的工作绝不是一种简单的机械操作工作，而是一种创造性的、艺术性的活动。美国著名大法官卡多佐在指出司法应具有能动性特征时说："我终于承认司法过程上的无固定性，而且我也看见了它们的必然性。我也了解了这个过程上所能达到的最高境界，不是发现，而是创造的工作……"[①] 在现代社会，司法要完成其应尽的正确适用法律的职责，而且要通过其创造性的工作实现司法的正义。在这一过程中，需要大量运用价值判断。我们说价值判断体现了司法的艺术性，是因为，一方面，它实现了司法的公正性，符合了社会对于司法的实际需求；社会在不断发展变化，而法律总是具有一定的滞后性。如果完全照搬滞后的法律规则，来因应已经发生变化的生活，其结果并不能真正实现社会的公平正义。而克服这一缺陷的关键在于，借助于价值判断的方法，可以有效地解决这一问题。尤其是社会生活的发展，常常导致法律漏洞的出现，法官无法从制定法之中寻找到裁判依据，其只能进行漏洞的填补，而漏洞填补的过程主要是进行价值判断的过程。另一方面，它保持了法律体系的完整与和谐，发挥着润滑剂的作用。任何法律体系都要求价值上的统一性。在适用某个具体规范时，法官考虑的规范背后的价值判断越复杂，则越难以将连接一个案件和另一个案件的法律价值作出区分。但如果法官根本不考虑规范背后的价值，则其也是不可能准确适用法律的。[②] 法官不可完全拘泥于法律的文字，而应从实际的社会需要出发，探求立法者在立法时的意旨，从立法者处于今天所应有的意思、努力发现法律在实现中所体现的正义价值。可以说，现代的司法更需要法官不仅具有正义的观念与"科学的训练"，而且要有庞德所说的"艺术的天才"，才能完成现代社会对司法公正所提出的要求。这些都决定了法官在裁判活动中应在运用三段论的同时进行妥当的价值判断。

---

① Benjamin N Cardozo, *The Nature of the Judicial Process*, New Haven, Yale University Press, 1928, pp. 166－167.

② Karl Renner, *The Institutions of Private Law and Their Social Function*, Transaction Publishers, 2009, p. 8.

二、价值判断的功能

我们已经讨论了司法三段论的功能，但三段论主要是逻辑的推演，而此种推演的结果并非必然导致妥当的裁判结论。电影《纽伦堡大审判》中，片中有位老法官向年轻的德国律师说："你非常聪明，很会用逻辑程序，但是不要忘了，合逻辑的事不一定是对的。"他实际上指明，仅仅依据三段论进行逻辑推理是不够的，还需要依据价值判断来寻求妥当的裁判结论。作为形式理性和价值理性相统一的司法三段论，它贯穿于司法过程的始终，应当成为一种基本的法律方法和法律思维。[①] 在整个三段论中，价值判断都是贯穿始终的一种重要的方法。价值判断能够成为贯穿于三段论中的重要的方法，主要原因在于：

第一，保障裁判结果的公正性。价值判断虽然对于法官寻找法律、正确解释法律、有效地实现事实和法律的连接方面具有重要作用，但它本身不同于三段论推理，它要在三段论的框架内操作，且在一定程度上弥补了三段论在这方面的不足。价值判断最重要的意义在于，它通过引导法官根据正确的价值取向，来进行公正的裁判，从而得出妥当的结论。同时，价值判断还可以对裁判结论进行验证，查验法官得出的裁判结论是否符合人们公平正义的法律理念，从而避免裁判偏离公正的方向。

司法本身就是价值判断的过程。如果抛开价值判断来进行司法，这是与现实完全脱节的。价值判断是法律适用中的重要问题，任何法官在裁判案件的过程中，不仅要发现立法者的价值判断，而且，其自身也应当有独立的价值判断。在整个司法三段论的过程中，无论是大前提还是小前提的确定，都离不开价值判断。例如，关于概念的核心区域和边缘范围的阐释和区分，应当考虑到价值判断。[②] 逻辑的方法不能替代价值判断，逻辑只是解决了推理的问题，其无法对价值冲突和协调给出回答。"逻辑本身并不对条文规定解释：它不对任何措辞作出

① 韩登池：《司法三段论——形式理性与价值理性的统一》，载《法学评论》2010 年第 3 期。

② ［德］卡尔·拉伦茨《德国民法通论》（上册），王晓晔等译，法律出版社 2003 年版，第 35 页。

或是愚蠢或是机智的说明。逻辑只是告诉你：在给定的前提下，如果你对某条款作出某种解释，那么将会得到某种结论。至于如何对具体情形进行分类，逻辑则保持沉默。然而这正是司法裁决的核心。”① 比利时哲学家佩雷尔曼也指出：“法官在听取双方意见后并不是像一台机器一样运作，而是一个拥有价值选择的个人，更多时候是自由而不是专断地作出裁决，因此，法官的最终决定揭示了法官对双方当事人中一方观点的偏好，为了使得该项工作得以展开，法官需要建构事实以支撑他偏好并选择的法律观点，这进一步证明了司法过程不可能仅仅只依赖于逻辑三段论。”② 价值的冲突和协调只能通过价值判断来完成，价值判断和司法三段论是统一的、不可分割的整体，在方法论上不能将两者分开。为此，方法论要提供一整套正确的从事价值判断的方法以及对价值判断进行规范的规则，从而确保裁判符合公平正义的要求。

第二，弥补三段论的不足。三段论本身具有工具性的特点。魏德士在其《法理学》一书中指出：“对法内容的实质公正性、适当性或者‘正确性’，它只能按照无矛盾性的要求进行形式上的阐述。即使最完美的法律方法论，也是价值中立的。因此，它是将法律规范转化为社会和政治现实的有效工具。所以，它有利于转化任何立法中现有的价值判断。”③ 他认为，法学方法论本身是价值中立的，无法保证裁判的结论是否切合社会实际的需要，这正是司法三段论的缺陷所在。司法三段论是价值中立的判断，其作为一种工具的价值是毋庸置疑的，但案件裁判是社会利益冲突的体现，法官必须对于案件当事人作出价值判断和选择。如果法官只是简单依据司法三段论进行形式推理而不顾及社会现实，如此作出的裁判结果必然和社会现实脱节，难以为社会公众所接受。相反，在考虑价值判断和价值选择的基础上作出的裁判结果，必然和社会通行观念相一致，裁判结果也易于为社会所认可。正如前文一位老法官所说的“合逻辑的事不一定是对的”。例如，

① ［英］H. L. A. 哈特：《实证主义和法律与道德的分离》，翟小波译，强世功校，载《环球法律评论》2001 年第 2 期。

② Eva Steiner，*French Legal Method*. Blackstone Press，2002，p. 147.

③ ［德］魏德士：《法理学》，丁小春、吴越译，法律出版社 2003 年版，第 422 页。

在离婚案件中，在分割夫妻双方的财产时，法官如果完全援引《民法典》婚姻家庭编有关司法解释的规定，其完全可以简单地根据登记情况来确定房产的归属，而不必考虑离婚后一方是否有房居住的问题，这种做法看起来也是于法有据的，但结果对女方可能不公。因为简单地根据登记情况来确权，并没有考虑到作为弱者的女方权益的保护，尤其对其居住权的保护问题。价值判断从价值选择的角度论证了价值选择的正当性和合理性，保证了司法三段论推理的正确性。司法三段论和价值判断相互配合、缺一不可。所以，价值判断不仅仅应当贯彻在司法三段论之中，并且可以弥补司法三段论的不足。

第三，充分发挥裁判引领社会行为规则的作用。法院在裁判过程中不能仅仅就法论法，就事论事，还应当发挥裁判引导社会行为准则的功能。法官在裁判中应当秉持正确的价值观，弘扬社会正确的价值观，通过裁判向社会传递正确的价值观念，并且引导人们按照正确的行为方式安排自己的社会生活，在全社会彰显正义的价值理念，从而建立起一个公平正义的社会。司法裁判说理传递的正义是个案的正义。每个案件的当事人的权利主张能否得到支持，对社会而言可能无关痛痒，但对单个的当事人而言，这是一个攸关切身利益的问题。一个错误的判决损害的不仅是其个人对法治的信仰，而且会严重损害当事人的权益，危害社会公平正义。司法裁判说理传递的正义是社会的正义。司法裁判影响的不仅是个案本身，而且影响社会对案件判决所体现出来的公正追求，正如培根所说："一次不公正的裁判，其恶果甚至超过十次犯罪。因为，犯罪虽然触犯了法律——但只是污染了水流；而不公正的裁判则毁坏法律——就好比污染了水源。"司法裁判不仅要实现个案的正义，而且需要通过一个个裁判区分正义与非正义、善和恶、丑和美，维护社会的正义。要通过一个具体纠纷的解决，树立行为的模式，禁止邪恶的事件，成就善良的风俗。[①] 例如，在"朱振彪追赶交通肇事逃逸者案"中，如果法院判决被告朱振彪应当负赔偿责任，其结果将可能对社会见义勇为行为产生负面作用，使得广大社会群众在遇到相似情形时，增加了见义勇为的顾虑，从

① 易延友：《刑事诉讼法》，法律出版社 2004 年版，第 10－11 页。

而导致见义勇为的风尚遭受负面影响。通过类似的案例的裁判，使得司法裁判越来越发挥了对社会规则的示范引领作用。

需要指出的是，价值判断具有一定程度的主观性，为了保证准确地作出价值判断，需要通过方法论对其加以规范，保障法官公正裁判、实现司法正义。

第二节　价值判断理论发展

价值判断在司法实践中的运用经历了一个不断发展的过程。在罗马法时代，自十二表法开始，针对成文法的解释问题就成为古罗马法学家一直面对的问题，但在当时，价值判断并没有受到充分的重视，尤其没有被上升到理论层面加以深入的研究。18 世纪的自然法学认为，在实定法之外存在着一种自然法，法官可以依据自然法在实定法之外作价值判断。按照自然法学说，自然法是永恒的、绝对的，是宇宙秩序中作为一切制定法基础的终极原则，是关于正义的基本集合。自然法超越于实在法之上，在发生冲突时，实体法应服从于自然法。[①] 自然法学说实际上是认为法官可以根据宇宙中存在的普遍正义观念进行价值判断和自由的裁量。18 世纪末出现的法典化运动在相当程度上是对旧制度下法官司法专横的制约，法典化的目的很大程度上是企图制约法官的司法职权和任意司法。

在 19 世纪，受法典化思潮的影响，立法者试图通过法典全面规范各类社会生活秩序，排除法官的自由裁量，相应的，法官直接作出价值判断的空间缩小。在这一时期，孟德斯鸠的权力分立理论逐渐成为法律和政治哲学的主流思潮。在这一主张之下，立法者的角色就是要为社会生活全面提供清楚明确的法律规范，而法官的任务只不过是将立法者确立的具体规范应用到具体案件中去。[②] 同样，

---

① ［美］菲尼斯：《自然法与自然权利》，董娇娇等译，中国政法大学出版社 2005 年版，第一章。

② Eveline T. Feteris，*Fundamentals of Legal Argumentation*：*A Survey of Theories on the Justification of Judicial Decisions*，Kluwer Academic Publishers 1999，pp. 5－6.

培根也曾经指出，“最好的法是那些给予法官最少裁量权的法”[①]。受这种思潮的影响，民事立法的任务就是要消除一切可能的法律漏洞，以便为法官的裁判提供具体而全面的指引。法谚云：最善之法律，为法官自由裁量余地最少之法律；最善之法官，为其自己意见最少之法官。[②]《普鲁士邦法》颁布之后，普鲁士国王腓特烈二世明确禁止法官“对于清晰和明确的法律措辞出现哪怕是最轻微的偏离，哪怕是以某些具有逻辑性的推论或者基于解释法律目的为借口”[③]。所以，在出现疑问时，法官必须要征询立法委员会的意见。[④] 这表明，当时情况下，法官在案件裁判中进行价值判断是受到严格限制的。

限制法官自由裁量和价值判断的主张，在 19 世纪初期德国概念法学中得到了集中体现。概念法学崇尚概念和体系的自足性，强调法律体系的封闭性和完备性，而并不注重对法律体系之外的价值判断。这一主张认为，法律本身具有完备性和自足性，法官只需借助机械的逻辑推理即可解决所有的案件，法官所适用的法律不可能因法官价值观的差异而变化。法律推理只有在实定法基础上的逻辑演绎展开时才具有正当性。[⑤] 此种概念法学往往是与僵化的“法条主义”联系在一起的。其虽然重视了法律概念、制度的体系性和逻辑性，但其忽略了概念、制度背后的价值基础，因此，容易导致法官机械适用法条，而与社会生活实况脱节。[⑥] 正因如此，概念法学僵化的思维方法一直广受诟病。

---

① ［英］彼得·斯坦、约翰·香德：《西方社会的法律价值》，中国人民公安大学出版社 1989 年版，第 47 页。

② 郑玉波：《法谚（二）》，法律出版社 2007 年版，第 299 页。

③ Publikationspatent of 1794，art. XVIII，quoted in Konrad Zweigert & Hein Kötz，Introduction to Comparative Law 91（Tony Weir trans.，1987）.

④ Allerhöchste Königliche Cabinetts-Ordre die Verbesserung des Justitz-Wesens betreffend vom 14. April，1780.

⑤ Karl Renner，*The Institutions of Private Law and Their Social Function*，Transaction Publishers，2009，p. 8.

⑥ 需要指出的是，一些新近的研究表明，德国“概念法学”的代表人物普赫塔实际上并没有像其被贴附的“概念法学”标签那样，拒绝一切价值的判断。例如，在 1828 年，普赫塔还强调法学活动应当经受双重正确性检验：（1）是否符合国民精神；（2）是否符合法律体系以及现行法原则。从其强调国民精神和法律原则的视角来看，概念法学也并非绝对地排斥价值判断。参见许德风：《论法教义学与价值判断》，载《中外法学》2008 年第 2 期。

鉴于概念法学的弊端，利益法学开始兴起。利益法学主张在确定法律的目的与价值时，应适应社会的需求及一般的公平正义观念。利益法学的代表学者耶林认为："正如医生不能对所有的病人提供统一的处方，而应根据具体病情开出不同的处方，法律也应适应人们的不同情况及民众的不同需要，适应不同时代的要求。"① "法的价值不是纸上正义，而是法本身实践于生活之中。"② 耶林强调为了满足新的变化需要，法律技术要富有弹性。耶林看到了概念、制度背后的利益基础，其认为法律不过是利益的产物，当个人利益与团体利益发生冲突时，法律应当致力于协调冲突的利益。③ 这实际上为法官在裁判过程中提供了价值判断的标准。利益法学另一代表人物赫克也认为，法是利益冲突的结果，法官的任务在于善于发现立法者的意图，通过创造性的、合理的解释去平衡互相冲突的利益，法官绝不是一种自动的机械，而应该是对其适用的法律规范的创造者。④ 由于立法者的观察能力有限，不可能预见到将来的一些问题，同时由于立法者的表现手段有限，即使预见到将来的一些问题，也不可能在立法上完全表现出来，因而法律漏洞是必然存在的，而法官的任务则是要协助立法者填补法律的漏洞。在这个过程中必须要注重价值判断，且要受立法者各种意图的拘束。由此可见，赫克进一步拓展了耶林的思想，将利益法学发展到可进行漏洞填补和法官造法。利益法学虽然看到了法律的价值基础是利益，但其主要还是从法官个案裁判中的漏洞填补角度进行观察的。

19 世纪末期，有关价值判断的理论基础得到了进一步发展。以奥地利学者埃尔利希（Eugen Ehrlich）为代表的自由法学认为，法律发展的重心不在于立法、法学或审判，而在于社会本身。⑤ 法律主要不是国家制定的具有一定拘束力的法规，而是从社会中自然产生的行为规范，这即是埃尔利希的所说的"活的法律"。由法律人制定出来的法律只是解决案件争议、作为裁判依据的法律，只是

---

① Rudolf Von Jhering，Der Zweck im Recht Volume 2，Nabu Press，2010，S. 52.

② 王泽鉴：《民法思维》，北京大学出版社 2009 年版，第 193 页。

③ 马汉宝：《法律思想与社会变迁》，清华大学出版社 2008 年版，第 154 页。

④ 梁慧星：《民法解释学》，中国政法大学出版社 2003 年版。

⑤ 毛剑平：《哲学视野中的法律文化建构》，载《法学》1995 年第 1 期。

社会中存在的诸多法律之一，法律应该是多元的，法学家的任务在于探求生活中的法。埃尔利希并不重视制定法，他认为立法者因疏忽而未预见或因情势变更等原因使法律会产生各种漏洞，此时法官应享有自由裁量权，可以自主主观地发现法。[①] 埃尔利希关于“活的法律”的主张，实际上授权法官进行积极的法的发现的工作，而这一法的发现过程也难免包含了价值判断。

英美法国家中价值判断在案件裁判中的作用，也经历了一个长期的发展、变化过程。广义而言，英美国家实证法学与 19 世纪初期的概念法学具有类似性。实证主义法学将法律区分为“实然之法”（prescriptive law）和“应然之法”（normative law）。其以奥斯丁的法律理论、凯尔森的纯粹法学和哈特的分析法学作为其典型代表。实证主义学说强调在法律体系内部发展法学方法，所谓的法学方法，是指在法律体系内部推演的逻辑方法，在这一层面，无须借助经济、社会和道德等法律体系之外的其他因素。[②] 法律实证主义认为，法律概念是法律解释和法律哲学的核心课题。[③] 例如，哈特认为，在认知困难的疑难案件、专断型疑难案件和道德型疑难案件中，虽然特定法律规则的适用可能不符合人们普遍的认识规律，但只要法律没有被立法者废止，法官就仍应尊崇此规则。[④] 在这一点上，其和概念法学是相类似的，但所不同的是，实证法学看到了法律漏洞，并试图通过价值判断来填补法律漏洞。例如，凯尔森认为，在疑难案件中，在没有明确的法律规则适用于有关的待决案件即涉及对法律规范加以解释时，价值判断能在司法裁判中发挥最大程度的作用。[⑤] 实证主义法学均承认法律的不完全性（Unfertigkeit des Gesetzes）。在现实生活中，大量法律漏洞及疑难案件的出现，使法官不得不有所作为，在立法者意志之外对诉争利益进行裁量。从这个意义上

---

① 梁慧星：《20 世纪民法学思潮回顾》，载《中国社会科学院研究生学报》1995 年第 1 期。

② Generally see John Austin, *Lectures on Jurisprudence*: *The Philosophy of Positive Law*, Robert Campbell ed., abridged student edition; New York: Henry Holt and and Co., 1875, pp. 82ff.

③ Bartosz Brozek & Jerzy Stelmach, *Methods of Legal Reasoning*, Springer 2006, pp. 8-9.

④ H. L. A. Hart, *Essays in Jurisprudence and Philosophy*, Clarendon Press, Oxford, 1983, pp. 49-87.

⑤ ［美］E. 博登海默：《法理学——法哲学及其方法》，邓正来、姬敬武译，华夏出版社 1987 年版，第 502 页。

说，实证主义法学并不排斥法官的自由裁量权。①

实证主义法学对法律概念、体系的研究，以及对价值判断与法律规范之间互动关系的研究，为法学方法理论的发展，作出了重要的贡献。当然，这一理论将法学方法的重心放在对概念与规范的分析上，仍有很大的不足。比较而言，源于功利主义哲学的法律现实主义对价值判断极为推崇。法律现实主义代表人物之一卡多佐认为，司法过程包括了创造因素和发现因素，法官必须对相互冲突的利益进行权衡，并在两个或两个以上的可供选择的、在逻辑上可接受的判断中作出抉择。许多社会力量，包括逻辑、历史、习惯、功利和公认的是非标准等，都有助于形成被称为法律的规范体系。因此，法官在裁判过程中，应当充分考虑各种法律之外的因素，进行妥当的价值判断。法律现实主义的另一个代表学者霍姆斯也认为，法律所体现的乃是一个民族经历诸多阶段的发展历史，因此不能认为其只包括数学教科书中的规则和定理。只有熟悉法律历史、社会和经济因素的法官和律师，才能够适当地履行其职责。② 可见，按照法律现实主义的观点，法官并不进行单纯抽象的逻辑推理，而更应注重在漫长的法律实践中积累的经验，注重法律实际实施的社会效果。法律现实主义者区分纸上的法律和现实中的法律，认为将纸上的法律变成现实中的法律，并保证两者之间的一致性，是法官需要努力实现的目标。③ 为了实现该目标，进行必要的价值判断是法官必不可少的工作。

自 20 世纪起，西方世界的法律和政治哲学思潮发生了重大变化，立法者预测所有具体案件和社会变迁的能力的局限性已经成为普遍共识，因此，法官发展法律的任务也被正当化。正因如此，法官的法律思维、法律论证方法、价值判断方法等内容成为西方世界近几十年的研究重心之一。其目的就在于规范法官发展

---

① H. L. A. Hart, “Positivism and the Separation of Law and Morals”, 71 *Harvard Law Review* 593 - 629 (1958).

② ［美］E. 博登海默：《法理学——法哲学及其方法》，邓正来、姬敬武译，华夏出版社 1987 年版，第 151 页。

③ ［美］劳埃德：《法理学》，法律出版社 2007 年版，第 317 页。

法律的行为，使法官在必要时的价值判断不违背立法者的意愿。[①] 与此同时，价值判断作为一种方法论的重要内容，已日益体系化、理论化，并获得广泛的共识，成为主流的理论主张。最典型的是西方法社会学和法经济学都积极推崇法官在案件裁判中进行价值判断。法社会学的代表学者庞德认为，法律的认知除了考虑法律的体系和逻辑之外，还需要综合考虑法律可能影响的社会因素，包括公共安全、社会组织、道德感、社会福利、经济文化政治进步和个人生命保护等等。[②] 随着价值判断研究的深入，人们也逐渐认识到，价值并非一种子虚乌有的东西。价值具体体现为各种利益。庞德将法律上的价值转化成了利益，并且对利益进行类型化。其将利益区分为个人利益、公共利益和社会利益。他认为，法律人所应当考虑的，是如何维护这些利益并协调这些利益的平衡。[③] 对于价值而言，“即使我们不能证明它们，我们却可以利用它们，把它们看做为了我们的实际目的已经足够地接近于真实”[④]。这就为法官在裁判中妥当地进行价值判断和利益衡量提供了理论依据。

发端于20世纪70年代的法经济学，深受以边沁和米尔代表的功利主义法学影响，其主要从成本效益的角度进行分析，将大量影响社会功利的因素予以量化，强调法律规则的目的和法律推理的价值就是追求效益的最大化，并实现特定社会福利的最大化。[⑤] 法经济学对于法官的价值判断提供了另一种思路，即法官不仅要考虑法律规则，而且要考虑规则适用的效益。这实际上就是将效益作为一种价值判断因素，引入司法裁判之中。虽然各家学说对法律及其所代表的正义存在不同的理解，但其都是从各不同的侧面反映了对人们行为的品质评价，强调一种法律的价值判断规则。

---

① Eveline T. Feteris, *Fundamentals of Legal Argumentation: A Survey of Theories on the Justification of Judicial Decisions*, Kluwer Academic Publishers 1999, pp. 5 - 6.

② Roscoe Pound, *Outlines of Lectures on Jurisprudence*, Cambridge: Harvard University Press, 1943, p. 104ff.

③ ［美］E. 博登海默：《法理学——法哲学及其方法》，邓正来、姬敬武译，华夏出版社1987年版，第148页。

④ ［美］庞德：《通过法律的社会控制——法律的任务》，商务印书馆1984年版，第58页。

⑤ R. Posner, *Problems of Jurisprudence*, Cambridge/London 1990, p. 360ff.

在德国，经过拉德布鲁赫、考夫曼和拉伦茨等学者的发展，价值判断开始与实在法之间建立起密切的联系，其内容及适用的规则也日益具体化，也更具针对性，从而成为当代法学方法论中不可或缺的组成部分。考夫曼从解释学的视角认为："法律发现实质上表现为一种互动的复杂结构。这种结构包括着创造性的、辩证的、或许还有动议性的因素，任何情况下都不会仅仅只有形式逻辑的因素，法官从来都不是'仅仅依据法律'引出其裁判，而是始终以一种确定的先入之见，即由传统和情境确定的成见来形成其判断。"① 拉伦茨在总结利益法学与考夫曼理论的基础上，提出了"评价法学"或"价值法学"的理念。他认为，在价值判断的对象上，法官在裁量中不仅应考虑案件所涉的特定当事人的利益（个人利益或团体利益），还应考虑"一般的秩序观点、交易上的需求及法安定性的要求"②；在价值判断的过程上，在将案件事实理解为法律构成要件所指涉的事实时，就已经带有价值判断的性质，自此开始，价值判断贯穿于司法裁判的各个步骤之中；在价值判断的具体应用中，法官应遵循特定的论证要求和论证规则，而不是随意地依一些空泛的观念进行判断。③

总之，随着现代社会的发展，要使总是显得滞后的法律完好地解决各种繁杂的、层出不穷的、急剧变化的纠纷，协调各种新的矛盾和价值冲突，使法律更好地发挥调整社会关系的作用，就必须要正确认识法官的价值判断职能，必须要给予法官一定的自由裁量。20 世纪以来的各种学说，尽管对价值判断的看法存在一定的差异，但都无一例外地承认价值判断的作用，价值判断理论也成为法学方法论的重要内容。在司法实践中，如何既坚持文本、坚持"认真对待法律"，又要因应社会的变迁，克服法律的滞后性、僵硬性，这就需要充分发挥价值判断的功能，保障裁判结论的公正性。

---

① ［德］考夫曼：《后现代法哲学——告别演讲》，米健译，法律出版社 2000 年版，第 21－22 页；［德］考夫曼：《类推与"事物本质"——兼论类型理论》，吴从周译，学林文化事业有限公司 1999 年版，第 95 页。

② ［德］卡尔·拉伦茨：《法学方法论》，陈爱娥译，商务印书馆 2003 年版，第 1 页。

③ ［德］卡尔·拉伦茨：《法学方法论》，陈爱娥译，商务印书馆 2003 年版，第 11－17 页。

第三节　价值判断的具体运用

一、价值判断的具体步骤

价值判断既是方法论中的重要内容，同时它对于小前提、大前提的确定、大小前提的有效连接、公正的裁判结论的作出以及对裁判结论妥当性的验证，都具有重要意义。需要指出的是，此处所说的价值判断，是指法官在法律规范的范围内所作出的价值判断，而不是简单地运用立法者的价值判断。法官作出价值判断时需要探寻立法的目的和宗旨，但这一过程并不是价值判断的过程，而是去发现立法者已经凭借该规范对预设事实作出的价值判断。

如前所述，价值判断需要在司法三段论的框架内进行。在三段论的框架下，可通过价值判断确定大小前提，寻找与事实最密切联系的规则，得出妥当的裁判结论。具体来说，其具体运用的过程表现在：

1. 正确确定小前提

事实认定是通过证据规则进行的，但也并非简单的证据规则的运用。虽然证据规则能够保证事实发现过程的程序和公正，但是事实的筛选、识别等，仍然需要通过一定的价值判断来完成。正像柯宾所指出的："法律规则的内容表现于实际的运用上。因为新事实适用于同一规则，自然增加、改变了它的内容。"[①] 在事实认定中，法官为了依法作出公正的裁判，对于据以作为适用法律大前提的案件事实往往会进行一定的取舍，其中包含有一定的主观价值判断。这具体表现在：

首先，生活事实是否都属于法律事实，这本身就需要进行价值判断。例如，男女之间赠送礼物，是否属于婚姻法上所说的赠送"彩礼"？如果不属于赠送彩

① Arthur Corbin，"The Judicial Process Revisited：A Symposium-Introduction"，71 *Yale Law Journal* 195（1961），p. 199.

礼，则属于单纯的道德范畴，不应作为法律事实来对待。

其次，对于证据证明的案件事实进行法律关系的分析过程，也是一个价值判断的过程。例如，关于纯粹经济损失的赔偿，是否应当纳入损害的范畴之中，属于价值判断的问题。再如，过错的认定常常涉及价值判断问题。以“旅客欠酒店费用案”为例，在该案中，就要通过价值判断来认定酒店的过错。

再次，对于证据规则所认定的案件事实进行整理，努力寻求与法律大前提的连接点。例如，在过错认定上，可能有多种因素影响了案件的发生，但在具体认定法律后果时，法官需要以一定的价值判断为基础进行取舍。关于价值判断对于小前提认定的作用，可以从彭宇案中得到证明。在该案中，一审法院判决书称“彭宇自认其是第一个下车的人，从常理分析，他与老太太相撞的可能性比较大。如果不是彭宇撞的老太太，他完全不用送她去医院”①。笔者认为，一审法院在判决中对事实的认定值得商榷。从法律上来看，普通侵权之诉的提起，应当由原告完成举证责任，而不能由法院“从常理分析”来进行举证，而且，这种“常理”本身也是法官个人的理解，并不能替代一般的常理。如果以此作为判断标准，将违反民事诉讼法对于当事人各方设置的举证责任规则，违背立法者对各方当事人之间进行利益衡量的立法目的。从价值判断的层面来说，该案法官的理由从人性恶的角度出发进行推论，从而确定事实，这与我国传统价值观念并不相符。从价值判断来说，法律鼓励人们作出见义勇为行为，这是弘扬社会正气、倡导良好社会风尚的需要。相反，如果见义勇为者反而成了责任的承担者，则人们将不再敢去从事见义勇为行为，社会风气也会恶化。如果这样，其结果最终损害的是每个人的利益，也不利于社会的和谐以及对传统美德的弘扬。因此，笔者认为，该案一审法官所秉持的价值取向是不妥当的。

2. 正确确定大前提

法律本身是立法者价值判断的体现，毫无疑问，法官在确定大前提的过程中，也应该努力探寻立法者的价值判断。在立法者的价值判断难以确定时，应当

① 《南京“彭宇撞人案”事件追踪》，载《东方今报》2007年9月14日。

运用一定的价值共识来确定大前提。这一过程就是在确定大前提中价值判断作用的体现。当立法者所预测的价值冲突实际出现时，针对“小前提”，裁判者应当根据大前提推出立法者所希望达到的价值判断标准。如果不能正确地把握如何进行妥当的连接，也就很难寻求妥当的裁判结论。例如，在“提供发票案”中，被告要求一个无法提供发票的原告来提供发票，否则，便拒绝支付报酬。这本身不符合大前提同时履行抗辩制度中“相应性”的要求。

具体来说，在确定大前提过程中，价值判断能够发挥如下作用。

第一，在法律解释中，通过价值判断能够准确地解释法律规则，确定大前提是否能够适用到特定的案件之中。一般而言，清晰的文本不用解释，但是大量的法律规则往往过于抽象模糊，这些都决定了大前提与小前提衔接的模糊性，此时都需要通过价值判断来确定大前提。即使是在法有规定的情况下，如何探求法律的目的，此种目的是客观目的还是主观目的？如何选择大前提？这也需要价值判断。例如，在王海打假案中，其是否适用《消费者权益保护法》第55条的规定，涉及对“消费者”概念的解释，尤其是知假买假者是否是消费者。“消费者”概念的不同解释反映了不同的价值判断，即对消费者权益保护的不同程度。为此，需要考察立法者设计该条的立法目的，从而确定是否有必要扩张消费者的概念。[①] 再如，在“热水烫伤案”中，依据《民法典》第1254条的规定：“禁止从建筑物中抛掷物品。从建筑物中抛掷物品或者从建筑物上坠落的物品造成他人损害的，由侵权人依法承担侵权责任；经调查难以确定具体侵权人的，除能够证明自己不是侵权人的外，由可能加害的建筑物使用人给予补偿。可能加害的建筑物使用人补偿后，有权向侵权人追偿。”本案中楼上倒下的开水是否属于抛掷物品或坠落物品，也需要法官借助价值判断来认定。如果从有利于保护受害人和防范事故发生角度考量，扩张解释抛掷物和坠落物的概念是妥当的。由此可见，整个法律解释过程始终伴随着价值判断。除了简单的文义解释之外，所有的解释几乎都涉及价值判断。正确的价值判断直接决定着解释结论的妥当性。而忽视了价值

① 王利明：《惩罚性赔偿研究》，载《中国社会科学》2000年第4期。

判断，法律解释就难以澄清法律的文义，并无法寻求妥当的解释结论。

第二，在一般条款和不确定概念类型化的过程中，通过价值判断，可以实现法律规范的具体化。一般条款和不确定概念常常是高度抽象和模糊的，很难与具体案件相连接。而且，一些一般条款和不确定概念本身也具有价值指引的特点，法官需要通过具体化和类型化进一步澄清其含义，阐释其与具体案情的连接性。例如，在“泸州二奶遗赠案”中，将遗产赠与二奶是否属于违反公序良俗，需要对公序良俗这一不确定概念进行类型化，这就涉及价值判断的问题。

第三，在遇到法律漏洞时，更需要法官作出以价值判断为基础的、正确的法律解释。凯尔森认为，在疑难案件中，当没有明确的法律规则适用于当下的待决案件即涉及对法律规范加以解释时，价值判断能在司法裁判中发挥最大程度的作用。[①] 在填补漏洞的过程中，法官的自由裁量的空间较大，但是无论如何，漏洞填补必须要以妥当的价值判断为基础。因此，在存在法律漏洞时，价值判断对于法官适用法律具有重要意义。例如，国务院 1998 年颁布的《探矿权采矿权转让管理办法》规定，申请转让探矿权、采矿权的，应当获得批准。该规定第 10 条规定：“批准转让的，转让合同自批准之日起生效。”但是，在实践中，当事人通过转让股权、合办公司等方式，形成事实上的采矿权转让。对于此种转让是否应当宣告无效，法律没有规定。对此类情形，应当通过价值判断的方式来填补漏洞。这就是说，在确定此类行为的效力时，需要考虑此种行为是否有利于社会经济的发展和环境保护。

需要注意的是，从法律适用的过程来看，价值判断本身不能够作为裁判的依据，其只能够通过具体法律规则，通过三段论中的大前提介入司法过程，并且最终影响判决的结论。拉伦茨教授所主张的“评价法学”虽然十分强调考察法条背后所蕴含的价值判断因素，强调这种价值作为具体规则的基础和适用依据，但其也承认，这些价值因素也仅仅是法官选择具体适用法律规则的指引和对具体规则进行解释和补充的依据，真正在判决中得到适用的仍然是具体的规则。法条背后

① ［美］E. 博登海默：《法理学——法哲学及其方法》，邓正来、姬敬武译，华夏出版社 1987 年版，第 527 页。

的价值是通过具体的法律规则体现在案件的裁判过程中，并不能够直接作为判决的依据在裁判中得到适用。[①] 由于价值判断具有很大程度的主观性，其所考量的因素也是复杂的，因而很难通过价值判断本身对法官进行拘束。如果以价值判断本身作为裁判的依据，法官的法律适用就可能失去拘束，从而在一定程度上背离“依法裁判”的要求。另外，价值判断是蕴含在法律规则背后的，其并非法律规则本身，司法三段论中的大前提必须是具体的法律规则，如果以价值判断代替具体法律规则，就可能导致混淆立法与司法功能和界限的结果，违反基本的法治精神和理念。

3. 实现大小前提的有效连接

大前提和小前提连接的过程，也是价值判断的过程。这一连接过程就是连接性（或相关性）的确定。这种连接常常被认为是三段论推理的结果，根据传统理论：“人们习惯将司法裁判的过程称为‘司法三段论’。大前提是法律规则，小前提是适用法律规范的诸多事实：从中就可以得出适用案件的结论。”[②] 但是，这一理解是概念法学的所谓“自动售货机”理论的产物。法律的适用过程绝不像在自动售货机上购买商品一样，投入案件事实和法律规则，就可以自动得出结论。有学者指出，在大学法学院，老师通常简单地告诉学生：“确定法律之后，将其适用于具体案件，然后得出裁判结论。”但事实上并非如此简单。[③] 因为事实和法律的连接需要大量的价值判断，而这一价值判断过程是相当复杂的，司法的艺术很大程度上体现为价值判断是否妥当。

霍姆斯指出：“在逻辑的背后总是隐藏着人们对价值和相互冲突的立法理由的判断。”[④] 价值判断是民法问题的核心，也是始终贯穿在连接过程中的核心问

① ［德］卡尔·拉伦茨：《法学方法论》，陈爱娥译，商务印书馆 2003 年版，第 4 页以下。

② Geoffrey Samuel, *Epistemology and Method in Law-Applied Legal Philosophy*, Dartmouth Pub Co, 2003, p. 174.

③ James A. Gardner, *Legal Argument: the Structure and Language of Effective Advocacy*, 2nd ed., LexisNexis Group 2007, p. 3.

④ Oliver Wendell Holmes, Jr., “The Path of the Law”, 10 *Harvard Law Review* 457 (1897).

题。[①] 连接的过程如果缺少了价值判断，是不可能寻找到最妥当的结论的。

第一，通过价值判断来解释法律规则，寻找与事实最密切联系的规则。“法律规范具有普遍性，乃是适用于所有规范的规则。但案件是特殊的，如何使这些规范适用于这些案件，就是我们所需要解决的问题。论证将判决与法律规范相联系，有些是对规则问题的阐述，而有些乃是对事实问题的探讨。”[②] 法律规定所假定的事实都是一般的、抽象的、典型的，其运用到具体案件时，表现形式却是形态各异的。例如，在“热水烫伤案”之中，此类情形能否适用《民法典》第1254条，立法者在设定这一条款时，只是考虑到从建筑物中抛掷或建筑物上坠落的物品，而具体的案件是千差万别的。但无论如何，立法者的价值判断的取向是显而易见的，即目的是保护受害人，而不论是建筑物中抛掷的何种物品，都可以主张补偿。

在“私自开车肇事案”中，如果适用《民法典》侵权责任编，究竟应该适用第1209条还是第1215条？这里涉及对“借用”和“盗窃”的解释。显然，这需要适用文义解释的规则和体系解释的规则来阐释，但是，从价值判断的层面来看，也涉及能否扩张侵权法上“盗窃”等概念的内涵，从而使其适用范围较为宽泛。笔者认为，此种价值取向是不可取的。笔者认为，周某的行为并不符合盗窃的要件。从客观上来看，盗窃应当采取秘密窃取的手段。所谓秘密窃取，是指行为人采取自认为不为财物的所有者、保管者或者经手者发觉的方法，暗中将财物占有的行为。从主观上来看，盗窃应当具有非法占有的目的。法院认为，侵权法上的盗窃应当比刑法上的盗窃在范围上更为宽泛。笔者认为，此种价值判断也不妥当，因为犯罪都构成侵权，而且，侵权责任编使用了刑法的术语，就应当采取相同的解释。按照同义解释原则，应当作相同的解释。

第二，通过价值判断，将一定的事实涵摄于大前提之下。特定案件的事实问题能否被涵摄到法律之下，也是非常复杂的。例如，第三人侵害债权是否可以涵

---

① 王轶：《民法价值判断问题的实体性论证规则》，载《中国社会科学》2004年第6期。

② Jerzy Wróblewski and Neil Maccormick，On Justification and Interpretation，Ratio Juris，Fernando Atria and D. Neil MacCormick（eds），*Law and Legal Interpretation*，p. 423.

盖在《民法典》第 1165 条第 1 款中的“民事权益”之下，需要借助于价值判断。再如，在“私自开车肇事案”中，在大小前提的连接上，也存在价值判断。这就是说，一旦确定适用《民法典》第 1209 条，毫无疑问，周某要承担责任。但问题的关键在于，依据该条规定，“机动车所有人对损害的发生有过错的，承担相应的赔偿责任”。机动车所有人是否有过错？如何确定其有过错？这就涉及价值判断问题。在本案中，二审法院认为，因行政管理部门没有看管好自己的车辆，应由行政管理部门承担赔偿责任。从价值判断的角度来看，法官作出此种判决，其意义在于，惩罚有过错的当事人，从而预防损害的发生。但是，有学者认为，如此对物的照管义务会过于宽泛，课予了行为人过高的照管义务，反而使得人们失去了安全感。因为每个人所有和管理的物很多，如果都要承担较高的照管义务，可能使得所有人承担了过重的责任。[①] 但笔者认为，考虑机动车自身的危险性，以及保障道路通行的安全和受害人的利益，还是应当课予机动车所有人和管理人较之于一般物件更重的照管义务。事实上，在此案件中，单位可以采取各种措施，避免司机擅自驾车外出。

第三，在漏洞填补的情形，必须要借助于价值判断，寻找可供适用的大前提。但是，“在疑难案件（hard case）中，相关的具体规则并没有对之进行规定，法律的这些内容所能达致的结果需要进行评价和解释”[②]。一般来说，在漏洞填补的情形，法官进行价值判断的作用更大，空间也更大。例如，在范志毅案件中，公众人物的人格权受限制这一规则法律并没有规定。公众人物的认定、公众人物人格权受限制的范围等，都是法律没有明确规定的。在这一案件中，存在几种价值的冲突，如何解决价值冲突，本身也是价值判断的过程。

4. 选择妥当的结论

在连接的过程中，常常存在数个解释或者多个可供适用的法律规则，在此情况下应该如何选择，就属于价值判断的问题。例如，被告未经原告的同意，利用

---

① 王成：《法律关系的性质与侵权责任的正当性》，载《中外法学》2009 年第 5 期。

② Edward H. Levi，*An Introduction to Legal Reasoning*，The University Chicago Press，1949，p. 342.

原告房屋的外墙面做广告，构成多种责任，可供适用的法律规则就比较多。例如，涉及侵权责任规则的适用；被告擅自打广告获得了利益，可能要返还不当得利；被告侵害了原告的物权，原告可以行使物权请求权；被告侵害了原告的占有，原告可以行使占有保护请求权等。对此类案件，法官在适用法律规则时会有困惑，但是，如果其秉持有利于受害人的价值判断，就可以寻找到最妥当的裁判依据。这就是说，他可以比较各种方案，寻求最有利于受害人的裁判依据并依此作出裁判。

5. 验证裁判结论的妥当性

在裁判结论作出之后，还有必要根据价值判断来进一步验证裁判结论的妥当性。可供验证的价值是很多的，如裁判结论是否符合司法效率、是否保护了当事人的合法权益，等等，但最终同时也是最重要的标准无外乎公平正义，即裁判结论是否符合公平正义的要求。任何案件，不论案件事实多么复杂，援引法律多么多样，如果最终的裁判结论并不符合人们基本的公平正义理念，此时，法官就要考虑是哪一环节可能出了问题，是事实认定、法律解释还是二者的连接出了问题，从而有必要进一步地分析三段论推论是否准确，裁判结论是否妥当。

二、对价值判断的规范

如前所述，由于价值判断具有主观性，因而不能以价值判断代替逻辑推理，否则，必然给予法官过大的自由裁量权，可能导致法官裁量中的任意，因此，如何拘束法官在价值判断中的任意性，并对价值判断进行规范，这就是方法论研究的重要课题。尤其应当看到，价值判断问题属于人的主观领域，不同个体、团体由于其各自不同的利益而可能产生截然不同的价值观。[①] 在司法领域中，同样如此，法官由于个人经历、学历、经济状况等因素不同，价值取向存在相当差异。实践中，有的法官过度地运用价值判断，甚至进行不恰当的价值判断，导致司法

① 任成印：《民法方法论》，中国检察出版社 2005 年版，第 179 页。

裁判的任意性。所以，严格要求法官必须在法律框架范围内进行判断，努力以立法者的价值判断为依据进行判断，依据法律上的价值体系进行判断等，都是有效地约束法官价值判断的措施。有关这一问题，我们将在下文详细探讨。

第四节 价值体系及其冲突

一、价值体系的特点

任何价值判断，都需要在一定的价值体系内作出。价值体系是指由实体法所认可的有关公平正义等价值构成的整体。一方面，法的价值具有多元性。这是因为，在一个多样化的社会，价值不可能是单一的，法的目的价值的多元性在现代法律制度中也就更显突出。① 另一方面，在价值多元的时代和社会，价值本身又可以形成自身的体系。民法作为民事纠纷的基本裁判规则，它是在公平正义的指导下，以意思自治和人文关怀为主要价值目标，而具体表现为各种价值取向。例如，意思自治可以表现为合同自由、遗嘱自由、婚姻自由、营业自由等。民法中的各项具体制度之所以可以保持和谐一致的外在形式体系，很大程度上是因为这些制度是在共同的价值指导下设计的，它们反映了共同的价值理念。民法的价值本身是一个体系，各项价值之间具有内在的逻辑联系。② 例如，无论价值的具体表现形式为何，公平正义总是法律中的最高价值。任何司法裁判都要以公平正义为追求的最终目的。

价值体系提供了法官在裁判活动中作出价值判断的参照对象。适用法律过程乃是一个价值判断的过程，因为司法者对特定的事实是否可与某种规则相联系，

---

① 郑成良：《法的价值》，载张文显主编：《法理学》，法律出版社 1997 年版，第 286 页。

② ［德］卡尔·拉伦茨：《德国民法通论》（上册），王晓晔等译，法律出版社 2003 年版，沃尔夫序言；［葡］Carlos Alberto da Mota Pinto：《民法总论》，法律翻译办公室译，澳门大学法学院 1999 年版，第 24 页。

法律规则的内涵、特定的适用对象、该规则在适用中的价值等都需要作出判断。所以，确定一定的价值体系，可以为法官提供价值判断的参考依据。法官不能随意地以自己的价值取向作为价值判断的标准，其应当尽量在一定的价值体系内进行妥当的价值判断。方法论中的价值体系有如下特点。

第一，法定性。任何人不能将其自己认为的价值作为价值判断的基础，而应当认可法律中已经确认的价值，法律中所体现的价值，往往表现为多种形式。有的是隐藏在条文背后的立法目的与宗旨，有的要通过原则加以表现。在此，笔者认为，有必要在法律上区分所谓规则与原则。“规则被认为是在具体案件中要么适用，要么不适用的规范。而原则则要求尽可能地实现某一特定目的。”① 在德沃金看来，“我所说的原则（principle）是应予遵守的标准（standard），并不是因为其促进或服务于被认为是应予追求的经济、政治或社会状态，而是因为其是正义、公平或其他社会现实的要求”。法律原则是限制法官自由裁量的标准。②可以看出，德沃金所说的原则，其来源，就是公平正义等价值理念。在我国法律中，民法的基本原则通常是体现在成文法之中的，但是民法的价值则是通过法律条文、具体制度以及原则来体现的。在缺乏具体法律规则的时候，民法所确立的基本原则可以成为直接的法律渊源，法官可以直接援引法律原则裁判案件。例如，《民法典》总则编第一章中所规定的基本原则如平等、自愿原则等，都体现了民法的基本价值。价值是诸原则整体所透露出来的取向。尤其应当指出的是，立法者常常针对特定情形确立了相应的价值选择，这一价值判断应当是司法者必须尊重的，否则，法律适用的确定性就会受到不当的影响。

第二，共识性。由于价值的多元性和变动性，法律不可能将各种价值完全予以规定。在法律没有确认的情况下，法官也不能以个人喜爱的某种价值为基础，仍然应当以共识性的价值为基础进行价值判断。方法论中的价值应当是人们达成共识的价值。价值判断本身有其独特性。价值判断既有其工具性的一面，又有其主观性的一面。在现代社会，价值是多元的。就民法领域来说，不仅是整个民法

① ［德］齐佩利乌斯：《法学方法论》，金振豹译，法律出版社2009年版，第80页。

② Dworkin, “The Model of Rules”, 35 *The University of Chicago Law Review* (1967), p. 23.

形成了自由、平等、公平等价值，在民法的各个具体领域，也有其独特的价值。众多价值中的共识性的价值使得价值判断能够成为方法。如果没有共识性的价值，法律适用就不可能进行说理，更无法让当事人接受。此种共识也使得价值判断能够成为独特的方法。例如，在“旅客欠酒店费用案”中，就涉及在旅客不能支付其费用时，能否通过限制旅客人身自由的方法来实现自助。这其中就涉及人身自由能否在价值位阶上高于财产自由。由于我国法律对于自助没有规定，所以，此种价值判断也并不十分清晰。但是，人身自由在价值位阶上高于财产自由，已经是形成共识的判断。所以，法官在裁判案件时就要考虑，如果人身的保护更为优先，就不应当允许此种自助。

第三，内在一致性。法律的价值之所以能够形成体系，是因为它们都是在公平正义指导之下的。法谚云，“法律乃公平正义之术”。公平正义不仅在所有的价值中处于最高的位阶，而且具体化为各种价值。价值的体系性还表现为价值的位阶性，各种价值虽然可能相互冲突，但是，价值的位阶性就可以妥当地解决此种冲突。

第四，开放性。价值体系本身并非封闭的、终结性的，作为具有规范和调整社会生活需要的功能和属性的《民法典》的价值也应当保持适当的开放性。随着社会制度的变迁和经济基础的变化，市场结构和交易方式也会改变，有可能引起支撑这种意识形态和引导社会生活秩序规范的民法价值的发展。随着社会生活方式的发展，源于社会成员共同认识的价值理念也会随之不断地变化和发展。例如，就公序良俗而言，其内涵也是不断发展的，正如梅仲协所指出的：“至善良风俗一语，其意义殊难确定。因时代之推移，与文明之进展，随时随地，变更其内容。是故何者得视为善良风俗，应就整个民族之意志决之，初不能拘于某一特殊情形也。”① 在方法论中，价值的确定要考虑社会的实际需要，从而克服法律的滞后性。所以，此种价值不能与法律中所确立的价值完全相同。

价值体系在方法论中的功能主要表现在如下几个方面：一是引导功能。所谓

① 梅仲协：《民法要义》，中国政法大学出版社1998年版，第119页。

引导功能，就是指法官应当尽可能从价值体系出发，考虑如何进行价值判断。价值体系可以帮助法官进行价值判断。二是论证功能。法官借助于价值体系，可以进行论证和说理。只有以价值体系为基础，才能强化法官判决的说理性。三是规范功能。在价值体系的判断上，应当尽可能避免“公说公有理、婆说婆有理”，因为价值本身就是具有主观性的。但是，法官进行价值判断时，应当以价值体系为基础，不能为完全主观性的判断和选择。四是验证功能。价值判断可以通过验证裁判结论的妥当性，保障法官依法作出公正的裁判。裁判本身不应当是单纯的逻辑推理，其得出的结论是否符合法律上的价值体系标准，还需要进行验证。

二、价值体系构成

如前所述，法律的最高价值是公平正义，但这一价值在民法上，构成何种价值体系？民法上究竟有哪些价值？对此仍然存在争议。一般认为，民法价值体系是由平等、自由、正义、安全、效率、人的全面发展等价值构成的，它们既有普适性特征，又是我国目前构建和谐社会、建设社会主义法治国家所必需。笔者认为，民法上重要的价值主要包括如下几个。

1. 平等价值。平等价值是民法中最基本的价值，也是普遍贯彻于民法各项制度中的基本价值。它不仅体现在财产法中，而且体现在人法中。“平等表达了相同性概念。两个或更多的人或客体，只要在某些方面或所有方面处于同样的、相同的或相似状态，那就可以说他们是平等的。”① 民法上的平等有形式意义上的平等和实质意义上的平等。所谓形式平等就是指仅仅在法律上规定民事主体的法律地位的平等和无差别性，而不考虑社会生活实际中当事人在经济能力、专业知识等方面的差异。而实质平等更注重的是社会生活中当事人客观存在的各方面的差异，从而力图真正做到消除实际上存在的不平等因素而实现当事人之间的平等。② 19 世纪，形式平等贯彻在整部民法典之中。拉德布鲁赫认为，《德国民法

① ［美］萨托利：《民主新论》，冯克利等译，东方出版社 1993 年版，第 340 页。

② 王轶：《民法价值判断问题的实体性论证规则》，载《中国社会科学》2004 年第 6 期。

典》并不考虑农民、手工业者、制造业者、企业家、劳动者等之间的区别。私法中的人就是作为被抽象了的各种人力、财力等的抽象的个人而存在的。① 但自20世纪开始，基于保障社会公平正义、维护交易安全秩序等价值考虑，一些国家的民法典之中已经开始注入越来越多的实质平等的因素。因此，民法更强调实质的平等。毕竟在现代社会中，强调对弱势群体的保护，是因为没有弱者的保护，就无法从根本上实现实质的正义。英国学者 Wilkinson 等研究发现，在注重平等的国家，无论是经济增长质量、社会稳定、居民幸福指数，还是较低的犯罪率等都优于贫富差异过大的国家。② 这一点的确对民法立法具有重要意义。孟德斯鸠说过，“在民法的慈母般的眼里，每个个人就是整个的国家”③。这句话表达了民法虽然奉行形式平等，但绝不应排斥实质平等。从我国的现实出发，我国民法仍然应当以形式平等为主，兼顾实质平等。据此，在个案中，法官必须要兼顾到实质正义。

2. 自由价值。自由，是指主体根据自身意志为或者不为一定行为的资格和状态。在拉丁语中，自由意味着从束缚中解放出来。作为一个哲学的基本范畴，自由就是指不受他人的干预或限制，能够自我决定。④ 哈耶克认为，自由是“一个人不受制于另一人或另一些人因专断意志而产生的强制的状态”⑤。在民法中，自由是其重要价值之一。民法中的自由也称为私法自治，其在合同法中体现为合同自由，在婚姻法中体现为婚姻自由、家庭自治，在继承法中体现为遗嘱自由，在公司法中体现为营业自由，在侵权责任法中体现为过错责任。民法确立了“法无禁止皆自由”的负面清单规则，意味着人们在法律的强制性规定划定的范围内具有行为的自由，可以依据自己的意思设立、变更和消灭民事法律关系，从而安排自己的生活。主体可以在法律规定的范围内自由选择自己的行为。依法作出的意思表示可以产生法律上的效力，每个具有行为能力的行为人应该对自己的行为

① ［日］星野英一：《私法中的人》，王闯译，中国法制出版社2004年版，第35页。

② Richard Wilkinson, Kate Pickett, *The Spirit Level: Why Greater Equality Makes Societies Stronger*, Bloomsbury Press, 2009.

③ ［法］孟德斯鸠：《论法的精神》，商务印书馆1963年版，第190页。

④ 张文显：《法学基本范畴研究》，中国政法大学出版社1993年版，第262页。

⑤ ［英］哈耶克：《自由秩序原理》，邓正来译，三联书店1997年版，第4页。

后果承担责任。民法之所以被称为私法，就是因为它对社会生活的调整不同于利用公权力进行管理的公法。

3. 公平价值。公平是指“公正而正直，不偏私，无偏见”①。公平正义是一切法律所追求的价值，是法律的精髓和灵魂。正义体现了某种秩序的内在要求，是构建普适性秩序的内在需要。换言之，法律作为行为规范，以调整社会关系为目的，必然以正义作为其基本价值。柏拉图认为，正义就是善。② 正义是社会制度的首要价值，司法良知是对正义这一合法良善价值的追求，是实现司法正义的内在支撑。例如，“天津大妈摆摊打气球案”的有罪判决，引发了法律界的广泛质疑，按照刘艳红教授的观点，该案的判决违背了“三常”法治观，暴露了有的司法人员对社会生活经验把握的极度缺乏，对世俗人情与人性的疏离，缺乏对事物基本的是非善恶之判断，是一个丧失了司法良知的判决。坚守司法良知，坚持刑法底线，才能实现司法正义。司法良知代表了法规范之外司法正义的实现路径，刑法底线代表了法规范之内司法正义的实现路径，二者分别从法规范的外部与内部共同发力，合力实现司法正义。③

4. 安全价值。安全价值的内涵在学界存在不同的看法，有学者认为，安全价值是对财产、人身安全的维护；也有学者认为，安全价值体现了交易秩序，还有学者认为，安全价值是对整个社会秩序稳定的维护。笔者认为，在民法上，安全价值首先是指维护个人人身和财产的安全。首先，必须要维护人身的安全，法谚云，“人民的安全是最高的法律”，人们只有具有安全感，才有美好幸福的生活可言，所以，法律首要的价值是维护人的人身安全。其次是财产权，只有维护财产安全，才能形成恒产恒心，鼓励人们大胆创业，从而促进社会财富的增长。《民法典》作为民事权利保护的宣言书，其核心就是保护人民群众的人身、财产安全。公民私权不受侵犯，不仅包括在私法领域不受作为私法主体的第三人的侵

① *Webster's New World Dictionary of American English*，3th college edition，New York，1988，p. 487.

② ［古希腊］柏拉图：《法律篇》，张志仁、何勤华译，复旦大学出版社 2001 年版，第 295 页。

③ 刘艳红：《“司法无良知”抑或“刑法无底线”——以“摆摊打气球案”入刑为视角的分析》，载《东南大学学报（哲学社会科学版）》2017 年第 1 期。

犯，更为重要的是，还包括不受国家权力的不正当侵犯[①]，这正是现代法治的重心之所在。民法中的安全价值，不仅包括对私权的保护，而且包括对交易安全的保护。无论是维护个人的财产安全和人身安全，还是维护整个社会的交易安全，都体现了维护社会的秩序。民法对财产权利安全的保护不仅体现在“静的安全”，也体现在维护“动的安全”，其中动的安全的保护也是维护市场经济基本秩序的基本要求，民法对于“动的安全”的保护蕴含于各项制度和规则之中。例如，在维护所有权人利益和交易安全的平衡时，《民法典》确认了善意取得制度和无权处分合同的有效，这就体现了立法者对交易安全价值的维护甚至优先于对单个所有人利益的保护，从而反映了公共利益优先于单个所有者的利益的价值考量。

5. 诚信价值。诚实信用原则是指民事主体在从事民事活动时，应诚实守信，以善意的方式履行其义务，不得滥用权利及规避法律或合同规定的义务。同时，诚信原则要求维持当事人之间的利益以及当事人利益与社会利益之间的平衡。我国《民法典》第 7 条规定：“民事主体从事民事活动，应当遵循诚信原则，秉持诚实，恪守承诺。”在比较法中，诚信原则是一项重要的原则，该原则常常被称为民法特别是债法中的“最高指导原则”或“帝王规则”（King Lihenorm）。[②]德国学者 Hedemann 指出，“诚信原则之作用力，世罕其匹，为一般条项之首位”[③]。诚信原则也可以体现为一种价值要求。例如，双方当事人在一份约定购买黄沙的买卖合同中，约定购买 30 车黄沙。后来，黄沙的价格上涨，出卖人就以小车运送黄沙。法院认为，当事人过去一直以大车交付，作为商人，应当依据诚信原则来履行其合同义务。

6. 效率价值。效率价值的内涵可以在多种意义上使用。经济学上的效率是指，以最小的投入获得最大的产出。在法律上，效率价值又体现为物尽其用、货畅其流等。应当说，效率是一个社会组织和运行的目标，因为社会的治理不仅要有秩序，而且要构建一个有效率的社会。在现代社会，资源有限性与社会需求无

① 董敏志：《公权的缺位：侵权的另一种形式》，载《江苏行政学院学报》，2005 年第 4 期。

② ［日］森田三男：《债权法总论》，学阳书房 1978 年版，第 28 页。

③ 杨仁寿：《法学方法论》，三民书局 1995 年版，第 171 页。

限性的矛盾日益突出。尤其在我国，虽然幅员辽阔、资源丰富，但人口众多，人均资源占有量相对较少。而工业化和现代化的发展，使得资源匮乏的矛盾越来越突出。资源的稀缺将成为制约我国经济和社会发展的瓶颈。在此情况下，资源的充分利用应当成为法律所关注的重点。[①] 民法作为财产法，必然要以效率作为其重要的价值目标。注重效率价值也成为民法的发展趋势，节约利用资源、保护生态环境，成为民法的重要任务。物权法从“归属到利用”或从“所有到利用”发展，所有权出现权能分离多元化现象，通过用益物权制度保障对物的使用价值的充分利用。民法鼓励担保，准许大量具有交换价值的财产进入担保领域，从而使交换价值得到了充分的、更有效率的利用。我国《民法典》作为调整财产归属关系和财产利用关系的基本法律，必然要体现效率价值，促进物尽其用，充分发挥有限的自然资源的价值。

7. 人格尊严。所谓人格尊严，是指人应当受到社会和他人尊重的尊严、价值和品格。我国《宪法》第38条规定，中华人民共和国公民的人格尊严不受侵犯。而民法作为部门法，其终极价值就是对人的关怀，最高目标就是服务于人格以及人格尊严的发展。按照民法人文关怀的理念，以人为本是一种基本的价值取向，它强调尊重个性价值，尊重人的独立人格、人的平等、创造个性和权利，尊重人性发展的需要。以人为本意味着任何个人都应享有作为人的权利，对任何个人的权利都应给予合理的尊重，给予人性化的思考和关怀。尊重人格尊严就是充分体现了以人为本的人文关怀精神，从国外合同法的发展来看，越来越关注对合同当事人人格尊严的保护，已呈现出不可逆转的趋势，例如，当事人签订代孕合同被宣告无效[②]，基于意思自治而从事的交易活动因损害人格尊严和人格自由而归于无效。从这个意义上可以看出，人格尊严要优先于意思自治。在我国《民法典》中，人格尊严在人格权编中得到了集中的体现。我国《民法典》第990条第2款规定：“除前款规定的人格权外，自然人享有基于人身自由、人格尊严产生的其他人格权益。”该条规定以立法的形式确定了一般人格权。这一规则也正式确

---

① 谢鹏程：《基本法律价值》，山东人民出版社2000年版，第137页。

② TGI Paris，3 juin 1969，D. 1970，p. 136，note J. P.

认了人格尊严作为判断一项权益是否构成一般人格权的标准。由于一般人格权旨在弥补具体人格权僵化的不足，因此一般人格权的具体外延是随着实践的不断变化而越来越丰富的。而人格尊严，则是一般人格权的内核，是判断所有新型人格利益的基本标准，任何一种权益受到侵害后，只要侵害了个人的人格尊严，都可以纳入一般人格权的保护范围。随着社会的发展出现各种人格利益时，是否要受到人格权的保护，要以人格尊严为标准进行判断，这由此也表明了人格尊严是所有值得法律保护的人格权益的基本标准。因此，人格尊严是整个人格权编的基本立法目的。此外，人格尊严在《民法典》物权编、侵权责任编等各个领域都有明显的体现。

从方法论的角度来看，价值体系只不过是法官进行价值判断时参照的对象。但是，价值体系本身并非直接判案的依据，而是法官在作出价值判断时应选择的价值。当然，在法律适用中，不能以价值体系替代裁判依据。

三、价值冲突及其协调

法律的价值，虽然是一个有机的整体或体系，但价值之间又必然存在相互冲突。所谓法的价值冲突，是指“不同的法的价值准则和法的价值观念各自内部和相互之间的矛盾”①。从根本上说，产生价值冲突的原因，在于价值的多元性。而对于多元性的价值而言，终极性的调和通常是不可能实现的。就我国现行民事法律来说，也存在一定程度的价值冲突。一方面，在我国《民法典》颁布之前，各个单行法律是分阶段分步骤制定的，而不是在某一个时期同时制定出来的，因而可能会导致价值冲突。因为分阶段制定出来的法律，由于制定的时间不同，其反映的价值也可能因此而存在差异。例如，某一时期为了鼓励投资发展经济，则此时制定的单行法更强调经济上的自由；而另一个时期为了保护民事主体的权利，维护交易秩序，因此考虑更多的是维护安全的需要。在这样的背景下，必须要协调反映不同时期需要的民法价值。另一方面，民法价值自身的多元性容易导

① 卓泽渊主编：《法理学》，法律出版社 2002 年版，第 267 页。

致价值之间的冲突，民法的各项制度之间在价值上也可能会有内在冲突。例如，安全是民法典的重要价值，但是在静态安全和动态安全之间却常常存在冲突。法典化的过程应当是从根本上解决这些价值的冲突和矛盾的过程。再如，在安全与自由之间也常常存在冲突，为了保护民事主体的权利可能需要在一定程度上限制人们的行为自由。

价值冲突是客观存在的现实，也可能是一定的利益冲突的反映。庞德认为："法学家所必须做的就是认识这个问题，并意识到这个问题是以这样一种方式向他提出的，即尽其可能保护所有的社会利益，并维持这些利益之间的、与保护所有这些利益相一致的某种平衡或协调。"[①] 价值冲突是客观存在的，也是法官在具体案件裁判中必须要正视的。各种冲突的价值背后是各种利益的冲突。在多种需要保护的利益发生冲突时，法官应当作出正确的选择与判断，协调好这些冲突，平衡好各种利益保护之间的关系。价值的冲突必然带来制度上的矛盾，因此，消除价值的冲突也有利于消除制度上的矛盾。在方法论上，解决价值冲突，应当考虑如下几项规则。

第一，公平正义为最高理念。"法律需要变化，老的原则总是需要被新的原则所代替。法律规范的科学性的保持并不是静态，而是动态。"[②] 法谚云："法是公平正义之术"，无论法律如何变化，其终极目的，仍是实现社会的正义。正如有学者所指出的那样："在法律解释的过程中，对正义结果的关注，贯穿于论辩的始终。"[③] 因此，在权衡各项冲突的价值后所确定的解决办法，最终仍应符合公平正义的要求。

第二，要考虑立法意旨。应当认识到，法律本身就是价值判断的产物，是立法者在价值判断的问题上作出的结论。也就是说，在规则和条文的背后，隐藏了立法者的价值判断。因此，法官在遇到涉及价值冲突的问题时，应注重从理解立

① ［美］E. 博登海默：《法理学——法哲学及其方法》，邓正来、姬敬武译，华夏出版社 1987 年版，第 148 页。

② Xavier LABBEE, Les critères de la norme juridique, Droit/Manuel, Presses Universitaires de Lille, 1995, p. 84.

③ ［德］齐佩利乌斯：《法学方法论》，金振豹译，法律出版社 2009 年版，第 82 页。

法意旨的角度出发进行裁判，具体探寻立法意旨的方法包括斟酌法律的立法背景及结合相关的立法材料等进行考量。例如，《民法典》第1021条规定：“当事人对肖像许可使用合同中关于肖像使用条款的理解有争议的，应当作出有利于肖像权人的解释。”该条一方面进一步强化对权利人人格利益的保护，体现了人格权优于财产权保护的立场。例如，在肖像权许可使用合同发生争议的情形下，对被许可人而言，其取得的是合同债权，属于一项财产权。而肖像权人受到限制的则是作为人格权的肖像权的行使，与人格尊严密切相关。由于人格权相较于财产权处于较高位阶，因此在人格权与财产权发生争议时，应当优先保护人格权。因此，《民法典》第1021条规定，如果当事人对肖像许可使用合同的条款有争议，则应当作有利于肖像权人的解释。需要指出的是，人格权的优位并不损害当事人地位的平等，当事人的法律地位仍然是平等的，只不过基于利益衡量的考虑应区分权利的位阶和效力。另一方面，维护个人人格尊严。人格尊严是指人作为法律主体应当得到承认和尊重。人在社会中生存，不仅要维持生命，而且要有尊严地生活。故此，人格尊严是人之为人的基本条件，是人作为社会关系主体的基本前提。因此，我国《民法典》将人格尊严作为基本的价值理念，并确认了其具有优先于财产利益的位阶予以保护。

第三，要考虑价值位阶。民法的价值是一个体系化的整体，但各项价值适用于具体个案时，又可能具有位阶区分。为此，在个案中，需要明确价值位阶规则，采取利益平衡方式，消除民法典的价值冲突和矛盾，保持民法各项制度在价值上的一致性，进一步增进民法制度的体系性，消除制度之间的冲突。在绝大多数情况下，价值相互之间（如公平价值和效率价值之间）并不存在冲突，这也正是价值体系化的要求。但价值之间可能发生冲突，需要考虑其相互之间的优先顺序。例如，人格尊严体现的是个人精神层面的需求，而财产利益体现的是个人的物质需求。按照黑格尔的观点，“财产是自由最初的定在”[①]，可见，财产与人格尊严有重要的关系，对财产权的保护也体现了对个人人格尊严的保护，但这并不

---

① ［德］黑格尔：《法哲学原理》，范扬、张企泰译，商务印书馆1961年版，第61页。

意味着财产是人格尊严的必备条件或者要素，在这个意义上，不能认为无财产则无人格。但是，人格权体现的价值也有位阶区分，例如，生命、身体、健康这些物质性人格权是所有人之所以成为人的必备条件，即“我之为人”，精神性人格权也同样是人成为社会中的人的必备条件，即“我在社会中之为人”。这两者之间存在冲突时，法律要优先保护生命、身体等物质性人格权。当然，法律价值之间也需要互相补充和协调，以实现人们通过法律规范社会生活的目的。例如，在合同法领域，为了给人们提供一个公平的交易环境，促成更多的交易，实现经济的发展，需要保持民法的公平价值和效率价值之间的协调与互动。

第四，妥当地进行利益权衡。在存在价值冲突的情形下，法官的任务就是要通过价值判断来维护价值体系，消除价值的冲突和矛盾。一方面，价值冲突的解决，必须依法进行；另一方面，在法律没有明确规定某一解决纠纷的机制时，法官应当妥当地进行利益权衡。在价值多元的社会中，不同个体或群体之间的价值冲突，也存在无法终极性调和的情形。对这种冲突，如果任由其扩大和发展，最终可能导致社会的冲突，甚至引起社会不稳定。在现代社会中，完全不可调和的价值冲突，也是不多见的。在裁判活动中，法官不仅仅应当引导当事人进行协商对话，而且也应对各种利益进行综合考量与协调，使社会应保护的利益最大化、当事人所受到的损失最小化，这也是我们所说的法律效果与社会效果的有机统一。

第五节　价值位阶与判断

一、价值位阶的概念和功能

如前所述，价值位阶是客观存在的，因为法律本身就是价值判断的结果。在整个价值判断中，立法就是对各种冲突的价值进行权衡，从而确定何种价值应当优先，或者在冲突的价值中作出平衡。在这个过程中，也是存在价值位阶的。例如，《民法典》第1254条规定的高楼抛物坠物致害责任，由可能加害的建筑物使用人承担责任，其中就体现了生命健康权优先于财产权的精神。如果我们完全否认价值位阶的存在，就使我们无法判断立法的目的和精神。从实践来看，对于一些有争议的案件，如果无法寻找到可供适用的法律规则，或者难以查找立法者确立的价值时，一定的价值位阶也具有指导意义。事实上，从民法价值体系的发展来看，其也存在区分价值位阶的发展趋势。总的发展趋势是传统民法以意思自治为基本价值的现象受到严重挑战，而在意思自治受到限制或者在某些领域逐渐衰落的情况下，民法的另一项价值，即人文关怀的价值却不断凸显，对于人格尊严和人格发展，更加凸显其价值。

问题在于，价值位阶在方法论上究竟发挥什么样的功能？讨论价值位阶的意义是什么？笔者认为，讨论价值位阶的意义主要在于：一是要求法官应当尽可能考虑立法中所存在的价值位阶。立法中存在的价值位阶是立法者所做的价值判断，法官应当尽可能尊重立法者的价值判断。需要注意的是，在民事案件的审理中，宪法中的价值判断也可以作为基础。例如，我国出现过的“工伤概不负责”案[①]，在该案审理中，法院就尊重了宪法中的价值判断。二是把握民法中价值位阶的发展趋势。从民法的历史发展角度，准确地把握其发展趋向，从而作出符合社会需要的价值判断。例如，《民法典》物权编制定以前，从私权保障出发，就共有物的处分来看，法律要求取得按份共有人的一致同意，但是，从现行《民法典》物权编规定来看，为了提高效率、实现物尽其用，并不要求所有按份共有人都同意。三是考虑社会上多数人认可的价值位阶。虽然价值是多元的，但是，就特定的情形而言，社会上也可能存在多数人认可的价值位阶。法官在法律适用中，不应当简单遵循自己的价值判断，而应当遵从社会上多数人

① 该案案情为：天津市塘沽区张学珍、徐广秋开办的新村青年服务站，于1985年6月招雇张国胜（男，21岁）为临时工，招工登记表中注明“工伤概不负责”的内容。次年11月17日，该站在天津碱厂拆除旧厂房时，因房梁断落，造成张国胜左踝关节挫伤，引起局部组织感染坏死，导致因脓毒性败血症而死亡。最高人民法院（88）民他字第1号《关于雇工合同应当严格执行劳动保护法规问题的批复》中指出：“张学珍、徐广秋身为雇主，对雇员理应依法给予劳动保护，但他们却在招工登记表中注明工伤概不负责。这是违反宪法和有关劳动保护法规的，也严重违反了社会主义公德，对这种行为应认定为无效”。

认可的价值位阶。四是培养正确的法律思维。价值位阶与法律思维是密不可分的，正确的法律思维有赖于正确的价值取向，而价值位阶有助于形成正确的价值取向。例如，正义的理念就应当是法官优先考虑的价值，这是司法权所应追求的价值和目的。

二、民法中的价值位阶

（一）生命健康权优先于意思自治

意思自治是尊重当事人的独立自主和意志自由，法律许可当事人依法自由表达其意志、并能使其意志依法发生法律效果。在传统民法中，意思自治是民法的基本价值，它分别体现为合同自由、遗嘱自由、婚姻自由、营业自由、所有权行使自由。但是，在现代民法上，意思自治越来越受到限制，尤其是在其与生命健康权冲突时更是如此。在生命健康和人格尊严的价值与意思自治发生冲突时，常常表现出优先保护生命健康权的趋势。这主要表现在：

第一，生命权、身体权、健康权在各类具体人格权中具有基础性的地位。同时，人格权编分则在具体规定各项具体人格权时，首先对生命权、身体权、健康权作出规定，进一步彰显了这些物质性人格权在各项人格权益中的基础性地位。物质性人格权相对于精神性人格权处于优越地位，这就意味着在二者发生冲突时，要优先保护物质性人格权。在新冠病毒防治过程中，我们采取了“人民至上、生命至上，保护人民生命安全和身体健康”的原则，这就生动体现了生命权优先的价值理念，不是把生命作为工具，而是作为目的，不能为了发展经济而牺牲生命价值。我们采取健康扫码、人脸识别等措施，虽然在一定程度上限制了个人的隐私，但这是维护生命健康权所必须采取的合理措施，也符合隐私权限制的比例原则。

第二，禁止处分人体，包括其器官和组织。康德时代还没有肾移植等医疗技术，但牙移植技术已经出现富人向穷人购买牙齿并移植的现象。康德就认为：

“人没有出卖自己肢体的权利，即便是自己的牙齿。”[①] 因为，这样不是把自己当成主体，而是当成一种以获利为目的的工具，有损人格尊严。近几年出现了代孕母案件、非法器官移植、非法器官捐赠等案件，这些案件在许多国家都是法律所禁止的。此外，一些国家法律规定，非法转让人体器官的协议无效，非法出卖血液的协议无效。《民法典》第 1006 条规定：“完全民事行为能力人有权依法自主决定无偿捐献其人体细胞、人体组织、人体器官、遗体。任何组织或者个人不得强迫、欺骗、利诱其捐献。”据此确认了以任何形式买卖人体细胞、人体组织、人体器官、遗体的协议无效的规则。

第三，禁止从事有损于人格尊严的处分行为。目前有很多国家都规定禁止生殖性克隆，而治疗性克隆由于是基于治疗的需要，则普遍是被允许的。克隆对生命伦理提出了挑战，人能否自愿被克隆等问题，都涉及个人能否对自己的人身权利进行处分。依照传统的意思自治，应当尊重当事人的意志，但如果允许从事这些行为，就会导致与对人生命的保护和生命伦理的矛盾冲突。依据《民法典》第 1006 条规定，对人体及其组成部分的有偿处分均是无效的。

第四，禁止达成免除人身伤害责任的条款。免除人身伤害责任的合同条款无效，违背公序良俗转让人身权益的协议无效。例如，甲乙双方在擂台比武之前签订生死状，其中规定，“双方比武，胜负在人，生死由天，死伤自负”。此类条款因违反了《民法典》第 506 条的规定而无效。

第五，允许无合同关系的人在例外情况下援引合同上的权利，突破了合同的相对性原则。早在 20 世纪 70 年代，在法国曾有判决认为，房屋出租合同不能剥夺承租人为其亲友提供住宿的权利，有关合同必须尊重承租人的家庭生活权利。[②] 显然，这一制度的目的在于保护同居者的生存利益。例如，我国《民法典》第 732 条规定的保护对象更宽泛，不限于配偶或者同居者，而是包括与承租人生前共同居住的人。再如，在劳动合同关系中禁止以契约形式损害人格尊严和人格权。生命健康

---

① Immanuel Kant, “Duties Toward the Body in Respect of Sexual Impulse” (1784—1785), translated by Louis Infied, in Kant, *Lectures on Ethics*, Mass.: Hackett Publishing, 1981, p. 165.

② Cass. civ. 3ème, 6 mars 1996, RTD. civ. 1996, p. 897, obs. J. Mestre et 1024, obs. J. -P. Marguénaud.

权优先于意思自治的趋势已经延伸到了劳动合同领域，范思沃斯曾经认为，合同法的发展趋势之一就是劳动合同中对劳动者保护的强化和适用范围的扩张。[①] 例如，公司规定工作期间不能生育的条款，禁止劳动者辞职、出国的条款都是无效的。从这些发展趋势来看，价值位阶的存在也有助于把握民法的总体发展趋势。

（二）人格平等优先于营业自由

人格平等体现了人的基本价值，也是现代社会十分珍视的价值。虽然营业自由也是现代社会的重要价值，是我国宪法上加以保障的自由，但是，如果营业自由与人格平等发生冲突，通常人格平等应当获得优先的保护。例如，实践中出现了“丑女被某酒吧拒绝”案，一位女孩因面貌丑陋而被酒吧保安拒绝进入，她认为，酒吧侵害了她的人格尊严，在法院提起诉讼。再如，某外企饭店中的一个酒吧贴出告示，仅供外籍人士进入。一位中国人进入时被拒绝，其在法院提起诉讼。这两个案件中，都出现了营业自由和人格平等的冲突。虽然营业者的营业自由应当获得保障，但是，营业自由不能损害人格平等。

（三）人格尊严优先于意思自治

当私法自治与人格尊严发生冲突的时候，私法自治都要让位于人格尊严的维护。一方面，人格尊严保护事实上划定了私法自治的边界。承认个人的自治就意味着将人当成人，人是目的而非工具，这本身就蕴含了人格尊严。但也由此看出，如果人格尊严是自治所要达到的目的，那么在自治不利于或者否定人格尊严时，应当通过人格尊严限制私法自治。如果不对私法自治进行必要的限制，可能会妨碍公序良俗。尊严是人在社会生活中体现的地位，而私法自治则体现为个人的自主决定，相比较而言，人格尊严更为重要。另一方面，尊重人格尊严，也就是黑格尔所说的“成为一个人，并尊重他人为人”。自治的意义在于尊重个体的独立性和利益。但是，自治并非全部的共同善，存在基于其他共同善的理由限制自治的可能性，而最为重要的共同善就是人格尊严。[②] 密尔在《论自由》中将个

---

① E. Allan Farnsworth，“Developments in Contract Law During the 1980's：The Top Ten”，41 *Case W. Res.* 203，p. 222.

② 朱振：《共同善权利观的力度与限度》，载《法学家》2018 年第 2 期。

人利益应受的限制概括为两个维度：一是个人的行为应当以他人的利益为边界，二是个人应当为社会免于外侵及内乱作出牺牲。[①] 此处所说的他人利益，其中最为基础的就是他人的人格尊严。尤其需要指出的是，近代民法针对私法自治，不断增加了法律上的干预和限制，以防止因为过度的私法自治导致与公共利益的冲突和矛盾。而对私法自治的限制正是近代民法发展的重要趋势，但是，对人格尊严的维护在近代民法中具有不断增强的趋势，公法没有限制个人的人格尊严，而是更加尊重与保护个人的人格尊严。

笔者认为，在二者发生冲突时，应当优先保护人格尊严价值，从比较法上来看，各国也规定了对人格尊严的优先保护。例如，瑞士法就明确禁止了侵害他人人格权的约定。《瑞士债法典》第 19 条第 2 款规定："背离法律规定的约定，仅在该法律规定非为强制性规定，或者其约定不违反公序良俗及不侵害人格权时，始被允许。"因此在瑞士法中，人格权的侵害被与公序良俗的违反和强制性规定的违反一道，作为限制契约内容的三个标准。当然，这种限制应当是合理的且在必要范围内，而非根本否定私法自治。我国《民法典》多个条款都体现了人格尊严优先于私法自治的价值。例如，《民法典》第 1006 条规定："完全民事行为能力人有权依法自主决定无偿捐献其人体细胞、人体组织、人体器官、遗体。任何组织或者个人不得强迫、欺骗、利诱其捐献。"人体捐赠是自然人对其身体利益所依法作出的决定。法律之所以鼓励个人作出此种决定，是因为此种无偿捐赠行为有利于及时救助他人，同时可以促进医疗进步和医学发展，并最终有利于社会公共利益的实现。该条虽然对人体捐赠规则作出了规定，但并不意味着承认了个人对自己的身体依法享有一定的处分权，这也是限制私法自治的体现。《民法典》第 1007 条规定："禁止以任何形式买卖人体细胞、人体组织、人体器官、遗体。"这实际是要严禁细胞、组织和器官成为交易的对象，在法律上禁止以任何形式买卖人体细胞等的原因在于：一方面，为了强化对自然人的身体、健康权的保护。身体权是指自然人维护其身体组成部分（如肢体、器官和其他组织）完整和安全

① ［英］约翰·穆勒：《论自由》，孟凡礼译，上海三联书店 2019 年版，第 85 页。

的权利。许多学者认为，身体权应当表现为对身体组织器官的支配。[①] 所谓身体完整，是指自然人身体不受侵害，自然人依法维护其对自己身体组织的完整性，权利人不得违法处分自己的人体细胞、人体组织、人体器官。例如，《献血法》第 11 条规定："无偿献血的血液必须用于临床，不得买卖。血站、医疗机构不得将无偿献血的血液出售给单采血浆站或者血液制品生产单位。"另一方面，维护人格尊严。如前所述，人体细胞等即使与个人的身体发生分离，它们也体现了一定的精神利益，在法律上属于具有人格价值的物，买卖这些人格物将严重损害人格尊严，因为器官本身不同于财产，其作为人格的载体，体现了个人的人格利益和人格尊严，所以，有学者认为，分离出来的特殊的物也具有主体性。[②] 如果允许个人随意地转让器官，实际上是将个人的人格当成商品，这有可能诱发道德风险，导致自杀甚至谋杀。所以，许多国家立法禁止器官买卖。对人体器官的买卖、担保、抵债，应视为违反公序良俗的行为，应宣告其无效。[③]

（四）动态安全优先于静态安全

在民法上，安全价值分为静的安全（Securit Statique）与动的安全（Securit dynamique）。前者着眼于利益的享有，所以也称为"享有的安全"或"所有的安全"，此种安全主要是由《民法典》物权编、知识产权法等来保障的；后者主要着眼于利益的取得，所以也称为"交易的安全"，几乎所有的民法都调整财产流转秩序，其最为重要者为债与合同法等。[④] 静的安全主要是指人们对财产等占有和控制的安全，换言之，是指法律对主体已享有的既定利益加以保护，使其免受他人任意侵夺。而动的安全主要是交易安全，即法律对主体取得利益的行为加以保护，使其合理期待能够得到法律上的实现。动态安全优先于静态安全，实际上是交易安全优先于固有的财产利益的问题。因为动的安全涉及市场交易秩序的维护，其关涉不特定第三人的利益，具有更为重要的价值，应当获得优先的保护。

---

① 杨立新：《人身权法论》，人民法院出版社 2002 年版，第 399 页。

② 王泽鉴：《侵权行为法》，第 1 册，中国政法大学出版社 2001 年版，第 108 页。

③ ［德］迪特尔·梅迪库斯：《德国民法总论》，邵建东译，法律出版社 2000 年版，第 876 页。

④ 郑玉波：《民商法问题研究》（一），三民书局 1991 年版，第 415 页。

例如，在无权处分的情形，究竟应当保护善意买受人的利益，还是保护原权利人的利益，这本身存在价值冲突。但是，按照上述利益考虑的规则，善意买受人的利益应当优先考虑。

（五）社会公共利益优先于私法自治

社会公共利益体现了全体社会成员的最高利益，违反社会公共利益或公序良俗的合同无效，成为各国立法普遍确认的原则。私法自治应当遵循合法原则，此处所说的合法是广义上的，也就是说，不能违反法律的强制性规定和社会公共利益。之所以要确立社会公共利益优先于私法自治的规则，主要是考虑到，在个人利益与社会公共利益的冲突时应当优先保护社会公共利益。在民法上，社会公共利益优先保护规则有诸多体现：其一，违反社会公共利益的法律行为无效。例如，在“泸州二奶遗赠案”中，死者将其财产赠与给二奶，涉及善良风俗和遗嘱自由的冲突。为了维护善良风俗、杜绝该类行为的再次发生，法律在限制遗嘱自由的基础上而认定该遗嘱是无效的。其二，强制缔约制度。合同自由也属于私法自治的范畴，但是，基于社会公共利益考量，可以对合同自由加以限制，即要求特定当事人负有强制缔约的义务，如从事公共运输的承运人负有强制缔约义务。其三，格式合同的限制。格式条款是订立合同的方式之一，如果绝对坚持合同自由，似乎不应对格式条款加以限制。但是，考虑到社会公共利益，尤其是拟定格式条款的一方往往利用其优势地位损害相对人的利益，所以立法选择对格式条款加以限制，这也属于对意思自治的限制。

（六）人格利益优先于财产利益

在近代大陆法系民法中，一直存在着一种重财产权轻人身权的现象。我们把这种现象称为“以财产法为中心”的倾向，或者说出现“泛财产化”倾向。[①] 这种重财轻人的倾向使得保护和规制人格利益的法律发展大大退缩于财产法之后。例如，作为大陆法系民法重要法典之一的《德国民法典》就没有规定人格权。随着社会的发展，现代民法更注重对人的人文关怀，将实现人的全面发展作为民法

① 薛军：《人的保护：中国民法典编撰的价值基础》，载《中国社会科学》2006 年第 4 期。

的基本价值和终极目标。无论是民法法典化，还是民法的适用，都应当秉承这一终极性原则，通过对平等、自由、效率与交往安全等民法基本价值的维护，实现人的全面发展这一现代私法的根本价值和目标。《欧洲民法典草案》在评述其指导性原则时强调，自由、交往安全、效率等价值本身并不是终极性的追求，相反，它们是通向另一个具有终局性意义价值的不同途径而已："增进社会福利，使每个人都有能力去追求其正当目标，有机会去发挥其潜能。"在我国《民法典》也体现了这一精神。例如，《民法典》第1021条规定："当事人对肖像许可使用合同中关于肖像使用条款的理解有争议的，应当作出有利于肖像权人的解释。"该条进一步强化了对权利人人格利益的保护，体现了人格权优于财产权保护的立场。当然，需要指出的是，人格利益优先于财产利益仅是从一般情形出发所作的整体判断，在具体个案中还需要进行具体判断。

（七）未成年人的利益优先于交易安全

许多国家的民法都确认了未成年人利益最大化的规则，即便是为了保护交易安全，也不能牺牲未成年人的利益，从某种意义上说，未成年人的利益位阶甚至可以高于交易安全。未成年人订立的合同只要对其不利，就可以宣告无效，即使相对人是善意的、不知道交易对方是未成年人，也不能使合同有效，此时，交易安全不处于优先考虑的位置。另外，在德国法上，即使未成年人采取欺诈手段标明其已经成年或者已经获得法定代理人的同意，也不能认为其签订的合同有效。[①]

（八）公平正义优先于效率

公平正义是法律上的终极价值目标，是一切法律所追求的价值，是法律的精髓和灵魂。在我国，实现公平正义不仅是所有法律的立法指导思想，也是法律最重要的价值。法谚云："法律是善和衡平的艺术（Jus est ars boni et aequi）。"[②]正义体现了某种秩序的内在要求，是构建普适性秩序的内在需要。换言之，法律作为行为规范以调整社会关系为目的，必然以正义作为其基本价值。约翰·罗尔斯在《正义论》中指出："正义是社会制度的首要价值，正像真理是思想体系的

---

① 不过，日本民法作出了不同的规定，但其规定属于特别例外的规定。

② 郑玉波：《法谚》，法律出版社1984年版，第6页。

首要价值一样。”[1] 这也概括了正义价值的重要性。

严格地说，效率也在一定程度上体现了公平正义。法谚云：“迟来的正义也是不正义。”所以，在许多情况下，效率和公平正义并不矛盾。但是，毕竟两者是不同的价值，也会发生冲突。例如，近几十年来，美国一些法律经济学学者提出了“违约自由”和“效率违约”的观点。这种观点认为，违约救济实际上并不具有遏制违约的功能，由此可能导致的必然结果是，如果合同当事人觉得违约比守约更有利，其会更倾向于选择脱离合同的约束。[2] 波斯纳指出：“如果（一方当事人）从违约中获得的利益超出他向另一方作出履行的期待利益，如果损害赔偿限制在对期待利益的赔偿方面，则此种情况将形成对违约的一种刺激，当事人应该违约。”[3] 由于此种有效率的违约使资源转移到最有能力利用它的人的手中，当事人从违约中获得了利益，社会也从中获利，所以，当违约能够实现价值最大化的时候，应当鼓励此种违约。笔者认为，一方面，此种观点与正义的价值是不符合的，按照正义的要求，法律上应当鼓励和督促当事人严格履行合同。重合同、守信用，“言必信，行必果”是中华民族传统道德的重要组成部分，也是社会主义商业道德的主要内容。任何违约行为都是不信守诺言、不符合道德的行为。至于那种公然视合同为废纸，甚至利用合同坑蒙拐骗、坑害他人的行为，更是对法律和道德准则的严重践踏，应当受到法律的必要制裁和谴责。如果认为违约不违背道德，甚至从道义上说是正当的，只能起到鼓励违约的效果，其结果势必会对道德准则和交易秩序形成极大的破坏。另一方面，违约责任和其他任何法律责任一样，都应以公平正义作为其追求的主要目标。美国著名侵权法专家艾泼斯汀（Epstein）认为，经济分析法学只考虑到行为的经济后果而不考虑行为的正当性问题；只考虑到阻止行为的低效率而没有考虑到行为的道德性问题，这是一种非道德的分析方法，根本不符合法律维护正义的目的。[4] 即使违约对当事人

---

① ［美］约翰·罗尔斯：《正义论》，何怀宏等译，中国社会科学出版社 2005 年版，第 3 页。

② 韩世远：《违约责任赔偿研究》，法律出版社 1998 年版，第 98 页。

③ Posner，*Economic Analysis of Law*，Boston and Toronto（1977），pp. 89 - 90.

④ Richard A. Epstein，“A Theory of Strict Liability，” *Journal of Legal Studies* 2.（January 1973）；p. 151.

是有效率的，但从社会角度来看，它都将构成对社会整个交易秩序的破坏。在我国当前发展市场经济的过程中，合同法所要追求的主要目标是维护交易的秩序和安全，而不是实现当事人所认为的效率。从这个意义上讲，任何违约都是低效率的，应当禁止，而不应当鼓励。

三、价值位阶的判断

上述价值位阶的规则，只是从一般规则的角度来考虑的。但是，价值位阶也并不一定能够普遍适用于各种情形。事实上，价值位阶在个案中的具体表现是非常复杂的。如前所述，现代民法以物尽其用为价值规则，但对于同样的物，有的主体可以高效利用，有的则可能造成物的浪费。此时，如果严格遵循物尽其用的原则，就应当将物的归属确认给高效的利用人。但是，这种分配的方式却可能与交易安全发生冲突。例如，某人多次处分自己的物给不同的受让人，第一受让人对物的利用效率较低，因而可能也会出价较低，而在后的受让人因为利用效率更高，因而可能出价更高。此时，如果完全按照物尽其用的原则，则当然应当将物分配给后面的受让人，但这将给交易安全带来不可估量的妨害。因为这一原因，许多学者怀疑价值的位阶性，例如庞德认为，在利益冲突的情况下，法理学无法提供一个应当优先保护哪些利益的标准。[①] 而德沃金认为，就法律方法整体而言，判断某一种原则或政策比其他原则或政策有更重要的位阶，常常是容易引发争议的。[②] 因此，在价值位阶的判断上，也应采取个案判断的方法进行。

法官在作出价值判断时，应当充分考虑价值位阶的规则。但在具体案件中，也不能从这些规则出发机械地运用，法官也要结合个案的具体场景来确定。上述价值位阶规则，并没有概括出个案中所涉及的所有情形，法官需要在个案中考虑其所涉及的价值，还有很多价值位阶是暂时无法归纳、总结的。就个案来说，其

---

① ［美］E. 博登海默：《法理学——法哲学及其方法》，邓正来、姬敬武译，华夏出版社 1987 年版，第 148 页。

② Ian McLeod，*Legal Method* 7th ed.，Palgrave Macmillan 2009，p. 7.

所涉及的价值冲突，也可能并非仅仅是单纯的两种价值的冲突，甚至可能是数个价值之间的复杂的冲突，法官要进行更综合的判断和处理。价值判断的核心是对冲突利益关系的协调，利益衡量的过程就是一个作出价值判断的过程。在利益衡量的过程中，对各种具体类型的利益轻重比例的权衡，一定是依照特定价值取向作出的。在具体个案中，有时无法确定冲突价值之间的优先顺位，或者按照通常理解的优先顺位处理案件不合理，在这些情况下，就不宜采用价值位阶的方式来解决个案，而应当将价值还原为利益，通过具体的利益衡量来决定如何进行裁判。例如，义务帮工人主动要求帮工并被拒绝的情况下，帮工人仍然进行帮工并遭受损害，在此情况下，很难通过比较生命健康权（帮工人）和精神决定自由（被帮工人）两种价值之间的位阶高低，来解决人身损害赔偿争议。因此，可以通过考量义务帮工人与被帮工人所获利益、所受损失等因素来确定二者之间的利益冲突，从而采用利益衡量的办法确定适当的补偿。

第六节　价值判断的适用步骤

价值判断是一个主观的过程，因每一个裁判者的经验、判断的方式、方法等因素也不完全相同。对于一些简单案件而言，其价值判断相对容易；而复杂案件中的价值判断则比较困难。但是，就大多数案件而言，价值判断的适用应当考虑如下步骤。

（一）确定在三段论适用中所涉及的价值

价值是一个复杂的体系，其本身可以分为各种类型，每一种利益冲突的背后都可能涉及价值的冲突。但是，从方法论的角度来看，我们要考虑的价值问题只是在三段论适用过程中所涉及的价值。这就是说，在确定小前提、大前提和大小前提的连接中，法官所遇到的价值问题。在三段论操作中，法律适用的基础是具体的法条，某些价值虽然是法律所保护的对象，但是法官并不能够直接将价值判断作为其作出判决的基础，这是与最为基本的司法理念相违背的。正如阿列克西所指出的，法律论证是在特定法制系统背景下展开的，必然要受制于现行法的约束。[①] 法律中的价值通常是通过具体的法条来体现，这里的法条可能是具体的某种规则，也可能是法律规定中的某种原则，但其必须是在法律中明确规定的，才能够作为裁判的基础。正如有学者所指出的："在法律解释当中对正义问题的考虑仍应在'可能之语义'的界限内进行。此外，对正义问题的考虑还应与可认识到的法律目标相兼容，并且使待解释之规范不致与相同或更高位阶的规范发生逻辑上的冲突。"[②] 这就是说，即使秉持正义的观念进行判断，也只是在对大前提进行解释的过程中进行判断，而且这种解释也必须与法律的目的相一致。所以，法官所涉及的价值只不过是在三段论适用中所涉及的价值，法官不能完全撇开三段论而直接以某种价值进行裁判，采取此种方式正是方法论的大忌。例如，即便法官完全以公平的价值来判案，也必须援引民法上的公平原则，而不能简单地以法官所认可的公平的理念来判案。

就"泸州二奶遗赠案"来说，泸州市纳溪区人民法院认为，黄某将遗产赠送给"第三者"的这种民事行为违反了《民法通则》第 7 条"民事活动应当尊重社会公德，不得损害社会公共利益"的规定，因此法院驳回原告张某的诉讼请求。笔者认为，本案中法官认为，如果按照继承法的规定，支持原告张某的诉讼主张，将滋长"第三者""包二奶"等不良社会风气。[③] 应当看到，死者将其财产赠与二奶，涉及善良风俗和遗嘱自由的冲突。但在民法的具体适用上，我们不能够抽象地说因为违背人格尊严而无效，仍然必须援引《民法典》第 153 条关于违反公序良俗无效的规则而否定其效力，对公序良俗也应当作类型化的解释。

（二）确定是否存在立法者的价值判断

价值判断必须要在法律规定的范围内进行，因此，在进行价值判断时，首先要考虑是否存在立法者明确的价值判断。只有在立法者没有作出明确价值判断的情况下，法官才享有一定的自由裁量权。在整个适用法律的过程中，价值判断的

---

① ［德］罗伯特·阿列克西：《法律论证理论》，舒国滢译，中国法制出版社 2002 年版，序言第 13 页。

② ［德］齐佩利乌斯：《法学方法论》，金振豹译，法律出版社 2009 年版，第 82 页。

③ 王甘霖：《社会公德首成判案依据，第三者为何不能继承遗产》，载《南方周末》2001 年 11 月 2 日。

主观性、个人性都决定了其只能是法定范围内的自由裁量。即使法律是清晰的文本，也可能需要解释，尤其是与具体的事实结合时，法官也有裁量的空间，需要作出价值判断。此种自由裁量主要包括以下几种类型。

第一，在法无规定的情况下所作出的价值判断。在某些情况下，法律没有作出明确规定，或者立法者的价值判断不清晰。例如，《民法典》第 228 条规定了占有改定，但是，其是否适用于善意取得，法律没有作出规定，该条款背后也没有涉及此处的价值判断。再如，在人格权的保护与舆论监督的保护之间如何平衡，法律没有规定，此时，也需要法官独立作出价值判断。在此情况下，保护哪些法益，或者优先保护哪些法益，都是法官在个案中必须作出的价值判断。并非所有法益都具有相同的价值，也并非所有利益遭受侵犯都应当获得充分的救济，受道德、经济和其他一些考量因素的影响，根据法律对不同人身或者财产利益提供保护力度的强弱，各种利益、价值呈现出一定的位阶关系。

第二，在法律规定不清晰情况下所作出的价值判断。在许多情况下，立法者通过法条所体现的价值取向是不清晰的，甚至法律条文本身的含义也是不清晰的。在这种情况下，法官要尽量去探求立法者的真实意思，寻求法律所要保护的法益以及所要实现的立法目的。在此过程中，法官要借助于体系的、历史的、社会的各种方法来探求立法者的真实意思，而不能任意地以自己的意思恣意裁量，替立法者作出判断。例如，《民法典》第 1256 条规定："在公共道路上堆放、倾倒、遗撒妨碍通行的物品造成他人损害的，由行为人承担侵权责任。公共道路管理人不能证明已经尽到清理、防护、警示等义务的，应当承担相应的责任。"如何理解"有关单位或者个人"的概念？道路的管理人或所有人是承担严格责任还是过错推定责任？这就需要法官作出价值判断。例如，在出现了公共道路上倾倒、遗撒物品致人损害的情况下，要求管理人承担严格责任，会极大地增加公路部门的管理成本。如果是收费的路段，那么路段管理部门毫无疑问需要承担责任，因为它从公路的运营中获得利益，就有维持公路保持正常使用状态的义务。但是对非收费的公路，尤其是路段长达数十公里甚至更长的公路，要求公路的管理部门承担这种责任就有一些强人所难。如京藏高速公路绵延数千公里，出现遗撒物之后很难及时清理，道路管理人根本没有足够的人力、物力及时清理道路上的堆放物、倾倒物、遗撒物，其在客观上无法保证如此漫长的公路在任何时刻都能够维持一个良好的通行状态。因此，对于公路管理人不宜课以过重的责任。

第三，法律虽然作出了价值判断，但是随着社会的发展，过去作出的判断已经不符合新的社会发展需要。例如，有关法规关于高利贷的严格限制，是从过去严格维护金融秩序的角度而作出的，但是，随着我国金融体制改革的深化以及市场经济的发展，它与效率的要求发生了一定的冲突。在此情况下，需要法官根据个案来考虑，某种借贷是否应当确定为高利贷，在认定借贷合同无效时，应当根据社会发展的需要作出价值判断。这就意味着，法官应当在旧的价值中引入新的价值，以适应社会发展的需要。

在自由裁量范围内作出价值判断，这本身就意味着此种价值判断是在法定范围内作出的价值判断，而不是一种主观的、任意的自由裁量行为。正如自由裁量要受到法律的限制一样，价值判断也要受法律的限制，要在合法的范围内进行判断，而不是任意的判断。例如，在对文本的含义所体现的价值进行解释时，应在可能的文义范围之内进行价值判断，而不能脱离文义，任意地进行判断。

（三）确定是否存在价值的冲突

价值冲突，是指特定的规范运用到具体个案时，出现了两个或两个以上的价值冲突，需要对冲突的价值进行选择。所谓法的价值冲突，是指“不同的法的价值准则和法的价值观念各自内部和相互之间的矛盾”①。严格地说，在民法上，价值冲突是不存在的，因为立法者面临价值冲突已经作出了选择，所以不需要司法者再次对法律条文背后的价值冲突进行选择。但是，在某些情况下也可能出现价值冲突，产生价值冲突的原因在于：一方面，立法者大多没有预见到，其所选择的价值和现实的需要、已经发展的新的价值之间存在冲突。另一方面，立法者所选择的价值运用到个案中，可能与个案所应当保护的价值产生了冲突。例如，法律关于保护名誉权的规定，运用到个案中可能与法律要保护的舆论监督之间发

① 卓泽渊主编：《法理学》，法律出版社 2002 年版，第 267 页。

生冲突，而立法者没有对此作出规定，这就必然要求司法者进行价值判断。尤其是现代社会是利益多元的社会，而利益多元时常表现为利益冲突，它反映在个案中就是价值冲突。所以，许多案件中不可避免地要出现价值冲突。有学者认为，正是因为存在价值冲突，才有价值判断的必要，这种看法不无道理。但是，严格地说，价值冲突并不是在任何情况下都会发生，或者说即使发生了价值冲突，都需要法官来解决冲突并作出价值的选择。当然，在价值冲突中，可能涉及许多复杂的利益问题。但是，这并不等同于裁判者在考虑任何案件时，必须考虑各种价值，这不仅是无法做到的，也是毫无必要的。我们所说的价值判断只是就系争案件而言，只有针对系争案件所涉及的价值，法官才有必要聚焦在其之上进行考量。

价值的冲突在立法者已经预见并已经作出选择的前提下，司法者原则上不需要重新进行价值判断，司法者的任务就是要发现立法者面临的价值冲突，进行价值选择。具体来说，立法中的价值冲突和选择大多表现在如下几个方面：第一，自由和平等的冲突。例如，古典合同法理论认为，合同自由可以自然实现平等，尊重合同自由就是保障平等。但是在现代社会，信息不对称、交易主体的谈判能力的欠缺等方面的原因，导致合同自由并不能实现平等。因此，法律有必要在特殊情况下对合同自由作出限制，以实现平等，由此产生了强制缔约、格式条款的限制等制度。第二，平等和效率。平等和效率的价值冲突，也是法律上经常要解决的冲突。例如，在合同交易中，法律针对某些特殊的交易如网络交易等，设定了信息披露义务，这有助于促进交易双方地位的平等，但是，过多的信息披露也会影响交易的效率。第三，自由和公平的冲突。现代市场经济体制强调市场交易参与者的意思自治，体现了自由价值。传统的合同法坚持合同严守原则，也是为了尊重合同自由。但是，随着市场经济的发展，交易日趋复杂化，不可预见的风险大量存在，所以，在出现了合同当事人无法控制的风险时，法律必须允许对合同内容进行调整，因此产生了情势变更等制度，这就实际上强化了对公平的保护。第四，财产安全和人身安全的保护。安全包括了财产安全和人身安全。在许多情况下，对人身安全的保护被置于最高的位阶，为了其保护甚至可以牺牲其他的利益。而对财产安全的保护虽然也十分重要，但是，很多情况下也可能屈从于对人身安全利益的保护。第五，财产安全与交易安全的保护。财产安全要求充分保护财产，这就有利于财产流动到能实现价值最大化的地方，进而实现效率价值；但是，在民法上还有另一种安全，即交易安全，此种安全关系到社会公共利益，民法上常常为了保护交易安全而牺牲个人的财产保护。

在实际的个案中，价值冲突远远不止上述类型，其实每一个案件都体现了价值的冲突。我们列举上述法律作出的价值判断，只是表明此种冲突在法律上经常遇见，正是面对价值冲突，立法者需要作出选择，在价值判断中实现最佳效果，裁判者的任务就是要发现立法者作出的选择，实现此种最佳效果。问题在于，在很多情况下，法律本身没有预见到价值冲突，也没有作出选择，或者法律作出的价值选择与实践中要保护的价值之间发生了冲突，在此情况下，就需要司法者在具体案件中考量如何才能形成妥当的价值判断，作出价值选择。例如，在“公交车留置案”中，受害人财产的保护和乘客的利益之间，法律并没有明确优先保护哪一种利益，这正是裁判者所需要作出的价值选择。

如前所述，价值判断是一个适用范围非常宽泛的概念，它可以适用于各个案件。但是，价值判断的表现形态却只有两种：一是在涉及价值冲突时，价值的选择问题。例如，在“公交车留置案”中，就涉及价值的冲突，一方面是个人所有权的保护，另一方面是公共交通运营秩序和安全的维护。就财产利益而言，该案同时涉及陈某个人的财产利益，与车上 60 多名乘客的利益的冲突。二是在不存在价值冲突时，法官如何填补新的价值，或者基于某种价值作出裁判。在许多案件中，特别是在简易案件中，可能并不涉及价值冲突的问题，但它有可能使法官面临如何确定和选择价值的问题。例如，在实践中发生的许多公民之间的借贷，一旦超出了约定贷款利息，过去法院大多都宣告借贷合同无效。但是，随着金融体制改革的深化，对民间借贷的管制逐步放宽，因而，对高利贷的认定标准也更为宽松。这就涉及原有的规则规定和现有的新的发展的价值发生冲突，司法者面临着是否需要根据社会效果的考量，重新作出价值判断的问题。在这种情况下主要考虑的并不是原有价值之间发生了冲突，而是要对新的社会效果的确定，并依据社会效果的考量作出裁判的问题。

司法实践中必须区分这两种情况的价值判断，如果涉及冲突的价值，就应当对价值进行比较，进而作出最佳的选择；在不涉及两种价值的冲突和矛盾时，主要还是由法官从个案考虑，选择、确定或适用某种价值。尤其需要指出的是，裁判者作出的选择可能并非“非此即彼”的，也可能是兼顾两种价值的，从而兼顾双方所主张的价值，由裁判者最终作出妥当的价值判断。

（四）寻求应当优先保护的价值

每一种价值背后都隐藏着利益，而利益的冲突就表现为价值的冲突。现实主义法学家卢埃林说，法律仅仅是立法者用于解决人与人直接利益纷争的工具而已，其并不包括法律之外其他东西。[①] 不过，正是因为法律是立法者制定的，其反映了立法者对利益纷争的态度，其蕴含着立法者所秉持的价值追求，如平等、自由、效率和安全等等。正是因为在现实生活中，经常发生各种利益的冲突，才可能涉及价值判断问题。所以，利益的冲突和价值的冲突是时常纠缠在一起的。当然，这并不意味着，价值判断和利益衡量是等同的，因为价值判断更为抽象，而利益衡量更为具体。但是，在价值发生冲突的情况下，裁判者应当发现价值背后隐藏的利益，从而尽可能地寻找应当优先保护的利益。在寻求优先保护的价值的过程中，首先应当考虑法律所确立的优先价值，在无法确定时，应当以达成共识的价值位阶作为判断标准。例如，在“腾讯用户相约自杀案”中，从鼓励互联网技术发展创新的角度考虑，如果法院判决腾讯公司承担连带责任，将会对互联网产业的发展造成负面的影响。但该案一审法官认为，在网络相约自杀日渐成为一个社会问题时，给予赔偿权利人适当的赔偿和精神抚慰，既是对案件本身的法律评价，也是在警示迷途者，在唤醒公众的社会责任感，共同努力，避免悲剧再次发生。[②] 笔者认为，能否通过利益衡量兼顾两种价值判断？可否采取基于公平责任由腾讯公司适当补偿的做法，而不是判定腾讯公司存在过错进行赔偿的做法，来实现当事人双方的利益平衡？互联网是世界范围内共同使用的网络，从技

① Karl Llewellyn, *The Bramble Bush: On our Law and its Study*, NY: Oceana Publications, 1930. p. 12.

② 《网友 QQ 相约自杀案一审宣判 腾讯被判承担责任》，到《青年时报》2010 年 12 月 4 日。

术上来说，要求网络经营者完全知悉、防止所有侵权信息在网络上出现是极为困难的，现有的技术也无法阻止侵权信息在网络上的出现。对于本案而言，腾讯公司的 QQ 软件是一种即时通信工具，拥有数亿注册用户，在 QQ 群的聊天内容中每天都存在海量的信息。群聊信息浩如烟海，从技术上讲，腾讯公司不可能了解所有的聊天信息和内容，也无法通过现有技术手段分析得出本案张某与范某之间的聊天信息可能导致侵害他人的生命健康权。如果对网络经营者课以过重的责任，就会妨碍技术创新和信息的自由流动，反而会损害社会公共利益。

（五）根据价值体系作出妥当的价值判断

价值判断虽然是法官在适用法律、作出裁判过程中必不可少的过程。但是，价值判断也必须是在法律允许的自由裁量的范围内作出。这就是说，价值判断不完全是法官完全任意的行为，而是法律约束范围内的裁判活动。法官应当根据法律确定的价值体系来进行价值判断，在法律没有明确规定价值体系的情况下，法官应根据形成共识的价值来进行价值判断。此外，在不同的情况下，是否有必要作出价值判断，以及价值判断的程度和空间等，都要受到法律的限制。例如，在很多情况下，案件事实本身是清晰的，而法律确立的规则又是非常清晰的、明确的，甚至没有给裁判者留下过大的解释空间，在此情况下，裁判者作出价值判断的空间就较小。例如，《民法典》第 152 条规定："有下列情形之一的，撤销权消灭：（一）当事人自知道或者应当知道撤销事由之日起一年内、重大误解的当事人自知道或者应当知道撤销事由之日起九十日内没有行使撤销权；（二）当事人受胁迫，自胁迫行为终止之日起一年内没有行使撤销权；（三）当事人知道撤销事由后明确表示或者以自己的行为表明放弃撤销权。当事人自民事法律行为发生制日起五年内没有行使撤销权的，撤销权消灭。"对于撤销权的除斥期间原则上为 1 年的期限，法官并没有选择的空间，即使原告受到了欺诈，但从知道或者应当知道之日起，已经超过了 1 年的期限，法官也不能从价值判断考虑延长这一期限，因为这已经超出了法官可以自由决定的范围。我们说法官所能够考量的，只能是受到欺诈者是否知道或者应当知道，只有在这一点上其有一定的解释空间，但是这一解释空间是较小的，尤其是对于"知道"的判断，其属于事实认定的问题，必须以证据为基础进行判断。

（六）充分说理论证

价值判断的过程实际上就是充分的说理和论证的过程，它始终伴随着裁判者的论证义务。裁判者进行价值判断，不应当是以直觉或简单的经验为基础的，而应当是以“理由”为基础的，这也是法治作为“理由之治”的要求。例如，许多裁判者在判决中往往运用正义、公正、平等等原则直接得出裁判结论。毫无疑问，这些价值都是裁判者应当追求的，但是，正义的价值究竟是如何体现的？在个案中裁判结论的得出与正义价值的关系如何？这些都需要裁判者进行说理论证，这是法学方法论中可批判性和可验证性的要求。有学者认为，民法主要是以形式平等为主，兼顾实质平等，因而如果没有足够充分或正当的理由，就应当实行形式平等。如果有人在个案中主张应当实行实质平等，就有义务提出证明，并提出足够充分且正当的理由，否则主张就不能成立。同样，对于裁判者来说也是如此，其原则上应当坚持形式平等，如果其要实行实质平等，也应当有足够充分且正当的理由。[①] 笔者赞同此种观点，但是，从方法论的角度来看，当事人的主张并没有实质的意义，因为当事人的主张无论是否有充分的理由，最终还是要由裁判者进行价值判断并进行论证。方法论上所研究的价值判断只是裁判者的价值判断，不包括当事人的价值判断。

第七节　价值判断的必要限制

一、价值判断应进行必要限制

价值的选择与确定也要遵循一定的规则和程序。正是因为有规则的制约，价值判断才可以形成独立的方法。价值判断是一个抽象的主观概念，因此在操作过

① 王轶：《民法原理与民法学方法》，法律出版社 2009 年版，第 42 页。

程中应当有一定的规则的限制。正如有学者所指出的，从积极的意义来看，价值判断表明考虑了价值体系而作出的判断；而在消极的意义上来看，价值判断表明其并非理性的、客观的思考，而是个人化的思考。[①] 也就是说，价值判断深受每个法官自身的前见的影响，虽然这种前见不一定是偏见，但是却是法官先入为主的看法。每个法官的前见不同，就导致其作出不同的价值选择。如果我们对法官的价值判断没有限制，任意由法官依据一定的价值判断作出一定的裁判，虽有可能充分发挥法官的主观能动性，实现裁判的正义。但是，由于每个裁判者的个人经历、经验、好恶、学识、思维等方面的影响，都可能使其各自的价值取向和判断各不相同，因此，如果价值判断没有限制，其最终的结果可能导致同类案件的裁判结论大相径庭，甚至可能完全置法律规定于不顾，而得出荒谬的裁判结论，因此，对价值判断作出限制是必要的。随意作出价值判断有可能解决了法的妥当性的问题，但是必然会损害法的安定性。

价值判断的限制和适用步骤之间是不可分开的，依据一定的适用步骤本身也就是对价值判断的限制。例如，要求法官在自由裁量的范围内进行说理论证，这本身就表明对其是一种限制。但是，两者之间仍然是存在区别的，因为价值判断的适用步骤是从一定的程式和程序考虑的，而价值判断的限制是从如何使价值判断更符合司法正义的要求考虑的。

二、规范价值判断的规则

笔者认为，价值判断的限制应当遵循如下规则。

（一）遵循立法者的价值判断的规则

凡是立法者已经作出明确的价值判断的，法官不能以自己的价值取代立法者的价值判断。裁判者首先要尊重立法者的立法目的。法律规范本身就是利益平衡的产物，所有法律规则的背后都体现了一定的价值冲突。正如彭真同志指出的：

---

① Michael Scriven（KF Schaffner & RS Cohen，eds.）（1974），*Philosophy of Science Association PSA*：*Boston Studies in the Philosophy of Science*，v. 20. Boston：Dordrecht：Reidel. p. 219 ff.

“立法就是要在矛盾焦点上砍一刀。”这就反映了立法者在制定规范时，已经蕴含了一定的价值判断。裁判者同时也要将价值判断运用于印证裁判结果的妥当性之上。正是由于法律规则的背后都彰显了一定的价值，因此在依法裁判的过程中，法官不仅要选择妥当的规范，也要了解规范背后的价值，同时在秉持一定的规则的情况下，对裁判结果是否妥适，是否符合法律所要求的价值进行必要的考量。如果立法者已经作出了明确的价值判断，那么，法官无须再独立进行价值判断，而只需要依循立法者的价值观念即可。

法律作为调整社会关系的一般行为规则，其本身也是一定的价值诉求的反映。法律在制定过程中，立法者必然要面对各种价值的冲突，形成最佳的利益平衡和价值妥协。所以，法律大多要作出一定的价值判断。立法者作出价值判断，也是立法的精神和目的。“任何具体的法律秩序都以立法者肯定的、通过规范证实和巩固的价值秩序为基础。”① 不能以自己的价值判断代替立法者的价值判断。严格地说，立法本身就是要协调利益冲突，立法者通常都要作出价值判断。其实，所谓探求立法目的，很大程度上就是要发现立法者所作出的价值判断的过程。而法官要依法裁判，首先就要探求立法者在立法中所进行的价值判断。之所以在法律上必须要寻求立法者的价值判断，主要原因在于：第一，这是依法裁判、公正司法的必然要求。如果法官不考虑立法者的价值判断，而任意作出裁判，实际上将从根本上否定依法裁判的必要性。在实践中，法官随意作出价值判断，有可能导致裁判的恣意。例如注重社会效果就是一种价值判断，如果不考虑法律所确立的价值判断，过多强调社会效果而牺牲一方当事人利益，就违背了法律的目的，从而侵犯了当事人的利益，压制了其诉求和权利，这也违背了立法者的目的。一般来说，之所以要寻求条文背后的价值判断，这是因为立法者的价值判断就是立法者的立法目的，法官的任务是努力实现立法的目的，而不是以个人的价值判断来代替立法目的，否则，严格执法就成为一句空话。第二，这是防止司法权滥用、规范自由裁量权的基本要求，司法权不能凌驾于立法权之上。所

① ［德］魏德士《法理学》，丁小春、吴越译，法律出版社2003年版，第55页。

以，价值判断只能在立法目的范围之内，价值判断不能超越自由裁量权的范围。防止司法的任意性，旨在保障法律的确定性和安定性。据此，不能在自由裁量权限之外进行价值判断。例如，张三辱骂李四，李四认为自己遭受了精神损害。此时虽然后果尚未达到“严重”的程度，但法官认为张三具有恶意，因此要求其承担精神损害赔偿责任。此时法官就超越了自由裁量的权限范围，进行了不当的价值判断。第三，注重法律的妥当性和安定性。在法律适用中，应当兼顾法律的妥当性和安定性。如果仅仅追求法律的安定性，则会导致机械的法律适用活动，尤其是面对法律滞后性这一固有特征，片面的追求安定性不利于法律对社会生活的妥当调整。反之，如果仅仅追求法律的妥当性，则有可能将法律抛弃在一边，甚至置法律的明文规定于不理，导致法官的自由裁判，损害法律的可预期性，影响人们的行为自由。兼顾两者的关系，需要寻求法律条文准确清晰的含义，又要在特定社会背景下实现对公平正义的追求。说到底，就是要协调好法的一般正义和在具体个案中的个别正义的关系。就价值判断而言，法官也应当在法律的妥当性和安定性之间实现有机的结合，实现法的一般正义和个别正义的结合。

遵循立法者的价值判断，也包含了对宪法所确立的价值判断的遵循。例如，在天津出现的“工伤概不负责”案中，法院认定，当事人的约定无效，理由就是其违反了宪法上保护劳动者权益的规定。这实际上是从宪法中推导出劳动者权益保护优先于合同自由的价值判断。

（二）在可能文义范围内进行判断的规则

遵循立法者的价值判断，首先应当从文本中寻找。如果不能从文本中确定，就应当通过目的考量、立法的历史资料等方式确定立法者所作出的价值考量。例如，在考量法的价值和具体条文的价值时，法官首先应当确定具体条文所确定的价值，探求条文背后立法者所考量的价值。例如，《民法典》第 311 条关于善意取得的规定，其条文背后存在着交易安全和所有权保护的平衡，体现了交易安全优先的价值判断。再如，《民法典》第 1254 条关于高楼抛物坠物致人损害，应当由可能的建筑物使用人承担责任。这表明立法者已经作出了价值判断，从人身利益优先于财产利益考虑而优先保护受害人的人身利益。裁判者应当首先基于此种价值取向而准确解释该条规定，并确定其适用范围。例如，该条只是规定了“造成他人损害”，但是，其是否包括财产损害？笔者认为，从该条的立法目的来看，其就是要实现对人身权（尤其是生命健康权）的优先保护，因而此处损害不应当包括财产损害。但价值判断必须要在可能的文义范围内进行。法官在作出价值判断时，首先需要去找法，在确定了可供适用的法律规范之后，在对规范的含义存在不同理解时，法官需要从不同的文义出发，然后根据一定的价值判断标准，在不同的文义间取舍，而不能离开文义进行价值判断。如在“热水烫伤案”中，涉及从楼上抛洒的热水是不是属于《民法典》第1254条所规定的“从建筑物中抛掷物品”的问题，需要依据保护受害人的价值取向对“从建筑物中抛掷物品”概念进行扩张解释，使其能够涵摄抛洒的热水。但是，在作出此种扩张解释时，法官必须要考虑这种解释是否在可能的文义范围之内。否则，将进入漏洞补充的范围，而不再属于法律解释的范畴，在不需要进行漏洞填补的情况下，法官就不需要作出此种价值判断。

（三）符合法律上的价值体系的规则

在一个价值取向单一的社会，不可能形成价值体系，价值的取向也是比较简单且容易形成价值共识。但是，在一个价值取向多元的社会，裁判者在每一个具体个案中会遇到多种价值①，同时，每一个裁判者的价值取向也是复杂化的，这首先就向我们提出的问题是：要进行判断的价值是什么？我们应当在什么样的价值体系范围内进行价值判断？正如艾耶尔所指出的：“只表达价值判断的句子没有陈述任何东西，它们是纯粹的情感表达。”② 这就是说，如果价值取向不清晰，裁判者就会受前见和情绪的操控，很难形成价值共识。

法律作为社会生活规范，其本身就是实现一定的价值的工具。③ 在个案裁判中，存在不同的利益冲突，各种利益冲突都体现为一定的价值冲突，对于利益的取舍一定程度上就是对于价值的取向与取舍。以“旅客欠酒店费用案”为例，本案涉及的是酒店和旅客之间关于财产利益和人身利益的冲突，但实际上体现的是财产安

---

①② 王轶：《民法原理与民法学方法》，法律出版社2009年版，第33页。

③ 张文显：《马克思主义法理学》，辽宁人民出版社2009年版，第101页。

全和人身自由之间的价值取向。我们在对于酒店的财产利益和旅客的人身利益谁优先保护作出判断时，需要对于财产安全、人身自由两个不同的价值观念的先后保护顺序预先作出判断。这一问题就涉及整个社会的价值体系的构建问题。一方面，法律存在自身的价值体系，这就为法官寻找、适用妥当的价值取向提供了规范基础。价值是制度的灵魂，制度是价值的体现。具体制度之所以可以保持体系性，很大程度上是因为这些制度是在共同的价值指导下设计的，它们反映了共同的价值理念。另一方面，各项法律价值的确立具有共同的宗旨。以民法为例，价值体系包括人的全面发展、自由、平等、安全、正义、效率等多项内容，这些内容范围广泛，适应了多元化的社会需求，同时具有一定的先后顺序，构成了一个完整的价值体系。从最基本的价值目标看，其主要由意思自治和人文关怀两项构成，并在此基础上衍生出各种具体的价值。例如，意思自治又分别表现为合同法中的合同自由、物权法中的财产权行使自由、婚姻法中的婚姻自由、继承法中的遗嘱自由、公司法中的营业自由等。再如，人文关怀又分别体现为对生命健康权的特别保护、对弱者的优先保护、对实质正义的维护等。但是，法律的最高价值是公平正义，因此，各项价值都要围绕这一价值目标展开。有些价值目标表现得较为清晰，有的价值目标是隐藏在法律条文背后的，需要法官去考察、发现。法官在个案裁判中，进行价值判断时，不能以自己的感受、好恶为标准，必须服从并服务于整个法律的价值体系。所有的价值判断结论应符合以公平正义为核心的整个法律的价值体系，而不能随意创设新的、法律体系以外的价值目标，若如此进行价值判断，必然会破坏法律体系的完整性、公平性，也无法保证个案的妥当性，实现个人利益和社会利益的平衡。所以，了解民法，不仅要了解规范，还要了解规范背后的价值体系；适用法条，不仅是适用法律条文，还要适用法条背后的价值判断标准。认识民法的体系不仅应当了解民法的外在体系即规范体系，还应当了解民法的内在体系，它是支配整个民法的基本价值以及这些价值之间的实质联系。① 民法价值体系的客观存在决定了法官在进行价值判断时，其有可以凭据的依据。而且，法官是在既存的价值体系的基础

① ［德］卡尔·拉伦茨：《德国民法通论》（上册），王晓晔等译，法律出版社 2003 年版，沃尔夫序言；［葡］Carlos Alberto da Mota Pinto：《民法总论》，法律翻译办公室译，澳门大学法学院 1999 年版，第 24 页。

上，进行选择和判断。此外，还应当看到，价值本身是不断发展的，社会在发展，价值本身也在发展。例如，公序良俗的概念，在不同的时期，也都具有不同的内涵，但公平正义的价值理念作为法律的价值目标，在任何时候是不能改变的。正如王泽鉴所言，“法律适用的正当性不在过去，而在现在……应向前看，期能符合当前的社会需要及正义理念”①。

笔者认为，从大的方面来说，我们所考虑的价值应当是整个民法所认可的价值。《欧洲民法典草案》认为，自由、安全、正义和效率构成民法的基础，甚至认为，这四大原则同等重要。② 这四项价值构成民法最基本的价值。笔者认为，除了这四项基本价值之外，维护人格尊严等都应当成为民法的基本价值。通过对平等、自由、效率与交往安全等民法基本价值的维护，增进社会福祉、实现人的全面发展这一现代私法的根本价值和目标。③《欧洲民法典草案》在评述其指导性原则时强调，自由、交往安全、效率等价值本身并不是终极性的追求，相反，它们是通向另一个具有终局性意义价值的不同途径而已：“增进社会福利，使每个人都有能力去追求其正当目标，有机会去发挥其潜能。”④ 但是，事实上，在民法的每一个部分、每一个制度或规则之中，都会基于上述价值形成不同的价值。例如，在“泸州二奶遗赠案”中，就涉及有关遗嘱自由和善良风俗之间的价值冲突。这实际上不过是民法中自由价值和正义价值的冲突。在前述范志毅案件中，涉及名誉的保护与舆论监督的维护，也涉及个人人身安全和自由与正义价值的冲突。实际上，各种价值的冲突都不过是这些价值的具体体现而已。法官就是在这一框架内寻求价值的共识。

(四) 符合价值共识规则

价值判断要以具有共识的价值为基础。如前所述，立法者立法时都需要进行一

① 王泽鉴：《民法思维》，北京大学出版社 2009 年版，第 164 页。

② Christian von Bar and Eric Clive，*Definitions and Model*，*Rules of European Private Law*，Volume I，(Munich：Sellier. European Law Publishers，2009)，p. 37.

③ 关于现代民法上的“人的全面发展价值”的初步论述，参见王利明：《民法典体系研究》，中国人民大学出版社 2008 年版，第 363 页。

④ Christian von Bar，E Clive (ed.)，Principles，*Definitions and Model Rules of European Private Law*：*Draft Common Frame of Reference* (DCFR)，Full Edition，Sellier，Munich 2009，p. 37.

定的价值判断，法官裁判时必须以一定的价值判断为基础，适用法律的过程某种程度上就是一个价值判断的过程。但是，有时，因为某种原因，法官无法从现行法律规范中获得明确的价值判断指引，此时案件裁判的价值判断将陷入困难。一方面，立法者所表述的价值可能不清晰，或者根本没有相关表述，或者法官无法明确立法者优先选择的价值取向，此时法官面临着寻求法律价值判断的困难。以“旅客欠酒店费用案”为例，本案中，现行法律缺少相关明确规定，而其中存在“人身自由”“财产安全”“社会效率”等多种价值冲突，立法者在此没有现成的法律规范，故只能由法官在案件裁判中自行作出取舍。另一方面，立法者当时所作出的价值判断已经与现代社会发生了脱节，法官在案件裁判中也存在着价值判断的困难。尤其应当看到，在法律没有规定的情况下，面对多元社会中的多元价值，法官如何取舍也往往是同案不能同判，引发社会争议的原因。这其中的一个重要原因就是因为法官没有形成统一的价值共识。以“旅客欠酒店费用案”为例，有的人可能认为，应当优先保护酒店的财产利益，一旦旅客离开，就可能给酒店造成重大损失，这类事件若频繁发生，必将影响到酒店的正常经营。这一行为不仅涉及酒店的财产安全，还涉及酒店的营业自由。有的人可能认为，应当优先保护旅客的人身利益，相较于旅费这一财产利益，旅客的人身自由具有更高价值。在没有十分必要的情况下，不应当随意限制旅客的人身自由。然而，即使在多元的社会，价值判断不是法官任意选择的，而应当是以共识的价值为基础进行的。如果缺乏最低限度的价值共识，价值判断就不可能进行，或者其完全陷于各说各话的境地。在民法领域，无论法官如何进行价值判断，其应当承认最基本的价值。例如，善意取得的规则就是在交易安全优先于原权利人的权利的基础上产生的；无行为能力人签订的合同无效，也是基于未成年人的保护优先于交易安全的基础上产生的。所以，法官不仅要发现价值共识，同时，在无法查找立法者所作出的价值判断的基础上，要尽可能运用价值共识进行判断。

努力寻找价值共识，也有利于避免出现形式合法、实质不公的现象，尤其是可以避免出现违背一般的公平正义理念的裁判结果。例如，在民法上人们都认可平等是基本的价值。价值共识是讨论价值判断问题的前提，除非讨论者之间存在价值共识，否则，就不可能讨论价值判断问题。在“彭宇案”中，一审法院从人性恶的角度出发，认为“如果不是彭宇撞的老太太，他完全不用送她去医院”，这种价值取向本身是值得商榷的。虽然法律规则的设计往往要从人性恶的角度出发，防范可能出现的违法行为，但是，在法律适用中，法官如果以人性恶出发来认定事实，就可能出现偏差，因为毕竟从鼓励和引导人们一心向善、互帮互助的角度考虑，法官不应当作出此种推论。从社会效果的角度来看，法官的此种价值取向，可能导致人们不敢救助他人，以免自己承担法律责任。所以，该案中法官作出的价值判断，难以获得人们的普遍接受。

（五）考量价值位阶规则

如前所述，民法中存在一定的价值位阶。如果法律已经明确了特定的价值位阶，法官就应当按照法律的规定来进行。在没有法律明确规定的情况下，应当考虑是否存在形成共识的价值位阶。法官不能以自己主观上认定的价值位阶来代替形成共识的价值位阶。价值判断是法官在审理具体案件的过程中，对案件所涉及的不同的、往往相互冲突的诸价值之间，根据特定的立法或者司法政策，作出取舍或者优劣顺位，并依此作出裁判。例如，在解释《民法典》第 311 条有关善意取得的规定时，就涉及两种价值：其一，原所有人的利益保护；其二，善意第三人的利益保护。由于只能由其中一人取得所有权，所以两种价值就处于冲突和对立的状态。而立法者基于保护交易秩序和安全的考量，最终决定，在一定条件下将所有权赋予给善意第三人，这就是一个重要的价值判断。在面对具体案件时，司法者必须理解立法者的立法政策，并根据这一特定的立法政策来结合个案的司法进程进行价值判断，由此出发来作出其司法判决。裁判者发现这些立法者所作的价值判断，并将其运用到个案当中，因此，我们所说的价值判断，主要是指法官在裁判活动中基于一定的价值取向解释法律和准确适用法律的活动。

（六）符合社会发展的需要的规则

任何价值判断都应当符合社会发展的需要，实现最佳的社会效果。立法者理性的有限性决定了，任何立法都不可能预见到一切情况。而成文法的局限性就在于，其一旦颁布就会与不断变化的社会发生脱节，其必然出现一定的滞后性。法为人而立，非人为法而生。法律都必须适应社会的发展和人类在不同时期的需要。耶林指出："法律的标准并不是绝对的真实，而是相对的目的。这样它应该遵循法律的内容不仅仅是可以，也表现出多种内容。正如医生要根据不同的病情开出不同的处方，法律也不能对任何争议都提供相同的规则，而应该根据人们的不同情况，民众的不同需要以及时代的不同价值取向而设计规则。"① 尤其是我国当前正处于转型社会，各种新的情况层出不穷。在此背景下，任何的价值判断都必须符合社会的发展需要，使自己的判断能够具有一定的前瞻性，符合变化了的社会需要。"现代法学之使命，端在促进吾人之社会生活。"② 法律亦需要与时俱进，法官在司法活动中也必须贯彻此项原则，把握社会经济的需要，最终实现裁判的公正性。在解释法律时，必须以立法者处于当下社会所应有的意思来进行解释。③ 在法律有明显滞后的情况下，也要从文本出发，对文本不适应社会需求的情况作充分的论证。以客观的法律文本为出发点，也要求我们注重法律的与时俱进。法律解释的最终目标在于完善法律，使法律更契合社会、伦理、经济的发展与变迁。德沃金将法律的解释看作是对一个系列小说的创作和解读。要通过解释使整部小说更连贯，要通过解释使每个故事成为最好的故事，而不仅仅是使那个故事成为它本身。④ 立法意图所产生的社会背景具有变动性，这种变动可能是缓慢的变动，也可能是剧烈的变动。在某些情况下，立法意图所产生的社会背景可能经过很长时间仍然能够保持稳定，也可能经过很长的时间才发生变动⑤；以破产债权优先受偿顺序为例，在《企业破产法》的制定和修改过程中，立法者所考虑的企业破产原因主要是经营不善和市场风险。而实践中，导致企业破产的情形远非仅限于此。在三鹿奶粉事件中，企业因为产品大规模侵权而负担大量的损害赔偿责任，该责任的承担就足以导致企业的破产。一些学者认为，让受害者的人身损害赔偿债权优先于企业的其他债权受偿具有

① Rudolf Von Jhering, Der Zweck im Recht Volume 2, Nabu Press, 2010, S. 52.

② 杨仁寿：《法学方法论》，三民书局 1986 年版，第 88 页。

③ 杨仁寿：《法学方法论》，三民书局 1986 年版，第 118 页。

④ Ronald Dworkin, "Law, Philosophy and Interpretation", 80 *Archiv für Rechts-und Sozialphilosophie*, 463, 467 (1994).

⑤ 杨日然：《法理学论文集》，月旦出版公司 1997 年版，第 522 页。

充分的理由，因为众多受害者遭受了人身伤害，需要从破产企业的财产中获得优先受偿，以维护人的生存权利和社会的稳定。相对于合同当事人，侵权行为所产生的非自愿债权人（尤其是其中人格权利受到侵害的债权人）完全是无辜的受害者，是被迫成为公司的债权人，法律应当赋予他们更多的保护，才能体现法律所追求的公平价值观。[①] 但是，根据我国《企业破产法》所设定的破产财产分配顺序，广大受害者的人身损害赔偿债权不具有优先性，而与其他普通债权属于同一受偿顺序。这也就说明，立法者在制定和修改《企业破产法》时的意图已经不符合剧烈变化的社会背景。在这种情况下，如果继续按照立法者的原本意图来调整现有社会关系，则有违法律的基本公平正义理念。随着时代的发展、时间的流逝，社会的主流价值观念会逐渐发展变化，法官作出价值判断时，通过将变化的价值观念融入法律解释之中，就有助于实现法律的“与时俱进”。

（七）遵循指导性案例的规则

指导性案例，通常都是具有典型性、正确性的案件，指导性案例中所作出的价值判断，可以为类似案件提供基本的价值判断的准则。法官在裁判过程中，如果发现本案纠纷与指导性案例具有实质的相似性时，可以直接参照指导性案例进行价值判断，对同类案件进行比较和验证，以确定判断的妥当性，保障法官依法作出公正的裁判。价值判断结论本身具有可验证性，例如，在范志毅案件中，法院确立了对公众人物的名誉权进行限制的规则，如果类似的案件涉及著名影星、著名歌星的名誉权的侵害的，可以进行类似性比较，得出类似的结论。

① 孟强：《单船公司破产债权受偿顺序问题研究》，载《法学》2008 年第 2 期。

第十一章 利益衡量

利之中取大，害之中取小也。——《墨子·大取》

“法爱衡平”“法官心中应常有衡平”。——法谚

为了作出一个正义的判决，法官必须确立立法者通过某条特定的法律所旨在保护的利益。——［美］E. 博登海默[①]

案例：

1. “公交车自助案”：某市公交运输公司的一辆通到郊区的公交车，在途经某村时，因拐弯时不慎将农民陈某临时搭建的工棚撞倒，并造成其中的某些财物损坏。陈某与公交车司机交涉，要求其赔偿。但是，公交车司机提出，必须由公司出面处理。陈某提出，如果司机不赔偿，就必须扣留该公交车。在交涉过程中，车上的乘客都提出，陈某可以记下车牌号，并扣住司机的驾驶证，但不必扣留该公交车。陈某认为，如果公司不赔偿，其权益无法得到保障，坚持扣留该公交车。因双方的纠纷，导致60多名乘客在路上被耽误了近三个小时。后来，部

① ［美］E. 博登海默：《法理学——法哲学及其方法》，邓正来、姬敬武译，华夏出版社1987年版，第151页。

分乘客起诉公交公司，要求公司赔偿。公交公司起诉陈某，陈某认为，其行为是合法的自助行为，并反诉要求公交公司赔偿其损失。

2. “拖欠工资案”：原告张某是一个农民工，他与被告公司签订修缮房屋的合同，在工作一个月后，房屋修缮完成，原告要求被告支付报酬。但是，被告提出，原告必须给付发票，否则无法入账。因为原告无法给付发票，所以，被告拒绝给付报酬。双方为此发生争议，并诉至法院。被告认为，其拒付的理由是，依据《民法典》第525条的规定，在原告没有给付发票的情况下，其可以行使同时履行抗辩权，拒绝支付报酬。

第一节 利益衡量概述

法谚云：“法爱衡平”。价值取向最终都需要通过特定具体的利益追求来体现。在个案中，价值冲突就体现为当事人之间具体法律利益的冲突，价值判断就意味着在冲突的利益之间进行选择，以维护并体现妥当价值观念的利益诉求，这在一定意义上也是利益平衡的体现。因此，在讨论价值判断之后，我们有必要进一步讨论利益衡量的方法。

一、利益衡量的概念和特征

所谓利益衡量，也称为利益考量、利益平衡，实际上是当各方利益冲突时，法官对社会公共利益、当事人的利益等各种利益进行考量，以寻求各方利益的妥当平衡，实现社会公平正义。在法律解释中，利益衡量主要是指解释者在运用各种狭义法律解释方法时，努力探究立法者在法律条文中对所协调的各方利益进行的考量和判断，通过利益平衡辅助各种解释方法，寻求妥当的结论。它也是对解释结论妥当性的一种论证和验证方法。当然，利益衡量也可以适用在价值补充和漏洞填补之中。

在大陆法系，德国著名学者赫克（Heck）在其20世纪初的名著《法的解释及利益法学》中指出："法律的目的须在每一规范中考虑所涉及的利益，并衡量法律所旨在赋予价值的利益及牺牲的利益。"因此，利益衡量实际上成为对概念法学的挑战。利益衡量论是作为与概念法学相对应的方法论出现的，但是，利益衡量理论提出之后，一直没有得到系统的发展。直到20世纪60年代，为适应法律解释的需要，由日本学者加藤一郎教授和星野英一教授等建立并发展起来。[①]这主要是基于对日本战前的概念法学思想中不考虑法的具体适当性所作反省的结果。[②] 20世纪70年代至80年代，该学说已经在日本占据支配地位。在日本法上，从利益衡量理论的产生来看，其就是为了克服概念法学的弊端，发展出与概念法学不同的思考方法和研究方法。[③] 这种思考方法和概念法学的思考方法正好相反，有利于改变概念法学僵化的思考模式，从技术的侧面提供了价值判断的方法论。[④] 但在20世纪90年代，其也受到了一些日本学者的批评。[⑤] 在英美法系，利益衡量的方法一直得到广泛的采用，英美法中的衡平法实际上就是利益衡量的产物。19世纪末期，美国产生了实证主义法学，其代表人物为霍姆斯、庞德等人。20世纪初期，出现了以格雷、弗兰克为代表的现实主义法学（Legal Realism）。近几十年又出现了以波斯纳为代表的经济分析法学。这些法学流派都认为，法律本身是不确定的，是随着社会的发展而不断发生的，法律的关键在于适用，在适用中，法官应当享有造法的权限，而法官在造法过程中应当进行利益衡量。迄今为止，利益衡量理论已经成为法律解释中的重要理论。

法谚云："法官心中应常有衡平。"梅因曾经将利益衡平作为法律发展的重要方法。事实上，利益衡量是贯彻在整个司法裁判过程中的重要方式。在司法实践

① 梁慧星：《民法解释学》，中国政法大学出版社1995年版，第317页。

② ［日］井上英治：《民法总则》，法曹同人1998年版，第20页。

③ 段匡：《日本民法解释学》，复旦大学出版社2005年版，第26页；梁慧星：《民法解释学》，中国政法大学出版社1995年版，第316页以下。

④ 梁上上：《利益衡量的界碑》，载《政法论坛》2006年第5期。

⑤ 例如，日本学者平井一雄认为，将利益衡量的结果与法律解释直接联系起来的做法是"心理主义""直结主义"，并给了法官过大的自由裁量权力。参见［日］大村敦志：《民法总论》，江溯等译，北京大学出版社2004年版，第94页。

中，许多案件都涉及利益冲突，而要公正地处理这些案件，就需要妥当平衡相互冲突的利益。例如，大量的新闻侵权案件都涉及人格权的行使与保护与新闻报道、舆论监督的冲突问题。再如，个人信息权利的保护往往也涉及与个人信息、数据的利用之间的冲突，因此有必要有效平衡人格权益保护与其他价值的关系。通过利益衡量，就是要确定价值平衡和利益冲突解决规则，确定权益或者价值的位阶，确保每一种权利都受到必要的兼顾和相应的保护。当然在优先保护某一种权益的同时，也要兼顾维护他人的行为自由，防止人们动辄得咎。

虽然就利益衡量的性质存在争论，但是，笔者认为，利益衡量在法律解释学中既不是一种独立的狭义解释方法，也不是一种漏洞填补方法，而是在整个法律解释过程中得到广泛运用的论证和验证方法。利益衡量的特点主要表现在如下几个方面。

第一，它是针对个案中的利益冲突所进行的利益平衡和考量。方法论中所说的利益衡量并不是泛泛地指针对社会生活中的各种利益冲突的协调，而是指个案中争议所涉及的各种利益冲突的衡量。一般来说，在个案发生争议之后，都可能会涉及利益冲突。但在每一个具体的个案中，利益冲突的表现形式并不完全相同。有的表现为双方当事人之间的经济利益冲突，有的表现为人身权益与经济利益的冲突，有的还可能涉及社会公共利益问题。不论哪种情形，利益冲突主要是在双方当事人之间展开，但也有可能涉及第三人的利益和公共利益。只有在具有利益冲突的情况下，才有必要进行利益衡量，且利益衡量的方式也要根据个案中可能涉及的不同利益来确定。正是因为有利益冲突的存在，才有进行利益衡量的必要。

第二，它是依据一定的价值取向进行的利益衡量。利益衡量，也称为利益的考量、利益的平衡，实际上是在当事人之间的利益以及当事人与社会公众之间的利益之间进行考量，以寻求各方利益的平衡，从而维护社会实质正义。在利益衡量过程中，裁判者要依据一定的价值取向进行衡量，这就需要依据一定的价值判断对相关利益进行比较和取舍，而这一过程属于典型的价值判断。一方面，利益衡量也要以价值取向为指导。例如，在发生物权冲突的情况下，要依据平等原则来保护各方当事人间的利益，实际上就是依据平等的观念来进行利益衡量。再如，在涉及不动产征收的情况下，既要保护公共利益，也要考虑被征收人的利益，实际上是以公平的观念为指导适当兼顾各方利益的问题。另一方面，在发生利益冲突的情况下，各种利益之间可能存在一定的价值位阶，这时候就要依据一定的价值判断而在不同的利益间进行取舍。还要看到，在利益衡量的过程中依据公平正义的原则进行利益平衡，不能够无原则地迁就违法行为人的某些个人利益，也不能够为了兼顾所谓社会效果而放弃公平正义的法律原则，利益衡量绝不是“和稀泥”，牺牲本应保护的利益。利益衡量也以维护法律的严肃性和权威性、实现司法正义为前提，否则，法律的严肃性、稳定性和权威性必将荡然无存。

第三，要通过多种方式进行利益衡量。在利益衡量过程中，首先要确定的是，争议的案件究竟涉及哪些利益。然后应当针对这些实际发生冲突的利益关系，确定不同的利益衡量方法。这些方法包括对各方当事人利益的兼顾、对一方当事人利益或公共利益的优先保护、对各方利益的平衡、对违法一方利益的剥夺，等等。在利益衡量中，法官常常要考虑，相对立的是何种利益？何种利益应受到保护？何种利益应当受到损失？哪些利益应当得到兼顾？应该优先保护哪种利益？将哪种利益放在后面考虑？① 无论采取哪一种方式，实际上都是通过利益衡量方法的运用，实现公正的裁判结果。在具体的利益衡量过程中，法官考量的要素是多方面的，在某些案件中，法官有可能优先考虑效益问题。例如，在判断当事人的某一违约行为是否构成根本违约进而是否能够解除合同时，就要考虑该违约行为是否会造成财产的损失浪费，从而进一步确定是否构成根本违约，进而确定能否解除合同，这实际上就是一种效益的考量。在另一些案件中，法官有必要优先保护某一方的利益，例如，充分保护未成年人的利益等。但无论如何，利益衡量的最终结果都是为了实现公平正义。所以，利益衡量是否妥当，最终要以是否实现了公平正义来进行验证。

第四，它应当是在法律规定的范围内进行的衡量。利益衡量在日本最初产生

---

① ［日］大村敦志：《民法总论》，江溯等译，北京大学出版社 2004 年版，第 95 页。

之时，本质上属于一种法外衡量，而不是在法律规定范围内的衡量。其一般的操作模式是：法官在最初的判断过程中，有意识地将既存法规排除在外，以白纸状态去综合把握案件的实质，结合社会环境、经济状况、价值观念等，对当事人的利害关系作比较衡量，最终得出保护哪一方当事人的判断。[①] 但是这种方式在实践中存在很多弊端，其最大的弊端在于给予了法官过大的法外裁量的空间，容易导致司法的恣意和不公。从我国的现实需要出发，我们需要引入利益衡量的方式，以充分发挥法官的主观能动性，通过利益衡量，也能有效弥补司法三段论的不足，保障司法的公正性。但在引入利益衡量的同时，有必要对其进行适当的规范，将其限制在法律规定的范围之内，尽可能地避免法官的恣意裁量。在成文法背景下，法官首先要服从法律，法官在适用法律时需要认识到法律调整社会关系的疆界，只有在法律的框架内才能进行利益衡量。[②] 因此，利益衡量的功能主要体现在，针对法律进行解释和适用，在法内进行利益的考量。

法律规定范围内的利益衡量，是指法官应当在法律所授予的自由裁量权的范围内进行衡量。在实践中，立法者所作出的利益衡量并不一定符合个案的特定情况。在某些情况下，立法者可能未对诉争利益类型作出衡量，或者衡量结论不明确，此时裁判者需要根据一定的标准对此作出衡量，并得出妥当的裁判结论。例如，《民法典》第997条规定："民事主体有证据证明行为人正在实施或者即将实施侵害其人格权的违法行为，不及时制止将使其合法权益受到难以弥补的损害的，有权依法向人民法院申请采取责令行为人停止有关行为的措施。"这就在法律上规定了侵害人格权的禁令制度，开启了人格权保护的新的方式。但何为"有证据证明"，申请人所提供的证据达到何种程度才能申请颁发禁令，《民法典》并没有作出明确规定。一般而言，对于已经发生的侵害人格权的行为，权利人举证较为容易，对其证明程度的要求也应当更高；而对即将发生但尚未发生的侵害行为，权利人证明较为困难，对权利人举证的要求也应当相对较低。因此，法官在

① 段匡：《日本的民法解释学》，载梁慧星主编：《民商法论丛》（第20卷），金桥文化出版社（香港）有限公司2001年版，第340-341页。

② 梁上上：《利益衡量的界碑》，载《政法论坛》2006年第5期。

发布禁令时，就需要作出利益衡量。当然，法律规定范围内的利益衡量，意味着法官只能在法律的框架内进行衡量，而不能完全撇开法律的规定，任意地进行衡量。

第五，它主要适用于法律的解释和适用环节。在事实认定中，很难进行利益衡量，因为事实认定主要是考量客观真实的问题，没有必要借助利益考量来确定事实。在方法论上，利益衡量是裁判者针对个案中待适用的法律规范所涉及的利益进行平衡，并寻找妥当的裁判结论的一种方法。法律作为一种协调社会利益关系的工具，其本身就是利益衡量的结果。在法律解释中的利益衡量主要在三种场合中运用：一是发现并转述立法者在立法时所作的利益衡量。法律的制定过程是一个复杂的利益衡量和选择的过程。立法者制定任何一部法律，甚至确定任何一个条款、规则，都无不体现着他们对各种竞存的利益的抉择。裁判者就是要准确地发现立法者的利益衡量，并在法律适用中予以转述。二是裁判者在法律解释中的利益衡量。法律本身可能具有滞后性和不完备性，立法者在立法时所作的利益衡量可能和社会发展的现实不相吻合，因此，裁判者在裁判过程中并非仅仅从事“发现并转述”立法者的价值判断的工作，在立法者利益衡量结果不清楚、不确定或者滞后等情况下，裁判者就必须运用正当的价值判断标准，对诉争案件事实类型中的利益进行衡量。三是针对个案的利益衡量。立法者在立法时所作出的利益衡量只是宏观层面的衡量，常常缺乏具体个案的针对性，因而不能完全代替裁判者在个案中作出的利益衡量。所以，在法律解释过程中，仍然要对所涉及个案中的具体利益进行确定，并进行具体的衡量。在进行利益平衡时，也要考虑不同时期的社会需要，而不仅仅是当事人的利益。个案中的利益衡量具有变动性，而立法中的利益衡量具有稳定性与普遍适用性。通过此种利益的平衡，也可以避免就法条论法条所可能出现的法律适用的僵化。[①] 正如杨仁寿先生所指出的：“利益衡量乃在发现立法者对各种问题或利害冲突，表现在法律秩序内，有法律秩序可观察而得之立法者的价值判断。”[②]

---

① 王轶：《民法价值判断问题的实体性论证规则》，载《中国社会科学》2004 年第 6 期。

② 杨仁寿：《法学方法论》，中国政法大学出版社 1999 年版，第 175 页以下。

从方法论的发展来看，利益衡量主要是被日本学者所推崇的一种方法，但这种方法自产生以来，尚未从方法论意义上获得两大法系的认可，主要原因在于：一是此种方法难以与价值判断截然相区分，且此种方法没能发掘出蕴涵于各种现象之中的本质，即为法官指示一般性的利益衡量原则和方法。二是此种方法实际上是一种利益思维，而不是一种规范思维和逻辑思维。所以，其常常可能忽视了法律思维的规范性和逻辑性。例如，加藤一郎就认为，利益衡量应当先下结论，然后进行逆向推论。这实际上就否定了逻辑运用的必要性。① 但是，作为弥补法律适用中逻辑推理缺陷的方法，其也具有一定的合理性。三是在法律解释中，利益衡量并不是一种独立的解释方法，而是对解释结论妥当性的一种论证和验证方法。笔者认为，这种方法虽然有一定的局限性，但从我国的现实需要看，利益衡量仍然是一种操作性很强的方法，值得借鉴。一方面，在利益多元化的时代，当事人间的利益冲突日趋多元化，利益冲突将会越来越广泛。表现在个案中，冲突的形态也表现各异，这就有必要通过方法论的探讨，平衡、兼顾各方利益，引入利益衡量不失为一种好的方法。另一方面，在个案中，当事人间的各种冲突最终都表现为利益冲突，需要法官在一定的价值指导下对各种利益进行衡量，而价值判断因其具有抽象性，难以代替个案中具体的利益衡量，所以，有必要在方法论中将其独立出来，进行专门的分析探讨。还要看到，尽管利益衡量主要适用于法律解释和法律适用之中，但在法律解释中，利益衡量并不是狭义的法律解释方法，也不是漏洞填补的方法，而是普遍适用于各种法律解释方法中的论证方法。因为采用何种解释方法都可能包含利益衡量的成分，法官在解释的过程中可能要进行利益的平衡，甚至在文义解释中也可能存在利益的评判。利益衡量往往是通过具体的法律规范和对具体法律规范的解释来实现的，利益衡量的意义在于为法律解释提供正当性依据，因此，有必要对利益衡量进行专门的研究。

---

① ［日］大村敦志：《民法总论》，江溯等译，北京大学出版社 2004 年版，第 97 页。

二、价值判断与利益衡量的关系

如前所述，利益衡量是作出价值判断的重要方法。一方面，利益衡量本质上属于价值分析的方法，利益衡量本身体现了利益的选择，而选择本身必然是依据一定的价值取向进行的，所以，其仍然属于价值分析的范畴。另一方面，价值判断是依照特定的价值取向，对冲突的利益关系进行协调，确定应当受到保护或应当优先保护的利益。这一过程就是价值判断的过程，也是实现特定价值取向的过程。价值判断都是在利益冲突的情形下所进行的利益选择，如果没有利益冲突，就没有利益选择，也就没有价值判断。在实践中，法官基于自己的生活体验、生活阅历、教育背景，常常会对不同利益的重要性具有不同的认识，这就是价值取向的一种表现形式，所以，无论是利益衡量还是价值判断，都会受到法官个人偏好的影响。[①] 利益衡量要受到价值取向的影响，而利益衡量的结论也会影响到价值判断的结论。正是从这个意义上说，利益衡量和价值判断具有内在的一致性，甚至有不少学者认为，价值判断本身可以替代利益衡量。

但是，从方法论的层面来看，价值判断和利益衡量既有区别又有联系。二者存在如下区别。

第一，归属关系不同。价值判断是上位概念，利益衡量包括在价值判断的概念之中。利益衡量更为具体，要考虑客观存在的利益，与价值判断相比，更为客观和具体。所有的利益衡量都是以价值取向作为指导的。一方面，价值判断是上位概念，也是进行利益衡量的最终目的。除了可以用利益衡量的方法以外，还可以用其他方法进行价值判断。而且，进行了充分的利益衡量之后，必须得出特定的价值判断结论。另一方面，价值判断更为抽象，利益衡量是价值判断的具体方法。例如，免费试吃的食品具有瑕疵，导致食用者遭受损害，赠送人是否应当承担责任？从利益衡量的角度，要平衡食用者、赠送人之间的关系，考虑包括赠送

① Joseph Raz, *The Authority of Law*, Clarendon Press, Oxford, 1979, p. 177.

人的过错、赔偿能力、食用人的受害程度、食用的数量等。但从价值判断的层面，则应分析若要赠送人承担责任，是否可实现保障交易安全与食品安全的价值。还应当指出，在利益衡量过程中，对当事人合法权益进行保护以及对违法当事人的利益进行剥夺等问题，是价值判断一般所不涉及的。

第二，观察角度不同。虽然价值判断是以利益冲突为基础的，但是，价值判断主要还是从价值选择的角度来分析的。而利益衡量是从利益的角度来分析案件，尤其是将当事人的请求等细化为具体的利益冲突，然后分析何种利益应当得到保护。利益是可以直接为人们所享有，能够满足人物质和精神需求的好处。例如，财产权能够给人们带来物质利益，隐私权能够给人们带来精神利益，等等。与利益不同的是，价值则是从抽象的层面上反映了人们的一种取向，是一种指导人们作出行为和选择的导向，是人们判断和取舍不同具体利益的标准。例如，同样是财产利益，19 世纪的“财产权绝对性”思想反映的是对自由价值的绝对尊崇；而 19 世纪末期以来“财产权受限制性”的主张既可能是基于对交易安全的维护考虑（如善意取得制度），也可能是基于维护生态环境的考虑（如要求所有权行使符合绿色原则），还可能是基于对基本生存权的维护（如劳动关系中的最低工资标准）。可见，作为上位概念的效率和平等价值，反映了法律具体利益的取舍标准。

第三，适用范围不同。价值判断不仅适用于法律的适用过程，而且可以适用于事实的确定过程。但就利益衡量而言，在事实认定中很难进行，此种方法主要适用于法律的适用过程。因为价值判断通常考虑的是抽象层面的价值分歧，而利益衡量更主要的是从当事人的利益冲突的角度考虑。利益通常是可以量化的，其主要包括对具体利益在数量和性质上的界定。而价值通常反映了一种选择的可能性，其并不直接反映人与人之间利益的冲突。利益衡量更多注重考虑案件中所涉及的当事人的利益，而价值判断所涉及的范围更为宽泛，往往是超脱于当事人具体利益的一种判断。这些因素都决定了两者的适用范围不同。此外，在法律解释中，以某一种价值取向来解释法律，不完全是一种利益的冲突，而只是受价值的指引来进行解释。从这一意义上来讲，其并不是一种简单的利益衡量的问题。

第四，是否考虑价值位阶不同。价值判断常常通过价值位阶的确定来解决价值的冲突问题，以及体现价值冲突，但在一些情况下，可能难以确定价值的位阶。例如，甲要兴建两间房屋，其邻居乙在农闲期间主动提出参加修建活动。虽然甲拒绝了乙的盛情帮助，但乙仍然继续参与房屋修建活动，结果由于房顶木质支柱断落致乙受到人身伤害，那么，乙可否请求甲赔偿因伤害带来的损失？也就是说，在该义务帮工案件中，被帮人是否负有对帮工人的人身安全保障义务？本案涉及两种利益的冲突：一方面是乙的人身安全利益，另一方面是甲的财产利益（让甲承担赔偿责任就是对甲的“不利益”）。而与此相应的利益冲突背后，也是两种民法基本价值的冲突：一是人身安全价值或者人格尊严价值，二是财产自由价值。不过，由于甲拒绝了乙的义务帮工请求，所以，“让甲承担对乙的损害赔偿责任”的价值判断结论是违背人们的普遍观念和法感情的。对此类案件，不宜简单地通过价值判断来解决这一案件，但可以通过利益衡量的办法来确定甲是否有必要对乙进行适当补偿。

综上所述，利益衡量虽然属于价值判断的下位概念，但在方法论中又具有自身的独立性，不宜被简单地归入价值判断方法之中。

三、利益衡量的功能及其局限性

如前所述，利益衡量是针对概念法学的僵化思维模式而发展出来的，它之所以可以作为一种有效的论证方法，就在于其可以构成对概念法学的负面效应的有效弥补。概念法学构建了一整套法律的概念、规则、原则，其主张解释者根据简单的逻辑三段论的方式，就能够结合法律和事实，得出结论。在一些情况下，这些结论失之偏颇，未能真正实现法律所要求的公平正义。在学理上，有人曾将法律适用过程描述为“自动售货机”，法官不需要进行任何的价值判断就可以得出结论，其所起到的只是一种自动机械的作用。[①] 但事实上，这只不过是法学家的

① 梁慧星：《民法解释学》，中国政法大学出版社 1995 年版，第 318 页。

幻想。利益衡量方法则突破了概念法学的局限，它是在法律文本的字面含义难以有效调整社会生活时，赋予裁判者探求法律文本背后所蕴涵的立法者的价值判断，寻求法律规范的价值取舍，即该法条旨在侧重保护哪些利益而牺牲哪些利益，这样就可以透过法条而揭示立法的价值判断，使法律文本不断适用于变动的社会现实，从而通过法律解释方法的运用而保持法律的生命力。

在我国，虽然法学界也受概念法学的影响，强调概念的严谨和逻辑的严密，但并没有因此形成像概念法学那样的僵化分析思维，也没有否认利益衡量的重要性。相反，近年来，一些学者受日本法学思想的影响，引入了日本法上利益衡量的思想，对利益衡量方法进行比较深入的探讨。许多学者认为，法作为社会控制的手段，必须规定各种利益的分配，平衡各种利益关系，有时法还是各种不同利益相互平衡与妥协的产物。① 在法律解释中，法官经常采用社会学解释的方法，通过利益考量来寻找妥当的解释结论。同时，在验证有关解释结论时，也运用利益衡量的方法。法官在个案中可以借助利益衡量，确定应当优先保护的利益，平衡各方利益，并为寻找法律依据提供基础。例如，在“新宇公司诉冯玉梅商铺买卖合同纠纷案”中，一审法院认为，在违约后的各种补救措施（包括继续履行、采取补救措施、赔偿损失）中，如果违约方继续履约所需的财力、物力超过合同双方基于合同履行所能获得的利益时，应该允许违约方解除合同，用赔偿损失来代替继续履行。在衡平当事人双方利益之后，判决解除商铺买卖合同。二审法院维持了原判。②

在司法裁判活动中，利益衡量的主要功能在于：

（一）释法功能

利益衡量可以辅助各种法律解释方法，准确地解释法律。法律解释活动的目的就是确定相关当事人之间的权利义务关系，通过确定的权利义务关系选择、分配当事人之间的诉争利益。而选择和分配当事人利益的整个过程，都可以说是在进行当事人之间利益的衡量。从这一意义上说，法律解释的过程就是利益衡量的

① 张文显主编：《法理学》，法律出版社 1997 年版，第 54 页。

② 《最高人民法院公报》2006 年第 6 期，第 41－42 页。

过程。在法律解释过程中，利益衡量可以帮助法官准确把握法律的精神、选择妥当的法律解释结论。例如，例如某画家为某模特作裸体画，该画作完成后，画家将该画作对外公开展览，模特看见自己的裸体画被展览，要求画家停止展览，认为画家未经其同意不得将其裸体画像对外展览，此举既侵害其肖像权也侵害其隐私权。而画家则认为他对作品享有著作权，其当然有权进行展出。这就涉及两种权益的冲突，即著作权与肖像权等人格权的冲突。《民法典》第1019条第3款规定："未经肖像权人同意，肖像作品权利人不得以发表、复制、发行、出租、展览等方式使用或者公开肖像权人的肖像。"该条实际上也体现了，肖像权作为人格权，其保护应当优先于著作权的精神。法律作出此种规定的主要原因在于，强化对人格尊严这一价值理念的维护。肖像权的内容体现为个人对其肖像所享有的利益，其虽然包含经济价值，但主要是精神性利益，彰显的是个人的人格尊严。而著作权本质上仍然属于财产权，所以，肖像权可以优先于财产权受到保护。著作权人行使著作权应当取得肖像权人同意。如此规定也有利于维护人格尊严。因此，法官在裁决该案的时候，应当依据《民法典》的上述规定进行妥当的利益平衡。

由此可见，利益衡量具有辅助各种法律解释方法的作用。采用利益衡量的方法，通过对相关利益的比较和分析，最终作出某些利益优先或者实现利益之间平衡的决定，可以辅助狭义的法律解释方法的选择，从而得出妥当的解释结论。例如，在前述"侵害眺望权案"中，虽然被告取得了合法的建筑规划和许可，但客观上导致原告购买的海景房无法眺望大海，造成了其损害。从利益衡量的角度考虑，原告的房屋建造在先，而被告明知原告房屋的存在，而取得建筑规划和许可进行建造。因此，不能简单地通过《民法典》第293条的反面解释，认为被告不必承担责任。可见，在该案中，利益衡量可以排除《民法典》第293条的反面解释的可能性。笔者认为，该条规定只是确定了行为的标准，但并非意味着，符合该标准就完全排除了责任。

（二）辅助填补功能

在漏洞填补的情况下，存在确定大前提的需要。法官可以运用利益衡量的方式来寻找大前提。例如，运用公平、平等、诚实信用等民法基本原则对各方利益作出判断，从而基于民法的基本原则来填补漏洞。选择何种原则，需要运用利益衡量的方法来确定。但是，利益衡量方法只是辅助漏洞填补的方法，发现漏洞填补的裁判依据，其本身并不能直接用来确立裁判依据。因为法官如果可以任意自行进行利益衡量确定裁判依据的话，则会造成司法僭越立法权，并导致规则适用的极不统一。[①] 在漏洞填补的过程中，需要进行各方的利益衡量，但这种衡量必须要以一定的原则为基础，借助一定的衡量标准，尤其要以法律的原则和精神、目的等为依据，这实际上就是根据基本原则来进行的漏洞填补，而不是单纯以利益衡量的方式来填补漏洞。

（三）验证功能

利益衡量不仅是解释法律的方法，而且常常是附随于解释方法的验证方法，它可以验证法律解释方法运用的合理性。一些学者主张，当出现复数解释时，应当通过利益考量，选择妥当的法律解释结论[②]，此种看法不无道理。其实，在出现复数解释的情形时，利益衡量是为了验证裁判结论的妥当性。利益衡量的要点在于，通过考虑诉争各方当事人的利益，对双方当事人的诉求，进行合理的平衡，以防止裁判结论失之偏颇。“利益衡量是法官处理具体案件之一种价值判断，一种裁判的结论，而非导出此项结论之方法。”[③] 例如，在前述“拖欠工资案”中，如果单纯从法条考虑，从《民法典》第 525 条所确立的“相应性规则”考虑，确定被告是否享有同时履行抗辩权是比较困难的。因为在理论上，“相应性”概念本身比较模糊，对它的理解也存在争议。但是，借助利益衡量有助于确定其解释结论。首先，本案的当事人一方是处于弱势地位的农民工，另一方是处于强势地位的公司。从对弱势群体关怀的角度考虑，农民工的报酬关系到民生，关系到其生存的保障等问题。其次，原告已经为被告修缮了房屋，被告从中获得了利

① 张新宝：《侵权责任法立法的利益衡量》，载《中国法学》2009 年第 4 期。

② 杨仁寿：《法学方法论》，三民书局 1986 年版，第 123－124 页。

③ ［日］石田穰：《法解释学的方法》，第 83 页。转引自杨仁寿：《法学方法论》，三民书局 1995 年版，第 214 页。

益，如果允许被告不支付报酬，就使得双方的利益失衡。最后，从社会一般观念来看，被告在签订合同时应当知道农民工无法给付发票，其后又以此为由拒绝支付报酬，这表明被告本身是具有恶意的，这一抗辩不应当得到保护。

（四）论证功能

在选择特定的法律解释结论时，必须辅之以必要的论证，从而使解释的结论具有正当性。而利益衡量正是论证解释结论是否具有妥当性的重要方法，它是进行实质性论证的方法。在整个法律解释中都要进行利益衡量，因为单纯依据操作规程未必能够得出妥当的结论。作为一种论证方法，它是通过利益的比较，与特定的解释方法结合起来，论证解释的合理性。例如，在社会学解释中，通过对其中所涉及利益的比较，确定社会效果考量的合理性。再如，在目的解释中，通过相关利益的比较，确定依据法律的规范目的所作的结论的妥当性，保障法官依法作出公正的裁判。因此，从法的妥当性的角度考虑，利益衡量具有比较明显的作用，尤其可以基于法律解释之时的社会情势而进行利益衡量，从而得出妥当的解释结论。通过利益衡量，确定妥当的法律解释结论，也有利于增强判决的说理性。例如，在前述“拖欠工资案”中，利益衡量也可以作为一种论证方法。在本案中，如果支持公司的主张，则等同于鼓励其实施不诚信的行为；而如果支持农民工的主张，则有助于保护弱势群体的利益。如果本案运用社会学解释方法，在社会效果的考量中，就应当衡量相关的利益。

利益衡量是伴随着法律解释过程的法律论证方法，在各种法律解释方法中都有利益衡量发挥作用的余地。这就是说，一方面，利益衡量具有依附性和伴随性，它总是伴随于或附着于一定的法律解释和漏洞填补过程。离开了法律解释和漏洞填补方法的利益衡量是空洞的、没有价值的利益衡量。利益衡量最终要协助各种法律解释方法和漏洞填补方法，形成裁判依据，它自身并不能独立存在，成为一种法律解释方法。法律解释的所有方法，即使其具有抽象性，也必须与具体的规则联系在一起。利益衡量是发现法律条文背后所协调的利益关系，它协调的是哪些利益，各个利益之间的序位如何，最终是为了协助其他方法。另一方面，利益衡量体现的是思考问题的过程和方法。利益衡量在很大程度上是要求法官在运用法律解释方法时，考量规则背后的利益类型和不同类型利益之间的关系，并对不同类型利益所具有的重要程度进行权衡。将其作为一种狭义法律解释方法或漏洞填补，无疑没有妥当地认识利益衡量的功能和作用，事实上，也降低了利益衡量在法律解释中应有的地位。利益衡量与法律解释和漏洞填补并非同一层面的问题。不管是在法律解释还是在漏洞填补中，都应当进行利益衡量，它实际上是与概念法学相互对立的概念。在实践中，纠纷的发生说到底都是利益的纷争，采取利益衡量的方式，可以使得法律的意旨更加清晰，法律条文的含义被阐释得更为准确，裁判结论的理由更加充分。

虽然利益衡量是已经得到广泛运用的论证方法，但利益衡量本身不能代替三段论的操作，更不能代替裁判依据。这就是说，法官在裁判中，只能在三段论操作中进行利益衡量，必须要针对特定的文本进行利益衡量，而不能脱离文本进行所谓“法外利益衡量”。在日本，以加藤一郎为代表的“利益衡量论”曾经认为，“法律结论的实质妥当并非依据法规，而是依据‘利益衡量’来实现的”①。这就是说，利益衡量可以完全撇开法律独立进行。笔者认为，这一观点显然是不妥当的。“法外利益衡量”的结果，可能导致法官享有极大的自由裁量权，可以以其任意考量的结论来替代裁判依据。在许多情况下，利益衡量都是先有了结论，再寻找依据。正如有学者所指出的，“利益衡量方法实际上是先有结论后找法律条文依据，以使结论正当化或合理化，追求的是让法律条文为结论服务而不是从法律条文中引出结论”②。如果采用加藤一郎为代表的利益衡量论，就可能要实质性地突破司法三段论的规则，以利益衡量代替法律，并导致法官的利益衡量具有较强的主观色彩。如果这样，此种利益衡量将成为裁判的实质性基础，而司法三段论（尤其是大前提的确定）只不过是为利益衡量服务而已。笔者认为，在我国，引进利益衡量，只能将其作为辅助的方法和验证的方法，而不能采取类似于加藤一郎的立场，先得出利益衡量的结论再让法律条文为该结论服务。此种方式

---

① ［日］碧海纯一编：《现代法学的方法》，岩波书店1966年版，第25页以下。

② 梁上上：《利益的层次结构与利益衡量的展开——兼评加藤一郎的利益衡量论》，载《法学研究》2002年第1期。

因其对于法官的拘束较少，可能导致法官偏离立法者的目标或者法律的目的，这将导致所有的寻法活动和解释活动变得毫无意义，因为这意味着法官完全可以撇开具体的法条进行法律解释，所以，对利益衡量的范围应当加以严格的限制。①

还应当看到，利益衡量的方法也具有一定程度的主观性。利益衡量最终要追求公平或衡平的效果，而公平、衡平本身是抽象的概念，而且，其具有主观的色彩，因此，不同的人对其会有不同的理解。在利益衡量中之所以存在主观性，是因为其受制于“价值相对主义”（value-relativism）②。在价值相对主义中，终极或基本价值是多元的，而且就其在人类社会中实现的可能性而言，这些基本价值之间是无法调和的，甚至是互不相容的。正是因为价值的相对主义，解释者个人的利益取舍态度往往决定了解释的结论，从而体现出主观性。③ 因此，即便将利益衡量作为一种论证的方法，也应当遵循一定的规则，以防止此种方法在运用中的随意性。

第二节　利益衡量的方法

一、利益衡量的具体方法

利益衡量在法律解释中常常采用多种方法，具体来说，主要包括如下几种。

（一）利益平衡法

利益平衡，就是在平等保护双方当事人利益的原则指导下，对各种相互冲突的利益进行平衡、协调。在利益多元化的时代，各种利益交织，难免发生冲突。这些利益冲突不仅反映在立法之中，而且反映在个案之中。就许多违约或侵权的案件来看，双方当事人都可能存在一定的过错或者双方的行为都可能导致损害的

① 张新宝：《侵权责任法立法的利益衡量》，载《中国法学》2009年第4期。

②③ 沈亚生：《价值观相对主义辨析》，载《人文杂志》2008年第2期。

发生。尤其是在合同纠纷中，大量的违约可能涉及双方违约问题。在进行利益衡量时，法官不能简单地确定由哪一方承担全部的责任，或由哪一方承担全部损失，而应当在确定客观事实尤其是确定损害发生的真正原因的情况下，基于平等和公平的原则进行利益的平衡和协调。利益衡量需要结合社会环境、经济状况、价值观念等，对当事人的利害关系作比较衡量，最终得出保护哪一方当事人的判断。[①]

（二）利益兼顾法

利益兼顾法，是指在各种利益发生冲突时，法官应当考虑各方当事人的利益，作出衡平的判断。在我国司法实践中，长期以来，都主张兼顾国家、集体和个人的利益，这就体现了利益兼顾法。利益兼顾法与利益平衡法的区别在于，利益兼顾法所兼顾的利益之间存在位阶上的区别，它通常是在重点保护一方利益的情况下，适当地考虑另一方的利益。而利益平衡法强调的是要平等保护双方当事人的利益。在立法中，经常体现的是一种利益兼顾的方法。在许多情况下，在选择一种价值的同时，并不一定要放弃其他价值，而是要尽量在冲突利益之间寻找平衡，并使法律应当优先保护的利益获得优先保护。“在这方面，立法者或者法官需要衡量，这些相互冲突的利益当中，哪些利益应当给予优先保护。”[②] 博登海默也指出，“法律是立法者为解决种种利益冲突而制定的原则和原理，我们必须把法律看成是价值判断，亦即一方利益优于另一方利益，或双方利益均服从第三方或社会整体利益。为了作出一个正义的判决，法官必须确立立法者通过某条特定的法律所旨在保护的利益”[③]。利益兼顾就是利益衡量的重要方法。

在个案中，利益兼顾法要考虑两种情况：一是要兼顾双方当事人的利益。如果利益冲突的双方并不简单的是一个谁对谁错的问题，在进行利益衡量时，法官

① 段匡：《日本的民法解释学》，载梁慧星主编：《民商法论丛》（第20卷），金桥文化出版社（香港）有限公司2001年版，第340-341页。

② ［德］莱茵荷德·齐柏里乌斯：《法学导论》（原书第四版），金振豹译，中国政法大学出版社2007年版，第43页。

③ ［美］E.博登海默：《法理学——法哲学及其方法》，邓正来、姬敬武译，华夏出版社1987年版，第151页。

在重点保护受害人的情况下，要适当地兼顾行为人利益的保护。当然，兼顾各方利益，可能要适当牺牲某一方利益，此时需要运用比例原则进行考量，对一方利益的限制不能过度。二是当事人的利益和第三人的利益、社会公共利益之间的冲突。在这些利益发生冲突的情况下，法官也不能作出非此即彼的选择，否则，裁判的结果虽有可能会满足一方的请求，但也可能会导致另一方的损失。尤其是在网络侵权纠纷中，不仅涉及侵权行为人与受害人双方的关系问题，还可能涉及网络安全、信息传播、公民知情权的保障等一系列社会公共利益的问题，法官在裁判时，除了需要对双方当事人间的利益进行衡量之外，还要兼顾社会公共利益。通过利益兼顾法，可以适应不同案件的需要，在各方当事人的利益之间寻求平衡点。例如，在前述“博客上名誉受损案”中，若受害人要求网络公司承担侵权责任，如果我们简单采取利益位阶法，考虑网络产业发展、信息自由等，法院应驳回受害人的诉讼请求，但是，如果采取利益兼顾法，可能至少可以满足受害人停止侵害的请求。

（三）利益选择法

利益选择，是指在相冲突的利益无法协调的情况下，由法官在利益衡量的基础上作出选择，确定应当维护或剥夺哪一方的利益。在发生利益冲突之后，如果这些利益存在“非此即彼”的冲突，则不能片面地追求利益之间的协调和兼顾，而需要依据法律的精神作出选择。利益冲突正如韦伯所说的，像“奥林匹克山上的诸神，天生就是相互倾轧的”。每一个人或团体都面临鱼和熊掌的“选择”，而每一种选择同时都意味着“放弃”[①]。通过利益衡量，可对拟适用的法律规则背后所涉及的利益进行平衡，再通过利益的平衡，选择需要保护的利益。

利益选择方法包括两种：一是在个案中选择保护哪一方当事人的利益，这尤其体现在确权纠纷、债务纠纷、产品责任纠纷中，冲突的利益各方难以进行协调。例如，双方当事人就房屋产权的归属发生争议后，一方当事人向法院提起诉讼，请求确认其为房屋的物权人，法院在作利益平衡时，不可能进行兼顾或协

---

① 张钰光：《法律解释“客观性”之论证》，辅仁大学法律学研究所 1996 年硕士学位论文，第 213 页。

调，而只能作出归属于某一方的判断。二是在个案中选择剥夺违法行为人的利益，或者由违法行为人承担全部赔偿责任。例如，在有关侵权责任中，在受害人没有过错的情况下，不能为了兼顾违法行为人的利益，而对双方的利益进行协调、衡平，“法不能向不法让步”，否则，就是向违法者低头，向侵权者妥协，这种“和稀泥”的做法实际结果是牺牲了法律原则，由此所产生的后果是正义将得不到充分的伸张、违法行为得不到应有的制裁，甚至有可能会助长邪恶以及不诚信的行为。

（四）效益分析法

效益分析法，就是通过对成本收益的分析，以效益最大化为原则，来寻求妥当的裁判结论。其实，近几十年来发展起来的经济分析方法本质上就是一种效益分析方法。通过这种方法的运用，对于准确理解法律的原则和精神，正确适用法律，具有重要意义。例如，在前述“公交车自助案”中，陈某扣留公交车以后，反诉要求公交公司赔偿其损失。本案涉及是否适用《民法典》第 1165 条第 1 款来确定其责任的问题。在本案中，虽然公交车撞毁了陈某的财物，但陈某即使不扣留该公交车，也可以行使其损害赔偿请求权。相反，陈某扣留公交车以后，不仅导致公交车无法运营，而且导致六十多名乘客在路上被耽误了近三个小时。由此所造成的损失，已经大大超过了公交车给陈某造成的损失。按照效益分析方法，支持陈某的赔偿请求，就不符合效益原则。

（五）利益位阶法

所谓利益位阶法，是指在冲突的利益之间，法官如何通过利益位阶确定优先保护的利益，解释法律文本的含义、选择解释结论。例如，在前述“博客上名誉受损案”中，涉及两个方面的利益冲突：一是转载网站的利益和受害人的利益之间的冲突。在接到受害人的通知以后，网站将相关信息予以删除不需要较大的成本，而且，从合理人的角度考虑，此种信息会对受害人的名誉造成较大影响。但是，如果该信息不予删除，其扩散以后，会对受害人造成严重损害。法院在援引《民法典》第 1195 条第 2 款和第 1183 条时，可以依据价值判断解释该规则是否可以适用。二是受害人的利益和社会公共利益之间的冲突。在本案中，受害人提出联友网负有及时审查的义务，如果对转载网站课以太重的义务，就可能在一定程度上影响到信息流通，毕竟网络上的信息是海量的，即便联友网知道受害人在其网站开设了博客，其也不可能对所有博客内容进行审查，更何况侵权信息是在跟帖中出现的。所以，受害人在法院起诉联友网，要求其承担精神损害赔偿责任10万元，其请求难以成立。但法院在援引《民法典》第1197条和第1183条时，可以通过价值判断，解释这两条规则是否可以适用。

二、利益的位阶

受道德、经济和其他一些考量因素的影响，根据法律对不同人身或者财产利益提供保护力度的强弱，这些利益之间可能呈现出一定的位阶关系。在某一个类型的利益内部，也可以进一步区分为不同的位阶。例如，就公共利益来说，其具有层次复杂性，需要确定其不同的位阶，以实现不同程度的保护。如直接关系社会全体成员的共同利益（如国防利益）和一般市政建设的利益是不同层次的公共利益，保护的力度也不同。维护国家主权，关系全体社会成员的共同利益，这与保护一般的不特定的多数人的利益，显然具有不同的层次。即使就人格利益而言，也是多层次的。我们可以泛泛地说，人格利益优先于财产利益，但是，在个案中，并非一定如此。这本身也是人格利益的多层次性所决定的。例如，就生命健康权和隐私权比较，显然前者更为重要。

通常来说，利益的层次性可以从如下几个角度考虑：一是社会全体成员的关系度。某种利益关系到更多的社会成员，对社会的存续发展更加攸关，就更为重要。庞德认为，有关个人生活的利益是最重要的一种利益，就是从众多社会成员的角度而言的。[①] 二是受益的对象。受益的对象往往决定了所涉及的是公共利益还是私人利益的判断。公共利益不管受益形式为何，范围必须是不特定的，但是，如果受益人的范围是特定化为某一些人的话，就不能称为公共利益。比如建

① 马汉宝：《法律思想与社会变迁》，清华大学出版社2008年版，第167页。

立只向特定人开放的图书馆，就不能称之为公共利益。三是与基本法律价值相联系的有关个人的生命、健康和自由的联系程度。关于公民生命健康的安全利益就是公共利益。例如，在英国法中，人身保护令比占有返还诉讼的保护力度更大，这说明人身自由利益要高于财产利益。[①] 四是经济秩序的关联度。在民法上，交易安全之所以优越于所有者的利益而受到保护，正是因为其在一定程度上体现了社会经济秩序的公共性。例如，关于税收优先权是否优先于抵押权，学理上不无争议。如果某个纳税义务人拖欠税款，税务机关执行其不动产，而该财产上已经设立了抵押权，税务机关能否优先于抵押权人受偿？笔者认为，如果在抵押权设定时，抵押权人并不知道债务人拖欠税款而接受了该抵押，则应当优先保护抵押权人的利益。因为抵押是担保之王，如果抵押因税收优先权的存在而不能实现，交易安全就会受到极大的威胁。税收的增加在一定程度上保护了国家利益，但是，任意扩张税收优先权的适用范围，可能会对交易安全和秩序造成严重破坏。

至于平等、自由、效率、安全和道德伦理等价值之间是否具有位阶性，以及处于何种位阶，则尚处于较大的争议中。有政治哲学家认为，某些价值追求不得有悖于良好道德伦理[②]，法律经济分析学家则认为效率和社会整体功利是最为优先的价值[③]，也有人认为一种民主的决策方式是最优先的价值。[④] 事实上，正是因为人们所秉持的价值理念的不同，决定了人们对具体利益位阶的设置不同。

从联系上看，由于人与人之间的利益很可能存在冲突，一个人的利益可能意味着他人的不利益。因此，在多种利益发生冲突时，就需要对这些具体利益予以衡量，然后根据选择者所秉持的价值理念对冲突利益予以选择。例如，在善意取

---

① J. A. Weir, "Abstraction in the Law of Torts", *City of London L. Rev.*, 1974, 15, 20.

② Michael J. Sandel, *Justice: What's the Right Thing to Do*? New York: Farrar, Straus and Giroux 2009, pp. 3ff.

③ Generally see Steven Shavell, *Foundations of Economic Analysis of Law*, the Belknap Press of Harvard University Press, 2004, chap. 1.

④ Joseph William Singer, "Democratic Estates: Property Free and Democratic Society", 94 *Cornell L. Rev.* 1009 (2008—2009).

得制度设计的各方当事人中，无论是原权利人还是善意第三人，都对财产享有财产利益，都享有对法律安全性的预期：前者是静态的财产安全，后者是交易安全。但是，二者总有一方要承受向无权处分人追偿的负担和追偿不能的风险。[①]由于交易安全的保护能够促进市场交易，所以，对交易安全的保护就是对市场"效率"价值的选择。也就是说，善意取得制度是以效率价值为标准，对原所有人和第三人分别享有的财产利益作出了平衡。

关于价值判断和利益衡量，法律要保护某种有形和无形的财产，但法官在考虑法律保护的法益时，应当探求法律的"优先价值"（Superior Value）因素。各种法益并不具有同等的价值，因为立法者在设定各种保护的法益的时候，就已经区分了各种法益保护的等级。[②] 所以，一般来说，如果法律已经确认了某种应当优先保护的利益，就应当按照法律所规定的顺序来进行保护。例如，民法典确认了物权优先于债权的规则，就应当按照民法典的规定进行。但是在很多情况下，法律并没有规定各种利益保护的先后顺序，在此情况下，裁判者应当按通过对道德的、经济的、社会的，尤其是对立法者的目的的考量来探求法律保护的各种利益的位阶。按照各种利益的位阶来决定保护的先后顺序。[③]

确立利益位阶的规则可以从如下几个方面来考虑。

（一）人格利益优先于财产利益的规则

人格利益直接关系到自然人的人格尊严及其形象的社会评价，是自然人所享有的重要的利益。对于任何法系来说，首要的考虑就是应当对那些对人类有价值的东西进行保护。在英国，人身保护令（hebeas corpus）颁布之后，就确认了自由比财产应受到更为优先保护的法律规则，人身安全比财产安全受到更为优位的保护。[④] 而在两大法系中，几乎都确立了人身利益优先保护的规则。凡是对人更

---

① 熊丙万：《论善意取得制度正当性的运用》，载《判解研究》2009 年第 2 期。

②③ Basil Markesinis，*Foreign law and Comparative Methodology*：*A Subject and a Thesis*，Oxford Hart Publishing House，1997，p. 235.

④ 1640 年英国首次通过人身保护的法例。1679 年正式通过的《人身保护条例》定下人身保护令的细节。人身保护令除了可向政府发出外，亦可向私人发出。See J. A. Weir，"Abstraction in the Law of Torts"，*City of London L. Rev.*，Oct. 1974，pp. 15 - 20.

为重要的东西，受到了较为全面的保护，重要性稍次的东西，受到的保护也较弱。[①] 例如，在法律上，如果对人身自由进行限制，必须要有非常严格的条件和程序的限制，这相对于对财产的限制而言，要更为严格。例如，行政机关可以通过征收征用等来对财产权益进行限制，但是不能随意对公民的人身权益进行限制。[②] 再如，在财产利益和人身利益发生冲突的情况下，应当优先保护人身利益。

关于人的至上地位以及人格尊严的哲学思想，在国际公约与许多国家的法律中都得到了采纳。例如，《世界人权宣言》第 1 条规定："人人生而自由，在尊严和权利上一律平等"。第 3 条规定："人人有权享有生命、自由和人身安全。"这些内容后来被许多国家的法律以不同形式所采用，德国法突出地表现了这一点。1948 年《联邦德国基本法》第 2 条明确宣告要"保障人格的自由发展"。德国法官正是根据该条所确立的"人格尊严不受侵犯"原则发展出了一般人格权，将维护人的尊严和人格自由发展的价值体现在私法之中，通过一般人格权制度对隐私等权利或利益进行保护。[③] 近几十年来，不论是在新制定的民法典中，还是通过民法的修订而实行的"再法典化"中，都更加注重提高对人格利益保护的程度，不断完善保护的方法。例如，许多国家新近颁布的民法典大都规定了不少有关人格权保护的法律规范，丰富了人格权的保护方式，并且在亲属法等章节中加强了对人身利益的保护。人格利益在民事权益中日益突出并占据优势地位。[④] 与此同时，在侵权责任法中，进一步强化了保护人的自由和尊严的理念。我国《民法典》侵权责任编全面救济受害人，尤以保护受害人的人身权益为重点。在侵权责任编保护的民事权益体系中，人格尊严、人身自由处于一种更高的位阶，尤其是生命、健康和身体利益，受到了更为强化的保护。例如，《民法典》第 1254 条确

---

① Basil Markesinis，*Foreign law and Comparative Methodology*：*A Subject and a Thesis*，Oxford Hart Publishing House，1997，p. 235.

② J. A. Weir，"Abstraction in the Law of Torts"，*City of London L. Rev.*，Oct. 1974，pp. 15－20.

③ ［德］卡尔·拉伦茨：《德国民法通论》（上册），王晓晔等译，法律出版社 2003 年版，第 170 页。

④ C. Girard-S. Hennette Vauchez，La dignité de la personne humaine. Recherche sur un processus de juridicisation，Paris，PUF，2005. p. 87.

立了建筑物中抛掷物品或者从建筑物中坠落的物品致人损害的责任，如果找不到行为人，由可能加害的建筑物使用人给予补偿。这就充分体现了对人身权益的优先保护。

在法律上，之所以要确立人身利益优先保护的原则，是因为人身利益是基本人权。人们获得财产是为了实现人身价值，因此在人身利益受到损害时，人身利益应当优先于财产利益受到保护，否则，对于财产利益的保护也就失去了意义。财产是手段，而人身是目的，是根本。如果人身得不到保护，即便坐拥万贯家财也毫无意义。以人为本，就是要将个人的福祉和尊严等作为国家和社会的终极目标，而非作为实现其他目的的手段。以人为本是建设社会主义和谐社会的价值基础，它体现在民法上就是要充分保障公民的各项基本权利和利益，尤其是要加强对人格权的保护，尊重和维护人格独立与人格尊严，使人成其为人，能够自由、富有尊严地生活。“自由应该是法治之下的自由，否则不可能真正享有自由。”①法治社会应始终体现对人的终极关怀，其重要标志之一是对人的人格权利的充分确认和保障。

（二）生命健康权优先于其他民事权利的规则

现代化的过程是人的全面发展和全面完善的过程，现代化始终伴随着权利的扩张和对权利的充分保护。同样，法律现代化的重要标志也正是表现在对权利的充分确认和保障方面，尤其是对人的生命健康权的优先保护方面。人格尊严、人身价值和人格完整，应该置于比财产权更重要的位置，它们是最高的法益。财产是个人的，但人是属于社会的，而人身安全、人的尊严等涉及社会利益。在美国艾奥瓦州的一个判例中，一个小偷进到一家小木屋寻找食物，被房屋主人的弹簧枪击中腿部受伤，小偷告房屋主。本案大法官莫尔在判决中提道：法律重述第85节称“人类生命和肢体的价值不仅属于他个人，而且属于整个社会。因此其价值高于土地占有者的利益”②，并判被告败诉。在这个案件中，法官的裁判就体现了生命健康权优先的规则。我国《民法典》总则编在规定民事权利体系时，

① Judith N. Shklar, *Legalism* (Cambridge, Mass.: Harvard Univ. Press 1964) p. 22.

② Atko v. Briney, Supreme Court of Iowa, 1971, 183 NW. 2d. 657.

就将生命健康权利为各项民事权利之首，表明生命健康权优先于其他民事权利的价值取向。

《民法典》人格权编在立法精神上，把生命健康权置于各种权利之首来进行规定，体现了立法者把生命健康作为最重要的法益予以保护、以人为本的理念，体现了对人最大的关怀。《民法典》侵权责任编也强化了对生命健康权的保护。例如，《民法典》第1216条规定了道路交通事故社会救助基金垫付制度。因为对于机动车驾驶人发生交通事故后逃逸的情况，受害人难以及时请求侵权人承担责任，甚至在一些情况下，受害人无力支付抢救费用，或者死者家属无力支付丧葬费用。在此情况下，应当通过救助基金予以垫付。[①] 国家设立社会救助基金的根本目的在于缓解道路交通事故受害人救治的燃眉之急，保障受害人的基本生命安全和维护基本人权，其主要用于支付受害人抢救费、丧葬费等必需的费用。从这个意义上讲，只要受害人一方存在抢救费、丧葬费等方面的急切需求而又暂时没有资金来源的，就可以申请道路交通事故救助基金垫付。总之，对人的生命价值的尊重，在这部法律里体现得非常充分，这也是构建社会主义和谐社会的基础。

（三）人身损害赔偿优先于财产损害赔偿

在英国法上，人身保护令比占有返还诉讼的保护力度更大，这说明自由的价值要高于财产。再如，故意人身伤害案的受害人可以直接请求“刑事损害赔偿委员会”给予救济，而被盗者则无法获得该待遇；在大陆法国家，机动车所有人必须为可能给他人造成的人身损害购买强制责任险，而无须购买财产损害强制责任险，这也说明人格完整比财产完整的重要性更大。此外，航空运输工具向死亡或者受伤乘客支付的财产损害赔偿要高于向财产损害支付的赔偿金额，而在航班延误造成乘客纯粹经济损失的情况下，甚至无须赔偿。[②]

人身伤亡的赔偿，也称为人身伤害的赔偿，如医疗费、误工损失、扶养丧失

---

① 《民法典》第1216条规定：“机动车驾驶人发生交通事故后逃逸，该机动车参加强制保险的，由保险人在机动车强制保险责任限额范围内予以赔偿；机动车不明、该机动车未参加强制保险或者抢救费用超过机动车强制保险责任限额，需要支付被侵权人人身伤亡的抢救、丧葬等费用的，由道路交通事故社会救助基金垫付……”

② J. A. Weir, “Abstraction in the Law of Torts”, *City of London L. Rev.*, 1974, 15, 20.

的赔偿、丧葬费赔偿、死亡赔偿金、残疾赔偿金等，《民法典》第1179条第至第1181条对此作出了规定。就侵权责任法的精神而言，人身损害赔偿要优先于财产损害赔偿，具体表现如下方面：第一，在清偿能力不足的情况下，清偿的先后顺序应当是先偿付人身损害赔偿之债，然后再偿付财产损害赔偿之债。第二，《民法典》第506条规定："合同中的下列免责条款无效：（一）造成对方人身损害的；（二）因故意或者重大过失造成对方财产损失的。"《民法典》合同编在此对于造成财产损失的免责条款仅限于故意或重大过失，而对于造成人身伤害的，就不限于故意或重大过失，一般的过失也将使免责条款无效。第三，《民法典》第998条规定："认定行为人承担侵害除生命权、身体权和健康权外的人格权的民事责任，应当考虑行为人和受害人的职业、影响范围、过错程度，以及行为的目的、方式、后果等因素。"依据该规定，认定行为人承担侵害人格权的责任规则，不适用对物质性人格权的侵害。因为物质性人格权是人格权乃至所有民事权利中居于最重要位阶的权利，是具有基础性地位的权利。物质性人格权也可以说是所有民事权利享有的基础和前提，因为任何权利都无法离开生命与身体这一物质载体。法律对于物质性人格权的保护应当被置于首要位置，以加强对物质性人格权的保护。对于侵害物质性人格权的情形，法律往往规定了特殊的救济方式，如侵害生命权的，依据《民法典》第1179条的规定，造成死亡的应当赔偿丧葬费与死亡赔偿金。这些损害赔偿被称为法定的损害赔偿。法官对侵害物质性人格权的情形，应当适用构成要件说，直接适用法定赔偿金，而一般不再考虑行为人和受害人的职业、影响范围、过错程度等因素，以严格限制和减少法官在认定侵害物质性人格权中的自由裁量。

（四）社会公共利益优先于个体财产利益

社会公共利益，是指不特定的社会成员所享有的利益。边沁曾认为，国家的目的就是最大限度地促进公共利益，实现社会最大多数人的幸福。[①] 严格地说，公共利益是包括私法在内的任何法律的追求目标，其是整个私法领域的一个重要

① ［英］边沁：《道德与立法原理导论》，时殷弘译，商务印书馆2000年版，第58页。

概念。按照美国学者亨廷顿的看法，由于研究方法的不同，对于“公共利益”的理解也会不同。主要表现为三种理解：一是公共利益被等同于某些抽象的、重要的、理想化的价值和规范，如自然法、正义和正当理性等；二是公共利益被看作是某个特定的个人、群体、阶级或多数人的利益；三是公共利益被认为是个人之间或群体之间竞争的结果。[①] 一般认为，公共利益是指有关国防、教育、科技、文化、卫生等关系国计民生的、不特定多数人的利益[②]，其强调利益享有者的“公共性”，也是对政府援引公共利益从事征收征用等活动的一种限制。

虽然公共利益是和私人利益相对应的范畴，但它们都是民法所要保护的对象，且在保护上不存在根本性的矛盾和冲突，反而应当是相互促进和发展的。一方面，私人利益的有效维护有赖于一个良好的公共社会环境，只有在公共利益得以良好实现的社会，私人利益才能得到最有效的保护并能得到最大化的实现。另一方面，私人利益的有效维护，也必将促进公共利益目标的实现。因为公共利益说到底关系到不特定的社会成员的个体利益，如果私人利益不能获得充分保护，公共利益也难以全面实现。当然，法律所保护的公共利益与私人利益也是相分离的，而且，在许多纠纷中，两者之间还可能发生一定的冲突。法官需要在个案中协调利益的冲突。例如，在征收纠纷中，经常发生社会公共利益和个人利益的冲突。要妥当地进行利益平衡就是要实现两者之间的最大限度的兼顾。另外，在社会公共利益与个人自由之间，经常也会发生冲突。例如，某人将财产遗赠给“二奶”，就涉及遗嘱自由与善良风俗之间的冲突问题。

从原则上说，社会公共利益优先于个体财产利益。此处所说的社会公共利益也包含了个人的人身利益，因为个人人身利益已经不再是个人利益，而是已经转化为社会公共利益。个人财产利益在一般情况下，如果与社会公共利益冲突，应当受到限制，这也是征收制度等法律规则产生的原因。例如，在前述“公交车自助案”中，笔者认为，公交车正常运营的利益，以及六十多名乘客的利益，都涉及社会公共利益。但这并非意味着，在任何情况下，公共利益都优先于个人利

① ［美］塞缪尔·亨廷顿：《变革社会中的政治秩序》，李盛平等译，华夏出版社1988年版，第24页。
② 王轶：《论物权法的规范配置》，载《中国法学》2007年第6期。

益。如果在本案中，车上只有一两名乘客，而受害人所遭受的损害较大，而不扣留公交车，就很难实现其权利，此时，也不能简单地论断公共利益优先于个人利益。当然，我们所说的优先，并不意味着可以以社会公共利益为旗号任意剥夺个体财产利益。在实践中，将纯粹的商业开发也作为公共利益，甚至在征收中不对被征收人依法给予补偿，这实际上是一种违法行为，而不是为了实现真正意义上的公共利益。

（五）权利优先于利益的规则

权利本身体现的就是利益，且权利和利益之间是相互转化的。[①] 随着社会的发展、纠纷的增多，一些利益也可能“权利化”[②]。最高人民法院《关于确定民事侵权精神损害赔偿责任若干问题的解释》第1条第1款明确承认，自然人在“人格尊严权、人身自由权”受到侵害之后有权向人民法院起诉请求赔偿精神损害；该司法解释将违反社会公共利益或者社会公德侵害他人人格利益作为一种独立的侵权类型，对这类合法利益提供直接的司法保护。这表明，至少在审判实践中，法院历来承认对合法利益的保护。这样的规定为我国《民法典》侵权责任法保护范围的扩展奠定了实践基础。但在法律上，应当区分对权利的保护和对利益的保护，主要原因在于：一方面，权利都是公开的、公示的，且权利是确定他人行为自由的重要标准，故在此情况下，应采用一般的侵权责任构成要件（严格责任的情形除外）。但是，利益不是由法律事先明确规定的，也无法明确规定，其往往都是由法官在新型纠纷发生后，根据个案总结提炼出来的利益种类，因此需要有不同的构成要件。另一方面，行为人在实施某种行为的时候，是否侵害了某种利益，行为人难以根据既有法律规则作出明确预判。因此，从维护行为自由的角度，需要对利益的保护加以适当限制，确立不同于权利侵害的构成要件，因为对利益的过度保护往往会妨碍人们的行为自由。

借鉴比较法上的做法，并结合我国司法实践经验，可以考虑从如下几个方面对利益的保护作出限制：一是考虑利益的位阶。一般来说，利益的位阶越高，侵

① 王胜明主编：《〈中华人民共和国侵权责任法〉解读》，中国法制出版社2010年版，第10页。

② 扈纪华、石宏：《侵权责任法立法情况介绍》，载《人民司法（应用）》2010年第3期。

权责任法提供保护的必要性越大，而利益的位阶越低，则受保护的必要性就相对较低。一般来说，人格利益要优越于财产利益，而生命健康等物质性人格利益要优于精神性人格利益，因此，位阶低的利益在保护上要受到更大的限制。① 二是主观要件和行为方式。例如，依据《民法典》第 998 条，认定行为人侵害人格权的侵权责任，应当考虑行为人的过错程度。特别是在确定精神损害赔偿时，更应考虑行为人的主观状态。三是考虑行为自由的保护。《欧洲侵权法原则》第 2 条第 6 款规定，“决定利益保护范围时，应考虑行为人的利益，尤其是该行为人行动与行使权利的自由，以及公共利益”②。侵权法不仅要保护民事权益，而且要保护人们的一般行为自由。如果民事利益的受保护程度过高，就会使得人们动辄得咎，行为自由受到不当的限制。例如，对纯粹经济损失是否都要赔偿，要考虑到赔偿此种纯粹经济损失是否会限制行为自由。如果片面扩大某一行为引发的因果关系链条，将使行为人随时面临无尽的诉讼和责任。每个人都可能因为轻微的过失，而承担巨大的损害赔偿责任，并为此而倾家荡产。因此，对纯粹经济损失的赔偿，常常要考虑如此是否会妨碍他人的行为自由。因此，对此种损失的赔偿要进行必要的限制。四是行为人与受害人的相互关系。在考虑受保护利益的范围时，应当考虑当事人之间的密切关系，以及他们之间的相互依赖性。③ 由此判断，行为人对于损害是否具有可预见性。如果行为人与受害人关系密切，他就可以预见到损害的发生，受害人就更有可能受到保护。行为人与被侵害人之间关系密切，对被侵害人的人身、财产状况有充分的了解，则其对自身行为造成的损害结果有可能预见。如果行为人与受害人相距遥远，就可能预见不到损害的发生，受害人也就可能不受保护。

---

① 欧洲侵权法小组编著：《欧洲侵权法原则：文本与评注》，于敏、谢鸿飞译，法律出版社 2009 年版，第 63 页。

② European Group on Tort Law, *Principles of European Tort Law: Text and Commentary*, Springer, 2005, p. 193.

③ 欧洲侵权法小组编著：《欧洲侵权法原则：文本与评注》，于敏、谢鸿飞译，法律出版社 2009 年版，第 62 页。

第三节 利益衡量的基本原则与考虑因素

一、利益衡量的基本原则

利益衡量常常是从个案中所涉及的具体利益而得出结论的方法，它需要从个案中给出解答，此种方法常常被称为决疑论。所谓决疑论，是指对每个问题给予解答的思考方式。[①] 此种方式来源于罗马法，即对具体的事项进行列举，而并不依赖于抽象的、一般性的、开放性的规则。“罗马私法并没有组成一个抽象的概念体系，罗马法学家大多对法律素材的逻辑构造并没有多大的兴趣。”[②] 应当看到，利益衡量确实体现了决疑论的特点，它是以具体个案中的利益关系为基础而进行的判断，这一过程具有个案判断的色彩。但是，利益衡量最终还必须回归到法律的规定，从这个意义上说，它又是演绎方法的运用，与决疑论不同。

笔者认为，利益衡量需要采用如下几项原则。

1. 法内衡量原则

法内衡量标准，是指利益衡量只是在法律适用过程中所进行的考量，法官不能在法外进行利益衡量。战后日本学者的利益衡量说认为，利益衡量可以不考虑法律条文，也可以不考虑立法目的，而基于特殊的理论作体系演绎的解释。[③] 日本学者星野英一教授认为，此种做法是不妥当的。他认为，要作为解释的决定性手段，必须判断当事人争议的是何种利益，此类利益如何加以保护。而从具体的顺序上来说，首先有必要进行文理的解释、逻辑的解释，同时也要探讨立法者乃至起草者的意思的基本操作，考虑这样的解释在今天是否有所妨碍。[④] 笔者认为，利益

---

① ［日］大村敦志：《民法总论》，江溯等译，北京大学出版社 2004 年版，第 99 页。

② Reinnhard Zimmermann, *The Law of Obligations-Roman Foundations of the Civilian Tradition*, Clarendon Paperbacks, 1996, p. 24.

③④ 段匡：《日本的民法解释学》，复旦大学出版社 2005 年版，第 272 页。

衡量作为价值判断的特殊形式，其只能在三段论的框架内进行，也就是说，不能离开事实和法律由法官进行自由的衡量。如果法官可以撇开现行法进行利益衡量，就使得法官脱离了法的拘束。从我国的现实来看，确实存在以注重社会效果为由而超越法律进行裁判的现象。如果任其发展，就无法保证法官依法裁判，允许法官进行法外的利益衡量，必将导致法官受人情、利益、权力、偏见等因素的干扰，无法公正裁判。正确的做法应当是严格依法裁判，在法内进行利益衡量。例如，在“五月花”案件中[①]，法院认为，由于加害人没有经济赔偿能力，原告面临无法得到全额赔偿的局面。为平衡双方当事人的受损情况，酌情由五月花公司补偿原告一部分经济损失。实际上，在本案中，法院应该援引公平责任的相关规定，然后对本案当事人的利益作出衡量。如果完全撇开现行法的规定进行利益衡量，显然超越了法官的职权范围。尤其应当看到，离开现行法进行的利益衡量，其结果是危险的，其可能导致法的虚置，法官完全以自己的主观判断为标准进行裁判。所以，利益衡量被滥用，也可能导致恣意裁判、枉法裁判的危险结果。

“利益衡量”本身也不是裁判标准，法官不能直接以“利益衡量”来作为裁判案件的依据。利益衡量作为一种法学方法，其适用的范畴只能是解释大前提。例如，关于《民法典》第1166条规定的“损害”如何判断？是否可以撇开现行法的规定判断某一项利益的减损是否属于侵权责任编意义上的损害？笔者认为，即便法律没有直接的具体规定，也仍然应当在法律范围内进行判断和解释，至少可以以立法者在法律原则层面表达出的利益倾向为标准，对诉争利益进行衡量。否则，裁判者可能享有过大的自由裁量权，他们之间所用于利益衡量的标准可能存在重大差异，从而影响法律的安定性。

---

① 1999年10月24日傍晚，珠海市方洲碧涛花园五月花餐厅发生爆炸事件，造成2人死亡，14人受伤。死者之一就是龚某的儿子，龚某妻子则失去脾脏和左手。2000年2月23日，龚氏夫妇向珠海市中级人民法院提起诉讼，向五月花餐厅索赔医疗费、丧失生育能力赔偿金等共计人民币403万元。同年9月，珠海中院一审判决驳回龚氏夫妇诉请。龚氏夫妇不服一审判决，上诉至广东省高级人民法院。广东省高级人民法院经审理认为，该案的损害结果并非“五月花”餐厅侵权或违约所致，故不能以此为由判令其给予赔偿。但“五月花”餐厅为营利而接受顾客自带酒水到餐厅消费，从而有某医生自带伪装成酒水的炸弹到餐厅消费的事实，其营业行为与爆炸案的发生有客观事实结果的联系。为平衡当事人的损害结果，贯彻民法的公平原则，应酌情由“五月花”餐厅补偿龚氏夫妇30万元。

2. 比例原则

比例原则着眼于相关主体利益的均衡，即行政权力所采取的措施与其所达到的目的之间必须合比例或相称。该原则最初是在行政法上产生的，其以维护和发展公民权为最终归宿，是行政法上控制自由裁量权行使的一项重要原则。① 事实上，比例原则在西方国家的法学理论中是一项重要的利益衡量标准，其最早可以追溯到边沁的功利主义，其宗旨就是通过衡量特定行为将给社会带来的整体利益。比例原则体现了功利主义和法律经济分析的基本精神，即通过特定行为可能引起的后果衡量行为的正当性：如果特定行为的相关成本大于其给社会整体带来的利益增长，则是不利于社会整体利益的，不符合比例原则；反之，则符合比例原则，应当予以鼓励。借此，法律可以实现增进社会整体利益的目标。② 该原则虽然是行政法上的原则，亦可广泛适用于民事案件的裁判之中。就利益衡量而言，也可以采用比例原则，即通过比较相关主体间的利益和损失，确定主体应承担的义务和责任。比例原则意味着特定主体履行特定义务的成本要低于可能给他人造成的损害。

比例原则在方法论中适用的情况主要是：在无法确定立法者所作出的价值判断时，法官应该尽可能采取“两权相害取其轻”的思考模式。根据庞德的看法，在各种利益冲突的情况下，依据类似于比例原则的办法，采取造成最少利益受损保全其他利益的解决方法最为妥当。③ 他认为，解决利益冲突的基本原则应该是：“它通过社会控制的方式而不断扩大对人的需求、需要和欲望进行承认和满足；对社会利益进行日益广泛和有效的保护；更彻底和更有效地杜绝浪费并防止人们在享受生活时发生冲突。”④ 因而，最大限度使法律保障的利益得以实现，最大限度地减少利益的损失，是我们在处理利益冲突时应遵循的基本原则。如果撇开

① ［德］奥托·迈耶：《德国行政法》，刘飞译，商务印书馆 2002 年版，第 6 章。

② Steven Shavell, *Foundations of Economic Analysis of Law*, Harvard University Press 2004, Introduction, p. 5.

③ 马汉宝：《法律思想与社会变迁》，清华大学出版社 2008 年版，第 171 页。

④ ［美］E. 博登海默：《法理学——法哲学及其方法》，邓正来、姬敬武译，华夏出版社 1987 年版，第 147 页。

司法三段论，而完全从价值判断出发，就可能得出不妥当的结论。在前述“公交车自助案”中，就涉及价值的冲突，一方面是个人所有权的保护，另一方面是公共交通运营秩序和安全的维护。就财产利益而言，该案同时涉及陈某个人的财产利益与车上六十多名乘客的利益的冲突。关键是要最大限度地减少利益的损失。

3. 效率原则

效率原则，主要是根据成本效益的分析来进行利益衡量，解释法律条文或选择最妥当的裁判依据。在侵权行为法领域，法律经济分析认为，侵权责任法的目的应服务于更有效益地分配资源这一集体目标，法官对过错的确定也应以效益考虑作为出发点。法官汉德（Hand）在美国诉卡罗尔拖船公司（United States v. Carroll Towing Co.）一案中所确定的过失标准是非常正确的。在本案中，游艇的所有人将其游艇停泊在港口以后，因无人照看游艇，致使游艇固定在港口的绳索脱落，使该游艇造成对其他轮船的威胁。本案涉及游艇的所有人是否有义务留人照看游艇问题。汉德法官提出如下公式：P＝意外发生的可能性（游艇无人照看，离开港口的可能性）；L＝意外所造成的损失（游艇脱离港口可能造成的损失）；B＝为避免意外所必须负担的预防成本（派人照看游艇所支付的费用）。若$P\times L>B$，即意外发生的可能性乘以意外所造成的损失大于被告为避免意外所必须负担的预防办法成本，则被告有过失。也就是说，如果意外事故发生的可能性很大，且这种事故发生以后将有可能造成很大损失，而被告为避免事故的发生所必须支付的预防成本较小（例如，在本案中，游艇无人照看，有很大可能性脱离港口，并造成对其他轮船的损害，而被告为防止游艇脱离港口只需支付极少的费用），但被告没有采取措施预防损害的发生，则被告是有过失的，因而应该负责任。[①]

当然，由于效率原则需要将行为人的行为成本和可能带来的社会收益量化，所以，该原则应当主要运用于财产法领域，而不宜轻易适用于人身法领域。一个主要原因在于，人格和身份状态的变动能否计量，能否与财产价值进行量化比较

① United States v. Carroll Towing Co., 159 F. 2d 169 (2d. Cir. 1947).

值得研究。这也是效率原则遭受批评的主要原因。[①]

4. 利益兼顾原则

利益兼顾原则包含两方面的含义：第一个方面的含义是指在具体解释法律和应用法律时，应当兼顾当事人的利益。以前述“醉酒冻伤案”为例，该案不能适用《民法典》第1198条，但能否适用该法第1165条第1款，涉及对“行为人”一词的解释问题。从利益衡量的角度考虑，如果被告不承担责任，确实有失公平。在本案中，对死者的保护，体现了其生命权在法律上的地位。而要求被告承担过重的责任，则可能限制其社会一般行为自由，具体体现为社会交往的自由。在法律解释中，可以考虑将本案被告包含在《民法典》第1165条第1款中的“行为人”的概念之中；同时，援引《民法典》第1173条的规定，“被侵权人对同一损害的发生或者扩大有过错的，可以减轻侵权人的责任”。基于被侵权人的过错，而适当减轻被告的责任。在许多情况下，特定损失的产生并不能简单地归咎于某一方当事人。也就是说，如果让某一方主体承担避免此种损失的义务，则该主体负担的成本将远远超出合理的界限。甚至在不少情况下，一些损失的发生是难以由任何一方当事人去避免的。即便法律将损失单方面地要求某一方当事人承担，也难以实现“诱导当事人行为、预防损害的目的”。对此，损失的分配应当兼顾各方当事人的利益，让每一方当事人都承担一定的损失。

利益兼顾原则第二个方面的含义是指不能仅仅局限于衡量当事人的利益，还应该考虑到案件所涉及的社会公共利益以及其他利益。正如有学者所指出的，在利益衡量过程中，如果仅仅只考虑当事人双方的利益，极易陷入当事人双方的具体利益的细微衡量之中，在利益取舍上产生“保护谁的利益可以或不保护谁也可以”的境地。所以，应当结合制度利益等其他利益进行衡量，否则会造成利益衡量的不妥当。[②] 仍以前述“醉酒冻伤案”为例，如果给被告课以过重的责任，将会使得人们的社会交往受到影响。可见，该案中的利益衡量就不限于当事人自身

① Margaret Jane Radin, *Contested Commodities: the Trouble with Trade in Sex, Children, Body Parts, and Other Things*, Harvard University Press 2001, pp. 30ff.

② 梁上上：《利益衡量的界碑》，载《政法论坛》，2006年第5期。

的利益，还应考虑到当事人背后的社会公共利益和其他利益。

但是，利益兼顾绝不是说在任何案件中都要漠视法律的规定、兼顾双方当事人的利益，尤其是在一方明显违法的情况下，法律不能为了兼顾而兼顾，采取“和稀泥”的方法，兼顾违法当事人的利益，“法不能向不法让步”，否则，无异于是对违法行为的纵容。此时就要采取利益选择法，剥夺违法当事人的利益。

二、利益衡量所应考虑的因素

法官应当考虑的各类因素是正确运用利益衡量方法的重要内容。应当说，在所有的法律解释方法中都涉及价值判断。但是，利益衡量强调具体针对性，因为利益不是抽象的、泛泛的利益，而是个案中的利益。任何利益的冲突都是个案中的冲突。法律规则中所作的价值判断，与个案中的利益冲突未必吻合。法律只是假定了一类情形，或者说，其针对的是典型形态，但是，个案中所涉及的利益关系往往非常复杂，可能与典型形态存在一定的差异，所以，立法者针对典型形态所作的价值判断，可能无法完全适用于个案。在利益衡量中，所涉及的利益比较复杂，具有较强的主观性。具体来说，解释者在进行利益衡量时，应当考虑如下因素。

1. 待决案件所涉及的各方利益。案件所涉及的利益当然包括当事人自身的利益，但是，在当事人利益的背后，往往包含了其他各种相关利益。例如，在医患纠纷之中，表面上看，是患者自身的利益和医院之间利益的冲突，但这一利益背后涉及的是生命健康权的保障和医疗卫生事业发展等不同的利益。再如，在网络上发布不实信息致人名誉损害，同样涉及舆论自由、网络技术的创新与发展、信息传播、人格权保护等利益之间的冲突。法官作为裁判者，首先应当发掘案件所涉及的所有利益，而不能从当事人利益的表象上来进行利益衡量。

2. 案件中所涉及的利益是否是法律所保护的利益（不少学者也将其简称为“法益”）。从民法的角度来看，利益的类型繁多，但并非所有利益都能获得法律的积极评价，不一定都应受到法律的保护。按照法律的保护范围，可以将利益区分为法律保护的利益和法律所不保护的利益。例如，因从事合法的竞争活动而遭受损害，受害人的经营利益的下降所致的损失也不能受到法律的保护，再如，财产利益的范围非常宽泛，纯经济损失并非都要得到赔偿。从比较法上来看，可以赔偿的纯经济损失的范围很小，通常限于故意侵权和不正当竞争等情形。[①] 在利益衡量时，首先要确定哪些利益应当受法律保护，其次要对各种受法律保护的利益进行比较和权衡。在民法上，利益位阶是客观存在的，当各种利益发生冲突以后，其中一些利益应当得到优先的或者比例更大的保护。例如，当生命健康权和财产权发生冲突的时候，法律通常要优先保护生命健康权等基本的人权，法律上因生命受到威胁而从事的紧急避险行为就是典型例子。只有通盘考虑各种利益的位阶及其在利益关系中的影响，并将其在法律解释中予以考量，才能最大限度地实现法律增进社会整体福利的目标。

3. 考量立法者在立法时所作的利益衡量。每一个制度和条文的设计都渗透了立法者的价值考量，解释者的任务首先是发现立法者的价值衡量，而不能轻易地以自己的价值判断来替代立法者的价值选择。利益平衡必须在现行法的框架内进行，而不能过多地在既定的制定法之外进行，利益衡平必须以尊重现有法律秩序为前提，即便实践中存在法外的利益衡量，其范围也是十分有限的。[②]我们所说的严格执法，很大程度上就是要尊重文本、尊重立法目的、尊重立法者的价值选择，这实际上就是强调实现法的安定性价值。耶林曾有一句名言，“世上没有绝对的所有权——没有那种不需要考虑社会利益的所有权，这一观念已随着历史的发展被内化为人们心中的道德准则”[③]。这就是强调立法中应当协调个人利益和社会利益。在我国，长期以来，并没有受到概念法学的影响，尤其是

① Gerhard Wagner，*Comparative Tort Law*，Mathias Reimann & Reinhard Zimmermann（eds），The Oxford Handbook of Comparative Law，Oxford University Press（2006），pp. 1015.

② 张新宝：《侵权责任法立法的利益衡量》，载《中国法学》2009 年第 4 期。

③ Rudolph von Jhering，Der Geist des römischen Rechts auf den Verschiedenen Stufen Seiner Entwicklung，4. Aufl.，1878，S. 7. 转引自许德风：《住房租赁合同的社会控制》，载《中国社会科学》2009 年第 3 期。

过去长期受“左”的思想影响，法律虚无主义盛行，至今仍然在不同程度上影响裁判者的行为。有的裁判者常常有摆脱法律的冲动，不愿意受到法律的拘束，甚至往往以“创造性司法”为名，任意违背法律的条文和精神进行法律适用。所以，我们要保障严格执法，实现公平正义，就要使利益平衡的方式受到严格的限制和规范，法官不能随意超越法律进行利益平衡。裁判者应尽可能发现立法者所作的利益衡量，并尽可能尊重立法者所作的选择。当然，这并非完全否定解释者从事价值判断的必要性和意义，而只是要严格规范法官从事的利益平衡活动。

4. 法官根据个案作出利益衡量。立法者的利益衡量具有普遍性和宏观性，但是法律适用中的利益考量则是特定的、具体的、针对个案的。所以，法官在进行利益衡量的过程中，要遵守立法者所作的利益衡量，但这并不意味着要一成不变地遵从立法者所作的利益衡量。立法者所进行的利益考量也会随着社会的发展而变化，因此，法官在个案中也有独立作出利益衡量的可能性和必要性。特定案件中的利益冲突总是具体的利益冲突，而法律文本中所协调的利益冲突总是抽象和概括的利益冲突类型。将特定法律文本作为特定案件适用的大前提，从而将特定案件纳入特定法律文本的适用范围，离不开裁判者的价值判断和利益衡量。如果两者存在连接，就可以适用于该法律规范。在法律解释中，法官要发现立法者所作出的判断，法官在具体案件中，也要确定其案件类型，将特定案件的事实纳入立法者所设想的案件类型，利用立法者所进行的利益衡量来处理纠纷。法律文本中的利益衡量与法律事实中的利益衡量是否一致，就是法律解释的过程，也是确定大前提的过程。

5. 法官要参考指导性案例进行利益衡量。利益衡量具有很强的主观性，且给予了法官较大的自由裁量权。如果允许法官可以随意根据个案进行利益衡量，法官就似乎取代了立法者的角色，为案件确立裁判规则，这是与法学方法论的研究目的相背离的。为了规范利益衡量，有必要引入指导性案例，要求法官尽可能参照指导性案例中的利益衡量，从而实现裁判的统一。例如，江苏省江阴市曾真实发生一个案件，妻子突发重症，丈夫醉驾送医被查，检察机关以危险驾驶罪对驾驶人提起公诉，但法院认为，在本案中，陈某妻子突然摔倒，昏迷不醒、口吐白沫，生命权益正处于威胁之中，可视作正在发生现实危险；当时陈某所在乡村有些偏远，医院一时间又不能及时派出救护车，他身边又无其他合法驾驶人，最后醉酒驾车的行为，实在是不得已而为之。该行为构成紧急避险，不负刑事责任，最终检察机关撤诉。[①] 笔者赞成法院的观点，因为紧急抢救病人，涉及更重要的生命法益，似乎可以考虑使被告免于刑事责任。无论如何，如果存在指导性案例，法官的利益衡量就会受到拘束，从而实现裁判的确定性和客观性。

6. 利益衡量需要考虑因社会变动引发的利益格局的变化，并适当考虑社会的未来发展。在利益衡量中，法官要敏锐地把握社会的发展变化，把握相关利益的变化，对新的社会背景下当事人之间的利益关系作新的考虑。“生命处于无休无止的变化之中。法官也是如此。法官必须在稳定与变化之间进行平衡。”[②] 尤其是要考虑到社会未来的发展，因为法官所作的判决并非仅仅针对当下的案件，其裁判本身要对未来的社会发生影响，所以，法官所作的利益衡量应当体现一定的超前性和预见性，使之能够适应社会的发展变化。例如，在“人肉搜索”案件中，是否要责令网站经营者承担责任，也要考虑未来社会网络技术发展和信息传播自由等的需要，而不能仅仅从目前的社会状况考虑进行利益衡量。利益衡量作为法律解释的重要技术，必须按照特定步骤，遵循一定的思考顺序来展开。如此，才能保证解释结论的稳定性和可预期性。

利益衡量旨在追求公平，但利益平衡是有限度的，并非在任何情况下都可以作出利益平衡。利益平衡本身也体现了价值判断的立场，绝不是“和稀泥”、无原则地“找平衡”，绝不是为了利益衡量而迁就违法行为人，也不能允许违法者从违法行为中获利。

---

① 《妻子突发重症，丈夫醉驾送医被查》，载《潇湘晨报》2020年9月7日。

② Aharo Barak，“A Judge on Judging：the Role of a Supreme Court in a Democracy”，116 *Harv. L. Rev.* 16，2002.

第四节　利益衡量的具体运用

一、法有规定的情况下的利益衡量

（一）确定争议涉及的利益

与价值判断一样，利益衡量的过程并不是以利益的衡量来替代三段论，法官应当是在三段论的适用中发现和衡量利益问题。这就是说，无论是大小前提的确定还是大小前提的连接，要通过对利益的考量，来解决大小前提的确定和连接问题。在个案中，每一个纠纷究其实质都是利益的冲突。德国学者耶林把各种冲突的利益区分为个人的、国家的和社会的利益三种。[①] 庞德则认为，法律是一种行为的秩序，法律要致力于调整各种冲突的利益，他将这些利益区分为个人利益、公共利益和社会利益。[②] 同时，他又把个人利益区分为人格利益、家庭利益和生活利益三种，公共利益又分为国家为维持其法人人格而具有的利益和国家为保护社会利益而具有的利益，社会利益区分为一般安全利益、有关社会制度的安全的利益、一般道德的利益、保存社会资源的利益、一般进步的利益、有关个人生活的利益。[③] 赫克宽泛地指出，利益是"生活价值"和"对生活价值的追求"，包括个体利益、群体利益、共同体利益、公共利益和人类利益，也包括观念性利益和物质性利益。[④] 这些分类都不无道理。但是，法官在案件裁判中更多考虑的是三段论的操作中涉及哪些利益，如果完全撇开司法三段论，而完全从利益判断出发，以利益的衡量代替法律的裁判依据，显然可能导致法官的恣意，可能会得出不妥当的结论。

---

① Rudolf von Jhering，*Law as a Means to an Ende*，translated by Isaac Husik，p. 325，p. 328.

② 马汉宝：《法律思想与社会变迁》，清华大学出版社 2008 年版，第 161 页。

③ 马汉宝：《法律思想与社会变迁》，清华大学出版社 2008 年版，第 164－167 页。

④ 陈林林：《方法论上之盲目飞行——利益法学方法之评析》，载《浙江社会科学》2002 年第 5 期。

在利益衡量时，首先要考虑当事人的纠纷背后的利益，或者说，其可以具体转化为何种利益，以及这些利益是否发生冲突。例如，尽管当事人主张损害赔偿，但是，其并非仅仅涉及财产利益，也可能关涉人身利益。因为在侵害人格权情况下的损害赔偿，既可能涉及生命健康利益，也可能涉及人身自由等利益。在侵害财产的情形，也可能涉及社会公共利益和个体的利益。只有确定了不同的利益，才能为利益衡量提供前提。当然，利益的冲突是在整个三段论操作过程中体现出来的，应当结合三段论的操作分析利益冲突。例如，在前述“公交车自助案”中，应当在三段论的框架内，确定陈某是否侵害了公交公司的所有权。如果陈某扣车的行为没有合法依据，他就侵害了公交公司对公交车的所有权。法官应当考虑，《民法典》第 1165 条第 1 款是否适用？如果法官要进行利益衡量，就应当在三段论的运用中，考虑陈某“扣留”公交车的行为是否是妥当的，从而可以为认定为“自助”提供基础。

（二）发现立法者的价值取向

法律都是价值判断的产物，在利益的背后，实际上都包含着价值判断。例如，甲到城市生活以后，急需租用房屋。后来，发现出租人乙有一套房屋的阁楼尚未出租，便提出要承租该房屋。乙提出，该阁楼年久失修，阁楼的地板有可能塌陷，会有人身安全的隐患，但承租人甲坚持要承租。后双方在租赁合同中明确规定，在租房之前，出租人已明确向承租人告知了房屋的可能风险，而后者表示自愿负担此风险，因此，如果发生损害，出租人不负责任。后来，阁楼的地板因年久失修，被甲踩断，导致甲受伤。造成损害之后，承租人甲要求出租人乙赔偿，遭到出租人的拒绝。出租人是否可以免责？依据《民法典》第 731 条，如果出租屋危及承租人的安全或者健康的，承租人可以要求解除合同，但是，该条并没有规定是否允许请求损害赔偿。在讨论中，法官有不同的观点：一种观点认为，既然该条中没有规定损害赔偿，就意味着，法律只允许解除合同，不允许请求损害赔偿。而且，合同中已经对此作出约定，承租人自愿承受损失。另一种观点认为，虽然该条中没有规定，但是，造成了损害，还是应当赔偿。笔者认为，在确定是否应当赔偿时，首先应当考虑立法者的价值取向。民法以对人的保护为出发点，这种保护首先体现为对生命健康权的保护，因为生命健康权是最重要的法益。该案中涉及生命健康权与财产权的冲突。生命健康权优先是法律的基本精神，这一精神就体现在《民法典》第506条之中，即“造成对方人身损害”的免责条款无效。该条的目的就是优先保护生命健康权。据此，该案中当事人的约定是无效的。在免责条款无效的情况下，就造成的甲之损失，乙理应赔偿。所以，从本案来看，关键是要确定立法者所作的价值判断。

（三）寻求正确的价值取向

在法律适用中，裁判者除了发现并转述立法者所作出的利益衡量外，在一些情况下，也需要根据个案的需要，作出独立的利益衡量。这主要是因为：一方面，立法者的价值判断可能难以探寻。在有些情形中，立法者所作的价值判断不太容易澄清，尤其是在法律规定本身存在模糊性以及在立法资料欠缺的情形下更是如此。此时，裁判者进行的利益衡量就可能在一定程度上脱离了立法者的价值判断。另一方面，立法者作出的利益衡量可能与现实发生脱节。例如，在前述“侵害眺望权案”中，从立法者的考量来说，相邻关系的处理既要考虑当事人的利益，也要考虑国家利益。但这种情况通常是指规划本身是科学的、合理的，因此，需要维护规划的强制性，在某种程度上也是维护公共利益。但是，该条并没有考虑到规划本身也可能发生不当的变更。就本案来看，被告就是通过各种途径更改了规划，使得原告的通风、采光等利益受到损害。这就表明，法律所设想的情形、考量的利益，与个案中的利益冲突并不完全相同。如果在本案中坚持认为，侵害相邻关系必须违反国家有关工程建设标准，被告就没有任何责任，显然对原告而言是不公平的。所以，在此情况下，法官应该考虑到，无论被告是否具有合法的建筑规划和许可，如果客观上确实造成了原告的利益侵害，应该承担相应的责任。这并不是说，立法本身存在问题，而只是说，立法者并没有考虑到待决案件所涉及的利益冲突。

在无法发现立法者的价值取向时，法官的自由裁量权较大，但是，其也应当受到更多的拘束，这就是说，法官应当采取正确的价值取向来进行利益衡量。如前所述，利益衡量本质上是一种价值衡量，不同的价值取向将会导致不同的裁判结果。对当事人间的利益是要进行平等保护、还是要优先保护哪一种利益，价值取向不同，其结果也会相差很远。例如，“范志毅诉文汇新民联合报业集团侵犯名誉权纠纷案”实际上就是在漏洞填补情况下协调利益冲突的典型案例。2002年12月18日，上海市静安区人民法院在审理“范志毅诉文汇新民联合报业集团侵犯名誉权纠纷案”中，驳回了范志毅的请求。其理由主要在于，“即使原告认为争议的报道点名道姓称其涉嫌赌球有损其名誉，但作为公众人物的原告，对媒体在行使正当舆论监督的过程中，可能造成的轻微损害应当予以容忍与理解”①。在该案中，实际上涉及两种利益的冲突，即公民权益的保护与公共利益的维护。在涉及媒体侵权的案件中，隐私权与新闻媒体的舆论监督权经常发生冲突。新闻媒体从事舆论监督，应当尊重公民的隐私权。如果是正当行使舆论监督权，即使因此造成对隐私权人的侵害，行为人也可以以正当的舆论监督为理由提出抗辩。因此，如果将优先保护人格权作为首要的价值取向，则应当判决被告构成侵权，应承担相应的侵权责任；如果将舆论监督作为优先保护的价值取向，则要适当限制作为公众人物的范志毅的名誉权，从而被告将不构成侵权，无须承担相应的侵权责任。

（四）协调各种利益的冲突

在明确了立法者的价值取向之后，应当根据一定的价值取向，采取利益衡量的各种方法，协调各种利益冲突，包括财产利益与人身利益的冲突、“静的安全”与“动的安全”的冲突、生存利益与商业利益的冲突、人格利益与营业自由的关系等。在这个协调过程中，要考虑价值的位阶。以前述“公交车自助案”为例，

---

① 本案的案情是：2002年6月16日，文汇新民联合报业集团在其出版发行的《东方体育日报》上刊出题名“中哥战传闻范志毅涉嫌赌球”的报道，刊登了对范志毅父亲的采访及范志毅没有赌球的声明；6月21日《东方体育日报》以“真相大白：范志毅没有涉嫌赌球”为题，为整个事件撰写了编后文章。2002年7月，范志毅以《东方体育日报》在2002年6月16日刊登的“中哥战传闻范志毅涉嫌赌球”侵害名誉权为由，起诉到上海市静安区法院，要求被告向他公开赔礼道歉，并赔偿精神损失费人民币5万元。参见《媒体舆论监督并没有不当，“赌球案”范志毅一审败诉》，载《法制日报》2002年12月19日。

在该案中涉及各种利益冲突。一是陈某临时搭建的工棚被公交车撞倒，其中的某些财物也遭受损害，陈某的个人损害赔偿请求权需要实现；二是公交车的正常运营的保障，因为公交车是公共交通工具，要为人们提供交通的便利。实际上，在本案中这两种利益并没有实质的冲突。因为陈某不扣车，也可以实现其损害赔偿请求权。但因为陈某坚持认为，必须采取自助的方式才可以解决问题。我们可以假设，如果确实存在冲突，是否应该满足陈某的请求？笔者认为，比较两种利益，显然公交车正常运营的保障是更为重要的，毕竟陈某的损失是单个民事主体的，而公交车的运营会影响社会公众的利益，公交车运营的保障，有利于乘客的利益实现。从经济的角度来看，公交车运营的保障体现了更重要的经济利益，因其关系到社会公共利益。从这个角度考虑，陈某的行为并非合法的自助，而构成权利的滥用。

在实践中，具体案件所涉及的利益种类远不止相对抽象的利益类型，还涉及诸多细枝末节的其他利益。对于这些主要利益类型之外的利益，裁判者在法律适用中也必须予以考虑，对这些非主要类型利益的考量，很可能需要对前述主要利益类型的衡量作出适当的调整。

二、利益衡量在漏洞填补中的作用

利益衡量常常大量运用在漏洞填补过程中，但即便如此，是否意味着利益衡量是一种独立的漏洞填补的方法。换言之，能否直接根据利益衡量来寻找大前提呢？笔者认为，利益衡量并不是独立的漏洞填补的方法，仍应综合各种填补方法来填补漏洞，寻求妥当的裁判结论的方法。与类推、目的性扩张等方法比较，各种漏洞填补方法必须包含着发现大前提的技术和规程。而利益衡量方法并不具有此种功能，其只是辅助漏洞填补的方法，不能直接通过利益衡量来确立裁判依据。也就是说，在进行利益衡量时，仍然需要借助于各种漏洞填补方法来寻求裁判依据。但是，在各种漏洞填补方法的运用中，可以借助于利益衡量来确定何种方法是最妥当的，所以，利益衡量只能辅助各种漏洞填补方法发挥作用。在填补漏洞的过程中，可能需要以一定的原则为基础，借助一定的衡量标准，尤其是要以法律的原则和精神、目的等为依据，这实际上就是以基本原则为方法来进行漏洞的填补，而不是单纯以利益衡量的方式来填补漏洞。例如，在前述“公交车自助案”中，就陈某是否可以自助而言，由于现行法没有规定，所以，这属于法律漏洞。从司法实践来看，自助通常应当是在情况紧急，不能请求公权力机关提供救济的情形才能适用。而本案并非属于情况紧急，并非不扣留公交车就无法实现其请求权，或者导致其请求权实现的难度显著增加。陈某可以记下车牌号，并扣住司机的驾驶证，也就是说，他不必扣留该公交车，就可以实现其赔偿请求权。但陈某认为，扣车以后，其权利更容易实现，而这并不符合自助的构成要件。因此，在漏洞填补的情况下，法官也要进行利益衡量，但是，其最终还是应该采用漏洞填补的具体方法（如类推、比较法等），而不宜直接适用利益衡量的方法。否则，会造成司法僭越立法权，并导致规则适用的极不统一。①

① 张新宝:《侵权责任法立法的利益衡量》，载《中国法学》2009 年第 4 期。

第五编

法律论证

第十二章
法律论证

良好的法律分析总是对于自身的法律论证形式念兹在兹。[①] ——［英］劳埃德

论证理论与诠释学是携手并进的。——［德］考夫曼[②]

解释应以论辩的方式展开。——［德］齐佩利乌斯[③]

凡是好的法律论证都是通过三段论推理的形式产生的。——Gardner [④]

案例：

1. “火车撞伤农民案”：受害人是一个聋哑的农民，2010年7月5日傍晚，其在铁道旁的田地里种地，回家时路过铁轨，火车鸣笛后，其因耳聋没有听见，也没有注意到火车已到，后来被疾驶的火车撞倒致残。根据《铁路法》第58条第1款规定：“因铁路行车事故及其他铁路运营事故造成人身伤亡的，铁路运输企业应当承担赔偿责任；如果人身伤亡是因不可抗力或者由于受害人自身的原因

① ［英］劳埃德：《法理学》，法律出版社2007年版，第488页。

② ［德］考夫曼：《法律哲学》，刘幸义等译，法律出版社2004年版，第64页。

③ ［德］齐佩利乌斯：《法学方法论》，金振豹译，法律出版社2009年版，第68页。

④ James A. Gardner, *Legal Argument: the Structure and Language of Effective Advocacy*, 2nd ed., LexisNexis Group 2007, p. 6.

造成的，铁路运输企业不承担赔偿责任。”从文义解释的角度来看，“受害人自身的原因”包括受害人的故意和过失行为。一审法院认为，根据《铁路法》的上述规定，损害是因受害人自身原因造成的，铁路运输企业应当免责。二审法院认为，在本案中，基于《铁路法》的上述规定而完全免除铁路企业的责任，由受害人自行承受损失，对受害人不公平。因此，铁路运输企业应赔偿损失。

2. “营业执照被吊销案”：某公司因其生产的食品被检验不合格，又未能及时整改，后来，被吊销了营业执照。但是，该公司还欠了数笔债务，包括欠某银行的债务、本地和外地企业的债务等，共两千多万元。但是，公司仍有资产两千多万元。因为其食品不合格，造成了一些受害人的损害。十多位受害人在法院提起诉讼，要求赔偿。法院判决，该公司应当赔偿受害人的实际损失以及精神损害共五百多万元。本案涉及企业被吊销营业执照以后，是否应当清算，哪些债权人应当优先受偿？对此，我国现行法律没有明确规定。一审法院在审理中存在不同意见。

第一节　法律论证的概念及功能

任何有争议的论题都需要通过论证活动加以证明。在司法三段论推理实践中，无论是法律解释、价值判断，还是利益衡量，都离不开对相应法律思考活动中的主张加以论证。三段论本身具有说理功能，是一种论证方法，其在具体展开过程中也在不同层面涉及论证需求，需要遵守相应的论证规则。

一、法律论证的概念和特征

所谓论证（argumentation），是指论者列出一系列理由，来证明特定命题的正当性[①]，换言之，是指通过举出理由支持某种主张或者判断。[②] 所谓法律论证

① A Set of Reasons that Show that Something is True or Untrue，Right or Wrong etc. See *Longman Dictionary of Contemporary English*，the Living Dictionary，Pearson Longman，2006，p. 65.

② 颜厥安：《法、理性与论证—Robert Alexy 的法论证理论》，载《政大法学评论》第 25 期，第 35 页。

(juristische Argumentation，legal argument)，是指通过提出理由（前提），以证明特定法律决定（即裁判结论）的正当性和妥当性的活动，或者说是通过合乎逻辑、事实或理性的方式来证明立法意见、司法决定、法律陈述等有关法律主张的正确性和正当性。[①] 论证是为将法律规范适用于特定的事实而获得结果提供正当性的依据。[②] 论证系由一系列陈述构成。其中一个陈述称为“结论”，是具有争议性的陈述，其他陈述称为“前提”，旨在证明该具有争议的结论的真实性。[③] 法律论证是一般论证实践活动中的一个特殊情形，其特殊性表现在，其论证的结论是与法律相关的陈述。[④] 通过法律论证得出的结论可以称为“法律判断”。瑟斯通（Wasserstrom）为法律推理提供了两种模式：一是发现过程（a process of discovery），即找法过程，二是论证过程（a process of justification），这两个过程都与规则的适用及对每个案件的具体因素的评价具有紧密联系。[⑤]

自古以来，人们所说的“有理走遍天下”“以理服人”就是论证。一个普通的论证，应当包含论点、论据和论证三方面的要素。其中，论证这一要素是一项对证明过程的描述。就法律论证而言，其适用范围是非常宽泛的。就诉讼过程而言，当事人双方都要根据其各自的主张，提出各自的理由。[⑥] 法律论证贯穿于法律适用的全过程，不过，对裁判结论的论证是其重要内容。然而，在实践中，论证仍然是裁判活动中的薄弱环节。有的法官在判决书中，既不援引具体的法律规则，也不展现得出裁判结论的推理细节，该过程中的论证常常被忽略。而随着裁判的日益公开，社会大众对裁判说理预期的加强，对法律论证的要求也逐渐增强。相应的，裁判中的法律论证理论研究的重要性就凸显出来。从审判实践的发展来看，法官在裁判中也都要运用这样的论证过程。例如，著名法官宋鱼水提出

① 葛洪义：《试论法律论证的概念、意义与方法》，载《浙江社会科学》2004 年第 2 期。

② James A. Holland & Julian S. Webb, *Learning Legal Rules*, Oxford University Press, 2006, p124.

③ Elias E. Savellos, *Reasoning and the Law*: *the Elements*, Wadsworth 2001, p. 24.

④ 舒国滢：《走出“明希豪森困境”（代译序言）》，第 8 - 9 页，载［德］罗伯特·阿列克西：《法律论证理论》，中国法制出版社 2002 年版

⑤ P. Wahlgren, *Automation of Legal Reasoning*: *a study on artificial intelligence and law*, Kluwer Law and Taxation Publishers, 1992, p. 66.

⑥ ［德］罗伯特·阿列克西：《法律论证理论》，中国法制出版社 2002 年版，导论。

了“辨法析理，胜败皆服”的经验，其中就蕴含了通过说理使当事人信服判决的思考。但从整体上看，我国司法裁判活动尚缺乏严格论证的普遍意识。这一方面是因为我国法律界尚未对法律实践活动中的论证方法意识的总结与提炼，也未形成一套相对成熟的法律论证理论，法学教育实践也缺乏法律论证方法论的专门训练。因此，司法实践者也就未能形成系统的论证方法。

在方法论中，法律论证体现在三段论推理中认定事实、寻找法律以及将二者对应并得出结论的每一个环节。法律论证应贯彻在司法三段论中所有说理过程，因为在整个小前提的确定、大前提的发现，以及大前提和小前提的连接中都伴随着论证，尤其是在价值判断的环节更需要论证。从这个意义上说，论证过程伴随法律适用过程的始终。法官应当在这些环节都遵循特定的法律论证的要求，在充分论证的基础上，“证立或证成”其法律主张或者判断。论证需要“提出一些似乎可以正当化某项主张，或使其至少看来值得讨论的理由。为满足前述目的，这些理由必须具备以下性质：它们必须能够说服预期的讨论伙伴，克服其可能提出的反对理由”①。在这个过程中，需要综合运用三段论的逻辑推理、法律解释、法律的价值分析等一系列方法论上的工具。

法律论证不同于日常生活中的说理与论证，原因在于法律论证的整个过程都是与法律相关的，要么是对“法律规范”（大前提）的论证，要么是对“法律事实”（小前提）的论证，要么是对“法律规范”与“法律事实”衔接有效性的论证，要么是对法律裁判结论的最终论证。不过，无论是那一项论证，都是在三段论框架中展开的论证活动，其特点主要在于：

第一，论证的主体是法官等裁判者。虽然从广义上说，一切法律人的论辩活动都需要进行法律论证，需要通过陈述理由说明自己法律主张的妥当性，论证者包括律师、法官、仲裁员和法律学者等。② 但是从狭义上讲，论证的主体主要局限在司法裁判活动中的法官。无论是律师还是学者的论证都最终需要通过案件的

① ［德］卡尔·拉伦茨：《法学方法论》，陈爱娥译，商务印书馆 2003 年版，第 31 页。

② Eveline T. Feteris, *Fundamentals of Legal Argumentation: A Survey of Theories on the Justification of Judicial Decisions*, Kluwer Academic Publishers 1999, p. 1.

裁判结果加以印证。既然方法论主要聚焦于裁判活动，而法官在裁判过程中的论证活动具有典型性，是法律得以适用的典型形态，因此，法官裁判中的法律论证活动是研究法学论证方法的主要考察对象。裁判主体是法官，裁判是一种公法上审判权行使的载体，因此，法官在作出裁判时，应当就案件的事实认定情况和法律适用情况做成裁判文书，回应当事人的诉讼请求和抗辩理由，明确当事人的权利义务关系。裁判文书作为一种法律文书，其不仅是人民法院审理案件过程和裁判结果的载体，也是司法监督的重要依据，更是人民法院确定和分配当事人实体权利义务的法律凭证。[①] 裁判说理不仅是法官的法律义务，也是法官的社会责任。通过裁判说理，法官向社会展示了其裁判的公正性。强化裁判说理，才能使裁判做到可接受性，努力提升司法的公信力。[②] 从裁判文书的结构上看，其虽然也会记载当事人的诉讼请求和抗辩理由，但其并不属于裁判说理的范畴，当事人参与诉讼，发表对己方有利的意见，最终只是帮助法院作出正确的审理裁判。因此，说理的主体只能是法官，而且裁判说理也是法官在裁判过程中应当负担的义务。

第二，法律论证中的结论应当是具有争议的陈述。论证（argument）不同于阐释（explanation）。虽然论证和阐释都是为了证明某个陈述的真实性，但二者存在本质的区别。阐释的对象主要是指没有争议的陈述，尤其是已经发生的结论性陈述，其目的主要在于让听众有效理解特定陈述之所以发生的原因。而论证则不同，我们之所以对某个结论性陈述加以“论证”，是因为这个结论性陈述是有争议的，论证的目的就是说服听众相信陈述的真实性。[③] 例如，《民法典》第585条第2款规定：“约定的违约金低于造成的损失的，人民法院或者仲裁机构可以根据当事人的请求予以增加；约定的违约金过分高于造成的损失的，人民法院或者仲裁机构可以根据当事人的请求予以适当减少。”在司法实践中，原《合同法司法解释二》第29条第2款规定：“当事人约定的违约金超过造成损失的百分之三十的一般可以认定为合同法第一百一十四条第二款规定的过分高于造成的损

① 孙华璞、王利明、马来客：《裁判文书如何说理》，北京大学出版社2016年版，第1页。

② 江必新：《辩证司法观及其应用》，中国法制出版社2014年版，第44页。

③ Elias E. Savellos, *Reasoning and the Law: the Elements*, Wadsworth 2001, pp. 24, 26.

失”。法官据此有权对违约金的数额进行调整。但在实践中，法官往往只要发现违约金数额超过了其认定损失的30%就要调减，但笔者认为，这一处理过于简单化。首先，这一做法没有考虑到违约金调整中对于民商事主体的区分，在商事主体之间，违约金的约定是商人之间经过考量所作出的特别安排，一般应当予以尊重。其次，在高风险高收益的交易中，这些交易与一般交易明显不同。在这类合同中，当事人可能愿意以较高的违约金换来合同中的高收益。最后，所谓遭受的损失，在司法实践中也并没有被进行统一的解释。有的法院认为这一损失是指实际损失，对于超过实际损失30%以上的就要调减，但是由于非违约方遭受的实际损失可能较小，再进行调减将导致显著的不利。同时，违约损失还应当包括可得利益的损失，在将可得利益的损失纳入赔偿的范围时，损害的范围就明显增加，而可得利益的损失往往较难认定。基于以上理由，法官对于违约金调减规则的适用，应当进行合理的论证，从而得出是否需要调减的结论。

第三，法律论证在形式上表现为一定方法的运用。方法论上所说的论证，并不是公平正义观念模糊的描述与传递，也不是基于简单的生活经验的直觉性判断，而要遵循特定的规律和规则，包括论证负担规则、论证秉持的原则、论证程度的区分等，尤其是要借助各种法律解释的、逻辑的、社会学的、效率分析等各种方法，综合运用于论证的过程。对论证方法的强调，有助于加强法律论证的可验证性。法学方法论上所说的“可验证性”也是以法律论证为基础的，因为存在外在化的法律论证，裁判才成为是可验证的。“可验证性”和“可辩论性”都是以达成共识的方法为基础的，否则，对于法院的裁判结论，人们就无法检验其是否是基于事实和法律，也无法检验其妥当性，保障法官依法作出公正的裁判。法律论证应当运用达成共识的方法，并依据普遍认可的论据。只有在相同的前提与概念之下，通过一些公认的方法进行说理，以进行理性的辩论，才能形成辩论的基础，最终达成最低限度的共识。① 从论证的目的来看，因价值的多元性，裁判者在作出价值判断时，应当进行论证，以表明价值判断结论的合理性。还要看

① René Sève, Philosophie et théorie du droit, Dalloz, 2007, p. 2.

到，论证本身也是程序正义的要求。这就是说，在整个裁判过程中，都要遵循一定的程序，而论证就是必不可少的说理程序，严格按照论证的规则进行法律适用，才能保障实体正义的实现。

第四，法律论证贯穿于整个三段论过程之中。论证存在的主要目的是使三段论中的价值判断合理化，给价值判断提供令人信服的理由，使得其能够为人们普遍接受。Holland 和 Webb 指出，论证适用的范围，主要包括三个方面：一是确立案件事实。在这些事实中，有些有充分的证据支撑，是确定的事实；有些则是根据实际情况所推定的事实，而确定后者的过程中便需要法律论证。二是为通过所寻找的法律规范提供正当性依据。三是通过论证将事实与法律相结合，获得正当的结果。① 由此可见，论证不仅是在大前提的确定中存在，而且在小前提的确定以及事实与结论的连接中，都发挥着作用。在三段论中，它对于大前提、小前提的确定以及连接，都发挥了作用，或者说都要通过论证来完成。法律论证可以适用于漏洞填补，在没有依据时大量采用。论证既是说理过程，同时也具有验证的功能，通过论证最终证成的结论，目的是要寻求妥当的裁判结论。

法律论证是伴随着整个裁判过程的思维活动，其是能够广泛运用于包括法律的发现、方法的运用和结论的选择等各个法律解释环节的一种法律思维。在司法三段论的框架内，法律论证贯穿于各个环节，包括大前提的发现、小前提的确定以及大小前提的连接。法律规则的运用不是简单的逻辑涵摄过程，而必须进行论证。② 因为，一方面，无论是对事实的整理，还是对作为裁判依据的大前提的解释以及大小前提的连接，在一定程度上体现了特定的价值判断，并且法官具有一定自由裁量的空间。为了规范裁判者的行为，克服裁判活动的任意性和随意性，就有必要进行论证。另一方面，法律论证常常被看作是一场关于某种法律观点可以接受性对话的组成部分。在法律论证理论的构建过程中，阿尔尼尔、阿列克西、麦考密克等人都注重这一观点。③ 法官所要说服的是特定时间、特定地域内

---

① James A. Holland & Julian S. Webb, *Learning Legal Rules*, Oxford University Press, 2006, p. 124.

② ［德］罗伯特·阿列克西：《法律论证理论》，舒国滢译，中国法制出版社 2002 年版，第 2 页。

③ ［荷］伊芙琳·T. 菲特丽丝：《法律论证原理》，商务印书馆 2005 年版，第 16 页。

所有构成法律共同体的理性人，因此，司法裁判的受众是特定历史时期、特定社会中确定的人群。按照 Perelman 的观点，法官的判决必须至少经得起三类主体的检验：一是案件当事人；二是法律职业人士；三是社会公众。这三类被法官设想出来的主体，构成了检验一项判决正当性的试金石（touchstone）。[①] 法律论证就是要使裁判具有说服力和正当性。在法律适用过程中，法官应当选择确定可供适用的法律，通过解释活动来确定其含义，最终确定妥当的结论。法官必须进行说理和论证，以论证其大前提确定的妥当性，保障法官依法作出公正的裁判。因此，只有提供充分的论证理由，才能让各方当事人接受法律规范所作出的价值判断。此外，法律解释通常是在裁判中的解释，其受众是诉争的当事人和社会公众，如果让他们信服裁判的公正性和解释结论的妥当性，则必须予以论证。

第五，法律论证是法官应承担的基本义务。论证的目的在于追求裁判的正当化（Rechtfertigung，justification），为裁判结论提供正当性依据（rightness reason）[②]，论证最终就是为了形成证成。法律裁判活动是一个不断针对当事人提出的主张予以评价，并就裁判者最终选择确定的结论提出依据，说服他人信服自己主张的活动。通过说理说服了争议之中的当事人以及社会公众，同时，也具有行为引导的效果，即向社会宣示了裁判所体现的公平性与公正性，并通过实际案例，引导人们正确行为。虽然法律上并没有明确要求法官在判决中履行论证说理的义务，但论证说理是司法裁判的基本要求和重要特征，是法官在裁判中应当履行的基本义务。判决要说明理由的做法，已经成为对司法职业工作的基本要求，一些国家很早就已经确立了这些规则，例如，意大利、德国分别于 16 世纪、18 世纪逐步确立这一规则。而法国在 1790 年将其确立为法官应负的一项普遍义务。[③] 荷兰《宪法》第 121 条明确规定，“司法裁判需要对据以作出判决的理由作出具体说明”；近年来，我国司法实践中越来越强调判决的说理性，法谚云：“正

① Eveline T. Feteris, *Fundamentals of Legal Argumentation: A Survey of Theories on the Justification of Judicial Decisions*, Kluwer Academic Publishers 1999, p. 53.

② James A. Holland & Julian S. Webb, *Learning Legal Rules*, Oxford University Press, 2006, p. 124.

③ ［法］勒内·达维德：《当代主要法律体系》，漆竹生译，上海译文出版社 1984 年版，第 132 页。

义是从判决中发声的。”正义是具体的，法律条文所表达的抽象正义只能隐藏于具体的生活事实中，判决的说理性越强，其公正性越强，也能够为当事人所接受，起到案结事了的作用。判决的说理越模糊，甚至没有说理，其很难为当事人所接受，并可能导致判决的无法执行。因此，法官必须在裁判中兼顾法律规则与个案情形，实现一般正义和个别正义的结合。①

总之，法律论证是实现裁判正义的基本方法。对法律论证而言，结果的正义及实现正义的过程同样重要。的确，论证本身不是目的，其最终目的仍在于追求结论的正当性。但即便结果是公正的，而论证的单薄，也可能难以使当事人完全信服，尤其是难以使败诉一方当事人信服。从实践来看，大量的民事裁判，在结果上都可能是公正的，但仍然不能够使当事人，特别是败诉一方当事人自愿地接受裁判结果。以至于在二审终结后仍不断通过申诉、诉讼外信访等方式寻求进一步的救济。其中的一个重要原因就在于法律论证过程的欠缺。在刑事案件中，也是如此。例如，在云南“李昌奎案件”中，一审判处被告死刑，二审改判为死缓，再审改判死刑。在二审时，对于这种改判，虽然云南高院的终审判决陈述了理由，但这种理由过于简单，不足以让公众释疑。云南高院某副院长表示：“这是由我国的司法制度决定的，判决书的书写是概括式的，法官不能自由发挥。”②这种司法判决理念在我国司法实践中属于一种较为普遍的司法理念。该理念不仅降低了司法判决的公信力，也影响了人们对法律的及时便捷了解，还增加了司法判决给整个社会运行带来的成本。一方面，“判决书的书写是概括式的”的说法根本就不存在法律依据。相反，这种观念与我国法上所规定的“以事实为依据、以法律为准绳”的理念是相冲突的。在一个法治社会，法律规则作为调整人们行为的基本规范，应当公开、明晰，内容包括行为规则内容和该规则背后所体现的基本精神，使公民对法律规范有一个清楚的了解和掌握，以便有序安排自己的行为。如果法官能够在司法判决中通过逻辑推理，详细说明判决的理由，则有利于公民及时便捷地了解法律规范的基本精神，提高法律调整社会生活的效率，降低

① 桑本谦：《法律解释的困境》，载《法学研究》2004年第5期。

② 廉颖婷：《药家鑫死了，李昌奎为什么活着》，载《法治周末》2011年7月11日。

人们围绕不清楚判决付出的讨论成本。而裁判中缺乏论证则难以实现司法所应当体现的定纷止争、确立规则、追求正义等功能。另一方面，在信息畅通的网络时代，该案迅速引起了大量公民的关注。可以说，人们在当下对司法的关注超过了以往的任何时候。此种关注当然不限于对判决结果的单纯关注，而在于对判决背后详细理由的关注。这不仅反映了我国公民法律素养的普遍提升，也反映了公民对司法裁判活动提出的普遍要求。裁判结果不仅仅是要回应当事人的诉求，更应该经得起社会公众的检验。因而，其受众对象是广泛的。[①] 为了实现裁判的社会认同，法官应当尽可能充分地进行论证说理。越是增加“思考理性”，越是容易实现公正或者达成公正共识，从而提高司法裁判在法律共同体中的接受程度。[②]

二、法律论证与相关概念

（一）法律论证与法律推理

法律推理（Legal Reasoning）是英美法上普遍采用的概念，但是，作为一种方法，其并不仅仅为英美法所独有，而是为两大法系所共同认可。一般认为，法律推理是指运用逻辑三段论等方法，发现大前提，验证大前提和小前提的连接关系。法律推理属于以法律思维为核心的法律认识论范畴，具有思维与实践相统一的辩证特点。它是特定主体在法律实践中，从已知的前提材料合乎逻辑地推想和论证新法律结论的思维活动，其本质特征是特定主体在法律实践中所进行的具有实践性的、创造性的思维活动。[③] 法律推理所涵盖的内容大体上相当于大陆法学者通常所谓的法学方法论（Legal Methodology）。[④] 在法律推理中，要运用逻辑三段论得出裁判结论，通过多种解释方法从法律文本得出三段论中的大前提。这

---

① Eveline T. Feteris, *Fundamentals of Legal Argumentation*: *A Survey of Theories on the Justification of Judicial Decisions*, Kluwer Academic Publishers 1999, p. 53.

② 胡平仁：《法律接受初探》，载《行政与法》2001年第2期，第91页。

③ 张保生：《论法律推理的本质特征》，载《吉林大学社会科学学报》1999年3期。

④ Bartosz Brozek & Jerzy Stelmach, *Methods of Legal Reasoning*, Springer 2006, preface; Giovanni Sartor, *Legal Reasoning*: *A Cognitive Approach to the Law*, Springer, 2005, Introduction.

些都属于法学方法论的组成部分。

法律推理和法律论证之间存在天然的联系，从法律推理的概念本身来看，其实际上是从前提出发推导并论证结论的过程，与法律论证一样，法律推理也要通过说理的方式来论证、验证裁判结论，因而其与法律论证关系十分密切。一方面，两者都体现在法律适用的环节，其目的都是实现裁判中的公正。法谚云，“正义不仅应得到实现，而且要以人们看得见的方式加以实现”（Justice must not only be done，but must be seen to be done）。两者根本目的具有一致性，即都是为了解决当事人之间的纠纷，并且追求纠纷处理结果的稳定性，即法律的安定性。另一方面，法律推理过程本身也伴随着论证的过程。因为推理本身也要运用逻辑思维，其必然要进行逻辑论证，反过来，逻辑论证也使得法律推理本身实现了正当化。正因如此，有学者认为，法律推理本身就是法律论证。

但严格地说，法律推理和法律论证之间存在一定的区别，主要表现在：

第一，两者适用的法律环境不同。法律推理主要是英美法系中使用的一个概念。在大陆法系国家，极少运用独立的法律推理的概念，其“法学方法论”的概念本身已经涵盖了法律推理。法官既要认定事实，又要适用法律，因此，法律论证要运用于认定事实和适用法律的整个过程中。而在英美国家的诉讼中，事实常常由陪审团决定，在这些案件中，法官只有在陪审团认定事实后，才展开法律适用活动，因此，法律推理主要运用在法律适用过程中。

第二，两者论证的对象不完全一样。大陆法是成文法，法官主要采取演绎的方式，将法律适用于具体案件。所以，法律论证的对象是成文法的规则，以确定成文法的妥当含义为目标。而在英美法中，其适用的大前提往往是判例法，在适用法律的过程中也需要法律推理。在法律推理时，法官如果运用先例拘束原则，则应当论证待决案件与先例之间存在类似性。

第三，所遵循的方法不一样。如后文所要讨论的那样，法律论证的方法是多样的，包括逻辑的、经验的和价值判断的等方法。法律解释方法本身也是一种重要的论证方法，其要致力于说明法官选择特定解释结论的理由。论证并不仅仅是逻辑的展开，在论证的过程中，还可以采取社会学的、法经济学等多种方法。因此，法律论证方法的一个重要特点在其多样性和综合性。而法律推理主要遵循类比推理、演绎推理等方法。较之于法律推理，法律论证中的说理方法更为丰富，凡是说理中的各种方式都可以运用于法律论证。

第四，两者的侧重方面不同：一个侧重于逻辑过程，一个侧重于论据。法律推理是强调提出理由证明特定法律结论的逻辑过程，其要求从任何一个前提性事实到结论的过程都有相应的理由。法律推理重在不断提出理由以证明结论的过程，其中可以分为若干个具体推理环节。从运用逻辑的方法而言，法律推理常常采用演绎推理，因为演绎推理的有效性才能确保推理结论与法律规则、事实相符合。① 而法律论证所关注的对象具有个体性，其强调在每一次从前提性事实到结论的推理过程中，提出的理由要符合特定的论证方法，例如类比、反比、举例等，如此才能使提出的理由具有说服力。但是法律论证并不特别强调推理的逻辑过程，而特别强调通过提出论据以证明结论的正当性。“法的推论是实践性议论的高度制度化和形式化的特殊类型。法的推论是在一定的组织、制度和程序里进行的，必须严格遵守证据和辩论的规则；其论证技术也经过特殊的训练，侧重于寻求公平而合理的决定的适当理由。”②

（二）法律论证与法律解释

法律论证与法律解释关系十分密切。一方面，整个法律解释的过程必须伴随法律论证。法律论证和法律解释是密不可分的。无论法律解释中运用何种方法，都要将解释的根据、理由、所运用的方法等都阐释出来。尤其是大量涉及立法目的、宗旨、历史资料的考证等，更要通过论证来证明解释者的观点。一般来说，在可能文义范围内的解释，可能论证的义务较轻；但是超出可能文义范围的解释，或者进行不同于字面含义的解释，法官就应当负有更重的论证义务。因此劳埃德指出，“良好的法律分析总是对于自身的法律论证形式念兹在兹”③。法律解

① R. Alexy，A Theory of Legal Argumentation：the Theory of Rational Discourse as Theory of Legal Justification，Oxford：Clarendon Press，1989，pp. 222－223.

② 季卫东：《“应然”与“实然”的制度性结合》，载［英］麦考密克、［奥］魏因贝格尔：《制度法论》，周叶谦译，中国政法大学出版社 1994 年版。

③ ［英］劳埃德：《法理学》，法律出版社 2007 年版，第 488 页。

释和法律论证是截然不可分开的整体。正如巴尔金所言，解释学家像一位代数学家，而传统的法律分析学家则为一介学童。二人均会做算术题，“但前者能够清晰阐明保证后者运算正确的较为一般的原理，而且可能更具深邃洞识”①。在解释法律的过程中，法官为什么应当负有法律论证的义务，这就是阿列克西所说的为什么形成论证负担规则。②

阿列克西曾经从四个方面指出了法律论证的必要性，即法律语言的模糊性、规范之间的冲突性、法律规则的缺失、裁判与规范原文的背离。③ 因此，在他看来，所有的解释都需要论证，只不过，在不同的解释中论证的程度有所不同。

另一方面，法律解释方法本身就是一种论证方法。运用文义解释、体系解释等方法都可以得出妥当的裁判结论，正是因为这一原因，许多学者在谈到论证方法时，也都大量采用了法律解释的方法。例如，阿列克西就将解释规则作为论证的重要方法。他认为，“（解释）规准的一个最重要的任务在于对这个解释的证立”。在法律解释活动中，法官的核心任务就是要说明其为什么选择一种解释结论，而放弃另一种解释的可能性。法学方法论研究的目标是，尽可能实现法官裁判结论的合理性（Rationalitaet）和可控制性（Kontrollierbarkeit）。④ 为了实现这一目标，就应当要求法官阐明其对法律解释方法的选择，在运用解释方法时所依据的素材等。这一过程本身也就是论证的过程。此外，法律解释和法律论证可能是同一过程的不同方面。在法律解释过程中，法官就必须进行法律论证，而不是说，在法律解释过程结束之后，法官再进行法律论证。

虽然法律解释和法律论证具有密切的联系，但是，也不能将法律论证等同于法律解释。两者的区别主要表现在：

第一，法律解释这一论证方法主要是以价值判断为基本方法，包括解释者对“什么是法律”、“法律应当体现什么样的价值取向”等问题所秉持的立场。法律

① ［英］劳埃德：《法理学》，法律出版社 2007 年版，第 488 页。

② ［德］罗伯特·阿列克西：《法律论证理论》，舒国滢译，中国法制出版社 2002 年版，第 338 页。

③ ［德］罗伯特·阿列克西：《法律论证理论》，舒国滢译，中国法制出版社 2002 年版，第 2－3 页。

④ Franz Bydlinski，Juristische Methodenlehre und Rechtsbegriff，Wien/New York，Springer-Verlag，1982，S. 57.

解释方法较少直接采用形式逻辑方法，也较少采用经验的方法。而法律解释之外的其他法律论证方法则多注重形式逻辑和经验方法的运用。三段论推理本身就是形式逻辑的直接运用，确定小前提客观真实性的确定主要是证据规则运用的结果，而大小前提的连接则体现了逻辑要求，如大前提和小前提要具有相同的法律要求，符合同一律等形式逻辑。

第二，就适用的范围来说，法律论证适用于所有法律人所从事的法律活动。例如，律师进行的辩论，当然可以适用法律论证的方法，甚至有学者认为，其可以适用于立法过程。在裁判过程中，法律论证和法律解释也是可以分开的。虽然法律解释中要运用法律论证，但论证不限于法律解释，它还包括事实的认定、大小前提的连接、价值判断等一系列的过程。而法律解释仅仅适用于裁判者进行的法律适用，尤其是法官的裁判活动。

第三，就解释本身来说，其更重要的是确定解释的程序和解释方法的选择。如果运用一定的方法可以直接得出解释结论，就并不一定需要论证。例如，运用文义解释得出了清晰的文义，并不一定伴随论证。但是，在司法三段论的整个过程中，论证都是必不可少的。

第二节　法律论证的理论发展

一、法律论证理论的兴起与发展

法律论证理论源远流长。早在公元前 4 世纪，亚里士多德在其《修辞术》一书中，提出了修辞论证逻辑，从而为逻辑论证方法奠定了基础。英文修辞学（rhetoric）就是源于希腊文 rhetorica，其意思就是“演说、说服、规劝”之意。[①] 有学者认为，亚里士多德的修辞论证逻辑可以说有一种“能在任何一个问题上找

① 戚金霞、张学立：《亚里士多德修辞术与法律论证》，载《毕节学院学报》2007 年第 5 期。

出可能的说服方式”[①] 的功能。在罗马法时代，已经根据一定的法律原则，解释法律并进行论证。《学说汇纂》曾记载塞尔苏斯的话语：“罗马法学昌明时代，解释法律，不拘文字，悉本于法律全部之精神而解释之。”[②] 这也体现了，在罗马法中注重通过解释法律的精神进行论证。

严格地说，法律论证理论的形成是近代的产物，有学者考证，“论证”一词是在1670年以后，从德文的“Beweis”中逐渐发展的。作为拉丁文“demonstratio”的代用语，其专指“理论的正当化”。相对于此，作为论据与反证的集合命题的“Agumentation”，用来指称“主张的正当化”[③]。但是，论证理论在很长时间内都没有引起高度的重视，也没有形成系统的理论。因此，德国学者纽曼（Ulfrid Neumann）等人认为，根本就不存在着法律论证的理论。[④] 这一看法反映了在整个19世纪，甚至到20世纪初，法律论证理论的发展状况。在19世纪欧洲的法律与政治哲学体系中，占支配地位的观念是孟德斯鸠的分权学说。按照孟德斯鸠的观点，法官只不过是立法者的喉舌，所以，法官只是按照法律规定和立法者的意旨来行事，其并不享有较大的自由裁量的权力。这也决定了，法官并不需要借助丰富的法律论证理论来证成自己的裁判结论，这在一定程度上也严重地阻碍了法律论证在裁判中的运用和发展。

自20世纪以来，两大法系都出现了扩大法官自由裁量权、尊重法官创造性的法律思潮。这就有必要通过法律论证理论，强化判决中的说理，从而限制其自由裁量权的行使，保障司法所要追求的公平正义目标的实现。有人认为，法律论证是近三四十年来在欧美学界兴起并且获得重要发展、取得重要地位的研究领域。[⑤] 最初自然法学认为真正的法律并不在于实定法，而是存在于自然秩序中的法律。在自然法理论盛行的时代，主流的观念认为法律适用者的任务不是“论证”，不是去讨论法律与事实的结合，而是去“发现”普适的自然法。此后，在

---

① ［古希腊］亚里士多德：《修辞术》，罗念生译，三联书店1991年版，第24页。

② 陈朝璧：《罗马法原理》，法律出版社2006年版，第25页。

③ 张钰光：《“法律论证”构造与程序之研究》，台湾辅仁大学法律系2001年博士学位论文，第4页。

④ ［德］考夫曼：《法律哲学》，刘幸义译，法律出版社2005年版，第63页。

⑤ 焦宝乾：《法律论证理论的兴起及其思想背景》，载《河南省政法管理干部学院学报》2004年第4期。

概念法学主导的时期，十分关注逻辑推演的重要意义，在概念法学看来，法律秩序是“完整”的概念体系，或者说是演绎或者分析的体系，从基本概念中可以推导出特别概念，在概念的推演中，通过逻辑的演绎，将法律规则适用于事实。[①]似乎三段论本身就可以导出裁判结论，也并不重视法律论证。甚至可以说，论证本身就被等同于逻辑上的推论。自19世纪中叶，以耶林为代表的利益法学派将“利益”“目的”的概念引入法律之中，从而在法律解释过程中增加了论证的环节，丰富了论证的依据。随着自由法运动的发展，逐渐推进了法律论证理论的发展。人们也越来越认识到，论证不完全是形式逻辑的展开，其具有非形式逻辑的特性。

应当看到，尽管自由法运动的兴起丰富了论证的依据，促进了论证重要性的提升，但将论证上升到理论层面，并全面总结其规律，则主要是由后世实证法学派和分析法学派完成的。实证主义法学派同样是在反对自然法学中产生的，其认为，法律来源于统治者的创制，而不是对已经存在的自然法的发现。奥斯丁的法律理论、凯尔森的纯粹法学和哈特的分析法学是实证法学不同阶段的典型代表。实证主义与自然法理论的争论核心，在于法律是否属于某种社会现象，是否是人类的创造物。实证主义者大多认为，法律属于规范性的社会实践，法律本身就是社会事实的一种。在此基础上，实证主义法学派在法学方法论方面进一步强调应在法律体系内部发展说理与论证的法学方法，而无须借助经济、社会和道德等法律体系之外的其他因素。法律实证主义的主要精力在于对基本法律概念、法律论证方法的分析，认为法律概念是法律解释和法律哲学的基础。[②] 实用主义法学（Pragmatism）的发展，使法律论证从“形而上”的状态走到技术层面，不仅关注法律论证本身，也强调裁判所可能产生的社会影响。[③]

---

① Philipp Heck, The Formation of Concepts and the Jurisprudence of Interests, in The Jurisprudence of Interests. Selected writings of Max Rümelin, Philipp Heck, Paul Oertmann, Heinrich Stoll, Julius Binder, Hermann Isay, translated and edited by M. Magdalena Schoch, with an introduction by Lon L. Fuller, *Twentieth-Century Legal Philosophy Series*: Vol. II, Harvard University, 1948, p. 106.

② Bartosz Brozek, Jerzy Stelmach, *Methods of Legal Reasoning*, Springer 2006, pp. 8 – 9.

③ Richard A. Posner, *Law, Pragmatism, and Democracy*, Harvard University Press, 2005.

另外，20世纪产生的一系列法学理论，也都对法律论证理论产生了一定的影响。发端于20世纪70年代的法律经济分析是以边沁和米尔代表的功利主义法学影响的结果，其力图将大量影响社会功利的因素予以量化，强调法律规则的目的和法律推理的价值就是追求行为功利的最大化，实现特定社会福利的最大化。① 以卢埃林为代表的法律现实主义者在反思实证法的形式推理模式过程中，强调要将经验社会学、心理学和经济学作为法学方法的重要内容。他们强调关注“真正的法”（Real Law），尤其是法官的心理和行为，因为法官在认知法律过程中的心理和行为直接决定了法律是什么。② 在美国，以波斯纳（Posner）为代表的芝加哥学派主张以效率来解释法律。他认为，要以经济效率分析的方法来论证司法裁判的合理性，从而将效用最大化的理念引入了法律论证的过程。而以卡拉布雷斯（Calabresi）为代表的耶鲁学派则主张兼顾公平与效率，提出法律政策学的构想。

20世纪70年代，法律论证主要还是在法律理论（Rechtstheorie或“法理论”）和法哲学的语境下进行研究。“法律论证被当作法律逻辑亦即法律方法论或法律判决制作理论的一部分，而非本来意义上的法律论证理论。”③ 但是，自20世纪70年代以来，随着法哲学的发展，人们逐渐认识到，在逻辑演绎和经验证实之外，理性论证本身就是独特的方法，尤其是方法论在发展中越来越重视论证的作用。至20世纪70年代，一些学者从逻辑的角度讨论了法律的论证方式。例如，霍洛维茨对法律形式逻辑和非形式逻辑领域的研究进行了综述。卡里诺夫斯基研讨了法律逻辑的各种方法。斯特拉克考察了各种论证模型。④ 德国学者哈贝马斯认为，由于真理本身往往难以形成共识，为了消除人们在价值取向层面的分歧，就必须要通过论证来解决。基于“交流可以消除分歧”的假设，哈贝马斯提

---

① Typically see R. Posner, *Problems of Jurisprudence*, Cambridge/London 1990, p. 360ff.

② Karl Llewellyn, *The Bramble Bush: On our Law and its Study*, NY: Oceana Publications, 1930. p. 12ff.

③ Eveline T. Feteris, *Fundamentals of Legal Argumentation: A Survey of Theories on the Justification of Judicial Decisions*, Kluwer academic publishers, 1999. 13.

④ ［荷］伊芙琳·T. 菲特丽丝：《法律论证原理》，张其山等译，商务印书馆2005年版，第10-11页。

出了“理性交流理论”，并设计了相应的交流（辩论）规则。[①] 哈贝马斯认为，只有证立根据的共识才足以作为真理标准，由此来试图对付这一难题：“真理的要义不在于某个共识被达成这一状态，而在于：无论何时何地，当我们只有进入某个论辩的过程时，才能够达成一定条件下的共识，这些条件证实该共识是一个有证立根据的共识。”[②] 他相信，只要人们按照理性的程序性规则在“理想的辩论情境”之中参与对话和辩论，由此达成的共识就可以被视为符合正义标准的结果。哈贝马斯的论证理论对阿列克西产生了很大的影响。

以阿列克西（Alexy）为代表的学者逐步构建了一套较为完整的法律论证理论，从而使得论证理论在方法论上自成体系。可以说，阿列克西对法律论证理论的完善作出了重大的贡献。在他看来，法律论证的形态是多样的，但是其根本特性在于，其应受现行有效法律的约束，并将其称为“通过法律进行论辩”[③]。阿列克西认为，法律论证所涉及的是法律判断的证成，这一内容可以区分为两个层面：一是“内部证成（interne Rechtfertigung)”，其目的是保证从大小前提到判决结果的推理过程合乎逻辑，其提出，要证立法律判断，必须至少引入一个普遍性的规范，法律判断必须从一个普遍性的规范联通其他命题逻辑地推导出来。[④] 二是“外部证成（externe Rechtfertigung)”，其处理的是三段论中前提的正确性问题。也就是说，给前提本身提供正当性依据。[⑤] 外部证立所注重的是，理由或者前提本身的正确性和真实性。[⑥] 该学说的出发点是，只有当法律结论是按照法定程序得出的，该结论才是正确的。因此，阿列克西不仅提出了论证的过程，分

① 桑本谦：《法律论证：一个关于司法过程的理论神话》，载《中国法学》2007年第3期。

② ［德］J. 哈贝马斯：《真理理论》，第239页。转引自［德］阿列克西：《法律论证理论》，舒国滢译，中国法制出版社2002年版，第141页。

③ ［德］罗伯特·阿列克西：《法律论证理论》，舒国滢译，中国法制出版社2002年版，第263页。

④ ［德］罗伯特·阿列克西，《法律论证理论》，舒国滢译，中国法制出版社2002年版，第276页。

⑤ ［德］罗伯特·阿列克西：《法律论证理论》，舒国滢译，中国法制出版社2002年版，第264页。

⑥ Alexy，Theorie der juristischen Argumentation，S. 273ff. 转引自王鹏翔：《论涵摄的逻辑结构》，载《成大法学》第9期。

析了论证的必要性，而且提出了操作性很强的方法、论证的程序和规则。[①]

总之，从法律论证的理论发展来看，法律论证理论不断丰富和发展，其论证的依据已经从法学的范畴扩展到多学科交叉，与社会学、逻辑学、哲学等都发生了交叉。法律论证不仅仅局限于裁判过程中，实际上也深入了整个法学理论的研究过程、对法律现象的认识之中，甚至渗入法律现象的方方面面。不过，学理上关于法律论证理论的研究并没有呈现出统一的主题和模式，相反，学者们在几十年中尝试从不同的主体、路径、观点和原则层面对法律论证理论进行研究，分别关注法律思维活动中的某一个侧面，或者对法律思维活动进行一般性抽象思考。例如，有研究从一般法学理论层面研究法律论证，也有从立法过程研究法律论证，还有从司法裁判过程研究的。而在每一类研究中，不同研究者也可能从不同的角度来研究。从研究路径上看，有以逻辑为核心的研究，也有以法律语言修辞学为中心的研究，还有以法律对话语言学的研究。[②] 所以，法律论证理论作为一门独立的学科，其还需要经历相当长的时间予以讨论和发展。

二、法律论证理论兴起与发展的原因

从司法裁判活动来看，法律论证理论越来越显得重要。论证理论的发展似乎是学说上演进的过程，但究其实质来说，它与现代社会对法官角色的定位直接相关。荷兰学者菲特丽丝认为："对法律论证的兴趣日益高涨的主要动因之一应该与人们对法官作用的看法转变有关。"[③] 这就是说，在现代社会，法官不仅仅是立法者意旨的机械执行者，而应当是能够在适用法律过程中，不断完善现行法的规定，甚至发挥立法者助手的作用。一方面，虽然法律体系本身越来越发达，法律制度日益精细化，甚至出现了哈贝马斯所称的"法律的迷宫"，但前述人类认

---

① 季卫东：《法律解释的真谛——探索实用法学的第三条道路》（上下），载《中外法学》1998 年第 5、6 期。

② Eveline T. Feteris，*Fundamentals of Legal Argumentation*：*A Survey of Theories on the Justification of Judicial Decisions*，Kluwer Academic Publishers 1999，pp. 13 – 25.

③ 陈金钊：《法律论证的理论探寻》，载《东岳论丛》2005 年第 1 期。

识能力的局限性决定了，再精细的法律都无法对社会生活作出事无巨细的调整。因此，法官应当通过创造性的解释甚至是漏洞填补的方法来弥补制定法的不足，因应社会的变迁。另一方面，即便在存有具体法律规则的情况下，法官的法律适用活动也不仅仅是简单地进行“三段论逻辑推理”，不是简单地根据“前提”推出结论，而需要妥当地展开“涵摄”过程，正确进行价值判断，也要对裁判结论作出充分论证。可以说，法官需要从事大量复杂的工作，以实现法律规范和事实的准确对应。更何况，考虑到立法者准确预测和规范能力的有限性，法官必须享有法的续造的权力，否则，就不可能实现法的社会控制功能。所有这些都使得人们普遍认识到，法官的司法裁判活动不可能是机械般地适用既有法律规则，而需要准确解释法律、发展法律。与此相适应，法律论证理论也发生了重大变化。在19世纪，法官法律适用活动被看成机械活动，即便强调三段论推理，也以“大小前提清楚明确”为预设前提。但进入20世纪，法学研究向人们所揭示的前述原因不仅让人们意识到，法官需要依据一定的标准创造法律，而且需要在三段论推理中开展大量复杂的操作。法官角色和功能的复杂化，也同时意味着这些活动（包括各个细节）引起争议的可能性越大。[①] 这就要求法官在复杂的操作过程中，对每一项行为提出充分的理由，以说服当事人、法律职业者和社会大众。法律论证理论也应运而生，其以“什么样的论证是科学的论证”，“什么样的论证才具有正当性”等问题为讨论的核心课题。

作为一种社会控制手段，司法裁判具有引导人们正确行为的功能。生活之树是常青的，而法律规范是有限的。在社会生活中，大量的行为并不完全是通过制定法来规范的，还需要借助于法官的裁判进行正确的引导。但是，司法要发挥此种功能，不能简单地给出裁判的结论。它要使社会公众信服，并转化为人们的行为规则，就必须进行充分的说理论证。而法律论证理论就是在总结司法中的论证活动的基础上，提升至理论的层面。

在现代社会，对裁判的正义的要求，不仅表现在法官可以援引法律进行裁

---

① Feteris，id.，p. 5.

判，更表现在它能够通过合理的论证证成裁判的正当性。为此，法律论证成为司法中必不可少的环节。尤其应当看到，面对现代社会中纷繁复杂的社会现象，法律不得不赋予法官自由裁量权。但是，如何规范自由裁量权，也是法律所关注的重点。法律论证是规范自由裁量权的重要途径之一，为此，需要明确地将论证作为法官的一项义务。正如德国联邦宪法法院在一个判决中所指出的，“判决必须基于合理的论证”，才能防止法官的恣意。[①] 通过论证，最终就是为了寻求妥当的裁判结论，实现裁判结论的合目的性和妥当性。也就是说，最终是为了证成某种结论。所谓证成就是通过论证成功证明了价值判断结论的正当性和妥当性。论证是一个过程，而证成是其中的一个结果。“论证”是一种重视论据提出和说理过程的理性言说行为。论证涉及关于规范和价值判断的问题。[②] 司法中的需求必然反映在学理上，而法哲学、法社会学、法心理学等各个学科的发展和协力，最终助成了独立的法律论证理论的形成。

第三节　法律论证在方法论中的作用

如前所述，法律论证是伴随着整个法学方法论的一种必经的程序和方法。就法学方法的称谓，不仅有法学方法，而且有法律方法、法学解释、法律论证、法律阐释等表述。[③] 有人认为，法学方法并不是“法律的产生理论”，而是“法律的论证理论”[④]。也有人认为：“法律论证被当作法律逻辑亦即法律方法论或法律判决制作理论的一部分，而非本来意义上的法律论证理论。”[⑤] 还有学者认为它

① BVerfGE 34，269.

② 张钰光：《“法律论证”构造与程序之研究》，台湾辅仁大学法律系2001年博士学位论文，第5页。

③ Friedricb Müller，Discours de la méthode juridique，Traduit de l'Allemand par Olivier Jouanjan，PUF，1996，p. 31.

④ Friedricb Müller，Discours de la méthode juridique，Traduit de l'Allemand par Olivier Jouanjan，PUF，1996，p. 14.

⑤ Eveline T. Feteris，*Fundamentals of Legal Argumentation*：*A Survey of Theories on the Justification of Judicial Decisions*，Kluwer academic publishers，1999，p. 13.

是一种法学方法。阿列克西在《法律论证理论》一书的导论曾经专门将法律论证理论作为方法论来讨论。[①] 在我国，许多学者认为，它是方法论的组成部分，是“关于当代方法论讨论中是否需要理性法律论证理论的评估”[②]。笔者认为，法律论证本身不能等同于司法三段论，但是，它又是伴随于法学方法论的必不可少的程序和环节。法律论证是法官应当承担的基本义务。虽然法律上并没有明确要求法官在判决中履行论证说理的义务，但论证说理是司法裁判的基本要求和重要特征，是法官在裁判中应当履行的基本义务。

近年来，我国司法实践中越来越强调判决的说理性。法谚有云：“正义不仅应得到实现，而且要以人们看得见的方式加以实现”（Justice must not only be done，but must be seen to be done）。而看得见的正义，实际上就是指在裁判过程中，必须通过说理论证的方式加以实现。正义是具体的，法律条文所表达的抽象正义只能隐藏于具体的生活事实中。判决的说理性越强，其公正性越强，也越能够为当事人所接受，起到案结事了的作用。判决的说理越模糊，甚至没有说理，其很难为当事人所接受，并可能导致判决无法执行。判决不说理成为严重影响裁判公信力、公正性和司法权威的一个重要原因。为此，必须要对裁判依据及其适用进行论证。虽然我国现行法律对法官的论证义务并无明确规定，无法将其界定为法定义务，但是，按照严格执法、公正司法的要求，法官在进行裁判时，应当负有论证的义务。

法律论证可以分为过程的论证、结果的论证。后者是指对选择结论的合理性的论证，前者是对形成结论的过程中的合理性进行的论证。[③] 笔者认为，法律论证应当从这两方面展开，具体来说，其包括如下方面。

（一）准确寻求妥当的大前提的功能

法律适用过程是一个从一般法律规则到具体案件，再到裁判结论的过程。

---

①② 焦宝乾：《法律论证的几个基本理论问题》，载《比较法研究》2005年第6期。

③ James A. Holland & Julian S. Webb，*Learning Legal Rules*，Oxford University Press，2006，p. 124.

“法律规范具有普遍性，乃是适用于所有规范的规则。但案件是特殊的，如何使这些规范适用于这些案件，就是我们所需要解决的问题。论证将判决与法律规范相联系，有些是对规则问题的阐述，而有些乃是对事实问题的探讨。”[①] 事实上，整个法律适用的过程就是一个论证说理的过程。法律论证本身并非找法的工具，但是，论证有助于法官寻求妥当的大前提。

法律论证的内容是多方面的，其在过程上大致可分为两类：一是对通过解释方法得出的解释结论的妥当性的论证；二是对通过三段论演绎得出的裁判结论的正当性的论证。本书所讨论的法律论证主要是从第一个意义上讲的法律论证。具体到这个环节的法律论证，其又可以分为三个方面。

1. 解释过程的论证

解释过程是指解释者接触案件事实之后，针对特定社会关系开始寻找相关法律条文，然后对相关条文进行解释并得出解释结论的过程。寻找法律的过程，是解释的过程，也是论证的过程。对这一过程，学者经常称之为“发现（discovery）法律”的过程。[②] 具体来说，法律解释过程的论证又可以分为如下几个方面：一是根据小前提寻找大前提，这个过程虽然是广义上的法律方法论要解决的问题，但这个过程中也可能存在法律解释。因为法官寻找法律就必须解释法律。例如，双方在达成正式的房屋买卖书面协议并且已经履行后，买受人提出出卖人曾经承诺在半年内房屋所在地区将设地铁站，买受人正是基于对此信赖，订立了买卖合同。但是，后来地铁没有开通，买受人认为出卖人构成违约，请求出卖人承担违约责任。在这一案例中，出卖人构成的究竟属于违约还是缔约过失责任，如果是缔约过失责任，则一般认为应当进行信赖利益的赔偿，反之则是履行利益的赔偿。对于这一问题，由于地铁的建成与否要由市政基础设施建设决定，其不可能由开发商决定，这是否构成情事变更或不可抗力需要进行论证。二是在确定大

---

① Jerzy Wróblewski and Neil Maccormick，*On Justification and Interpretation*，Ratio Juris，Fernando Atria and D. Neil MacCormick（eds）Law and Legal Interpretation，p. 423.

② Bruce Anderson，*Discovery in Legal Decision-Making* 1（1996）；Richard A. Wasserstrom，The Judicial Decision：Toward a Theory of Legal Justification 27（1961）.

前提以后，针对大前提所作的解释。这是整个法律解释学探讨的关键所在，也是法律论证的核心内容。所谓阐释法律文本的含义，很大程度上指的就是对大前提的含义的确定。三是在确定大前提之后，法官要确定大前提和特定案件的联系。大前提与小前提的联结性也需要论证。法律是普遍适用的一般规则，其不是针对个别的具体情况作出的，需要最终与个案中的法律事实相连接。建立这种连接的活动主要是法律解释。按照司法三段论，应当以具有某个构成要件与法律效果的完全性法律规范作为大前提，特定的案件事实符合此构成要件作为小前提，而以法律效果适用于该案件事实作为结论。① Engisch 说，法律发现是“一种不断的交互作用，一种目光往返来回于大前提与事实之间的过程”②。没有解释者在法律文本与事实之间进行目光之交的互相流转，就不可能在法律与事实间建立起理性的逻辑关系。③ 法官必然要针对大前提与小前提之间的相互联结性进行论证，并作出逻辑推论，得出裁判结论。法律解释最终是为了在个案裁判中确定裁判依据。而适用法律的过程实际上是一个逻辑推论的过程。其中，法律规范是大前提，案件事实是小前提，发生关系后的结果即为判决。法官通过“涵摄”将案件事实与法律规范之间建立一种联系，即产生确定的司法判决。由于这个推理过程是从一般到特殊的推理，因此属于必然推理，其结论是无懈可击的。④

2. 解释方法合理性的论证

“解释应以论辩的方式展开。”⑤ 在各种法律解释方法中，不管采用何种方法，都应当伴随论证的过程。因为各种法律解释方法有可能得出同样的结论，也可能得出不同的结论。为了尽量克服解释者前见对解释结论客观性和统一性的影响，就需要对解释方法的采用加以阐释和说明。在法律解释中，法律论证应当注

---

① 王泽鉴：《法律思维与民法实例》，中国政法大学出版社 2001 年版，第 204 页；黄茂荣：《法学方法与现代民法》（第五版），法律出版社 2007 年版，第 249 页。

② ［德］考夫曼：《法律哲学》，刘幸义译，法律出版社 2005 年版，第 120 页。

③ 陈金钊：《再论法律解释学》，载《法学论坛》2004 年第 2 期。

④ 陈靖宇：《论现代法律解释的基本理念》，载褚红军主编：《历史与变革：无锡法院纪念改革开放 30 周年文萃》，人民法院出版社 2008 年版，第 463 页。

⑤ ［德］齐佩利乌斯：《法学方法论》，金振豹译，法律出版社 2009 年版，第 68 页。

意如下几点：第一，几乎所有的法律解释方法都只有伴随着论证，才能使解释的结论具有妥当性。例如，体系解释就是借助于法律的外在体系来论证，选择特定解释结论的合理性。在目的解释中，必须伴随对立法目的的论证，才能确保其结果的正确；而在历史解释中，只有伴随对立法资料的分析，才能得出立法者的原意。即使就文义解释而言，虽然在运用过程中不需要详细的论证，但也要伴随必要的论证，例如，采用通常理解还是专业领域的特殊理解进行解释，就必须说明其究竟属于特定专业的术语还是属于生活语言。第二，在狭义的法律解释中，要区分不同的法律解释方法，也要进行不同形式的论证。例如，体系解释就要指明其所依据的因素如何，如条文的位置、条文之间的相互关系等；历史解释就要指明其所援引的立法资料的含义，其运用于现实情况的可能。第三，法官应当阐明其选择某种法律解释方法的理由。各种法律解释方法并非法官可以随意取舍的，而应当遵循一定的规则。法律解释是通过法律文本来解释出文本的意思，再通过论证来确认其是否成立。

3. 解释结论的妥当性论证

如果解释的结果出现了复数解释，究竟选择何种解释结论，这是解释者必须回答的问题。在法律规范存在复数解释时，在具体案件裁判中，解释者需要作出最终的唯一选择，并对该选择的理由予以论证和说明。当然，如果特定条文只有一种解释结论，解释者就不需要对此种结论的得出予以论证。而解释者从复数解释中进行选择的过程，实际上就是论证的过程。在解释过程中，出现复数解释是难免的。甚至有学者认为，所有的法律都有复数解释的可能。① 但是，裁判者在法律适用中，可供运用的大前提应当是唯一的，所以，他必须从复数解释中作出唯一的选择。如果论证的结果是解释结论不成立，则要采用其他的方法来解释。这些都需要解释者给予充分的论证。② 如果出现多种解释可能，而又缺乏论证，容易产生同法不同解、同案不同判的风险，甚至可能导致解释者“操两可之说”“设无穷之辞”“是非无度”“所欲胜因胜、所欲罪因罪”等后果。

---

① ［日］星野英一：《民法的另一种学习方法》，冷罗生等译，法律出版社2008年版，第82页。

② Michel Troper，La philosophie du droit，PUF，Que sais-je，2003，p. 107.

所以，解释的过程本身就是论证的过程。它要确定裁判的根据和特定的法律文本的含义，在这一过程中，必然要运用逻辑学、解释学等的有关规则，对法律的意义进行阐释和厘清。这一过程必然包含了论证和说明的过程。因为在实际运用中，法律解释方法大多要伴随一定的论证，这就导致有些法律解释方法同时又可以成为法律论证方法。

（二）漏洞填补的论证

存在法律漏洞的情况下，法官更应当负有法律论证的义务。因为在存在法律漏洞的情形下，法官应当通过法的续造的方式来寻找大前提。此时，因为法官的自由裁量权较大，应当尽可能进行充分的法律论证，以限制其自由决定的空间。案件通常可以分为一般案件和疑难案件两类。对于一般案件而言，法官可以比较容易地寻找到大前提并将之适用到具体案情，其并不负有过重的论证义务，但是，“在疑难案件（hard case）中，相关的具体规则并没有对之进行规定，法律的这些内容所能达致的结果需要进行评价和解释”①。存在法律漏洞的情况下，要确定裁判的根据和特定的法律文本的含义，在这一过程中，必然要运用漏洞填补的有关规则，对裁判依据进行阐释和厘清。这一过程必然包含了论证和说明的过程。

（三）确立法律事实的功能

所谓“事实”，是指由“什么时间、什么地点、谁、发生了什么”等要素构成的特定事件或者情状。② 在社会生活中，每天发生大量的生活事实，形成各种生活关系。但是，生活事实发生争议以后，法律所关注的并非生活事实，而是能够引起一定法律后果的法律事实。在方法论中，所要考虑的事实，并非单纯的生活事实，而是法律事实。主要原因在于：一方面，它必须有争议发生。当事人争议的事实，是法律的事实。通常来说，人们在社会中生活，难免发生争议，但是，作为法律事实的争议只是那些能够引起法律后果的争议。另一方面，生活中

① Edward H. Levi, *An Introduction to Legal Reasoning*, University Of Chicago Press; Revised edition, 1962, p. 342.

② 陈杭平：《论“事实问题”与“法律问题”的区分》，载《中外法学》2011 年第 2 期。

的争议并非都是法律所要规范的，因此，它们不可能都是法律事实。通常，法律所不调整的生活事实，可能需要通过道德、习惯等来调整，法律只是调整立法者认为重要的、需要由法律调整的生活事实。① 从方法论的角度来看，法官在确定小前提时，其所关注的不是生活关系，而是法律关系。正如梅迪库斯所指出的："生活关系是一个连续统一体，而我们正是从这一连续统一体中取出一部分来，对其进行法律观察。"② 这些需要从生活关系中截取一定的事实，然后对社会关系进行法律定性。从生活事实到法律事实就是法律思维的过程。

在法律事实的确定中，都需要伴随着论证。一方面，在当事人举出证据的情形，如何确定案件事实，需要法官运用证据法的规则等。尤其是在事实真伪不明的情况下，如何通过举证责任的分配并最终确定案件事实，需要采用论证方法。这一过程虽然是证据法的规范对象，但是，与法律论证也有密切关系。另一方面，在事实已经确定的基础上，如何确定要件事实，并与实体法规则相一致，就必然伴随着法律论证。

（四）得出妥当的裁判结论

整个法律适用过程最终是通过大前提和小前提的运用，得出妥当的裁判结论。法律论证也是法律职业者内心判断外在化的过程，它通过"外在的"说理，将其内心的判断表达出来。论证的目的就是要使这个结论最终被证成，而这个过程就是一个说理的过程。说理越充分，则裁判活动就越公开透明，并能以严密的逻辑和情理使案件裁判结论不仅在当事人之间出现法律的公正价值立场，而且能够使社会大众对裁判及背后法律的公正性得以理解。不少案件正是因为支持结论的论证理由过于简单，或者故意回避一些导致特定判决结论的论证理由，以至于判决常常难以为民众所接受。

从司法裁判活动来讲，法律论证是贯穿于整个裁判活动的，包括对案件最终结论的论证，对拟适用法律规则的论证（拟适用规则本身存在争议，包括规则的妥当性和与案件的契合性）和对案件事实认定结论的论证。不过，前两类

---

① 朱虎：《法律关系与私法体系》，中国法制出版社 2010 年版，第 35－37 页。

② ［德］迪特尔·梅迪库斯：《德国民法总论》，邵建东译，法律出版社 2000 年版，第 51 页。

主要采用逻辑推理的方法，而案件事实认定结论的论证主要采用的是经验推理方法。

第四节 法律论证方法

一、法律论证方法概述

法律论证要运用一定的方法来展开，论证方法的科学性决定了论证的说服力和可接受性。胡恩教授（Huhn）在其《五种法律论证方法》一书中，提出法律论证可以从文本、原意、先例、习惯和政策分析（policy analysis）等方面来展开，每一个方面从不同的法源（source of law）产生出来。每一种论证都需要不同的证据支撑，如阐释原意需要历史资料记载，遵循先例需要援引判例，等等。五种不同的法律论证方法分别体现了不同的法律效力渊源观，即关于"法律效力来源于什么的观点"[①]。由此可见，其认为法律论证的方法主要是法律解释的方法，这一看法似乎过于狭隘。事实上，法律论证的方法不限于法律解释的方法。凡是可以支持裁判结论的论证方法都可以作为法律论证方法，而且，其不仅适用于法律的解释，在论证的对象上更为广泛。一方面，法律论证中大量地借助于价值判断来进行。正如Feteris所指出的，"在判断大前提本身真实性和可接受性时，判断标准不再是形式的，而是实质的，包括法律的、道德的、社会的、经济的等诸多方面"[②]。另一方面，法律论证也需要借助于逻辑学等方法，其所包含的内容不仅仅是法律解释的方法。所以，较之于法律解释方法，法律论证方法所指涉的对象更为宽泛。然而，这并不意味着，法律论证的方法是杂乱的、无规律

① Wilson Huhn, *The Five Types of Legal Argument*, 2nd ed., Carolina Academic Press 2008, p. 11.

② Eveline T. Feteris, *Fundamentals of Legal Argumentation: A Survey of Theories on the Justification of Judicial Decisions*, Kluwer Academic Publishers 1999, p. 28.

可循的。在日常生活中，论证、论辩可以采用各种方法，可以运用各种论据，并不存在严谨的、达成共识的方法。但是，在法律上，论证方法的确定不仅要服务于法律论证的目的，而且应当遵循一定的原则。阿列克西曾经提出，有关论证的规则应当符合六大原则，即连贯性、效率性、可检验性、融贯性、可普遍化以及真诚原则。其实，他所说的原则都是论证的方法。① 法律论证方法就是确保所提出理由的说服力的方法，其特点主要表现在：

第一，必须具有论理性。在法律论证中，所有的主张都应有论据的支持。法律论证的过程就是说服的过程，它要实现达到司法公正、实现社会正义、彰显法治的目标。② 裁判不是一个武断、命令式的单纯强调结论、指挥他人的行为，而是一个为结论寻找正当化的依据的分析与说理过程，一个传递出司法正义、捍卫司法尊严的公正判决，必然是一个充分说理的判决。由此决定了在裁判中的论理性，体现在说理的充分性、富有逻辑性，裁判应该是一个完整的、自圆其说地对法律和事实的认定过程。波斯纳认为："不必运用法律人的法律训练和经验之外的论证方式或证据，就可以确定地或至少是令人满意地解决哪怕是最困难的法律问题，只有这时，法律才是自主的。"③ 论证和说理的过程必须符合人们的思维习惯和思维方式，能够为人们所理解，而不能是违反常理的"强盗逻辑""荒谬的逻辑"④。

第二，必须具有共识性。没有方法，就无法展开论证。但讨论者共同的论证方法应当具有共识性，也就是说，必须以人们达成共识基础上的方法进行论证，论证才是合理的和可验证的。如果人们对论证的方法没有达成共识，就会出现各说各话的状况，甚至使"法律论证"成为狡辩。在价值取向多元的情况下，每个人说服的理由和原因都是不同的。前见不同，每个人能够接受的说服理由也不同。人们的取向也各不相同，因此，需要形成达成共识的论证方法。这些方法都包含了各种价值共识，有的包含在历史的因素中，有的包含在逻辑的因素中，有

① ［荷］伊芙琳·T. 菲特丽丝：《法律论证原理》，张其山等译，商务印书馆 2005 年版，第 103 页。
② 刘亚丛：《事实与解释》，法律出版社 2010 年版，第 262 页。
③ ［美］波斯纳：《道德和法律理论的疑问》，苏力译，中国政法大学出版社 2001 年版，第 527 页。
④ 刘江编著：《逻辑学推理和论证》，华南理工大学出版社 2004 年版，第 3、4 页。

的包含了其他国家和地区的经验。这些共识性的内容都可以成为人们通过论证形成价值共识的原因。在理论上，存在一些共识性的原理，这应当是法律论证遵循的前提。法官如果尊重共识性的原理，其就不必负有较重的论证义务。但是，如果法官要突破共识性的原理，其就应当负有较重的论证义务。

第三，必须具有可验证性。法律论证应当采用可验证的方法，也就是说，人们可以验证其结论是否真实。或者说，其他人采用同样的方法进行论证，也可以得出同样的结论。例如，法官依据一定的数据进行社会效果分析，其所使用的数据应当是真实的，其他人采用同样的方法可以得出同样的结论。论证方法的经验性，还要求其必须要接受客观实践的检验。任何科学性的解释方法，都要服从于客观实践的检验。"经验能够帮助我们选择法律解释的方法。"[①] 对这种检验，首先要考虑公平正义的验证，能否有利于实现公平正义。此外，也要考虑是否符合效率。"当一种解释路径需要昂贵的成本与很多的时间的时候，我们或许就会放弃这种解释方法。"[②] 当然，法律解释方法又不完全等同于实践中的操作技巧，解释方法是在哲学诠释学等指导下进行理论阐释而形成的体系化的方法。

第四，必须具有逻辑性。逻辑性，是指任何方法在证明结论时在逻辑上是自圆其说的。阿列克西曾经在阐述论证规则时认为，最基本的论证规则是任何一个言谈者均不能自相矛盾。他指出，不同的言谈者不许用不同的意义来做相同的表达。[③] 此种观点曾被哈贝马斯所援引，被认为是基本的论证方法。严密的逻辑论证，可以保障其推理的环环相扣，从而避免裁判的疏漏，减少对偶然因素的考虑。运用逻辑的重要意义就在于，根据推理，从已有的知识获得新的知识，保证论证结论的妥当性。严复曾经指出：逻辑为"一切法之法，一切学之学"。在法律解释中，也必须遵循逻辑的要求。法律解释活动的逻辑是从实践中总结出来的。在形式逻辑上，概念、判断、推理是人们认识和反映事物的共同思维形式。[④]

---

① Cass R. Sunstein, "Must Formalism Be Defended Empirically?", 66 *U. Chi. L. Rev.* 643 (1999).

② Andrei Marmor, *Interpretation and Legal Theory* 1 (rev. 2d ed. 2005).

③ ［德］罗伯特·阿列克西：《法律论证理论》，舒国滢译，中国法制出版社 2002 年版，第 366 页。

④ 李廉等主编：《逻辑科学纲要》，湖南人民出版社 1986 年版，第 23 页。

第五，必须符合正义的目的。论证所依据的价值是多种的，有学者认为包括公平、诚信、平等、自由、公平竞争、正当程序和相邻原则等。[①] 但是，法律上最重要的价值是公平正义。古罗马法学家乌尔比安在《学说汇纂》中的论述就属于规范研究的命题：法，“它来自于‘正义’。实际上（正如杰尔苏所巧妙定义的那样）法是善良和公正的艺术。”在价值多元化的背景下，论证价值判断结论的过程中，需要综合运用多种论证方法，或者根据讨论对象选择适宜的价值论证方法。但在论证价值判断结论时，应以公平正义为最高价值，任何价值均不能违反正义的理念。当法律的经济分析方法引入民法研究方法中，曾经被不少学者奉为法宝，认为这种方法可以解决所有民法学问题，或者认为其具有其他论证方法无法比拟的优越性。这实际上是一种偏见。[②] 此种方法虽具有一定的科学性，但许多学者曾经批评法律经济分析方法是一种不道德的方法，是一种不考虑社会公平正义的方法，因为其过多注重效率，但可能会忽视公平的问题。

二、法律论证的基本方法

所谓法律论证的方法，是指在从事法律活动中进行论证所依循的途径和方式。迄今为止，关于司法裁判中的论证方法，并没有形成真正的共识。学者对论证方法的认识并不完全相同。综合学者的各种观点，并结合我国司法实践，法律论证的基本的方法主要有如下几种。

1. 法律语义分析方法。此种方法是指通过分析语言的词汇、结构和语境等要素，从而澄清文义，准确阐释法律文本的内涵。法律都是由语言组成的，但语言本身具有局限性，立法者使用的语言也可能存在模糊性、抽象性、多意性等特点，这就需要通过达成共识的语义分析方法来寻求准确、合理的语义。例如，从某个词语的词汇、发展脉络、词语使用的语境等方面，分析词语的含义，就可以获得最低限度的共识。在这个过程中，人们就需要对语义进行分析论证。依据

① ［荷］伊芙琳·T. 菲特丽丝：《法律论证原理》，张其山等译，商务印书馆 2005 年版，第 4 页。

② 王轶：《民法原理与民法学方法》，法律出版社 2009 年版，第 9 页。

《民法典》第1165条，行为人因过错侵害他人民事权益造成损害的，应当承担侵权责任。但是，其中的“过错”“民事权益”“损害”，事实上均为不确定概念。对于上述概念应当如何理解，关系着法律适用的准确性。在此，就应当以语义分析为基础，对上述概念展开解释。但法律语义分析方法通常都包括在文义解释的方法之中，是法律解释中经常采用的一种方式。

语义分析的方法是法律解释实践中运用最为广泛的方法。试举一案进行分析。张某从小便是武术爱好者，但是其功力不深。李某为某拳法掌门人，张某闻知李某要设台打擂，便主动要求登台挑战李某。双方在正式比赛前签订了生死状，其中约定“胜负在人，生死在天，死活自负”。但是，在登台比武打了几招之后，李某便知道张某功力较浅，本想停止比赛，但是因为见张某气势汹汹，便使出绝招，将张某重拳打倒在地。在张某倒地后，又向其头部狠踢一脚。后张某经医院抢救无效死亡，张某家属起诉状告李某要求赔偿损失。李某认为，双方已经签订生死状，死活自负，且认为张某属于自甘冒险，应当由自己承担损失。依据是《民法典》第1176条的规定：“自愿参加具有一定风险的文体活动，因其他参加者的行为受到损害的，受害人不得请求其他参加者承担侵权责任；但是，其他参加者对损害的发生有故意或者重大过失的除外。”笔者认为，本案并不符合自甘冒险的规定。一方面，李某自己设置的擂台，不属于第1176条所规定的文体活动的范围，不能适用该规定。另一方面，即便适用该规定，因为在擂台开始后，李某已经知道张某的功力较浅，仍下重手将张某打倒在地，尤其是在张某倒地后，又向其头部狠踢一脚，这表明其对于张某的死亡具有故意或重大过失，不能被完全免除责任。本案中双方约定“胜负在人，生死在天，死活自负”。这一约定显然属于造成对方人身损害的免责条款，因而应当被认定为无效。因此，在本案中，李某对于张某的死亡应当承担赔偿责任。

2. 法律价值分析方法。此种方法是指运用一定的价值准则，去评判、衡量法律条文的含义，并解释法律适用过程的正当性。如前所述，价值判断是裁判中大量运用的方法，这也决定了价值分析方法可以成为法律论证的方法。法律价值分析方法就是从一定的价值理念出发，去证成价值判断结论的正当性。例如，法官在个案裁判中以优先保护生命健康权、保障交易安全、强化人文关怀、实现人格平等、保障人身自由、实现效用的最大化、充分实现社会效果等作为理由来论证裁判的正当性，这实际上就是采用价值分析方法。法官运用公平、诚信、平等、自由、公平竞争、正当程序和相邻原则等也属于此类方法。[①] 这一方法在司法实践中经常被用来论证裁判结论的合理性。例如，在“重庆台华房地产开发有限公司与重庆晨光实业发展（集团）有限责任公司、重庆晨光百货有限责任公司、重庆晨光大酒店有限责任公司房屋搬迁纠纷案”中，最高人民法院认为，企业法人被吊销营业执照至其被注销登记前，该企业法人仍应视为存续，可以自己的名义进行诉讼活动。[②] 该判决实际上是以保障交易安全的价值来展开的。假设某人拖欠债务以后，故意不办年检，市场监督管理机关就吊销其执照。如果此时否认其主体资格，就会鼓励其通过此种方式逃债。但是，价值分析方法必须在司法三段论的框架内进行，其主要还是通过对大前提的阐释，以及大小前提的连接来达到证成结论的目的。在价值分析过程中，还应当注重价值的一致性，符合价值判断的基本规则和要求。

3. 法律的经济分析方法。此种方法是从帕累托最优的模式出发，通过成本和收益分析，来论证法律适用的正当性。这种方法运用在论证中就形成了经济论证法（economic argument），即以特定行为给社会整体带来的效用大小（utility）为评价行为正当性的标准。[③] 美国盛行的经济分析法学就是这一学术潮流的典型，其代表人物为波斯纳（Richard Posner）和卡拉布雷西（Guido Calabresi）。当然，波斯纳更注重效率分析，而卡拉布雷西则强调兼顾公正。但他们的理论在法律理性人的假定、经济效用最大化、公共选择等方面具有共性。法律的经济分析是一种结果导向的论证方法，它是在出现复数解释结果情况下，通过对不同方案在经济上妥当合理性的考虑来作出结论。法律的经济分析方法是一种结果导向

---

① ［荷］伊芙琳·T. 菲特丽丝：《法律论证原理》，张其山等译，商务印书馆2005年版，第4页。

② 最高人民法院（2005）民一终字第57号民事裁定书。

③ ［美］理查德·波斯纳：《法律的经济分析》，蒋兆康译，中国大百科全书出版社2003年版，第3页（中译者序言）。

的论证方法，即从经济上的妥当性论证裁判结论的妥当性。虽然其与传统法学理论关注、评价行为的视角不同，但经济学观察和法学观察在结论上很可能是一致的。[①] 有美国学者对法律经济分析的功能作出如下评价，即传统法学价值判断方法给法律规则的正当性提供了内部正当性标准（internal justification），而法律经济分析方法则对法律规则的正当性提供了外部正当性标准（external justification）。如果法律适用的结果可以起到促进社会财富增长、避免社会财富浪费等效果，就可以认定该裁判是妥当的，从而对判决理由进行证成。实际上，在我国司法实践中，一些案例也采用了此种方法。例如，在“桂馨源公司诉全威公司等土地使用权转让合同纠纷案”[②] 中，法院认为签订国有土地使用权转让合同时，转让人虽未取得国有土地使用权证，但在诉讼前已经取得该证的，应认定转让合同有效。当事人取得国有土地使用权证后未足额缴纳土地出让金，或对转让土地的投资开发未达到投资总额 25%以上的，属转让标的瑕疵，不影响转让合同的效力。此种裁判有利于避免财富的浪费，增加社会总体的经济效益。

4. 法律的社会学分析方法。它也被称为社会学论证（sociological argument），或运用社会学方法进行的法律论证。社会学方法，是结合特定社会在某一特定时期的各项要素，包括当时的思想潮流、社会需要、风俗和文化状况、经济社会情势等情况，而研究社会发展规律的方法。[③] 由于每个人的行为都是在特定社会背景和关系中形成的，因此，对人们行为的理解和法律的解释，都需要考虑影响行为的社会因素，以及特定行为模式对社会产生的反作用。社会学方法注重社会效果的分析，它实际上属于法律实证分析的组成部分。在我国司法实践中，提倡法律效果与社会效果相结合，注重社会效果的考虑，实际上也就是运用社会学方法进行法律论证。例如，在“南京现代雕塑中心诉中科昆山高科技产业园管理委员会侵害著作权案”[④] 中，二审法院认为，现代雕塑中心对“希望之光”

---

① Jeffrey L. Harrison，*Law and Economics*，Thomson West2007，p. 1.

② 最高人民法院（2004）民一终字第 46 号民事判决书。

③ Paul Delnoy，Eléments de méthodologie de l'interprétation juridique，Larcier，2006，p. 175.

④ 江苏省高级人民法院（2004）苏民三终字第 040 号民事判决书。

雕塑作品的利益期待通过时代雕塑公司的赔偿也能得到弥补。因此，时代雕塑公司制作“科技之光”雕塑虽然侵犯了现代雕塑中心对“希望之光”雕塑作品享有的著作权，但在现代雕塑中心对作品的署名权、复制权、展览权及获得报酬权得到保护，并且销毁涉案雕塑给使用者也会造成重大损失的情况下，再判令现代雕塑公司和昆山高科技园管委会销毁涉案雕塑会令个体利益与公共利益失衡，也并不符合著作权保护的初衷。这实际上是考虑到裁判的社会影响，而作出的妥当选择。

5. 法律的逻辑分析方法。毫无疑问，逻辑推理是论证中最常见的形式，这是因为三段论本身就是逻辑推理的运用。三段论是法律文献中运用最为频繁的逻辑推理方式。有学者认为，在法律推理构建中，除了三段论逻辑之外，还有命题逻辑（propositional logical）、谓词逻辑（predicate logic）、道义逻辑（deontic Logic）等多种逻辑可用于检验结论性陈述的真实性。[①]“对法律人的职业培训实际上就是一种逻辑的训练，司法裁判的语言主要是逻辑的语言。”[②] 从逻辑的角度来看，某一法律证立的可接受性的一个必要条件是，支持该证立的论述必须是逻辑有效的论述。[③] 在逻辑学者看来，论证可以分为归纳论证与演绎论证。演绎论证是一种从一般到个别的论证方法，在逻辑上说，其从前提到结论的过程具有必然性；而归纳论证是从个别到个别的论证方法，而其从前提到结论的推导具有或然性。[④] 在司法裁判过程中大量采用的都是演绎论证，但也不完全排斥归纳论证。例如，在英美法中，法官寻找先例作为大前提，常常采用归纳论证。逻辑的分析方法不仅要符合形式逻辑的基本要求，而且要遵循司法三段论中的基本规则。“一个演绎论证是有效的，则如果其前提是真的，则其结论必定是真的。”[⑤] 麦考密克解释说，合乎逻辑一词意味着“从演绎逻辑推理这一意义上讲，如果一

---

① Eveline T. Feteris, *Fundamentals of Legal Argumentation: A Survey of Theories on the Justification of Judicial Decisions*, Kluwer Academic Publishers 1999, p. 28.

② Oliver Wendell Holmes, Jr., “The Path of the Law”, 10 *Harvard Law Review* 457 (1897).

③ ［荷］伊芙琳·T. 菲特丽丝：《法律论证原理》，张其山等译，商务印书馆 2005 年版，第 11 页。

④ ［美］M. 柯匹、卡尔·科恩：《逻辑学导论》，张建军、潘天群等译，中国人民大学出版社 2007 年版，第 52 页。

⑤ ［美］M. 柯匹、卡尔·科恩：《逻辑学导论》，张建军、潘天群等译，中国人民大学出版社 2007 年版，第 49 页。

个命题符合逻辑本身的要求，换句话说，如果结论部分是通过前提严格推理得出的，那么该命题就合乎逻辑”①。

逻辑论证是常用的方法，其在具体运用中又体现为各种方法，主要包括：

第一，相似性论证（Argument a simili），也称类似性论证，是在法律说理活动中最为常用的方法。该方法要求相似的规范语境应当得到相同的解释，只能在所比较的两个对象具有相似性时才能采用。在裁判过程中，经常采用相似性论证，这是为了保障平等原则的实现。在对某一个案件和另一个案件的相似性进行比较之后，就可以确定它们之间的共同点和不同点，对于相类似的案件，可以尽可能地保持案件裁判结果的相似性，从而实现类似案件类似处理。从逻辑分析的角度来看，此种方法具有归纳法的特点。例如，在前述“营业执照被吊销案”中，企业被吊销营业执照，类似于企业被解散，因为营业执照是企业经营的前提，吊销以后就无法正常经营。从这一点来看，企业被吊销营业执照以后，其也类似于企业解散而应当进入清算程序。

第二，反比论证（Argument a contrario）。它是指以相反的事实出发，应当得出相反的结论。和相似性论证一样，反比论证也是类比论证。该方法与相似性论证相反，要求被类比的对象和待决对象之间存在实质性区别，从而对二者适用不同的规则。② 在法律解释中，反比论证常常表现为反面解释方法，但是，在事实认定中，反比论证可以通过比较两个相反的事实的差异，来验证裁判结论的合理性。如果两个事实是完全相反的，而裁判结论却相同，就可能使裁判的正当性受到质疑。例如，《民法典》第522条第2款规定：“法律规定或者当事人约定第三人可以直接请求债务人向其履行债务，第三人未在合理期限内明确拒绝，债务人未向第三人履行债务或者履行债务不符合约定的，第三人可以请求债务人承担违约责任……”依据这一规定，真正利益第三人合同中，第三人在债务人违约时享有请求其承担违约责任的权利。进行反比论证，那么就应当认为，在非真正利益第三人合同之中，债务人违约时，第三人不享有请求其承担违约责任的权利，

① Neil MacCormick, *Legal Reasoning and Legal Theory*, Oxford University Press 1978, p. 38.

② Bartosz Brozek, Jerzy Stelmach, *Methods of Legal Reasoning*, Springer 2006, p. 157.

而只能由债权人请求。

第三，当然论证（Argument a fortiori）。此种方法也就是采用“举重以明轻”和“举轻以明重”的解释方法进行论证。[①] 当然论证是考虑两个事物之间的“轻”“重”关系，然后，从一般事理出发，从而论证判断的合理性。在当然解释中，通常涉及“较多”与“较少”的比较。[②] 当然论证的基础是一般的事理，其关键在于，确定两个事物之间是否存在“轻”“重”关系。例如，公司对外担保是一种无偿行为，会对公司正常经营、股东利益、债权人债权实现产生不利影响。为此，《公司法》专门规定了公司对外担保的程序和要件。而债务加入的责任更重，举轻以明重，承担担保这种从属性债务尚且需要符合公司法的程序要求，而且对外担保的效力和归属都有专门法律规范予以调整。据此，法定代表人以公司名义加入债务的，必须作出加入债务的决议，遵守决议程序，而不能通过债务加入来规避公司对外担保规则。

第四，反证论证（Argument per reductio ad absurdum）。当论证人难以直接证明“A 是真实的”这一结论时，其可以先证明“非 A 是真实的”或者“非 A 是虚假的”，那么，其就可以反过来证明 A 的真实性。[③] 在法律解释过程中，采用反面解释的方法，就是反证论证的一种方式，也就是依照法律文本规定的正面意思推出相反的结果，据此阐明法律条款的真实含义。[④] 例如，在“广西桂冠电力股份有限公司与广西泳臣房地产开发有限公司房屋买卖合同纠纷案”[⑤] 中，最高人民法院认为，原《合同法》第 97 条（现《民法典》第 566 条）规定：“合同解除后，尚未履行的，终止履行，已经履行的，根据履行情况和合同性质，当事人可以请求恢复原状、采取其他补救措施，并有权要求赔偿损失。”其中所说的合同解除后的后果不表现为违约责任，而是返还不当得利、赔偿损失等形式的民事责任。这在一定程度上也运用了反证法。违约责任只是合同有效存在情况下的

---

① Bartosz Brozek，Jerzy Stelmach，*Methods of Legal Reasoning*，Springer 2006，p. 157.

② ［葡］孟狄士：《法律研究概述》，黄显辉译，澳门大学法学院 1998 年版，第 148 页。

③ Bartosz Brozek，Jerzy Stelmach，*Methods of Legal Reasoning*，Springer 2006，p. 158.

④ 杨仁寿：《法学方法论》，三民书局 1986 年版，第 139 页。

⑤ 最高人民法院（2009）民一终字第 23 号民事判决书。

责任，而合同解除后的责任不属于合同有效存在的情况，因此，通过反证法可以得出结论，即合同解除后的效果不包括违约责任的承担。

第五，具体考虑的论证法（Argument a loco specifici）。具体考虑的论证法要求在论证中综合考虑具体问题的特征和相应影响因素，并作出判断。此种方式就是要实现个案中的妥当性，保障法官依法作出公正的裁判。由于在许多情况下，法律不可能对裁判的具体数额作出僵硬的规定，但是，在适用法律过程中，为了限制法官自由裁量，又要求法官参酌有关因素，例如，精神损害赔偿数额的确定、惩罚性赔偿数额的确定、违约金数额的减少、显失公平的确定等，都存在量的不确定问题。但是，在此情况下，要求综合考量法律规定的因素，从而作出妥当的裁判结论。《民法典》第998条规定："认定行为人承担侵害除生命权、身体权和健康权外的人格权的民事责任，应当考虑行为人和受害人的职业、影响范围、过错程度，以及行为的目的、方式、后果等因素。"这实际上就是要求在确定责任时，综合考量各种因素。

第六，体系论证（Systematic argument）。体系论证，是指以法律的内在体系和外在体系为基础而进行的法律论证。19世纪英国宗教学之父马克斯·缪勒指出："只知其一的人等于一无所知（He，who knows one，knows none）。"这句话虽然讲得未免有些绝对，但是，其强调了体系论证的重要性。体系论证的前提是，调整相关问题的法律规范之间不应当存在根本矛盾。因此，在体系论证的过程中，必须始终注重法律体系的整体的一致性和完整性。体系论证的最终目标在于完善法律，使法律更契合社会、伦理、经济的发展与变迁。德沃金将法律的解释看作是对一个系列小说的创作和解读。要通过解释使整部小说更连贯，要通过解释使每个故事是最好的故事，而不仅仅是使那个故事成为它本身。[①] 通过体系论证，不仅可以确定出文义的准确含义，而且，可以消除法律规定相互之间的冲突和矛盾。例如，原《物权法》第191条规定抵押设立后，抵押人不得转让抵押物，但为兼顾抵押人和第三人的利益，允许第三人通过行使涤除权的方

① Ronald Dworkin, "Law, Philosophy and Interpretation", 80 *Archiv für Rechts-und Sozialphilosophie*, 463, 467 (1994).

式以消灭抵押权。《民法典》第406条删除了原《物权法》的涤除权规则。这是否意味着《民法典》否定了涤除权规则的适用？通过体系解释，可以发现，在涤除权规则删除后，可以适用《民法典》第524条第1款中的第三人代为履行的规则，依据该条规定，第三人代为履行以第三人对履行债务具有“合法利益”为限。但何为“合法利益”，“合法利益”应当如何判断？笔者认为，第三人对债务履行具有合法利益，实际上就是指第三人对债务的履行具有利害关系，在审判实践中可由法官根据具体案情进行判断。具体情况主要包括第三人与债务人之间具有一定的人身关系，或者第三人就债务的清偿可以获得一定的财产利益。基于这种认识，抵押物的受让人对债务的履行并因此消除抵押权是具有利害关系的，可以适用《民法典》第524条第1款的规定。

第七，一致性论证法（Argument a cohaerentia）。此种方法，强调法律论证中应当贯彻不矛盾性的要求。德国学者阿列克西（Alexy）认为，任何一个言谈者均不得自相矛盾，这是论证的基本规则。[①] 一致性论证法，实际上是对裁判规范的形式逻辑要求，其涉及两个层面，即内部逻辑一致和外部逻辑一致。任何法律判断，包括典型案件和任何一种疑难案件，无论其大前提是如何获得的，最终都必须过三段论这一关，都必须达到内部一致性的证立要求，才能获得判决的形式合法性。[②] 例如，《民法典》第388条规定：“设立担保物权，应当依照本法和其他法律的规定订立担保合同。担保合同包括抵押合同、质押合同和其他具有担保功能的合同。”该条对担保合同内涵的规定实际上意味着担保物权的规定与合同编关于保证合同中保证责任的规定，具有类似性，可以相互参照适用，此种结合构成了担保合同的一般规定。这意味着《民法典》在担保方式上采取了“形式上分离，实质上统一”的模式。

第八，法律的目的分析方法（Teleogical argument）。它是指依据对法律目的的考虑，来论证法律适用的正当性和合理性。根据该论证方法，任何法律都有特定的目的，法律的解释不得背离法律所欲实现的目的。马莫（Marmor）指出，

① ［德］罗伯特·阿列克西：《法律论证理论》，舒国滢译，中国法制出版社2002年版，第366页。

② 侯学勇：《法律论证的原则》，载陈金钊、谢晖主编：《法律方法》（第5卷），山东人民出版社2006年版，第368页。

立法意图虽然是很难寻求的，但是，它是各种利益平衡的结果，它体现的是一群人，而不是单个人的利益。[①] 因此，裁判者要努力寻求立法者的意图。目的论证方式主要适用于目的解释之中，通过法律的特定目的，来阐释法律的大前提，寻求妥当的裁判结论。例如，《民法典》第 990 条第 2 款规定："除前款规定的人格权外，自然人享有基于人身自由、人格尊严产生的其他人格权益。"该条规定以立法的形式确定了一般人格权。由于一般人格权旨在弥补具体人格权僵化的不足，因此一般人格权的具体外延是随着实践的不断变化而越来越丰富的。该条的立法目的也在于宣示，人格尊严是一般人格权的内核，是判断所有新型人格利益的基本标准，任何一种权益受到侵害后，只要侵害了个人的人格尊严，都可以纳入一般人格权的保护范围。随着社会的发展，出现各种人格利益时，是否要受到人格权的保护，要以人格尊严为标准进行判断，这由此也表明了人格尊严是所有值得法律保护的人格权益的基本标准。

第九，法律的比较分析方法。它是指以比较法的考察为基础来进行法律的论证。比较法是指不同国家或者地区的法律制度的比较研究，其可以分为三个不同的层次：一是单纯的外国法研究，重点在于阐释外国法；二是比较不同国家法律制度的异同及其发展趋势，重点在于总结和评述；三是研究不同法律制度之间的现实与历史的关系，重点在于对不同制度之间沿革与联系的考察。[②] 在运用比较法的方法时，通过各国法律制度的功能考察，来进行实质意义上的比较。在一些法律继受国，比较法作为论证法律适用过程的重要参考，其作用更为重要。因为法律继受国的法律往往是以国外的立法、判例和学说为基础而制定的，通过比较法的方法有助于确定其立法目的。例如，《民法典》侵权责任编第四章"产品责任"中"缺陷"的含义如何，可以进行比较法的论证，尤其是我国产品责任制度就是借鉴比较法经验的结果，所以在涉及对"缺陷"含义的解释时，也可以借鉴美国、欧盟等的法律规定和判例学说。

第十，法律的历史分析方法。通过运用历史考察的方式，确定法律条文的含

---

① Marmor, *Interpretation and Legal Theory*, Clarendon Press, Oxford, 1992, p. 161.

② 朱景文：《比较法总论》，中国人民大学出版社 2004 年版，第 1 页。

义，这种方法运用在论证中就形成了历史论证法（Historical argument）。它的特点在于，通过考察法律规则的历史变迁，从而明确其立法目的、条文的含义等。因为在许多情况下，通过追寻历史，可以明确立法目的和宗旨，可能得出与法律条文的字面文义不同的解释。如果法官能够从历史分析的方法来阐释法律条文，可能更符合立法原意。例如，《民法典》第1180条规定："因同一侵权行为造成多人死亡的，可以以相同数额确定死亡赔偿金。"该条确定了同一案件同一赔偿标准的规则，但采"可以"的表述，似乎表明其是任意性规范。但如果考察该规则的产生原因和过程，就会发现，它是为了弥补最高人民法院相关司法解释的不足而作的特殊规定，依据《人身损害赔偿司法解释》第15条，死亡赔偿金应区分城镇居民人均可支配收入或者农村居民人均纯收入标准确定，在实践中引发许多争议，该条就弥补了上述司法解释的不足。立法者的宗旨在于，在一般情况下，都应当适用这一规则。

第十一，情理分析的论证方法。它是指法院在论证的过程中采用社会常理、人们通常接纳的感情取向等来论证裁判结论的正当性。在中国数千年的司法史中，历来有"天理、人情、国法"的说法，实际上是阐述了自然法、法理与人情之间的关系。包含在法律典籍中间的规范仅仅是裁判者论证裁判结论正当性的一部分内容，大量的论证涉及情理的内容。对于天理和人情的阐释，常常要占据裁判结论的大部分篇幅。时至今日，在中国法院的判决书中，也有运用天理和人情的实例。例如，在北京市某法院审理的"陆某诉其女儿张某房产纠纷一案"中，法院判决在说理部分指出，中华民族自古以来就有"百善孝为先"的优良传统，儒家经典《孝经》甚至把"孝"誉为"天之经、地之义、人之行、德之本"。原告已经是八十高龄的老人，被告作为原告的女儿，理当孝顺原告，但其从原告处购买房产后，非但不给付原告房款，而且在法院判决后逃避债务，其行为不仅违反了法律的规定，也违背了社会道德，与和谐社会的宗旨背道而驰，因此，判决被告败诉。[①] 这实际上是采用了情理分析的论证方法，通过这种方法，可以以理

---

① 《〈孝经〉入判决 尝试引热议》，载《人民日报》2010年6月10日。

服人、以情服人。所谓辨法析理，就是要运用情理来说服当事人。这实际上也是我国司法实践中广泛采用的一种方法。情理通常体现为社会常理，也体现了一定的哲理，并且有可能成为支配人们行为的规则。情理分析就是以情理作为论证依据，它要求裁判过程考虑人情世故，符合公平正义的自然法理，遵从人们长期生活的习惯，尊重人们朴素的法感情。比如，夫妻离婚以后，已经分割了财产，但一方确实无房可住，此时，应适用离婚时的“经济扶助义务”制度，使一方在住房方面获得必要的扶助。

不同的法律论证方法，在证成价值判断结论过程中的重要性是有差异的。在阿列克西等人看来，应当区分简易案件和疑难案件（hard cases）。在简易案件中，可以采取单一的论证方法。而在疑难案件中，应当采取多重的论证方法。此种观点不无道理，但是，并不能绝对化。有时对于简易案件，也需要借助于多重的论证方法，更充分地论证裁判的正当性。[①] 通过各种法律论证方法的综合运用，可以实现裁判的正当化和可接受性。

第五节 论证负担规则

一、论证负担规则的概念与特征

所谓论证负担规则，指在面对特定命题时，确定论证者所负有的不同责任的规则。在一般的日常生活中，常见的是由命题提出人承担论证负担责任的规则。但在裁判活动过程中，法官总是承担着论证的义务。法官在履行论证义务时，需要遵守一定的规则，这首先涉及论证负担的规则。依据阿列克西的观点，论证负担规则为：如果有谁想将某人 A 与某人 B 做不同对待，则其负有责任对这样做的理由进行证立。如果有谁想对不属于讨论对象的命题或规范进行抨击，那么他

① ［荷］伊芙琳·T. 菲特丽丝：《法律论证原理》，张其山等译，商务印书馆 2005 年版，第 199 页。

就必须说明这样做的理由。[①] 这实际上是对论证负担的一般规则的概括。论证负担规则的特点表现在以下几个方面。

第一，论证负担规则确立了论证责任的主体是法官。此处所说的论证，是指就裁判结论的妥当性所作出的论证。尽管在诉讼活动中，当事人都有论证的义务。任何一方当事人提出主张和抗辩，都需要提出不同的证据与理由，并承担论证的义务，而就裁判结论的妥当性论证而言，论证负担的主体应当是法官。这是因为法官是裁判的主体，其作出裁判本身就要求其承担论证的义务。法官必须就其裁判结论作充分的论证。法官所负有的是论证义务而非举证责任，举证责任的承担主体是当事人。

第二，论证负担规则要依据不同的论证对象而分别确定。就论证对象而言，并非诉讼当事人各自的主张，而是裁判的结论及其依据。这里的裁判结论，包括事实的认定、大前提的寻找依据以及推理的过程。这就是说，论证义务并非同一的，要区别不同的情形分别确定。例如，法官要作出与法律字面含义不同的解释时，就应当负有更重的义务。而如果其仅仅从法律的字面含义进行解释，其论证义务较轻。

第三，论证负担规则要依据不同的论证对象负有相应的论证义务。论证负担规则并不意味着完全减轻了法官的论证义务。虽然在某些情况下，论证负担规则具有减负功能，可以减轻法官的论证义务。[②] 但这一规则的引入，更多的是要明确在不同情况下裁判者的论证对象及论证程度。论证的内容应当包括论点、论据和论证方法，其中，法律论证的论点也称论题，是系争案件中的争点，是双方当事人争议的焦点，也是法律适用的难点。论据就是法官据以进行论证的依据，其本质上就是对法律进行解释的方法。一般来说，论证的论据包括体系论据、目的论据、利益衡量论据等，这些论据对应着法律的各种解释方法，以及这些解释方法在运用中的位阶和选择。论证方法就是法律推理的方法，论证就是整个发现论点、运用论证方法和论据进行说明和证明的过程。但是并不是在所有的情况下，

---

① ［德］罗伯特·阿列克西：《法律论证理论》，舒国滢译，中国法制出版社2002年版，第367页。

② ［德］罗伯特·阿列克西：《法律论证理论》，舒国滢译，中国法制出版社2002年版，第340页。

法官都有义务进行详细的论证。例如，在案件事实清楚，所应适用的法律明确的情况下，法官的论证义务并不显著。论证负担规则的作用，是指明在何种情况下，法官应负担论证的责任，尤其是明确法官论证义务的程度。

第四，论证负担规则具有一定程度的指引性。也就是说，要求法官在裁判中，针对不同的论证对象，必须承担相应的论证义务。这是其应当履行的义务。这并不是说，违反义务后，法官要承担责任，而是说如果违反义务就不足以实现法律论证的目的。例如，在论证实践中，常常发生法官错误援引规则，或改变规则字面含义的情形。既然法官负担有论证的义务，则其论证必须遵循一般的论证规则，避免其论证上的随意性。

二、论证负担的具体确定

（一）依据价值共识确定论证义务

在价值多元化情形下，虽然存在价值的冲突和矛盾，但仍然存在价值的共识，这种共识就是论证的基础。对某项命题，若存在基本的价值共识，则可以以此为基础确定论证的负担。王轶教授提出，应以民法学者最低限度的价值共识为内容确立有关的论证规则。据此，他提出了两项实体性论证规则：其一，在没有足够充分且正当理由的情况下，应当坚持强式意义上的平等对待；其二，在没有足够充分且正当理由的情况下，不得主张限制主体的自由。[①]

严格地说，这一论证规则，适用于各种法律论证。但对裁判者论证负担的确定，也具有指导作用。这可以看作是对前述阿利克西论证规则理论的进一步发展。但正如哈贝马斯所指出的，由于价值具有多元性，很难要求人们达成绝对的共识，共识本身的形成，也需要沟通与论证。

（二）依据法律规定确定论证义务

在成文法背景下，裁判者基本的思维，应当建立在既有规则的基础上。在很

① 王轶：《民法价值判断问题的实体性论规则》，载《中国社会科学》2004年第6期。

大程度上，法律，而不是抽象的价值，应当被认为是人们目前为止所能达成的最低共识。[①] 从这个意义上说，以法律规则为出发点的论证，是更具说服力的论证。实际上，在法律论证的语境下，所谓“讲事实，摆道理”的说法，首先是对“法理”的讨论和运用，而不仅仅只是阐述简单的生活道理。当然，法律也应适应社会的发展变化，在其不能适应社会的发展，或违背社会主流观念时，裁判者应负担更重的论证义务。再如，《民法典》第 1180 条规定：“因同一侵权行为造成多人死亡的，可以以相同数额确定死亡赔偿金。”该条使用了“可以”的提法，表明这种规定并非一种强制性规范，但是否可以认为就是一种任意性规范呢？笔者认为，也不宜简单地将该条规定理解为任意性规范。该条规定体现了一种价值取向，要求在这些事故中尽可能地采取统一赔偿标准，以减少争议和纠纷，但是，在适用这种统一标准时，法官负有提供合理理由的说明义务。在特殊情况下，受害人如年龄、经济状况等个人因素差距过大时，可以采取特别处理，对个别受害人的赔偿可以高于对其他受害人的。所以，法官在没有充分且正当理由时，应当以同一标准来确定赔偿数额。如果其要区别对待，就应当负有更高的论证义务。

（三）依据法律文义确定论证义务

无论是目的性限缩还是目的性扩张，都是对法律文义的改变。考虑到法律文义对裁判者应当具有的拘束，此时，法官必须要负有更重的论证义务。而如果单纯从文义出发进行解释，裁判者所负有的论证义务就较轻。若文义本身是清晰、不言自明的，法官也不需要作额外的论证。例如，对于诸如普通诉讼时效为 3 年，特殊诉讼时效为 1 年的法律规定，法官无须加以解释。但是，若要改变该文义，就需要作特别的论证。例如，《民法典》第 1180 条规定：“因同一侵权行为造成多人死亡的，可以以相同数额确定死亡赔偿金。”此处立法虽然使用了“可以”的表述，但是依据立法者追求公平的立法目的，此处的“可以”实际上是要求裁判者在一般情况下均应以相同数额确定赔偿金，确定不同死亡赔偿金的应当

① 许德风：《论法教义学与价值判断》，载《中外法学》2008 年第 2 期。

进行详细的论证。

（四）根据当事人的争议确定论证义务

在一般情况下，如果当事人对某一事项不存在争议，裁判者就不负有较重的论证义务。而如果当事人对某一事项存在争议，裁判者应当负有更重的论证义务。这也是裁判本身说理性的要求，是为了使当事人接受法院的判决。此处所说的争议，既包括一方的请求，也包括另一方的抗辩。对于在请求与抗辩中双方已经形成共识，并未提出异议的事项，无须加以特殊的论证。例如，在合同纠纷中，一方根据对方违约，要求对方承担违约金责任，而另一方则主张违约金数额过高而请求法院酌情减少，从双方的请求和抗辩来看，对于合同本身的效力及违约的事实，并无争议，因此，法官并不必对此进行论证。但如果一方提出了违约金责任承担的请求后，另一方认为合同根本不成立或无效，则法官就有必要对合同的成立及其效力进行论证。

（五）根据指导性案例确定论证义务

在英美法系国家，法官可以通过援引先前类似的案件进行裁决，努力增强裁决的连贯性。① 在我国当前推进指导性案例制度的过程中，虽然指导性案例本身并非判例法，但其仍然具有一定的拘束力。在裁判过程中，应当为法官所参考或遵循。在这方面，阿列克西提出了一项重要的论证规则，即“当一项判例可以引证来支持或反对某一裁决时，则必须引证之”。“谁想偏离某个判例，则承受论证负担。”② 笔者认为，因为我国并非判例法国家，并不采取遵循先例原则，但是由于指导性案例具有一定的拘束力，所以为了保障同案同判的实现，裁判应当受到指导性案例的拘束。若某个指导性案例与所裁判案件具有同一性或高度的相似性，法官要改变指导性案例的结论，则须进行充分的论证，否则将违反类似案件类似处理的原则。例如，在“湖南省嘉禾县锻造厂、郴州市伊斯达实业有限责任公司诉湖南省华光机械实业有限责任公司、湖南省嘉禾县华光钢锄厂侵犯商标权

① ［荷］伊芙琳·T. 菲特丽丝：《法律论证原理》，张其山等译，商务印书馆 2005 年版，第 4 页。

② ［德］罗伯特·阿列克西：《法律论证理论》，舒国滢译，中国法制出版社 2002 年版，第 341 页。

纠纷案”[1] 中，法官认为，在商标侵权纠纷案件中，判断被控侵权标识与主张权利的注册商标是否近似，除应在结合所涉商标的文字的字形、读音和含义、图形的构图和颜色、各构成要素的组合结构等基础上，考虑商标或其构成要素的显著程度、市场知名度等具体情况外，还应根据案件的具体情况，考虑所涉商标使用的历史状况、相关公众的认知状态、是否已经形成稳定化的市场秩序等因素，对其整体或者主要部分是否具有市场混淆的可能性进行综合分析判断。

三、动态系统论与裁判说理

（一）动态系统论的基本观点

动态系统论最早由奥地利学者威尔伯格（Walter Wilburg）于 20 世纪 40 年代提出，经日本学者山本敬三等人的介绍与传播[2]，已经为我国法学界所熟知，并在全世界范围内产生了重要的影响。《欧洲侵权法原则》（PETL）和《欧洲示范民法典草案》（DCFR）均对这一学说进行采纳，使得该学说的影响力进一步提升。在我国民法典的编纂中，人格权编也在总结经验的基础上，对动态系统论进行了大胆的吸收与借鉴。人格权编中的多个条文均体现了动态系统论的思想，这也成为民法典人格权编中的重要特色之一。

威尔伯格在比较法的基础上提出了动态系统论的思想，其基本观点是：调整特定领域法律关系的法律规范包含诸多构成因素，但在具体的法律关系中，相应规范所需因素的数量和因素的强度有所不同，也就是说，调整各个具体关系的规范因素是一个动态的系统。[3] 因此，应当在具体法律关系中通过对动态的因素考

---

[1] 最高人民法院（2010）民提字第 27 号民事判决书。

[2] Vgl. *Walter Wilburg*, Entwicklung eines Beweglichen Systems Im Bügerlichen Recht, Verlag Jos. A. Kienrech/Graz, 1950.

[3] ［日］山本敬三：《民法中的动态系统论——有关法评价及方法的绪论性考察》，解亘译，载梁慧星主编：《民商法论丛》（第 23 卷），法律出版社 2002 年版，第 177 页。

虑认定责任。[1]“动态系统提供了一个替代方案：通过明确规定法官裁判时应当考虑的各种重要因素，立法者可以达到非常具体化的规定目的，能够决定性地限制法官的自由裁量空间，并且也使得法官自由裁量具有可预见性，而同时又有所控制地兼顾了生活事实的多样性。”[2]

动态系统论与传统的构成要件论的最大区别在于，构成要件论秉持着“全有全无”的原则，认为构成要件是法律后果的必要且充分条件，当要件全部满足时，结论一定发生；当条件有一个不能满足时，结论就不会发生。就侵权责任构成要件而言，如果将其构成要件确定为过错、损害、行为的违法性、因果关系，只有在这些构成要件全部满足时，责任才能成立。而动态系统论则与此不同，表现在：一是动态系统论强调各因素的作用。动态系统论认为，在判断责任时，应当对所有的构成要件发挥的不同作用进行评价，针对影响因素的不同程度，来综合考虑认定责任。这实际上是一种在量上分层的认定方法。二是动态系统论强调各因素排列上的位阶，引导法官考虑这些因素是否满足，但在个案中，并不要求每一个因素满足到特定程度，甚至不要求一定具备全部因素；而是要求考虑不同的因素，确定这些因素满足到什么程度，根据案件的具体情况对各个因素进行综合考虑[3]，因素与效果之间的关系不再是“全有全无”，而是“或多或少”。三是强调各因素之间的“互补”。动态体系论的“动态”特征，是指法律规范或者法律效果由“与因素的数量和强度相对应的协动作用”来确定。这里所说的“协动”是指因素之间具有互补性。[4] 在威尔伯格看来，因素不再像要件一样处于固定的状态，而是作为变量处于动态的考虑之中。如A因素获得了较高程度的满足，那么虽然B因素的满足程度较低，则在法官的综合考虑下，可能发生因素间

①② ［奥］海尔穆特·库奇奥：《损害赔偿法的重新构建：欧洲经验与欧洲趋势》，载《法学家》2009年第3期。

③ ［日］山本敬三：《民法中的动态系统论——有关法评价及方法的绪论性考察》，解亘译，载梁慧星主编：《民商法论丛》（第23卷），法律出版社2002年版，第207-208页。

④ 解亘、班天可：《被误解和被高估的动态体系论》，载《法学研究》2017年第2期。

的互补。这些因素具有“相互比较”的个性。[①]

虽然理论界对于动态系统论的评价不一而足，有学者也指出了动态系统论的作用不应被高估。[②] 且从比较法上来看，民法典中采纳该理论并不多见。但一些示范法则明确采纳了这一理论。例如，德国学者冯·巴尔（von Bar）教授主持起草的《欧洲私法共同参考框架》（DCFR）第2：101条第3款规定：“在判断赋予损害赔偿或预防损害的权利是否公平且合理时，应参考归责基础、损害或有发生之虞的损害的性质和近因、已遭受或即将遭受损害之人的合理期待以及公共政策考虑。”在库奇奥（Koziol）教授主持起草的《欧洲侵权法原则》第2：102条中确立了利益保护所应考虑的多重因素，主要包括：利益的性质、利益的价值、利益的定义是否精确与明显、行为人与受害人的接近程度、责任性质、行为人的利益（尤其是该行为人行动与行使权利的自由）以及公共利益。[③]

动态系统论介绍到我国的时间并不太久，但在司法实践中已经得到运用，最典型的是最高人民法院《精神损害赔偿司法解释》第5条并没有采纳构成要件说，而是列举了诸多精神损害赔偿数额判断的因素，该条规定：“精神损害的赔偿数额根据以下因素确定：（一）侵权人的过错程度，但是法律另有规定的除外；（二）侵害行为的目的、方式、场合等具体情节；（三）侵权行为所造成的后果；（四）侵权人的获利情况；（五）侵权人承担责任的经济能力；（六）受理诉讼法院所在地平均生活水平”，引导法官通过考虑这些因素，决定是否作出或者作出多少精神损害赔偿。在民法典人格权编编纂中，通过总结司法实践经验，多个条款采纳了动态系统论。

《民法典》引入动态系统论，要求法官在确定侵害人格权的责任时对诸多因素存在的范围、程度以及它们在整体权重中的相互关系，作出一种综合的、动态

①② 解亘、班天可：《被误解和被高估的动态体系论》，载《法学研究》2017年第2期。

③ European Group on Tort Law, *Principles of European Tort Law: Text and Commentary*, Springer, 2005, p. 191.

的评估，相对于决定性的责任构成要件而言，更为科学合理。[①] 具体而言，一是促进利益衡量与综合保护。动态系统论能够有效权衡各种法益，将各种因素进行考虑，实际上也达成了比例原则在个案中的运用。这些规则将各种相互冲突的利益进行了妥当的考虑，可以使法官从整体，而不是简单的某一点出发，通过全面考虑，兼顾各种利益的保护，实现平衡。与此同时，其也给重点利益的强化优先保护提供了依据。二是确定了利益保护的位阶。例如，《民法典》第998条运用动态系统论，对生命权、身体权和健康权外的人格权侵权认定进行了规定，这就是优先考虑了生命权、身体权、健康权的保护。生命无价，重于泰山。对生命权、身体权、健康权直接适用构成要件的保护模式，减少法官的自由裁量；而对于众多的精神性人格权，则要求考虑各种因素，其立法目的就是明确对物质性人格权的优先保护。三是引导法官综合考虑一些责任确定和责任范围的因素和因子，避免“全有全无”的简单化处理，使责任的确定更为科学合理。四是兼顾过错制裁与行为自由的维护。例如，《民法典》第998条就强调了在侵害人格权的责任成立中，要将过错程度作为考虑的因素。在这一点上，该规则与侵害财产权的规则不同，后者往往不需要考虑过错程度。这一规则将过错程度作为考虑因素，却并未将过错作为构成要件，因此有效地平衡了行为自由与权利保护。五是符合比例性原则。动态系统论注重平衡各种利益，因而，其本身就吸纳了比例性原则的要求。动态系统论与比例性原则不但不冲突，而且成为比例性原则的具体实现方式。例如，第998条中对于影响范围、行为目的、方式等的考虑都反映了比例性原则的要求。第1000条规定，在行为人承担消除影响、恢复名誉、赔礼道歉等民事责任的责任形式时，应当与行为的影响范围相当，同样也是比例性原则的具体运用。

总之，《民法典》第一次尝试在立法上构建动态系统论，是具有开创性的。这种探索和创新将为我国立法提供新的模式，也为法律的解释提供更大的空间。

---

① 李中原：《论侵权法上因果关系与过错的竞合及其解决路径》，载《法律科学》2013年第6期，第103页。

（二）动态系统论在人格权侵害救济中的作用

如前所述，民法典人格权编引入动态系统论，根本目的还是要引导法官准确认定侵害人格权益的责任以及责任形式、责任范围。为了便于法官灵活准确地作出裁判结论，动态系统论的运用最终必须要面向这一问题的解决。因此，在人格权编引入动态系统论以后，首先需要法官转变以往在确定责任时，根据简单的责任构成要件确定责任的思路。侵权责任构成要件，无论是三要件（过错、损害、因果关系），还是四要件（过错、损害、行为的违法性、因果关系），针对一般侵权行为，特别是侵害财产的行为是可行的、必要的，但针对侵害人格权益的行为的责任确定而言，就显得力所不及。一个最简单的原因就是，在人格权侵害的情形下，损害的确定更为复杂，适用于财产损害赔偿法的“差额说”以及完全赔偿原则难以适用。这就需要考虑人格权侵权责任确定的新的思路和方法。尤其是在社会生活不断丰富发展，科技水平日新月异的今天，网络侵权层出不穷，行为方式各式各样，这就给这些孤立的构成要件判断带来了不小的难度。虽然法官仍然可以依据自己对法律的解释，判定某一要件是否满足，但这在一些复杂的侵害认定中已经显得捉襟见肘。动态系统论无疑提供了这一问题下的一种解决方法，其可以为这些复杂情形下的责任认定提供全新的思路。

在适用《民法典》第998条等条文时，必须重点要解决如下问题，才能够成为对实践具有切实规范作用的规则。

第一，根据法定的因素及其顺序考量。传统上对责任成立与否的判断是通过构成要件实现的。在这种模式中，责任成立与否的关键在于确定要件是否满足。各个要件之间的关系是相对孤立的，各个要件如同串联电路一般，任何一个要件的不构成都将导致责任的不成立。而且，在此种模式中，各个要件的考虑结果只有“满足”与“不满足”两种。因此，虽然社会实践丰富多样，但是裁判者却只能通过“满足”与“不满足”两种结论予以评价，各种要件的满足程度通常不在裁判者的考虑之中。例如，在危险责任中，虽然各种行为的危险系数明显存在区别，但是裁判者在构成要件的体系内，根本无须也无法考虑这些危险的程度，因为，裁判者只需认定这种行为是否构成危险责任，即只需回答是或否，而无法根据危险的程度，进行不同的考虑。这种模式之下，要件之间的互动与联系被割裂开来。

但运用动态系统论判断责任成立，就需要从以下两方面考虑：一方面，需要考虑法定的因素，例如，依据《民法典》第998条规定："认定行为人承担侵害除生命权、身体权和健康权外的人格权的民事责任，应当考虑行为人和受害人的职业、影响范围、过错程度，以及行为的目的、方式、后果等因素。"这些法定的因素是法官必须考虑的因素，它既需要当事人作出必要的举证，也需要法官作出全面的了解。另一方面，必须按照法定的顺序进行考虑。这就是说，这些因素对于责任成立的影响是有不同程度的差异的，法官在作出判断时，应当考虑法律排列的顺序。需要说明的是，法定顺序中的因素属于必须考虑的因素，但所需考虑的并非绝对仅限于这些因素，《民法典》第998条规定采用"等"，说明这些因素的非限定性。例如，行为的违法性也可能是一个应当考虑的因素。

第二，通过因素间的互动综合考量。所谓综合考量，就是要考虑各种因素所实际产生的作用。在动态系统论下，各因素相互之间不再是孤立、割裂的关系，诸因素之间的互动，相互补充，呈现出动态的状态。以通过《民法典》第998条判断行为人的行为是否侵害名誉权为例，行为人的行为如果是出于舆论监督的目的，就可能降低其构成侵害的可能；而如果其方式和手段较为恶劣，则会显著增加其构成侵害的可能。法官只有在结合受害人的职业、影响范围、过错程度，以及行为的目的、方式、后果等因素进行综合的判断，才可以得出行为人是否应当承担侵害名誉权的责任的结论。在这些因素之中，多重因素之间还可能具有一定的关联关系，如受害人的职业关系到行为的影响范围，行为人的行为方式也与行为人的过错程度存在明显的联系。这些因素虽然可能存在正相关或负相关的关系，但并不意味着分别对其判断就没有价值。

首先，要考虑各个因素都有独立存在的价值。例如，行为手段虽然与过错程度紧密联系，但是行为手段本身也具有单独判断的价值，因为行为手段的背后还关系到公序良俗、公共利益等问题，是过错程度无法涵盖的。虽然这些因素之间通常可能存在关联关系，但是也可能出现其他可能。例如，受害人虽然为公众人物，但由于行为人并非在大众媒体上散播消息，因而影响较小。

其次，实现因素之间的互补。动态系统论中强调了各种因素与因子的互补。但是，这些互补的关系在立法上无法直接规定，而只能交由司法实践进行操作。动态体系论之所以被称为“动态”，就在于因素之间的互补性。在威尔伯格看来，各种因素对责任影响的强度是不一样的，但法官在考虑这些因素时，不是简单地考虑是否满足某一因素，而是兼顾各种因素，有的因素虽然强度低，但如果其他因素强度高，则仍然可以导致责任的成立。也就是说，需要综合考虑。威尔伯格试图从诸因素的协动作用这种观点来构建评价的框架，由此为回应实际生活的必要打开了可能性大门；同时又确保了一定的原则性。[①]

第三，要注重比例原则的运用。此种方式也称为“个案衡量（ad hoc balancing)”，也就是说，在个案中要运用比例原则调和相冲突的权利和价值。[②] 例如，法律允许基于公共利益等目的对于一些精神性人格权合理使用，但此种使用应当限制在合理的范围内。也就是说，凡是能够最小化使用的，应当进行最小化使用。凡是能够在一定范围内使用的，就不必要扩大其使用范围。凡是能够使用后及时向权利人通知的，就应当及时通知权利人。如果在使用后能够及时删除或者有必要删除的，则应当在合理期限内及时删除。在使用他人的人格利益时，要尽量避免对他人过大的损害。如果行为人恶意过度使用他人人格权，即便是为了实施新闻报道、舆论监督等行为，也可能构成侵权。一个侵权行为在不同时间段实施，其后果也有可能是不一样的，责任自然也会存在差别。概言之，侵权责任的确定必须与侵权行为的程度相适应。

此外，在必要时也要进行成本效益分析。例如，在认定新闻报道是否侵害人格权时，确定报道人是否尽到审查义务，还应当考虑审查的成本。如果报道人付出极小的成本即可对报道内容的真实性进行审查，则其应当尽到相应的审查义务；反之，若审查成本较高，则其审查义务应当相应降低。例如，对于某个在网

---

① ［日］山本敬三：《民法中的动态系统论——有关法评价及方法的绪论性考察》，解亘译，载梁慧星主编：《民商法论丛》（第23卷），法律出版社2002年版，第210页。

② 王泽鉴：《人格权法》，北京大学出版社2013年版，第316页。

络上公布的有关某名人的负面信息，网络平台很容易核实，则其应当负有审核义务。

第四，强化法官的论证义务和类型化整理。在民法典人格权编采纳动态系统论以后，法官的论证说理义务被进一步强化。这就是说，整个动态系统论的运用，本身是一个法官的自由心证过程，更应当是一个说理论证过程，法官应当阐明其是如何考虑法定的因素，这些因素是否成立，对这些因素如何综合考虑，是否采纳比例原则；在适用某个特定责任形式时，是否考虑了受害人的职业、影响范围、过错程度，以及行为的目的、方式、后果等多种因素，等等。这些说理论证越充分，则责任及其责任范围的确定就越合理。动态系统论要求法官合理论证其判断产生的过程和影响其判断的因素，从而促进裁判的公正。法官通过考虑《民法典》等法律确定的考虑因素，结合具体个案案情予以论证说理，有助于避免法官过分的恣意，因为其要考虑立法中确定的因素，且法官可以结合具体个案予以更为灵活的判断。同时，法官的论证说理有助于在考虑因素的规范基础上，通过论证说理形成“重叠共识”，此种共识能够保障法律的确定性。换言之，动态系统并非仅考虑个案灵活性而不考虑法律的确定性，只不过其是通过共识的形成保障确定性，其中的关键就是法官要予以论证说理。

此外，还需要将动态系统论中各种因素以及其相互之间的互补关系进行类型化的处理，以此明确因素的互补关系，明确何种因素在满足什么程度的情况下可以弥补其他何种程度的因素，等等，这些工作均需要通过司法实务的作业加以完成。

第六节 论证程度区分

一、论证程度上的区分

所谓论证程度上的区分，是指在法律适用过程中，要根据不同的情况，确定法官的不同论证义务。此种情况又称为“论证程度上的分化”（differentiation）[①]。多个前提性陈述之间在论证效力上存在强弱之分。[②] 这种方法常常适用在法律解释过程中。在法律解释过程中，法律论证（arguments）的论证效力是不能简单地叠加的。在论者提出的诸多法律论证之间，其论证力是有强弱之别的，这也正是法律论辩者试图从新的层面或者角度推翻相反论证的原因。[③] 针对解释的对象，解释者的论证义务并不是相同的，它要随解释的对象、解释的方法以及解释过程的推进，而负有不同程度的论证义务。因此，论证义务的确定不可一概而论。波塔利斯在《法国民法典》起草的预备性说明中指出：当法律是清晰的时候，就必须严格遵守；当法律是模糊的时候，就有必要深入分析其规范，如果缺乏法律，就要参考习惯和衡平原则。在实定法存在缺漏、矛盾或者模糊的时候，衡平就是向自然法的回归。[④] 这就说明，在法律论证过程中，法官要依据不同的情形承担不同的论证义务。

我们之所以在法律上要考察论证程度的问题，其主要意义首先在于准确把握论证的尺度，正如考夫曼教授指出的：“人们应当谨防过度的‘逻辑’推论，因为它会轻易地转成强词夺理的诡辩。”[⑤] 哈贝马斯也曾提出过“论证整体”的概念，即以所欲证明的论点为中心，“详略”得当地安排论证细密程度，最终形成整体最强、最具说服力的论证效果。这样的要求，一方面可以防止过度论证，避免出现离题的诡辩；另一方面也可以防止论证不足，避免对于真正需要展开论证的情形着墨过少，缺乏充分的说理。所以，论证程度的探讨，就是指法官依据不同的情形，应当负有不同的论证义务。在一些情况下，法官需要进行详尽的论证，而在另一些情况下，法官仅需要进行比较简略的说理。法律论证既要给法官

---

① Paul Delnoy，Elément de méthodologie juridique，Larcier，2006，Bruxelles，p. 389.

② See Hannu Tapani Klami，“Legal Argument and Decision Theory”，37 *Am. J. Juris.* 171 1992.

③ 关于不同法律论证之间效力差异的一般论述，See Huhn，*The Five Types of Legal Argument*，2nd ed.，Carolina Academic Press 2008。

④ Portalis，“Discours préliminaire”，in Fenet，*Travaux préparatoire*，tome 1er，p. 471.

⑤ ［德］考夫曼：《法律哲学、法律理论、法律信条》，刘幸义译。转引自吴从周：《民事法学与法学方法》（第一册），2007 年自版，第 97 页。

提供自由裁量的权力，又对其自由裁量权的行使作出了一定的限制。[①]

二、论证程度理论的具体运用

（一）确定小前提过程中的论证程度

小前提通常是根据证据规则来认定的，但是，在小前提整理成为要件事实的过程中，也需要进行必要的论证。而依据不同的情形，法官也负有不同的论证义务。例如，在责任竞合的情况下，如果受害人已经选择了一种法律关系，法官就不必要就另外一种法律关系是否存在，包括相关事实是否成立等进行论证。再如，对于过错或损害事实的判断，如果法律已经规定了当事人负有某种义务，则在当事人违反有关法律规定时，法官即可简单地认定其具有过错，即贯彻所谓“客观过错”的原理，而不必再探寻当事人主观状态。从实践来看，在有关产品责任、医疗侵权、道路交通事故等责任中，对事实论证程度的区分，就显得非常重要。例如，数个公司共同向河中排放污染物，受害人起诉了该数家公司，而被告无法就其排放的污染物与受害人遭受损害之间不存在因果关系进行证明，在这种情况下，法院应当依据《民法典》第 1230 条的规定，推定被告的行为与受害人的损害之间存在因果联系，而这种论证并不必非常详尽；同时，也没有必要对被告行为与原告损害间是否存在因果关系再展开详细的论证。

（二）法律解释中的论证程度

论证主要是基于法律的适用而展开，因为事实问题的认定是由证据规则所解决的。而在法律适用过程中，法律的解释是法官的重要任务，也是方法论所关注的重点。在事实认定过程中，当事人也负有举证责任，而在法律解释过程中，法官应当寻找法律并予以阐释，当事人不负有相应的义务。所以，法律解释中的论证义务完全由法官承担，其论证程度的不同设计也发挥着妥当规范法官行为的作用。

① James A. Holland & Julian S. Webb, *Learning Legal Rules*, Oxford University Press, 2006, p. 124.

具体而言，一是在文义解释中，如果要按照一般的通常理解解释文义就能够得出文本含义时，则论证义务较轻。但如果要按照完全有别于通常理解的方式进行解释则论证义务较重。例如《民法典》第1180条规定："因同一侵权行为造成多人死亡的，可以以相同数额确定死亡赔偿金。"对此处所说的"可以"如果解释成"既可以如此，也可以不如此"，则符合一般人的理解，则论证义务较轻。但如果解释为"原则上应当"，就要负担更重的论证义务。二是如果法律列举了可以适用的具体情形，符合该情形即可适用该规则，则论证义务较轻，但是如果未明确列出该情形，例如，在《民法典》第527条第1款中列举了几项可行使不安抗辩权的情形，符合该情形的当事人即可行使不安抗辩权，但该款第4项规定了"有丧失或者可能丧失履行债务能力的其他情形"，此时如果认为案件事实构成本项规定的"其他情形"，则需要负担较重的论证义务。三是法律条文中如果规定有但书，对于非但书内容的适用可以负担较轻的论证义务，而对于但书内容的适用则应当负担更重的论证义务。四是如果适用的法律规则越具体，则论证负担越轻，适用的法律规则越抽象，则负担的论证义务越重。

根据法律解释的方法不同，论证义务的要求也不同，具体可以从如下几个方面来理解。

1. 在狭义的法律解释中，论证义务的轻重可以从如下几个方面来分析。

第一，文义解释和体系解释比较，在适用时后者的论证义务更重。因为体系解释要考虑法律的外在体系，通过相关法条的比较，来确定法律文本的含义。体系解释不仅涉及多个法条，甚至可能涉及多部法律，其解释过程相对文义解释更为复杂。如果法律规定参照适用某个条款，则应就为何参照适用该条款，负有论证义务，但可直接适用某个条款时，论证义务较轻。

第二，单纯的文义解释与目的考虑相比较，显然探究目的时法官的论证义务更重。因为文本字面含义的解释，主要按照一般的理解或者专业的含义进行理解，不需要法官作过多的说明。当然，如果法官要作出不同于字面含义的理解，则需要负有更重的论证义务。而目的的探明需要借助于各种方式，探究过程本身就要较多地介入主观因素，所以，法官负有更重的论证义务。

第三，就目的探究而言，通过历史的方法来探究较之于一般的目的探究，在适用时法官的论证义务更重，因为历史资料是非常丰富的，也可能存在相互矛盾和冲突。在目的解释中，法官应当指明立法者的意图和立法者的目的。尤其是当作出与规范目的有差异的解释时，解释者必须公开解释的结论，并承担特殊的说明义务。[①]

第四，合宪性解释较之于一般的文义解释，在适用时法官负有更重的论证义务。我们推定所有的规范性法律文件在整体上都是合宪的，但是，在例外情况下，法律的复数解释结论中也可能存在违反宪法的解释，此时，需要运用合宪性解释进行排除。但在这个过程中，对于复数解释结论中哪些解释结论违反了宪法，对于排除或选择的结论也需要进行充分的论证。但是，对于体系解释、目的解释等方法的运用，则法官负担的法律论证义务相对又要轻一些。

第五，较之于其他解释方法，在运用社会学解释时，法官负有更重的论证义务。在社会学解释中，已经在相当程度上要考虑文本之外的因素，它更应当注重社会效果的阐明，考虑到社会效果本身具有较大的不确定性和难以查明的特点，法官应当更加注重其论证义务。总之，法律规则与案件的联系越强，针对性越明确，法官的论证义务就越轻；而法律规则与案件的联系越弱，法官的论证义务就越重。

2. 在进行价值补充时，法官要负有较重的论证义务。较之于各种狭义的解释方法（如文义解释、体系解释、当然解释等），法官在价值补充时负有更重的论证义务。因为不确定概念和一般条款的内涵比较模糊，法官很难阐明其确切含义。如果要借助各种方法将其具体化，就应当更充分地说理论证。例如，在“陈全、皮治勇诉重庆碧波房地产开发有限公司、夏昌均、重庆奥康置业有限公司合同纠纷案”[②] 中，最高人民法院认为，对于原《合同法》第 52 条（现《民法典》第 154 条）关于“恶意串通”行为的认定，应当分析合同双方当事人是否具有主观恶意，并全面分析订立合同时的具体情况、合同约定内容以及合同的履行情

① ［德］魏德士：《法理学》，吴越等译，法律出版社 2005 年版，第 346－347 页。

② 最高人民法院（2009）民申字第 1760 号民事裁定书。

况，在此基础上加以综合判定。这实际上就是要求阐释“恶意串通”这一概念时，应考虑各种因素，进行详细的论证。

3. 在漏洞填补的情况下，相对狭义的法律解释而言，法官需要负担更重的论证义务。在漏洞填补的情况下，法官不能从制定法之中寻找到可供适用的大前提，但又不能拒绝裁判。此时，法官必须续造法律规则。在漏洞填补的情况下，为了防止法官滥用其填补漏洞的权力，随意造法，就必须要求其负担较重的论证义务。按照一些学者的看法，在法律有漏洞的情况下，不能通过简单的先前规则来提供大前提，必须由法官通过一定的方法在立法目的内填补漏洞。此时法律的论证就要发挥作用，因为需要通过论证解释为什么寻求某种解释结论。[①] 法官也可以使用一般的法律原则，例如公平、诚信、平等、自由、公平竞争、正当程序和相邻原则等填补漏洞。但运用原则论证时，法官负有更重的论证义务。

正如法国学者鲍尔（Paul）所指出的，如果法律只是针对部分案件事实作出规定，此时，法官的论证义务就比较重。[②] 漏洞填补中的论证需要具体表现为：第一，认定漏洞的存在，通常需要进行目的性考虑和立法者意思的探究。例如，如果法律未对某种事项作出规定，其可能是立法者的有意沉默。在立法者“有意沉默”的情况下，立法者实际上表明了其对于特定法律制度的否定立场，此时并不存在违反立法计划的问题，因此也就不存在法律漏洞，无须法官进行漏洞填补。例如，我国《民法典》并没有规定取得时效制度，这并不是因为其要预留给司法机关来确定规则填补漏洞，而是因为立法者认为，取得时效制度违背我国法律的精神，不应当予以认可，它属于立法者的“有意沉默”。因此，针对特定社会关系，是否存在法律漏洞，需要加以论证。第二，即便出现了法律漏洞，但也未必需要完全通过漏洞填补的方式来填补漏洞，如果能够通过狭义的解释方法来消除漏洞，则没有必要填补漏洞。因此，漏洞填补应当是在穷尽了狭义解释方法之后采用的解释方法。通常来说，对于解释者是否已经穷尽了狭义的法律解释方

---

① Twining, W., and Miers, D. (1991), *How to do Things with Rules* (3rd edn, London: Weidenfeld & Nicolson), p. 376.

② Paul Delnoy, *Elément de méthodologie juridique*, Larcier, 2006, Bruxelles, p. 389.

法，也需要予以论证。需要通过狭义的法律解释方法来确定是否存在法律漏洞，不能认为只要法律没有规定就构成了法律漏洞。只有在穷尽狭义的法律解释方法而仍然不能有效解释时，才能认为出现了法律漏洞，进而使用法律漏洞填补的方法来填补漏洞。例如，在抵押中，抵押人以其财产清偿了债务时，其是否享有追偿权?《民法典》对此并未进行规定，通过法律解释的方法可以判断，这显然也属于法律漏洞，但是鉴于《民法典》第700条规定了保证人在承担保证责任后，有权向债务人追偿，而保证关系与抵押关系具有相似性，因此，可以类推适用于抵押。第三，即便需要填补法律漏洞，应当采用何种漏洞填补方式也需要论证。由于漏洞填补的方式也存在一定的序位，因此，法官在采用某种方式填补漏洞时，也需要对这种选择加以说明。第四，如果运用某一种具体的漏洞填补方式，则需要遵守该方式的相应规则。也就是说，在具体运用某种填补漏洞方式的时候，也需要伴随着必要的论证。例如，运用类推适用的方法与运用法律基本原则之间就存在明显的区别。在类推适用的情况下，在对一个法律类推进行论证时，“通常要提供很多论据，因为这里又回到了相似性的范畴和价值取向问题”[①]。在类推的情况下，毕竟存在法律规范，只是将某一法律规范的适用范围类推到类似的案件之中。而在运用基本原则填补法律漏洞时，该基本原则的含义广泛，是否可以适用于待决案件，就需要慎重考虑。如果不具体阐释基本原则的内涵及其适用于待决案件的合理性和必要性，就很容易产生“向一般条款逃逸”的现象。因此，法官运用基本原则来填补漏洞，就负有更重的说明义务。法律的基本原则并非单一的，而是多元的。法官选择哪些基本原则漏洞填补，必然会影响其裁判结果。法官选择其中的某一种方法进行漏洞填补，就必须充分论证其选择的理由，并且要论证其排斥其他法律的基本原则的理由。另外，各个法律的基本原则之间还可能存在相互冲突，例如，私法自治原则和诚实信用原则之间就存在一定的冲突关系。因此，法官要运用法律的基本原则填补漏洞，就必须仔细甄别法律的基本原则的适用范围，从而进行比较详细的说理。最后需要指出的是，法律论证也

① ［德］霍恩:《法律科学与法哲学导论》，罗莉译，法律出版社2005年版，第139页。

可能结合事实来进行，而不仅仅是单纯的就法论法。在法律解释中，并不需要针对事实进行解释。但是，在法律论证过程中，有必要联系一定的事实进行论证。法律论证主要从应然角度说明解释结论的正当性，而不仅仅是实然的解读，因而法律论证更多注重价值衡量和判断。在这个论证过程中，有时也需要结合事实进行论证。

（三）连接过程中的论证程度

法官对于连接过程的论证依据案件的难易程度而有别。在司法实践中，案件可以分为简易案件和疑难案件两类。对于简易案件而言，事实较为清楚。事实要件和规范要件的对应性是比较明晰的，法官可以比较容易地寻找到大前提并将之适用到具体案情，法官一般不需要进行详尽的论证。例如，在“欠债还钱”的案件中，法官可以将欠钱的事实和借款合同的相关规定连接起来，得出裁判结论。但是，在疑难案件中，事实和法律规范之间的对应性比较难以认定，此时，法官就要阐述法律规范的选取，以及事实和法律规范之间如何能够对应，尤其是要阐明其连接符合最密切联系规则。“在疑难案件（hard case）中，相关的具体规则并没有对之进行规定，法律的这些内容所能达致的结果需要进行评价解释。”①

第七节　法律论证与证成

一、法律论证与证成的关系

这个过程实际上就是证成（Rechtfertigung）的过程。顾名思义，证成就是指证明成立。按照阿列克西的观点，证成可以分为两个层面：内部证成（interne Rechtfertigung）和外部证成（externe Rechtfertigung）。简单地说，所谓内部证成，是指通过若干个普遍性规范（大前提）和一定的法律事实（小前提）逻辑地

① Edward H. Levi，*An Introduction to Legal Reasoning*，University Of Chicago Press；Revised edition，1962，p. 342.

推导出法律判断；所谓外部证成，是指对普遍性规范（大前提）的正确性的逻辑性推导，也即证明内部证成的前提是正确的。[①] 其实，从三段论的过程来分析，证成应当包括三个方面：即小前提的确定、大前提的发现和大小前提的连接。这三个方面是有机联系在一起的，都体现在外部证成和内部证成之中。按照阿列克西的观点，大前提的发现是外部证成的问题，很多学者认为，外部证成不应当包括在法律论证之中。其实，外部证成是为了发现大前提，在法律论证中具有非常重要的地位。因为只有在大前提确定的情形下，内部证成才能顺利进行。

论证就是围绕着如何得出裁判结论进行阐释。图尔敏曾经提出著名的“图尔敏论证模型”，其认为，证立的模型应当由如下几个步骤组成：即你的主张有何理由？你如何证明从理由到主张的步骤？这确是一个将要进行的可靠步骤吗？你的主张有多大证明力？推翻这种论述的可能性如何？[②] 但是，图尔敏的上述公式是针对一般性的论辩所提出的，实践中，法律论证与此仍有较大的区别，具体而言，法律论证可以结合论证事项与论证目的的特点，应当按如下思路进行。

1. 论证应当考虑当事人是否存在争议以及当事人争议的事项。在通常情况下，论证应当围绕当事人的争议展开。原则上，法官要处理的争议是当事人提交到法院以寻求解决的争议，因此，有关的论证也应当以此为中心展开。毕竟当事人的争议是法官裁判的主要对象，这是司法的被动性的要求。法官在进行论证时，应当考虑当事人的争议，尤其是当事人争议的事项，论证应当针对当事人的争议进行。

2. 论证应当围绕当事人所希望得出的裁判结论展开。在一般的论辩中，论证要围绕自己的观点展开，同样，在法官的论证中，也应以自己的裁判结论为中心展开。也就是说，作为裁判者，法官必须直面主题，而不能避重就轻，顾左右而言他，对当事人的有关争议，应正面地给出清晰准确的论证。

3. 论证应当以事实和规范为基础进行。通常所说的“以事实为根据，以法律为准绳”，就概括了这一原则。事实作为小前提，是启动论证的基础。规范作

---

① ［德］罗伯特·阿列克西：《法律论证理论》，舒国滢译，中国法制出版社 2002 年版，第 14－15 页。

② ［荷］伊芙琳·T. 菲特丽丝：《法律论证原理》，张其山等译，商务印书馆 2005 年版，第 41 页。

为大前提，是评价事实的依据。实际上，不管法官采取何种论证方法，仍应以事实为依据、以法律为准绳。无论价值取向如何，最基本的共识还是法律。事实问题的论证，是证据规则解决的问题，此处所说的论证是法律问题的论证。如果完全撇开法律进行论证，就可能造成法官的任意，无法实现裁判的客观性和确定性。

4. 论证应当围绕当事人双方争议的焦点展开。论证的根本目的是解决法律的准确理解以及其与个案事实的连接问题。一方面，论证是为了证成法律解释结论，在这个过程中，主要是解决法律的解释、漏洞填补等的理由问题。法律论证被区分为内部论证和外部论证。所谓内部论证，是指狭义法律解释中的文义解释和论理解释。而外部论证，是指社会学解释。既然在三段论大前提的确定中，已经进行了文义解释、论理解释和社会学解释，这似乎已经完成了法律论证，没有必要在三段论结束之后，再进行论证，否则，就会导致不必要的重复。另一方面，论证就是要解决法律规定与具体个案的密切联系性。法官对于密切联系性阐述得越清楚，就越能够强化判决的说服力。

5. 论证应当提出充足的理由和说理依据。虽然法律论证是在司法三段论的框架内进行，但是，这并不是说，论证只能采取逻辑的方式进行。保证逻辑的一致性，只是论证的一种方法，法官还应当采取多种方式进行论证。

以“美容失败案”为例，受害人甲到乙美容院做美容手术，在手术前，乙向甲承诺该手术会达到一定的美容效果，并许诺该美容手术没有任何风险，成功率百分之百。乙在其散发的宣传单上明确承诺，“美容手术确保顾客满意”，“手术不成功包赔损失”。据此，甲同意乙为其做美容手术。美容院便外请一名专家从事手术，结果该手术失败，导致甲面部受损，甲因此承受了极大的精神和肉体痛苦。后甲在法院提起侵权诉讼要求乙赔偿医疗费、住院费、误工费、精神损失费等。在该案中，原告在法院提起诉讼要求赔偿，但没有提出基于违约还是侵权，如果法官认为要基于侵权支持原告的请求，必须要通过论证来阐明理由。在论证过程中，法官至少要论证如下问题：一是要论证美容是否属于“诊疗活动”；二是要论证外请的专家是否属于医疗机构的“医务人员”。三是要论证患者在诊疗活动中受到何种损害。四是要论证医疗机构是否具有过错。五是要论证过错和损害之间是否存在因果联系。六是要论证精神损害赔偿是否必须依据侵权提出。这些论证可以围绕三段论而展开，并最终证成裁判结论的妥当性。

二、论证方法的综合运用

（一）各种论证方法的综合运用

前文已经探讨了论证的各种方法。这些方法在实际运用中，并非总是独立适用，而常常应综合运用各种方式进行论证。司法三段论的运用，主要是采用一种逻辑的方法。但法律论证并非可以单纯依逻辑的方法即可得出结论，而须综合运用各种方法，包括经济学、社会学等各种方法，最终得出妥当的结论。从法律论证理论的发展来看，由于引入了其他学科的研究成果，如经济学和社会学，使论证理论已经超越了法理学或狭义的法学的传统范畴。以“火车撞伤农民案”为例：在该案中，受害人是一个聋哑的农民，夜晚下地回家时，他的一头牛跑到铁轨上，原告要驱赶牛时，没有发现火车已经到来。结果，原告被火车撞成重伤。一审法院认为，根据《铁路法》第 58 条第 2 款规定：“违章通过平交道口或者人行过道，或者在铁路线路上行走、坐卧造成的人身伤亡，属于受害人自身的原因造成的人身伤亡。”原告耳聋没有听见火车到来的声音，且夜晚穿过铁轨，属于因受害人自身的原因造成了损害。因此，被告铁路公司不承担责任。从逻辑三段论的角度来看，根据《铁路法》第 58 条第 2 款规定，裁判结论似乎是能够成立的。因为大前提是，因受害人自身的原因造成的人身伤亡的，铁路运输企业不承担侵权责任。小前提是，原告因驱赶耕牛没有注意火车的到来，且夜晚穿过铁轨，这属于受害人自身的原因造成的人身伤亡。结论是，被告铁路公司不承担侵权责任。但若综合运用各种方法来检验，就能发现其中存在问题。如果我们从价值判断的角度来进行论证，判决的结果明显不合理。

首先，从保护受害人的角度考虑，现代民法的基本价值理念是以受害人为中心，强调对受害人的保护。而受害人遭受不幸的事故，仅仅因为穿行了铁轨，就不能获得任何赔偿。另外，受害人作为一个农民，其没有保险，难以得到保险的救济。尤其是受害人遭受侵害以后，其一生的生活都得不到保障，其家庭也陷入困境，这的确与法律保护受害人的宗旨不相符合。

其次，从防范风险的角度考虑，因为企业、物品或装置的所有人或持有人制造了危险来源，由其承担责任，有利于预防风险的实现。由铁路公司承担责任，就可以督促铁路公司采取有力措施，或者设置栅栏，或者提前发出警报，或者设置专门的交叉口。铁路公司也有经济实力来采取这些措施。尤其是考虑到，在农田的边上修建的铁路，如果没有任何的防护性设施，就不能阻止其他人穿越该铁轨。相反，如果铁路公司采取措施，就可以避免更多无辜的人遭受损害。[①] 本案中，完全由受害人承受不幸的损害，并不能促使企业采取措施有效避免损害的发生。

再次，从损益同归的角度考虑，铁路公司从铁路的运用中获得了利益，就应当承受相应的不利后果。这就是所谓"利之所在，损之所归（cuius commode, eius incommoda)"，形成危险者应当对其危险所致的后果负责，且形成危险者从危险活动中获利，危险物的所有人或者占有人能够控制这些危险。[②] 对于受害者而言，其并没有从铁路运营中直接获得利益。由其自己承受全部损失，确有失公平。

最后，从体系解释的角度来看，也不应该得出由受害人全部负担损害的责任的结论。如果我们从体系考察的角度来看，本案中大前提的选择本身也是存在问题的，因为依据《民法典》第1240条，"从事高空、高压、地下挖掘活动或者使用高速轨道运输工具造成他人损害的，经营者应当承担侵权责任；但是，能够证明损害是因受害人故意或者不可抗力造成的，不承担责任。被侵权人对损害的发生有重大过失的，可以减轻经营者的责任"。显然，依据这一规定，即便受害人具有重大过失，也不能免除经营者的责任，而只能减轻经营者的责任。但要援引该规则，法官又需要讨论《民法典》侵权责任编与《铁路法》的相互关系，从体系论证

① 王泽鉴：《民法学说与判例研究》（第4册），中国政法大学出版社1998年版，第330页。
② 王泽鉴：《侵权行为》，北京大学出版社2009年版，第15页。

的角度解释为什么在本案中应优先适用《民法典》侵权责任编而不是《铁路法》。

（二）各种解释方法的综合运用

各种解释方法实际上也都是法律的论证方法。在前述“火车撞伤农民案”中，本案可以通过综合运用各种解释方法而得出解释结论。首先，应当采用多种狭义解释方法寻求妥当的解释结论。从多种狭义解释的结论来看，“受害人自身的原因”应当限于受害人故意导致损害的情形（如自杀），受害人的过失（包括重大过失）不应当导致铁路运输企业的免责。理由在于：首先，从体系解释的角度来看，《民法典》第1240条将火车规定为“高速轨道运输工具”，从而适用高度危险作业的责任。在严格责任的情况下，只有在受害人有故意的情况下，才能被免责责任。虽然《民法典》第11条规定：“其他法律对民事关系有特别规定的，依照其规定”，《铁路法》第58条的规定相对于《民法典》的规定属于特别法的规定，但就相关人身损害赔偿责任方面的法律规范而言，两者之间应当是上位法和下位法之间的关系。就严格责任而言，《铁路法》的规定应当与《民法典》的规定相一致，且《民法典》虽颁布在后，也可以按照新法优先于旧法规则，认为《民法典》已修改了《铁路法》的规定。其次，从目的解释的角度来看，法律设计铁路事故责任的目的在于为受害人提供尽可能充分的救济，同时也要预防危险行为的发生。因此，将受害人自身的原因解释过宽，从而导致加害人的免责，不利于对受害人的补救。最后，从社会学方法来看，课予铁路部门严格的责任，将促使其在铁路道旁、交叉路口等设置防护栏，或设置标志，就可以防止类似事件的发生，避免或减少人身伤亡。而如果铁路运输企业的免责事由过多，它就没有动力来防免损害的发生。因而，课予铁路部门严格的责任有利于损害事故的预防，是符合社会效果的。

从价值补充的角度看，依据《民法典》第1240条的规定，高速运输工具应当适用严格责任，但何为“高速运输工具”一直存在争论。笔者认为，这构成一个不确定条款，很难通过定义的方式确定其内涵和外延。因此，有必要通过类型化的方式来明晰其含义。如果通过类型化方式能够确定火车也属于“高速运输工具”，则《铁路法》所确定的相关人身损害赔偿也应当采用严格责任原则。

从漏洞填补的角度来看，如果我们将《民法典》第1240条和《铁路法》第58条之间的矛盾视为一种碰撞漏洞，则需要采用漏洞填补的方法来消除其中的矛盾和冲突。笔者认为，该问题中，漏洞填补主要可以采用两种方法。一是目的性限缩方法，即通过考虑立法者的目的（该条款的立法目的应当是强化对受害者的保护），从该目的出发，可以将“受害人自身的原因”作限缩解释。因为受害人自身原因包括的范围可能非常广泛，如在夜晚，受害人视力不佳，没有注意到火车的到来，导致被火车撞伤。如果将各种因受害人自身原因而导致损害的情形都包括在内，就可能过于宽泛，而对受害人极为不利。基于目的考虑，“受害人自身的原因”应当限缩理解为“受害人故意”。二是比较法方法。从比较法的角度来看，各国法律对于火车事故，一般都规定只有因受害人故意才能免责，这一经验也值得借鉴。

三、证成的判断

论证的直接目的就是要证明裁判结论的妥当性和正当性。当我们说某个结论是正当的时候，这实际上就意味着，其已经证成。但是，如何判断某一论证已经证成？需要从如下几个方面进行判断。

第一，大前提必须是清晰明确的。在裁判过程中，大前提是裁判的依据。在成文法背景下，依法裁判是法官的基本义务。但是，依法裁判并不意味着，仅仅泛泛地引用某个法条。依法裁判的准确含义是指依据与案件事实最密切联系的、以此能够得出妥当裁判结论的具体依据。在这一过程中，法官必须负有对大前提的论证义务。而判断其是否尽到了论证义务，不仅仅要进行妥当的解释，而且要求事实与法律之间存在最密切联系性。Peczenik 认为，“精确的解释（precise interpretation）是形成涵摄的关键。在解释的过程中，需要采用筛减法（reduction and elimination），将那些与特定案件有关联，但又不适用的法律规范予以排除”①。

① Aleksander Peczenik, *The basis of legal justification*, Lund, Sweden, 1983, pp. 36ff.

所以，准确地解释法律的过程本身也是论证的过程，只有当法官将其援引的法律规则解释得非常清晰明确时，才能说符合证成的基本要求。例如，在援引《民法典》第 153 条认定违反法律和行政法规的强制性规定时，法官还必须阐明其所援引的法条是否属于强制性规定，同时，还需要解释是效力性规定还是管理性规定。如果仅仅援引这一规定而不作解释，这显然是不妥当的。复杂疑难案件中，法官还需要就大前提的产生过程进行正当性论证，说明其为什么选择了一种解释结论而不是另一种。

第二，小前提是真实的，并且与大前提的规范要件相对应。从逻辑三段论来看，是从大前提展开的。但是，从实际运用来看，是从小前提着手的。小前提的确定首先需要运用证据规则，来确定证据的真实性。此时，往往需要经过举证、质证等阶段。在固定证据的基础上，应当通过证据来认定事实。然而，在方法论上所说的事实，不能满足于事实的真实，还必须进一步分析，是否存在支持大前提中规范要件的要件事实。这个过程不仅是判断事实真实性的过程，而且是事实的整理过程。在一些案件中，法官所援引的大前提是清晰明确的，小前提也是真实的，但两者无法对应，由此裁判结论仍然没有完成证成。事实要件的考察不能是孤立的，而是在既定大前提所要求的要件前提下来讨论的。对事实要件的讨论，只能围绕大前提所要求的规范要件来展开。我们讨论特定案件的事实要件，实际上就是要考察特定事实是否符合所有规范要件，进而得出特定事实是否依法引起相应的法律后果即法律责任的结论。

第三，连接的密切性。在判断证成是否完成时，必须要分析规范要件和要件事实之间的对应性，两者的联系越密切，越表明证成的程度。在许多情况下，要件事实不能完全支持规范要件，法官可能需要进行说理论证，阐明两者之间具有最密切联系性。另外，在许多情况下，法官还需要将目光往返流转于事实与规范之间，不断地进行验证，以实现最终的连接。

第四，对裁判结论进行判断。如前所述，即使存在大小前提之间的最密切的联系，也未必能够保证结论的公正。因为逻辑不能代替价值判断，如果一个案件不仅实现了事实和规范之间的最密切联系，而且实现了正义等价值时，才是妥当的裁判。所以，法官还必须证明其结论符合价值判断标准。正是通过形式判断和价值判断、经验判断等实质性判断的多重结合，才使得法律推理的可接受性得以保证。①

总之，在符合上述四个标准以后，就可以认定裁判过程中的论证已经完成，法官已经尽到其证成的义务。

四、论证义务的排除

所谓"论证义务的排除"，是指在某些情形下，法官可以免于或不需要承担论证义务。论证义务的排除，并不是说法官在特定案件中没有任何论证义务，而是就某个具体规范的适用以及某一特定事实的认定，不需要进行额外的论证。在实践中，并非所有的案件所应当适用的规范都要有论证，比如，欠债还钱、损害东西要赔，这既符合人们一般公平正义理念，符合一般的社会生活习惯，也符合最低限度的道德标准。对这些规则适用的正当性，不需要进行过多的说理。

"论证义务的排除"在大前提与小前提两个方面都可能存在。就法律解释而言，论证义务的排除，主要适用在以下几个方面。

第一，"清晰的文本无须解释（Interpretatio cessat in claris）"。文义解释不仅仅是法官探寻文义的出发点，同时，也界定了法官进行狭义的法律解释的范围。② 这就是说，在法律规定明确，适用起来并没有疑义的，也不必过多进行说理。需要说理的主要是法律规定不清晰、法律需要进行解释、法律与客观事实需要进行连接等情形。如《民法典》第 216 条规定以不动产登记簿作为确定权属的依据，其内容非常清楚，基本上不存在边缘区域，因而不需要法官就其文义进行论证。再如，依据《民法典》的规定，普通诉讼时效为 3 年，对于为何是 3 年，法官不需要进行论证。

---

① Eveline T. Feteris, *Fundamentals of Legal Argumentation: A Survey of Theories on the Justification of Judicial Decisions*, Kluwer Academic Publishers 1999, p. 36.

② ［德］卡尔·拉伦茨：《法学方法论》，陈爱娥译，商务印书馆 2003 年版，第 227 页。

第二，人们对于文义及其背后的价值判断存在广泛的共识。例如，对于著名企业的名称，已经包含了其简写的名称，社会一般观念应无异议，故应当受到法律保护，裁判者对此无须再详加论证。[①] 再如，《民法典》第 999 条规定："为公共利益实施新闻报道、舆论监督等行为的，可以合理使用民事主体的姓名、名称、肖像、个人信息等。"此处所说的"等"是否包括隐私？由于在司法实践中，广泛的共识是此处"可以"是指应当包括，这就意味着对该条文背后的内涵及其价值判断，已经形成了共识。

第三，法律已经作出了解释，即已经通过立法解释、司法解释或指导性案例而提出的解释的，也应该认为无须再进行额外的论证。在解释法律的过程中，法官为什么应当负有法律论证的义务，这就是阿列克西所说的为什么形成论证负担规则。[②] 阿列克西曾经从四个方面指出了法律论证的必要性，即法律语言的模糊性、规范之间的冲突性、法律规则的缺失、裁判与规范原文的背离。[③] 从法律解释学的角度来看，这四种情况都可能出现，也都需要法官作出进一步论证。法律已经作出了解释，法官没有必要再对法条的内容，重新作出论证。但法官要改变这些解释，按照其自身的理解进行另外一种解释，或认为此种解释存在错误则必须加以论证，给出充分的理由。

第四，当事人在案件中，对一部分的法律事实或法律适用已经达成一致的，则不需要进一步解释。例如，甲从银行乙借款 3 000 万元，以自己的一块土地抵押，后来甲将该土地使用权转让给第三人丙，丙愿清偿有关借款以涤除土地上的抵押权。这就涉及《民法典》第 523 条关于第三人履行的规定能否适用的问题。如果当事人对第三人代为履行问题本身没有争议，而只是就提前还款的利息问题发生争议，则法院完全没有必要就该规则的适用问题进行额外的论证。

第五，在责任竞合的情况下，当事人依据法律的相关规定选定了某一种责

---

① "蒙牛商标侵权及不正当竞争案"，北京市第一中级人民法院（2006）一中民初字第 1896 号民事判决书。

② ［德］罗伯特·阿列克西：《法律论证理论》，舒国滢译，中国法制出版社 2002 年版，第 338 页。

③ ［德］罗伯特·阿列克西：《法律论证理论》，舒国滢译，中国法制出版社 2002 年版，第 2-3 页。

任，对当事人之间应承担另一种责任规则的适用及相关的法律规定，则没有必要再做论证。“论证义务的排除”对有关的事实认定及小前提的确定，也可以适用。例如，在道路交通事故中，交警已经出具责任认定书，当事人对此又未提出异议，则不必要就事故双方当事人的过错程度的事实问题进行论证了。原则上，凡是当事人没有异议的事实，都可自动免除法官的论证义务。

第八节 法律论证在裁判中的作用

一、法律论证在裁判中的作用

法律论证是提供法律适用正当性的途径，也就是司法实践中所说的“释法说理”，就是要阐明事理、法理和情理，最终让民众明理服法。通过司法论证，有助于实现司法公开和司法透明、促进司法公正和提高司法公信力。由此，释法说理提高执法透明度和公信力，架起了法言法语、执法司法与民众生活之间的桥梁，使人们更加了解法律、理解法律、相信法律、尊重法律。①

法律论证直接应用在司法实践中的最重要的体现便是法官在法律文书中的说理。长期以来，我国裁判文书广为诟病的问题是裁判说理不充分的问题，主要表现为许多法官在裁判中“不愿说理”“不善说理”“不敢说理”“说不好理”②。不少判决书采取简单的“三大段”模式，即先详述当事人诉讼请求，再概述法院认定事实，最后简述法律条文并下判决。③ 在说理部分往往只是“依据法律某某规定判决如下”，在不少判决中，法官在叙述案情之后，便直接援引法条裁判，但为什么依据该法条，则语焉不详。有的判决不针对当事人的诉求来说理，虽讲出了一些道理和理由，但毫无针对性。有的判决甚至根本不援引具体法律规则，而

① 余双彪：《释法说理是公开的深层次要求》，载《法制资讯》2010 年第 11 期。

② 靳昊：《胜得茫然、输得糊涂，裁判文书如何以理服人》，载《光明日报》2018 年 7 月 15 日。

③ 付彪：《释法说理，让法律有了温情》，载《人民法院报》2019 年 4 月 13 日。

只是援引法律原则（如诚信原则、公平原则）裁判，此种情况俗称“戴高帽”的判决。面对一纸“干巴巴的”判决书，很多当事人往往会“胜得茫然、输得糊涂”。其实，一些判决的结果可能是合理的、公正的，但因为欠缺说理，导致一方甚至双方都不相信该判决是公正的，以至于出现无休止的缠讼、上访，并引发了一些社会问题，这也从整体上损害了司法的权威性和公信力。在我国当前司法体制改革中，应当将强化裁判文书说理作为改革的重要内容，以说理促正义，以说理保公平。

俗话说，“有理走遍天下，无理寸步难行”。一方面，法官的职责就是对诉讼当事人的争议作出公正的裁判。司法机构平理曲直、主持公道、定分止争，就是要实现公正的司法，所以公正司法是司法机构存在的根本原因。司法的固有特性决定了法院应该是最讲逻辑、最讲道理的地方，当事人之所以将其纠纷提交司法解决，正是为了寻找说理的地方，求得一个公正的解决方案。司法是现代社会维护社会正义的最后一道防线，司法公正主要体现在司法裁判的说理之中，如果裁判文书不讲道理，就意味着司法不讲道理，老百姓也就没有其他的地方可以说理了。正如法谚所云：“正义是从裁判中发声的。”但如果裁判没有说理，则司法公正就无法得到彰显。另一方面，裁判说理论证承载着司法的公平和正义“努力让人民群众在每一个司法案件中都感受到公平正义”，公平正义永远是一个社会不懈追求的目标，而司法公正是法治的最重要内容，是司法永恒的主题，也是司法追求的永恒目标。然而，法谚云：“正义不仅要实现，而且要以看得见的方式实现。”在案件审理的过程中，严格遵循法定的程序，保障案件依法裁判，都是司法公正的基础，但程序正义也是实体正义的重要保障，怎么样使当事人能看得见实体正义，体会得到裁判结果的公正，仍然应当通过强化判决文书说理予以实现。

司法缺乏权威性和公信力，人民群众对正义的期待不能充分实现，法治的精神就难以彰显，由此必然严重影响全面依法治国宏伟蓝图的实现。问题在于，如何提升司法权威性与司法公信力？应当看到，裁判文书作为司法活动的最终产品，是司法权威和司法公信力的重要载体，裁判文书质量的高低将直接关系司法权威与司法公信力的提高。一方面，裁判文书是审判程序的载体，既体现了实体的公正，也反映了程序的公正。只有要求法官进行充分的裁判说理论证，对事实认定、法律适用和法律程序等事项进行说理，才能从根本上保障法官依法裁判，从而保障司法公正。可以说，说理充分的裁判大多是公正的，相反，凡是不说理，或者强词夺理的裁判，其公正性就值得怀疑。另一方面，裁判文书说理越充分，就越能增进裁判的可预期性，从而也越能增强社会成员对司法的信任。若有一天当事人将案件提交法院裁判时，其确信只要按照诉讼程序正常地进行，最终的结果必然是公正的，而不需要托人说情，更不需要找领导批示，久而久之，自然就能够维护司法的公信力和权威性，真正确立法院作为维护社会正义最后一道防线的地位。

强化法官的裁判说理论证义务，也有利于保障社会公众对司法活动进行监督。Lord Acton 曾言："秘密使人腐化，在司法亦然，任何事务经不起讨论及公开的均非妥当。"① 近几年来，我们一直强调对审判活动的监督，并采取了一些外部监督措施，这虽然能够起到一定的效果，但正如哲学上的原理所揭示，外因必须通过内因才能发挥作用。就裁判活动而言，要真正发挥外部监督的作用。保障司法公正，就必须通过强化法官的裁判说理论证义务来实现。对整个社会而言，经充分说理的判决才经得起社会的评价。尤其是在信息畅通的网络时代，网络监督的功能已经发挥着很大作用，每一个个案都可能在网上公开，引起社会公众的普遍关注。社会的关注不限于对判决结果的简单关注，而更体现在对判决是否详细说理的关注。这不仅反映了我国公民法律素养的普遍提升，也反映了公民对司法公正的强烈期待。从这个意义上说，判决的说理是回应人民群众对司法公正期待、强化社会监督的重要内容。判决的充分说理，可以有效地减少社会对法官的质疑，能够有效地规范自由裁量，防止司法专横、恣意裁判。可以说，裁判说理论证越充分，就越能保障司法公正，从而保障司法活动真正在阳光下运作。

---

① Abbot, Casguet (ed.), *Lord Acton and His Circle*, Kessinger Legacy Reprints, 1906, p. 166.

二、裁判说理论证的对象

（一）当事人

法官裁判说理论证的对象首先是当事人，也就是说，裁判说理论证旨在向当事人说明法院作出裁判的原因，告知当事人诉讼被支持或被驳回的理由，这些原因包括事实层面的原因和法律层面的原因，即法院对争议在事实和法律方面的考量①；在不同的诉讼模式之下，当事人都是裁判说理论证的重点对象。大陆法系的职权主义诉讼模式与英美法系的当事人主义诉讼模式的主要差别在于，二者诉讼程序的进行方式不同，但法官裁判说理论证都应当以当事人为对象。法律是理和力的统一，法律的适用和执行的确是国家强制力的体现，但在更重要的意义上，法律的适用和执行应当建立在充分说理的基础上。中国古人都有“情理法”相统一的说法，这就说明，评价法律是否好的标准是其是否讲理。所以，评价裁判文书的质量如何，讲不讲理也是重要的评判标准。要让当事人真正地息诉服判，感受到法律的公平正义，就必须强化裁判说理论证。全国模范法官宋鱼水把“辨法析理，胜败皆服”作为自己的司法追求和职业目标，展现了新时期优秀法官对司法工作的深刻理解和崇高的职业责任感。

裁判说理论证之所以首先将当事人作为说理的对象，理由主要在于：

第一，这是由诉讼的基本功能所决定的。因为当事人选择通过诉讼方式解决纠纷是开启诉讼程序的原因，而且当事人是裁判结论的直接承担者，当事人对裁判说理论证的接受程度，将直接决定诉讼制度的功能实现程度。因此，裁判说理论证必须关注诉讼当事人，将其作为最为重要的说理对象。裁判文书所载内容是否客观公正对当事人和裁判者均有直接利害关系，其既关系当事人的利益，又关系裁判者的职业生命和职业荣誉，更关系社会公众的价值判断与行为指引。因此，如果一定要求强化裁判说理论证，案件如何裁判，当事人起诉到法院之后，

① BVerwG NJW 1998，3290；MüKoZPO/Musielak，ZPO § 313（2020），Rn. 16；Saenger，ZPO，§ 313（2019），Rn. 26.

当事人的诉讼请求、理由是什么，被告的抗辩是什么，其抗辩能否成立等，法官最后的认定结论是什么，理由和根据是什么，都需要法官作出说明，只有把这些道理都讲清楚了，才能作出公正的裁判。

第二，这是司法的功能所决定的。司法的功能主要在于定分止争，司法裁判应当妥当解决当事人之间的纠纷，对当事人而言，虽然不能使每个案件都达到胜败皆服的结果，但也要使裁判能够以理服人，至少能够通过说理使裁判具有可接受性。在绝大多数当事人看来，裁判说理论证首先能够妥当解决个案当事人的争议，其次才是引导当事人的行为。① 只有接受裁判结果，当事人才能服判息诉，这样才能真正有效解决当事人之间的争议。从实践来看，凡是说理越透彻的，就越能使当事人服判息诉，凡是不讲理的判决，即便结论是正确的，当事人往往也不能接受，甚至不断上访告状。

第三，裁判说理论证针对的不是一方当事人，而应当是双方当事人。这就要求法官在进行裁判说理论证时，不能仅关注原告的诉讼请求是否成立，还应当关注被告的抗辩事由能否成立。法官应当站在双方当事人的角度，及时回应双方当事人的诉求。法官应依法针对裁判说理论证对象的各种主张进行具体分析、解释和论证。将当事人作为裁判说理论证的对象，也可以使当事人能够准确地知悉法官裁判的过程和结果，也可以为当事人寻求法律上的救济提供基础和依据。②

既然裁判说理论证的对象首先是当事人，将当事人作为裁判说理论证的对象，将直接决定裁判说理论证的重点③，首先，裁判说理论证必须针对当事人的请求进行说理。裁判说理论证并非仅仅是对法官认为的正当理由的展开，它不能回避当事人的主张。一份让当事人接受的裁判，必须是积极回应当事人所提出的问题的裁判。不能忽视对当事人提出的意见的回应与具体分析。对于当事人争议较小的事项，可以进行简单的说理，但对于当事人争议较大的事项，即所谓的争

① 凌斌：《法官如何说理：中国经验与普遍原理》，载《中国法学》2015年第5期，第107页。

② 王亚新：《日本的民事裁判文书：说理的形式和方法》，载《人民法治》2015年第10期。

③ BeckOK ZPO/Elzer，ZPO §313（2016），Rn. 97；MüKoZPO/Musielak，ZPO §313（2016），Rn. 14；Saenger，ZPO，§313（2017），Rn. 26.

议焦点，法官则应当进行详细的说理。从这一意义上说，将当事人作为裁判说理论证的首要对象，也将直接决定裁判说理论证的重点。其次，当事人的请求都是建立在一定的事实依据基础之上的，但相关的事实能否成立，能否成为支撑其提出请求的依据，法官也必须对此进行说理。例如，债权人请求保证人承担保证责任，但保证人提出保证期间已过，法官就必须分析债权人是否已经在保证期间内提出请求，同时也要区分一般保证与连带责任保证，从而准确确认不同保证形式的保证期间。再次，裁判说理论证必须要针对当事人提出请求的依据进行说理，也就是说，当事人在提出某项请求时援引相关的法条，这些法条能否成为其提出请求的依据，法官需要对其进行说理。当事人是裁判说理论证的首要对象，要求裁判说理论证主要应当围绕当事人的诉讼请求和抗辩理由展开，这也就是裁判说理论证的针对性的具体体现。

（二）法律共同体

裁判说理论证主要是针对当事人，但透过对当事人说理，也可以向法律共同体传递公平和正义的价值理念。对于大多数法官而言，他们制作的裁判文书的读者只有当事人，但只有当事人作为读者，法官很难有动力把时间花在裁判书写上。这就如同，如果一个学者的作品只有一两个人会看，他也会失去创作的动力。① 因此，裁判文书的说理对象不应当仅限于当事人，还应当面向法律共同体。所谓法律共同体，是指由法官、检察官、律师与法学学者等法律职业群体所组成的，“他们是意义共同体、事业共同体、解释共同体和利益共同体，具备一致的专业知识、相同的法律思维方式、共同的法律语言等”②。裁判说理论证面向法律共同体，裁判说理论证中要正确地释法明理，尤其是要讲清楚法理。如果裁判不说理，虽然表面是依法裁判，但很难经得起法律共同体的检验。

之所以将法律共同体作为裁判说理论证的对象之一，主要原因在于：

第一，有利于法律共同体对法官裁判活动的监督。因为法律共同体拥有共同的思维模式，掌握共同的法律解释方法，面对某一具体案件，能够找出类似的法

---

① 凌斌：《法官如何说理：中国经验与普遍原理》，载《中国法学》2015年第5期。

② 张文显、陆学英：《法律共同体引论》，载《法制与社会发展》2002年第6期。

律依据，得出类似的裁判结论，因此，将法律共同体作为裁判说理论证的对象，可以对法官裁判活动形成一定的监督。法律解释学就是要保障法律人具有相同的理念，接受相同的训练，掌握相同的技巧，护佑法治之舟的平稳航行。[①] 美国学者费希（S. Fish）指出："虽然法律的规则、标准和话语没有最终的客观性、规范性和确定性，但这并不表明律师和法官可以随心所欲，不受制约。对于他们的专业实践的制约，来自这种实践本身及其传统，尤其是来自所有参与这种实践的人所构成的共同体——'解释共同体'。在这个共同体内部，存在一些公认的、约定俗成的标准，它们告诉共同体的成员，哪种法律论据是有说服力的、哪种论据处理方式是可接受的、哪种思维方式能够在同行中引起共鸣。"[②]

第二，有利于加强法律共同体之间的交流。裁判说理论证对于培育法律共同体具有重要作用。法律共同体和其他共同体的重要区别在于：其说理理由和方法具有自己的职业特性。尽管裁判说理论证的"理"来源于生活常理，但又不完全等同于生活常理。面对已经发生的纠纷，虽然律师、法官、学者等主体的角色不同，但都需要考虑纠纷的解决方法，都需要从法律技术、法律程序的角度将社会纠纷转化为法律纠纷。强化裁判说理论证，有利于法律共同体的培育。一方面，强化裁判文书说理，有利于培育相同的思维模式和思维习惯。法律思维不同于一般的思维活动，其需要以法律规定为基础，进行严格的逻辑推理，从这一意义上说，司法活动与法学研究活动具有一定的相似性。强化裁判文书的说理，有利于法律人群体养成共同的思维习惯。另一方面，强化裁判说理论证，有利于沟通司法和法学理论研究的关系。学界能够通过裁判说理论证，了解司法实践对具体法律规定的认识，促进司法和学说的互动，进而加深法律共同体对该法律规定的理解，推动法学的发展。[③] 而法官在案件裁判中，为了强化裁判文书的说理，同样需要旁征博引，除了援引具体的法律规范并对法律规范进行解释外，其还可能需

---

① 肖扬：《薪火相传寄未来》，载《法制》2008年第2期（卷首语）。

② 陈弘毅：《当代西方法律解释学初探》，载《中国法学》1997年第3期。

③ BVerwG NJW 1998，3290；MüKoZPO/Musielak，ZPO § 313（2020），Rn. 16；Saenger，ZPO，§ 313（2019），Rn. 26.

要援引相关的法学论著。例如，有的法官在裁判中直接援引法学教授的观点，这也有利于沟通司法和学理之间的联系，从而推动法律共同体的形成。

第三，有利于进一步保障裁判的公正。裁判文书不仅是针对当事人，而且还要依法向社会公开。裁判文书公开后，成为公共产品，可以被法律人共同研究、评判，优秀的裁判文书也成为学者研究的重要资源，通过学者的归纳总结得到推广，但裁判说理论证质量不好的文书，也会广被诟病。因此，通过法律共同体对裁判文书的分析和研究，也有利于提升裁判文书的质量。例如，有些类案中存在的问题，对其进行分析、论证，这对于提升裁判质量具有重要意义。

（三）普通民众

裁判说理论证不是仅仅针对当事人和法律共同体，它的受众也包括社会普通民众，因为裁判文书需要使社会公众了解法院认定案件事实的过程和适用法律的过程，从而可以对裁判的公正性进行有效的社会监督。[①] 美国耶鲁大学法学院院长高安东指出："判决书是用来澄清法律内容的，是对法律的具体解释，当事人及社会公众根据法院的解释来调整自己的行为，力图使自己的行为具有合法性。法官在中立的立场上公正地解释法律，是法官重要的社会责任，也是体现法官对法律负责的精神。"[②] 之所以将普通民众作为裁判说理论证的对象，主要是基于如下原因：一方面，有利于加深民众对法律规则的理解。由于欠缺专业的法律知识，普通民众可能无法准确理解相关法律规则的内涵，而法官在裁判文书中，结合具体案件对法律规范进行解释、说理，则可以使普通民众更好地理解法律规则的内涵。从这一意义上说，对普通民众而言，法官的裁判说理论证也具有法治宣传和法治教育的意义。另一方面，有利于向社会传递正确的价值观，引导人们正确行为。法官在裁判文书中说理，可以使人们从一个个鲜活的个案中真实、准确地了解法律的公平正义，真正体会到依法合理的正当诉求能够得到法律的平等对待，这才是法的可预测性作用的体现。

此外，将普通民众作为裁判说理论证的对象，也符合司法的本质特征。法官

---

① 王亚新：《日本的民事裁判文书：说理的形式和方法》，载《人民法治》2015 年第 10 期。

② 李亮：《民事判决书判决理由探究》，载《人民司法》2009 年第 21 期。

应该时刻地体谅民情，观察民意，了解人们普遍的价值观念。Fischer-Lescano 认为："裁判说理论证必须要为社会所接受，正是因为这一原因，所以，法官在裁判说理论证中应当考虑特定的法律实施环境，除法律规则外，法官还需要考虑其他的社会子系统，如经济、道德、宗教、科学等，当然，考虑这些因素并不意味着要破坏法律的秩序。"① 司法也应当回应民众的诉求，反映民众的声音，体现对普罗大众的关爱。

（四）上级法院

上级法院也应当是裁判说理论证的对象。上级法院对下级法院的裁判活动具有指导和监督的作用，而对下级法院的裁判活动，则是上级法院指导和监督的重点。裁判说理论证是上级法院审查下级法院裁判是否正确的依据。基于裁判的说理，上级法院可以从事实角度、实体法角度和程序法角度对裁判内容的妥当性进行审查。裁判文书可以为上一级法院审查、监督下级法院的裁判活动提供基础，同时，在当事人向上级法院寻求救济时，下级法院所制作的裁判文书也可以为上级法院提供审查的对象。②

下级法院在裁判中事实认定错误、法律适用错误，或者违反法定程序等，可能成为二审或者再审程序启动的事由。将上级法院界定为裁判说理论证的对象，有利于督促法院进行充分的裁判说理论证。虽然《民事诉讼法》第 168 条规定："第二审人民法院应当对上诉请求的有关事实和法律适用进行审查。"依据该条规定，二审人民法院只是对当事人上诉请求的有关事实和法律适用进行审查，但这仍然可以对法官的裁判说理论证进行一定的监督。

三、裁判说理论证充分性的判断

（一）如何认定裁判说理论证的充分性

所谓充分性，是指说理透彻、完整，足以支持法院的裁判结果。如何认定说

① Fischer-Lescano，A.，& R. Christensen. Auctoritatis interpositio. Die Dekonstruktion des Dezisionismus durch die Systemtheorie. Der Staat，44（2），(2005)，S. 230.

② 王亚新：《日本的民事裁判文书：说理的形式和方法》，载《人民法治》2015 年第 10 期。

理已经达到了充分的状态？德国法采纳了可理解性（Verständlichkeit，intelligibility）的标准，即说理应为当事人或公众所理解，法官在裁判中减少说理不能牺牲裁判说理论证的可理解性。[①] 对于非法律行业的专业人士来说，也是可以理解裁判说理论证的可理解性要求的，即使是那些其难以理解的说理，通过咨询法律行业的专业人士，其也能够理解。[②] 也就是说，无论说理篇幅有多么短，对于证成裁判结论必不可少的理由和事实、法律考虑，法官都应当在说理中予以妥当展示[③]，从而足以让败诉方相信裁判的正确性（von der Richtigkeit des Urteils zu überzeugen）。[④] 因此，德国法采取了"可理解性"的标准对说理的充分性进行判断。这就意味着，说理是否充分取决于当事人和社会公众对于判决的理由是否可以准确理解，而不至于出现误解、偏差甚至曲解。在我国，也有学者主张，应当采用可接受的标准，也就是说，裁判说理如果同时为案件当事人和法律人共同体所接受，则应当认定该说理已经达到了充分性的程度。[⑤] 笔者认为，相对于可接受标准而言，可理解性的标准相对较低，即只要求裁判文书能够为当事人和社会公众所理解即可。此处所说的可接受应当是指接受说理的内容，而非说理的结果，对败诉一方来说，其有可能并不接受说理的结果，但其如果认为说理的理由是充足的，可能为其理解，则应当认定该说理已经达到了充分性的要求。作为法官，其应当尽可能地依据事实和法律，阐明作出特定裁判的原因，从而能够为当事人所接受。

说理不仅要具有可接受性，而且应当具有充分性。充分性并不意味着要对每一类案件都要展开详细的说理，充分性并不意味着对任何裁判案件都需要长篇大论，事无巨细地进行说理。首先必须明确充分的标准如何确定。在德国法中，裁判说理论证的篇幅长短不应影响裁判说理论证的"可理解性"。一方面，充分性

---

① MüKoZPO/Musielak，ZPO § 313（2016），Rn. 14；Musielak ZPO/Musielak，ZPO § 313（2016），Rn. 10.

② Musielak ZPO/Musielak，ZPO § 313（2016），Rn. 10；Saenger，ZPO，§ 313（2017），Rn. 26.

③ Musielak ZPO/Musielak，ZPO § 313（2016），Rn. 10.

④ Saenger，ZPO，§ 313（2019），Rn. 26.

⑤ 赵海峰、高伟、孙叶花：《20 年回首：民事裁判说理的检视与修正》，载《西安审判》第 57 期。

的要求主要针对的是存有争议的事实与法律适用问题，而对于没有争议的，则并不适用这一原则。裁判说理论证的篇幅要求，裁判说理论证部分的论述应当限于支撑裁判结论的实质理由，且论述的措辞准确、妥当。[①] 另一方面，“可准确理解”的判断应当采取客观的标准，“可准确理解”的主体不仅应当包括当事人，也应当包括社会公众，即以社会公众能够理解作为“可准确理解”的判断标准。

正是因为裁判的说理只是强调充分性，而非全面性，因此，对于各类案件应当进行分流。“简案简说，繁案繁说”，详略得当。对于案件复杂、当事人争议较大的疑难案件，法官应当在裁判文书中对证据进行充分的说理论证，针对当事人的争议焦点进行充分的说理论证；但对于案件事实清楚、当事人争议较小的简单案件，则不需要进行冗长的说理论证，而只需要简单归纳案件争议点，进行简要的说理即可。同时，即使对于应当详细说理的案件，也要进行区分，对于实质性的争议，应当进行充分的说理，而对于次要的、非争议性的问题则可以相应降低说理的要求。

（二）法律适用说理的充分性

找法必须依循法律的基本规则。此处所说的“寻找”不是一个宽泛地寻找法律的过程。恩吉施指出：“作出结论本身……（不需要）我们费太大的力气，主要的困难在于寻找前提。”[②] 如前所述，民法典的颁布促进了民商事法律的体系化，有助于实现民事立法外在规则体系的一致性、内在价值体系的一致性、逻辑上的自足性以及内容上的全面性，形成在特定价值指导下的统一法律术语、法律制度和法律规则，保持法律各部分内容的相互协调和相互配合，形成严谨的体系结构。[③]《民法典》本身就具有体系效应，将会为体系解释和论证提供极大的方便。

大前提的寻找，并不是一个机械、僵化的过程。准确理解和适用法律，并不是要采取一种“死记硬背”“一一对应”“对号入座”的模式来消极应对社会经济

① MüKoZPO/Musielak，ZPO § 313（2020），Rn. 16.

② ［德］卡尔·恩吉施：《法律适用的逻辑结构》，第 13 页。转引自［德］罗伯特·阿列克西：《法律论证理论》，舒国滢译，中国法制出版社 2002 年版，第 284 页。

③ ［德］卡尔·拉伦茨：《德国民法通论》（上册），王晓晔等译，法律出版社 2003 年版，第 39－41 页。

现实的多样性，而是要建立在方法的科学性的基础上，按照体系化的要求，依循正确的路径，为具体的个案寻找到最妥当的裁判规则。在法有规定的情况下，方法论的任务，是确定恰当找法的步骤与规范。尤其应当指出，并不是所有的法律规范都能够作为大前提，特别是作为具体个案的大前提。在《民法典》颁布之后，法官仍然需要花时间系统熟悉《民法典》之内各条文之间的相互关系，在具体案件适用中找到准确的依据。例如，关于债的多重转让问题，本为发挥债编总则功能的合同编通则中关于“合同的变更与转让”一节并未作出规定；但合同编典型合同编中的保理合同这类典型合同的第768条对保理合同业务中的多重债权让与作出了规定。因此，在发生债的多重让与时，如果不涉及人身关系时，应当优先参照适用《民法典》第768条之规定，而不是适用关于民法基本原则的规定或者其他不相关的规定。

1. 对所寻找的法律问题的内容进行解释和说明

如果存在多个可供适用的大前提，还需要通过法律解释来选择最为妥当的大前提。明确了具体适用的某个大前提之后，如果对该大前提也存在复数的解释以至于存在不同的法律后果时，仍需要进行法律解释。正是通过法律解释使得大前提和案件事实即小前提相连接。故此，法律解释的过程可以说是一个寻找大前提的作业，法官裁判案件就是要将成文法运用到具体的事实之中，将抽象的法条与具体的事实有机地联系在一起，但是一个或某几个法条为什么能够适用于特定的案件，这就需要法官在判决中作出详细的说明。这就是说，法官需要在判决中准确地引证法条，并且对该法条的含义作出准确的解释，如果不能够找到可供适用的法条，而需要援引有关的原则，或者需要通过公平正义的观念来作出判决，则需要在判决书中作出详细的说明，在许多情况下还需要根据法理来论证。

一个法律规定应相对于一个待裁判或处理的事实加以阐释，并予以具体化。因此，真正的法律解释问题与其说是由法律条文自身，还不如说是由应处理的案件所引起的。[①] 例如，在“北京金海群岛广告有限责任公司与赵某某纠纷案”中，法院

① 黄茂荣：《法学方法与现代民法》（第五版），法律出版社2007年版，第303页。

首先解释了竞业禁止的概念，即所谓竞业禁止，即竞业行为的禁止，是指特定地位的人不得实施与其所服务的营业具有竞争性质的行为。本案中，“根据金海群岛公司章程规定，赵某某系金海群岛公司执行董事聘任的副经理兼办公室主任，其职权范围亦包括代行经理的部分职权，负责管理公司业务活动，且金海群岛公司与赵某某之间亦存有关于负担竞业禁止义务方面的约定，故赵某某应属《公司法》中规定负竞业禁止之法定义务的特定地位的主体”①。

找法的过程也不是泛泛地、简单地列举法条，尤其是不能仅仅找到抽象的法律原则。裁判文书中对法律适用的说理所存在的主要问题在于：没有明确列明法律规则的内容，而只是列举了法条的条目，不利于当事人理解法律规则的内涵和得出裁判结论的依据。尤其是不少法官总是习惯于援引抽象的法律原则来判案，例如，直接适用《民法典》总则编中确立的民法基本原则（如诚实信用原则）直接作为裁判依据。其实，在法律有具体规定的情况下，找法并非意味着要寻找抽象的原则，而应当要寻找具体的规则。在寻找大前提方面，两大法系仍然存在很多共同点，表现在：一方面，努力寻找具体的规则而不是抽象的原则。在大陆法国家，原则上，法官必须要遵循“避免向一般条款逃逸”的原则，如果有具体的规则，就不应当适用抽象的原则。在例外情况下，法官也可以援引抽象的法律原则，并从法律原则中阐释出具体规则。这一点在英美法上有所不同，因为英美法的基本思维逻辑是从个案到个案，而不是从抽象原则到具体事实。② 法官在裁判过程中需要寻找先例，并将该先例中确定规则运用到个案之中。法官的工作是具体地（in concreto）解释先例和比较两个案例的相似度。③ 但由于其严格强调先例与待决案例的相似性，一般规则仍然是以先例为根本前提的，主要用以说明特定先例在创设规则上的效力，而不是通过先例辅证一般规则的正当性。在大陆法国家，法官的主要功能是直接地解释法典，而不是具体解释先例。④ 当然，在

① 北京市朝阳区人民法院（2001）年朝经初字第 4115 号民事判决书。

②③④ Jane C. Ginsburg, *Legal Methods: Cases and Materials*, 3rd ed., Foundation Press 2008, p. 70.

某些情况下，法官也可能要援引法律原则。由于大量法典条款采用了原则性和抽象的表述，所以法官在个案中即使要援引法律原则，他也必须对该原则的内涵以及从原则中确立的具体规则进行解释。① 另一方面，尽可能寻找具有具体针对性的裁判规则。就同一案件来说，可供适用的具体法律规则可能有数个，法官的任务就是要寻找最妥当的裁判规则，其妥当性的表现之一就是具有具体针对性。法官对特定法条的解释并不只是针对个案，而是努力将其解释成调整某类型案件的规范，保证其对大量具体案件的包容性。因此，大陆法系成文法解释活动注重对法律本身体系性和协调性的维护。② 从这个意义上讲，无论是大陆法系的成文法典的解释，还是英美法系的先例解释，解释活动都强调拟适用规则来源的统一性和稳定性，维护法律规范的可预期性。所以，法官在寻找具体的、可适用于具体案件中的规则时，应当将其寻找的过程和原因公开，以接受社会的监督。

2. 对案件事实与法律规则之间的连接进行说理

虽然法律适用是一个涵摄的过程，但是，法律适用并非简单的逻辑推理过程，必须要借助于法律论证。从实践来看，当事人可能就纠纷的法律适用问题存在争议，而适用的法律规则不同，将会对当事人双方的权益产生重大影响。例如，依据我国《民法典》第 406 条规定，抵押期间抵押人可以转让抵押财产，当事人另有约定的，按照其约定。依据该规定，当事人之间可以订立禁止转让抵押财产的特约。该约定是合法有效的。但是在抵押人违反该特约而将抵押财产转让给第三人的情形下，是否可以依据该规定而认定抵押财产的转让无效，不能发生物权变动呢？显然，当事人之间的约定不能对抗善意第三人，法官不能依据该条的规定而宣告抵押财产的转让无效。显然，依据《民法典》第 406 条的规定而订立的禁止转让特约，难以对第三人产生拘束力，正是基于这一原因，《最高人民

---

① 在英国的一个案件中，法官描述了归纳推理和演绎推理在普通法实务中的适用过程：首先致力于确定某类行为的共同特征以及涉案当事人之间的关系，以及法院在先前判决中所确定的注意义务。要确定现在案件中行为的特征与当事人之间的关系与先前案件中行为与类型的关系的共同性。这一步骤是一种分析和归纳的过程，在大前提确定之后，将大前提与具体案件结合起来，最后形成裁判结论。See Home Office v Dorset Yacht Co Ltd [1970] UKHL 2.

② Jane C. Ginsburg, *Legal Methods*: *Cases and Materials*, 3rd ed., Foundation Press 2008, p. 70.

法院关于适用〈中华人民共和国民法典〉有关担保制度的解释》第43条第2款规定："当事人约定禁止或者限制转让抵押财产且已经将约定登记，抵押人违反约定转让抵押财产，抵押权人请求确认转让合同无效的，人民法院不予支持；抵押财产已经交付或者登记，抵押权人主张转让不发生物权效力的，人民法院应予支持。"据此，如果当事人将禁止或者限制转让的约定办理了登记，在此情形下因没有查阅登记而受让该抵押财产，则该抵押财产的转让是无效的。如果符合该条的情形，则法院可以根据该条规定的情形来认定抵押财产转让的效力。所以，类似的法律适用争议发生之后，法官应当就为什么选择相关的法律规则进行说理。

找法必须寻找到与案件事实最密切联系的规则。在找法的过程中，规范要件和事实要件可能不能完全对应，或者事实要件与多个条款形成对应。在此情况下，简单通过逻辑三段论无法得出妥当的裁判结论。例如，在责任竞合的情况下，其可能适用《民法典》侵权责任编，也可能适用《民法典》合同编。如果当事人没有进行选择，法官就要考虑如何为受害人提供最有效的保护。如果受害人遭受了精神损害，需要根据侵权法来对损害加以救济，这就是价值判断的问题。在作出价值判断的过程中，司法者要考虑法律中已经确定下来的价值判断，因为如果不了解立法者在法律之中所确定下来的价值判断，其就无法真正明了立法的目的和宗旨，就会偏离立法的目标和方向。所以，司法者在运用法律规范时，其首要任务就是要探求在法律中已经确定下来的价值判断。在裁判过程中，司法者不仅要认识到法律之中的价值，而且要认识到立法者所采取的价值取向。例如，在善意取得制度中，就涉及静的安全和动的安全的冲突，但是，立法者采取了侧重于保护动的安全的价值取向。因此，在法律适用中，应当体现并实现此种价值取向。又如，在不动产善意取得中，登记错误是否应当适用善意取得制度，这就涉及价值取向的问题。如果了解到立法者倾向于保护动的安全的价值取向，就应当将登记错误纳入其适用范围。

3\. 对有争议的法律适用问题应当予以回应

实际上，在任何一个案件中，无论案件事实多么复杂，法律的争议点可能可以归结为几个。例如，在合同案件中，涉及合同是否有效，合同是否发生变更，一方是否有权解除以及一方是否有权主张违约责任等，这些争议点可能是当事人争议的核心。因此，裁判说理应当回应如下几个问题。

首先，必须回应原告的主张能否成立。例如，被告主张合同应当被宣告无效，而原告主张被告承担违约责任。这就首先需要回应合同是否有效的问题。如果合同有效，则原告主张违约责任就有法律基础。如果合同被宣告无效，则原告的主张根本无法成立。

其次，被告抗辩权的行使或者所提出的抗辩能否成立。在司法实践中，当原告提出诉讼请求后，被告总是会提出各种抗辩，以对抗原告的请求，针对这些抗辩，确定其与原告的请求之间是否具有对应性。如果被告的抗辩能够否定原告的诉讼请求，则原告的主张将难以成立。我国司法实践中，此类问题经常出现，但我们忽略了对这些问题的说理，例如，在实践中，法官很少在裁判文书中对当事人在诉讼过程中的对抗活动进行总结和回应，忽略对论证过程详尽与充分的释明。[①] 因此，有必要借鉴上述德国法的经验，强化裁判文书的说理。

4. 如果制定法存在缺陷，还必须借助漏洞填补的方法来确定可供适用的法律规范

法律解释学的重要任务就是提供一套形成共识的法律解释方法，并将这些方法上升为系统化的理论，以指导法律解释实践。在现代社会，社会情势和社会关系不断发展和丰富，这对法官的司法素质、法律素养以及司法理念等都提出了更高的要求。正如卡纳利斯（Canaris）教授指出的：民法典是体系化的，但它并不是一个外延穷尽所有民事法律关系、逻辑严谨、高度体系化的法律规范群，可以通过采用民法解释技术，对每一个民法问题，都能够在民法典中找到一个且只有一个答案。[②] 法官适用法律本身是一门实现善与公正的艺术，法官既要严格地遵守法律，保障法律的真正适用，又不能机械地适用法律，而需要通过高超的法律解释艺术，填补法律的漏洞，保障裁判结果的统一与公平。例如，在“李金华

① 《河南法院 2014 年度案例分析报告》，http://www.hncourt.gov.cn/public/detail.php?id=158301，访问日期：2017 年 2 月 13 日。

② 孙宪忠主编：《制定科学的民法典》，法律出版社 2002 年版，第 39 页。

诉立融典当公司典当纠纷案”中，上海市静安区人民法院认为：“‘绝当’即指典当关系断绝，典当关系一旦断绝，附随于典当合同关系的回赎权也就随之消灭。”[①] 这就填补了法律的漏洞。当遇到法律漏洞时，法官应按照一定的规则，在法律目的和法律精神框架内，创造性地解释法律、填补法律漏洞。

5. 裁判结论的作出要体现充分性原则

裁判结论主要涉及是否需要承担责任，以及承担多少责任的问题，裁判的说理应当体现在大、小前提是否能够连接，以及连接大、小前提后能否得出裁判结论的问题。我国司法裁判有时过于强调法律效果和社会效果的统一，或者使用“依据法院酌情等”表述，得出裁判结论，并没有充分论证作出裁判结论的过程和基础。

此外，充分性原则还表现在，法官在说理过程中，要充分运用法理、学理、情理等，进行充分的说理论证。裁判理由的充分性要求裁判文书要讲清法理，阐明事理、情理，做到法理透彻，事理明晰，情理感人。[②] 当然，裁判说理论证的充分性并不意味着裁判说理论证都要长篇大论，而应当根据不同的案情，确定不同程度的说理。例如，在德国，裁判说理论证部分的论述应当限于支撑裁判结论的实质理由，且论述的措辞准确、妥当[③]，一般来说，裁判说理论证的篇幅长短没有统一要求，但裁判说理论证应当足以使败诉方相信裁判的正确性（von der Richtigkeit des Urteils zu überzeugen）。[④] 说理的充分性建立在必要性的基础上，说理并不是要面面俱到，而是要做到有的放矢，重点在于解决当事人的争议焦点，而不需要就所有的细枝末节的问题都作出回答，对于当事人没有争议的事项，可以少说理或者不说理。裁判说理论证的充分性与裁判文书的篇幅并不存在直接关联，绝不能仅以裁判文书的篇幅衡量裁判理由的充分性。[⑤]

---

① 《最高人民法院公报》2006 年第 1 期。

② 周力、李永生：《谈民事判决书理由部分的撰写》，http：//www. chinacourt. org/article/detail/2003/09/id/79880. shtml，访问日期：2017 年 2 月 13 日。

③ MüKoZPO/Musielak，ZPO § 313（2016），Rn. 14.

④ Saenger，ZPO，§ 313（2017），Rn. 26.

⑤ 《河南法院 2014 年度案例分析报告》，http：//www. hncourt. gov. cn/public/detail. php？id＝158301，访问日期：2017 年 2 月 13 日。

总之，理由充分的基本标准是，能够满足查清事实、分清是非、公正裁判的需要，使当事人和一般群众易于理解，并能有效排除对判决正当性的质疑。

四、依据不同案件类型区分论证程度

（一）依据简易案件与疑难案件的区分确定论证程度

法律论证要根据疑难案件（hard case）与简易案件的分类，区别予以对待，一般认为，简易案件可以尽量简化说理，而疑难案件应当强化说理。《最高人民法院关于加强和规范裁判文书释法说理的指导意见》也明确指出，疑难、复杂案件应当强化释法说理，而简易案件则可简化说理。但简易案件与疑难案件如何区分，存在一定的争议。

一般认为，简易案件是指案件事实较为清楚、法律关系和法律适用较为简单的案件，而案件事实复杂、法律关系和法律适用复杂的案件就是疑难案件。在实践中，不少人认为，只要案件事实简单的案件，都可以归入简易案件的范畴，但笔者认为，此种观点值得商榷，因为案件事实简单并不意味着法律关系和法律适用简单。例如，甲未经乙的许可，将借用的乙的一部手机卖给第三人。对案件事实，当事人并无异议，但该案是否属于简易案件呢？笔者认为，不宜将其归入简易案件的范畴，因为本案涉及多个法律关系：第一，当事人之间究竟构成违约还是侵权，存在疑问。在该案中，甲、乙之间成立借用合同关系，甲未经乙许可将其手机卖掉，该行为构成对借用合同的违反。同时，甲擅自出卖乙的手机，也构成对乙手机所有权的侵害，因此，甲的行为也构成侵权。第二，对善意买受人而言，其能否取得标的物所有权，这就需要考虑买受人是否为善意，是否符合善意取得的构成要件。第三，乙是否享有否定权，即甲究竟是以乙的名义出卖标的物，还是以自己的名义出卖。如果甲是以自己的名义卖掉，则构成无权处分，依据《民法典》第597条的规定，该行为是有效的；但如果甲的行为是以乙的名义出卖，则构成无权代理，该行为能否发生效力，还取决于乙的意思，而不能当然认定该买卖合同是有效的，也不能当然认定买受人可以取得手机所有权。

应当指出，简易案件与通过简易程序审理的案件在范围上并不完全相同，《民事诉讼法》第157条规定："基层人民法院和它派出的法庭审理事实清楚、权利义务关系明确、争议不大的简单的民事案件，适用本章规定。基层人民法院和它派出的法庭审理前款规定以外的民事案件，当事人双方也可以约定适用简易程序。"依据该条规定，通过简易程序审理的案件为事实清楚、权利义务关系明确、争议不大的案件，而简易案件如果符合简易程序的适用条件，则可以通过简易程序审理，但简易案件并不当然需要通过简易程序审理，其也可以通过普通程序审理。从这一意义上说，简易案件的范围应当大于通过简易程序审理的案件范围。

（二）简易案件和疑难案件的区分标准

1. 案件事实的复杂程度

案件事实的复杂程度将直接对法官的说理产生影响，如前所述，虽然在某些情形下，简易案件也可能存在多个法律关系，但一般而言，案件事实简单，则当事人的法律关系就相对简单，但如果案件事实复杂，则当事人之间的法律关系就会相对复杂。例如，单一之债相对于多数人之债，一般而言，单一之债中当事人的权利义务关系相对简单，因为当事人是单一的，而在多数人之债中，就需要区分其究竟属于按份之债还是连带之债，按份之债又可区分为按份债权与按份债务，连带之债又可区分为连带债权与连带债务，当事人之间的权利义务关系较为复杂。在连带之债中，某个债务人清偿债务后，又可能产生追偿之债。而在第一次行使追偿权之后，如果某个债务人无法清偿债务，则可能产生债务的二次分担问题，这就分别涉及不同的法律关系，涉及事实认定的问题，此时就需要在当事人主张的不同事实之间剥茧抽丝，尽可能地还原事实。

2. 法律关系的复杂程度

人们在社会生活中发生各种社会关系，并非所有的社会关系都受到法律调整，通过法律规则调整后的社会关系才能构成法律关系。法律关系和单纯的事实不同，法律关系是从法律规范的角度对事实的一种撷取、归纳和调整，是对生活关系调整所形成的关系，法律事实和生活事实是不同的，通过法律事实再形成法律关系。例如租赁中，可能涉及双方接触、看房、中介等一系列事实，法律关系将这些事实中具有法律意义的事实抽取出来，而非将所有的生活事实都如同电脑记忆般进行复制，是根据规范将具有规范意义的事实撷取出来。如果一个案件涉及多个法律关系，多个法律关系的组合形成一个整体结构，不同的法律关系之间也相互影响，就可能会构成疑难案件。如在上述所争案件中，就涉及违约、侵权、不当得利、无因管理、无权处分、无权代理等。

法律关系的复杂程度往往是区分简易案件与疑难案件的判断标准。有时案件事实虽然复杂，但涉及的法律问题可能很简单，法官对法律解释和法律适用的说理就相对简单，可能主要集中在对案件事实的说理。甚至在有些案件中，证据非常清晰，当事人对案件事实也不存在大的争议，此时，法官对案件事实的说理也可以简化。但一旦案件事实涉及的法律关系较为复杂，就必然对法律适用以及法律解释提出更高的要求，必须强化说理。

3. 法律适用的复杂程度

除了案件事实和法律关系的复杂程度外，简易案件与疑难案件的区分还需要考虑法律适用的复杂程度。例如，甲借乙 100 万元，请丙做保证人，双方在保证合同中明确约定保证期间为一年，在 9 个月后，债权人向保证人主张债权，但其没有向主债务人主张权利，因为债权人认为，其向保证人主张也是主张权利。该案件看似简单，但其实很复杂。当事人约定保证期间，依据《民法典》第 693 条规定，债权人应当在保证期间内向主债务人提起诉讼或者仲裁，保证人享有先诉抗辩权，因此，在保证期间内，如果债权人未向主债务人主张权利，则即便债权人向保证人主张保证责任，也不产生效力。所以，简易案件与疑难案件的区分不能仅考虑案件事实和法律关系的复杂程度，还需要考虑法律适用的复杂程度。

在实践中，法律适用的复杂程度主要体现在如下几个方面。

第一，法律虽然有规范，但规定模糊。法律为了尽可能地调整更广的范围，会采用一般性的表达。哈特认为法律的用语和概念会有一些核心区域，这比较容易认定，但是会出现语词的边缘领域，这时的认定就比较困难。例如，《民法典》第 997 条规定："民事主体有证据证明行为人正在实施或者即将实施侵害其人格权的违法行为，不及时制止将使其合法权益受到难以弥补的损害的，有权依法向人民法院申请采取责令行为人停止有关行为的措施。”这就在法律上规定了侵害人格权的禁令制度，开启了人格权保护的新的方式。禁令不仅成为权利实现的途径和解决纠纷的手段，而且将成为依法管网、治网的重要形式，但从《民法典》第997条规定来看，民事主体“有证据证明”行为人正在实施或者即将实施侵害其人格权的违法行为时，其才能申请人民法院颁发禁令。但何为“有证据证明”？申请人所提供的证据达到何种程度才能申请颁发禁令？《民法典》并没有作出明确规定，需要司法解释予以明确。一般而言，对于已经发生的侵害人格权的行为，权利人举证较为容易，对其证明程度的要求也应当更高；而对即将发生但尚未发生的侵害行为，权利人证明较为困难，对权利人举证的要求也应当相对较低。因此，为了保障禁令制度的准确运用，权利人在不同情形下究竟要达到何种证明程度，需要司法解释予以明确，细化证据要求。

第二，法律没有规定，形成了无法可依的局面，这就是通常所说的法律漏洞。“法典不可能没有缝隙。”[①] 事实上，无论在成文法国家，还是在判例法国家，法律漏洞都是各国共同面临的法律难题，通过何种方法对法律漏洞进行发现以及通过怎样的方法填补这些漏洞成为几十年来法学界讨论的核心问题之一。前已述及，由于人类对客观世界的认识存在局限性，成文法也具有难以弥补的滞后性，因此法律漏洞是任何国家民法中都不能回避的一个问题。例如，民法典物权编中的混合共同担保追偿权，就是一个适例。《民法典》第392条规定了提供担保的第三人承担担保责任后，有权向债务人追偿，但该条仍然没有对各担保人相互之间能否追偿的问题作出规定。对此，理论及司法实务就混合共同担保人之间能否追偿也持截然相反的态度。应该说，关于共同担保中各个担保人之间的追偿权问题，构成了法律漏洞。实践中，此类纠纷很多，但缺乏法律依据。因此，在发生争议的情形下，一旦当事人提出相关主张，法官无法回避此种争议，而必须回答各担保人之间能否追偿，这就意味着，法官必须通过复杂的裁判说理论证来解释是否允许担保人之间的追偿。在存在法律漏洞的情形下，需要遵循填补漏洞

---

① Hans Hattenhauer, Einführung, in Allgemeines Landrecht für die Preußischen Staaten von 1794, at 1, 21.

的一般方法。例如，法官应当首先寻找最相类似的法律规定作出裁判；如果没有最相类似的法律规定，法官可以依据习惯、法律原则、立法目的等作出裁判，并合理运用法律方法对裁判依据进行充分论证和说理。

第三，同一案件涉及多个法律规范的适用。有些案件并非单纯根据一个规范得到答案，而是需要联结多个规范才能得到回答。民法的法典化实际上就是体系化，民法典的重要目的就是要形成完善的体系架构，为法官处理民事案件提供完备的规范体系。这就决定了在民法典各编中会出现大量的引致条款，这些条款在最大程度上保证了立法的简洁，避免重复。据粗略统计，民法典中至少有 49 个引致条文。例如，行为人侵害他人物权，非法占有他人财产，并造成一些财产的损害，在此情形下，受害人既主张返还财产、恢复原状，同时也主张损害赔偿。受害人的主张实际上构成了物权请求权与侵权损害赔偿请求权的竞合。法官在裁判说理论证中既需要援引物权编的物权请求权规范，同时也需要援引侵权责任编中侵权责任承担方式的规范。在物权编中，《民法典》第 238 条就规定："侵害物权，造成权利人损害的，权利人可以依法请求损害赔偿，也可以依法请求承担其他民事责任。"此处的"依法请求损害赔偿"主要就是指向侵权责任编的适用。在侵害物权的情形下，权利人主张停止侵害与赔偿损失，就不仅需要援引物权编也要援引侵权责任编的规则。如果损害赔偿请求权已经过了时效，则可能还需要援引民法典总则编有关诉讼时效的规则。引致条款的出现就意味着法官不能只援引一个条款，而必须援引多个条款，同时满足该案的请求权基础。法律适用存在法律规范竞合或者冲突的，裁判文书应当说明选择的理由。

第四，不完全规范如何成为裁判依据问题。所谓不完全规范，是指欠缺适用条件或法律后果的规范。虽然不完全规范不能单独提供请求权基础，但是不完全规范却可能与其他规范结合，提供请求权基础。例如，《民法典》第 1166 条规定："行为人造成他人民事权益损害，不论行为人有无过错，法律规定应当承担侵权责任的，依照其规定。"该条虽然规定了严格责任的法律后果，但其适用条件并不明确，还需要结合其他法律规范予以适用。这些不完全规范，或说明、或限制、或引致、或解释、或推定，功能不一而足，绝非仅仅是"提示"。这些不完全规范的性质就决定了其必须与其他规范共同适用。当数个不完全规范满足了构成要件和法律效果的要求之后，才能成为完全规范，并能成为裁判依据。

即便对完全规范而言，其适用也需要法官进行解释。例如，《民法典》第1165条第1款规定："行为人因过错侵害他人民事权益造成损害的，应当承担侵权责任。"在适用本条规定时，对于何为"行为人"，何为"民事权益"（如自由权是否属于其中的民事权益），何为"侵权责任"（具体形式为何）等，也都无明确规定，虽名为"完全法条"，但与真正的"完全"仍相去甚远。因此，即便是对于完全法条，也需要与辅助性规范相结合，构成大前提。

第五，价值冲突比较明显的新类型案件。这些新类型案件，欠缺法律的明确规定，但是当事人之间的利益冲突比较明显。在人格权侵权中，常常涉及大量的价值冲突问题，人格权的行使与保护常常与其他权益和价值发生一定的冲突，例如，肖像权的行使与保护往往与舆论监督发生冲突，在新闻报道中使用他人肖像的，通常属于正常舆论监督的范畴，而不构成对肖像权的侵害。再如，个人信息的保护与个人信息、数据的利用之间也会发生一定的冲突，行为人在收集、利用他人个人信息时，不得非法收集、利用、共享他人的个人信息。法官在处理这些案件时，就需要通过裁判说理论证，妥当平衡各种价值之间的关系。法官需要价值平衡和利益冲突解决规则，确定权益或者价值的位阶，确保每一种权利都受到必要的兼顾和相应的保护。法官也需要维护行为人的行为自由，防止行为人动辄得咎。尤其应当看到，平衡人格权保护与其他价值的关系，对于准确认定行为人的责任及其责任范围，都具有重要意义。

总之，在确定结论时，法官应当予以充分地论证说理，将不同观点的理由清晰完整地展现出来，才有可能在该问题上逐渐形成共识。在疑难案件中，法官的说理涉及对事实的认定，对法律关系的认定，对法律规范的理解，特定的法律规范如何能够适用于特定的案件中，欠缺特定法律规范时如何进行漏洞填补，等等，法官都应当在具体的裁决中进行详细的说理。

（三）诉讼各方对案件法律适用无争议且法律含义不需要阐明

如前所述，关于案件基本事实清晰，当事人对此无不同意见，这就减轻了对案件事实的说理义务，但这并不意味着免除了法官对案件的说理义务，法官对法律适用和法律解释仍然需要进行说理和解释。如果诉讼各方对案件法律适用无争议且法律含义不需要阐明的，裁判过程中，法官说理论证的程度相对较低，具体而言，对下述案件可以在法律适用和解释说理方面予以简化或不必论证。

第一，诉讼各方对案件法律适用无争议。也就是说，当事人双方对案件所涉及的法律关系没有争议，如案件属于合同案件还是侵权案件，当事人是否构成违约，是否构成侵权等，并没有争议，这极大地简化了法官的裁判说理论证义务。

第二，法律含义不需要阐明。严格地说，"法无解释不得适用"，但是有些条文的内涵非常明确，一般人都能够读懂其含义，不需要法官对法律规范本身的含义作出解释，如果进行解释，则可能构成累赘和重复。例如，《民法典》第 1257 条所规定的林木折断、果实坠落致人损害责任，关于本条中林木的含义、果实的范围，其与日常生活用语没有太大区别，当事人可以很容易理解，并不需要法官对此作出详细阐释。当然，本条所规定责任的成立还涉及行为人过错的认定问题，关于何为过错，以及依据何种标准认定行为人的过错，则需要法官对其作出解释。再如，《民法典》第 1258 条第 1 款规定："在公共场所或者道路上挖掘、修缮安装地下设施等造成他人损害，施工人不能证明已经设置明显标志和采取安全措施的，应当承担侵权责任。"该条所涉及的在公共场所或者道路上挖掘、修缮安装地下设施，以及设置明显标志和采取安全措施等用语均为日常用语，不需要法官对其含义作出详细阐释。

当然，即便法律规范的部分内容是清晰的，但其相关内容也需要法官的解释，而不能当然认为不需要法官解释。例如，就《民法典》第 1257 条所规定的林木致害责任而言，其成立需要行为人具有过错，但行为人过错的内涵如何，依据何种标准判断行为人的过错等，均需要法官予以解释。此外，即便法律规范的内涵是清晰的，但其能否适用于具体的案件，涉及法律规范与案件事实的涵摄问题，这也需要法官对法律规范进行解释，并将其与具体的案件事实进行关联。例如，《民法典》第 1258 条第 1 款规定："在公共场所或者道路上挖掘、修缮安装地下设施等造成他人损害，施工人不能证明已经设置明显标志和采取安全措施的，应当承担侵权责任。”施工人是否已经设置明显标志，采取安全措施，也需要法官对法律规范的解释，并将其适用于具体案件。

五、法官自由裁量权过大的案件，应当进行说理论证

（一）自由裁量权过大的案件，应当进行说理论证的理由

司法自由裁量权（Judicial discretion），即法官在法律适用中自由选择的权力，具有特定的含义，通常是指法官在法律规定的范围内，根据一定的案件事实而选择法律的适用，并作出裁判的自由决定权。司法自由裁量权是伴随着司法权而产生的，凡是有司法权之处，都存在自由裁量权，司法自由裁量是始终伴随司法活动的必不可少的过程，任何裁判活动都离不开自由裁量。概念法学曾经设想法官裁判活动如同自动售货机一般，只要司法者投入硬币（案件事实）于售货机（法典），就可以自动输出判决。实践证明，这不过是一种幻想，其结果也只能导致司法的机械主义，并不一定能实现司法的公正。自由裁量的存在具有其天然的合理性：一方面，因为法律的一般性特点，其不可能与个别的、特定的案件自动地连接。波斯纳指出，法律作为解释社会的一种方式和结构，由于受语言、载体和人的认识能力的限制而带有不确定性，法律的不确定性必然使法官拥有自由裁量的权力。① 另一方面，人类的有限理性，使得立法者不可能预见到一切的未来，立法中存在缺陷和不完善是不可避免的。有限之律，难以律尽天下之事。社会生活纷繁复杂、丰富多彩，法律规范不可能面面俱到，所以，对于复杂的个案，必然要留给法官一定的自由裁量权。只不过，自由裁量的空间有大小之别。尤其是，法律的抽象规定不一定和特定的案件事实相对应。在法律规则适用于具体的案件过程中，如何确定规则与事实之间的最密切联系性，仅仅通过逻辑的推演很难进行判断，所以，应当通过价值判断和利益衡量确定妥当的裁判规则，并充分实现公平正义的目标。为此，我们需要认识到自由裁量权存在的必要性、正

① ［美］波斯纳：《法理学问题》，苏力译，中国政法大学出版社 2002 年版，第 371 页。

当性，尊重法官自由裁量权的行使结果，保障法官充分正当行使自由裁量权。从实践来看，法官的裁判只要是在法律规定的裁量范围内作出的，就不能认为其属于错案，不能依“错案追究制”追究其责任。

法官在行使自由裁量权时，应当强调说理，裁判说理论证很大程度上就是要有效规范法官的自由裁量行为，主要原因在于：

第一，保障法官在法律规定的范围内行使自由裁量权。自由裁量的本意就是，在特定情形下决定如何做某事的自由。[①] 但司法的自由裁量权是在法律规定范围内法律赋予法官享有的权力。正如凯尔森所说，无论立法如何细致，也难免存在法律空隙（gaps Lacunae），因此，必然会给法官一定的自由裁量权。[②] 在现代社会，成文法国家出现了两种趋势：一是法律日趋完善、日趋复杂，也就是哈贝马斯所说的，社会生活的过度规范化；二是法律赋予法官越来越大的自由裁量权，以因应不断出现的新情况、新问题。就司法过程而言，法官所享有的自由裁量权都来自法律的授予，这就是说，立法者为了保证普通的、一般性的法律规则能够有效地适用于具体案件，通过裁判实现公平正义，因而允许法官在特定情形下享有一定的自由裁量权，正是因为法官的自由裁量权来自法律的授予，因此立法者当然有必要对这种裁量权的行使予以规范，以防止这种权力被滥用。正如哈特所说，如果法官对解释法律享有不受限制的自由裁量权，则法律将变成“法官可以自由裁量”的规范。法官解释法律并不等于创造法律。[③] 在统一裁判中，最难实现的就是自由裁量的统一，因为自由裁量本身就意味着法官的自主决定。但在法治社会，法官的自由裁量权也应当受到规范，避免裁判的“畸轻畸重”，影响司法公正。在我国，因为法官自由裁量权的行使不规范，也导致了法的可预期性受到较大影响，并最终影响了司法的公信力。强化裁判说理论证，就可以使法

① Marisa Iglesias Vila，*Facing Judicial Discretion*：*Legal Knowledge and Right Answers Reviseted*，Kluwer Academic Publishers 2001，p. 3.

② ［奥］凯尔森：《法与国家的一般理论》，沈宗灵译，中国大百科全书出版社 1996 年版，第 165－168 页。

③ E. Kellaway，*Principles of Legal Interpretation of Statutes*，*Contracts and Wills*，Butterworths，1995，p. 13.

官的自由裁量权受到限制和规范。

第二，保障自由裁量不偏离法律的目的和价值。自由裁量应当在法律限制的范围内，如果法官不受任何拘束，就不属于自由裁量的范畴，而属于司法的恣意。以《民法典》第1183条为例，法官在确定精神损害赔偿数额时，也应当受法律规定、司法解释、既有的判决、通说见解等的拘束。德沃金曾经提出了著名的“面包圈”理论来解释法律对自由裁量权的限制。他认为，没有任何限制的选择自由不属于自由裁量行为。在他看来，即便是强势的自由裁量，也必须受到法律原则的约束，就像一个炸面包圈中的一个圆洞一样，自由裁量就是这个圆洞，但其必须置于面包圈的范围内。如果没有面包圈的限制，自由裁量就失去了存在的意义。[①] 法官无论享有多大的自由裁量权，其都要受到法律制度规范的约束，即使不存在法律的明文限制，也要受公平正义等法律原则的制约。从这个意义上说，自由裁量不是指无拘无束的裁量。实际上，我们说“法官有自由裁量权”只不过是强调法官在法律规定的范围内享有一定的自主决定的权力，即法官的裁决不受额外因素的干涉，而不是说法官可以任意乃至脱离规则地裁判。所以，为保障自由裁量在法律规定的价值范围内，就有必要强化法官的论证说理义务。

第三，保障自由裁量尺度的统一。法官在进行法律解释时要秉持正确的解释方法，并辅以充分的说理性论证。必须承认，目前有些裁判文书中的说理性论证并不充分，这很大程度上是因为欠缺裁判说理论证，同案不同判现象在司法实践中常有发生，更为极端的是，个别法官甚至“操两可之说”随意进行裁判。有些法官动辄以法律效果不符合社会效果为由，简单地对生效的法律规则作否定性评价，甚至完全撇开现行法，以追求所谓的“社会效果”，损害了法律的权威性。从中国当下的情况来看，问题常常不是“无法可依”，而是“有法不依”。

在裁判说理论证中，法官应当就其自由裁量权行使中所考虑的因素，甚至各个因素所占比重等作出阐述。如果法官所考虑的因素是妥当的，就可以为其他法官在类似案件中借鉴，从而形成相对统一的裁判尺度。如果不注重裁判说理论

---

① R. Dworkin, *Taking Rights Seriously*, Duckworth & Co., 1996, p. 31.

证，完全由法官自由裁量，不同法院之间，甚至同一法院内部的判决尺度掌握得可能都不一样，并因此导致“同案不同判、同法不同解”的后果。

第四，法院的判决是法官对事实和法律的判定及认识后作出的决定，它体现了一定程度的主观价值判断。法官的自由裁量过大，就无法保证类似问题类似处理。法律和特定的案件事实又是客观的，法官应当努力从客观存在的事实中寻求可适用的规则，从而使裁判的结果尽可能具有客观性。因此，某一特定的案件事实应当与特定的规则相联系，从而得出相对确定的法律后果，这也可以使当事人对法律产生合理的预期。各个案件事实只要是相同的或大致相同的，就应当具有大体相同的裁判结果，至少这些结果彼此间不应有重大差距甚至相互矛盾。然而我们的判决在实践中经常出现相互矛盾现象，类似案件事实，在此法院审理是一种结果，在彼法院审理是另一个结果。这固然有各种外来的因素如地方保护主义行政干预的影响，但也涉及法院内部如何使执法标准或尺度统一以及妥当的问题。

（二）法官自由裁量权过大的案件的判断

哪些是法官自由裁量权过大的案件？一般而言，法律规则规定得越详细、越具体，针对性越强，则法官的自由裁量权受到的限制就越大，而法律规定得越模糊，越不清晰，或大量使用不确定概念，甚至出现法律漏洞等，则法官的自由裁量权就越大。例如，以“王海打假案”为例，由于对知假买假是否属于生活消费行为，对职业打假人的行为是否为合法行为，法律没有作出明确规定，因此，实践中就出现了截然不同的判决。有的判决王海打假行为属于合法行为，支持了其惩罚性赔偿的请求，而有的法院认为，其行为构成欺诈，驳回了其请求。如果类似案件的标准极不统一，则给法官极大自由裁量权，遇到这种案件都可以按照自己的理解进行裁判，既可以支持王海，也可以支持商家，两种看法似乎都在法律的文义含义范围之内，这显然赋予法官过大的自由裁量权，影响司法的统一。因此，在法律规定较为抽象、模糊的情形下，强化裁判说理论证，有利于约束法官的自由裁量权，保障解释结果的可靠性。

在某些情形下，法律特别授权了法官自由裁量权，例如，为了协调和平衡人格权与其他利益之间的冲突，民法典人格权编积极发挥动态系统论在归责中的作用。《民法典》第998条规定："认定行为人承担侵害除生命权、身体权和健康权外的人格权的民事责任，应当考虑行为人和受害人的职业、影响范围、过错程度，以及行为的目的、方式、后果等因素。"该条改变了以前以构成要件认定责任的做法，而是运用了动态系统论的方式。这种做法也借鉴了《欧洲侵权法原则》（PETL）和《欧洲示范民法典草案》（DCFR）的规定方式。动态系统论试图通过抽取一些因素或因子，引导法官考虑该因素或因子的权重，在个案中通过判断不同变量的强弱效果，并结合因素之间的互补性，最终得出案件裁判的结论。相较于构成要件系统而言，动态系统论考虑的因素更为宽泛，更具有灵活性与开放性，从而可以适应复杂情况下的公正需要。但动态系统论确实给了法官较大的自由裁量权力，因为如何考量各种因素，以及最终确定行为人是否承担责任，法官享有较大的自由裁量空间。因此，此种方式常常被称为"法治中的人治"。再如，《民法典》第1182条规定："侵害他人人身权益造成财产损失的，按照被侵权人因此受到的损失或者侵权人因此获得的利益赔偿；被侵权人因此受到的损失以及侵权人因此获得的利益难以确定，被侵权人和侵权人就赔偿数额协商不一致，向人民法院提起诉讼的，由人民法院根据实际情况确定赔偿数额。"依据该条规定，如果难以确定受害人的损害数额以及行为人的获利数额，且当事人无法协商一致，则"由人民法院根据实际情况确定赔偿数额"，这实际上也是赋予了法官酌定赔偿数额的权力。在法律赋予法官自由裁量权的情形下，也不意味着法官可以不受任何拘束地进行自由裁量，其也应当严格按照法律规定进行自由裁量。例如，依据《民法典》第998条规定，必须严格按照法律规定进行自由裁量，尤其是法官在认定行为人的责任时，对各个因素在责任认定中具有何种影响等，法官应当进行详细的说理论证。

（三）对自由裁量权行使的限制

司法自由裁量权既然是法律赋予法官所享有的，那么，行使自由裁量权的前提必须是法律对此作出了明确规定，法官只能在法律规定的范围内进行裁量。自由裁量可以分为量的自由裁量和质的自由裁量权。所谓量的自由裁量权是指在法律的适用阶段，对法律规则适用过程中所享有的裁量权。所谓质的自由裁量权是指在证据的判断、取舍与行为的定性方面所享有的裁量权。[①] 无论是量的自由裁量权还是质的自由裁量权，都要受制于法律的约束。正如英国大法官柯克所指出的："自由裁量不应是专断的、含糊不清的、捉摸不定的权力，而应是法定的、有一定之规的权力。"[②]

在法有规定的情况下，自由裁量权是有法律的明确授权和许可的。Cowen 指出，在对成文法的条文解释中，建立完全的自由裁量的原则是不确切的。[③] 自由裁量权不是无所限制的权力，而只是法律范围内的酌情决定权。自由裁量权在法律范围内进行，这也是由立法者和司法者的角色配置决定的。立法者享有对所有法律规范的决定权，而司法者只是法律适用者，其应执行立法者的意志。当然，立法者的意旨既可能通过具体的法律规范体现出来，也可能通过抽象的法律规范予以展现。我们说法官要在法律范围内行使自由裁量权，就意味着法官的自由裁量至少需要遵守立法者在法律原则层面表达的立法意旨。还要看到，为了实现法的安定性，实现人们对其行为的合理预期，我们又必须使法官的自由裁量权保持在法律所能允许的适度范围之内。[④] 也就是说，需要在法官的自由裁量权的限制与发挥之间保持一种适当的平衡，这也有必要对自由裁量权进行规范。

1. 法律规定可以由法官根据案件的具体情况进行自由裁量

如果在有关法律规定中已经授权法官结合案件的具体情况进行判断，这实际上是考虑到社会生活事实的复杂性，法律无法作出统一规定，因而赋予法官个案认定的权力。在法律上，有的条文规定，根据案件的具体情况由法官判定。例如，《民法典》第 1207 条规定了惩罚性赔偿，并没有规定数额，这是否意味着，法官可以毫无限制地运用自由裁量权？在这里，法律使用了"相应的"一词，这实际上就是对法官确定赔偿数额的限制。如何判断"相应的"损害赔偿责任？这

---

① 张榕：《事实认定中的法官自由裁量权》，法律出版社 2010 年版，第 18 页。

② 姜明安：《论行政自由裁量权及其法律控制》，载《法学研究》1993 年第 1 期。

③ John Chipman Gray，*The Nature and Sources of the Law*，Adamant Media Corporation，2001，p. 178.

④ 李开国：《法典化：我国民法发展的必由之路》，载张礼洪等主编：《民法法典化、解法典化和反法典化》，中国政法大学出版社 2008 年版，第 89 页。

需要法官行使自由裁量权时，考量加害人的过错程度、受害人所受损害的状况等因素来具体确定数额。

在相关法律规定中，还有的条文虽然没有明确表明要考虑具体情况，但条文中暗含了要考虑具体情况的判断。例如，《民法典》第585条第2款规定："约定的违约金低于造成的损失的，人民法院或者仲裁机构可以根据当事人的请求予以增加；约定的违约金过分高于造成的损失的，人民法院或者仲裁机构可以根据当事人的请求予以适当减少。"在该条中，法律并没有规定要根据具体情况判断，但是，从相关条文规定中可以推断出，法官应根据个案的情形考虑以确定如何"适当减少"。在侵权责任的承担中，法律有时规定要考虑具体因素确定赔偿数额，这也属于授权法官根据具体情况判断的情形。例如，在"宗申公司诉长奥公司侵害专利权一案"中，法院认为，因权利人的损失和侵权人的获利均不能确定，本院将根据本案的具体情况，综合考虑被告侵权行为的性质、期间、后果、商标的声誉、制止侵权行为的合理开支以及原告下属公司曾委托长奥公司生产润滑油并同意其使用"宗申"商标这一事实等因素，酌情确定被告长奥公司赔偿宗申公司经济损失的合理数额。[①]

立法者的沉默不语并不一定意味着给法官留下了完全的自由裁量空间。立法者可能在法律中没有对某些问题规定具体的条款，但是，法律是一个系统的整体，首先，它由法律原则和法律规则所共同组成，法律原则对法律规则的具体适用具有指导意义，并且也能够规范在没有法律规定或者法律规定不明的情况下，法官对法律的解释和适用。对于没有具体法律规则的内容，即"立法者沉默不语"的场合，法官必须在适用法律时服从法律原则的指导。其次，在法律规定不清晰明确的情况下，可以通过法律解释方法如体系解释、反面解释等方法的具体适用，来获得基本的适用规范，以填补"立法者沉默不语"的内容，这些内容对法官自由裁量也具有限制意义。再次，法学方法中也存在对法律漏洞填补的规则，如类推适用、目的性限缩和目的性扩张等，这些规则虽然具有一定的价值判

① 重庆市第一中级人民法院（2005）渝一中民初字第117号民事判决书。

断因素，但是由于这些规则的存在，法官在“立法者沉默不语”的场合也无法随意地自由裁量。最后，对法律漏洞本身，法官还可以采用“法律续造”的方法加以填补，但是和前面所述各种方法相比，法律续造更加强调法官的个人主观性，对现有法律体系的突破更为明显，因此，需要遵循漏洞填补的规定，以确保法官最终的判决具有足够充分的正当性基础。

2. 根据案件具体情况需要对法律条文进行阐释

法律解释也是一个创造性的法律适用的过程，在需要进行狭义的法律解释时，同时给予了法官自由裁量的权力，使其可以在法律的可能文义范围内进行解释。凡是法律的文义本身不清晰，需要法官进行解释的情形，尤其是法律允许法官在解释中进行价值判断的情形，法官都享有一定的自由解释的空间。这个空间实际上就是法律允许法官享有的自由裁量的范围。例如，《民法典》第 588 条规定：“当事人既约定违约金，又约定定金的，一方违约时，对方可以选择适用违约金或者定金条款。”该条的本意是违约金和定金不能并用，但此处所说的“定金”是否仅限于违约定金，还是也包括解约定金？对此存在争议。一种观点认为，此处所说的“定金”应当作限缩解释，限于违约定金。另一种观点认为，按照“法律没有作出区分则不必区分”的解释规则，此处所说的“定金”应当包括解约定金。在立法解释和司法解释没有规定时，法官显然是享有一定的解释空间的，只要法官能够按照解释的规则，阐释其理由和合理性，就属于法官自由裁量的空间。但是，需要指出的是，作出狭义的法律解释，法官要受法律解释方法和规则的严格限制，不能脱离法律解释方法而进行任意解释。法官在法律解释方法的拘束下仍然享有一定的空间，但是，该空间是有限的。例如，《民法典》第 1254 条规定，由可能加害的建筑物使用人给予补偿。此处所说的建筑物使用人是否包括“物业服务企业”？在实践中，确实存在争议。在立法解释和司法解释对此没有规定时，法官因此享有一定的解释空间。不过，在不确定概念和一般条款的具体化中，法官的自由裁量空间更大。例如，《民法典》第 117 条规定了国家基于“公共利益的需要”，可以按照法律规定的权限和程序征收征用不动产和动产。但是公共利益的概念本身是一个不确定概念。虽然有关法律法规作了限定

（例如，《国有土地上房屋征收与补偿条例》第 8 条就征收中的公共利益作了具体规定），但法律都留给了法官一定的考量空间。[①] 这一项其实属于开放性的规定，赋予了法官自由裁量的空间。绝大多数不确定概念和一般条款都给予了法官自由裁量的权力，法官可以通过运用解释的方法，尤其是类型化的方法，进行判断。再如，法律上规定的“显失公平”“重大误解”“情节严重”等概念本身具有模糊性和概括性，需要法官对其进行具体化的操作。

在某些情况下，法律中运用了“可以”“有必要”等表述，从通常的文义解释来看，其是赋予了法官自由裁量权，允许法官自主决定是否适用该规范。但是，如果通过立法目的等的考量，可以发现，法律对法官的自由裁量权有严格限制。法官还是应当结合具体情形，来确定条文的含义。例如，《民法典》第 1180 条规定：“因同一侵权行为造成多人死亡的，可以以相同数额确定死亡赔偿金。”此处虽然采用“可以”的表述，但并非意味着，法官可以自由裁量。从该条的目的考量，其就是要适当弥补最高人民法院有关司法解释中死亡赔偿标准规定的不足。因而，在一般情况下，针对同一侵权行为造成多人死亡的情形，法官仍然应当适用该规则。

3. 法律规定由法院在法定的范围、限度内裁量

法定的范围是指法律确定了法官可以进行自由裁量的范围。一般来说，如果法律明确列举了在几种情形下法官可以选择，此时，其自由裁量权较小；而如果法律采兜底性规定的方式，法官则享有较大的自由裁量权。例如，《民法典》列举了几种民事法律行为无效的情形之后，又开放式地在《民法典》第 153 条第 1 款规定，“违反法律、行政法规的强制性规定的民事法律行为无效。但是，该强

① 《国有土地上房屋征收与补偿条例》第 8 条规定：“为了保障国家安全、促进国民经济和社会发展等公共利益的需要，有下列情形之一，确需征收房屋的，由市、县级人民政府作出房屋征收决定：（一）国防和外交的需要；（二）由政府组织实施的能源、交通、水利等基础设施建设的需要；（三）由政府组织实施的科技、教育、文化、卫生、体育、环境和资源保护、防灾减灾、文物保护、社会福利、市政公用等公共事业的需要；（四）由政府组织实施的保障性安居工程建设的需要；（五）由政府依照城乡规划法有关规定组织实施的对危房集中、基础设施落后等地段进行旧城区改建的需要；（六）法律、行政法规规定的其他公共利益的需要。”

制性规定不导致该民事法律行为无效的除外”。据此，如果合同的约定违反强行性规范，则有可能被宣告无效。然而，强制性规范林林总总，在民法典物权编、侵权责任编中存在较多的强制性规范。尽管原《合同法司法解释二》对强制性规范进行限制，即限于效力性规定。但是，管理性规定与效力性规定如何区分，并不存在非常清晰的标准，法官对此仍然有自由裁量的权限。

如果法律明确了自由裁量的幅度，法官就只能在该幅度内进行裁量。例如，《消费者权益保护法》第 55 条规定了双倍赔偿，该幅度就是自由裁量权行使的界限。再如，《民法典》第 585 条第 2 款规定：“约定的违约金低于造成的损失的，人民法院或者仲裁机构可以根据当事人的请求予以增加；约定的违约金过分高于造成的损失的，人民法院或者仲裁机构可以根据当事人的请求予以适当减少。”这里所说的“损失”包括了实际损失和可得利益的损失。法官在考虑违约金是否过分高于造成的损失时，只能考虑损失的数额。例如原《合同法司法解释二》第 29 条第 2 款规定：“当事人约定的违约金超过造成损失的百分之三十的，一般可以认定为合同法第一百一十四条第二款规定的‘过分高于造成的损失’。”这就确定了法官适当减少违约金数额的幅度。

4. 法律规定由法院从几种法定情形中选择其一裁量

法律规定由法院从几种法定情形中选择其一裁量，此时，法律虽然给予了法官一定的裁量空间，但是，法官只能在法定的情形中选择。例如，我国《民法典》规定了合同的可撤销制度，如果存在重大误解、显失公平、欺诈、胁迫，法官可以撤销合同。因为法律在这里仅仅规定了撤销制度，所以在此情形下，法官并不能作出其他的选择，如认定合同无效，只能撤销合同。此外，同一案件事实存在多个法条可以适用，但究竟选择哪一个存有争议。在司法实践中，如果对同一案件事实存在多个法律规定，这些规定在适用中可能导致不同案件处理结果的不同，此时法官有权根据法律解释的规则选择可供适用的法律规则。例如，在“丢失信件案”中，法官如果认定本案中被告赵某违反了后合同义务，应当确定此种责任是违约责任，还是侵权责任？被告承担的责任是严格责任、过错责任，还是过错推定责任？如果当事人没有作出选择，法官有权从保护当事人利益出发，选择妥当的责任依据。再如，在行为人构成了侵权责任之后，如果受害人没有要求被告承担具体责任的形式，法官也可以从受害人保护出发，选择对其有利的责任形式（如损害赔偿）。

5. 在法律规定的参考因素的范围内可以自由裁量

此类情形下，法律虽授权法官进行裁量，但是，为了限制法官的自由裁量权，法律又规定了一些参考因素。只要法官是以法律规定的参考因素为基础进行的裁量，就是符合立法目的的。例如，《民法典》第 998 条规定："认定行为人承担侵害除生命权、身体权和健康权外的人格权的民事责任，应当考虑行为人和受害人的职业、影响范围、过错程度，以及行为的目的、方式、后果等因素。"该条规定引入了动态系统论，要求法官依据各种法定的因素进行综合考量，但如此一来，赋予了法官一定的自由裁量权力，这就需要法官就裁判结论的得出进行充分的说理论证。再如，《民法典》第 1207 条规定："明知产品存在缺陷仍然生产、销售，或者没有依据前条规定采取有效补救措施，造成他人死亡或者健康严重损害的，被侵权人有权请求相应的惩罚性赔偿。"此处虽然没有明确规定惩罚性赔偿超出实际损害赔偿的特定倍数，但确定了"被侵权人有权请求相应的惩罚性赔偿"的规则，这一规则实际上是数额确定的具体标准。具体来说，该标准包括两个方面的内容：一方面，受害人请求赔偿的是"相应的"惩罚性赔偿。这就是说，受害人在要求赔偿一定的惩罚性数额时，应证明其请求的数额的"相应性"。而有关相应性的举证应由被侵权人承担。另一方面，相应性应根据各种因素综合判断。所谓相应，是指惩罚性赔偿数额应当与行为人的过错程度、损害后果、获利情况等相适应。

在存在法律漏洞的情况下，如何保障法官自由裁量权的行使，这是方法论上重点探讨的课题。拉丁法谚云："凡法必有漏洞"。即使法律再严密，也总会有漏洞，同时法律相对于社会还具有滞后性，这种漏洞随处可见。法官在某些情况下，可能会处于"找法不能"的境地，即并无规范可以作为大前提。[①] 现代社会

① 韩登池：《司法三段论——形式理性与价值理性的统一》，载《法学评论》2010 年第 3 期。

纷繁复杂，法律不可能对各种情形一一作出规定，在大量的案件中，法官都是在法无规定的情况下进行自由裁量。在存在法律漏洞情况下是否意味着自由裁量权是毫无限制的呢？我们应当承认，在存在法律漏洞情况下，根据案件具体情况需要对法律条文进行补充，法官所享有的自由度更大，但这并不是说，此种自由裁量权是不受限制的，相反，越是在法律出现漏洞的情况下，因填补漏洞而产生的自由裁量，由于缺失了法律的限制，因而必须要求法官进行充分的说理论证，以将自由裁量可能产生的恣意性限制在最小的程度内。

参考书目

一、中文文献

陈朝璧：《罗马法原理》，法律出版社 2006 年版

陈金钊等：《法律解释学》，中国政法大学出版社 2006 年版

陈寿灿编著：《方法论导论》，东北财经大学出版社 2007 年版

陈增宝等：《裁判的形成——法官断案的心理机制》，法律出版社 2007 年版

段匡：《日本民法解释学》，复旦大学出版社 2005 年版

冯文生：《推理与诠释：民事司法技术范式研究》，法律出版社 2005 年版

葛洪义主编：《法律方法与法律思维》（第 1－3 卷），中国政法大学出版社 2002—2005 年版

公丕祥主编：《典型裁判案例》，法律出版社 2009 年版

公丕祥主编：《审判工作经验（三）》，法律出版社 2009 年版

管欧：《法学绪论》，五南图书出版有限公司 2007 年版

郭成华：《法律解释比较研究》，中国人民大学出版社 1992 年版

胡旭晟：《法学：理想与批判》，湖南人民出版社 1999 年版

黄建辉：《法律阐释论》，新学林出版股份有限公司 2000 年版
黄茂荣：《法学方法与现代民法》（第五版），法律出版社 2007 年版
黄异：《法学方法》，元照出版公司 2009 年版
焦宝乾：《法律论证：思维与方法》，北京大学出版社 2010 年版
孔祥俊：《法律方法论》（第一卷），人民法院出版社 2006 年版
孔祥俊：《法律方法论》（第二卷），人民法院出版社 2006 年版
孔祥俊：《法律解释方法与判解研究》，人民法院出版社 2004 年版
李廉、张桂岳、孙志成主编：《逻辑科学纲要》，湖南人民出版社 1986 年版
李太正等：《法学入门》，元照出版社 2003 年版
梁慧星：《民法解释学》，中国政法大学出版社 2000 年版
梁庆寅主编：《法律逻辑研究》（第 1 卷），法律出版社 2005 年版
梁治平编：《法律解释问题》，法律出版社 1998 年版
林立：《法学方法论与德沃金》，中国政法大学出版社 2002 年版
林喆：《法律思维学导论》，山东人民出版社 2000 年版
刘江编著：《逻辑学推理和论证》，华南理工大学出版社 2004 年版
刘景秋：《司法裁判方法问题研究》，吉林大学 2007 年硕士学位论文
刘亚丛：《事实与解释》，法律出版社 2010 年版
龙卫球：《民法总论》（第二版），中国法制出版社 2002 年版
鲁千晓等：《司法方法论》，法律出版社 2009 年版
马汉宝：《法律思想与社会变迁》，清华大学出版社 2008 年版
马克思主义理论研究和建设工程重点教材编写组：《法理学》，人民出版社、高等教育出版社 2010 年版
任成印：《民法方法论》，中国检察出版社 2005 年版
史尚宽：《民法总论》，中国政法大学出版社 2000 年版
舒国滢等：《法学方法论问题研究》，中国政法大学出版社 2007 年版
苏永钦：《合宪性控制的理论与实际》，月旦出版社 1994 年版
汤建国等主编：《习惯在民事审判中的运用》，人民法院出版社 2008 年版

王伯琦：《近代法律思潮与中国固有文化》，清华大学出版社 2005 年版
王成：《侵权损害赔偿的经济分析》，中国人民大学出版社 2002 年版
王洪：《司法判决与法律推理》，时事出版 2002 年版
王文杰主编：《法学方法论》，清华大学出版社 2004 年版
王亚新主编：《法学进阶之路》，中国人民大学出版社 2008 年版
王轶：《民法原理与民法学方法》，法律出版社 2009 年版
王泽鉴：《法律思维与民法实例》，中国政法大学出版社 2001 年版
王泽鉴：《民法思维》，北京大学出版社 2009 年版
吴从周：《民事法学与法学方法》（第一册），一品文化出版社 2007 年版
吴从周：《民事法学与法学方法》（第二册），一品文化出版社 2007 年版
谢鹏程：《基本法律价值》，山东人民出版社 2000 年版
徐国栋：《民法基本原则解释》，中国政法大学出版社 1992 年版
徐振东：《宪法解释的哲学》，法律出版社 2006 年版
许可：《民事审判方法：要件事实引论》，法律出版社 2009 年版
许中缘：《民法强行性规范研究》，法律出版社 2010 年版
杨仁寿：《法学方法论》，三民书局 1986 年版
杨日然：《法理学论文集》，月旦出版公司 1997 年版
张保生：《法律推理的理论与方法》，中国政法大学出版社 2000 年版
张春生主编：《中华人民共和国立法法释义》，法律出版社 2000 年版
张晋藩：《中国法律的传统与近代转型》，法律出版社 1997 年版
张榕：《事实认定中的法官自由裁量权》，法律出版社 2010 年版
张文显：《法学基本范畴研究》，中国政法大学出版社 1993 年版
张文显主编：《法理学》，法律出版社 1997 年版
张志铭：《法律解释操作分析》，中国政法大学出版社 1998 年版
郑玉波：《法学绪论》，三民书局股份有限公司 2008 年版
郑玉波：《法谚（一）》，三民书局 1984 年版
郑玉波：《法谚（二）》，法律出版社 2007 年版

朱景文：《比较法总论》，中国人民大学出版社 2004 年版

朱庆育：《意思表示解释理论》，中国政法大学出版社 2004 年版

朱志凯主编：《逻辑与方法》，人民出版社 1995 年版

邹碧华：《要件审判九步法》，法律出版社 2010 年版

二、中译本文献

[德] Ingeborg Puppe：《法学思维小学堂》，蔡圣伟译，元照出版公司 2010 年版

[德] K. 茨威格特、H. 克茨：《比较法总论》，潘汉典等译，贵州人民出版社 1992 年版

[德] 奥托·迈耶：《德国行政法》，刘飞译，商务印书馆 2002 年版

[德] 迪特尔·施瓦布：《民法导论》，郑冲译，法律出版社 2006 年版

[德] 伽达默尔：《真理与方法》，下卷，洪汉鼎译，上海译文出版社 1999 年版

[德] 哈特穆特·毛雷尔：《行政法总论》，高家伟译，法律出版社 2000 年版

[德] 汉斯·波塞尔：《科学：什么是科学》，上海三联书店 2002 年版

[德] 汉斯·普维庭：《现代证明责任问题》，吴越译，法律出版社 2000 年版

[德] 霍尔斯特·海因里希·雅科布斯：《十九世纪德国民法科学与立法》，王娜译，法律出版社 2003 年版

[德] 卡尔．拉伦茨：《德国民法通论》（上），谢怀栻等译，法律出版社 2002 年版

[德] 卡尔·恩吉斯，《法律思维导论》，郑永流译，法律出版社 2004 年版

[德] 卡尔·拉伦茨：《法学方法论》，陈爱娥译，商务印书馆 2003 年版

[德] 考夫曼：《法律哲学》，刘幸义等译，法律出版社 2004 年版

[德] 考夫曼：《后现代法哲学——告别演讲》，米健译，法律出版社 2000 年版

［德］克里斯蒂安·冯·巴尔等主编：《欧洲合同法与侵权法及财产法的互动》，吴越等译，法律出版社2007年版

［德］罗伯特·阿列克西：《法律论证理论》，舒国滢译，中国法制出版社2002年版

［德］齐佩利乌斯：《法学方法论》，金振豹译，法律出版社2009年版

［德］萨维尼：《萨维尼法学方法论讲义与格林笔记》，杨代雄译，胡晓静校，法律出版社2008年版

［德］托马斯·莱塞尔：《法社会学导论》，高旭军等译，上海人民出版社2008年版

［德］韦伯：《经济与社会》（下册），林荣远译，商务印书馆1997年版

［德］魏德士：《法理学》，吴越等译，法律出版社2005年版

［德］耶林：《法学是一门科学吗？》，李君韬译，法律出版社2010年版

［法］勒内·达维德：《当代主要法律体系》，漆竹生译，上海译文出版社1984年版

［法］孟德斯鸠：《论法的精神》，商务印书馆1963年版

［古希腊］亚里士多德：《修辞术》，罗念生译，三联书店1991年版

［荷］伊芙琳·T. 菲特丽丝：《法律论证原理》，商务印书馆2005年版

［美］E．艾伦·范思沃斯：《美国合同法》，葛云松、丁春艳译，中国政法大学出版社2004年版

［美］E. 博登海默：《法理学——法哲学及其方法》，邓正来、姬敬武译，华夏出版社1987年版

［美］M．柯匹、卡尔·科恩：《逻辑学导论》，张建军、潘天群等译，中国人民大学出版社2007年版

［美］埃尔曼：《比较法律文化》，高鸿钧等译，三联书店1990年版

［美］本杰明·卡多佐：《司法过程的性质》，苏力译，商务印书馆1998年版

［美］波斯纳：《法理学问题》，苏力译，中国政法大学出版社2002年版

［美］波斯纳：《道德和法律理论的疑问》，苏力译，中国政法大学出版社

2001年版

［美］德沃金：《法律帝国》，中国大百科全书出版社1996年版

［美］德沃金：《认真对待权利》，信春鹰译，上海三联书店2008年版

［美］柯匹、科恩：《逻辑学导论》（第11版），张建军等译，中国人民大学出版社2007年版

［美］庞德：《普通法的精神》，唐前宏译，法律出版社2001年版

［美］塞缪尔·亨廷顿：《变革社会中的政治秩序》，李盛平等译，华夏出版社1988年版

［美］史蒂文·J. 伯顿：《法律和法律推理导论》，张志铭、解兴权译，中国政法大学出版社1999年版

［美］约翰·亨利·梅利曼：《大陆法系》（第二版），顾培东、禄正平译，法律出版社2004年版

［葡］马沙度：《法律及正当论题导论》，澳门大学法学院2007年版

［葡］孟狄士：《法律研究概述》，黄显辉译，澳门大学法学院1998年版

［葡］平托：《民法总则》，法律翻译办公室译，澳门大学法学院1999年版

［日］川岛武宜：《现代化与法》，王志安等译，中国政法大学出版社1994年版

［日］大村敦志：《民法总论》，江溯等译，北京大学出版社2004年版

［日］我妻荣：《债权在近代法中的优越地位》，王书江等译，中国大百科全书出版社1999年版

［日］星野英一：《民法的另一种学习方法》，冷罗生等译，法律出版社2008年版

［日］星野英一：《私法中的人》，王闯译，中国法制出版社2004年版

［英］H. L. A. 哈特：《法律的概念》，法律出版社2006年版

［英］彼得·斯坦、约翰·香德：《西方社会的法律价值》，中国人民公安大学出版社1989年版

［英］劳埃德：《法理学》，法律出版社2007年版

［英］罗素：《西方哲学史》（上卷），何兆武、李约瑟译，商务印书馆 1963 年版

［英］麦考密克、［奥］魏因贝格尔：《制度法论》，周叶谦译，中国政法大学出版社 1994 年版

［英］约瑟夫·拉兹：《法律的权威》，朱峰译，法律出版社 2005 年版

三、外文文献

（一）英文

A. G. Guest（ed.），Oxford Essays in Jurisprudence，Oxford University Press，1961

Aleksander Peczenik，The basis of legal justification，Lund：Sweden，1983

Alf Ross，On Law and Justice，London：Stevens & Sons Limited，1958

Arthur Taylor von Mehren，The Civil Law System，Little，Brown and Company，1957

Bartosz Brozek & Jerzy Stelmach，Methods of Legal Reasoning，Springer，2006

Basil Markesinis，Foreign law and Comparative Methodology：A Subject and a Thesis，Oxford Hart Publishing House，1997

Benjamin N Cardozo，The Nature of the Judicial Process，New Haven：Yale University Press，1928

Bernard S. Jackson，Law，Fact and Narrative Coherence，Deborah Charles Publications，1988

Christian von Bar，E Clive（ed.），Principles，Definitions and Model Rules of European Private Law：Draft Common Frame of Reference（DCFR），Full Edition，Sellier，Munich 2009

E. Kellaway，Principles of Legal Interpretation of Statutes，Contracts and Wills，Durban：Butterworths，1995

Edward H. Levi, An Introduction to Legal Reasoning, University Of Chicago Press; Revised Edition, 1962

Elias E. Savellos, Reasoning and the Law: the elements, Wadsworth, 2001

European Group on Tort Law, Principles of European Tort Law: Text and Commentary, Springer, 2005

Eva Steiner, French legal method. Blackstone Press, 2002

Eveline T. Feteris, Fundamentals of Legal Argumentation: A Survey of Theories on the Justification of Judicial Decisions, Kluwer Academic Publishers, 1999

Geoffrey Samuel, Epistemology and Method in Law-Applied Legal Philosophy, Dartmouth Pub Co, 2003

Geoffrey Samuel, The Foundation of Legal Reasoning, Antwerp: Maklu. Uitgevers, 1994

Gerhard Wagner, Comparative Tort Law, Mathias Reimann & Reinhard Zimmermann (eds), The Oxford handbook of comparative law, Oxford University Press, 2006

Giovanni Sartor, Legal Reasoning: A Cognitive Approach to the Law, Springer, 2005

James A. Gardner, Legal Argument: the Sructure and Language of Effective Advocacy, 2nd ed., LexisNexis Group, 2007

James A. Holland & Julian S. Webb, Learning Legal Rules, Oxford University Press, 2006

Jane C. Ginsburg, Legal Methods: Cases and Materials, 3rd ed., Foundation Press, 2008

John Austin, Lectures on Jurisprudence: The Philosophy of Positive Law, RobertCampbell ed., abridged student edition; New York: Henry Holt and Co., 1875

John Chipman Gray, The Nature and Sources of the Law, Adamant Media Corporation, 2001

John Henry Merryman & Rogelio Perez-Perdomo, The Civil Law Tradition: An Introduction to the Legal Systems of Western Europe and Latin America, 3nd ed. , Stanford University Press, 2007

John Rawls, A Theory of Justice, The Belknap Press of Harvard University Press, 1971

Joseph Raz, The Authority of Law: Essays on Law and Morality, Oxford University Press, 2009

Joseph Singer, "How to Brief a Case and Prepare for Class", Property Law: Rules, Policies, and Practices, 4th ed. , Aspen Publishers, 2006

Karl Llewellyn, The Bramble Bush: On our law and its study, NY: Oceana Publications, 1930

Karl Renner, The Institutions of Private Law and Their Social Function, Transaction Publishers, 2009

Konrad Zweigert & Hein Koertz, Introduction to Comparative Law (Tony Weir trans.), 1987

Longman Dictionary of Contemporary English, the Living Dictionary, Pearson Longman, 2006

Margaret Jane Radin, Contested Commodities: the Trouble with Trade in Sex, Children, Body Parts, and Other Things. Harvard University Press, 2001

Marisa Iglesias Vila, Facing Judicial Discretion: Legal Knowledge and Right Answers Reviseted, Kluwer Academic Publishers, 2001

Marmor, Interpretation and Legal Theory, Clarendon Press, Oxford, 1992

Neil MacCormick, Legal Reasoning and Legal Theory, Oxford University Press 1978

Oliver Wendell Holmes Jr. , The Common Law, Boston: Little, Brown, and Compant, 1881

P. Wahlgren, Automation of Legal Reasoning: a study on artificial intelligence and law, Kluwer Law and Taxation Publishers, 1992

R. Dworkin, Taking rights seriously. Duckworth & Co. , 1996

R. Posner, Problems of Jurisprudence, Cambridge/London, 1990

R. Alexy, A theory of legal argumentation: the theory of rational discourse as theory of legal justification, Oxford: Clarendon Press, 1989

Reinnhard Zimmermann, The Law of Obligations——Roman Foundations of the Civilian Tradition, Clarendon Paperbacks, 1996

Richard A. Posner, Law, Pragmatism, and Democracy, Harvard University Press, 2005

Richard Posner, Economic Analysis of Law, Boston and Toronto: Little, Brown, and co. , 1977

Richard Wilkinson & Kate Pickett, The Spirit Level: Why Greater Equality Makes Societies Stronger, Bloomsbury Press, 2009

Robert Alexy, Kiel and Ralf Dreier Göttingen, Statutory Interpretation in the Federal Republic of Germany, Interpreting Statutes, A Comparative Study, Aldershot/Brookfield/Hongkong/Singapore/ Sydney, 1991

Ronald Dworkin, Law, Philosophy and Interpretation, 80 Archiv für Rechts-und Sozialphilosophie, 1994

Roscoe Pound, Outlines of Lectures on Jurisprudence, Cambridge: Harvard University Press, 1943

Steven Shavell, Foundations of Economic Analysis of Law, Belknap Press of Harvard University Press, 2004

William N. , JR. Eskridge, Philip P. Frickey & Henry Melvin Hart, Hart & Sacks' The Legal Process: Basic Problems in the Making and Application of

Law，Foundation Press，2001

Wilson Huhn，The Five Types of Legal Argument，2nd ed.，Carolina Academic Press，2008

Michael J. Sandel，Justice：What's the right thing to do? New York：Farrar，Straus and Giroux，2009

（二）法文

Paul Delnoy，Eléments de méthodologie de l'interprétation juridique，Larcier，2006

René Sève，Philosophie et théorie du droit，Dalloz，2007

Xavier LABBEE，Les critères de la norme juridique，Droit/Manuel，Presses Universitaires de Lille，1995

Michel Troper，La philosophie du droit，PUF，《Que sais-je》，2003

C. Girard-S. Hennette Vauchez，La dignité de la personne humaine. Recherche sur un processus de juridicisation，Paris，PUF，2005

（三）德文

Rudolf Von Jhering，Der Zweck im Recht Volume 2，Nabu Press，2010

Rudolf von Jhering，Ist die Jurisprudenz eine Wissenschaft?，Wallstein，2009

Zippelius，Der Typenvergleich als Instrument der Gesetzesauslegung，in：Jahrbuch für Rechtssoziologie und Rechtstheorie，Bd. 2，1972

Karl Engisch，Thomas Würtenberger & Dirk Otto，Einfuehrung in das juristische Denken，Kohlhammer，11. Aufl.，2010

Leibholz/Rinck/Hesselberger，Grundgesetz-Kommentar an Hand der Rechtsprechung des Bundesverfassungsgerichts，Bd. I，6 Aufl.，Köln 1989

Josef Esser，Vorverständnis und Methodenwahl in der Rechtsfingdung，Bodenheim，Athenaeum Vlg.，1984

H. Bogs，Die verfassungskonformes Auslegung von Gesetzen，Stuttgart/Berlin/Köln/Mainz，1966

Hans Schlosser, Grundzüge der Neueren Privatrechtsgeschichte. Rechtsentwicklungen im europäischen Kontext, UTB Uni-Taschenbücher Verlag, 9. Aufl., 2001

Heinz Hübner, Kodifikation und Entscheidungsfreiheit des Richters in der Geschichte des Privatrechts, Köigstein-Peter Hanstein Verlag, 1980

Helmut Coing, Zur Geschichte des Privatrechtssystems, Klostermann, Vittorio; Auflage: 1, 1962

J. E. Heyde, Typus: Ein Beitrag zur Bedeutungsgeschichte des Wortes Typus, in: Forschungen und Fortschrift 17, 1941

Franz Bydlinski, Juristische Methodenlehre und Rechtsbegriff, Wien/New York: Springer-Verlag, 1982

Friedrich Müller, Juristische Methodik, Berlin, Duncker und Humblot GmbH, 1989

G. Radburuch, Klassenbegriffe und Ordnungsbegriffe im Rechtsdenken, in: Internationale Zeitschrift fuer Theorie des RechtsXII, 1938

Ernst A. Kramer, Juristische Methodenlehre, Beck Juristischer Verlag, 3. Auflage, 2010

Claus-Wilhelm Canaris, Die Feststellung von Lücken im Gesetz, Berlin, Duncker & Humblot, 1983

Dieter Schmalz, Methodenlehre für das juristische Studium, Münster, Nomos, 4. Aufl., 1998

Allgemeines Landrecht für die Preubetaischen Staaten von 1794, Hans Hattenhauer ed., 3d ed., 1996

Anne Roethel, Normkonkretisierung im Privatrecht, Mohr Siebeck, 2004

（四）日文

井上英治：《民法总则》，法曹同人，1998

森田三男：《债权法总论》，学阳书房，1978

松坂佐一：《民法解释的基本问题》，名古屋大学出版会，1997

松尾弘：《民法的体系》（第四版），庆应义塾大学出版社，2005

图书在版编目（CIP）数据

法学方法论：以民法适用为视角/王利明著. --2版. --北京：中国人民大学出版社，2021.6
ISBN 978-7-300-29395-0

Ⅰ.①法… Ⅱ.①王… Ⅲ.①民法-法律适用-中国 Ⅳ.①D923.05

中国版本图书馆CIP数据核字（2021）第092201号

第七届高等学校科学研究优秀成果奖一等奖
法学方法论
——以民法适用为视角
（第二版）
王利明　著
Faxue Fangfalun

出版发行	中国人民大学出版社		
社　　址	北京中关村大街31号	**邮政编码**	100080
电　　话	010-62511242（总编室）		010-62511770（质管部）
	010-82501766（邮购部）		010-62514148（门市部）
	010-62515195（发行公司）		010-62515275（盗版举报）
网　　址	http://www.crup.com.cn		
经　　销	新华书店		
印　　刷	涿州市星河印刷有限公司	**版　　次**	2012年2月第1版
规　　格	170 mm×228 mm　16开本		2021年6月第2版
印　　张	50 插页4	**印　　次**	2024年12月第4次印刷
字　　数	741 000	**定　　价**	238.00元